埃及

本书作者

杰西卡·李（Jessica Lee）

安东尼·萨汀（Anthony Sattin）

中国地图出版社

计划你的行程

风筝冲浪（见364页）

4FR/GETTY IMAGES ©

亚历山大图书馆（见322页）

REPINA VALERIYA/SHUTTERSTOCK ©

在路上

目录

了解埃及

生存指南

特别呈现

欢迎来埃及

埃及欢迎你的到来，这里不仅有气势恢宏的尼罗河和宏伟壮丽的纪念碑、迷人的沙漠和郁郁葱葱的三角洲，还有悠久的历史以及无比热情、喜爱故事的当地人。

不只有金字塔

被沙子掩埋的陵墓、朴素的金字塔和高耸的法老神庙，埃及激发了我们所有人的好奇心。去拜访卢克索的国王谷，那里掩埋着图坦卡蒙的陵墓；前往位于开罗的埃及博物馆欣赏那些闪闪发光的文物；跳上尼罗河上的船只去游览丹达拉、伊德富或者别的河边神庙；穿过纳赛尔水库直奔拉美西斯二世在阿布·辛拜勒的杰作；抑或是徒步进入沙漠，寻找古罗马贸易站的遗迹。你永远不会知道，你的驴子会不会带你在无意中发现一处未经发掘的古迹——不少埃及的古迹正是这样被人们发现的。

海滩及其他

空旷海滩上的烛光小屋和近海的迷人珊瑚礁正等待着你的到来。红海岸边有粗犷的荒漠风情，水下则奇幻莫测，生机盎然。你可以参加多日远足游，前往全球最好的潜水地点，或在某个午后沿着珊瑚墙浮潜，这些都会让你不虚此行。埃及的沙漠地区更加广袤，也同样美丽。在白沙漠连绵的沙丘之间欣赏日出，或者泡在锡瓦绿洲的温泉里远眺熠熠生辉的地平线，埃及的景色真是让人无限着迷。

随波逐流

人们常说“埃及是尼罗河的馈赠”。这话一点没错，没有尼罗河，就没有肥沃的土地，没有食物，电力也会大大缺少。虽然人们的生活实际上越来越远离尼罗河，但这条河仍起着独特而重要的作用。旅行者们走运了，尼罗河是欣赏壮观古代建筑的绝佳地点，乘坐尼罗河游轮也因此成了最热门的旅行方式。

两种宗教

埃及曾经是以Al Qahira（开罗旧称，意为“胜利之城”）为中心的帝国。在如今的大都市中，细高的方尖碑、古色古香的学校和清真寺随处可见，其中有不少是中世纪伊斯兰世界最宏伟的建筑。与此同时，埃及的本土基督教徒——科普特人（Copts）仍坚守着一些从法老时代流传至今的传统，如教堂的礼拜用语和传统历法。去开罗的早期教堂和偏僻的沙漠修道院感受这种历史吧。

我为什么喜欢埃及

本书作者 安东尼·萨汀（Anthony Sattin）

是因为辉煌的历史以其独特的方式影响着现在？是因为青翠的尼罗河谷正渐渐干涸，一寸寸地被沙漠取代？还是因为人们在咖啡厅里给我讲故事时眼中闪着的光？深远的历史、炙热的阳光、埃及人对生活的热爱和家一般的感觉——仅仅是我热爱埃及的众多原因中的几个。不过，还有一个无可否认的事实：无论我看到、听到或知道多少，总有更多等着我去发现。

关于作者的更多信息见527页。

上图：国王谷（见205页）

埃及亮点

亚历山大
埃及繁忙的地中海港口(314页)
埃及博物馆
埃及博物馆中的木乃伊(138页)
开罗
华丽的集市商店(60页)
吉萨金字塔
举世闻名的金字塔(131页)
锡瓦绿洲
终极"世外桃源"(300页)
塞加拉
美丽的古老王国艺术(151页)
西部沙漠
沉迷于沙漠探险(277页)
MEDITERRANEAN SE
地中海
Tobruk
Al Burdi
Gulf of Sallum
塞卢姆湾
Sidi Barani
Sallum
塞卢姆
Marsa Matruh
马特鲁港
Sidi Abdel Rahman
拉赫曼
El Alamein
阿莱曼
Alexandria
亚历山大
Damanhur
达曼胡尔
Rosetta (Ar Rashid)
罗塞塔(拉希德)
Libyan Plateau
利比亚高原
Wadi Natrun
EL QÂHIRA (CAIRO)
Giza
Pyramids of Giza
吉萨金字塔
Saqqara
Lake Qarun 加龙湖
Al Fayoum Oasis
法尤姆绿洲
Medinat Al Fayoum
法尤姆
Jaghbub
Siwa Oasis
锡瓦绿洲
Qara Oasis
加拉绿洲
Qattara Depression
Siwa
锡瓦
Bahariya Oasis
拜哈里耶绿洲
Bawiti 拜维提
Gebel Az Zuqaq
Gebel Gala Siwa
Great Sand Sea
大沙海
LIBYA
利比亚
White Desert National Park
白沙漠国家公园
Qasr Al Farafra
费拉菲拉堡
Farafra Oasis
费拉菲拉绿洲
Abu Minqar
Western (Libyan) Desert
西部(利比亚)沙漠
Deir Mawas
Asyut
艾斯尤特
Dakhla Oasis
达赫莱绿洲
Al Qasr
盖斯尔
Mut
穆特
Al Kharga
哈里杰
Al Kharga Oasis
哈里杰绿洲
Baris
巴里斯
海拔高度
1500m
1000m
500m
200m
100m
0
Gilf Kebir
Gebel Uweinat
Sa hara 撒哈拉沙漠
SUDAN 苏丹

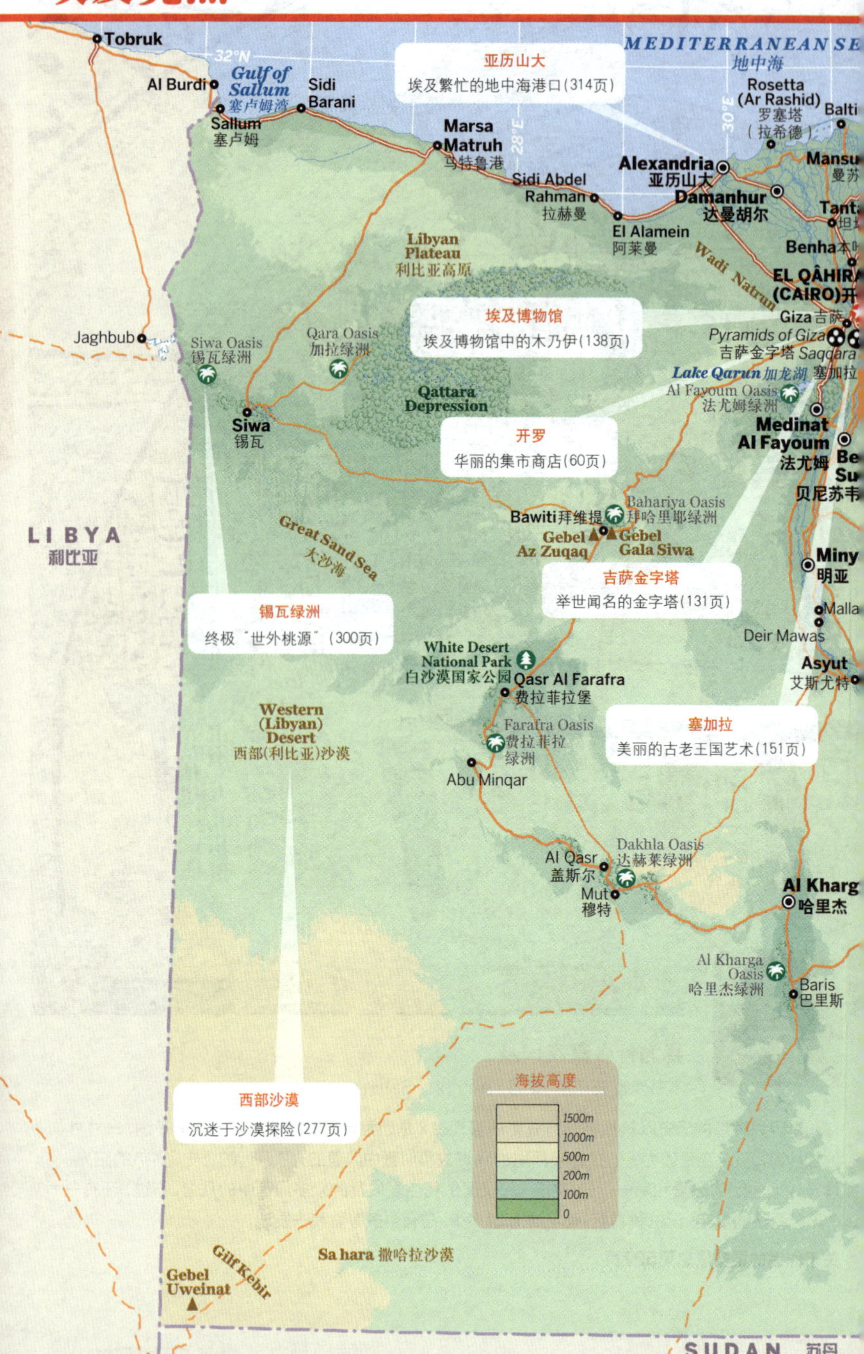

0 200 km
0 100 miles
Jerusalem 耶路撒冷
Gaza 加沙
JORDAN
约旦
Damietta 达米埃塔
Port Said 塞得港
Al Arish 阿里什
Tanis
塔尼斯
Suez Canal
苏伊士运河
Abu Kebir
Ismailia 伊斯梅利亚
Great Bitter Lake
大苦湖
Suez
苏伊士
Sinai Peninsula
西奈半岛
ISRAEL
PALESTINE
圣安东尼修道院
古代科普特圣地(362页)
Taba
塔巴
Aqaba
亚喀巴
Zafarana
扎费拉奈
Nuweiba
Mt Sinai (Gebel Musa)
西奈山(2285m)
Monastery of St Anthony
圣安东尼修道院
Gulf of Suez
苏伊士湾
Gulf of Aqaba
亚喀巴湾
红海海岸
精彩的水下世界在等待着你(360页)
Dahab 宰海卜
St Katherine Protectorate
圣凯瑟琳保护区
Ras Gharib
Al Tor
图尔
Sharm El Sheikh
沙姆沙伊赫
Eastern (Arabian) Desert
东部沙漠
SAUDI ARABIA
沙特阿拉伯
Ras Mohammed National Park
穆罕默德角国家公园
Hurghada 赫尔加达
Nile River
尼罗河
Red Sea Mountains
红海山脉
Safaga 塞法杰
阿拜多斯和丹达拉
美丽的神庙，游人不多(186页和189页)
Sohag 索哈杰
Al Balyana
Qena 基纳
Al Quseir
古赛尔
Dendara
丹达拉
Qus
拜多斯
RED SEA
红海
Luxor
卢克索
Esna
伊斯纳
卢克索
陵墓和神庙之美(191页)
Marsa Alam 阿莱姆港
Edfu
伊德富
Gebel Hamata (1977m)
尼罗河
用独特的方式纵贯埃及(28页)
Aswan
阿斯旺
Berenice
贝勒尼基
阿斯旺
超酷的努比亚文化和迷人的日落(247页)
Lake Nasser
纳赛尔水库
阿布·辛拜勒
拉美西斯二世最大的神庙(271页)
Lake Nubia
努比亚湖
Wadi Halfa

埃及 Top 17

1

卢克索

1 卢克索（Luxor；见191页）是埃及古代神庙最集中的地方，你可以花上数周时间游览，但大多数游客只会在这里停留一两天。无论你停留多久，一定要尝试一下步行穿过卢克索和卡纳克（Karnak，尼罗河东岸）诸多神庙的柱厅，或者爬上在河西岸底比斯（Theban）山上开凿出来的法老、王后、朝臣和工匠的坟墓。凝望尼罗河上的日出或底比斯山间的日落，会是埃及留给你的难忘回忆。图为卢克索的卡纳克（见194页）。

吉萨金字塔

2 吉萨金字塔（Pyramids of Giza；见131页）是大多数旅行者最想游览的地方。金字塔是古代世界仅存的奇迹之一，令人叹为观止，流连忘返。尽管考古学家仍在就“人们究竟是如何以及为什么把成千上万块巨石运到这里来”争论不休，但游客们往往会惊叹于每一块巨石的大小，只有站在它旁边时，你才会充分体会到这一点。如果想要拍出以开罗为背景的三座金字塔的全貌，请前往第三座金字塔后面的峭壁。

IRAKLI SHAVGULIDZE/SHUTTERSTOCK ©

2

MARK BRODKIN PHOTOGRAPHY/GETTY IMAGES ©

尼罗河泛舟

3 尼罗河（见28页）是埃及的生命线，如同大动脉一样从南往北穿过整个埃及。只有泛舟其上，你才能充分感受到这条河的重要与美丽，而且就实用性而言，只有乘船，你才能看到某些古迹的正面。乘坐帆船（尤其是游艇）速度最慢，也最悠闲，而站在多层游轮的甲板上也一样能感受到尼罗河的魅力。

开罗清静的清真寺

4 中世纪清真寺宁静、阴凉的拱廊是远离现代世界的绝佳去处。在这个日益嘈杂的城市里，许多清真寺除了是礼拜场所，还为人们提供了一个僻静之地：许多开罗人会来这里安静地聊天或午睡。一些清真寺经常会挤满神学院学生，还有一些清真寺已经成为国家纪念馆，不过苏丹哈桑清真寺学院（Mosque-Madrassa of Sultan Hassan；见90页）仍然是正常运转的清真寺，这里还是一个中世纪的纪念地兼建筑奇迹。脱掉你的鞋子，坐下来待一会儿吧。

3

4

5
NICHOLAS PITT/GETTY IMAGES ©

6

7
NICHOLAS PITT/GETTY IMAGES ©

阿布·辛拜勒

5 拉美西斯二世在阿斯旺的南方很远处修建了阿布·辛拜勒（Abu Simbel；见271页），它矗立在这位国王的领土最前线，挨着北回归线。那里的两座宏伟的神庙在当代工程学看来是个奇迹：为了保护两座神庙不受纳赛尔水库（Lake Nasser）洪水的侵蚀，20世纪60年代，它们先后被迁移到目前的位置。想体验阿布·辛拜勒的荒凉，就在这里住上一晚吧，可以选择住在船上（湖里）、努比亚文化中心（Nubian cultural centre）或者生态度假村Eskaleh。

红海潜水

6 埃及的红海海岸（见360页）是通往水下乐园的门户。冲浪老手也好，新手也罢，埃及海底的珊瑚礁、五颜六色的小鱼和阴森壮观的沉船都令人陶醉，风光不输陆地。像雅克·古斯托（Jacques Cousteau）一样，带着探索精神游览静静躺在海床上的庞大"博物馆"——"二战"货船蓝蓟花号（Thistlegorm）的残骸。就算你不擅长潜水，戴上潜水面罩和通气管也可以欣赏到美丽的水底世界。

阿斯旺的日落

7 在古埃及王国的边缘、罗马帝国的南端哨岗阿斯旺（Aswan；见247页）凝视日落，绝对是令人难忘的旅行体验。这里如今依旧是通往努比亚的大门。多种文化互相交融为努比亚创造出一种闲适的气氛，人们珍视能够从容欣赏日落的机会。岩石之间逼仄狭窄的河水、近在咫尺的沙漠、孤零零的阿迦汗（Aga Khan）王陵和其他已被历史遗忘的古代王子的陵墓，这一切都让阿斯旺的黄昏成为埃及尼罗河沿岸最悲壮的地方。

SENDERISTAS/SHUTTERSTOCK ©

科普特遗址

8 贫瘠的山峰和陡峭的悬崖见证了苦行的起源。如今，科普特修道院对于科普特信仰的意义越来越重大，尤其是对尼罗河沿岸承受着巨大压力的科普特人来说。其中的圣安东尼修道院（Monastery of St Anthony；见362页）和圣保罗修道院（Monastery of St Paul；见363页）也是基督教修道传统的发源地。参观奈特伦洼地（Wadi Natrun）或者步行走在圣安东尼的城墙上，你可以静静思索这种让人们甘愿远离舒适的城镇生活、安守这片荒地的动人信仰。

埃及博物馆

9 埃及博物馆（Egyptian Museum；见138页）的规模无与伦比，如果你有时间的话，我们建议你至少来两次。从地面到天花板，宽敞的展厅里摆满了全世界最迷人的宝物：闪闪发光的金器、图特国王的袜子和那些著名法老的木乃伊。参观完馆藏重要文物之后，再去逛一逛那些游客较少的展厅，寻找雪花石膏制成的桌子、真人大小的木雕以及军队、农场和船只的等比例模型，甚至是木乃伊宠物——古代人希望这些事物陪伴他们转世。

古老王国的艺术

10 塞加拉的左赛尔阶梯金字塔（Step Pyramid of Zoser；见152页）周边古墓墙壁上的图案堪称世界最古老的艺术品。Mastaba of Ti（见156页）以及Tomb of Kagemni（见156页）的精美浮雕图案都以细腻和翔实的细节描绘了公元前3000年的日常生活。埃及博物馆的第一排展厅陈列着最灿烂的古老王国艺术品。看着这些杰作，你才能理解从那之后数千年艺术的发展变化。

锡瓦绿洲

11 位于大沙海（Great Sand Sea）边缘的锡瓦（Siwa；见300页）是埃及西部沙漠中最大、最偏远的绿洲，为游客提供终极绿洲体验。这里不仅是亚历山大大帝向神祈祷之处，也是沿尼罗河游览之后闲逛和休息的好地方。你可以骑自行车穿过大片棕榈树林，参加团队游前往冷泉、温泉和湖泊，或者在众多的沙丘上滑沙。图为锡瓦湖的Fatnas Spring（见304页）。

西部沙漠探险

12 无论你是乘坐四驱车、骑骆驼，还是步行，只需几个小时就能感受到埃及沙漠的纯粹之美和绝世孤寂。埃及西部沙漠（见277页）远足的亮点包括：在白沙漠（White Desert）超现实主义沙丘之间的璀璨星空下露营，进入大沙海一望无际的沙丘，以及沙漠深处探险，如偏远的Gilf Kebir沙漠腹地——在那里你仿佛身处电影《英国病人》之中。

11

12

亚历山大

13 埃及第二大城市亚历山大（Alexandria；见314页）以亚历山大大帝和克里奥佩特拉女王闻名，不仅古代历史悠久，现代历史同样丰富多彩。你可以参观仿照古代大图书馆而建的亚历山大图书馆或者城里众多很不错的小博物馆；在亚历山大最古老的城区漫步，在古色古香的Anfushi逛逛市场；或者去阿特里纳（Attareen）寻找蒙灰的古董。最重要的是，一定别忘了在崖边的滨海道路上驻足，或去海边欣赏地中海风光，吃顿海鲜大餐。图为亚历山大的凯特贝城堡（见320页）。

市场

14 埃及人喋喋不休的推销术在市场里得以充分施展。摊位一个个紧挨着，小贩们坐在自己的区域内推销商品，又是叫卖又是讲价，忙个不停。先去有几百年历史的哈恩哈利利（Khan Al Khalili；见77页）市场转转，然后你就会发现每个市场都是这样，就连在主要旅游景点附近特别修建的现代市场也是如此。在市场里闲逛，一边走一边买：蒙灰的古董、可爱的埃及棉布、与图特国王有关的小玩意儿……甚至还有驴子出售。

13

14

AARSTUDIO/GETTY IMAGES ©

PAUL PRESCOTT/SHUTTERSTOCK ©

阿拜多斯

15 时间短暂，所有人都想看金字塔、图坦卡蒙的金面具和国王谷。但一些游人罕至的埃及神庙更令人难忘，在那些地方你可以安静地欣赏古代文化遗产。在这一点上，没有任何地方能胜过阿拜多斯（Abydos；见186页），它是古埃及人朝圣之路上的重要地点，还有一些最漂亮的壁雕。它位于卢克索北方——团队游大巴车的相反方向。图为阿拜多斯拉美西斯二世神庙（见188页）的壁雕。

拜哈里耶绿洲

16 在绿洲里，你想不放松都不可能，毕竟这是最像天堂的地方。这里一定有令你大为欣赏的东西，无边无际的沙漠在远处的地平线上微微闪光，你可以漂浮在温泉中或者探访古罗马贸易哨岗的遗址和尘土飞扬的村庄。即使是在距离开罗最近的拜哈里耶绿洲（Bahariya Oasis；见295页），你也可以沉浸在茂密的椰枣树下的冷泉或温泉中，还可以开车进入白沙漠，或者去博物馆看看最新的考古发现——黄金木乃伊。

咖啡馆

17 虽然ahwa（咖啡馆）源自阿拉伯语中的“咖啡”一词，但在这种作为埃及人社交生活中心的传统咖啡馆里，茶（shai）更常见。包着白铁皮的小桌上放着饮料，面前还有一张西洋双陆棋棋盘，旁边可能还有一杆冒着气泡的水烟枪（shisha）——你很快就能跟当地人打成一片了。如今，ahwa可以是老城区小巷里的一排排桌子，如开罗的Fishawi’s（见118页），或者是提供各种口味烟草的别致休息室。

行前参考

更多信息，请参考"生存指南"章节（见483页）。

货币

埃及镑（LE，EGP）

语言

阿拉伯语

签证

单程、30天的旅游签证需US$25。从2018年9月起，中国旅行者可持确认往返机票、US$2000现金和4/5星级酒店预订单直接办理落地签证。而持有效美签或者申根签证的中国旅行者无须上述材料，可直接办理落地签证，或者向埃及驻中国使领馆申请个人旅行签证。

现金

ATM随处可见。信用卡也被越来越广泛地接受。零钱短缺，因此可能很难破开大钞。银联卡在特定的ATM可以取埃及镑。

手机

埃及移动通信网络使用GSM制式，中国的SIM卡可以在开通国际漫游业务后使用。埃及的GSM网络覆盖广泛。购买本地SIM卡时请携带护照（LE15）。现收现付数据服务的费用约为LE5/天或LE50/月。

时间

格林尼治标准时间加2小时（比北京时间晚6小时）。

何时去

旺季（10月中下旬至次年2月）

- 埃及的"冬天"经常阳光灿烂，天气暖和，很少下雨（地中海沿岸相对多雨）。
- 做好心理准备，没有空调的旅馆特别冷，尤其是在潮湿的亚历山大。

平季（3月和5月、9月和10月上旬）

- 春天有时有沙尘暴，航班会受到干扰。
- 炎热的天气一直持续到10月，10月游客会少一些。
- 秋季，地中海海水温暖，游人不多。

淡季（6月至8月）

- 夏季阳光炙热，此时最不适宜游览埃及。
- 不要去西部沙漠。
- 此时地中海沿岸比其他地方凉爽，是旅游旺季，非常拥挤。

参考网站

埃及旅游局（zh.egypt.travel）旅游局中文官网，资讯全面，有制订旅行计划的工具。

埃及每日新闻（Daily News Egypt；www.dailynewsegypt.com）独立的英文报纸。

埃及驻华使馆旅游处微博（weibo.com/etab）发布各种旅游信息、当地知识、景点推荐以及中埃文化交流活动。

Egypt Independent（www.egyptindependent.com）可靠的网络新闻。

Lonely Planet（www.lonelyplanet.com/egypt）目的地信息查询、酒店预订和旅行者论坛。

重要号码

从国外往埃及拨电话，国家代码第一位的0免拨。

国家代码	☎20
国际接入码	☎00
救护车	☎123
火警	☎180
旅游警察	☎126

汇率

人民币	CNY1	EGP2.437
港币	HKD1	EGP2.1449
新台币	TWD1	EGP0.534
欧元	EUR1	EGP18.80
英镑	GBP1	EGP21.31
美元	USD1	EGP16.83

当前汇率见www.xe.com。

每日预算

经济：少于LE600

- 基本双人房：LE170
- 炸豆丸子沙拉卷饼：LE2.50
- 开罗至卢克索火车一等座：LE113~203

中档：LE600~1800

- 中档双人空调房：US$30
- 在餐馆中坐下就餐：LE120
- 开罗至卢克索的航班：LE650起

高档：高于LE1800

- 豪华旅馆房间：US$150
- 在餐馆中坐下就餐：LE300
- 尼罗河豪华游轮：每人每晚US$175起

营业时间

周五和周六是周末，有些场所周日歇业。在斋月里，办公室、博物馆和旅游景点开放时间缩短。

银行 周日至周四8:30~14:30

酒吧和夜店 傍晚至次日3:00，通常更晚（尤其是开罗）

咖啡馆 7:00至次日1:00

政府机关 周日至周四8:00~14:00，旅游办公室的营业时间通常会长一些

邮局 周六至周四8:30~14:00

私人办公室 周六至周四10:00~14:00和16:00~21:00

餐馆 正午至午夜

商店 6月至9月9:00~13:00和17:00~22:00，10月至次年5月10:00~18:00；开罗商店的营业时间通常为10:00~23:00

到达埃及

开罗国际机场（Cairo International Airport）提前安排接机的出租车（价格约为LE150）或到达后现讲价（LE120），从机场到市中心车程0.5~1小时。公共汽车票价LE4，开往市中心需要2小时。

赫尔加达机场（Hurghada Airport）建议预约接送车辆。在机场打车需要讲价，前往西加拉（Sigala）区中心的合理价格是LE35。

沙姆沙伊赫机场（Sharm El Sheikh Airport）乘坐出租车前往奈阿迈湾（Na'ama Bay）一般不会低于LE100。建议提前安排接送车辆。

卢克索机场（Luxor Airport）乘坐大多数旅馆的机场巴士要比在机场跟出租车司机讨价还价好得多。

当地交通

埃及的公共交通相当高效，票价也相当合理。注意：出于安全考虑，一些地区和交通方式已经或将要成为外国游客的禁区。

飞机 国内航班大多经过开罗。使用埃及航空公司（EgyptAir）的网站时，将所在地址更换至埃及，以便获得最便宜的埃及国内票价。

火车 乘坐火车是前往亚历山大、卢克索和阿斯旺旅行的最舒适的选择。两种级别的火车（西班牙式火车和更昂贵的特别列车）都有一等座和二等座。

长途汽车 埃及各城市之间的长途汽车班次频繁。长途汽车舒适可靠，需要提前订票。

小汽车 带司机的小汽车很容易租到，价格也合理。

更多关于**当地交通**的信息见502页。

初次到访

更多信息，请参考“生存指南”章节（见483页）。

清单

- 确保护照的有效期超过8个月。
- 订机票之前先查询你所在国家外事部门的旅行建议。
- 购买覆盖医药服务的旅行保险。
- 出发之前通知你的信用卡/借记卡公司。
- 查询在国外能否使用自己的手机。
- 预订住处和埃及国内航班。

带什么

- 帽子、太阳镜和优质防晒霜。
- 两孔电器转换插头。
- 优质驱蚊剂。
- 与埃及SIM卡兼容的手机。
- 耐心，因为埃及人的时间观念与你不同。

旅途重要小贴士

- 平季（春秋两季）去埃及旅游，此时天气不那么极端，游客也比较少。
- 学几句阿拉伯语，打招呼和“谢谢”显然是必须要学的，这能换来对方友好的笑容。能结识乐天的埃及人是旅途的一大亮点。
- 手边时刻准备几张（面值是LE5和LE10的）小额钞票，随处都需要付小费（baksheesh），小额钞票必不可少。
- 早上早点儿出发去景点，避开炎热的中午。
- 不要自己开车，最好租一辆带司机的小汽车。晚上不要在城镇之外的公路上行车，这可能会非常危险。

穿什么

埃及是一个保守的国家，因此游客最好穿得庄重一些，特别是独自旅行者。在度假城镇之外，女性通常会觉得穿宽松的衣服更舒适。在有些地方（比如清真寺和教堂），衣服应遮住胳膊和腿。在度假城镇，着装可以不用那么保守。因为天热，我们推荐你穿棉布或者亚麻衣物，夜晚比较凉，需要带一件羊毛衫。

在大多数城镇可以穿得比较休闲，但开罗人在时尚场所穿得很讲究。

住宿

如果你打算在圣诞节、复活节和学校放假期间来埃及旅游，通常需要预订住处。

旅馆 从尘土飞扬、虱子成堆的小旅馆，到大城市和度假村里的豪华酒店，这里有各种档次的住处。小城镇里的住处大多很简陋。

民宿 真正的民宿在埃及很少见，埃及所谓的民宿往往是家庭经营的一星或二星小旅馆。

安全

虽然埃及的局势近年来越来越动荡不安，但大部分地区在大部分时间里都是平静的。在目前的局势下，出发前更需要查询政府发布的旅行建议，并且在途中持续关注当地的实时新闻。了解更多旅行安全信息见484页。

讲价

在集市和市场里购物，讲价是必不可少的过程。讲价可能会令你感到苦恼，但只要把它看作游戏，就会变得有趣多了。记住以下基本规则：

- 多逛几家，对价格了然于心。
- 想清楚你能接受的价格，然后给出一个低一点的价格。
- 不要表现出想买的样子。
- 价格谈不拢就走开，只要你还的价格小贩心里能接受，他就会来追你。

付小费

手边随时带几张小额钞票，因为到处都要给小费。如果你拿不准，还是给小费吧。

咖啡馆 给LE5~10。

旅游景点的卫兵 给LE5~20。

打表的出租车 不要找零，或者根据乘车的感受多给5%左右。

清真寺管理员 拿鞋套给LE5~10，如果登宣礼塔或请他做向导，就多给些。

餐馆 服务好就给10%，高档精致的地方给15%。

DANIEL REINER/SHUTTERSTOCK ©

新鲜的鹰嘴豆泥

礼仪

埃及是一个普遍保守的国家，因此遵守下列礼仪可以避免尴尬：

神圣的地方 进入清真寺之前先脱鞋。

触摸 不要在公共场合触摸异性。

脚 脚底不要对着别人，这被看作是不尊重的行为。

手 用右手进餐，左手是清洁用的。

斋月 斋月期间不要在公共场所吃喝。

就餐

开罗、亚历山大、卢克索和红海度假城镇有各种各样的饮食选择（见471页）。远离主要城市的地方，餐厅选择有限。

餐馆 从精致而昂贵的酒店餐厅（必须预订），到食堂风格的廉价餐厅（主要供应埃及烤肉串和招牌炖菜），餐馆种类各异。欧洲风味的菜肴在廉价餐馆里很受欢迎，大多数餐馆都不提供酒水。

咖啡馆 营业时间从清早到深夜，只出售饮料和水烟，不卖食物。

街头食品 埃及食物的很大一部分都是街头食品。新鲜的快餐以当地价格供应。

如果你喜欢

野生动植物

尼罗河沿岸水草丰茂的三角洲和遍布埃及的盐湖中有大量鸟类繁衍生息，海里的珊瑚礁五颜六色，就连贫瘠的埃及沙漠里也有种类惊人的植物和动物。

阿斯旺（Aswan）跟专业人士一起来，天亮前起床，可以看到白翅黄池鹭、戴胜和其他鸟类。（见255页）

拉耶恩谷（Wadi Rayyan）这个咸水湖离古埃及人供奉鳄鱼的地方不远，是候鸟汇集的地方。（见161页）

Shiatta 这个盐湖位于锡瓦西边的沙漠里，是羚羊和火烈鸟嬉戏的地方。（见305页）

纳赛尔水库（Lake Nasser）参加African Angler组织的团队游，抓几条鱼做晚餐，只欣赏风景也不错。（见270页）

阿莱姆港（Marsa Alam）近海的礁石是魔鬼鱼、长吻原海豚甚至鲨鱼的家园。（见378页）

伊斯兰教建筑

Bein Al Qasreen 马穆鲁克时期留下的一系列精美至极的建筑，如今经过修复成了一座露天博物馆。（见78页）

凯特贝清真寺（Mosque of Qait-bey）步行前往实际上并不恐怖的"死亡之城"，去那里欣赏开罗最美的石质拱顶。（见92页）

盖斯尔（Al Qasr）这个绿洲城市建于奥斯曼帝国时代（自16世纪起），仔细看门廊上方美丽的雕花门楣。（见288页）

罗塞塔的奥斯曼房屋（Rosetta's Ottoman Houses）试试看能否找到通往女性画廊的秘密台阶，它在一片经过修复的住宅区内。另一处住宅区内的磨坊也值得一看。（见340页）

古赛尔（Al Quseir）古老的朝觐港口，城里有众多的奥斯曼时代建筑，时间在这里仿佛停滞了。（见376页）

沙漠

想要享受与世隔绝的感觉？埃及的沙漠面积广袤，而且种类各异，正好可以满足你的探索之心。

白沙漠国家公园（White Desert National Park）月圆之夜在这个诡异的地方度过一晚，你将获得一次真正离奇的经历。（见294页）

西奈之旅（Sinai Trail）埃及的第一条长途徒步路线，穿过干涸的河床和广袤的沙漠平原，深入圣凯瑟琳周边崎岖不平的山脉腹地。（见414页）

圣西门修道院（Monastery of St Simeon）游览这处位于阿斯旺的科普特遗址，既可欣赏沙漠美景，又无须多日长途跋涉。（见254页）

东部沙漠（Eastern Desert）古代贸易线路曾在这里纵横交错，沙漠里有石刻铭文、金矿和美丽的景色。现在必须有导游陪同才能进入。（见381页）

市场和购物

无论是闲逛，还是为清单上的每个人找寻礼品，埃及的集市都是你最好的选择。这里乐趣多多，更别提能喝到你从未喝过的茶了。

哈恩哈利利（Khan Al Khalili）开罗的中世纪贸易区至今仍是商业中心，也是你练习砍价技巧的好地方。（见77页）

Souq Al Gomaa 在开罗每周一次的以物易物集市上，奋力挤进人群，没准儿能抢到新衣服或者古代动物标本。（见120页）

Oum El Dounia 位于开罗市中心的一站式商店，能买到最好、最有特点的埃及工艺品。（见120页）

阿特里纳古董市场（Attareen Antique Market）亚历山大的一个购物好去处，你能在这里

上图：开罗的哈恩哈利利出售的灯（见77页）
下图：西奈的圣凯瑟琳修道院（见414页）

找到20世纪中叶的珍品。（见337页）

Habiba 埃及工艺品的最佳选择。（见225页）

古代遗迹

鉴于埃及拥有丰富的法老时代遗迹，因此你在任何一个村镇里都能看到有几千年历史的东西。下面是一些另辟蹊径的选择，你可以考虑列入行程中。

马地城（Medinat Madi）来这里得有四驱车，但看到半掩在流沙里的狮身人面像正是考古爱好者来埃及的目的。（见162页）

红色金字塔（Red Pyramid）位于开罗以南的代赫舒尔（Dahshur），没准儿这座巨大的建筑物面前只有你一个游客，这会让你在攀爬塔内通道时感到更加刺激。（见157页）

代尔穆哈拉克（Deir Al Muharraq）与埃及的历史相比，基督教的历史相当短，但这个科普特修道院自称是全世界最古老的教堂，始建于公元60年。（见182页）

传统艺术

Fair Trade Egypt 你不妨从这里开始寻找传统埃及工艺品。（见122页）

Makan 位于开罗，面积不大，可以观看热情奔放的zar（努比亚音乐表演）。（见118页）

El Dammah Theatre 这个传统音乐空间里有来自苏伊士运河地区和其他地方的艺术家定期演出。（见118页）

Eskaleh 努比亚文化中心兼旅馆，游客们在这里有机会品味当地的美食和音乐。（见272页）

每月热门

最佳节庆

开罗市中心当代艺术节，3月

3alganoob，4月

斋月，5月

古尔邦节，8月

Siyaha，10月

开罗国际电影节，11月

1月

冬天的埃及大部分地区气候温和，适合旅行，但晚上很冷，尤其是在没有空调的旅馆。亚历山大和地中海海岸会下雨，但在其他季节甚少降水。

开罗国际书市

1月的最后一周和2月的第一周在赫利奥波利斯（Heliopolis）的Nasr City Fairgrounds举办，是开罗的主要文化盛事之一（www.cairobookfair.org.eg）。演讲和其他活动（以及书籍本身）大多只用阿拉伯语。

埃及马拉松

长跑运动员从哈特谢普苏特纪念神庙（Memorial Temple of Hatshepsut）前面出发，沿卢克索附近的尼罗河西岸奔跑。这项赛事于1月末或2月初举行，3月在沙姆沙伊赫（Sharm El Sheikh）还有一场半程马拉松比赛。可通过网站查询具体日期。

2月

虽然仍然是冬季，却是游览埃及南部的最佳时间。游客们也是这么想的，阿斯旺和卢克索人满为患，沙滩上也人头攒动。

拉美西斯二世神像放光

这个节日在2月22日举行，每年有两天（另一天在10月），阳光穿透位于阿布·辛拜勒的拉美西斯二世神庙，里面的神像会被镀上一层金光，此时会吸引各种理论家前来，观者甚多。

国际钓鱼锦标赛

在红海边的赫尔加达（Hurghada）举办，参赛者来自世界各地。

3月

随着天气变暖，大风也刮了起来，尤其是能引起周期性大型沙尘暴的非洲热风，会带来持续数小时的飞沙走石。如果你打算在3月至5月初来埃及，要注意这一点。

开罗市中心当代艺术节

开罗市中心当代艺术节（Downtown Cairo's Contemporary Arts Festival，D-CAF）是一个国际性的多学科艺术节，十分有趣。这也是你观赏市中心那些平常破破烂烂的地方的绝妙机会。

4月

在不刮非洲热风的日子里，空气清新宜人。此时是旅游平季，古迹周边的游人开始减少。

3alganoob

这个为期3天的现场音乐活动在阿莱姆港外的Tondoba Bay举行，已经发展成为埃及最重要的音乐节，届时会有艺术家们表演放克、摇滚、迪斯科和说唱。

科普特复活节星期一

科普特复活节星期一（Shamm Al Nassim；2020年4月20日、2021年5月3日）的意思是“吸入微风”，这个春季节日是法老传统和科普特的结

上图: Mosaher(觉醒的人)号召穆斯林在斋月期间祈祷
下图: 埃及的开心果和巧克力甜点

合。所有埃及人都会庆祝这个节日，他们会去公园、河边甚至交通环岛上野餐。

阿布赫格圣人节

在伊斯兰历八月（大约在2020年4月8日、2021年3月28日）的第3周，这个苏非教派的节日（Moulid of Abu Al Haggag）在卢克索举办，游客将了解到乡村宗教传统。一些村庄在该周前后庆祝科普特节日（宗教节日）。

5月

斋月

在伊斯兰历的九月，这个月白天禁食、晚上大吃。美食爱好者喜欢在此时来埃及，但观光客可能会感到沮丧。2020年的斋月从4月23日开始，2021年从4月12日开始。

6月

学校放假后，众人都松了口气，暑假也随之来临。6月末气温达到峰值。

开斋节

标志斋月结束的大餐会持续3天，人们准备的食物有可能比在整个斋月里吃掉的食物还多。

8月

这个月是埃及的主要假期。所有的海滩都挤满了人，尤其是地中海沿岸的海滩。到处都热，热到你觉得眼珠子都要冒烟了。正常生活只有在日落之后才能进行。

古尔邦节

古尔邦节又称“宰牲节”(2020年7月30日、2021年7月19日),为了庆祝这个为期4天的伊斯兰教(也是全国性的)节日,各家各户在家里宰羊,就连人口密集的开罗也是如此。街头真的是血流遍地,空气中飘荡着烤肉的香味。简而言之,素食者不宜。

9月

Citadel Festival

在8月或9月,城堡(Citadel)和开罗歌剧院里会连续10天上演古典和传统阿拉伯音乐以及交响乐。通过网站www.cairoopera.org查询具体日程安排。

10月

夏季终于过去了,学生们回到学校,文化盛事多起来,尤其是在开罗。此时是旅行的理想时机,因为气候温和,游客不多。

拉美西斯诞辰

10月22日,即每年第二个阳光能穿透阿布·辛拜勒的拉美西斯二世神庙的日子。

国际实验戏剧节

历史悠久的戏剧节,从标准舞台到古董店,表演地点遍布开罗全城。表演有一流的,也有可看可不看的,其中许多欢迎游客加入,即使不会说阿拉伯语也能参与其中。通过网站www.cdf-eg.org了解演员阵容。

萨义德·巴达维节

10月的最后一周,将近100万朝圣者涌入位于尼罗河三角洲的坦塔(Tanta),13世纪的一位神秘主义者在这里创立了苏非派的教义。节日活动中有一半是适合全家逛的有趣集市,一半是多种仪式。只要你不介意人多,看看这个节日(Moulid of Sayyed Al Badawi)还是值得的。

Siyaha

绿洲地区庆祝椰枣丰收的节日,锡瓦一年一度的庆祝活动在该月的月圆前后举办。这很像科普特节日,但比科普特节日热闹得多:不仅有苏非派教徒咏经,还有大量美食。

11月

空气中有些许凉意,餐馆开始供应油乎乎的炖肉。游客抓住机会,在这个气温宜人的月份前往古迹和海滩。

开罗国际电影节

这个著名的节日在11月/12月举行,会放映大量的阿拉伯和国际电影。对埃及来说不同寻常的是,这些放映的电影都是未经审查的。比较有争议和“有伤风化”的电影的票往往卖得最快。通过网站www.ciff.org.eg可查询影片放映安排。

先知诞辰

先知穆罕默德的生日是全国性的节日,孩子们会得到糖果和新衣服。在开罗,苏非派教徒会在节日开始前一周在侯赛因广场(Midan Al Hussein)举办多种活动。

12月

12月的埃及没什么节庆,但此时旅游业开始达到高峰,游客们蜂拥而至,享受冬日的阳光和景色。跟圣诞老人有关的小玩意儿随处可见。

开罗国际双年展

这个相当保守的展览(International Cairo Biennale; www.cairobiennale.gov.eg)由政府资助,不能完全反映出当代埃及的艺术水平,而且前途令人担忧,但也不妨去看看。该展览将于12月末举办。

旅行线路

尼罗河的宝藏

许多游客现在宁愿避开开罗，直飞卢克索——全世界最大的露天博物馆。卢克索景点很多，让人目不暇接。你可以花几天时间泛舟尼罗河，这是欣赏埃及风光最悠闲的方式。

在**卢克索**，在东岸花两天时间游览卡纳克和卢克索神庙，以及宏伟的卢克索博物馆，别忘了逛逛市场。接下来的几天，骑自行车游览尼罗河西岸，那里的主要景点包括国王谷、拉美西斯二世神庙和哈特谢普苏特纪念神庙。留点体力，去看看那些游人较少的景点，如哈布城（Medinat Habu）、贵族墓（Tombs of the Nobles）和德尔麦迪那（Deir Al Medina），它们同样值得一看。

第二周，留出4天时间，乘坐价格亲民的三桅小帆船或豪华游艇，沿尼罗河前往上游的**阿斯旺**。如果乘坐出租车前往阿斯旺，沿途在各景点停留，那么用不了4天时间。从阿斯旺开始，你可以参观位于纳赛尔水库边的**阿布·辛拜勒**神庙。

4周 从北往南

一个月的时间足够游遍埃及的主要景点。这条行程近2000公里的路线覆盖埃及最浪漫的沙漠绿洲、红海潜水场所、尼罗河沿岸最重要的古迹和繁华都市开罗。

在**开罗**的第一天上午，参观埃及博物馆，为这个国家的悠久历史所折服。再花几天时间享受现代化大都市的便利和服务。除了重要景点之外，别忘了在飘浮着甜味水烟气息的热闹咖啡馆（ahwa）里坐坐。接下来参观吉萨金字塔（Pyramids of Giza）和古代大墓地塞加拉（Saqqara）。

乘坐卧铺火车从开罗前往南边的**阿斯旺**，在阿斯旺了解努比亚文化，花一两天时间去参观令人生畏的**阿布·辛拜勒**神庙。从阿斯旺出发，乘坐三桅小帆船沿尼罗河前往下游的**伊德富**，或乘坐出租车游览沿途的各个神庙，然后继续前往**卢克索**。参观尼罗河东岸的**卡纳克**和卢克索神庙建筑群，之后前往西岸玩几天，那里可看的地方很多。乘船或出租车去往神圣的**阿拜多斯**古迹，路上经过位于**丹达拉**的托勒密神庙。

如果看够了古代废墟，包辆出租车从卢克索前往**古赛尔**，玩几天水肺潜水，躺在红海的沙滩上晒太阳。之后径直返回开罗，沿途拜访**圣保罗修道院**和**圣安东尼修道院**。

返回开罗后，从那里出发，乘坐火车前往**亚历山大**，花一两天时间感受那里的咖啡馆和博物馆。然后沿着地中海海岸直奔埃及最富田园风光的**锡瓦绿洲**。这里特别适合闲逛和骑自行车，或许还可以来一次沙漠探险。

2周 沙漠中的世外桃源

西部沙漠融合了郁郁葱葱的绿洲花园、壮观的沙漠景象和古代神庙。在埃及，没有什么地方像绿洲这样平静。

令人激动的西部沙漠之旅以开罗或艾斯尤特为起点：从**开罗**或**艾斯尤特**出发，乘坐长途汽车前往**哈里杰绿洲**，拜访哈里杰文物博物馆（AlKharga Museum of Antiquities）以及希腊和罗马风格的神庙和古墓。

从哈里杰出发，前往西北方向的**达赫莱绿洲**，参观拜拉特（Balat）和盖斯尔（Al Qasr），这两个村子里的房舍都由软泥砖建造，布局像蜂巢。接下来，直奔北方精致可爱的**费拉菲拉绿洲**。到达绿洲后，安排两三天的行程，去迷人的**白沙漠国家公园**露营，之后前往距离开罗最近的**拜哈里耶绿洲**。

从拜哈里耶绿洲通往**锡瓦绿洲**的沙漠公路目前已经关闭，所以你要从开罗绕道才能到达那里。还值得去吗?当然值得。位于大沙海边缘的锡瓦周围都是令人惊叹的美丽沙漠，以盛产椰枣出名，它是亚历山大大帝宣称自己为太阳神阿蒙之子的地方。

1周 拜访都市

在埃及最大的两座城市感受现代化都市生活。熙熙攘攘的大都会开罗的每个城区都有各自的时代特点。亚历山大的咖啡馆文化盛行，也是欣赏希腊风格遗迹的好去处。

在**开罗**，直奔埃及博物馆，饱览埃及历史文物，并散步穿过辉煌不再的闹市区。第二天，参观**吉萨金字塔**，然后是古代大墓地**塞加拉**。在第三天，你可以乘坐地铁前往埃及的科普特区，参观科普特博物馆（Coptic Museum）。再乘坐出租车去往爱资哈尔公园（Al Azhar Park），边俯瞰全城风光边享用午餐，然后在开罗的伊斯兰区度过午后时光。最后一天，在绿树成荫的Zamalek泡咖啡馆，参观几座美术馆，并登上开罗塔（Cairo Tower），再次饱览开罗景色。

第二天上午，乘坐特快列车来到**亚历山大**，用一个上午参观惊人的亚历山大图书馆和亚历山大国家博物馆（Alexandria National Museum）。接下来的一天就尽情领略怀旧风吧：乘坐吱嘎作响的街车，挨个看看这个城市的文豪曾经光临过的Pastroudis和其他咖啡馆。

计划你的行程

乘船游览尼罗河

全世界最长的河流流经壮观的古代建筑，丰沃的河谷在炽热的日光下映衬着沙漠的荒凉之美。在这个快速运转的世界里享受慢游的乐趣，这一切都将成为你在埃及或世界上任何其他地方旅行的亮点之一。

经典航线

历险之极

三桅小帆船最适合寻找冒险的感觉。这种没有船舱也没有任何设施的敞篷帆船是从南往北航行的最佳选择——哪怕风力不足，小帆船也可以漂到下游。

浪漫之至

Dahabiyyas（游艇）的字面意思是“金色的船”，这种又大又豪华的帆船古色古香，19世纪它是尼罗河上唯一的载客交通工具。

热门线路

卢克索和阿斯旺之间的线路最受欢迎，因此尼罗河的这一河段最为繁忙，你或许会发现自己的船排在一长串船只中间。

远离人群

如果你喜欢杳无人烟的景色和奇特的野生动物，不想被人群包围，就去纳赛尔水库吧。

乘船小贴士

何时乘船 夏季（6月至9月）热得要命，因此也是船票最便宜的季节。圣诞节和复活节期间乘船的游客最多，票价也最贵。春季和秋季很理想，而10月和11月光线尤其合适。

从哪儿上船 从卢克索出发的游览通常比从阿斯旺出发的多1天，部分原因在于前者要逆流而上。如果你打算在卢克索多待几天或者预算有限，可以从阿斯旺出发，一路向北。

舱位选择 如果是游轮，不要选择最低的甲板舱位。许多船只的所有船舱都能看到河景，但尼罗河河岸很高（水位下降后显得更高），因此只有占据高处才能看得更远。订票时问问甲板舱的高度。

航行时间 一些乘坐尼罗河游轮的乘客对航行时间之短感到惊讶，由于船只引擎大，所以航程很快就能结束。此外，每天的航行时间仅4个小时，而且在一些旅行线路中，你只能在沿途停留一晚。

线路和地点

在卢克索和阿斯旺之间繁忙的尼罗河河段上，大型游轮会严格按照线路行驶。乘坐这样的游轮，行程通常为在船上住3～6晚，白天下船看景点或在游泳池边和甲板上放松。晚上，船上有多种娱乐活动：鸡尾酒、跳舞和化装舞会——被称为galabeya（意即“男人的长袍”）舞会，乘客尽量“穿得像埃及人”，都很有趣。游船每天的实际航行时间其实很短，根据路线，通常只有4个小时而已。

乘坐三桅小帆船和游艇则要自行决定航行时刻表，而且它们不需要特定的泊船地点，因此可以停靠在小岛或者是通常会被大型游轮略过的古迹，但这些船只通常也有惯用的停泊地点。由于它们的动力来自风帆而不是大型引擎，因此每天的航行时间要长得多。夜晚的娱乐活动不过是看星星、听水流声罢了，偶尔可以欣赏一下船员或村民在岸上的火边“音乐会”。

卢克索和阿斯旺之间的尼罗河河段是埃及保存完好的古代建筑最集中的地方，因此这里也是船只（双向皆是如此）和游客最多的地方。

由于警方的许可证很难搞到，以及通过伊斯纳（Esna）码头的种种问题，卢克索至伊斯纳之间很少见到三桅小帆船和游艇。游艇公司会用大客车把客人从卢克索拉到伊斯纳。三桅小帆船通常从阿斯旺出发，终点是伊斯纳南边。船长可以帮你安排继续前往卢克索的船只，但通常要另外付费。

开罗至卢克索

自从20世纪90年代发生了船只遇袭事件后，游轮已经不走这条线路了。前几年，只有参加团队游才能前往丹达拉（Dendara）和阿拜多斯等古迹，而现在也可以乘坐白天的游轮从卢克索前往丹达拉了。往返于开罗和卢克索之间的游船较少，而且这些游船只在炎热的夏季水位达到高点时运营。

卢克索

卢克索是埃及新王国法老建立的首都，是图坦卡蒙（Tutankhamun）、拉美西斯二世（Ramses Ⅱ）和其他许多名人的故乡，全世界最著名的古代建筑中有一些就在这里。大多数游轮只经过其中少数几个，因此如果你对古迹感兴趣，最好在乘船之外再多花几天时间到岸上走走。

Cruising the Nile 乘船游览尼罗河

亮点包括卡纳克神庙、卢克索神庙、卢克索博物馆、国王谷、贵族墓、德巴哈里（Deir Al Bahri）以及哈布城（Medinat Habu）。

卢克索至阿斯旺

卢克索至阿斯旺是最出名的尼罗河河段，两岸密布惊人的古代建筑，自然景观也美不胜收。所有的游轮都会停靠伊斯纳、伊德富和考姆翁布（Kom Ombo）的托勒密神庙，让乘客下船游览。如果是短途游轮，这三处景点在一天内就能看完。虽然三个景点都不是特别大，但在一天之内游遍时间很紧张，而走马观花的结果不过是你的船只可以在卢克索和阿斯旺多停靠一会儿罢了。

游艇和三桅小帆船可以在三处神庙多停留一些时间，通常每天只停靠一个景点。大多数游艇（和部分三桅小帆船）也停靠几乎罕有游客踏足但在此强烈推荐的卡卜（Al Kab；见241页）和锡勒西莱山（Gebel Silsila；见244页）。游轮不在这样的地方泊船，因此你身边的游客大概只有跟你同船的人，只有19世纪的旅行者才能享受到这么清静的环境吧。

阿斯旺

阿斯旺的尼罗河河段夹在岩石和一连串小岛之间，景色特别美，尤其是河两岸都有一望无际的沙漠。如果你在这里上船，或许在镇上只能住一晚，但也有些游轮在此停泊两晚。大多数路线经过伊希斯神庙（Temple of Isis；见265页）的所在地菲莱（Philae）、阿斯旺大坝（见266页）和未完工方尖碑（Unfinished Obelisk）的所在地北采石场。偶尔有游轮在象岛（Elephantine Island；见250页）停靠，让客人乘坐三桅小帆船兜一圈。如果你的游轮在象岛不停，你应该事后再单独去一趟。有些游轮的行程还包括前往阿布·辛拜勒（见271页）进行半日游（乘客可自由选择，通常乘坐飞机）。

尼罗河上的最佳

尼罗河豪华游 乘坐大游艇，如Meroe号，享受一次私人游轮之旅。

经济型游轮 乘坐三桅小帆船从阿斯旺前往伊德富。

努比亚历险 乘坐African Angler公司的Ta Seti号前往阿布·辛拜勒。

怀旧之旅 在尼罗河最后一艘蒸汽船苏丹号（Sudan）上重温阿加莎·克里斯蒂时代的埃及。

五星级豪华船 Oberoi集团的菲莱号（Philae）游轮曾经获过大奖，其舒适和豪华程度可想而知。

纳赛尔水库

20世纪60年代，阿斯旺附近修建了大坝，纳赛尔水库因此形成。如今它淹没了埃及努比亚的大部分地区，上百座古墓、神庙和教堂沉入水下。有些古建筑在修建水坝之前就被挪走了，现在被分别安置在四个地方：凯拉卜舍（Kalabsha；见268页）、Wadi As Subua（见269页，只能乘船前往）、阿马达（Amada；见269页，只能乘船前往）和阿布·辛拜勒的神庙（见271页）。

由于纳赛尔水库中游轮极少，码头上总是很清静，古代建筑也没什么游客（阿布·辛拜勒的拉美西斯二世神庙除外）。从阿斯旺到阿布·辛拜勒的行程通常是4天3晚，从阿布·辛拜勒到阿斯旺是5天4晚。

乘坐三桅小帆船

对许多旅行者来说，要悠闲而从容地泛舟尼罗河，就选择传统的三桅小帆船（埃及帆船）。乘坐这种船是除了游泳之外你能以最近的距离接触尼罗河的方式。读读下面这些内容，感受下这种船是否真的适合你，并学会避开陷阱。

缓慢的航程

三桅小帆船之旅大多以阿斯旺为起点。由于向北的水流强而有力，因此即便没风，船只也不会动弹不得。这些船开往考姆翁布（2天1晚）、伊德富（3天2晚，这条线路最受欢迎）或伊斯纳（4天3晚）。

20:00以后三桅小帆船不允许航行，所以它们大多数在日落前后就靠岸了，乘客在船上或者岸上露营。从数星星、和船员唱歌到狂欢舞会，夜晚的娱乐活动多种多样，取决于你和其他乘客是否感兴趣。

计划你的三桅小帆船之旅

因为三桅小帆船数量很多（几百艘甚至上千艘），在选择时会让你眼花缭乱。小旅馆也试图打你的主意，赚份回扣。你最好自己找船，这样才能好好地游览。

比较好的三桅小帆船的船长大都在尼

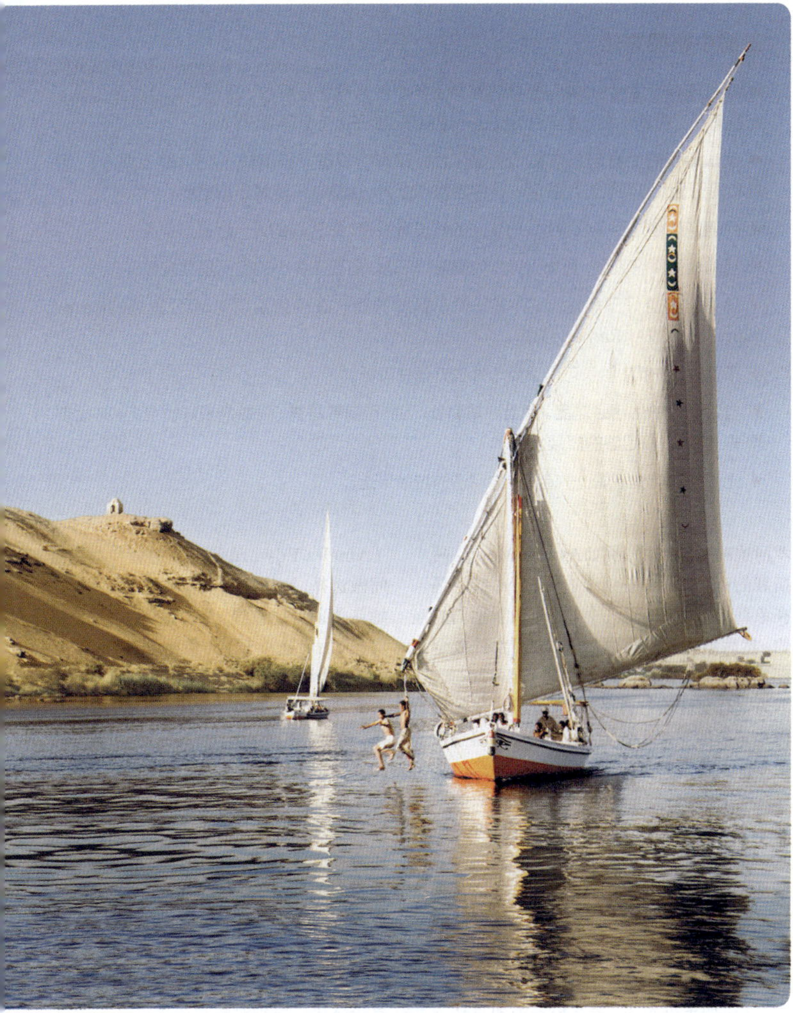

上图：尼罗河上的三桅小帆船

下图：在三桅小帆船上享用埃及早餐

CHAMELEONSEYE/GETTY IMAGES ©

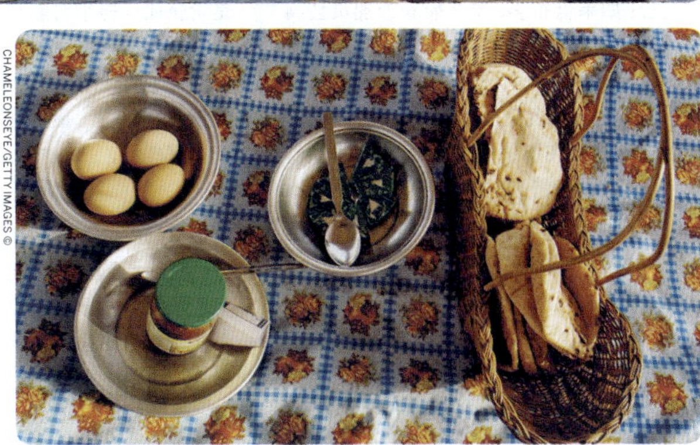

三桅小帆船之旅

- 船上没有卫生间，你得下船或者在岸上找个没人的地方解决。现在一些船长会在船上配备简易卫生间小棚，其实只不过是一道帘子，沙子上有个洞而已。
- 确认船长的船看起来结实、下水没问题，该有的设备一样不缺：毯子（晚上很冷）、厨具和遮阳棚。如果船长在最后一分钟哄骗你上另一艘船，你要坚定地拒绝。
- 问清楚价格是否包含食物，确认交的钱没有被黑，跟采购的人一起去买东西。
- 提前谈妥乘客人数，要求见见其他乘客，毕竟你们要在狭小的空间里共度数天。
- 动身之前想好下船地点，许多三桅小帆船的船长在伊德富以南30公里处的Hammam、Faris或Ar Ramady靠岸。
- 不要交出护照，船长可以拿复印件去办理许可证。
- 自带舒适的生活必需品。晚上冷得刺骨，因此可自带睡袋。驱蚊剂最好也带上。必须带帽子、防晒霜和足够的瓶装水。
- 无论你在哪里下船，一定要把你制造的垃圾带走。

罗河边的餐馆喝酒，例如Aswan Moon、阿斯旺的Panarama餐馆旁边的Emy，或者是在象岛上的餐馆。见几个船长，看看他们的船，然后再决定选择哪一艘。独身女性或全部为女性的团队应该尽量找几个男性同行，因为曾有女性旅行者报告说，她们乘坐的三桅小帆船的船长不老实，也发生过几起女性受到严重袭击的案件。

理论上，一艘三桅小帆船可以搭载的乘客数量为最少6人或最多8人。价格可以商量，根据市场需求浮动。如果6~8人同乘一艘船，每人每天最少花费LE150，价格含食物。此外每人还要交给船长LE5~10，让他去办警察登记手续——这需要在起程前一天安排。你花的钱有可能低于上述价格，但要当心：如果低很多，要么船长或船员会满心抱怨，要么在船上度过的3天你只有一点点面包和富尔（fuul，蚕豆面饼）可吃。在到达目的地之前不要交全款，因为曾经发生过船长趁着乘客在所谓"停船休息"的时候驾船一走了之的事情。

如果真的出现问题，你首先应该找旅游警察或旅游办公室。

游艇——金黄之船

19世纪小说家艾米丽亚·爱德华兹（Amelia Edwards）把在游艇和蒸汽船之间做选择，比作在马车和火车之间做选择。她认为前者比较慢，令人愉快，不过价格昂贵；而后者速度较快、价格低廉，但缺乏吸引力。当她在19世纪70年代旅行时，尼罗河上的蒸汽船几乎完全取代了游艇。但近几年来，游艇东山再起，如今已经有了数十艘。Nour el Nil、La Flâneuse du Nil、Lazuli和Nile Dahabiya这些公司都拥有养护得宜的漂亮游艇，船上古色古香，装饰品位高雅，还有双层大风帆。由于游艇载客量小，因此乘坐游艇成为清静地游览古迹的最豪华方式。

大多数游艇路线灵活，提供个性化服务，乘客既不受打扰，又感到非常舒适，只是价格比三桅小帆船和游轮贵多了。费用包括三餐，通常还包括机场/火车站接送。有些还涵盖了古迹门票和导游费，你在预订之前应该先问清楚。最好在动身来埃及之前就安排好船只。

Meroe（www.nourelnil.com；5晚行程每人€1700起）仿19世纪的游艇而造，跟原型一模一样。它是尼罗河上经营得最好也最惹眼的游艇，而且罕见地由船主自己经营。船上有10个舒适豪华的白色舱房，都带独立浴室和能俯瞰尼罗河的大窗户，能搭载20名乘客。

因为这艘船是新建造的，进行了深度优化，

有充足的空间存放衣物和行李箱，水泵和滤水系统都很好。白天，从古迹和庭院漫步回来后，可以在宽敞的甲板上读书看景，或者跳进尼罗河里游泳。游艇上的食物都来自沿途的农庄和市场，厨师会使用大量的新鲜蔬菜、农场喂养的小鸡、鸭子和鱼烹饪出美味可口、品种丰富的饭菜。

这艘游艇按照客人的要求定制路线，可以停靠小岛和村庄，因此是一种独特的游览尼罗河的方式，令人仿佛置身100年前。没风的时候，游艇由摩托艇拖行。船主还拥有另外3艘船：拥有8个船舱的Malouka号、El Nil号和Assouan号，这3艘船的要便宜得多。4艘船都只走伊斯纳至阿斯旺的路线（5晚）。

Orient（www.nile-dahabiya.com；3晚€525起）漂亮的Orient号有4间双人舱房和1间套房，比许多游艇都小，但绝不逊色。船主是埃及人，最受欢迎的卢克索餐馆之一（Sofra；见504页）也是他们经营的。Orient号及其姊妹游艇Zekrayaat号和Loulia号都是很不错的中等价位游艇。

La Flâneuse（www.la-flaneuse-du-nil.com；2晚每人€900起）这艘船状况良好，运行妥当。与传统游艇一样，这艘船依靠风帆（或拖船）前进，但7间舱房都有空调。航程较短，伊斯纳至阿斯旺线路为4晚，阿斯旺返回伊斯纳为3晚。

Lazuli（☎010 0877 7115；www.lazulinil.com）现在的尼罗河上有3艘Lazulis号游艇，一艘有5间舱房，另外两艘都有6间舱房。船身很长，看起来十分优雅，有宽敞的甲板、座椅、坐垫和长桌（三餐基本都在这张桌子上吃）。舱房舒适，面积虽小，但配备现代化的独立浴室和太阳能卫浴。

游轮

阿斯旺至卢克索的尼罗河河段曾有300艘游轮往来，直到旅游业的衰败导致许多游轮被废弃。跟酒店一样，游轮也有不同的档次，低端的略微破旧，高级的十分豪华，但大多数都有游泳池、宽敞的屋顶区域（晒太阳、观景）、餐厅、酒吧、空调、电视、迷你吧和单独的浴室。

乘坐游轮价位适中，是游览尼罗河最轻松方便的方式，很适合有较大孩子的家庭（除了参观古迹，孩子们还可以在游泳池里玩水），或者既想游览景点又不愿太劳累的游客。坏处是总是得跟许多人一起游览景点，而且路线通常固定不变。船只几乎总是聚集在一起停泊，密集的船只意味着发电机和空调机的轰鸣打破了河面的宁静。本书作者调研时遇到的坐过游轮的人一致表示：便宜的游轮卫生条件不好，没有游泳池，船舱四面漏风，而且还有不少隐性消费，相比较而言，还不如坐三桅小帆船。

要避免遭遇这种游轮，唯一的办法就是参加全包价的埃及旅行团。这样不仅价格通常比较便宜，而且旅行社能保证游轮的品

有关尼罗河的旅行故事

《尼罗河上的一千英里》[*A Thousand Miles Up the Nile*；艾米利亚·爱德华兹（Amelia B Edwards）著]爱德华兹热爱旅途中见到的古埃及文明遗产，她建立了总部设在伦敦的Egypt Exploration Fund，该基金至今仍在资助考古项目。

《历史》[*The Histories*；希罗多德（Herodotus）著]公元前5世纪一位充满好奇心的希腊历史学家将埃及风俗、奇特的礼仪和离奇的传说记录下来。

《尼罗河上的冬天》[*A Winter on the Nile*；安东尼·萨汀（Anthony Sattin）著]讲述了弗洛伦斯·南丁格尔（Florence Nightingale）和古斯塔夫·福楼拜（Gustave Flauber）在19世纪的尼罗河之旅。

《古老而蜿蜒的尼罗河：寻找源头之旅》[*Old Serpent Nile: A Journey to the Source*；斯坦利·史都华特（Stanley Stewart）著]20世纪80年代，史都华特从尼罗河三角洲前往位于乌干达月亮山脉（Mountains of the Moon）的尼罗河源头，以写实的笔法记录了这次旅行。

尼罗河简介

尼罗河是全世界最长的河流，长达6680公里，向北流经非洲的11个国家，最后汇入地中海。尼罗河有两个确定的源头：来自乌干达维多利亚湖（Lake Victoria）的湖水流入白尼罗河（White Nile），来自埃塞俄比亚高原塔纳湖（Lake Tana）的湖水汇入青尼罗河（Blue Nile）。两条河在苏丹的喀土穆（Khartoum）交汇。继续往北流320公里后，第三条支流阿特巴拉河（Atbara）汇入。尼罗河从这里开始向北流，直至流向大海，中间没有任何支流汇入，也几乎没有降水进入河流。

质。从欧洲出发的埃及旅行团最好。不要跟埃及的小旅馆预订游轮，这些旅馆不像旅行社那样具有资质，因此一旦出了问题你无处投诉。由于本书写作之际埃及的旅游业仍不稳定，游轮价格（包括三餐、古建筑门票和导游费）差别极大。预订之前应该向游轮公司询问价格。

卢克索和阿斯旺之间

苏丹号（M/S Sudan；www.steam-ship-sudan.com；3晚€850起）苏丹号原本属于1885年托马斯·库克（Thomas Cook）的蒸汽船队，曾经归埃及国王King Fouad所有。它还曾被用作电影《尼罗河上的惨案》（*Death on the Nile*）的布景。经过修缮后，苏丹号上有23间舱房，每间都带独立浴室和空调，而且可以直通甲板。船上没有游泳池，这一点比较特殊，但其历史和特色独一无二，凭这一点就强过大多数游轮。这艘船的规模决定了它无法跟其他游轮停泊在一起，因此晚上也能看到美景。路线分3晚和4晚两种。注意：7岁以下的儿童禁止登船。

菲莱号（M/S Philae；www.oberoihotels.com；船舱每晚€425~1370）荣获大奖的菲莱号是目前在尼罗河上运行的最好的现代游轮，人们对它进行了彻底的改装。它也是最贵的游轮之一。它拥有18个船舱和4个套房，所有船舱和套房里面都有可以打开的巨大的风景窗。它在卢克索和阿斯旺之间运行，航线分4晚和6晚两种。船上有很棒的厨房、健身房、图书馆，以及所有你想要的复杂设施，包括一个水疗中心和治疗室。

太阳船三号（M/S Sun Boat Ⅲ；www.sanctuaryretreats.com）作为Sanctuary旗下最小的游轮，美丽的太阳船三号有14间舱房和4间套房，都以当代埃及特色装饰，非常完美。7晚的航线包括游览丹达拉和阿拜多斯。船上的晚餐既可以单点菜，也有套餐（两种欧洲口味和一种埃及口味），还可以选择在房间内就餐。船只航行时十分平稳，完美无瑕，公共区域严禁使用手机。设施包括游泳池和健身器械。Sanctuary的游轮曾经归Abercrombie & Kent所有，还包括更大的太阳船五号（M/S Sun Boat Ⅳ）。在水位允许的情况下，该游轮会在开罗和阿斯旺之间运营。Sanctuary旗下所有的船只都雇用学识丰富的埃及文物学家做导游，在卢克索、阿斯旺和翁科布都有专属停泊码头。

Viking Ra号（M/S Viking Ra；www.vikingrivercruises.co.uk；12晚£5295起）维京人拆掉了Ra号的外壳，并在2017年对其进行了重修。24间套房中的大部分房间只要一开门就能看见小走廊，船上还拥有一家不错的酒店的所有设施，包括一个水疗中心。目前，它只作为埃及12日游的一部分对外经营。

Darakum号（M/S Darakum；www.movenpick.com）这艘船虽然算不上特别豪华，但又宽敞又高级，有44间舱房和8间套房，另外还有一个游泳池。内部装修风格是20世纪70年代的，没有多少埃及特色。甲板上躺椅很多，食物和服务都很好，是运营这艘船的Mövenpick公司的一贯水准。

纳赛尔水库

纳赛尔水库中目前有几十艘船，其中几艘比其他的好。

Ta Seti号（☎012-2749-1892，010-0134-2410，097-230-9748；www.african-angler.net）Tim Baily曾在撒哈拉沙漠以南的地方探险，然后他开办了第一家纳赛尔水库探险公司：African Angler。他手下有一批经验丰富的导游，他们了解植物、动物，包括湖中的鱼，他自己也经营着几艘有特色的小船。有两间舱房的船屋带卫生间和淋浴，而只有两张上下铺的探险船比较简陋，厨具和供给品都放在“母船”上。航线有长有短，长的

阿斯旺（见247页）的努比亚女人

7晚，短的1晚，从阿斯旺或阿布·辛拜勒出发都可以。

Nubiana（见271页）这是一艘小机动船，船上有3间小舱房、1间套房和1间公共淋浴室。上层是客厅和阳光甲板。可以为钓鱼或滑水的客人安排快艇。所属的公司组织从阿斯旺前往阿布·辛拜勒的5日乘船加徒步之旅。

Prince Abbas（☎010-0005-9590，02-2690-1797；www.moevenpick.com）瑞士连锁公司Mövenpick，船上有图书馆、健身房以及带游泳池和按摩浴缸的阳光甲板。宽敞的舱房内有电视、音响系统、迷你吧、大型落地窗和独立浴室。

计划你的行程

红海潜水

埃及的水下景观与陆上景观同样迷人。海平面之下是由彩色小鱼游弋其中的珊瑚丛林和浅礁石构成的奇妙世界。来到这个万花筒般的乐园，你就会理解潜水爱好者为何奉红海为传奇之地。

最佳潜水体验

最佳潜水入门体验

沿倾斜的宰海卜灯塔礁（见401页）慢慢下水，虽然这里距离海岸仅数步之遥，但水下有许多充满好奇心的小鱼倏忽穿梭。

最佳潜水地点体验

一个猛子扎进蓝洞（见400页）。

最佳沉船潜水体验

探索如同水下博物馆一般的蓝蓟花号（见392页）沉船，这艘“二战”时的供给船的残骸是雅克·古斯托最先发现的。

最佳海洋生物体验

在举世闻名的Elphinstone（见378页）跟锤头鲨和魔鬼鱼面对面，亲眼看看皇帝神仙鱼和海龟，身边还会游过一大群金枪鱼。

与生活在萨玛黛（见380页）的海豚一起嬉水。

最佳世外桃源体验

大着胆子去阿莱姆港（见378页）的南部远端，有从阿莱姆港前往Fury Shoals的一日游活动。

何时潜水

红海全年皆可潜水，但夏季（7月至9月）潜水条件最佳，此时海面平静，海水平均温度为26℃，能见度高，各方面潜水条件俱佳。话虽如此，如果你忍受不了酷暑，就别在8月去，因为8月气温经常飙升至40℃以上。

在冬季的12月至次年1月，海浪和强风使某些潜水地点变得很难甚至无法到达。但如果你只在海边潜水，那就完全没问题了。这段时期海水能见度稍差，水温急剧下降。好处是，与夏季不同，潜水的人不多。

如果你打算在红海的最南端潜水（阿莱姆港及以南），别忘了4月和5月有几周时间浮游生物大量繁殖，海水能见度会降低，因此最好不要在这时候去。

去哪儿潜水

潜水地点集中在埃及红海的北端，但越来越多的高水平潜水者逐渐往南边转移。最热门的潜水地点在西奈半岛的南端，那里有几处堪称“红海王冠上的明珠”。穆罕默德角国家公园（Ras Mohammed National Park）和古泊尔海峡（Straits of Gubal）的水下美景使得科学家和环保主义者展开讨论，在1989年选定红海北部为全球七大水下奇观之一。

延伸至海里的狭长陆地构成了穆罕默德角国家公园（见388页），这里也是“圣三一”——鲨鱼礁（Shark Reef）、伊尔花园（Eel Garden）和乔兰达号（Jolanda）沉船的所在地。在离岸较远的地方，西奈半岛西侧的**古泊尔海峡**（Straits of Gubal）由一连串珊瑚礁组成。这些珊瑚礁贴近海面，经常擦到驶往北边苏伊士运河的船只底部。埃及的沉船大多位于这里，包括“二战”时的供给船蓝蓟花号，它的残骸是20世纪50年代由雅克·古斯托发现的。

蒂朗海峡（Straits of Tiran）是另一个潜水地点集中的区域，这个狭长的海峡是通往亚喀巴海湾的入口。海浪冲刷着深深的海峡，珊瑚在水下大量繁殖，吸引了众多海洋生物。

再往南，许多近岸小岛周围有最好的礁石。虽然离赫尔加达最近的礁石已经被旅游业破坏殆尽，但南边远处仍有许多植被茂盛的潜水地点。

如果想参加红海潜水之旅，晚上在哪里过夜取决于你的旅行方式。有些旅行者在适合背包族住宿的宰海卜（Dahab）多住了几天，而其他人喜欢沙姆沙伊赫和ElGouna等度假城镇的舒适。至于那些希望尽可能多潜水的人，在船上住一周是最理想的选择。

沙姆沙伊赫和奈阿迈湾

沙姆沙伊赫（见391页）和相邻的奈阿迈湾位于西奈南端附近、穆罕默德角国家公园边界上，两者构成了全球最热闹的潜水目的地之一。沙姆沙伊赫主要接待欧洲背包客，客人们希望住西式度假村，而设施要达到四星或五星级酒店的标准。此外这里也有几个以潜水者为目标客户的很不错的度假村，毕

蓝蓟花号：红海最好的沉船潜水

129米长的货轮蓝蓟花号由东北海洋工程公司（North East Marine Engineering Company）建造，1940年在英国的桑德兰（Sunderland）竣工并起航。它曾经成功地到达过北美、东印度群岛和阿根廷。1941年，它从格拉斯哥（Glasgow）扬帆出海，满载重要物资，计划前往北非解围——英国军队正在准备十字军行动（Operation Crusader，从德国第8军手中解放托布鲁克），然而这艘船却在1941年10月6日凌晨2点沉没。

当蓝蓟花号在古泊尔海峡等待允许通过苏伊士运河的信号时，4架从克里特岛（Crete）起飞的德国亨克尔He-111轰炸机袭击了它。4架飞机在完成西奈海岸巡逻后返程的途中，为了卸下未使用的炸弹而瞄准了蓝蓟花号。一枚炸弹直接命中船身的第四块加固板，把船只炸成两截，船上运载的两个火车头被炸飞。不可思议的是，两个火车头径直落入海床，正好在沉船两侧一边一个。船只在不到20分钟的时间内就沉没了，49名船员中有9名也随之葬身海底。

蓝蓟花号直到1956年才被富有传奇色彩的法国潜水者雅克·古斯托发现，当时他在穆罕默德角西北方向潜入17~35米深的海底。古斯托发现了这艘“二战”货轮里的诸多财富，包括完整的弹药和供给品，如贝德福德（Bedford）卡车、莫里斯（Morris）小汽车、BSA 350摩托车和布伦（Bren）轻机枪炮架。虽然古斯托拿走了船上的铃、船长的保险柜和一辆摩托车，但没有动其他东西，也没有把沉船地点告诉任何人。但是，1993年，一些在此地潜水的人发现了沉船，从此这里成为全球首屈一指的沉船潜水胜地。

由于从沙姆沙伊赫乘船单程需要3个半小时，因此游览蓝蓟花号（见392页）的最好方法是参加两天一晚的潜水之旅。全西奈的潜水旅行社都能帮你安排。第一次潜水的时候，先在沉船旁边逛逛，亮点是沿着船只一侧的水手过道游泳。第二次潜水时就可以进入船只内部了，边游边欣赏这个活生生的“二战博物馆”。

Diving the Red Sea 红海潜水

MOUNTAINS
红海山脉
El Hamarawein
Brothers Islands
RED SEA
红海
Al Wajh
Zurayb
Al Quseir
古赛尔
Wadi Hammamat
瓦迪哈马马特
Eastern Desert
东部沙漠
Marsa Shagra
Elphinstone Reef
Marsa Alam
阿莱姆港
Masra Nakari
Shams Alam
Wadi Gimal Island
Gebel Hamata (1977m)
Wadi Gimal
Philae
菲莱
Lake Nasser
纳赛尔水库
Berenice
贝勒尼基
Ras Banas
Southern (Far) Islands
南部岛屿
去Saudi Arabia
沙特阿拉伯的渡轮

Diving the Red Sea 红海潜水

潜水地点

No.	地点	坐标
1	Alternatives	F3
2	Amphoras	G3
3	Bells	G1
4	Big Brother	C5
	蓝洞	（见3）
5	Bluff Point	E4
	Canyon	（见8）
6	Daedalus	D6
7	Dunraven	F4
8	伊尔花园	G1
9	El Kaf	C5
10	El Qadim	C5
11	Elphinstone	C6
12	Gabr el-Bint	G2
13	花园礁	G3
14	吉夫顿岛	B4
15	Gordon Reef	G3
16	Gota Abu Ramada	B4
17	Hamada	D7
18	岛屿	G2
19	Jackfish Alley	F3
20	杰克逊礁	G3
	乔兰达号	（见35）
	Kingston	（见33）
	Little Brother	（见4）
21	Panorama Reef	B4
22	Ras Mumlach	G1
23	Ras Shaitan	C1
24	乌希德角	F3
25	Ras Za'atir	F3
26	岩石岛	E8
27	Salem Express	B5
28	Sataya Reef	D8
29	Sha'ab Abu Nuhas	F4
30	Sha'ab al-Erg	F4
31	Sha'ab Samadai	D7
32	Sha'ab Sharm	D7
33	Shag Rock	E3
34	Shark Observatory	F3
35	鲨鱼礁	F3
36	Sinker	C1
37	Siyul Kebira	F4
38	Small Crack	F3
	Stingray Station	（见1）
39	蓝蓟花号	E3
40	托马斯礁	G3
41	Tower	G3
	Turtle Bay	（见2）
42	Umm Qamar	F4
43	乌希德	G2
44	Zabargad Island	E8

竟沙姆沙伊赫最主要也是唯一的亮点就是水下世界。镇上的西式酒店适合既想潜水又不想过于劳累的家庭度假人士。

➡ **优势** 悠闲的度假村生活；适合初次潜水者和家庭度假人士；去穆罕默德角交通便利；有沉船潜水。

宰海卜

悠闲的小村庄宰海卜（见400页）周围全是极好的潜水地点，村里有大量便宜的客栈，海边还有成排的餐馆。宰海卜特别适合初次潜水的人，因为有些很不错的潜水地点离岸边很近，出门即是。从村子到世界一流的潜水地点交通便捷，有经验的潜水者也能找到心仪的地方。宰海卜是前往穆罕默德角国家公园潜水的一个方便的起点，住在这里也比住在沙姆沙伊赫划算。2011年革命之后，旅游业骤冷，意味着现在来宰海卜潜水的游客比从前少多了。

➡ **优势** 适合背包族、初次潜水者、想把潜水活动融入假期的自助游家庭度假人士；PADI潜水课程物超所值。

塔巴和努韦巴

与西奈的潜水地点相比，塔巴（见411页）和努韦巴（见407页）的潜水者少得多。但这里也有十几个一流的潜水地点（尽管水下不如西奈和红海其他潜水地点那么丰富多彩），适合喜欢低调和清静的独立潜水者。如果希望更加悠闲，有些潜水者还会住在努韦巴—塔巴海岸公路（Nuweiba-Taba coastal highway）边的海滩露营地里。2011年革命之后，该地区的旅游业遭受重创，想来这里潜水的旅行者在制订旅行计划之前应该密切关注政府的旅行建议。

➡ **优势** 远离人群。

赫尔加达和艾尔古纳

埃及第一个度假镇赫尔加达（见367页）已经有些年头了，这里开发过度，而且环境管理不善。而位于赫尔加达北侧的艾尔古纳（El Gouna；见364页）是个五星级度假镇，看起来仿佛跟埃及完全不搭界。由于游客太多，两个镇子附近的礁石都被严重破坏了，但因为从这里前往吉夫顿群岛（Giftun Islands）和古泊尔海峡的潜水地点交通便利，所以仍然不失为很好的住宿地点。由于游客多，潜水旅行团可能人满为患（潜水地点同样如此）。幸好，现在在当地非政府组织的牵头下，这里已经实施保护措施了，情况开始有所好转。

➡ **优势** 度假村风格的住处；全包价很划算；将红海潜水和尼罗河谷观光相结合；古泊尔海峡有沉船潜水。

塞法杰

塞法杰（见374页）基本上不太吸引游客。这不是坏事，这个港口小镇虽然平平无奇，但近海有几处原始珊瑚礁。与附近的赫尔加达和艾尔古纳不同，塞法杰的度假村极其低调，来这里住的几乎全都是一心只想玩潜水的人。

➡ **优势** 适合以潜水为主的度假；有潜水技术培训。

古赛尔

作为一个有数百年历史的古老贸易和出口港，安静的小镇古赛尔（见376页）拥有大多数红海潜水目的地所没有的魅力。这里的旅游设施相对较少，意味着近海潜水地点通常空无一人，只不过风浪经常很大。

➡ **优势** 远离拥挤的人群。

红海概况

深度 4~40米。

能见度 15~40米。

海水温度 平均21~30℃，1月最冷，8月最温暖。

交通方式 岸边陆路、小船和豪华船艇。

阿莱姆港

阿莱姆港（见378页）是距离红海南岸潜水地点最近的村庄，尽管近年来大兴土木建设度假村，但村里仍保持着安静的氛围。如果你既想去离海岸尽可能远的地方潜水，又不想花钱住在船上，那么这里最适合你。从海岸南端沿线的礁石开始，越往北游人越少，但你要注意：这里风浪很大，许多潜水地点更适合有经验的潜水者。来这里玩潜水的老手们会告诉你：只要在这里潜过水，就会觉得其他地方跟这里都没法比。

➡ **优势** 适合以潜水为主的度假；适合中级和高级潜水者；人少。

可供住宿的豪华船艇

埃及的大型潜水旅行社大多数都能组织潜水探险，时间从一晚至两周不等。乘坐豪华船艇的潜水探险游（又名“海洋探险”）价格取决于船只和目的地，如果是去

红海

三面环绕沙漠的红海形成于4000万年前，当时阿拉伯半岛从非洲大陆分离，印度洋的海水流进空隙。红海南端以25公里长的巴布·厄尔·曼德海峡（Bab Al Mandab Strait）为界，是唯一一个几乎全封闭的热带海洋。没有河流汇入红海，来自印度洋的水流也很少。上述独特的地质特点，加上贫瘠沙漠的天气和高温，使得红海的含盐量极高。这里多风，海面风平浪静的日子平均每年只有50天。

关于“红海”这个名字的来历（红海其实是深蓝色的），两种观点都很有道理。有些人相信红海的名字来自周围的红色岩石山峰。另外一些人坚持认为其得名原因是周期性出现的、会把海水染成红棕色的藻类。无论如何，古代航海者绝不会无缘无故地把它叫作Mare Rostrum（红海）。

游览海洋公园群岛

对有经验的潜水者来说，埃及海洋公园群岛[**Big Brother**、**Little Brother**、**Daedalus Reef**、**Zabargad**和**岩石岛**（Rocky Island）]的潜水地点虽然偏僻，但拥有红海最好的珊瑚礁和丰富的海洋生物。前往上述地点的潜水者要遵守严格的规定：未完成30次潜水的人不能去，严禁夜间潜水或登岛，禁止钓鱼、用鱼叉捕鱼和使用手套。

由于规定严格，每个潜水团队都必须得到许可，公园管理员经常跟潜水者一同乘船，目的是确保规定得到严格执行。运送潜水者的船只必须有特殊的安全设备——每次航行前，国家公园和红海省当局都要检查。

如果你有幸来到这个地区，一定要认真检查船只有无执照。如果你被抓住乘坐无照船只，你的设备或行李会被没收，你甚至面临羁押。

南边远处比较偏僻的潜水地点，价格最贵。虽然沿途看不到埃及的陆地风光，但船只会经过形形色色的潜水地点，包括许多比较远且一日游无法到达的地方。

总体而言，你在同意登船之前应该先看看船只情况。如果价格特别便宜，就得问清楚费用里是否包含三餐和潜水。此外，确认你的豪华船艇是否达到了下列要求：

- 船上应该有潜水向导，比例是12个潜水者配备一名向导（如果是去海洋公园地区，则为8个潜水者配备一名向导）。
- 乘坐豪华船艇前往海洋公园的潜水者必须是有经验的，至少完成过30次有记录可查的潜水，而且购买了覆盖潜水的保险。

你可以在到达埃及之后自行预订乘坐豪华船艇的普通打包游，专营红海潜水度假游的旅行社多如牛毛。下面是其中几家：

Emperor Divers（www.emperordivers.com）Emperor Divers的豪华船艇潜水游从沙姆沙伊赫、赫尔加达或阿莱姆港出发。

Blue O Two（www.blueotwo.com）这家潜水度假游旅行社的总部在英国，客人乘坐公司旗下的豪华船只从赫尔加达和阿莱姆港出发。

Crusader Travel（www.crusadertravel.com）组织红海乘船潜水旅行团，想要潜水的残障旅行者也可以参加。

Oonasdivers（www.oonasdivers.com）这家潜水中心位于沙姆沙伊赫的奈阿迈湾，豪华船艇游价格合理。

你将看到什么

红海有1000多种海洋生物，它们色彩缤纷，形状各异。鱼、鲨鱼、海龟、黄貂鱼、海豚、珊瑚、海绵、海参和贝类在水下自由地繁衍生息。在红海里发现的鱼类中大约有20%是该地区特有物种。

珊瑚 珊瑚礁是由珊瑚构成，人们对它的误解曾长达数百年。珊瑚分软和硬两种，并不是能开花的植物，这实际上是一种动物，由珊瑚虫组成。这种圆柱形的微小动物有随水流招展的触手，触手刺中猎物后把猎物拖进胃里。白天，珊瑚缩进珊瑚礁的孔洞里，只有在晚上才能看到它们真正的颜色。

鱼 红海的鱼类五花八门，令人眼花缭乱，其中许多是红海特有的。大多数鱼类与珊瑚礁有密切的关系，它们在珊瑚礁或附近的海草上繁衍生息，其中包括石斑鱼、隆头鱼、鹦嘴鱼和鲷鱼等常见鱼类。金枪鱼和梭鱼等生活在开放水域，去珊瑚礁那里只是为了觅食或繁殖。

蝠鲼 在红海潜水时如果能亲眼看到这种翩翩游动的优雅鱼类，那真是太幸运了。蝠鲼又称魔鬼鱼，有一对翅膀似的胸鳍和巨大的身躯，一眼就能认出来。它们能长到将近7米长，重达1400公斤。它们通常在海面附近出没，因为在那里能找到作为食物的浮游生物。

鲨鱼 潜水者遇到的鲨鱼最有可能为白边或黑边真鲨。虎鲨和体型巨大、捕食浮游生物的鲸鲨通常生活在深海。如果你害怕这些位于食物链顶

VERDE MASSIMO/SHUTTERSTOCK ©

儒艮和鱼

端的庞然大物，那么在红海你可以放心，因为发生在红海的鲨鱼袭击事件十分罕见（不过的确发生过）。

海龟 该处水域最常见的是绿海龟，但偶尔也能见到棱皮龟和玳瑁。海龟在埃及是受保护的动物，虽然人们不会特意捕捉，但有时它们会被渔网挂住，最终出现在开罗和沿海餐馆的餐桌上。

最好敬而远之的海洋生物 有些生物看起来或许不大起眼，但你最好敬而远之，特别是海鳝、海胆、火珊瑚、河豚、鳞鲀、蓑鲉和石鱼。为了更好地保护自己，你在下水之前最好先看看上述生物的图片，熟悉一下它们的模样——潜水地区周边旅馆的书店都出售红海常见危险海洋生物的单页彩图指南。

负责任的潜水

红海的自然奇观跟埃及的法老遗产同样美妙，前者在周围沙漠的衬托下甚至显得更为惊人。但是，必须小心保护珊瑚礁和鱼类的脆弱世界不受到永久性的破坏。亚喀巴海湾内的整个埃及海岸（即赫尔加达以南至

红海儒艮

这种生活在红海的海洋动物十分神秘，其分布和数量都不为人所知。重达500公斤的儒艮有纺锤形的身体和类似海豚的尾巴，很容易辨认。浅海海域是这些温和的素食者的自然栖息地，它们以那里的海草和其他植物为食。因此，沿海的水质退化和污染对它们的影响特别大。在埃及看到的儒艮大多出没于赫尔加达以南的海岸，Marsa Abu Dabab的潜水地点（阿莱姆港北方）是著名的观看儒艮处。为了保护这个水域和居住在该海湾的儒艮，该潜水地点周边实施分区管理并限制往来交通。

出发之前先研究一下

潜水和水上运动商会(The Chamber of Diving & Watersports; www.cdws.travel)埃及的潜水公司认证组织,其网站上提供埃及信誉良好的潜水中心名单,但可惜没能及时更新。

HEPCA(www.hepca.org)赫尔加达环境保护协会是当地的非政府组织,积极促进整个红海地区的环境保护。网站上有大量关于红海的信息,对旅行者而言是很好的资源。

潜水地点黄页(Dive Site Directory; www.divesitedirectory.co.uk)对整个红海的潜水地点的评论。

埃及旅游局(www.egypt.travel)埃及旅游局官网上有很不错的基本信息,你可以从这里入手,计划你的红海潜水之旅。

苏丹的红海海岸)现在几乎都成了保护区。潜水者和水肺潜水者应该遵守教练的要求,不要摸或踩珊瑚。如果珊瑚死了,鱼类迟早也会死亡或离开。

总体而言,保护珊瑚礁生态和美景的总则就是什么都不要带走,什么都不要留下。其他需要考虑的如下:

- 永远不要在礁石上抛锚,小心不要把船只停在珊瑚礁上方。
- 避免触摸或站在活体海洋生物上,也不要在礁石上拖拽设备。哪怕最轻柔的碰触也会让珊瑚受损。如果你必须靠礁石支撑身体,只触摸露出水面的部分或者死珊瑚。
- 小心你的脚蹼。即使没有碰触,脚蹼带起的水流也有可能损伤附近礁石上脆弱的生物。注意不要卷起沙子,沙子会使生物窒息。
- 练习如何控制浮力。下潜太快的潜水者会跟礁石发生碰撞,大部分破坏就是这么造成的。
- 留神水下洞穴。尽量不要在水下洞穴里逗留,因为你呼出的二氧化碳会吸附在洞穴顶部,从而造成破坏。遇到小洞时,潜水者轮流看一下就可以了。
- 抵制诱惑,不要采集或购买珊瑚或贝类,也不要从海底古迹(主要是沉船)那里拿走东西。
- 确认你把所有制造的垃圾和看到的废弃物都带走了。塑料对海洋生物的危险尤其大。
- 不要喂鱼,尽量不要打扰海洋动物。
- 如看到有潜水中心或潜水团队违反上述规定,向赫尔加达环境保护协会(Hurghada Environmental Protection & Conservation Association,简称HEPCA)报告。

登山和潜水注意事项

攀登高山可能致命,尤其是如果你的身体里有未排净的余氮——如果你最近曾经潜过水,那么应该知道,西奈山的高度足以引起失压症。为了万无一失,应避免在潜水后12小时内或多次潜水后18小时内登山。虽然这可能会打乱你的旅行计划,但请相信,如果你被送进高压氧舱,行程会变得更加糟糕。没错,减压病会让你很痛苦,这可不是闹着玩的。

学习潜水

埃及的潜水俱乐部大多提供PADI证书培训,但你偶尔也能找到NAUI、SSI、CMAS和BSAC培训。

埃及的大多数潜水中心都提供PADI水肺潜水(2天)和PADI开放水域(4天,课程密集)潜水课程。PADI水肺潜水课程通常为€200起,PADI开放水域潜水课程€270起。比较不同潜水中心的报价时,要确认价格是否包含证书费和教材。

初学者课程的设计理念是反复灌输潜水要领，让学员能在入水后保持镇定。这种课程的安排如下：先课堂授课，学员学习潜水规则和基础知识，然后在有边界的水域（如水池）里练习，最后就是直奔大海。如果你还没下定决心学习潜水，所有的潜水俱乐部都提供水肺潜水入门课，你可以尝试一次，含设备在内€45~95。

除了基本的认证外，沿岸大多数信誉良好的俱乐部还提供各种高级课程、专业级课程以及技术潜水培训课程。

选择潜水公司

无论你选择当地小潜水中心，还是高级度假村或者豪华船艇，找到一家潜水公司完全不成问题。红海沿岸的大型度假村和旅馆几乎都附设潜水中心，主要沿海城镇里还有不计其数的独立小型潜水中心。有些中心和船艇位置偏，也不够正规；另外一些则既时尚又井井有条。

显然，潜水是该地区的主要收入来源，因此不可避免地会有一些不靠谱的公司。先货比三家，才能避免上当受骗。选择PADI级别高的公司，或者参考其他潜水者的推荐。某家公司是否注重安全以及是否注重环保，都是你需要考虑的因素。

潜水和水上运动商会（Chamber of Diving & Watersports，简称CDWS；www.cdws.travel）是埃及唯一合法的潜水中心认证机构。2011年革命之后，CDWS有些混乱，但在选择潜水中心的时候还是可以通过其网站查询该潜水中心CDWS执照的有效期。

由于革命后埃及旅游业下滑，确保潜水中心的设施维护得宜就变得更加重要。因为没什么生意，一些潜水中心就不再更换老旧、破损的设备。

事故偶有发生，通常是粗心和失职导致的。做出选择之前要先考虑下列因素：

- 仔细挑选俱乐部和潜水地点，如果感觉不适合，就不要急于接受。
- 不要仅凭价格因素选择俱乐部，安全是最重要的。如果这个潜水公司为了降低价格而忽视安全，你可能会遭殃。

读一读

《红海潜水者指南：沙姆沙伊赫至赫尔加达》（*Red Sea Diver's Guide from Sharm El Sheikh to Hurghada*，Shlomo和Roni Cohen著）书中有极好的穆罕默德角、古泊尔海峡和赫尔加达地图以及对这些地方周边的潜水地点的描述。这本书已经停印了，但二手书很容易买到。

《西奈潜水指南》（*Sinai Dive Guide*，Peter Harrison著）书中有红海主要潜水地点的详细地图和介绍。

《西奈潜水指南》（*Sinai Diving Guide*，Alberto Siliotti著）书中有地图，还把沙姆沙伊赫周边和穆罕默德角国家公园内不计其数的潜水地点做了分类。这本书在埃及之外的地方很难找到，但在沙姆沙伊赫有库存。

《红海潜水指南》（*Red Sea Diving Guide*，Andrea Ghisotti和Alessandro Carletti著）不仅覆盖埃及的潜水地点，还包括苏丹、以色列和厄立特里亚的。

《红海：水下乐园》（*The Red Sea, Underwater Paradise*，Angelo Mojetta著）比较好的咖啡桌休闲读物之一，书中有生活在埃及礁石上的动植物的美丽照片。

《赫尔加达环境保护协会官方潜水指南》（*The Official HEPCA Dive Guide*）书中详细介绍了46处潜水地点，配有艺术家的插画和小型鱼类索引。售书所得收入用于维护红海上的泊船航标。

DUDAREV MIKHAIL/SHUTTERSTOCK ©

在珊瑚礁旁潜水

➡ 如果你有3个月没潜水了，就先试潜一下。这是为你的安全考虑，凡是信誉良好的公司都会对你提出这个要求。试潜之后的潜水通常才开始正式收费。

➡ 如果你要上课，确认教练会说你能听懂的语言。如果你听不懂，应该要求换个老师。

➡ 检查所有的装备，看它们是否完好，储存的地方是否避光。检查所有的软管、咬嘴和进出水阀门。

➡ 确认潜水服状态良好。有些潜水者报告说，潜水服又干又脆导致他们体温过低。

➡ 检查船上有无氧气供应，万一发生事故会用得着。

➡ 如果你在西奈，问问俱乐部是否每天捐赠US$1给高压氧舱，这通常能反映出该俱乐部对安全措施的态度。如果你在赫尔加达、艾尔古纳或阿莱姆港潜水，检查俱乐部是否支持HEPCA（www.hepca.org）。HEPCA在其网站上列出所有支持它的潜水中心。

计划你的行程

带孩子旅行

带孩子游览埃及是很轻松愉快的。对孩子而言，近距离看古代建筑或者看骆驼，本身就够奇妙的了。对你来说，这个国家对小朋友的热情足以抵消你带孩子旅行时遇到的若干小小不便。

孩子们的埃及

态度

埃及缺少游乐场和尿布台之类的儿童设施，但埃及人对小孩子的喜爱弥补了这个缺憾。在所有的高级餐馆，侍者都很高兴看到小孩子光临——如果你的婴儿被传到餐馆内其他人的手里又抱又亲，或者别的食客把你的小孩抱到膝上并喂他们糖果，可不要吃惊。

青少年不太可能会得到这种的待遇。埃及少年与外国少年相比，看起来显得小一些，而且被父母保护得更好。到了青春期，性别区分比较普遍，因此在遇到同龄的埃及人时，外国少年应该和成人一样遵从礼节。

实用信息

安全标准可能会让游客感到焦虑：别指望出租车或私家小汽车备有儿童座椅（甚至连安全带都没有），船上也没有适合儿童的救生工具。

食物的卫生条件有好有坏，要做好腹泻或肠胃出其他毛病的准备（还要制订计划，以防自己病倒了孩子们还想出去玩）。口服补液盐在所有药店都能买到，非常便宜（买的时候说“Rehydran”），它没准儿能救命，因为在炎热干燥的环境里，孩子们有可能迅速脱水。

让孩子远离流浪动物，以免被传染疾病。

最适合孩子的地区

开罗

开罗人口密集，显然并非孩子们的乐园，但孩子们在市场里看到有异国情调的小玩意儿会很开心。在清真寺，孩子们可以光着脚在地毯上走来走去（但不能大声喧哗）。他们喜欢骑马，在金字塔周围骑骆驼，或是沿着狭窄昏暗的走廊进入金字塔内部。

尼罗河谷南部

神庙、骆驼和古色古香的游船，从卢克索往南的整个上埃及都像故事书里的插图。许多适合全家人入住的旅馆都建有游泳池，游览了一整天之后可以在泳池里消消暑气。

西部沙漠

绿洲的生活节奏缓慢，正适合儿童。在除拜维提之外的地方游览不成问题。在沙漠里，小孩子可以从山丘上往下滚，寻找化石并睡在帐篷里。

红海海岸

这里有许多海滩，也有许多适合儿童的娱乐设施。青少年可以在这里学习潜水，小孩子可以玩水肺潜水。

街头的流浪猫尤其多，如果离它们太近，可能会被抓伤。

在度假城镇能买到配方奶粉和一次性尿布，但偏远地区几乎找不到。比较好的餐馆通常提供高脚儿童餐椅。高级旅馆一般提供托儿场所。花生、芝麻条、干果和椰枣等小吃很常见。但如果你要长途远足，应该多买一些放在包里，因为搞不好你会走到一个只卖含糖饮料和薯片的地方。

如果你怕旅途乏味，可以去五星级酒店内的书店看看，那些地方往往出售各种很不错的埃及主题图书和玩具。

欲知更多实用建议，请参阅由几个身为父母的作者编写的Lonely Planet《带孩子旅行》。

孩子们的亮点

沙漠生活

锡瓦绿洲 锡瓦绿洲芳草如茵，特别适合孩子，只是需要乘坐很久的长途汽车。到了锡瓦之后，孩子们可以一头扎进泉水里，并大嚼新鲜椰枣。（见300页）

鲸鱼峡谷 沙漠里怎么会有鲸鱼骨架？来鲸鱼峡谷寻找答案吧，化石就在沙子里。来这里的旅行往往包含在附近沙丘玩滑沙的项目。（见162页）

法尤姆陶艺学校 在法尤姆绿洲上动手制作陶器。（见160页）

诺比的阿拉伯马厩 从卢克索西岸骑骆驼进入沙漠时，会有一名经验丰富的工作人员来照看你。（见223页）

古老而迷人

胡夫金字塔 大孩子走进吉萨的胡夫大金字塔时会目瞪口呆，但是别忘了提前确认他们有没有幽闭恐惧症。（见133页）

埃及博物馆 为孩子们设计一个寻宝游戏。他们能找到盛放图特国王假发的盒子吗？数一数微缩船上有多少个微缩桨手？狒狒的木乃伊在哪里？（见138页）

木乃伊博物馆 孩子们都对木乃伊感到好奇，因此可以带他们在卢克索了解木乃伊的制作过程或参观开罗埃及博物馆内的王室木乃伊展厅。（见204页）

贵族墓 让孩子们像《丁丁历险记》里的丁丁那

计划行程

出发前

如果孩子们对埃及一无所知，让他们看看介绍古埃及的书。作为入门级的经典图书，泽尔法·基特利·辛德尔（Zilpha Keatley Snyder）的《埃及游戏》（*The Egypt Game*）能让孩子们读上瘾。如果已经是埃及文物的小粉丝了，那么大英博物馆的网站（www.ancientegypt.co.uk）上有大量游戏和其他阅读材料。网站www.greatscott.com介绍了象形文字。

要了解当代埃及，可以读一读Florence Parry Heide和Judith Heide Gilliland合著的《艾赫迈日的秘密》（*The Day of Ahmed's Secret*），这本图画书很不错，讲述了一个发生在开罗贫民窟的故事。青少年可能会喜欢巴哈·塔西尔（Bahaa' Taher）的《沙菲亚阿姨和修道院》（*Aunt Safiyya and the Monastery*）、Khaled Al Berry的《生活比天堂更美好》（*Life Is More Beautiful than Paradise*），或者Ghada Abdel Aal的《我要结婚！》（*I Want to Get Married!*）。

此外，还要确认孩子们接种过的常规疫苗仍在有效期内。出发前跟医生仔细讨论一下旅行可能需要接种的疫苗。

带什么

带急救包和优质太阳帽，选购防晒霜和补液盐时不要舍不得花钱。如果有幼儿同行，你会需要一个婴儿悬挂背包或后背包——婴儿车不实用。如果你们坐小汽车旅行，还要自带儿童座椅。

KANUMAN / SHUTTERSTOCK ©

吉萨金字塔（见131页）的骆驼

样找出葬在菲莱（见264页）的神庙或国王谷（见205页）里的法老们的秘密吧。

亚历山大图书馆 读书迷们可以仔细看看古代手稿，科学迷们则可以探索科学博物馆。所有人都喜欢天文馆。（见322页）

坐啥都成

乘坐三桅小帆船（开罗、卢克索或阿斯旺）午后时分，你可以在卢克索和阿斯旺乘船游览，也别忘了你还可以通过乘船和让孩子们玩海盗游戏来避开开罗的交通大堵塞。（见30页）

乘火车到坦塔 埃及火车的头等车厢很少满座，因此花半天时间乘坐火车前往三角洲地区（如以糖果闻名的坦塔）十分轻松悠闲。（见168页）

乘船到盖纳提尔 找个周五，跟许许多多的埃及家庭一起乘船前往盖纳提尔，这个尼罗河上的水坝就在开罗郊区。（见167页）

骑自行车到西岸（卢克索）在卢克索西岸骑行，微风阵阵，凉爽极了。（见204页）

在亚历山大乘有轨电车 在亚历山大乘坐有轨电车，从起点坐到终点花费不多，却能从容地欣赏城市风光。（见339页）

水上

水肺潜水（红海海岸）在红海进行水肺潜水是孩子们初次了解水下世界的愉快经历。挑选沙姆沙伊赫和古赛尔这样的地方，孩子们可以在珊瑚礁旁边而不是踩在上面嬉戏。（见36页）

造船厂（亚历山大）这些造船厂制造各种规格的船只。问问未来的航海家们想为哪一艘掌舵。顺便去看看鱼市场，然后找一家欢迎儿童就餐的餐馆吃晚饭。（见322页）

苏伊士运河（塞得港）要看更大的船就去塞得港，远眺那些大型货轮穿过苏伊士运河。（见351页）

地区速览

开罗

娱乐
历史
购物

看俊男美女

开罗是个标准的现代化超级大都市，绝对是夜晚看俊男美女的好地方。在廉价酒吧看肚皮舞或豪华酒店里看卡巴莱歌舞，去闹市区的酒吧刷夜，或者欣赏动听的现场音乐。

不只有金字塔

埃及博物馆摆满了惊人的古物，非常值得一看。参观科普特区的早期教堂，或者在清真寺和宫殿林立的伊斯兰区漫步，仿佛一下子就回到了古代。

市场和精品店

拥有超过千年历史的哈恩哈利利市场是个购物好去处。如果这里的商品不能吸引你，你可以去城里的众多精品店看看，从复古电影海报到皮革包边的书籍，那些店铺出售各种独具特色的纪念品。

见60页

开罗郊区和三角洲

古代历史
乡村生活
苏非教派传统

其他金字塔

从开罗前往包含左赛尔阶梯金字塔在内的塞加拉金字塔群，交通加上游览需要一整天。虔诚的埃及迷还可以参观位于青翠田野和沙漠之间的塔尼斯。

绿洲和农庄

半绿洲法尤姆距离开罗仅1小时路程，这个以突尼斯艺术闻名的地方盛产陶瓷和其他艺术品。在肥沃的尼罗河三角洲，旅游景点虽然不多，但可以享受郁郁葱葱的乡村。

生日庆祝活动

13世纪宗教领袖萨义德·艾赫迈·巴达维的生日每年吸引100万人来到坦塔。

见149页

尼罗河谷北部

古代历史
科普特遗产
都市魅力

神庙和古墓

你可能认为在开罗、卢克索和阿斯旺能看到一切古老且值得一看的东西，但这里的神庙和古墓，如贝尼哈桑和阿马纳，也值得一游。阿拜多斯本身就是值得让你前往埃及的理由。

科普特教堂

代尔穆哈拉克是全世界最古老的大教堂，修道士用科普特语言做弥撒。在位于索哈杰附近的美丽红色清真寺，墙上还保存着4世纪的壁画。

明亚

明亚是通往上埃及的官方门户，这个中等规模的城市充满优雅魅力，令人惊喜，在城里能看到褪色的20世纪早期建筑。

见171页

卢克索

古代历史
更多历史
博物馆

卢克索和卡纳克

卢克索是整个埃及古迹最集中的地方，壮观的卡纳克神庙和卢克索神庙每天开放到晚上，它们在夜晚看起来更有气氛。这还仅仅是尼罗河东岸的风光而已。

国王谷

尼罗河西岸景点更佳：这里拥有因图特国王而出名的国王谷、在峭壁上开凿出来的哈特谢普苏特神庙，以及1000吨重的门农巨像。

卢克索博物馆

在卢克索博物馆不仅能享受到空调，还可以看到来自附近神庙的精美展品，包括两具被打开的王室成员木乃伊。

见191页

尼罗河谷南部

古代历史
乡村风光
努比亚遗产

巨型神庙

伊德富的神庙是保存最完好的埃及神庙之一，锡勒西莱山的采石场是许多神庙的建筑原料产地。南端是位于阿布·辛拜勒的拉美西斯二世神庙。

纳赛尔水库和阿斯旺

沿纳赛尔水库岸边乘船，可以看到鳄鱼和瞪羚。阿斯旺周边特别适合观鸟，尤其是在冬季。

努比亚遗产

听起来颇像迷幻舞曲的民间音乐、优雅的软泥砖建筑和独一无二的服饰是这个地区文化的特点。

见237页

锡瓦绿洲和西部沙漠

古代历史
荒野
生态旅游

古希腊-罗马的痕迹

在罗马时代，西部沙漠上布满纵横交错的贸易通道。这些贸易路线曾经十分热闹，现在只留下了荒废的要塞。在罗马时代之前，阿蒙神谕预示了西部沙漠将在公元前6世纪被毁坏。

荒凉的沙漠

“沙漠”一个词不足以描述这里的各种地貌。在冷泉或温泉里畅游，在月圆之夜探索像雪地一样反光的白沙漠。

生态旅游

走出绿洲、进入沙漠是为数不多的对环境影响较小的旅行方式之一。可以尝试前往锡瓦或达赫莱，在那里，除了沙漠历险之外，还可以找一家设计得与沙漠风格融为一体的旅馆住一晚。

见274页

亚历山大和地中海海岸

怀旧
古代历史
晒太阳

亚历山大的咖啡馆

古老的咖啡馆折射出亚历山大辉煌的历史，劳伦斯·达雷尔、康斯坦丁·卡瓦菲和其他文人曾在这里深受启迪。

港口城市的历史

亚历山大图书馆仅于2002年开放，但它的灵感来自曾经吸引了地中海沿岸各国学者的古代图书馆。要想了解古希腊时代以来的城市面貌，可以参观亚历山大国家博物馆。

海滨休闲

在亚历山大的滨海路和海滩吃鲜鱼晚餐是这里的乐趣之一。海滩一路向西延伸，夏季挤满了来避暑的埃及人。

见313页

苏伊士运河

怀旧
古代历史
工业

伊斯梅利亚和塞得港

苏伊士运河正好穿过伊斯梅利亚市中心和塞得港，在这里你仿佛可以看到修建这条运河的帕夏和欧洲贵族正大踏步走过褪色的法国殖民地时代建筑。

古代水道

在英国和法国打开这条连接亚非的运河之前，法老和波斯人曾在这里挖凿水道。在伊斯梅利亚博物馆里可以看到河道挖掘痕迹。

运河泛舟

随着大型货船穿过最新扩建的运河，全球贸易活跃了起来。你可以在塞得港乘坐免费渡轮，观看货船装卸货。

见349页

红海海岸

晒太阳
古代历史
荒野

度假村和海滩露营地

虽然度假城镇赫尔加达以水泥建筑为主，但艾尔古纳的优雅和阿莱姆港周边简单宜人的海滩露营地抵消了这一不足。风筝冲浪爱好者可以去海边的塞法杰，那里的风力很适宜。

古代贸易哨卡

科普特修道院圣安东尼和圣保罗是世界上最早的基督教修道院，保留着13世纪的壁画。在房屋低矮但景色如画的港口古赛尔，别忘了参观那个土耳其要塞。

东部沙漠

东部沙漠几乎没有旅游设施，但你可以在导游的陪同下徒步前往废弃的罗马矿区观看候鸟，甚至参观位置偏僻的骆驼市场。

见360页

西奈

历史
晒太阳
荒野

西奈山

据说上帝就是在西奈山将律法告知摩西的。西奈山一直是深受信徒和普通旅行者喜爱的徒步胜地。位于山顶的圣凯瑟琳修道院内有早期拜占庭造像。

海滩露营地和度假村

塔巴和宰海卜之间的海滩露营地气氛悠闲而不张扬，沙姆沙伊赫则是一派喧闹的国际度假村景象。

沙漠和珊瑚礁

西奈内陆适合在贝都因导游的带领下，乘着月色徒步游览；而穆罕默德角国家公园则是一个珊瑚礁乐园。

见384页

在路上

吉萨金字塔（见131页）

玩转金字塔

金字塔建于4000多年前，是古代世界的奇迹之一。这些巨大的建筑理所当然地成了许多游客的首选目的地，如❶胡夫金字塔以及小一点的❷哈夫拉金字塔和❸孟卡拉金字塔。但参观景点并不轻松，这里的一切，包括较小的❹王后金字塔和❺Tomb of Senegemib-Inti等各式各样的墓地，都分散在沙漠里，受着烈日的炙烤。第一眼看上去，它们似乎并没有想象中的大。

试想一下它们最初的样子或许有帮助：最初金字塔的表面有一层光滑的白色石灰石，在阳光的照耀下熠熠生辉。这些巨大的陵墓为每一位法老单独而建，是巨大的建筑群的一部分。在每座金字塔东侧的底部都有一座陵庙，那里是法老死后接受拜祭的地方，每天人们都会以贡品供奉他的灵魂。埋在金字塔周围的木船被称为太阳船，用来将法老的灵魂运往来世（其中的一艘木船已经被复原，现保存在❻太阳船博物馆内）。每座陵庙都有一条长长的石道通向山下。

高原脚下曾经有一片湖水，从前运河的水注入湖中，湖的面积随着每年的洪水泛滥不断扩大。如今，湖水漫过的土地上坐落着Nazlet as-Samaan村。在每条石道的尽头都有一座"山谷神庙"矗立在水边，迎接来自四面八方的访客。哈夫拉的山谷神庙有❼斯芬克斯守卫。

金字塔留下了许多未解之谜，包括法老遗体的下落。尽管如此，游客可看的还有许多。我们在这里展示了一些照片和需要留意的细节，从❽售票亭和入口出发。

哈夫拉金字塔（Pyramid of Khafre）
胡夫的儿子修建了这座金字塔，塔尖有部分石灰石外壳保留了下来。金字塔脚下散落的花岗岩巨石曾经为建筑的最底层添加了一道漂亮的黑色条纹。

斯芬克斯
这个长着人头的怪兽据说是按照哈夫拉的模样塑造的，守卫在高原的脚下。要到达入口只有通过哈夫拉山谷神庙。赶早或晚点来，避免排长队。

孟卡拉金字塔（Pyramid of Menkaure, Mycerinus）

这座金字塔与哈夫拉金字塔轮流开放。外部的裂缝是拜苏丹阿齐兹·乌斯曼（Sultan al-Aziz Uthman）所赐，他在1196年试图拆开金字塔。

太阳船博物馆（Cheops Boat Museum）

这艘4500年前的木船是从胡夫金字塔前挖掘出来的，专家们像拼拼图一样将1224块零件重新组装起来，并将它存放在这座现代博物馆内。

JEFF SCHULTES/SHUTTERSTOCK ©

Tomb of Senegemib-Inti

吉萨平原上点缀着许多这样的小墓地，开放时间每年都变。钻进墓地寻找墙上精美的雕刻，并享受片刻阴凉。

售票亭和入口

你只能在这里买票，门票上有一个全息图标签，其他地方的都是假的。干净的卫生间位于东面的一座建筑内，是这里唯一不错的设施。

胡夫金字塔（Great Pyramid of Khufu, Cheops）

在通道里吃力地攀爬时，你会发现这些石块叠放的精确程度令人吃惊，看不到任何缝隙。每块石头重达2.5吨，想想230万块石头的总重量吧。

王后金字塔（Queens' Pyramids）

这些小石堆是胡夫姐姐、母亲和妻子的坟墓。虽然它们的维护状况不佳，但在有的金字塔底部还能看到原来的石灰石外壳——想象一下这些石块是如何完美地叠放在一起的。

NICK BRUNDLE PHOTOGRAPHY/GETTY IMAGES ©

卢克索西岸（见204页）

有时候，除了趁国王谷变热之前早点儿过去，你拿那些成堆的游客和小贩根本没辙。当你路过❶**门农巨像**的时候，记得停下来，这里有正在挖掘中的阿蒙霍特普三世神庙遗址，这些巨像就曾经摆放在入口两侧。然后从这座皇家陵墓出发，乘车前往山坡，参观巨大的❷**哈特谢普苏特纪念神庙**，这座神庙几乎经过了完全重建，但仍然很好看，因为这是卢克索现存最好的古典风格埃及建筑。

南边的底比斯山坡上有成千上万的墓穴。❸**Gurna村**旧址的贵族墓和附近德尔麦迪那（Deir al-Medina）的❹**工匠陵墓**同皇家陵墓相比，从风格到建筑都截然不同。在某些方面，这些墓主人对日常生活的态度，比皇家陵墓墙壁上画的那些相对正统的场景更令人难忘。

到了下午，可以沿着沙漠和农田之间的道路往下走，再参观两座皇家神庙。拉美西斯二世神庙用于纪念拉美西斯二世，内有一个巨大的法老上半身雕像。待到下午过半阳光开始变得温柔，前往拉美西斯三世神庙——❺**哈布城**。这是在新王国时期建造的最后一座大型皇家神庙，宏伟之姿几乎未受时光侵蚀，依旧保留着法老在位时期的大量（而且经常是夸大其词的）记录。

顶级贴士

- 至少留出一天时间。
- 除了国王谷的门票，其余任何票都必须在售票处购买。
- 带上帽子和防晒霜，并且多带水。
- 墓地内不可以照相，但是外面值得观赏和拍摄的东西也很多。

哈布城（Medinat Habu）
在这里的门楣和内柱上依然能看到3000多年前涂在上面的油漆。（自从被毁后）其中一些保存在早期基督徒的泥砖屋和教堂内。

门农巨像（Colossi of Memnon）
虽然希腊人称他为门农，但这尊巨像是为阿蒙霍特普三世法老建造的，他在西岸建造了所有陵庙中最大的一座（现在才开始挖掘这些遗迹）。

匠陵墓(Workers' Tombs)

果你是一个古埃及的陵墓工匠，你会在闲暇时些什么？当然是造一个坟墓，把这辈子得不到东西通通画到里面做装饰，包括装饰着地毯花的天花板。

RAFAL CICHAWA/SHUTTERSTOCK ©

哈特谢普苏特纪念神庙(Temple of Hatshepsut)

哈特谢普苏特纪念神庙在卢克索可谓独一无二，神庙建在三级阶梯之上，背靠大山，山下便是国王谷，这里曾经就像这位女法老本人一样高贵。

Valley of the Kings
国王谷

2

Tombs of the Nobles (all this hillside)
贵族墓(整面山坡)

Ramesseum (Temple of Ramses II)
拉美西斯二世神庙

LEONID ANDRONOV / SHUTTERSTOCK ©

Gurna村

有传闻称Gurna村的房屋下埋藏着宝藏，导致了政府在21世纪初拆掉了他们的屋子。其中有的房屋起码可追溯至10世纪初。

圣凯瑟琳修道院

（见414页）

修道院的历史

4世纪 一群隐士聚集在该地区，在摩西的神迹——❶**燃烧的灌木丛**——旁边修建了一个小教堂。

6世纪 为了显示实力，查士丁尼皇帝增建了修道院的❷**防御工事**，并下令建造了长方形廊柱大厅式的基督教堂。教堂内装饰着优雅的拜占庭艺术品，包括❸**《耶稣显圣容》马赛克镶嵌画**。

7世纪 先知穆罕默德签署了保护该修道院的声明❹***Ahtiname***。641年，阿拉伯人征服埃及，这个修道院安然无恙。尽管时局动荡，但修道院院长写出了著名文章❺***Ladder of Divine Ascent***，游客可以在圣器收藏室（Sacred Sacristy）里看到根据这篇文章创作的绘画作品。

9世纪 修道院周围发生了不同寻常的事情，传说一位修道士在山顶发现了圣凯瑟琳的遗体。

11世纪 为了避免惹怒法蒂玛王朝的哈里发哈基姆，聪明的修道士在修道院的院子里建了一座清真寺。

15世纪 由于修道院频繁遭遇袭击，为防止教堂宝物被掠夺和维护修道院安全，修道士们修建了❻**古代大门**。

19世纪 1859年，圣经学者Constantin von Tischendorf从修道院借走了❼**《西奈抄本》**中的347页，却未能按时归还。1871年，来自蒂诺斯岛（Tinos）的希腊匠人来到这里，帮助建造了❽**钟楼**。

20世纪 修道院内部维修期间发现了丢失的18页《西奈抄本》羊皮纸，人们意识到，隐藏在古代墙壁里的秘密尚未被完全发掘出来。

防御工事
结实的墙壁厚2米、高11米。查士丁尼曾派遣了一个巴尔干军团来守卫刚刚建造了防御工事的修道院，如今当地的Jabaleyya贝都因部落据说就是他们的后裔。

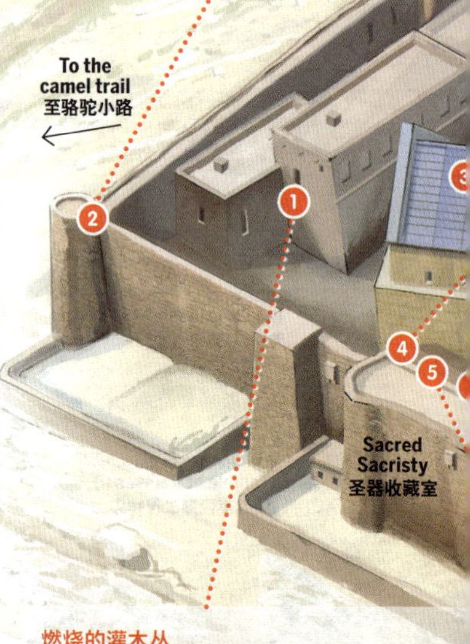

燃烧的灌木丛
肆意蔓延的灌木丛（西奈特有的灌木Rubus Sanctus）是在10世纪被移植到这里的。传说如果这些枝条被折断并移植到修道院围墙之外的地方，是无法继续生长的。

耶稣显圣容》马赛克镶嵌画

幅拜占庭马赛克镶嵌画完成于551年，用数千计的小块玻璃、金、银和石片拼凑而成，现了基督教《福音书》中对耶稣作为上帝之显示神迹的描述。

Ahtiname

一个修道院代表团前来寻求先知穆罕默德的保护，穆罕默德亲手书写了保证书并签了字。现在陈列在圣器收藏室里的只是一个复印件，原件在伊斯坦布尔。

BAYAZED/SHUTTERSTOCK ©

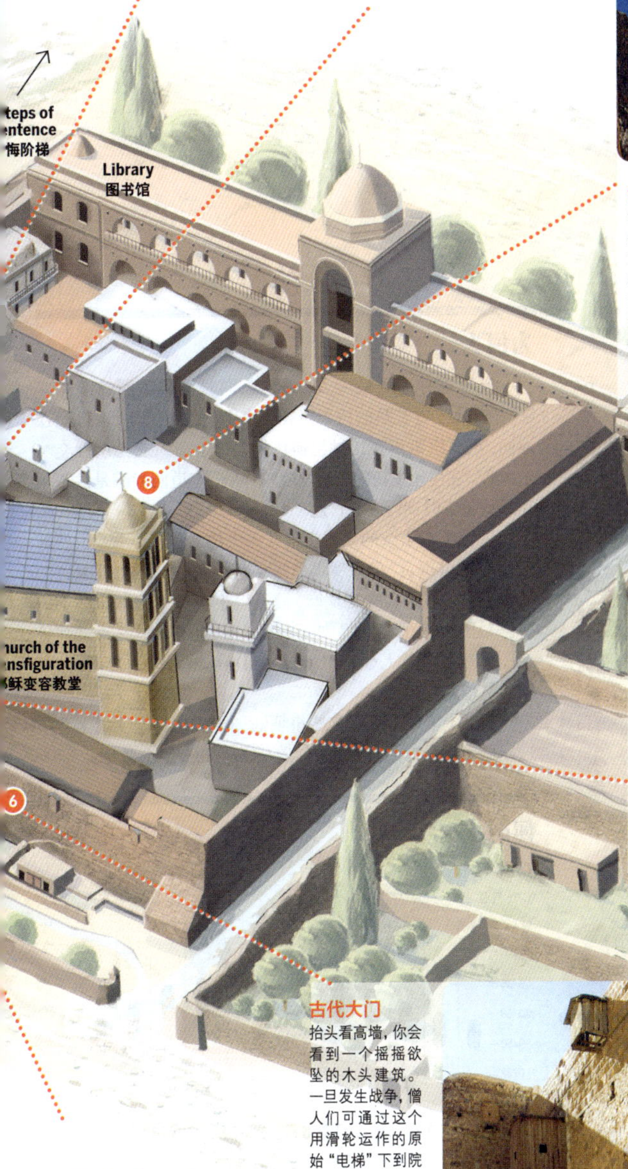

teps of
entence
悔阶梯

Library
图书馆

钟楼

钟楼内悬挂的9个钟是俄罗斯亚历山大二世沙皇赠送的礼物。这些钟用于礼拜日的宗教活动，日暮和早课时会敲响年代更早的semantron（一种木制打击乐器）。

8

《西奈抄本》

这是全世界最古老的几近完整的《圣经》。其中的347页于1859年被带到沙皇俄国，1933年被斯大林卖给了英国。剩余的羊皮纸如今陈列在手稿室内。

hurch of the
nsfiguration
耶稣变容教堂

6

古代大门

抬头看高墙，你会看到一个摇摇欲坠的木头建筑。一旦发生战争，僧人们可通过这个用滑轮运作的原始“电梯”下到院子里，然后离开。

LUKE1138 / GETTY IMAGES ©

dder of Divine Ascent

件12世纪的圣物是该修道院价值连的宝物之一。它描述了院长St John nakos带领一队修道士建造通往天救赎的阶梯。

开 罗

☎02/人口：2200万

包括 ➡

最佳餐饮

- Zööba（见112页）
- Sabaya（见112页）
- O' s Pasta（见113页）
- Abu Tarek（见110页）

最佳住宿

- Hotel Longchamps（见108页）
- Pension Roma（见105页）
- Steigenberger Hotel El Tahrir（见108页）
- Sofitel El Gezirah（见108页）

为何去

开罗堪称一场最宏大、最恼人同时也最美丽的混沌盛筵。在高处，宣礼员的祷告声在尖塔中此起彼伏地回响。而在地面，汽车喇叭声在19世纪褪色的大道上交织成无调性交响乐，驴车在尘土飞扬的车道上嘎嘎作响，车道两旁满是法蒂玛和马穆鲁克时期巨大的古迹。

这座喧嚣嘈杂的大城市承载着大约2200万居民，虽然基础设施不堪重负，但开罗仍然抖擞精神向世人展示其独特的幽默。你在这里会头皮发麻，漫天尘土会将你的鼻涕都染成黑色，还有小商贩无时无处不在骚扰你，但付出这么点儿代价就能接近被埃及人尊为"Umm AdDunya"（大地之母）的开罗还是值得的。

擤擤你的鼻子，将这些小烦恼一笑置之，透过尘土看清这座城市本来的面貌。如果你爱开罗，它也一定会爱你。

何时去

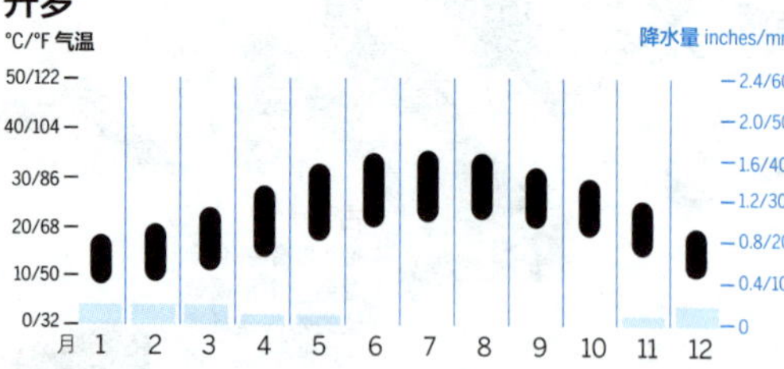

10月至次年1月 最佳游览时间，此时天气凉爽，也就是说你可以不出汗就游遍景点。

5月至6月 在斋月期间的日落后夜夜欢宴。

6月至8月 天气热到沸腾，但好消息是，此时正值芒果丰收。

开罗亮点

❶ **吉萨金字塔**（见131页）体验一下这座世界奇迹。

❷ **埃及博物馆**（见138页）来这座传奇博物馆，做好被馆藏震惊的准备。

❸ **哈恩哈利利**（见77页）在错综复杂的小巷中寻宝，再去咖啡馆补充能量。

❹ **科普特博物馆**（见73页）欣赏迷人的科普特基督教收藏品。

❺ **祖韦拉门**（见84页）爬上盘旋而上的尖塔楼梯，看着脚下蔓延的城市。

❻ **伊斯兰教艺术博物馆**（见85页）饱览这里的世界级藏品。

❼ **Sharia Al Muizz Li Din Allah**（见78页）重温埃及的昔日荣光。

❽ **Manial Palace**（见70页）在华丽的沙龙和金灿灿的皇座室内，想象皇室纸醉金迷的生活。

历史

金字塔使许多人误以为开罗是一座与法老有关的城市，然而事实并非如此。在建造金字塔的年代，古埃及的首都是位于吉萨高原（Giza Plateau）东南20公里处的孟菲斯（Memphis）。

969年，法蒂玛（Fatimid）王朝建立了开罗最初的根基，但这座城市的历史要追溯到更加久远的年代。今天的赫利奥波利斯（Heliopolis）在那个时代叫作On，曾有一个重要的古代宗教中心。罗马人在On的港口修建了一座要塞，称其为巴比伦堡（Babylon）。642年，阿慕尔·伊本·阿绥（Amr Ibn AlAs）将军为伊斯兰世界征服了埃及，并在南边建立了福斯塔特（Fustat）。埃及肥沃的土地和尼罗河上船只缴纳的税金为福斯塔特带来了巨额财富。10世纪的旅行者描绘了城内的公共花园、路灯和高达14层的建筑。10世纪末，法蒂玛大军由今天的突尼斯进军埃及，他们抛弃了福斯塔特，建造了一座新城，也就是现在的开罗。

新首都破土动工之际正值火星（Al Qahir，“胜利者”之意）上升，于是Al Madina Al Qahira（“胜利之城”）应运而生，欧洲人将其音译为Cairo（开罗）。

法蒂玛王朝时期许多精美的建筑一直保存至今：著名的爱资哈尔清真寺（Al Azhar Mosque）和大学仍然是埃及主要的伊斯兰教研究中心，胜利门（Bab An Nasr）、征服门（Bab Al Futuh）和祖韦拉门（Bab Zuweila）这三座雄伟的大门横跨在开罗的两条主干道上。法蒂玛王朝的统治时间虽然不长，他们建造的城市却留了下来，历经朝代变迁，成为残酷而反复无常的苏丹们统治下的财富之都。这就是被人们尊为“大地之母”的开罗。

开罗最终冲破城墙的束缚，向西扩展至Bulaq港，向南深入劳代岛（Roda Island），东边的沙漠也遍布宏伟的墓碑。900年间，它始终都是一座中世纪城市，直到19世纪中期，穆罕默德·阿里（Mohammed Ali）之孙伊斯梅尔（Ismail）决定进行改变。他当政的16年（1863~1879年）是自法蒂玛王朝以来城市外观变化最大的时期。

受过法国教育的伊斯梅尔掌权后，决心建造一座具有国际声望的新城。他选择了一片每年被尼罗河淹没的沼泽平原，兴建这个现代的中心。在此后的10年间，曾经的沼泽变成了一个巨大的建筑工地，伊斯梅尔从比利时、法国和意大利聘请建筑师，设计建造了一座欧式的新开罗，它也因此得名为“尼罗河畔的巴黎”。

自1952年革命以来，开罗人口激增，使伊斯梅尔打造的城市风景大打折扣。20世纪六七十年代，城市规划师在人口稀少的尼罗河西岸大兴土木，兴建了一个新郊区以解燃眉之急。

在最近的几十年间，城市不断膨胀，向东扩至穆卡坦山（Muqattam Hills）一带，向西扩至金字塔。每年都有配套购物中心和大型商场的豪华社区、大型住宅区和卫星城从沙漠中拔地而起，它们的发展能否维系下去仍有待观察，而开罗的贫民区也在扩张。

网络资源

Lonely Planet（www.lonelyplanet.com/egypt/cairo）目的地信息、酒店预订、旅行者论坛等。

Cairo 360（www.cairo360.com）关于餐厅和夜生活的评论以及首都新鲜事指南。

Cairobserver（www.cairobserver.com）关于开罗城市构造的有见解的文章。

Cairo Scene（www.cairoscene.com）当代生活方式和文化，以及新闻、评论和活动。

Egy.com（www.egy.com）19世纪和20世纪的开罗历史。

景点

开罗的景点遍布全城，所以一个地区接着一个地区地游览是明智之举，并且不要在一天内把行程安排得过满，否则你很快就会被累垮。参观令人敬畏但布展凌乱的埃及博物馆（Egyptian Museum；见138页）至少需要半天时间，化整为零，分两三次参观最为理想。哈恩哈利利（Khan Al Khalili）和大多数中世纪遗址都集中在开罗伊斯兰区（Islamic

在开罗的……

两日

从参观宏伟的**埃及博物馆**（见138页）开始，接下来在**Abu Tarek**（见110页）品尝正宗的街头小吃。搭乘地铁前往开罗科普特区，好好欣赏一番**科普特博物馆**（见73页）和该地区的几座教堂，然后前往**Manial Palace**（见70页），在华丽的沙龙中一窥曾经的皇室生活。第二天早早动身前往**吉萨金字塔**（见131页），之后去开罗伊斯兰区。首先前往**伊斯兰教艺术博物馆**（见85页），然后穿过**祖韦拉门**（见84页），沿着**Sharia Al Muizz Li Din Allah**（见78页）漫步，道路两旁满是辉煌的古迹。接下来去**哈恩哈利利**（见77页）好好购物一番，别忘了讨价还价。然后在**Fishawi's**（见118页）复古的店内休息片刻。

四日

多出两天时间，进一步探索错综复杂的开罗伊斯兰区。一定不要错过从**苏丹哈桑清真寺学院**（见90页）至**伊本·图伦清真寺**（见91页）的那段步行之旅，沿途可以欣赏**Museo Mevlevi**（见91页）华丽的托钵僧剧院和经过精心修复的**盖尔·安德森博物馆**（见91页）。在离开这座混乱的中世纪古城之前，不妨前往**城堡**（见88页），欣赏城市全景和**穆罕默德·阿里清真寺**（见88页）那奢华的圆顶。接下来，前往尼罗河边的花园城区，漫步于那里的环形小巷，或者干脆去尼罗河，在夕阳下乘坐**三桅小帆船**。

Cairo），你需要花一整天的时间或在一天中的不同时间分多次参观。一定要花上几个小时在这一地区漫无目的地闲逛（即使这会影响你"正常的"观光），因为只有在后街小巷才能看到这座城市最真实的一面。

参观吉萨金字塔需要4~5小时，并且走到城市的边缘再返回有10公里的路程，因此这一趟下来也需要一整天。可以在早上游览开罗科普特区（Coptic Cairo）——乘坐地铁非常方便，然后在返回酒店的途中或晚上散步的时候，感受一下市中心的氛围。

市中心

位于拉美西斯广场（Midan Ramses）和塔里广场（Midan Tahrir）之间的城区被当地人称为Wust Al Balad，尽管埃及博物馆就在这里，但此地的实用性更广为人知，这里有廉价酒店、大量的餐厅、文化场所和令人眼花缭乱的商店橱窗（别指望鞋店、内衣店、假肢店能成为地标——就在一个街区外还有一家这样的商店）。偶尔将视线从车水马龙的街道和灯火辉煌的店铺上移开，抬头看看布满灰尘但不失优雅的帝国式办公楼和公寓楼，感受它们的魅力。这个精彩的区域值得一游——它会让你应接不暇，同时还要准备好应对大量为香水店招揽生意的店员。

塔里广场 广场

（Midan Tahrir；见68页地图）2011年年初，数百万埃及民众聚集在这里，要求罢黜当时的总统胡斯尼·穆巴拉克（Hosni Mubarak），塔里广场（解放广场）因此闻名于世。平日里它只是一个大型交通环岛，6条主干道交会于此。然而人们走过这里的最主要原因是参观那座粉色的庞然大物——埃及博物馆（见138页）。

丽思卡尔顿酒店（Ritz-Carlton Hotel）是这里最醒目的地标建筑之一。这座现代派的建筑建于1959年，正面有时尚的象形文字。正北方是埃及博物馆，博物馆后曾是穆巴拉克的民族民主党（National Democratic Party，NDP）总部，革命时期被人纵火，所以外表看上去黑黢黢的。2015年，这里被拆除了。

酒店南面的**阿拉伯国家联盟大楼**（Arab League Building；见68页地图；不对公众开放）是中东领导人临时聚会的地方，如今有时会举行小规模的示威活动。向南穿过Sharia Tahrir，你会看见**外交部**华丽的白色建筑和与之相邻的**奥马尔玛克拉姆清真寺**（Omar Makram Mosque；见68页地图；Midan Simon Bolivar），任何人都可以在这里举办葬礼。南边其余的地方都被巨大的Mogamma（见125页）所占

El Qâhira(Cairo) 开罗

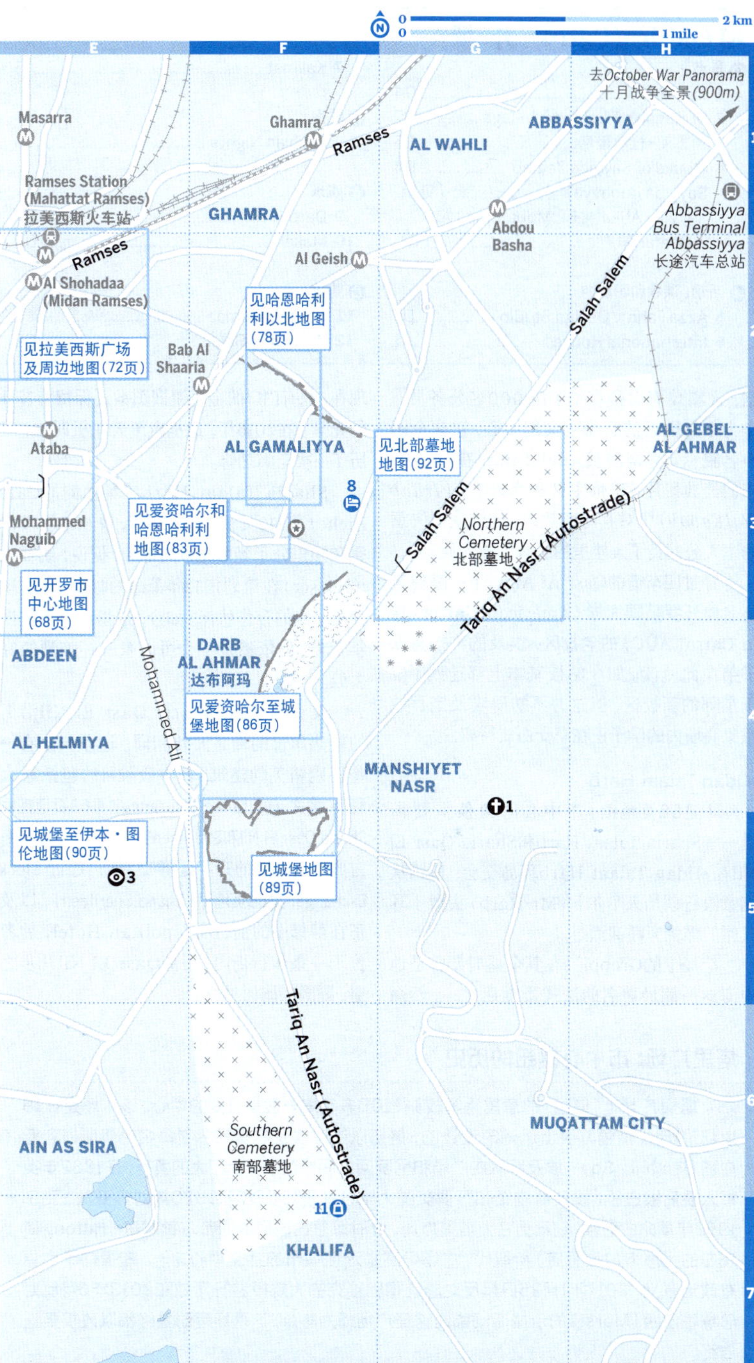
0 2 km
0 1 mile
去October War Panorama
十月战争全景(900m)
Masarra
Ghamra
Ramses
ABBASSIYYA
AL WAHLI
Ramses Station
(Mahattat Ramses)
拉美西斯火车站
GHAMRA
Abdou
Basha
Abbassiyya
Bus Terminal
Abbassiyya
长途汽车总站
Ramses
Al Geish
Al Shohadaa
(Midan Ramses)
见哈恩哈利利以北地图(78页)
Salah Salem
见拉美西斯广场及周边地图(72页)
Bab Al
Shaaria
Ataba
AL GAMALIYYA
见北部墓地地图(92页)
AL GEBEL
AL AHMAR
8
Mohammed
Naguib
见爱资哈尔和哈恩哈利利地图(83页)
Salah Salem
Northern
Cemetery
北部墓地
Tariq An Nasr (Autostrade)
见开罗市中心地图(68页)
ABDEEN
DARB
AL AHMAR
达布阿玛
Mohammed Ali
见爱资哈尔至城堡地图(86页)
AL HELMIYA
MANSHIYET
NASR
1
见城堡至伊本·图伦地图(90页)
3
见城堡地图(89页)
Tariq An Nasr (Autostrade)
MUQATTAM CITY
AIN AS SIRA
Southern
Cemetery
南部墓地
11
KHALIFA
开罗
景点

El Qâhira(Cairo) 开罗

景点

1 圣西蒙教堂 ... G4
2 Dr Ragab's Pharaonic Village ... B7
3 谢杰莱·杜尔陵墓 ... E5
4 Moulid of Sayyida Zeinab ... D4
Sayyida Ruqayya神庙 ... (见3)
Sayyida Atika神庙和Mohammed Al Gaafari神庙 ... (见3)

活动、课程和团队游

5 Azza Fahmy Design Studio ... D7
6 International House ... A1
7 Kalimat ... A3

住宿

8 Arabian Nights ... F3

娱乐

9 Darb 1718 ... C7
10 Makan ... D4

购物

11 Souq Al Gomaa ... F7
12 Wikalat Al Balah ... C2

据，这座政府大楼容纳了18,000名公务员，作为令人厌恶的官僚主义的中心，它在全国声名狼藉。喜剧演员Adel Imam在他1992年的经典影片《恐怖主义和烤肉串》(*Irhab WalKabab*)中对其冷嘲热讽，他饰演的失意的主人公劫持了大楼里的所有人做人质。

穿过四车道的Qasr Al Ainy，下一座建筑是名校**开罗美国大学**(American University in Cairo，AUC)的老校区，埃及的许多富家子弟在此就读。如今学校基本上都迁到了位于东郊的新校区，但这并不妨碍埃及老百姓想象高墙内的学子正在享受西式特权。

Midan Talaat Harb 广场

(见68页地图)市中心的两条主要街道——Sharia Talaat Harb和Sharia Qasr El Nil在Midan Talaat Harb环岛交会，车辆从国家银行创始人哈尔卜(Mr Harb)头戴土耳其帽的雕像旁呼啸而过。

广场上的Groppi's在其全盛时期曾是地中海这一侧最著名的法式蛋糕店之一。然而现在，只有门口的金色镶嵌图案还保留着昔日的光辉。在2016年，这里由于天花板漏水，经历了一次全面翻修。

Sharia Talaat Harb广场南侧的Café Riche(见112页)建于1908年，曾经是埃及作家和知识分子经常光顾的地方。据说，纳赛尔(Nasser)在策划1952年革命的时候，在这里会见了他的合作伙伴。如今，这里已经不复当年荣光，但依然是一个可以来一杯啤酒的好去处。

在广场北侧，Sharia Qasr El Nil沿街的鞋店出售的商品大致相同。这条街上有一些特别精美的建筑，其中最醒目的包括**意大利保险大厦**(Italian Insurance；见68页地图；Sharia Qasr El Nil和Sherifeen交叉路口)、拥有新古典主义外墙的**开罗证券交易所**(Cairo Stock Exchange；见68页地图；Sharia Sherifeen)，以及正在翻修中的前Cosmopolitan Hotel，后者位于一条步行街内，距离Qasr El Nil几步之遥，周围棕榈树林立。

塔里广场：市中心枢纽的历史

塔里广场("塔里"的意思是解放)在100多年来一直是开罗的中心。该广场是在19世纪60年代修建苏伊士运河时设计的，最初以当时埃及总督的名字命名为伊斯梅利亚广场(Ismailia Sq)。埃及军队在广场和尼罗河之间修建了一个巨大的营房，在1882年英军入侵后被占领。埃及博物馆和开罗美国大学分别于1902年和1920年对外开放。到了1952年革命的时候，它已更名为塔里广场，此时军营也被尼罗河希尔顿(Nile Hilton，即现在的丽思卡尔顿酒店)所取代，广场仍然是这座城市的社交中心之一。塔里广场也具有政治意义，2011年1月25日起反对总统穆巴拉克的大规模游行示威和2013年6月反对总统穆尔西(Morsi)的示威活动都让这座广场成为焦点，这两场运动最终都以政权更迭告终。

Shar Hashamaim Synagogue 犹太教堂

（见68页地图；Sharia Adly；⊙不对游客开放）开罗的犹太社区曾经非常繁荣，这座结合了新艺术和古埃及风格的西班牙犹太教堂就是见证之一。这类教堂存世不多，也很少使用，大量警察的出现使这里的气氛变得相当紧张。在它1899年对外开放的时候，开罗市内还有一个大型犹太社区，但上一次犹太教堂坐满信徒的时候还要追溯到20世纪60年代。很遗憾，这里多年前就不对普通游客开放了，但是你可以从街道对面全方位欣赏这里美丽的外墙。

阿卜丁宫 博物馆

（Abdeen Palace，Qasr Abdeen；见68页地图；☎2391 0042；Midan Al Gomhuriyya；成人/学生 LE100/50，照相机 LE10；⊙周六至周四10:00~14:30；ⓂMohammed Naguib）除非你对军械（或送给历任埃及总统的夸张的纯金礼品）感兴趣，否则阿卜丁宫没有太多的理由让你驻足。如今，曾经的皇家沙龙被改造成了一个军事博物馆，总统礼品室不经意间透露出些许滑稽，内有一棵金棕榈树和一张完全由图钉制成的塞西总统（President Sisi）的画作，还有一个博物馆，里面展示了一些非常精致的18~19世纪的银器。

阿卜丁宫始建于1863年，是埃及总督伊斯梅尔新开罗规划的重要组成部分，装潢采用了当时的巴黎风格，总督甚至还聘请了法国设计大师Baron Haussmann做顾问。他本来计划宫殿于1869年苏伊士运河开通时竣工，以吸引到访的达官显贵，但它的500个房间直到1874年才完工。在1952年废除君主制以前，它一直是王室居所。

博物馆的入口位于东侧，售票处位于马路对面的一栋建筑内。

阿塔巴广场 广场

（Midan Ataba；见68页地图；紧邻Sharia Al Gomhuriyya；Ⓟ）这个交通拥堵的地区集公园、集市和交通枢纽于一身，分开了欧式风格的开罗（尤其是它的剧院和娱乐区）与中世纪萨拉丁（Salah Ad Din）、马穆鲁克和奥斯曼风格的开罗。从阿塔巴广场步行前往开罗伊斯兰区非常方便。

拉美西斯的巨像

在拉美西斯广场熙熙攘攘的车流之间，曾矗立着一尊几层楼高的红色花岗岩拉美西斯法老巨像。直到2006年，人们怀着矛盾的心情，动用了复杂的机械，甚至还封闭了道路，才将其移走。如今它被放置在城市北部沙漠边缘，包裹着塑料膜，等待进入尚未开放的大埃及博物馆（Grand Egyptian Museum），无疑它再也看不到从前的热闹景象了。

在阿塔巴广场的西南方，过了立交桥就是带穹顶的**邮政总局**，它有一个美丽的庭院。在邮局入口处的“纪念邮票办事处”（Commemorative Stamp Office）可以购买附近**邮政博物馆**（Postal Museum；见68页地图；☎2391 0011；2nd fl，Central Post Office，Midan Ataba；LE2；⊙周日至周五8:00~15:00）的门票，馆内陈列着微缩模型、旧邮政制服、航空信封以及邮票，十分独特，对那些喜欢古怪博物馆的人来说，这里值得一看。

阿塔巴广场旁边就是Ezbekiyya。到了晚上，**Ezbekiyya书市**（Ezbekiyya Book Market；见68页地图；Ezbekiyya Gardens；⊙11:00~21:00）的摊位挤得水泄不通，引来无数读者。白天，**Ezbekiyya Gardens**（见68页地图；Sharia Al Gomhuriyya；LE2；⊙8:00~22:00）是尘土弥漫的城市花园。著名的Shepheard's Hotel就曾在花园的对面，它曾经是英国殖民者的住宿首选，1952年被“黑色星期六”（Black Saturday）暴徒摧毁。紧挨着花园的Midan Opera是一座老歌剧院的遗址，于1971年被烧毁，后经重建成为一座高耸的停车场。

拉美西斯广场

拉美西斯广场是通往开罗中心的北部重要枢纽，喧嚣混乱。立交桥和主干线交会于此，使其被川流不息的车流所淹没，再加上从火车站涌来的上下班的通勤人潮，更是乱上加乱。

拉美西斯火车站 著名建筑

（Ramses Train Station；Mahattat Ramses；☎2575 3555；ⓂAl Shohadaa）这是开罗主要的

Central El Qâhira(Cairo) 开罗市中心

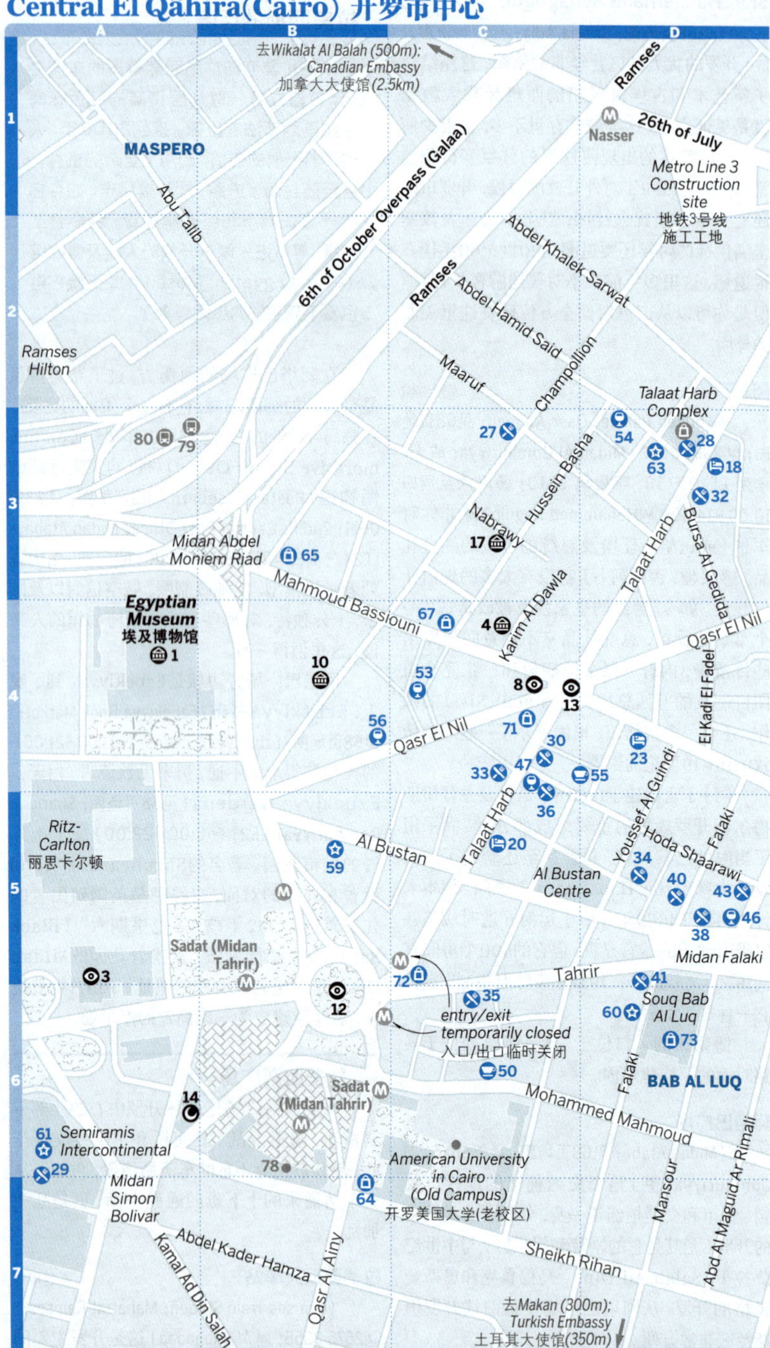

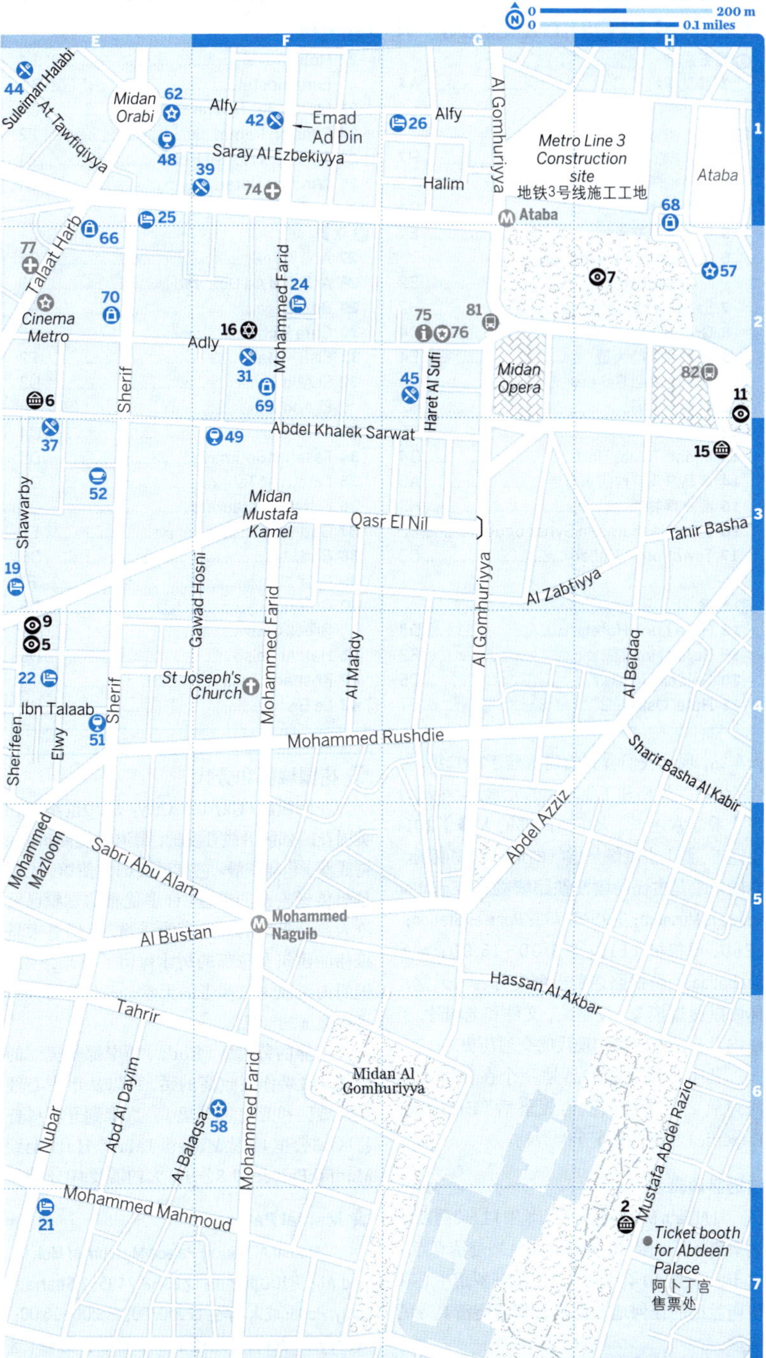

0 200 m
0 0.1 miles
E
F
G
H
1
2
3
4
5
6
7
Suleiman Halabi
At Tawfiqiyya
Midan Orabi
Alfy
Emad Ad Din
Saray Al Ezbekiyya
Alfy
Al Gomhuriyya
Metro Line 3 Construction site
地铁3号线施工工地
Ataba
Halim
Ataba
Talaat Harb
Cinema Metro
Mohammed Farid
Adly
Haret Al Sufi
Midan Opera
Sherif
Abdel Khalek Sarwat
Shawarby
Midan Mustafa Kamel
Qasr El Nil
Tahir Basha
Al Zabtiyya
Gawad Hosni
Mohammed Farid
Al Gomhuriyya
Al Mahdy
Al Beidaq
St Joseph's Church
Ibn Talaab
Sherif
Sherifeen
Elwy
Mohammed Rushdie
Sharif Basha Al Kabir
Mohammed Mazloom
Sabri Abu Alam
Abdel Azziz
Mohammed Naguib
Al Bustan
Hassan Al Akbar
Tahrir
Midan Al Gomhuriyya
Abd Al Dayim
Nubar
Al Balaqsa
Mohammed Farid
Mustafa Abdel Raziq
Mohammed Mahmoud
Ticket booth for Abdeen Palace
阿卜丁宫售票处

Central El Qâhira(Cairo) 开罗市中心

◎ 重要景点
1 埃及博物馆 A4

◎ 景点
2 阿卜丁宫 H7
3 阿拉伯国家联盟大楼 A5
4 Cairo Atelier C4
5 开罗证券交易所 E4
6 Contemporary Image Collective E2
7 Ezbekiyya Gardens H2
8 Groppi's C4
9 意大利保险大厦 E4
10 Mashrabia Gallery B4
11 阿塔巴广场 H2
12 塔里广场 B6
13 Midan Talaat Harb C4
14 奥马尔玛克拉姆清真寺 A6
15 邮政博物馆 H3
16 Shar Hashamaim Synagogue F2
17 Townhouse Gallery C3

住宿
18 Bella Luna Hotel D3
19 Berlin Hotel E3
20 Golden Hotel C5
21 Hotel Osiris E7
22 Hotel Royal E4
Luna Hostel .... （见18）
23 Meramees Hostel D4
24 Pension Roma F2
25 Travelers House Hotel E1
26 Windsor Hotel G1

就餐
27 Abu Tarek C3
28 At Tabei Ad Dumyati D3
29 Bird Cage A6
30 Café Riche C4
31 Eish + Malh F2
32 El Abd D3
El Abd .... （见25）
33 Estoril C4
34 Fasahat Soumaya D5
35 Fatatri At Tahrir C6
36 Felfela Restaurant C4
37 Gad E3
38 Gad D5
39 Gad F1
40 Gomhouriya D5
Greek Club .... （见8）
41 Hati Al Geish D5
42 Koshary Goha F1
43 Le Bistro D5

火车站，现在我们看到的建筑建于1892年，融合了伊斯兰风格和工业时代的元素，至少从外观上看非常迷人。火车站内部的大修于2014年完工，看上去就像是俗气的迪拜购物商场。它的东端是古怪的**埃及铁路博物馆**（Egyptian Railways Museum；☎2576 3793；Ramses Station；LE50，照相机 LE10；⌚9:00~16:00；Ⓜ Al Shohadaa），是铁路迷和模型爱好者的天堂，你可以通过模型、复制品、文件和老照片，了解埃及从法老时代到现代的交通历史。

其中最重要的展品是一个在苏伊士运河通航之际为法国欧仁妮皇后（Empress Eugénie）制造的火车车厢原物。

法塔赫清真寺 清真寺

（Al Fath Mosque；见72页地图）拉美西斯广场南侧是开罗醒目的地标建筑法塔赫清真寺，它于20世纪90年代初竣工，在开罗市中心和伊斯兰区的任何地方都能看到这座清真寺的尖顶。

花园城区和劳代

花园城区（Garden City）是20世纪初在英国花园郊区沿线开发的，街道蜿蜒曲折，绿树成荫，非常安静。它靠近英国大使馆，无疑是想传递安全的信息。许多优雅的别墅已经沦为急功近利的开发商的猎物，但仍有大量雄伟的建筑和葱郁的树木保留了下来，使周围的街道成为散步者的天堂——日落时分弥漫着浪漫的气息。

安静的劳代岛（Roda）两岸都是美丽的苗圃。如果你兴致高的话，可以从市中心经花园城区和劳代（2公里）一直走到开罗科普特区（5公里）。从Midan Talaat Harb走到Manial Palace（2.8公里）大约需要40分钟。

★ Manial Palace 博物馆

（Mathaf Al Manial；Palace-Museum of Mohamed Ali；见100页地图；☎2368 7495；1 Sharia Al Saray, Roda；成人/学生 LE100/50；⌚9:00~16:00；Ⓜ Sayyida Zeinab）经过了一年的漫长翻修，这

Sabaya ....（见29）
44 Souq At Tawfiqiyya E1
45 Sudan Restaurant G2

饮品和夜生活
46 Cafeteria El Horreya D5
47 Cafeteria Stella C4
48 Cairo E1
49 Cap d'Or F3
50 Cilantro C6
51 Gemayka E4
52 Kafein E3
53 Le Grillon C4
54 Odeon Palace Hotel D3
Windsor Bar ....（见26）
55 Zahret Al Bustan D4
56 Zigzag B4

娱乐
57 开罗木偶剧院 H2
58 El Dammah Theatre F6
59 歌德学院 B5
60 GrEEK Campus D6
61 Haroun El Rashid Nightclub A6
62 Shahrazad E1
63 Zawya D3

购物
64 开罗美国大学书店 B7
65 Amgad Naguib B3
66 Drinkies E2
67 Drinkies C4
68 Ezbekiyya书市 H1
69 Kerop F2
70 Lehnert & Landrock E2
71 L'Orientaliste C4
72 Oum El Dounia C5
73 Souq Bab Al Luq D6

实用信息
74 Delmar Pharmacy F1
75 旅游总局 G2
76 旅游警察局总部 G2
77 Misr Pharmacy E2
78 Mogamma B6

交通
79 机场大巴 A3
80 当地长途汽车和小巴 A3
81 去侯赛因广场的小巴 G2
82 去Sharia Sayyida Aisha的小巴 H2

座奇妙的博物馆再次向公众开放。该宫殿群是由法鲁克国王（King Farouk）的叔叔穆罕默德·阿里亲王（Prince Mohammed Ali）在20世纪初修建的，这里的内饰奇妙地融合了土耳其、摩尔、波斯和欧洲洛可可风格，宫殿的花园（调研期间依然没有对外开放）里种着穆罕默德·阿里收集的罕见的热带植物。

你可以通过**接待宫**（Reception Palace）进入庭院，这座宏伟的大厅专门用来接待客人，装饰着华丽的瓷砖、吊灯和雕花天花板。在**住宅宫**（Residential Palace）可以去看看蓝色沙龙（Blue Salon），那里有一个破旧的真皮沙发靠在墙边，墙上装饰着华丽的蓝色彩陶瓷砖和东方主义油画。然后前往**王座宫**（Throne Palace），参观那里华丽的金色格调，以及奥布松之屋（Aubusson Room），这间房间洋溢着洛可可和巴洛克风格，令人大开眼界。即使是这里的**清真寺**（带有洛可可风格的天花板）和**钟楼**（采用了摩洛哥穆瓦希德王朝的尖塔设计），都绝妙地融合了不同风格。

乌姆·科尔特姆博物馆和莫纳斯蒂里宫

博物馆

（Umm Kulthum Museum & Monastirli Palace；见74页地图；☎2363 1467；Sharia Al Malek As Salih，Roda Island；成人/学生 LE6/3，照相机LE20；⏲9:00~16:00）**莫纳斯蒂里宫**坐落在安静的尼罗河畔花园中，是在1851年为一位奥斯曼帝国帕夏（总督）建造的，其家族来自希腊北部的莫纳斯蒂尔（Monastir）。漂亮的公共功能区salamlik（接待区）是举办音乐会的场地，其余部分是**乌姆·科尔特姆博物馆**，它是朝拜乌姆·科尔特姆这位阿拉伯世界最知名的歌手的圣地。

镶满水钻的歌手签名悬挂在聚光灯下，闪闪发光。游客在这里能够听到她的歌声，还能看到一部介绍其生平的精彩的传记式电影（带英文字幕）。该电影记录了她的职业生涯，从她假扮一个贝都因（Bedouin）男孩开始，到她以富有魔力的演出征服了开罗为止。影片中，在她的葬礼举办时，数百万的送葬者涌上开罗街头，光是这一幕就值得一看。

Midan Ramses & Around
拉美西斯广场及周边

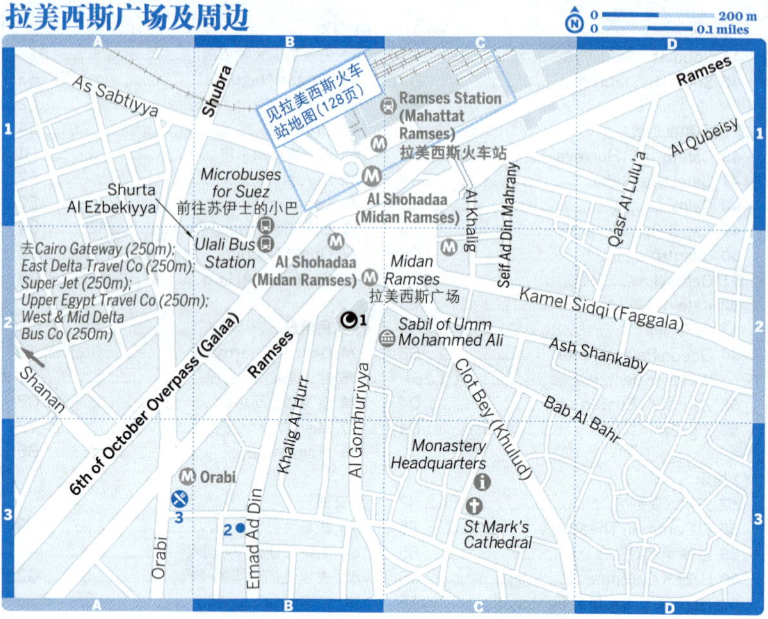

Midan Ramses & Around
拉美西斯广场及周边

景点

活动、课程和团队游

就餐

尼罗河水位测量标尺 历史景点

（Nilometer；见74页地图；Sharia Al Malek As Salih, Roda Island；LE15；9:00~16:00；Mar Girgis）尼罗河水位测量标尺建于861年，它地处劳代的最南端，在莫纳斯蒂里宫院内。像其他建于1000年前的标尺一样，它被用来测量尼罗河水的涨落，并预测每年的收成。土耳其风格的铅笔尖圆顶曾被拿破仑军队毁坏，后在法鲁克时期重建。

如果水位上涨至16腕尺（1腕尺大约是一个小臂的长度），那极有可能是丰收年，由此带来的庆祝活动是中世纪最盛大的庆典之一。水位过高，河水会泛滥成灾；水位过低则预示着饥荒。测量装置是一根有刻度的圆柱，处于尼罗河水平面以下，在一段陡峭的台阶底部，你可以下来看个仔细。这里的入口位于Sharia Al Malek As Salih。你从入口处的门卫那里购买门票，然后他们会同你一起前往尼罗河水位测量标尺所在的建筑，因为这里在没有访客的时候通常都是关着的。

开罗科普特区

巴比伦堡的围墙内，古代和现代的教堂及修道院像迷宫一样纵横交错。巴比伦堡建于公元前6世纪，98年经罗马皇帝图拉真（Trajan）扩建。科普特区与城市的其他部分形成了奇妙的对比，此处还有一座漂亮的科普特博物馆。这里有开罗最古老的教堂、最古老的清真寺和最古老的犹太教堂，而附近则是新开不久的（在调研期间这里没有展品，而且尚未完工）国立埃及文明博物馆（National Museum of EgyptianCivilisation；见76页）。

科普特区有4个入口：Sharia Mar Girgis中央（地铁出口正对面）的正门通往科普特博

物馆，南边有一扇门通向悬空教堂（Hanging Church），而北面则是通往圣乔治教堂（Church of St George）的入口。在外面的街道上，有一个下沉的楼梯可通往一段狭窄的鹅卵石小巷，这条小巷会通往其他教堂和犹太教堂。在这片不超过1平方公里的区域内，一度坐落着20多座教堂。

★科普特博物馆 博物馆

（Coptic Museum；见74页地图；☎2363 9742；www.coptic-cairo.com/museum/museum.html；3 Sharia Mar Girgis；成人/学生 LE100/50，照相机 LE50；⏲8:00~16:00；Ⓜ Mar Girgis）这座博物馆创立于1908年，馆内收藏着从埃及基督教早期到伊斯兰教初期的科普特艺术品。这是一个美丽的地方，除了浩如烟海的珍宝之外，所有展区都有优雅的木雕。展品包括自托勒密（Ptolemaic）时期以来的雕塑、各种纺织品和寺院壁画墙。馆内的展品有1200件左右，要想全部看完至少需要2个小时。

2~5世纪的Kom Abou Billou随葬石碑上，第一个十字架呈生命之符（ankh）的形状，清晰地展示了从法老艺术到科普特艺术的变迁。4世纪和5世纪的雕塑也呈现了这一变迁，同时，这一时期的基督教符号受到希腊-罗马神话和古老的法老元素的影响。通过水的洗礼而获得重生是受到阿芙洛狄忒（Aphrodite）踩着贝壳从海上升起的启发。留意7~8世纪的一幅三只老鼠向猫求和的作品。在埃及，对动物进行拟人化的描绘可以追溯到公元前1500年。

楼上的两个大房间内陈列着4~7世纪编织和刺绣的科普特纺织品，精美绝伦。还有一个房间内陈列着拿戈玛第（Nag Hammadi）手稿、关于诺斯替教（Gnosticism）起源的介绍、世界上最古老的《圣经》诗篇，还有《大卫诗篇》（*Psalms of David*）——带有最初的两块木板封面。

悬空教堂 教堂

（Hanging Church；Al Kineesa Al Mu'allaqa；见74页地图；www.coptic-cairo.com；Sharia Mar Girgis；欢迎捐赠；⏲8:00~16:00，科普特弥撒周三和周五 8:00~11:00，周日 9:00~11:00；Ⓜ Mar

当地知识

市中心的艺术圈

如今开罗的艺术氛围比以往任何时候都要活跃和多样化，多数艺术活动都在市中心举办。除了这些艺术空间之外，城市的文化中心（见120页）也经常举办有趣的展览，Darb 1718（见119页）值得一游。

Cairo Atelier（Atelier du Caire；见68页地图；☎2574 6730；www.facebook.com/groups/216621056906；2 Sharia Karim Al Dawla；⏲周六至周四 10:00~13:00和17:00~22:00）免费 紧邻Sharia Mahmoud Bassiouni，既是一家会所，也是一个展览空间。

Contemporary Image Collective（见68页地图；☎2396 4272；www.ciccairo.com；4th fl，22 Abdel Khalek Sarwat；⏲周日至周四 10:00~18:00）免费 经常举办一流的临时艺术展和摄影展，记录埃及人的生活，此外还有电影和摄影研习班。

Mashrabia Gallery（见68页地图；☎2578 4494；www.facebook.com/mashrabiagallery；8 Sharia Champollion；⏲周六至周四 11:00~20:00；Ⓜ Sadat）免费 空间略显狭促，但在绘画和雕塑界小有名气。

Studio Emad Eddin（SEE；见72页地图；☎2576 3850；www.seefoundation.org；18 Sharia EmadAd Din）表演艺术家排练和研习的空间；有时会举办活动和研讨会。

Townhouse Gallery（见68页地图；☎2576 8086；www.thetownhousegallery.com；3 Sharia Hussein Basha；⏲周六至周三 正午至21:00；Ⓜ Sadat）免费 Townhouse是开罗最时尚的地方，置身于车辆修理厂中，已经推出了许多埃及艺术家。这里会定期举办临时展览、活动、研讨会和各种演出。

Coptic Cairo 开罗科普特区

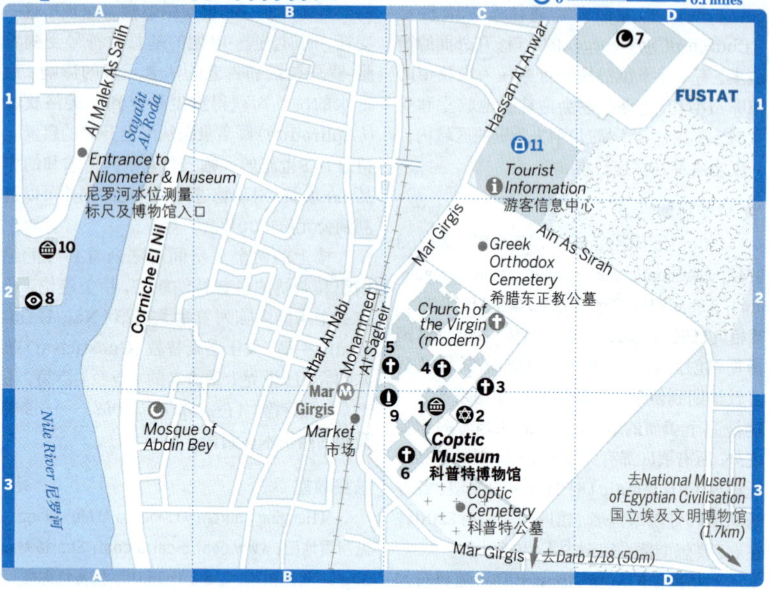

Coptic Cairo 开罗科普特区

重要景点

1 科普特博物馆............C3

景点

2 本·伊兹拉犹太教堂............C3
3 圣巴巴拉教堂............C2
4 圣赛格鲁斯和巴格斯教堂............C2
5 希腊东正教修道院和圣乔治教堂............C2
6 悬空教堂............C3
7 阿慕尔·伊本·阿绥大清真寺............D1
8 尼罗河水位测量标尺............A2
9 罗马塔............C3
10 乌姆·科尔特姆博物馆和莫纳斯蒂里宫............A2

购物

11 Souq Al Fustat............C1

Girgis）免费 建于9世纪（也有人说是7世纪）的悬空教堂位于Sharia Mar Girgis（与地铁平行的主路），就在科普特博物馆的南边，入口以一块正面刻着科普特语和阿拉伯语的石头作为标识。它悬于巴比伦堡的水门上方，因此得名"悬空教堂"。三个桶状穹顶和木屋顶侧廊使教堂的内部看上去就像是一艘倒置的船，它由13根优雅的柱子支撑，代表耶稣基督和他的使徒。

陡峭的台阶一直通向19世纪的教堂正面，顶端有双钟楼。在不大的庭院里有小贩出售礼拜仪式录音带和科普特教皇谢努达三世（Shenouda Ⅲ）的录像带。教堂内部给人的感觉非常像清真寺。遮挡圣坛的屏风镶嵌着乌木和象牙，其上有复杂的几何图形，只有通过小小的十字架才能看出与伊斯兰图案的区别。其中一根柱子的颜色比其余的都深，据说它代表犹大。

这座教堂有110幅圣像，包括一系列描绘圣乔治（St George）生平和其遭受的种种酷刑以及圣施洗者约翰（St John the Baptist）生平的作品，还有一幅画被称为科普特的"蒙娜丽莎"，即圣母玛利亚像。在洗礼堂靠近右侧的地方，地上的一块嵌板被移走，露出下面的水门。这座教堂仍在使用中，拥挤的人群中不仅有游客，还有向圣人遗骨和圣母玛利亚像祷告的教区信徒。

罗马塔

遗址

（Roman Towers；见本页地图；Sharia Mar Girgis；Ⓜ Mar Girgis）98年，罗马皇帝图拉真对

当时的要塞进行了扩建，并取名巴比伦堡，大概是该地区法老的名字“Per-hapi-en-on”（On是尼罗河神居住的地方）的一个变体。如今巴比伦堡只有西门的两座圆形塔楼保留了下来。它们是河边防御工事的一部分，被尼罗河水轻轻地拍打着。图拉真皇帝还重新开通了运河，它穿城而过，将尼罗河与红海连接起来。

游客们可以在南塔附近向下张望，能够看到街面以下几米处的部分古码头遗迹。希腊东正教修道院和圣乔治教堂坐落在北塔的上方。

希腊东正教修道院和圣乔治教堂 教堂

（Greek Orthodox Monastery & Church of St George；见74页地图；Sharia Mar Girgis；欢迎捐赠；⏲8:00~16:00）**免费** 科普特博物馆大门北侧的第一条过道通往希腊东正教修道院和圣乔治教堂。圣乔治（Mar Girgis）是该地区最受欢迎的基督教圣徒之一。他是巴勒斯坦人，应征加入罗马军队，303年因拒绝执行罗马皇帝戴克里先（Diocletian）禁止基督教活动的法令而被处死。早在10世纪的时候，开罗科普特区就有一座圣乔治教堂，这一座建于1909年。

旁边的修道院不对游客开放。4月23日人们会在这里庆祝科普特节Mar Girgis（圣徒的节日）。

圣赛格鲁斯和巴格斯教堂 教堂

（Church of St Sergius & Bacchus；Abu Sarga；见74页地图；www.coptic-cairo.com/oldcairo/church/sarga/sarga.html；紧邻Sharia Haret Al Kidees Girgis；欢迎捐赠；⏲8:00~16:00；Ⓜ Mar Girgis）**免费** 这是开罗科普特区内最古老的教堂，建于11世纪，柱子的年代更早，源于4世纪。教堂以罗马士兵赛格鲁斯（Sergius）和巴格斯（Bacchus）命名，他们因其基督教信仰于296年在叙利亚被杀害。该教堂建在一个洞穴上方，据说约瑟（Joseph）、圣母玛利亚和圣婴耶稣为躲避希律王（King Herod of Judea）的迫害（他下令屠杀长子）逃往埃及时曾在此避难。

这座教堂以一座罗马式长方形廊柱结构为基础，有中殿和两个侧廊。中殿由12根圆柱支撑，其中11根为白色大理石柱，1根为红色花岗岩柱，有的柱子上隐约能够看到圣徒的肖像。教堂内有许多反映耶稣基督、各位圣徒和圣母玛利亚生平的圣像。圣家庭（Holy Family）避难的洞穴如今是一个地下室，从圣坛左侧一个小教堂（通常是锁着的）下台阶即达。每年6月1日，这里都会举办一场特殊的弥撒来纪念这一事件。要前往教堂，可沿中间的小巷（Haret Al Kidees Girgis）走到T字路口右转，再向左转，下台阶，入口在街面以下。

圣巴巴拉教堂 教堂

（Church of St Barbara；见74页地图；www.coptic-cairo.com/oldcairo/church/barbara/barbara.html；紧邻Sharia Haret Al Kidees Girgis；欢迎捐赠；⏲8:00~16:00；Ⓜ Mar Girgis）**免费** 圣巴巴拉教堂在经过Abu Sarga的拐角处，是为纪念一位试图劝说父亲皈依基督教而被其活活打死的殉道者而建的。据说她的遗骸与其他几位圣徒的遗骨一起被安放在圣坛左侧的小教堂内。教堂里有许多珍贵的圣巴巴拉、圣母玛利亚和耶稣基督圣像。教堂外有一扇铁门通向安静（但垃圾遍地）的**科普特公墓**。

本·伊兹拉犹太教堂 犹太教堂

（Ben Ezra Synagogue；见74页地图；紧邻Sharia Haret Al Kidees Girgis；欢迎捐赠；⏲8:00~16:00；Ⓜ Mar Girgis）**免费** 9世纪的本伊兹拉犹太教堂就在科普特区的围墙外，它是在一座4世纪的基督教教堂的基础上建立起来的。传说公元前6世纪，尼布甲尼撒二世（Nebuchadnezzar Ⅱ）破坏耶路撒冷神殿之后，先知耶利米（Jeremiah）就是在这里聚集犹太教徒的。据说在旁边的泉水处，法老的女儿发现了芦苇中的摩西，这也是圣母玛利亚打水为耶稣洗澡的地方。

12世纪，犹太教堂经耶路撒冷拉比（犹太教的贤人）亚伯拉罕·本·伊兹拉（Abraham Ben Ezra）修复。1890年，在这座犹太教堂的一个隐蔽处发现了超过25万份被称为Geniza的历史文件。研究人员通过这些文件拼凑出11~13世纪北非犹太社区的生活细节。

阿慕尔·伊本·阿绥大清真寺 清真寺

（Mosque of Amr Ibn Al As；见74页地图；Sharia Sidi Hassan Al Anwar；Ⓜ Mar Girgis）**免费**

它是埃及第一座清真寺，642年由征服埃及的伊斯兰将领阿慕尔·伊本·阿绥建立，他曾经在此安营扎寨。最初的清真寺结构非常简单，由棕榈树干搭建而成，屋顶以树叶覆盖。827年，清真寺被扩建成如今的规模，从那时起，它不断被改造——最近，人们又仿照最初的样式为其安装了一个木屋顶。

圣殿右侧是最古老的部分，其余则是由200多根不同圆柱组成的柱林，大部分都取自古遗址。这里可看的不多，但广阔的空间非常适合休息。要前往清真寺，可沿Sharia Mar Girgis 向北，出科普特区，经过Souq Al Fustat（见121页）、一个出售工艺品的室内市场和一个咖啡馆到达。

国立埃及文明博物馆 博物馆

（National Museum of Egyptian Civilisation, NMEC; ☎2525 5588; www.nmec.gov.eg; Sharia Al Fustat, Fustat; 成人/儿童 LE60/30，照相机LE50; ⏰9:00~16:00; Ⓜ Mar Girgis）这座巨大的建筑新开放不久，位于一片广阔的、白色岩石建成的广场后面，可以让游客领略博大的埃及文明。当我们拜访时，这里只有部分对外开放，在Ayn As Sirah湖岸边的大型户外露台依然在施工中，从那里可欣赏到城堡的美景。目前只有一个画廊对外开放，里边展示了一些漂亮的纺织品、陶器和珠宝。

打算来此参观之前，不妨访问一下它的官网，看看这里是否已经完全对外开放，因为在竣工后，这里的画廊或许会展示埃及在漫长岁月中积累的文化财富，以及其在世界历史中的重要地位。

> **ⓘ 开罗科普特区的实用指南**
>
> ➡ 地铁Mar Girgis站位于街区的正前方。
>
> ➡ 游客必须遮盖肩部和膝盖才能进入教堂或清真寺。
>
> ➡ 教堂在周日举行弥撒，有的也在周五举行。
>
> ➡ 带些零钱，可以向教堂捐款。
>
> ➡ 少数简易的咖啡馆带卫生间，散落在教堂中间。科普特博物馆和悬空教堂内也有卫生间。
>
> ➡ 穿过地铁轨道去西侧可以吃到便宜的街头小吃。
>
> ➡ 登录附近的艺术中心Darb 1718（见119页）的网站查看活动列表，去**Souq Al Fustat**（见121页）购买当地产的现代工艺品。

开罗伊斯兰区

虽然这一地区的天际线上有多座宣礼塔，但称其为“伊斯兰区”多少有些牵强，因为从宗教意义上讲，它并不比其他地区更虔诚。但千百年来，它一直是一个伊斯兰帝国的权力中心，其历史遗迹中不乏重要的伊斯兰建筑。今天，它仍然是一个比较传统的地方，穿galabeya（男士从上到下的长袍）的人仍然比穿牛仔裤的多；建筑挤在一起，人群熙熙攘攘，喧嚣声更多是来自摊贩的叫卖声和小作坊里发出的叮当声，而非过往的车辆。纵横交错的胡同就像是迷宫，很容易让人迷失，忘记了身处何时何地。

该地区正在进行一项雄心勃勃的修复计划，历史遗迹、街道和日常建筑都刚被刷上了油漆，换上了木窗格，其变化程度会让那些故地重游的人大吃一惊。虽然许多项目随着穆巴拉克总统的倒台而停滞，但翻修工程已经加速了，所以一些外墙会被木制脚手架所覆盖。那些变化大多令居民受益匪浅。巨大的爱资哈尔公园从前是一个大垃圾堆，这样的进步令人无法质疑。

侯赛因广场及周边

侯赛因广场 广场

（Midan Al Hussein; 见83页地图）侯赛因广场介于神圣的爱资哈尔清真寺和萨西德纳·侯赛因清真寺（Mosque of Sayyidna Al Hussein）之间，曾经是马穆鲁克时期的中心之一，如今仍然是一个重要的节庆场地，尤其是在斋月的夜晚以及纪念侯赛因和先知穆罕默德的节日期间。该广场还是一个很受欢迎的聚会场所，哈恩哈利利入口处的餐厅（主菜LE30~120）露天座位摆在西侧，上面经常坐满了当地人和游客。

萨西德纳·侯赛因清真寺 清真寺

（Mosque of Sayyidna Al Hussein; 见83页地

游览开罗伊斯兰区

- 如果你想进入清真寺，穿着得体不仅是出于礼貌，而且非常必要，必须遮住腿和肩膀，还要穿一双结实的、方便脱下的鞋。
- 从9:00到傍晚，在清真寺附近都能找到看门人；祈祷时间清真寺通常不对游客开放。
- 给清真寺的看门人准备点儿小费——他们帮你照看鞋子，指出细节或带你登上宣礼塔，付点儿小费是正常的。但对金额要做到心中有数，不要超过预期。
- 除苏丹哈桑（Sultan Hassan）和利法（Ar Rifai）之外，所有清真寺都是免费进入的，但有些看门人可能会收进门费。如果你不能确定，就问问有没有票（"fee taz-kar-a?"），如果他们拿不出门票，就礼貌地拒绝付钱。
- 在凭票入内的景点，一些门卫会回收游客的门票二次出售（景点内会有另一个门卫配合他，向游客保证回收门票是"正常行为"）。如果门票不是当着你的面撕下来的，你的票就是二次出售的。
- 有的管理员为了不让你知道以上提示，甚至会声称清真寺内不可以使用旅行指南。

图；Midan Al Hussein；⊙不对非穆斯林开放）这座清真寺是埃及最神圣的伊斯兰遗址之一，据说先知穆罕默德之孙侯赛因的头颅就安葬在这里。除宣礼塔上漂亮的14世纪灰泥嵌板之外，清真寺的多数建筑都建于1870年前后。前面现代的金属雕塑是雅致的特氟龙天篷，每周五祈祷时都会展开为信徒们提供遮蔽。它是少数禁止非穆斯林入内的清真寺之一。

侯赛因在伊拉克卡尔巴拉（Karbala）的死亡，加深了伊斯兰教逊尼派和什叶派之间的裂痕。必须要说的是，大马士革的倭马亚清真寺也声称存有侯赛因的头，这虽然是一个什叶派遗物，但这两个清真寺都是由逊尼派建立的。

★哈恩哈利利 市场

（Khan Al Khalili；见83页地图；紧邻Sharia Al Azhar和Al Gamaliyya）哈恩哈利利狭窄的小路就像是一个中世纪的购物商场，这个商铺群聚集在小庭院的周围，出售的商品从肥皂粉到宝石，应有尽有，更不用说俗气的玩具骆驼和用雪花石制成的金字塔了。虽然市场的营业时间是从早上9点左右到日落（周五早上和周日除外），但许多纪念品商铺只要有顾客就会一直营业，即使是周日也不例外。

自从14世纪建成以来，开罗人就在这里做买卖，市场的部分区域，例如黄金区，仍然是当地人的购物首选。哈恩哈利利过去有严格的区域划分，但如今仅黄金卖家、铜匠和香料商所在的区域有明显的区分。除了"嘿，先生，随便看看"这样笨拙的招揽生意的吆喝之外，哈恩哈利利的商人将是你遇到的语言最流利的谈话对象。在这里几乎能买到一切，即使店里没有你想买的东西，店主也会高兴地为你介绍其他店铺。

梅达格小巷 街道

（Midaq Alley，Zuqaq Al Midaq；见83页地图）这条小巷在伊斯兰开罗文学中很出名，这要归功于纳吉布·马哈富兹（Naguib Mahfouz）创作的一部与小巷同名的小说。虽然这条小巷里的居民不像书中的人物那样个性鲜明，但这里的生活方式与作家在20世纪40年代描述的非常接近。由于小巷很有名，以至于街牌被保存在台阶脚下的咖啡馆里，只有付小费才能看到。

Sharia Al Gamaliyya 街道

（见78页地图）Sharia Al Gamaliyya过去是中世纪开罗一个贸易区的中心，也是一条主干道。今天它更像是一条充满当地生活气息的偏僻小巷，小巷南端是侯赛因广场，很多门店楼上的外墙都被像蜘蛛网一样的木制脚手架挡住了。向北走，有一个已经完工的项目——建于1408年清真寺Mosque of Gamal Ad Din已经被清理干净，露出下面的一排店铺，租金用于清真寺的维护。

在街道的北端是苏丹凯特贝客栈（Wikala of Sultan Qaitbey)，在本书作者调研时，这里正在进行大规模修复工程。通过脚手架，你仍然可以欣赏这个宏伟的马穆鲁克时代商人旅馆的精致玄关。

苏丹贝巴尔·加斯汉吉寺院和陵墓

清真寺、墓地

（Khanqah & Mausoleum of Sultan Beybars Al Gashankir; Sufi Monastery; 见本页地图; Sharia Al Gamaliyya; ⏲9:00~17:00）**免费** 这座寺院（苏非修道院）建于1310年，是开罗最早的清真寺之一。它的宣礼塔矮矮的，上面有一个带棱纹的小圆顶，非常特别。一个带"挡板"的入口将房间与街道隔开。内部的状态比较糟糕，部分原因是里面栖息着成群的鸽子。如果你不喜欢鸟，那最好还是别进去。

在马穆鲁克苏丹贝巴尔·加斯汉吉长眠的房间里，黑白相间的大理石嵌板闪闪发光，光线透过彩色玻璃窗照进来。其继任者下令将他的名字从建筑物的正面删去。

巴扎拉客栈

历史建筑

（Wikala Al Bazara; 见本页地图; Sharia Al Tombakshiyya; 成人/学生 LE40/20; ⏲8:00~17:00）它是中世纪城区保存下来的20多座商人客栈（wikala）中的一座，建于17世纪，当时大约有360座这样的客栈。所有客栈格局相同：仓库和马厩围绕着一个庭院，商人住的客房在楼上。沉重的大门[看看镶嵌的木门锁和过时的兰开夏（Lancashire）消防徽章]在晚上保护着货物。可以爬上屋顶欣赏风景。

★ Sharia Al Muizz Li Din Allah

街道

（见83页地图）它通常被称为Sharia Al Muizz，以在969年征服开罗的法蒂玛哈里发（Fatimid caliph）命名，曾经是开罗的一条大道，说书人、表演者和食品摊都会聚于此。哈恩哈利利黄金区以北的部分被称为**Bein Al Qasreen**（Palace Walk; 见本页地图），让人们想起法蒂玛时期街道两边宏伟的宫殿。如今，这片伟大的马穆鲁克建筑群有埃及最宏伟的宣礼塔、圆顶和带条纹的石头立面。

经过改造后，这条街的Bein Al Qasreen部分从路面到宣礼塔的顶部全都焕然一新。在白天车辆禁止通行的时段（9:00~22:00），游客可以惬意地观光，不必害怕被车撞倒。这条街有一段汇集了出售水烟（shisha）、火盆和烹饪富尔（fuul）的梨形锅的小摊。很快，出售的商品就扩展到宣礼塔尖的新月、咖啡壶和其他铜制品，于是Sharia An Nahaseen（铜匠街）这个名字便叫响了。沿街漫步，一边欣赏中世纪建筑，一边感受开罗的喧嚣。

从卡拉乌恩伊斯兰学校和陵墓开始往北的几座古迹共用一张套票。

★ 卡拉乌恩伊斯兰学校和陵墓

历史建筑

（Madrassa & Mausoleum of Qalaun; 见本页地图; Sharia Al Muizz Li Din Allah套票 成人/学生 LE100/50; ⏲9:00~17:00）卡拉乌恩伊斯兰学校和陵墓建于1279年，工期只有13个月，在这条街上的宗教建筑群中，它的年代最久远，也最华丽。右侧的陵墓结构尤为复杂，汇集了以星星和花卉为图案的镶花石材和灰泥装饰，还有彩色玻璃窗。建筑群还包括一座医

North of Khan Al Khalili 哈恩哈利利以北

院（maristan），是由卡拉乌恩下令建造的，他曾在大马士革的一家类似的医院治好了腹绞痛。

阿拉伯旅行家、历史学家伊本·白图泰（Ibn Battuta）1325年访问开罗时，卡拉乌恩医院“数不清的器械和药剂”给他留下了深刻的印象，他还描述了《古兰经》诵读者在陵墓两侧夜以继日地为长眠于此的人们吟诵安魂曲的场景。

萨利赫·阿尤布伊斯兰学校和陵墓 历史建筑

（Madrassa & Mausoleum of As Salih Ayyub；见78页地图；Sharia Al Muizz Li Din Allah；Sharia Al Muizz Li Din Allah套票 成人/学生 LE100/50；⏲9:00~17:00）这片建筑群是由埃及阿尤布王朝（Ayyubid）最后一任苏丹萨利赫·阿尤布在1242~1244年修建的，这位苏丹在抵抗路易九世（Louis Ⅸ）率领的十字军攻打埃及时逝世。他的祖父是被西方称为萨拉丁（Saladin）的Salah Al Din Ayyub。

这是第一个已知的附带陵墓的伊斯兰学校，对此后马穆鲁克时期的建筑来说，它在许多方面奠定了最初的风格，沿街可以看到许多那个时期的建筑。这座伊斯兰学校也是第一所汇集了逊尼派四大教法学派的学校。学校旁边是阿尤布苏丹（Sultan Ayyub）的陵寝，由他的土耳其妻子谢杰莱·杜尔（Shagaret Al Dur）于1250年修建，她在苏丹死后秘不发丧，以免向驻扎在达米埃塔（Damietta）的法国十字军暴露弱点。后来，谢杰莱·杜尔成功地击败了十字军，成为女王，开创了马穆鲁克王朝，土耳其军队取得政权。

纳西尔穆罕默德伊斯兰学校和陵墓 历史建筑

（Madrassa & Mausoleum of An Nasir Mohammed；见78页地图；Sharia Al Muizz Li Din Allah；Sharia Al Muizz Li Din Allah套票 成人/学生 LE100/50；⏲9:00~17:00）纳西尔苏丹（Sultan An Nasir，“胜利者”）虽然专制，但取得了很高的成就。他的伊斯兰学校建于1304年，部分哥特式门廊是在1290年纳西尔和他的军队结束了十字军统治之后，从Acre（今天以色列的Akko）的一座教堂掠夺来的。陵墓（在你进门的右手边，通常是锁着的，可以找景点守卫拿到钥匙）里安葬着纳西尔的母亲和他最宠爱的儿子，苏丹本人葬在隔壁他父亲卡拉乌恩的陵墓中。

巴尔库克伊斯兰学校和陵墓 历史建筑

（Madrassa & Mausoleum of Barquq；见78页地图；Sharia Al Muizz Li Din Allah；Sharia Al Muizz Li Din Allah套票 成人/学生 LE100/50；⏲9:00~17:00）巴尔库克苏丹在1382年掌握大权，那时候埃及正饱受瘟疫和饥荒之苦；这所苏非派学校便是他掌权4年后建成的。黑白大理石入口十分醒目，入口通向一条拱形通道。右边的内院有一个金蓝色天花板，十分豪华，天花板被4根法老时期的斑岩柱支撑着。巴尔库克的女儿就埋葬在一座壮观的圆顶墓室中；而苏丹本人则在北方公墓里安息，被苏非派长老们的墓所包围。

埃及纺织博物馆 博物馆

（Egyptian Textile Museum；见78页地图；Sharia Al Muizz Li Din Allah；成人/学生 LE20/10；

当地知识

开罗伊斯兰区：安排一次步行

这一区域很大，有很多著名建筑，所以我们将它细分为几个小的区域：

侯赛因广场及周边 包括哈恩哈利利、Sharia Al Muizz Li Din Allah的北部（被称为Bein Al Qasreen）以及北墙和北门。

爱资哈尔至城堡 包括Sharia Al Azhar路南侧的遗址，例如高里（Al Ghouri）建筑群和祖韦拉门。

达布阿玛（Darb Al Ahmar）位于达布阿玛同名街道和爱资哈尔公园之间。

城堡 山坡上的要塞建筑。

城堡至伊本·图伦（Ibn Tulun）开罗伊斯兰区的南部，从苏丹哈桑清真寺到伊本·图伦。

北部墓地 环路以东，包括最好的马穆鲁克圆顶。

每个区域都特别适合花半天时间到处逛逛，如果能多去几次就更理想了。平日里能够感受到繁荣的商业氛围；多数店铺在周五早上或周日都不营业，更便于细细地欣赏建筑本身。

这里有许多中世纪的建筑，我们无法一一介绍。如果想了解详情，可以去开罗美国大学书店（AUC Bookshop；见121页）买一份由埃及建筑资源保护协会（Society for Preservation of the Architectural Resources of Egypt, SPARE）出版的指南地图。

要前往开罗伊斯兰区有几个不错的方案：一是从市中心步行前往，这样你就能看到现代城市的变迁；二是从阿塔巴广场前往，沿Sharia Al Muski市场街向东走（要想绕开这里，就直接去哈恩哈利利打一辆出租车，告诉司机去“侯赛因”或去阿塔巴乘坐中巴）。

你还可以在Bab Al Shaaria地铁站下车，这里是中世纪城区的西北部边缘——沿Sharia Emir Al Guyush Al Gawani路向正东方向走，就能到达Sharia Al Muizz Li Din Allah路的北段。

还有一个办法，就是从爱资哈尔公园出发。你可以从这里欣赏到伊斯兰区景致，然后从山下的公园大门离开，向北穿过达布阿玛。

⊙9:00~16:30）中东唯一的纺织博物馆，有科普特和伊斯兰时期来自古埃及和罗马的纺织品，非常有趣。展览从法老的尿布开始，一直到刺绣精美的科普特长袍和工艺精湛的qiswat（装饰麦加圣堂的嵌板）。虽然它只是一个小型博物馆，但对那些对织造和织物感兴趣的旅行者来说还是值得一看的。

伊纳尔土耳其浴室 土耳其浴室

（Hammam Inal；见78页地图；Sharia Al Muizz Li Din Allah；Sharia Al Muizz Li Din Allah套票 成人/学生 LE100/50；⊙9:00~16:30）这座经过精心修复的浴室是一件罕见的证据，证明了开罗曾一度拥有繁荣的土耳其浴文化。伊纳尔土耳其浴室可追溯至1456年，中厅被大理石包裹着，顶部是传统的圆顶天花板，上面镶嵌着彩色玻璃小窗，可以让光柱倾泻而下。

古兰经伊斯兰学校 历史建筑

（Sabil-Kuttab of Abdel Rahman Katkhuda；见78页地图；Sharia Al Muizz Li Din Allah；Sharia Al Muizz Li Din Allah套票 成人/学生 LE100/50；⊙9:00~16:00）古兰经伊斯兰学校是开罗伊斯兰区的标志性建筑，出现在许多绘画和印刷品中。修建这座喷泉和学校的目的是赎罪，因为人们相信给口渴的人水喝和教化无知的人这两件事都是穆罕默德所赞许的。这座建筑是1744年由一个荒淫的埃米尔（阿拉伯国家的贵族头衔）修建的，里面有漂亮的陶瓷艺术品。

埃米尔贝什塔克宫 历史建筑

（Qasr Beshtak；见78页地图；紧邻Sharia Al Muizz Li Din Allah；Sharia Al Muizz Li Din Allah套票 成人/学生 LE100/50；⊙9:00~17:00）在Sabil-Kuttab of Kathkuda，沿一条小巷来到埃米

尔贝什塔克宫，它是14世纪埃及国内建筑的罕见典范，原来有5层楼高。这里的主厅（有时会用作音乐会场地）经过了精心修复。

阿克马尔清真寺 清真寺

（Mosque of Al Aqmar；见78页地图；Sharia Al Muizz Li Din Allah）免费 这座小巧的清真寺由法蒂玛王朝最后一位哈里发于1125年兴建，是埃及最古老的石头立面清真寺。它的许多特点后来成了清真寺建造时的基本元素，包括muqarna拱顶（像钟乳石一样的装饰性石雕）和拱门罩盖上的棱纹。爬上屋顶，你还能欣赏到Sharia Al Muizz Li Din Allah的Bein Al Qasreen一带的美景。

苏海米住宅 历史建筑

（Beit El Suhaymi；见78页地图；Darb Al Asfar；成人/学生 LE50/25；⏲9:00~17:00）全面修复的石头和优雅的木格屏风（mashrabiyya）使**Darb Al Asfar**变身为一条中世纪的小巷——如果中世纪也这么干净的话。这里的建筑并不多，首先映入眼帘的是苏海米住宅，这个民宅和商队酒店建于17~18世纪。走过一条狭窄的过道之后，来到一个安静的院落，四周是豪华的接待大厅、卧室、储藏室和浴室。

这座住宅虽然得到了彻底修复，但陈设简陋（由于新增加了大量木工活，出于防火需要，灭火器成了最突出的摆设），有点阴森森的。Darb Al Asfar的变化引发了很大的争议，施工方以修复的名义迁走了至少30个家庭，但对那些留在这一拥挤地区的居民来说，这使他们得到了一些宁静。

苏雷曼·希拉达喷泉清真寺 历史建筑

（Mosque-Sabil of Suleiman Silahdar；见78页地图；Sharia Al Muizz Li Din Allah；Sharia Al Muizz Li Din Allah套票 成人/学生 LE100/50）这座19世纪的建筑由穆罕默德·阿里的军械库首长建造，这座建筑将巴洛克风格的古兰经学校（kuttab）和公共喷泉（sabil）合二为一，上面是一座清真寺，下面是一个蓄水池。你需要让景点的守卫为你打开蓄水池的门（肯给小费就更好了），走下49级台阶，进入一个15米高的巨大空间，这个空间以前是给公共喷泉供水用的。

哈基姆清真寺 清真寺

（Mosque of Al Hakim；见78页地图；Sharia Al Muizz Li Din Allah；⏲9:00~17:00）免费 宏伟又醒目的哈基姆清真寺于1013年竣工，它位于北城墙内，是开罗较古老的清真寺之一，但很少用于宗教目的，而是相继被当作关押十字军战士的监狱、马厩、仓库、男孩学校，甚至精神病院——这与它臭名昭著的创建者最相匹配。这座清真寺的真正杰作是两座石头宣礼塔，它们是开罗现存最早的宣礼塔（这要部分归功于贝巴尔·加斯汉吉在1304年一次地震后进行的修复）。

哈基姆苏丹是埃及法蒂玛王朝的第六任统治者，他11岁登基，因为可怕的长相和行为，他的导师给他起了个绰号叫“小蜥蜴”。他执政24年，以暴虐和远远超出宫廷阴谋的行为而臭名远扬，现代历史学家猜测他也许只是精神不正常而已。他最亲近的人整天都生活在恐惧之中，给他起绰号的导师等很多人都被他杀了。据说哈基姆经常乔装打扮，骑着一头驴上街巡查。他做的最众所周知的事是将不诚实的商人交由一个黑人仆人处置。他的死像他的人生一样离奇——在一次夜游穆卡坦山时，他凭空消失了，活不见人，死不见尸。对于他的信徒、一个名叫Al Darizy的男人来说，这正是哈基姆神性的证明。基于此，Al Darizy创立了德鲁兹派（Druze），该教派一直发展到今天。20世纪80年代，伊斯玛仪派团体对这座清真寺进行了修复，但它的广场是开放式的，装修简陋，看上去可不像哈基姆苏丹那么有趣。

征服门 门

（Gate of Conquests，Bab Al Futuh；见78页地图；Sharia Al Muizz Li Din Allah）圆形的征服门拥有雕刻精美的石拱，和方形的**胜利门**（Gate of Victory，Bab An Nasr；见78页地图；Sharia Al Gamaliyya）一样，均建于1087年，是法蒂玛时期开罗城城墙北部的两个主入口。尽管在法国人兵临城下之前，它们从未抵御过军事进攻，但当你沿着城门外步行时，你会意识到这是一座多么宏伟的军事建筑。

目前城门已经过大规模翻修，游客就可以爬上城墙顶部，或是亲自到城门里看一看拿破仑军队刻在里面的字，还有从古城孟菲斯的遗迹中收集来的石头，上面刻着动物和法老的图案。

爱资哈尔至城堡

这一区域在Sharia Al Azhar路以南，从市场街Sharia Al Muizz Li Din Allah继续向南延伸400米至有双宣礼塔的祖韦拉门。从这里，你可以继续向南，穿过Sharia Al Khayamiyya路，再走30分钟到达萨拉丁广场（Midan Salah Ad Din）和苏丹哈桑清真寺学院（Mosque-Madrassa of Sultan Hassan）。或者从达布阿玛向西走，直奔伊斯兰教艺术博物馆。

★爱资哈尔清真寺 清真寺

（AlAzhar Mosque, Gami' Al Azhar; 见83页地图; Sharia Al Azhar; ⏲24小时）**免费** 爱资哈尔清真寺建于970年，是开罗早期的清真寺之一。它是后来重新规划的法蒂玛城的中心，其教长被公认为埃及穆斯林的最高神学权威。1000多年来，这座清真寺经历了无数次扩建，完美地融合了各种建筑风格。穿过一个门廊进来后，墓室就在左侧，有一个漂亮的米哈拉布（mihrab，用来指示麦加方向的壁龛），不容错过。

中央庭院是最古老的部分，从南到北的三座宣礼塔分别建于14、15和16世纪，有双尖顶的那座是高里苏丹（Sultan Al Ghouri）加上去的，他的清真寺和陵墓就在附近。

988年在这里开办的伊斯兰学校已发展成一所大学，是世界上第二古老的大学［仅次于位于摩洛哥非斯的卡拉维因大学（University of Al Kairaouine）］，也一度是世界上最杰出的学习中心之一，吸引着来自欧洲和整个伊斯兰世界的学生。宽敞、现代的校园（正东）如今仍然是最具声望的学习逊尼派神学的地方。

尽管游客依然可以进入这里，但是在本书作者调研期间，爱资哈尔清真寺正在进行一项翻修工程，尖塔被脚手架包裹，一部分清真寺被封锁。不过这项工程似乎正在快马加鞭地进行，这意味着当你来这里时，翻修工程可能就已经结束了。

开罗独家贴士

- 清晨、午夜和周五全天是抵离开罗机场比较好的时候，可以避开车流高峰。
- 在一个方便的口袋里装少量硬币和纸钞（不超过LE20）以便找零或付小费。
- 在Midan Talaat Harb广场、埃及博物馆和哈恩哈利利附近，如果有陌生人接近你，几乎可以肯定是想向你兜售商品。
- 大部分开罗居民都喝自来水。如果你喝自来水没问题，就去清真寺外接冷水以减少塑料瓶的使用。
- 除非你觉得脚上又黑又脏也没关系，否则不要穿拖鞋，大多数开罗人穿包裹严实的鞋是有道理的。
- 这里并没有一家博物馆叫纸莎草博物馆，这是家商店。

哈顿之屋 建筑

（Beit Zeinab Al Khatoun, House of Zeinab Khatoun; 见86页地图; ☎2735 7001; 3 Sharia Mohammed Abduh; LE20; ⏲9:00~17:00）哈顿之屋是一座有趣的奥斯曼帝国时期的小房子，在它的屋顶欣赏周围点缀着宣礼塔的天际线，景致极佳。院子里有一间传统的咖啡馆，年轻的开罗人经常光顾。这座房子位于一个小广场上，在爱资哈尔清真寺后面的一条窄街尽头。

穿过广场，来到**哈拉维之屋**（Beit Al Harrawi），这也是一座18世纪的住宅，但它的内部非常简陋，不值得买门票参观。这两座住宅都会经常举办音乐会。同时哈拉维之屋还是音乐学校**Arabic Oud House**的所在地，晚上一般是开放的，可以免费进入。

高里客栈 建筑

（Wikala of Al Ghouri; 见83页地图; ☎2511 0472; Sharia Mohammed Abduh; LE40; ⏲周六至周四 9:00~17:00）该客栈于1504年由马穆鲁克王朝的高里苏丹修建，为来自东方和西方的商队提供住宿。精美的石头立面已经得到了很好的修复。上面的房间是艺术家的工作室，从前的马厩已经被改造成工艺品店。这里的院子到了晚上就成了剧场，人们可以欣赏由Al Tannoura埃及遗产舞团（见118页）带来的苏非舞。

Al Azhar & Khan Al Khalilii
爱资哈尔和哈恩哈利利

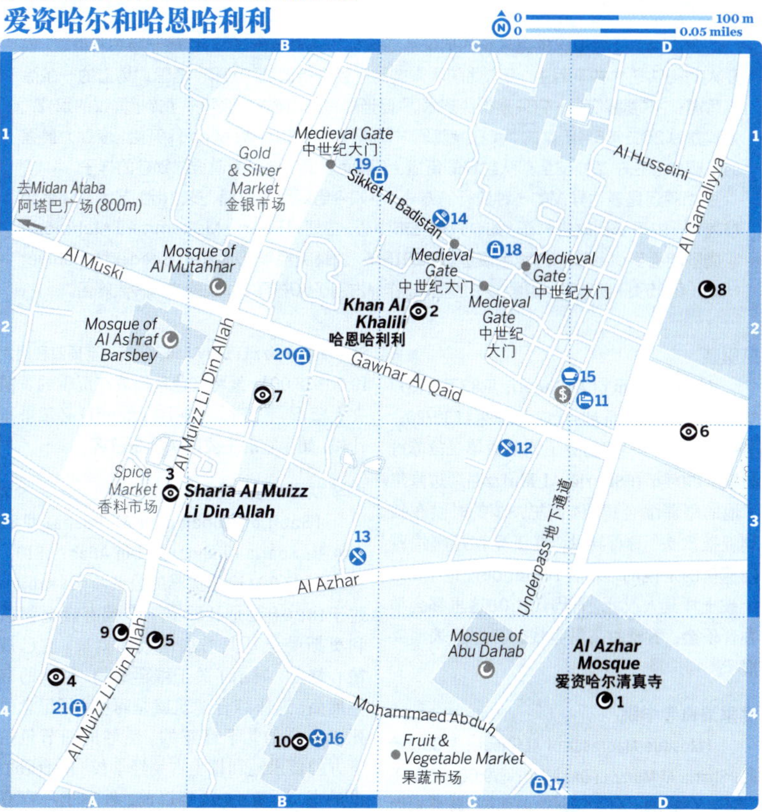

Al Azhar & Khan Al Khalilii 爱资哈尔和哈恩哈利利

重要景点
1 爱资哈尔清真寺 D4
2 哈恩哈利利 C2
3 Sharia Al Muizz Li Din Allah A3

景点
4 地毯和服装市场 A4
5 高里陵 A4
6 侯赛因广场 D3
7 梅达格小巷 B2
8 萨西德纳·侯赛因清真寺 D2
9 高里清真寺学院 A4
10 高里客栈 B4

住宿
11 El Hussein D2

就餐
12 Al Halwagy C3
13 Farahat B3
14 Khan El Khalili Restaurant & Mahfouz Coffee Shop C1

饮品和夜生活
15 Fishawi's D2

娱乐
16 Al Tannoura埃及遗产舞团 B4

购物
17 Abd El Zaher C4
18 Ahmed El Dabba & Sons C2
19 Atlas B1
20 Mahmoud Abd El Ghaffar B2
21 塔布什帽 A4

开罗的涂鸦艺术

2011年，反对穆巴拉克总统的抗议活动被称为脸书革命，但这也是一场涂鸦革命。埃及人对街头艺术并不陌生，但它此前从未被用于社会抗议。2011年，塔里广场上的一条涂鸦写道："不要害怕——它只是街头艺术。"但当局有理由害怕：涂鸦成了传播异议的媒介，尤其是从2011年5月所谓的"疯狂涂鸦周末"（Mad Graffiti Weekend）开始。表现力最强的一幅作品在一条被安全部队封锁的街道上，画面展现了这条街道被封锁前的样子。

涂鸦还是表达异议的一种流行的方式，但如今当局反应迅速，多数街头艺术很快就会被盖住。由于受到政府打压，如今只有在市中心，主要是Sharia Mohammed Mahmoud路周围能看到少数涂鸦的残余痕迹。在2016年，法籍突尼斯艺术家eL Seed在Manshiyet Nasr（见95页）创作了一组圆形书法壁画，作品占用了50栋建筑，规模之大令人咋舌。

高里陵 墓地

（Mausoleum of Al Ghouri；见83页地图；Sharia Al Muizz Li Din Allah；成人/学生 LE30/20；⏲9:00~17:00）马穆鲁克王朝倒数第二位苏丹高里于1504年在Sharia Al Muizz路两边修建了他的墓葬综合建筑。高里78岁的时候在叙利亚被砍头，身首异处。真正葬在这座优雅陵墓里的是他的继任者Tumanbey，他于1517年被土耳其人绞死。每周日21:00这里都会举办音乐会，不要和高里客栈的苏非舞表演弄混了。

高里清真寺学院 清真寺

（Mosque-Madrassa of Al Ghouri；见83页地图；Sharia Al Muizz Li Din Allah；⏲9:00~17:00）免费 在Sharia Al Muizz路的西侧，陵墓对面是高里墓葬综合建筑的第二部分——私密且装饰华丽的清真寺学院，内部有镀金描花木嵌板、黑白相间的大理石板、挑高的屋顶和以复杂的几何图形作为装饰的地面，四个拱形大厅（iwan）环绕着一个小小的下沉式庭院。也许你还能爬上4层的带有红色格子图案的宣礼塔（给小费，并忽略所谓的"票"）。

地毯和服装市场 市场

（Carpet & Clothes Market；见83页地图；紧邻Sharia Al Muizz Li Din Allah；⏲周一至周四和周六 大约10:00至日落）高里清真寺和陵墓之间的街道以及周边区域在历史上是这座城市的丝绸市场。虽然这个热闹的服装市场不是购物的最佳选择，但它丰富多彩的气氛还是值得一逛的。从清真寺向南不到50米就能找到开罗最后的**塔布什帽**（见83页地图；Sharia Al Muizz Li Din Allah；⏲周一至周四和周六10:00~18:00），他将红色毡帽放在沉重的黄铜夹上塑形。曾经每个绅士（effendi）必戴塔布什帽，如今它的主要购买者是游客。

穆罕默德·阿里喷泉 建筑

（Sabil of Muhammed Ali Pasha；见86页地图；Sharia Al Muizz Li Din Allah；LE10；⏲8:30~17:00）这座优雅的公共喷泉（sabil）建于1820年，是开罗第一个拥有镀金窗格和奥斯曼土耳其书法镶板的喷泉。它已被精心修复，展示了关于穆罕默德·阿里的有趣展品，这座综合建筑就是阿里为了纪念他死于瘟疫的儿子修建的。绝妙的细节包括下方的蓄水池和楼上古兰经学校（kuttab）里的书桌。在1992年以前，教室里一直有学生。

穆尤德沙伊克清真寺 清真寺

（Mosque of Al Mu'ayyad Shaykh；见86页地图；Sharia Al Muizz Li Din Allah；⏲9:00~17:00）免费 红白条纹的穆尤德沙伊克清真寺建于1415~1421年法蒂玛王朝时期，它是在一座监狱的旧址上修建的，那里曾经是它的赞助人马穆鲁克苏丹早年受苦的地方。它的入口以钟乳石拱顶作为装饰，气势恢宏。巨大的铜门据说是从苏丹哈桑清真寺偷来的。优雅的双宣礼塔高耸于祖韦拉门上方，已经成为这座城市的地标。

★祖韦拉门 门

（Bab Zuweila；见86页地图；Sharia Al Muizz Li Din Allah；成人/学生 LE30/15；⏲8:30~17:00）漂亮的祖韦拉门修建于11世纪，在马穆鲁克时

期是一个刑场，如今则是中世纪的开罗城唯一保存下来的南门。这里有一些有趣的展览，介绍这座城门的历史，所有展品都有详细的英文说明。在大门内，当你站在屋顶上，你能看到延伸到城堡的全景。那些不恐高的人可以一路爬到两个尖塔的塔顶。

据说在高大的木门后住着一个能治愈疾病的圣灵（现在仍然在那里），几百年来，求医的人在门上镶嵌钉子和牙齿作为贡品。

★伊斯兰教艺术博物馆 博物馆

（Museum of Islamic Art；☎2390 1520；Midan Bab Al Khalq；成人/学生 LE100/50，照相机LE50；⊙周六至周四 9:00~17:00，周五 9:00至正午和14:00~17:00）这座博物馆在开罗伊斯兰区的边缘，馆内收藏着世界上精致的伊斯兰教艺术品，更是埃及陈列最精美的博物馆（放在整个中东地区也毫不逊色）。博物馆拥有80,000件藏品，展出的只是冰山一角，但这些经过精挑细选的展品足以令人眼花缭乱。博物馆在2014年1月一次针对附近警察局的汽车炸弹袭击中遭到严重破坏，在经过大规模翻修后，这里终于在2017年年初重新对外开放。

在你进门的右手边可以看到建筑的细节：壁画、看上去宛如蕾丝般精美的雕花石膏、一个复杂的镶嵌木顶，还有按照朝代分类的陶器。你能看到数目惊人的象征性作品，但并不都是严格的伊斯兰教题材，例如一只阿尤布碗的碎片上呈现的是圣母玛利亚手举一个十字架的画面。左侧的展品按照功能和介质分类，包括医疗器械、星盘、一些令人惊艳的地毯、插图版《古兰经》，甚至还有墓碑。

这座博物馆在祖韦拉门正西500米处，从阿塔巴广场出发，沿Sharia Mohammed Ali路向东南方走700米即达。

★帐篷工匠市场 市场

（Tentmakers Market；见86页地图；Sharia Al Khayamiyya；⊙周一至周六 9:00~18:00）帐篷工匠街（Street of the Tentmakers）是现存的中世纪特色街区之一。它的名字源于制作帐篷的工匠，他们制作色彩亮丽的织布，用于守灵、婚礼、宴席等仪式。他们还手工制作工艺复杂的贴花墙帷、坐垫套和床罩，并给桌布印上新颖的图案。帐篷工匠市场是沿路工匠最集中的地方，经过祖韦拉门之后径直向南走即到。

达布阿玛

在鼎盛的14~15世纪，达布阿玛（Darb Al Ahmar，“红路”）及其周围的小巷和胡同大约有25万居民，如今这一地区的人口密度仍然很高。除此之外，这里还有许多历史遗迹，多数都源于马穆鲁克王朝末期，当时城市向外扩展至法蒂玛城门。作为爱资哈尔公园项目的一部分，这个街区在某些方面得到了精心修复，各种社会项目使这一长期贫困地区人民的收入有所提高。这里虽然混乱，但很迷人，适合漫无目的地闲逛。如今这条古老的街道因其北端的Ahmad Mahir Pasha和南段的At Tabana而为人所知。

齐马斯·伊沙齐清真寺 清真寺

（Mosque of Qijmas Al Ishaqi；见86页地图；Sharia Ahmad Mahir Pasha；⊙9:00~17:00）**免费** 这座非凡的清真寺是萨耶夫·阿尔丁·齐马斯（Sayf Al Din Qijmas）王子在1481年修建的，位于一排店铺的上方，是马穆鲁克建筑在开罗最杰出的典范之一。它那朴素、迷人的外立面出现在50埃及镑纸币上，其工艺相当精湛，尤其注意入口上方彩色的大理石嵌板。如果你路过时这里开门了（在我们上次拜访时这里是关着的），可得仔细看看清真寺内部漂亮的彩色玻璃窗和装饰迷人的木顶。

马利达尼清真寺 清真寺

（Mosque of Al Maridani；见86页地图；Sharia At Tabana；⊙9:00~17:00）**免费** 这座建于1339

> **不要胆怯**
>
> 虽然可能听上去有点儿傻，但对大多数游客来说，在开罗面对的最大挑战就是过马路。车辆川流不息，你只能指望它们会躲开你。我们建议：找一个适当的位置，让一个或更多的当地人在你和迎面而来的车辆之间形成缓冲，然后跟着人流过马路——他们通常并不介意做人体盾牌。一旦离开人行道，千万不要犹豫或返回，要勇往直前，就好像这条路是你的一样，并且要加快脚步！

Al Azhar to the Citadel 爱资哈尔至城堡

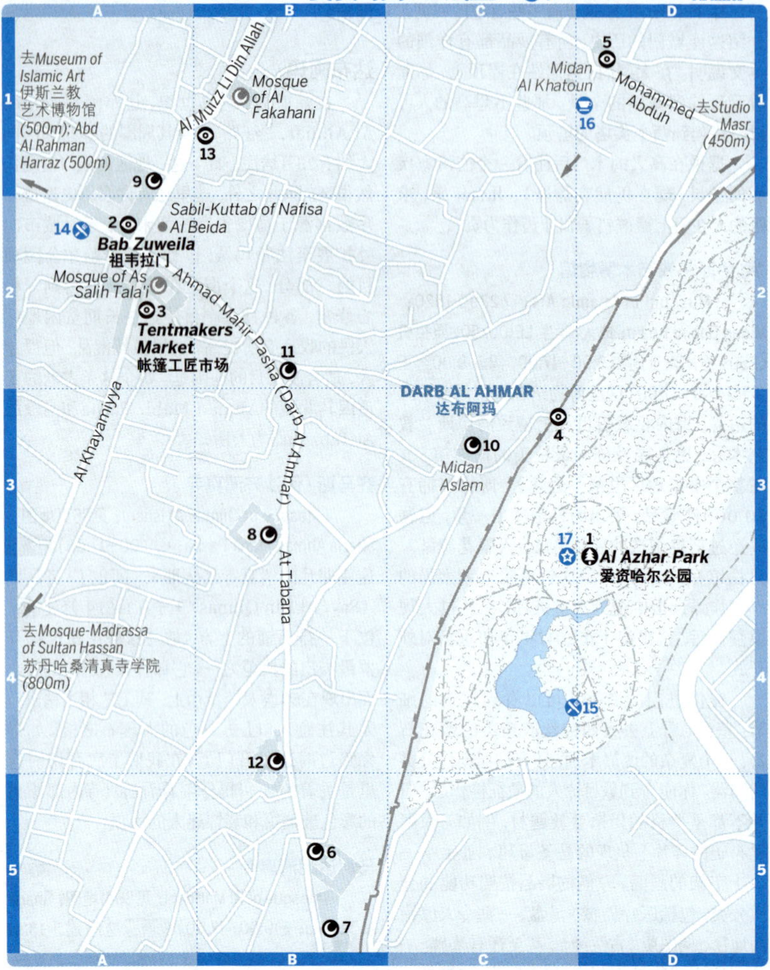

年的建筑融合了不同时期的建筑元素：8根花岗岩圆柱来自一座法老遗址，拱门上有罗马、基督教和伊斯兰教图案，奥斯曼土耳其人为其添加了一座喷泉和木屋。院子里有树木和迷人的木格屏风（mashrabiyya），游客不多，是一个安静的去处。

乌姆苏丹沙班清真寺学院 清真寺

（Mosque-Madrassa of Umm Sultan Sha'aban；见本页地图；Sharia At Tabana；⏲9:00~17:00）**免费** 外部有高耸的带有红白条纹的外立面，入口处的拱顶呈三角形排列，这座建筑的外观看上去比内部更有趣。尽管如此，还是建议你进去简单看看。一条长长的走廊隔离了内部和街道，并与麦加遥遥相望。这座建筑是马穆鲁克王朝一位统治者的母亲Khawand Baraka前往麦加朝圣后于1369年修建的。可以去蓝色清真寺找钥匙。

蓝色清真寺 清真寺

（Blue Mosque, Mosque of Aqsunqur；见本页地图；Sharia At Tabana；⏲9:00~17:00）**免费** 这座建筑建于1347年，于2015年被精心修复过，是那些自称导游的人极力推荐的，但与伊斯坦布

Al Azhar to the Citadel 爱资哈尔至城堡

尔的同名清真寺毫无相似之处，完全是典型的马穆鲁克建筑，但是华丽的蓝色土耳其瓷砖除外，它们是300年后贴上去的，因此看起来有点儿不协调。在宣礼塔上能够清楚地看到城堡以及东边清真寺后面的萨拉丁城墙遗址。

凯尔巴克清真寺　清真寺、墓地

（Khayrbek Complex；见86页地图；Sharia At Tabana；⏲9:00~17:00）**免费** 1516年，苏丹高里统治下的阿勒颇（Aleppo）总督埃米尔·凯尔巴克（Emir Khayrbek）投靠了奥斯曼土耳其阵营，这实际上加速了马穆鲁克王朝统治的终结。后来在奥斯曼帝国苏丹塞利姆一世（Selim Ⅰ）在位期间，凯尔巴克成了埃及的统治者。凯尔巴克的陵墓和清真寺建于1521年，彼此相连。更有趣的是，其他的建筑也相互连接，如13世纪的阿林·阿克宫（Alin Aq Palace）和后来的几座奥斯曼帝国时期的住宅。清真寺砖结构的宣礼塔坐落在一块刻有象形文字的法老石上。

尽管这里有官方的开放时间，但大多数时候都是锁着的。

埃斯拉姆·西拉赫达清真寺　清真寺

（Mosque of Aslam Al Silahdar；见86页地图；Midan Aslam，紧邻Darb Al Ahmar；⏲9:00~17:00）**免费** 作为距离爱资哈尔公园的Bab Al Mahruq入口最近的遗址，埃斯拉姆·西拉赫达清真寺是一个不错的地标，你能凭此确认自己的方位。这座14世纪的建筑以漂亮的石头镶嵌地板、墙上复杂的雕花灰泥圆形图案和一个精美的瓷砖穹顶为特征。广场对面是一个画廊，出售该地区的手工艺品。如果从祖韦拉门方向来，在齐马斯·伊沙齐清真寺的后面向东走，就能找到埃斯拉姆·西拉赫达清真寺（和Bab Al Mahruq）。

★ 爱资哈尔公园　公园

（Al Azhar Park；见86页地图；☎2510 3868；www.azharpark.com；Sharia Salah Salem；门票 周一至周三/周四至周日 LE7/10；⏲9:00~22:00）在阿迦汗文化信托基金（Aga Khan Trust for Culture）的资助下，几百年来堆积的垃圾山在2005年奇迹般地变成了城市第一座（也是唯一的）大公园。如今开罗人在园林、绿草和喷泉间漫步，或坐在湖边或餐馆的露台上，欣赏迷人的城市风光。每逢周末，市民们纷纷带着家人来这里郊游野餐，趣味盎然。

这座公园到底是一个漂亮的休闲场所，还是中产阶级的游乐场，完全取决于你的观点。当**Bab Al Mahruq**入口（穿过阿尤布老城墙上的一扇中世纪大门）终于在2009年开放的时候，这一争论稍稍得到了平息，因为这为达布阿玛区低收入居民逛公园提供了便利。你可以在18:00前进入公园，但天黑后，你只能从位于Sharia Salah Salem路的正门（有等客的出租车，但收费过高；开往阿塔巴广场的小巴票价为LE2）离开。如果你从达布阿玛进入公园，不妨去看看正在进行的阿尤布城墙挖掘项目——公园的主要成就之一就是让一直埋没在垃圾堆里的Bab Al Barqiya城门重见天日。

除了几家小咖啡馆和露天剧场**El Genaina**（☎02-2751-0771；http://mawred.org/programs-and-activities/el-genaina-theater），公园北部的餐馆**Studio Masr**（主菜 LE70~250；⏲10:00至次日1:00）最大限度地利用了自己

得天独厚的地理位置，人们在这里能够看到中世纪古城。公园另一侧的**Lakeside Cafe**（☎02-2510-9162；开胃菜 LE15~30，主菜 LE35~90）位于宁静的湖畔。

城堡

巨大的石灰岩**城堡**（Citadel, Al Qala'a；见89页地图；☎02-2512-1735；Sharia Salah Salem；成人/学生 LE120/60；⏲9:00~17:00，周五祈祷时间清真寺关闭）坐落在城市的东部边缘，它始建于1176年萨拉丁统治时期，最初是抵御十字军的要塞，在此后的700年中，一直是埃及统治者的居所。他们留下来的遗产包括三座截然不同的清真寺、几座宫殿（现在是一些要么平庸、要么几乎一直闭馆的博物馆）和几座能看到开罗美景的露台。如果天气好，你还能看到远处矗立的吉萨金字塔。

在推翻萨拉丁的阿尤布王朝之后，马穆鲁克王朝对城堡进行了扩建，增加了奢侈的宫殿和后宫。在奥斯曼帝国时期（1517~1798年），要塞向西扩张，又增加了新的正门Bab Al Azab，当时马穆鲁克宫殿已被毁坏殆尽。尽管如此，当1798年拿破仑率领法国远征军攻克城池之后，拿破仑的智囊团仍然认为这些建筑是开罗最精美的伊斯兰遗址。但这并不能阻止继法国人之后掌权的穆罕默德·阿里对城堡进行大规模的改造，奥斯曼风格的清真寺为城堡增色不少，也是开罗东部天际线最醒目的地标。在穆罕默德·阿里之孙伊斯梅尔迁往阿卜丁宫居住之后，这座城堡成了一座军事要塞。"二战"期间英国军队曾经在此驻扎，如今城堡内还有一个埃及士兵的小据点，但城堡的大部分都被游客占据了。

穆罕默德·阿里清真寺 清真寺

（Mosque of Mohammed Ali；见89页地图；⏲周五中午祈祷时不对游客开放）**免费** 仿照传统的奥斯曼清真寺而建，圆顶叠着圆顶，这座城堡内的白色雪花石清真寺耗时18年（1830~1848年）修建而成，流光溢彩的枝形吊灯、青灰色的条纹石和翠绿色的主圆顶使其内部显得庄严、华美。穆罕默德·阿里墓在进门的右手边。

入口庭院内华丽的钟是法国国王路易·菲利普赠送的礼物，作为巴黎协和广场方尖碑的回赠，但一送到这里就损坏了，后来再也没有修好。

纳西尔穆罕默德清真寺 清真寺

（Mosque of An Nasir Mohammed；见89页地图）**免费** 漂亮的纳西尔穆罕默德清真寺与穆罕默德·阿里清真寺相比显得很渺小。它建于1318年，是唯一没有被穆罕默德·阿里拆毁（而是把它当成了一个马厩）的马穆鲁克建筑。此前，奥斯曼帝国苏丹塞利姆一世拆掉了内部的大理石，但古老的木头天花板和muqarnas拱顶依然清晰可见。宣礼塔很特别，因为它们表面的釉面瓦在埃及并不常见。

警察博物馆 博物馆

（Police Museum；见89页地图；⏲9:00~17:00）这座古怪的、肮脏的警察博物馆位于城堡的老监狱楼内，里面展览的主题包括著

如何融入当地

即使外貌允许，你也不可能被当成开罗本地人。但你可以让自己看上去像一个移居在此的外国人，这样你就能摆脱骗子的视线，自由地感受开罗的美好了。你可以这样做：

- 将你的物品放在一个塑料购物袋或一个普通的手提袋里。一个有很多口袋、带拉链、结实的尼龙背包和暴露在外的水瓶会给你贴上"游客"的标签。
- 遮住腿——这对男女都适用。撇开伊斯兰教的守则，埃及人都比较保守，如果你当众露出膝盖而不觉得尴尬的话，很明显你来这里的时间不长。
- 边走边吃很少见。应该在快餐店的长椅上，或者干脆站在外面，一边吃着你的沙威玛（现切的肉与番茄丁和配菜一起塞入面包卷中）或塔米亚，一边感受周围的世界。
- 如果你想隐藏得更深，就拿一份《金字塔周报》（*Al Ahram Weekly*）或阿拉伯语的《金字塔报》（*Al Ahram*）。

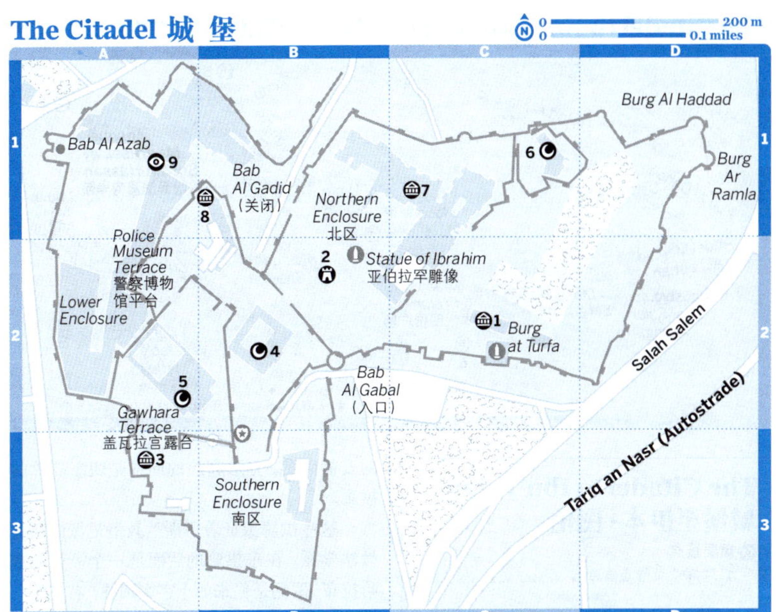

名的政治暗杀，甚至还展示了一些案件中所使用的凶器。虽然博物馆也值得一看，但这里最大的亮点是旁边的大露台，在那里能看到远处的吉萨金字塔。

马穆鲁克大屠杀遗址　古迹

（Site of the Massacre of the Mamluks；见本页地图）从警察博物馆附近的露台上，你可以向下看到一个狭窄的入口，穆罕默德·阿里为了终结马穆鲁克在埃及的影响力，并巩固自己的统治，曾命令军队在那里杀掉了470名马穆鲁克首领（Bey）。当时马穆鲁克人被邀请去出席城堡宴会，但一进去大门就关上了，他们被困在了隘道中，效忠于穆罕默德·阿里的士兵轻而易举地屠杀了他们。

盖瓦拉宫和博物馆　博物馆

（Gawhara Palace & Museum；见本页地图）盖瓦拉宫和博物馆位于穆罕默德·阿里清真寺的南边，试图重现19世纪的宫廷生活，但毫无说服力，而且大部分时间都是关闭的。可以在附近的露台上俯瞰城市，景色极佳。

国家军事博物馆　博物馆

（National Military Museum；见本页地图）这

The Citadel 城堡

景点

1 马车博物馆 C2
2 城堡 B2
3 盖瓦拉宫和博物馆 A3
4 纳西尔穆罕默德清真寺 B2
5 穆罕默德·阿里清真寺 A2
6 Mosque of Suleiman Pasha C1
7 国家军事博物馆 C1
8 警察博物馆 B1
9 马穆鲁克大屠杀遗址 A1

里曾被穆罕默德·阿里用作后宫，如今则是奢华的国家军事博物馆，我们最后一次到访时，这里正在进行翻修。如果你看到络绎不绝的学生群体前来参观，意味着这里应该已经重新开放了。在展厅里，华丽的地毯一眼看不到头，展现战争中伟大瞬间的立体模型比比皆是，时间跨度从法老时代一直到20世纪与以色列的冲突——一开始你也许还饶有兴致，最后可能会有点儿失望。附近有一家咖啡馆。

城堡至伊本·图伦

在达布阿玛的南边，奥斯曼帝国末期的城堡建筑群守护着这座城市。它脚下的萨拉

The Citadel to Ibn Tulun 城堡至伊本·图伦

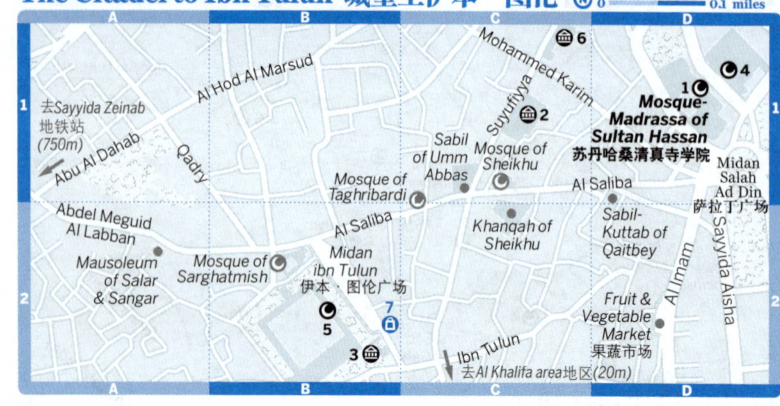

The Citadel to Ibn Tulun 城堡至伊本·图伦

重要景点

1 苏丹哈桑清真寺学院 D1

景点

2 阿米尔塔兹宫..........C1
3 盖尔·安德森博物馆..........B2
4 利法清真寺..........D1
5 伊本·图伦清真寺..........B2
6 Museo Mevlevi..........C1

购物

7 Khan Misr Touloun..........B2

丁广场和Sharia Al Saliba路沿线也是重要的历史区，那里有开罗最大的两座清真寺以及其他规模稍小的遗址（很多都不开放），穿越其中时可以仔细欣赏这些小遗址引人注目的外墙。虽然老区改造工程已经开始，但与北边的历史区相比，效果还不是那么明显。

★苏丹哈桑清真寺学院 清真寺

（Mosque-Madrassa of Sultan Hassan；见本页地图；Midan Salah Ad Din；含利法清真寺 成人/学生 LE60/30；⏲8:00~16:30）这座非凡的建筑宏大而不失优雅，被认为是开罗最杰出的马穆鲁克早期建筑，于1356~1363年由苏丹卡拉乌恩之孙苏丹哈桑修建。苏丹哈桑13岁登基，后被废黜，之后又复位，如此这般不下三次，最后在清真寺竣工前不久遭暗杀。走进不同寻常的凹形入口，一条漆黑的通道通向一个的安静院落，方形庭院的周围是四座高耸的拱廊。

这些拱廊象征着伊斯兰教逊尼派的四大教法学派。在东拱廊的后面是一个极美的米哈拉布，两侧是偷来的十字军圆柱。右侧的一扇青铜大门通向苏丹的陵墓。在施工期间，一座宣礼塔坍塌，砸死300多名旁观者，并由此引发苏丹哈桑的统治即将结束的迷信传闻。他们没有错。仅仅一个多月后，哈桑就被自己军队的指挥官谋杀了。

利法清真寺 清真寺

（Mosque of Ar Rifai；见本页地图；Midan Salah Ad Din；含苏丹哈桑清真寺学院 成人/学生 LE60/30；⏲8:00~16:30）利法清真寺在雄伟的苏丹哈桑清真寺学院对面，两者规模相似。它始建于1869年，但直到1912年才完工。现代埃及的王室成员，包括Khedive Ismail和国王法鲁克（King Farouk），以及最后一任伊朗沙阿都葬在里面，他们的墓地在入口的左侧。

阿米尔塔兹宫 历史建筑

（Amir Taz Palace；见本页地图；☎2514 2581；17 Sharia Suyufiyya；⏲9:00~16:00）**免费** 沿着繁华的Sharia Al Saliba路向西走，最终你会来到伊本·图伦清真寺。如果向北绕行一小段，沿Sharia Suyufiyya路就可以到这座修缮一新的建筑，这里曾经居住着苏丹穆罕默德·纳斯尔（Al Nasir Muhammad）最亲近的顾问之一，后来他通过苏丹哈桑独揽大权。如今这座宫殿是一个文化中心，但你可以免费入内参观里面的沙龙。

Museo Mevlevi

博物馆

（Sama' khana；见90页地图；Sharia Suyufiyya；⏲9:00~14:00）**免费**这座博物馆位于阿米尔塔兹宫的北侧，在一扇挂着“Italian Institute”牌子的绿门后面，其实是一座经过精心修复的奥斯曼帝国时期托钵僧跳旋转舞（sama）的仪式大厅（sama khane）。在它的石头外墙后隐藏着漂亮的木结构，上面涂着精美的装饰图案，走入其中就像是打开一个小首饰盒。

在楼下能看到14世纪伊斯兰学校的遗址，这座建筑就是在它的基础上修建的，这里直到翻修大厅时才被发现，从其完好的状态中不难看出挖掘工作的缜密、细致。

伊本·图伦清真寺

清真寺

（Mosque of Ibn Tulun；见90页地图；Sharia Al Saliba；⏲8:00~16:00）**免费**它是城内最古老的保存完好的清真寺，如今仍在使用，高高的围墙顶上整齐地排列着垛口，看上去就像是一连串纸娃娃，很容易辨认。这座清真寺是伊本·图伦在876~879年修建的，他在9世纪的时候被巴格达阿拔斯王朝（Abbasid）哈里发派去治理前哨福斯塔特（Al Fustat）。这座清真寺简洁的几何形布局也是这里的特色，从宣礼塔顶端看过去效果最佳。

这座清真寺占地2.5公顷，足够整个福斯塔特社区周五聚会祈祷。外部像护城河一样的庭院最初是为了与世俗的城市保持一定距离而建的，一度被店铺和货摊所占据。伊本·图伦的灵感源自他的家乡，尤其是古老的萨迈拉大清真寺（Mosque of Samarra，伊拉克），其中螺旋形的宣礼塔和对砖的运用都是伊本·图伦清真寺模仿的范本。可以通过护城河进入宣礼塔。伊本·图伦还增加了一些他自己的创新：根据建筑历史学家的研究，它是第一座使用尖拱的建筑，比欧洲的哥特式拱早了200多年。

注意：有时候这里的一些看门人在索要捐赠时态度会比较强硬。

盖尔·安德森博物馆

博物馆

（Gayer-Anderson Museum；Beit Al Kritliyya，House of the Cretan Woman；见90页地图；☎2364 7822；Sharia Ibn Tulun；成人/学生 LE60/30，照相机 LE50；⏲9:00~16:00）从伊本·图伦清真寺正门南边的一条通道可以进入这座古怪的博物馆，它的名字源于英国陆军少校、军医约翰·盖尔·安德森（John Gayer-Anderson），他在1935~1942年修复了两座相邻的16世纪住宅，并以可爱的古董、艺术品以及他在这一地区旅游时得到的小摆设作为装饰。该

另辟蹊径

步行穿过AL KHALIFA

从伊本·图伦清真寺步行向南，Al Khalifa区（也被称为Al Mashahed）到处都是市场和作坊，保持着一种真实但压抑的氛围。

在过去的几年中，由美国资助并由遗产保护组织Athar Lina（www.atharlina.com）开展的一个项目已经修复了Sharia Al Khalifa主道路沿线的几个景点。尽管这里没有开罗伊斯兰区许多马穆鲁克时期建筑的那种珠光宝气，但这些低调的古迹依然很重要，它们是流传至今的法蒂玛时代建筑。

Sayyida Atika神庙和Mohammed Al Gaafari神庙（见64页地图）有两座圆顶，可以追溯到12世纪中期，分别供奉着先知的姨妈和先知的一位后代。Sayyida Atika神庙的顶部被认为是开罗现存最早的凹槽式圆顶。南面是更大一些的**Sayyida Ruqayya神庙**，供奉着先知的孙女。在里面，灰泥制成的壁龛经过了精心修复。马路正对面就是阿尤布苏丹妻子**谢杰莱·杜尔的陵墓**，在阿尤布去世后，她成了埃及第一位伊斯兰女性统治者。但谢杰莱·杜尔从未真正埋葬在这里，因为她统治了这里80天后便被刺杀了——其中一个故事称刺客用土耳其浴室拖鞋将她抽死。她的尸体从城堡的城墙上被扔下来，被开罗的野狗吃掉了。圆顶内部采用蓝绿色几何图案来装饰，并不多见。

住宅是007系列之《海底城》(*The Spy Who Loved Me*)的外景地。

盖尔·安德森于1945年去世，他将大部分财产赠送给埃及。迷宫一样的房间装饰风格各异：波斯厅(Persian Room)铺着精致的瓷砖，大马士革厅(Damascus Room)有漆器和黄金饰品，安妮女王厅(Queen Anne Room)内陈列着华丽的家具和一套银茶具。迷人的木窗格画廊下方是一个华丽的接待大厅(qa'a)，有大理石喷泉、装饰精美的天花板横梁和铺着地毯的壁龛。屋顶露台经过整修，有设计更加复杂的木窗格。

从此继续向西走750米，是极受欢迎的Sayyida Zeinab区，那里有一个地铁站。

北部墓地

北部墓地(Northern Cemetery)是一个巨大的公墓群的一半，被称为Al Qarafa，游客们通常称之为"死人城"(City of the Dead)。毛骨悚然的名字让人想到贫民窟的景象，墓地周围居住着人。但该地区有电线、邮局和多层建筑，俨然一座"城镇"而非棚户区。由于这里车少，因此相当安静，有一种友好的邻里氛围，还有许多不错的马穆鲁克遗址。

前往北部墓地最便捷的方法是从侯赛因广场沿Sharia Al Azhar路向东走，在Sharia Salah Salem穿过立交桥。除了三座主要遗址外，其他的都已经过修复，但还没有对外开放。

★凯特贝清真寺　清真寺

(Mosque of Qaitbey；见本页地图；⏲9:00~16:00) **免费** 苏丹凯特贝和马穆鲁克的其他苏丹一样残酷，但他也是个审美家。他的清真寺

Northern Cemetery 北部墓地

死人城

有人估计，住在北部和南部墓地的活人加起来有50万；也有人猜测只有5万人，可能这个数字更贴近现实。正如马克斯·罗登贝克（Max Rodenbeck）在《开罗：胜利之城》（*Cairo: The City Victorious*）中指出的，有些住在墓地里的人，尤其是领取报酬的守墓人和他们的家人，世世代代都住在这里。也有人是最近才搬来的——1992年达到高峰，当时的地震将一些造价便宜的高层建筑夷为平地，有的人宁愿选择住在市中心的墓地，也不愿意迁往低收入阶层聚集的荒凉的郊区。每逢周五和公共假期，游客纷纷来此野餐，并祭奠死者，那时非常热闹。

最开始对墓地感兴趣的是马穆鲁克苏丹和埃米尔，因为它能提供充足的建筑空间。他们修建的是巨大的陵墓，而不仅仅是墓地。这些陵墓还是休闲娱乐的地方——早在法老时代，人们就有在墓地野餐的传统，并一直延续下来。即使是最普通的家族墓地也有一个供访客过夜的房间。死者希望他们能够被纪念，城内无家可归的人要感谢他们提供的免费住处。这种生者与逝者共存的现象最早可以追溯到14世纪，如今在一些墓穴兼住宅中，衣冠家被当作桌子，墓碑之间是人们洗漱的地方。

作为一座大型墓葬建筑的一部分，于1474年完工，被普遍认为是开罗伊斯兰建筑的巅峰之作。清真寺的内部非常宜人，最适合坐下来休息。但它真正的亮点是外部的圆顶，其精美的雕刻和复杂的花卉图案在整个伊斯兰世界都堪称翘楚。

凯特贝当政28年，是埃及最后一位掌握实权的马穆鲁克领袖。他是一位多产的建筑师，以他的名字命名的建筑就有80多座。他对马穆鲁克风格加以改良，使其更加完善。清真寺有醒目的条纹外立面，4座拱形大厅围绕着一个中央天井，光线透过巨大的格栅窗照进来，内部有冰凉的大理石嵌板和装饰迷人的木顶。与之相邻的墓室内是凯特贝和他两个姐姐的衣冠冢。优雅、纤细的石头宣礼塔上刻有一个星辰图案和一个复杂的阿拉伯花卉图案，是开罗最漂亮的宣礼塔之一。登上塔顶可纵览城市美景。

Khanqah-Mausoleum of Farag Ibn Barquq　墓地

（见92页地图；⏲9:00~16:00）**免费** 雄伟的伊斯兰学校和陵墓位于Bein Al Qasreen，是由苏丹巴尔库克（Sultan Barquq）的一个儿子为他修建的。因为巴尔库克希望被葬在一些特别显赫的苏非派长老旁边，这个陵墓到1411年才完工。khanqah（苏非派的寺院）是一座类似城堡的建筑，有高高耸立的外立面、双宣礼塔和圆顶，后者是开罗最大的石头圆顶。天花板内画着红黑相间的几何图案，非常迷人。

苏丹阿什拉夫·巴斯贝综合建筑　陵墓

（Complex of Sultan Ashraf Barsbey；见92页地图；给景点的守卫小费以便进入）巴斯贝（1422~1438年掌权）综合建筑位于巴尔库克陵墓和凯特贝清真寺中间，被一座石墙围住。这里的多数建筑都已经破败，但陵墓的圆顶上刻着一个漂亮的星辰图案，除此之外，还有一些精美的大理石地砖和一个镶嵌着象牙的敏拜尔（minbar，清真寺内的讲坛）。给守卫一点儿小费，他们会让你进去参观。

杰济拉和扎马雷克

杰济拉（Gezira，在阿拉伯语中是“岛”的意思）是一窄条冲积地，从尼罗河中央升起，19世纪中叶之前无人居住。伊斯梅尔总督修建了如今的市中心地区后，投入精力在岛上修建了一座雄伟的宫殿，并将剩下的土地打造成皇家园林。在20世纪初的大开发浪潮中，皇宫所占的土地被卖掉了，宫殿被改造成为酒店。岛屿的绝大部分区域都被体育俱乐部、公园所占据，而北部的三分之一则是时尚的扎马雷克（Zamalek），这是一个绿树成荫的街区，分布着过去的大使馆和20世纪20年代的住宅。这里几乎没有旅游景点，但特别适合闲逛，同时也是吃、喝、购物的好地方。

★开罗塔 纪念碑

（Cairo Tower; Burg Misr; 见100页地图; ☎2735 7187; www.cairotower.net; Sharia Hadayek Al Zuhreya; Gezira; 成人/6岁以下儿童 LE70/免费; ⏲8:00至午夜，夏季 至次日1:00; Ⓜ Opera）这座187米高的塔是开罗知名度仅次于金字塔的地标。它建于1961年，其网格结构的塔身是莲花的变体。矗立的开罗塔仿佛是对美国人的嘲讽，当时他们资助了埃及大笔军费，却被总统纳塞尔挪用来建了塔。站在塔顶能将整座城市尽收眼底，上午烟雾散去之后或傍晚视野最佳，那时通常可以看到金字塔。

当地人特别喜欢开罗塔，因此在黄昏时分，你可能会赶上排队等候电梯的情况。**Sky Window**咖啡馆在观景台下面一层，提供饮料和食物（啤酒LE47，三明治LE53~65），价格还不算高得离谱。尽管主菜配的沙拉难吃得令人伤感，但三明治还不错。楼下的**旋转餐厅**（360 Revolving Restaurant）价格略高（主菜LE120~220）。

如果你从市中心来这里，穿过Qasr El Nil 桥后向右转入Sharia Saraya Al Geriza，之后在第二个路口左转就到了。

现代埃及艺术博物馆 博物馆

（Museum of Modern Egyptian Art; 见100页地图; ☎2736-6667; Gezira Exhibition Grounds, Gezira; ⏲周六至周四 10:00~14:00和17:00~20:00; Ⓜ Opera）免费 这座汇集了20世纪和21世纪埃及艺术品的博物馆坐落在绿树成荫、整齐干净的Gezira Exhibition Grounds，对面是开罗歌剧院（Cairo Opera House）。博物馆的亮点是马哈穆德·穆赫塔尔（Mahmoud Mukhtar）装饰典雅的青铜雕塑《尼罗河的新娘》（*Bride of the Nile*）和马哈穆德·萨义德（Mahmoud Said）的画作《城市》（*Al Madina*，1937年）。在我们调研之际，博物馆正在进行维修，只有部分对外开放（只有1楼的画廊开放，因此不用门票），如果你喜欢艺术，这里还是值得一看的。

马哈穆德·穆赫塔尔博物馆 博物馆

（Mahmoud Mukhtar Museum; 见100页地图; ☎2736-6665; Sharia Tahrir, Gezira; LE15; ⏲周二至周日 10:00~14:00和17:00~22:00; Ⓜ Opera）在埃及独立后的雕塑艺术家中，穆赫塔尔（1891~1934年）堪称无冕之王，代表作有附近环岛的Saad Zaghloul雕像和开罗动物园外面的《埃及的觉醒》（*Egypt Reawakening*）纪念碑。这座博物馆的游客并不多，馆内收藏的作品有小幅漫画（找找*Ibn Al Balad*，一个活泼的城市小孩），也有真人大小的半身雕像。博物馆下面是穆赫塔尔墓。

Cairo Marriott Hotel 建筑

（见102页地图; Sharia Saray Al Gezira; Zamalek）这家豪华酒店（见109页）的核心是一座奢侈的宫殿，是伊斯梅尔总督为欧仁妮皇后出席1869年苏伊士运河开通仪式所修建的住所。漫步其中，你仍然能够感受到它从前的辉煌。径直走下楼梯来到豪华的老客厅，然后进入花园，去下一个入口，从前的舞厅如梦如幻，三层高的屋顶和一座巨大的楼梯营造出震撼的效果。

★埃夏法米宫 艺术中心

（Aisha Fahmy Palace; Mogamma Al Fonoon; 见102页地图; Sharia Al Shaer Aziz Abaza, Zamalek; ⏲有展览时9:00~21:00）免费 埃夏法米宫多年来一直是关闭的，这里是为埃及贵族阿里·法米（Ali Fahmy）于1907年建造的，他是法鲁克国王的陆军总司令。2017年年中，这里作为艺术中心重新向公众开放。宫殿内部有精美的洛可可风格内饰、覆盖着丝绸的墙壁、壁画、木雕壁炉、彩绘漆器和一个美妙的三拱彩色玻璃窗，从玻璃窗可以俯瞰到宏伟的楼梯，所有这些都经过精心修复。豪宅的大沙龙如今被改成了画廊，用于举办临时展览。

当我们拜访这里时，这座宫殿刚刚重新开放，我们不确定这座豪宅是否会一直向公众开放，还是只有在举办艺术展览时才开放。楼外的栅栏上张贴着展览的宣传信息。入口大门紧邻Sharia 26th of July。你需要将护照上交给门卫处的保安才能进入。

伊斯兰陶瓷博物馆 博物馆

（Museum of Islamic Ceramics; 见102页地图; ☎2737-3298; 1 Sharia Sheikh Al Marsafy, Zamalek; 成人/学生 LE25/15; ⏲周六至周四 10:00~13:30和17:30~21:00）这座博物馆在过去几年间一直在闭馆整修。如果它再度开放，

MANSHIYET NASR：开罗的"垃圾城"

看看开罗的一些地方，你也许会认为没人收垃圾——当然不是。开罗的"Zaraeeb"群体由大约65,000个信仰科普特基督教的人组成，开罗人（贬低地）称他们为"垃圾人"（zabbalin）。这些人靠去各家各户收垃圾为生，然后进行垃圾分类和回收，有机肥料则用来喂猪。他们收集的大约80%的废物都可以被回收，这种回收方法已被公认为是世界上最有效的方式之一。尽管如此，2004年，穆巴拉克政府依然把垃圾收集的活交给跨国公司，严重影响到了Zaraeeb群体的生存现状。2014年年初，由官方出台的垃圾回收办法以失败告终，政府修正了先前的部分政策，正式恢复了拾荒人的工作，向60个拾荒人公司开放了注册，让他们负责该市部分地区的垃圾处理。

Zaraeeb群体所居住的区域叫作Manshiyet Nasr（也叫作"垃圾城"），位于穆卡坦山的山脚。这个人口稠密的区域同时也是垃圾分类的场所，这里的公寓楼楼顶堆满了分好类的各种塑料废物，以待回收。在狭窄的巷子里，也有一袋袋经过筛选的打捞废物。

这片区域有两个比较出众的景点：

圣西蒙教堂（Church of St Simeon the Tanner；Kineesat Samaan Al Kharraz；见64页地图；☎02-2512-3666；www.samaanchurch.com；Moqattam，Manshiyet Nasr）**免费** 圣西蒙教堂建于20世纪70年代，位于穆卡坦山一座巨大的洞穴里，下面便是Manshiyet Nasr，这座教堂被认为是中东地区最大的教堂，可以容纳17,000位信徒。这里属于附近教堂建筑群的一部分，后者也都修建在悬崖上的洞穴内。教堂的名字是为了纪念圣西蒙，他是一位10世纪的苦行僧，曾在法蒂玛的哈里发Al Muizz Li Din Allah的命令下，通过祈祷让穆卡坦山移动了位置。到了周五和周日，人们会聚集在这里举行弥撒。

感知（Perception）在2016年，法籍突尼斯街头艺术家eL Seed在Manshiyet Naer创作了令全中东地区震惊的街头艺术。"感知"是一个圆形阿拉伯语书法作品，生气勃勃，覆盖了50座建筑，作品写的是圣亚他那修（StAthanasius）的名言："若想看清阳光，须将双眼擦亮。"据eL Seed所说，有的人觉得这个区很脏，甚至这里的居民也不干净，这个作品是想提醒他们，这个群体正在做一项重要工作，是他们清理着开罗街头的垃圾。

只有在一个特定的视角（在一堆建筑后，走上楼梯，再爬上一个墙檐），才能看到这个壁画的全貌，这里距离圣西门教堂只有几步路，不过光靠自己很难找到。Manshiyet Nasr的当地向导**Maged**（☎012-2464-1223）说着一口流利的英文，可以带你转转周边的教堂，也可以带你前往这个观景点[跟他提"Graffiti"（涂鸦）便可]。

还是值得一看的。馆内藏品包括色彩缤纷的嵌板、瓷砖，甚至还有11世纪的手榴弹。当你在附近的时候不妨去看看，因为博物馆所在的建筑是一座1924年的别墅，非常华丽，同样很吸引人。

花园和建筑的后面是**杰济拉艺术中心**（Gezira Arts Centre；⊙周六至周四 10:00~14:00和17:00~21:00），中心有几个画廊，轮流主办现代展览，但在我们上次拜访时，这里并没有开放。

莫汉迪欣、Agouza和Doqqi

Baedecker在1929年出版的埃及旅行指南上的一幅地图显示，尼罗河西岸除了一座医院和通往金字塔的公路之外，什么都没有。如今这座医院还在那里，远离河滨公路，但已经淹没在周围的中高层建筑之中。这就是肆意扩展的吉萨省。理论上来说，它与开罗是完全不同的区域，它一直延伸至金字塔脚下（金字塔并不像你想象的那样孤零零地矗立在沙漠里）。在20世纪六七十年代，莫汉迪欣（Mohandiseen）、Agouza和Doqqi这三个距离尼罗河最近的区域成为埃及新兴的专业人士的聚居地。它们一直是中产阶级的堡垒，这里的许多家庭都是萨达特（Sadat）对外开放政策的受益者，莫汉迪欣的居民中不乏开罗最富有的人。

除非有具体目的地或在交通上顺路，人们来到这里的主要原因是Sharia Suleiman Abaza路和Sharia Libnan路的一些不错的餐馆、大使馆和高档购物场所。

过去法老乘坐**船屋**在河上漂浮，停泊在Agouza区扎马雷克桥以北的Sharia El Nil路。这些漂浮在尼罗河上的二层建筑过去从吉萨一直排列到因巴拜（Imbaba），是这一地区为数不多的历史遗迹。20世纪30年代，一些船变成了赌场、音乐厅和妓院。许多保留下来的住宅仍然有一种放荡不羁的氛围，就像纳吉布·迈哈福兹（Naguib Mahfouz）在小说《尼罗河上的絮语》（*Adrift on the Nile*）中描述的那样。

马哈穆德·卡里尔夫妇博物馆 博物馆

（Mr & Mrs Mahmoud Khalil Museum；见100页地图；☎3338-9720；1 Sharia Kafour, Doqqi）在2010年，当窃贼在光天化日之下将凡·高的《罂粟花》（*Poppy Flowers*，价值5000万美元）从墙上偷走时，这家博物馆在全世界名噪一时。这幅画至今没有被收回，博物馆在那之后也一直关闭（表面上是为了进行翻修）。如果你有幸见到这里重新开放的话，这里的美术画廊绝对值得一看，即使你来埃及并不是为了欣赏19世纪和20世纪的欧洲和日本艺术作品。

赫利奥波利斯巨像的发现

2017年3月初，在古赫利奥波利斯所在地[位于现在的赫利奥波利斯以北的马塔利亚（Matareya）平民区]，考古学家发现了一个8米高的巨型半身像和一个浸在泥中的头像。人们一开始认为这是拉美西斯二世的雕像，这一发现成为世界各地的头条新闻。后来，在巨像被挖掘出后，考古学家纠正了他们最初的假设，并认为这座雕像更有可能是第26王朝的统治者普萨美提克一世（Psammetich Ⅰ，公元前664~610年）。如果的确如此，这将是有史以来最大的一尊古埃及后期雕像。巨像目前正在进行修复，完工后将在埃及博物馆展出。

赫利奥波利斯

这个美丽的郊区向人们展示了这座城市与众不同的轻松的一面，缓解了开罗市中心的旅游压力。这是一个特别适合在晚上散步的地方，街道两边有树木，还有户外咖啡馆。许多埃及人也有同样的想法，对那些生活在更东边乏味的卫星城的人来说，赫利奥波利斯（Heliopolis）已经成了“市中心”。

赫利奥波利斯是由比利时实业家Édouard Empain男爵在20世纪初设计的，作为统治埃及的殖民地官员的“花园城市”。其白色的摩尔式建筑配上深色的木阳台、大拱廊和平台，呈现出欧洲视角中的“东方”街景。自从20世纪50年代以来，激增的人口占据了别墅和插满卫星天线的公寓楼之间的绿地，那些华丽的拱廊如今也变得破旧肮脏。尽管如此，这一地区仍然隐隐有一种轻松的地中海氛围。

Sharia Al Ahram路贯穿赫利奥波利斯的闹市区Korba。南端的**Uruba Palace**（Qasr Ittihadiya；见102页地图；Sharia Al Ahram；Ⓜ Al Ahram）曾经是豪华的Heliopolis Palace酒店，于1910年开业，有像比利时国王艾伯特一世（King Albert Ⅰ）这样的大人物在此下榻。在世界大战期间，英国将酒店用作军队医院。20世纪60年代，酒店关门。20世纪80年代，总统穆巴拉克将这里改造成了官方的总统府。如今，这里的功能不变，只是总统换成了塞西，而且只有来访的贵宾才能欣赏到豪华的内饰。

从这座宫殿出发，走到与Sharia Ibrahim Laqqany路的第一个交叉路口（向左绕行能看到一些漂亮的拱廊），就能看到露天餐馆**L' Amphitrion**（见102页地图；☎02-2258-1379；181 Sharia Ibrahim Laqqany；⏲正午至次日2:00），它与赫利奥波利斯同龄，世界大战期间曾经是盟军士兵最喜欢的畅饮场所之一。从Sharia Al Ahram路的北端往右转就是**Sharia Ibrahim**，在那里可以看到曾经辉煌、如今破败的华丽拱门，沿街排列。Sharia Al Ahram北端还有一个**大教堂**（见102页地图），是伊斯坦布尔著名的索菲亚大教堂（Aya Sofya）的微缩版。Empain男爵就长眠于此。

来这里最方便的方式是搭乘地铁3号线，这趟车从Attaba站发车。你需要在Al

Heliopolis 赫利奥波利斯

Ahram车站下车（目前是该线路的终点站，虽然这条线最终将一直延伸到开罗机场），车站位于Sharia Nazih Khalifa，距离赫利奥波利斯大教堂只有两个街区，很方便。

男爵宫 知名建筑

（Qasr Al Baron；Sharia Al Uruba，Heliopolis）Empain男爵的故居是一座梦幻又古怪的印度教寺庙风格的宅邸，外墙以大象和蛇作为装饰。很遗憾，这里自从1997年以来一直大门紧锁，据说有"撒旦的信徒"在这里举行仪式——结果是一群富家子弟在玩重金属摇滚。不过，马上就要有好消息了。这栋奇怪的建筑已经开始进行翻修了，并计划建成一个文化中心，预计于2019年年末完工。在此之前，这里并不值得你专程去一趟，但可以在路过的时候或从机场进城的途中看一眼。

这里位于赫利奥波利斯大教堂的正东方，位于Sharia Nazih Khalifa路尽头。

十月战争全景 博物馆

（October War Panorama；☎2402-2317；Sharia Al Uruba；LE30；⏲演出周三至周一 11:00、12:20、18:00和19:30）十月战争全景是为了纪念1973年"战胜"以色列这一历史事件，由朝鲜艺术家协助完成。内有一幅巨大的3D壁画和一些立体模型，描绘了埃及军队摧毁苏伊士运河上的巴列夫防线（Bar Lev Line）的场景，激动人心的解说词（只有阿拉伯语）详细讲述了这场史诗般的胜利。有趣的是，这里完全略过了以色列的成功反击。双方最后接受了联合国出面调解的停火协议，西奈半岛则在6年后通过谈判归还给了埃及。

Heliopolis 赫利奥波利斯

景点

1 赫利奥波利斯大教堂 D1
2 Uruba Palace C2

饮品和夜生活

3 L'Amphitrion C2

活动

乘船

在阳光和煦的天气里，最惬意的事情就是乘坐埃及古老的三桅小帆船出游，带上啤酒，在日落时分来一次小型野餐。由于靠近比较开阔的河段，因此Dok Dok Landing Stage（见100页地图；Corniche El Nil）和南边的码头是最佳租船地点，就在花园城区的水滨路上，对面是四季酒店。租一艘带船长的船，费用应该为每小时LE70～100，可以讲价；船长很乐意拿到小费。

每到夜幕降临的时候，张灯结彩的派对船都聚集在Maspero附近的码头，就在尼罗河东岸，十月六日大桥以北。45分钟或1小时的航行通常每人收费在LE20左右，客满开船。

游泳

在城里想要找一个凉快的地方很难。能负担得起开销的开罗人都在会员制的俱乐

当地知识

DIY徒步游开罗

与第一印象相反，开罗是一座特别适合步行游览的城市。它地势平缓，景色变化快，你永远都不会误入"不好"的街区。我们鼓励大家迷失在开罗的小巷，至少要有一次应邀与陌生人饮茶的经历。这些小巷是散步的最佳选择。

清晨的开罗伊斯兰区

早上7:00前出发，在**Fishawi's**（见118页）咖啡馆喝茶，看着哈恩哈利利慢慢地从睡梦中醒来。漫步于**Bein Al Qasreen**（见78页），在商铺尚未开张之前看看这些建筑，然后向南，沿着**Sharia Al Muizz Li Din Allah**（见78页）走，到**祖韦拉门**（见84）左转，向达布阿玛和**爱资哈尔公园**（见87页）方向前进，大体上是沿着萨拉丁修建的老城墙走。这里的小作坊制作鞋、镶木地板、镶嵌贝母的盒子，等等。同时它也是一个住宅区，住在楼上的家庭将篮子放下来，找杂货商（ba'al）补充日常所需，磨刀匠和收垃圾的商贩（吆喝着"Beee-kya!"的男人）走街串巷。公园在你的左侧，始终保持这个方向，一直走到**城堡**（见88页）。绕一圈经Sharia Al Khayamiyya返回Sharia Al Azhar。

黄昏的花园城区

如果你追求成就感，花园城区环环相扣的街道最刺激，在这个殖民地时期的街区，那些摇摇欲坠的宅邸着实令人着迷。最佳游览时间是日落前1小时，那时落日余晖在尘土覆盖的建筑物上投下一抹温暖的金色，椋鸟在枝头歌唱。

从北端出发（将加拿大大使馆那野兽派的水泥建筑丢在身后！），看一眼遍布蛛网的门上的锻铁龙，一个罕见的土耳其式木制立面住宅和花园城区最后一座真正的花园就在四季酒店的后面。10 Sharia Tulumbat不远处是**Grey Pillars**，它是"二战"期间英国人的住所，内部有一个漂亮的鸟笼电梯。在安静的**Falak**（见100页地图；7 Sharia Gamal Ad Din Abu Al Mahasin, Garden City；⊙10:00至午夜）咖啡馆停下来喝杯咖啡。最后正好在**Dok Dok Landing Stage**（见97页）旁结束行程，乘帆船去兜风。

夜晚的市中心

市中心之旅与其说是步行游览，还不如说是一家一家地逛咖啡馆。夜晚天气凉爽，街道拥挤。从Midan Orabi广场出发，随便你在哪个花架下停留，马上都会有人上前向你兜售茶叶。从这里开始，Sharia Alfy和两边比较小的街道都是你吃小吃和抽水烟的乐园。在位于Sharia Adly的**Eish + Malh**喝咖啡也是不错的体验，这里现代气息更浓，就在**Shar Hashamaim Synagogue**（见67页）那宏伟美丽的外墙正对面。不管你多晚外出，都能在行程结束的时候去24小时营业的**Odeon Palace Hotel**（见116页）酒吧喝一杯。

部里游泳。一些酒店白天也对公众开放，但大多数价格相当高。最便宜的地方在莫汉迪欣，你只要在**Atlas Zamalek Hotel**（见102页地图；☎3346-7230；www.atlaszamalek.com；20 Sharia Gamiat Ad Dowal Al Arabiyya；最低消费LE120）和**Nabila Hotel**（见102页地图；☎3303-0302；4 Sharia Gamiat Ad Dowal Al Arabiyya；最低消费LE60；⊙10:00~17:00）的咖啡馆里达到最低消费，就可以使用它们的屋顶小游泳池。**Hilton Zamalek Residence**（见102页地图；☎2737-0055；21 Sharia Mohammed Mazhar, Zamalek；白天使用 周日至周四LE200，周五和周六LE250；⊙7:00~18:00）有一个造型泳池，能看到尼罗河风光，不仅更美，价格也很亲民。

如果想找一天出去散散心，**Mohamed Ali Club**（☎3345-0228，012-2211-3681；Km 13, Upper Egypt Agriculture Rd；白天使用含午餐LE200；⊙9:00至次日2:00）是一个主要的社交场所——外国居民和埃及人聚集在这里——有浩室音乐、黎巴嫩美食和啤酒，它位于尼罗河西岸以南3公里处，到Ma'adi也差不多是这个距离。

课程

阿拉伯语

International House 语言

[International Language Institute (ILI); 见64页地图; ☎3346-3087; www.arabicegypt.com; 4 Sharia Mahmoud Azmy, Mohandiseen; 2周课程US$190起]这是开罗最大的语言学校，提供的课程覆盖的范围很广。这里开设有埃及口语和现代标准阿拉伯语的2周和4周课程，你可以同时学习这两门课。埃及口语的课本非常棒。这里同时还有网络课程。

Kalimat 语言

(见64页地图; ☎3761-8136; www.kalimategypt.com; 22 Sharia Mohammed Mahmoud Shaaban, Mohandiseen; 4周课程 US$260起)这家语言学校不大，开设有现代标准阿拉伯语和埃及口语的2周课程和4周课程。

艺术和手工艺品

Azza Fahmy Design Studio 艺术

(见64页地图; ☎010-9012-7641; www.facebook.com/TheDesignStudiobyAzzaFahmy; Sharia Qasr Al Shama; ⏰10:00~18:00)这里开设长期和短期珠宝设计课程(见122页)，课程均由国际知名珠宝商Azza Fahmy讲授。这里就在Darb 1718隔壁，后者还举办许多艺术和手工艺讲习班。

Art Cafe 艺术

(☎2380-1113; www.artcafe-egypt.com; 10b Rd 11, Ma'adi; ⏰周六至周四 10:00~22:00)这里开设阿拉伯语书法课程(四个班，每周一次LE580)，从初级到高级均有，还组织许多其他的艺术讲习班。并为儿童开设精彩的艺术和手工艺课程，内容从讲故事(英语、德语和阿拉伯语)到制作陶器，应有尽有。

肚皮舞

服务意识比较强的旅游酒店会安排肚皮舞课程，你有多种选择。开罗肚皮舞圈子中的许多大牌舞者都提供一对一的指导，每小时的学费通常为US$40~100。一些市内健身房和健康中心有时提供团体课程。

Raqia Hassan (☎3748-2338, 012-2329-2386; www.raqiahassan.net; 40 Sharia Messaha, Doqqi; 每小时 US$70~150)在开罗的肚皮舞圈子中，Raqia Hassan这个名字很受尊重，她在位于Doqqi的个人工作室中开展一对一的肚皮舞教学。此外她还是Ahlan wa Sahlan肚皮舞节的组织者，这个节日持续一周，活动包括教学、比赛和表演。若想知道肚皮舞节的详情，请访问她的官网。

Raqs of Course (www.raqsofcourse.com; ⏰7月)这是一个为期一周的肚皮舞节，活动包括教学研讨班、比赛以及表演，参加人员既有来自埃及的，也有来自世界各国的舞者。这个节日由Rana Kamel组织，她是开罗非常著名的肚皮舞表演者。若想参加私人课程，可以通过她的网站联系她。

Yasmina of Cairo (☎012-2746-5185; www.yasminaofcairo.com)组织肚皮舞课程、训练班和观光旅游。店主经营着一个小型工作室，就在她位于Doqqi的公寓，她和她的学生会为你(或一个团队，如果是组团来的话)授课。

团队游

你所住的酒店中，几乎每个人都会向你兜售埃及一日游，其中最热门的是吉萨金字塔和塞加拉(Saqqara)远足的组合游。

如果想租一辆出租车，省掉导游，可以试试**Aton Amon** (☎010-0621-7674; aton_manos@yahoo.com; 全天乘出租车前往塞加拉、孟菲斯和吉萨金字塔 US$50)，他的英语和法语棒极了，还提供接机服务。**Nour Gaber** (☎011-4888-5561; 全天乘出租车前往塞加拉、孟菲斯和吉萨金字塔 LE500)也是一位很棒的一日游司机，她是开罗第一位女出租车司机，开办了一家女出租车司机学校，帮助她们提高英语水平和驾驶技巧，并提供精神力量，在一定程度上保护了女性免受性骚扰。

你一定要知道，绝大多数导游和司机(在没有向导的旅途中)会在行程中加一段购物之旅，带你前往声称给"美体小铺"(The Body Shop)供货的假香水店、著名的纸莎草"博物馆"，并从中赚取佣金。无论你买了什么，你的导游和司机(如果你是通过酒店预订的行程，那么也把酒店算进去)都会分得一杯羹。大多数司机和导游将这纳入他们每天的收入，所以很难阻止他们。在预订行程时，要坚定地表达自己不想购物的立场，如果你对

Doqqi, Giza & Gezira
Doqqi、吉萨和杰济拉

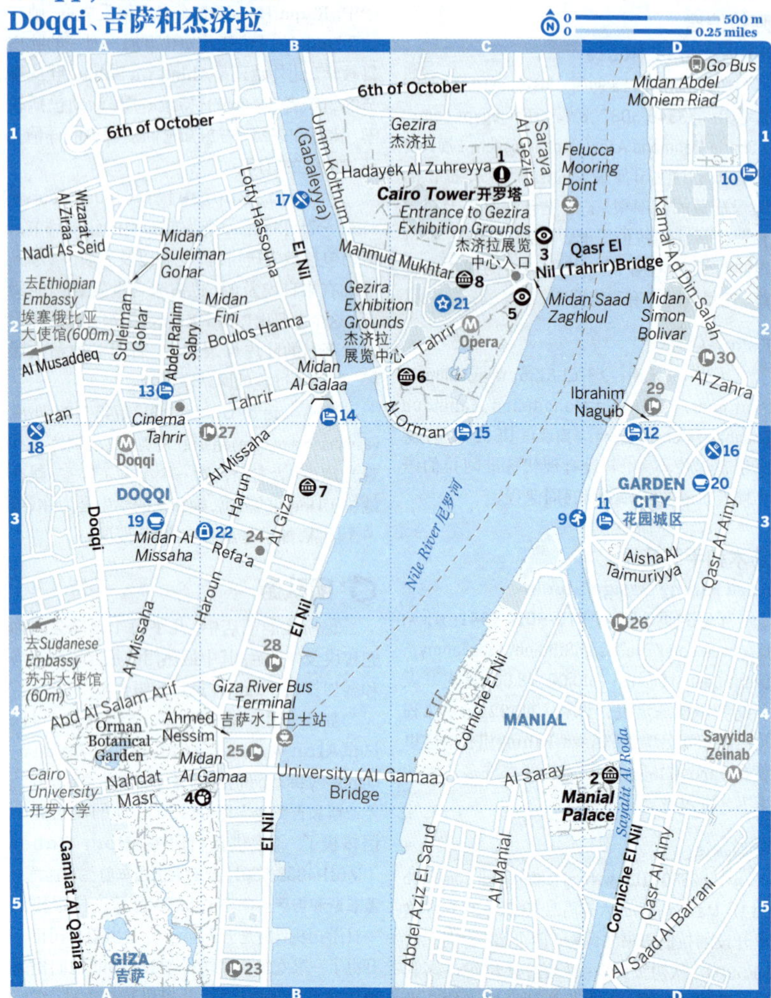

行程或是随行的司机/导游满意，那么给小费最好慷慨一点儿。这可能是传递“游客更喜欢无购物之旅”这一信息的唯一方式了。

Cairo D-Tour
团队游

（☎2391-9651；www.cairo-dtour.com；⏲9月至次年6月周五）免费 这里会在周五早上组织免费的徒步游，带你行走于市中心宽阔的林荫大道和狭窄小巷，让你领略建筑遗产，欣赏现代文化景观。你需要事先在官网上注册。这一活动由参与重建开罗市中心的房地产公司Al Ismaelia与CLUSTER（开罗城市研究、培训和环境研究实验室）共同组织。

Backpacker Concierge
团队游

（☎010-6350-7118；www.backpackerconcierge.com）这家精品旅行社推出量身定制的线路游，以文化和环境为侧重点。他们在开罗及其周边地区组织一日游活动，优秀的向导和司机永远都不会带你进行计划外的购物，这里还可以定制更冒险的行程，例如前往卢克索神庙的自行车之旅。

Doqqi, Giza & Gezira Doqqi、吉萨和杰济拉

重要景点

1 开罗塔 C1
2 Manial Palace D4

景点

3 Andalus Garden C2
4 开罗动物园 B4
5 Garden of Freedom & Friendship C2
6 马哈穆德·穆赫塔尔博物馆 C2
7 马哈穆德·卡里尔夫妇博物馆 B3
8 现代埃及艺术博物馆 C2

活动、课程和团队游

9 Dok Dok Landing Stage C3

住宿

10 City View Hotel D1
11 Four Seasons at Nile Plaza D3
12 Kempinski Nile D3
13 King Hotel A2
Museum House Hotel .... （见10）
14 Sheraton Cairo B2
15 Sofitel El Gezirah C3
Steigenberger Hotel El Tahrir .... （见10）

就餐

16 Mahrous D3
Manipuri .... （见15）
Osmanly .... （见12）
17 Sea Gull B1
18 Yemen Restaurant A3

饮品和夜生活

19 Cilantro A3
20 Falak D3
Nomad Bar .... （见13）

娱乐

21 开罗歌剧院 C2

购物

22 Nagada B3

实用信息

23 法国大使馆 B5
24 International Travel Bureau of Egypt B3
25 以色列大使馆 B4
26 意大利大使馆 D4
27 约旦大使馆 B3
28 沙特阿拉伯大使馆 B4
29 英国大使馆 D2
30 美国大使馆 D2

Real Egypt 团队游

（☎011-0002-2242；www.realegypt.net）Samir Abbass和他的团队定制的团队游在旅行者之间一直备受推崇。他们可以安排开罗一日游，以及远途的埃及行。

Cairo Urban Adventures 团队游

（☎010-9799-9534；www.urbanadventures.com/destination/Cairo-tours；开罗导览游US$28~53）除了经典的金字塔游览和开罗伊斯兰区之旅外，Cairo Urban Adventures还组织市中心的夜间步行之旅，并向你介绍开罗市中心繁华的现代氛围以及历史悠久的19世纪建筑。其中开罗自炊之旅（Home Cooked Cairo）会让你在当地人的家中享用晚餐，提供了一个深度体验当地开罗人生活的机会。

Manal Helmy 团队游

（☎012-2313-9045；noula.helmy@gmail.com；导游费每日US$100）这是一位杰出的女向导，可以带你去金字塔和埃及博物馆。

Samo Tours 团队游

（☎02-2187-8629，012-2313-8446；www.samotoursegypt.com；59 Sharia Aziz Al Masry, El Nozha；⌚周日至周四 8:00~16:00）这是一家靠谱的团队游公司，公司的导游、埃及古物学者以及司机会说英文，十分出色。可以组织尼罗河一日游或者为期数日的埃及团队游。

节日和活动

Moulid of Sayyida Zeinab 宗教

（见64页地图；Midan Sayyida Zeinab, Sayyida Zeinab；Ⓜ Sayyida Zeinab）伊斯兰赖哲卜月（Ragab，2018~2020年的3月至4月）的最后一周，这一节日是为了纪念先知的孙女，社区会举办重要的活动，庆典在同名清真寺的后面举行。

Mohandiseen, Agouza & Zamalek
莫汉迪欣、Agouza和扎马雷克

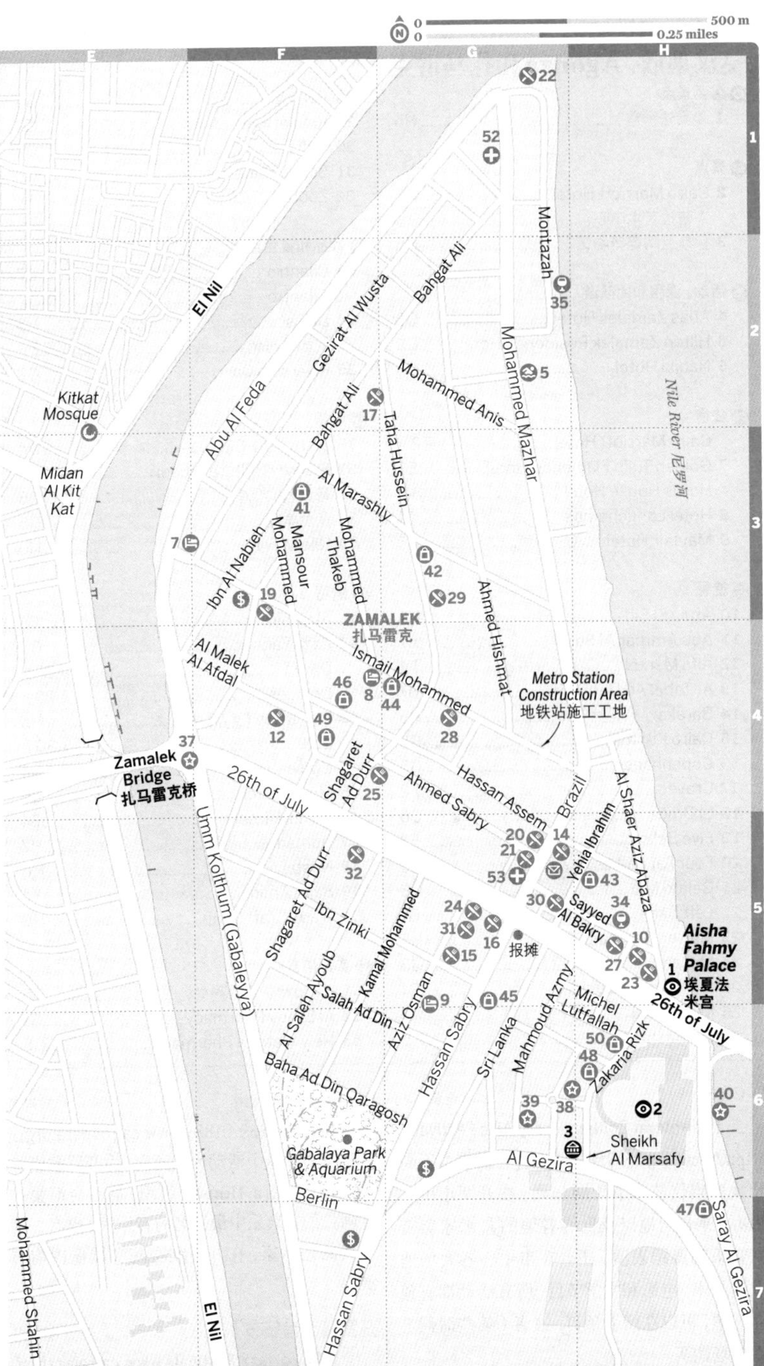
0 500 m
0 0.25 miles
ZAMALEK
扎马雷克
Kitkat Mosque
Midan Al Kit Kat
Zamalek Bridge
扎马雷克桥
Metro Station Construction Area
地铁站施工工地
Nile River 尼罗河
Aisha Fahmy Palace
埃夏法米宫
Sheikh Al Marsafy
Gabalaya Park & Aquarium
报摊
El Nil
Gezirat Al Wusta
Bahgat Ali
Montazah
Mohammed Mazhar
Mohammed Anis
Abu Al Feda
Taha Hussein
Al Marashly
Ibn Al Nabieh
Mansour Mohammed
Mohammed Thakeb
Ahmed Hishmat
Ismail Mohammed
Al Malek Al Afdal
26th of July
Shagaret Ad Durr
Ahmed Sabry
Hassan Assem
Brazil
Al Shaer Aziz Abaza
Yehia Ibrahim
Sayyed Al Bakry
Umm Kolthum (Gabaleyya)
Ibn Zinki
Kamal Mohammed
Al Saleh Ayoub
Salah Ad Din
Aziz Osman
Hassan Sabry
Sri Lanka
Mahmoud Azmy
Michel Lutfallah
Zakaria Rizk
Baha Ad Din Qaragosh
Berlin
Al Gezira
Saray Al Gezira
Mohammed Shahin

Mohandiseen, Agouza & Zamalek 莫汉迪欣、Agouza和扎马雷克

重要景点

1 埃夏法米宫 H5

景点

2 Cairo Marriott Hotel H6
杰济拉艺术中心 .... （见3）
3 伊斯兰陶瓷博物馆 G6

活动、课程和团队游

4 Atlas Zamalek Hotel C6
5 Hilton Zamalek Residence Hotel G2
6 Nabila Hotel C5

住宿

Cairo Marriott Hotel .... （见2）
7 Golden Tulip Flamenco Hotel E3
Horus House Hotel .... （见8）
8 Hotel Longchamps F4
9 Mayfair Hotel G5

就餐

10 Abou El Sid H5
11 Abu Ammar Al Souri A7
12 Alfa Market F4
13 At Tabei Ad Dumyati B7
14 Baraka沙威玛烤肉摊 G5
15 Cairo Kitchen G5
16 Copenhagen G5
17 Crave F2
18 El Omda C6
19 Five Bells F3
20 Four Fat Ladies G5
21 Gelato Mio G5
22 Left Bank G1
23 Maison Thomas H5
24 Makani G5
25 Mandarine Koueider F4
26 Mori Sushi A7
27 O's Pasta H5
28 Peking G4
29 Rigoletto G3
30 Sufi G5
31 Sunny Supermarket G5
32 Zööba F5

饮品和夜生活

33 Cilantro B7
Cilantro .... （见23）
34 Deals H5
花园咖啡馆 .... （见2）
35 Riverside Cairo G2

娱乐

36 Cairo Jazz Club D4
37 El Sawy Culture Wheel E4
38 意大利文化中心 G6
39 荷兰学院 G6
40 Nile Maxim H6

购物

41 Al Qahira F3
42 Azza Fahmy G3
Diwan .... （见27）
Drinkies .... （见23）
43 Fair Trade Egypt H5
Loft .... （见30）
44 L'Oiseau du Nil G4
45 Mix & Match G5
46 Nevin Altmann F4
47 Nomad H7
48 Nostalgia H6
49 Sami Amin F4
50 Wady Craft Shop H6

实用信息

51 Agouza护照办事处 D5
52 Al Ezaby Pharmacy G1
53 New Victoria Pharmacy G5

D-CAF 表演艺术

（Downtown Contemporary Arts Festival；http://d-caf.org；⏲3月至4月）这个影响力不断壮大的当代艺术节为期三周，在开罗市中心举办，来自当地以及世界各地的艺术家会带来音乐和舞蹈表演，还会在市中心各大场地上演艺术、电影和文学节目。所有活动都有独立门票，可以在网上预订，或者（某些时候）在现场购买。

Citadel Festival 音乐节

（☎02-2739-0188；www.cairoopera.org；⏲8月至9月）这个活动为期两周，由开罗歌剧院（Cairo Opera House）组织，届时会汇集一些阿拉伯古典乐中最知名的音乐家，也有一些当代的艺术家，在开罗歌剧院和城堡内均有演出。

开罗爵士音乐节 音乐节

（Cairo Jazz Festival；www.cairojazzfest.

com；⏲9月至10月）这是一场为期三天的爵士音乐节，会有著名的本地和国际音乐家来到开罗。大多数演出都在**GrEEK Campus**（见68页地图；www.thegreekcampus.com；28 Sharia Falaki, Bab Al Luq, Downtown）的活动厅以及开罗爵士乐俱乐部（见119页）举行。

开罗国际电影节 电影节

（Cairo International Film Festival；https://ciff.org.eg；⏲11月）这个一年一度的电影节是阿拉伯世界持续最久的一项文化活动了，参展影片来自世界各地，侧重于阿拉伯和非洲为电影事业做出的贡献。这里还会有电影节评奖活动以及炫目的颁奖典礼，节日期间会放映很多电影，大多数都在开罗歌剧院（见119页）放映。

全景欧洲电影节 电影节

（Panorama European Film Festival；⏲11月）这是一个艺术片电影节，期间会放映来自欧洲和阿拉伯世界的电影（很多都有英文字幕），放映场地遍布开罗市中心，包括**cinema Zawya**（见68页地图；☎012-8320-0888；www.zawyacinema.com；Cinema Odeon, 4 Sharia Abdel Hamid Said, Downtown）。

萨西德纳·侯赛因节 宗教

（Moulid of Sayyidna Al Hussein；Midan Al Hussein, Islamic Cairo）苏非派教徒聚集在侯赛因清真寺前面的广场上，庆祝先知之孙的诞辰。如果人群过于密集，你可以选择一个屋顶咖啡馆观看庆典。该节日临近伊斯兰赖比尔·阿色尼月（Rabei Al Tani，2018～2020年的12月至次年1月）月末。

住宿

在开罗，廉价酒店比比皆是，其中包括一些品质相当不错的；中档酒店比较稀缺；高档的豪华酒店都集中在尼罗河两岸。

你需要提前支付预订的前一两个晚上的房费，在开罗拖着行李四处跑、比较房价并非明智之举。对很多经济型酒店来说，你直接向酒店方预订比从网上预订更便宜。

市中心

这里是最主要的廉价酒店聚集地，但也有几家值得关注的高档酒店。总之，你有很多选择，而且酒店附近还有极好的廉价餐馆。多数酒店都位于Sharia Talaat Harb路及其周边，在老公寓楼内。不要被肮脏的楼梯和摇摇欲坠的电梯吓倒，这并不是楼上酒店的真实写照。许多房间有阳台和窗户，下面就是喧闹的主街；如果你睡眠较轻，就选一个背街的房间，再戴上耳塞。

★ Pension Roma 家庭旅馆 $

（见68页地图；☎2391-1088；www.pensionroma.com.eg；4th fl, 169 Sharia Mohammed Farid；双 LE250～320，标三 LE325～420，带公用浴室标单 LE125～180，双 LE195～273，标三 LE275～370；❄📶）Pension Roma由一位法国籍埃及女士经营，标准间无可挑剔，它为廉价酒店界带来了体面，甚至是优雅。高高的天花板、新刷的白墙、古香古色的陈设和薄薄的白窗帘营造出一种宁静的氛围。多数房间的客人都需要使用公用厕所，很多房间还有淋浴。新增加的房间有全套浴室设施，而且带空调。

在这里没人强迫你参加团队游（他们甚至没提供这种选择），员工也都很友善好客。毫无疑问，由于这家酒店很受回头客的欢迎，因此要预订。许多回头客即使有能力住更贵的酒店，也坚持住在这里，因为他们更喜欢这里旧日开罗的氛围。

Bella LunaHotel 青年旅舍 $

（见68页地图；☎2393-8139；www.hotellunacairo.com；3rd fl, 27 Sharia Talaat Harb；标单/双/标三/四 US$20/32/38/45；❄📶）Bella Luna是一家现代的背包客酒店，这里的住宿物超所值，房间有简单的装饰，明亮而宽敞，所有客房均设有带热水的浴室。论干净程度，这里在市中心的经济型酒店中十分突出。这里提供许多便利设施（如床头灯和浴室防滑垫），这在其他地方可不多见。带招牌的入口位于两家手表店中间的小巷内。

那些想要省钱的人可以去楼上的老店**Luna Hostel**（见68页地图；☎02-2396-1020；5th fl, 27 Sharia Talaat Harb；标单/双/标三/四 US$15/19/22/25，带公用浴室 US$11/15/18/21，铺 US$4～6；❄📶），那里更便宜，客房也稍旧。

Museum House Hotel 青年旅舍 $

（见100页地图；☎02-2574-6672，010-9108-

带孩子游开罗

对孩子们来说，在开罗旅游会让他们筋疲力尽，但也乐趣无穷。请注意，对于带孩子的父母，人行道和交通可能会是一场噩梦，所以对幼儿而言，婴儿背带比推车更好用。炎热的天气和疲惫的父母可能会严重影响孩子，所以如果可能的话，请在凉爽的冬季访问，并在早上进行户外观光。建议你买一本《开罗，家庭指南》(*Cairo, the Family Guid*)，作者是Lesley Lababidi和Lisa Sabbahy（开罗美国大学出版社），2010年修订。

任何年龄段的孩子都喜欢乘坐**三桅帆船**游览尼罗河，或在晚上乘坐派对船巡游，在**埃及博物馆**（见138页）看着图特王（Tut）的珍宝发呆，研究**吉萨金字塔**（见131页）和附近**太阳船博物馆**（见133页）里光彩夺目的太阳船，还有探索迷宫一样的**哈恩哈利利**（见77页）市场。至于晚上的娱乐活动，大多数孩子都会被**Al Tannoura埃及遗产舞团**（见118页）那活力四射、多姿多彩的表演所迷住。而**开罗木偶剧院**（见119页）的表演应该能吸引更小的孩子。

带着婴幼儿的父母应该在周五或周六前往**爱资哈尔公园**（见87页），当地的家庭会聚集在这里野餐。这是与当地儿童打成一片的绝佳机会。许多孩子也会喜欢**Dr Ragab's Pharaonic Village**（见64页地图；☎3572 2533；www.pharaonicvillage.com；3 Sharia Al Bahr Al Azam；4口之家门票与旅游项目 LE255起；⏲9:00~17:00，7月和8月 至19:00）。虽然这里到处都是旅游陷阱，还略显破败，但能激发人们关于古代埃及生活的想象力。Ma'adi的**Art Cafe**（见99页）会开设适合儿童的艺术和手工艺课程，以及讲故事活动，孩子们可以在玩乐中学习历史。

8968；museumhousehotel@gmail.com；2 Sharia Champollion；标单/双/标三 LE350/450/550，双/标三带公用浴室 LE350/450；❄📶）这个温馨的地方只有9间客房，紧邻塔里广场，位置绝佳。令人愉悦的蓝白色色调贯穿整个旅舍，盆栽植物更是让游客有宾至如归的感觉。房间虽然朴素，但是很干净，浴室不错，工作人员非常乐于助人。我们上次拜访这里时，他们正在修建一个宿舍（每人LE100）。

Berlin Hotel 青年旅舍 $

（见68页地图；☎2395 7502；www.facebook.com/berlinhotelcairo；4th fl, 2 Sharia Shawarby；标单/双带空调 US$20/25，不带空调 US$14/20，所有客房都需要使用公用卫生间；❄📶）这家老式青年旅舍的客房拥有高挑的天花板和饱满的色调，十分朴素，但洋溢着老派气氛。所有客房都使用公共卫生间，但空调房有淋浴间，有些客房如今还配有卫星电视。老板Hisham是开罗当地通，他组织的旅行团只会雇用那些不带你“购物”的司机。

这里也有一个小小的公共厨房，长期住宿价格优惠。

Travelers House Hotel 青年旅舍 $

（见68页地图；☎2396-4362；travelershousehotel@yahoo.com；4th fl, 43 Sharia Sherif；标单/双/标三 LE200/280/320，标单/双带公用浴室 LE170/230；📶）这个地方只有5间房间（3个带私人浴室），是一个舒适的去处。所有房间都很大，拥有高挑的天花板，非常朴素干净。这里有一个可爱的休息室，里面摆放着俗气的埃及纪念品，还有一个小阳台，从上面可以俯瞰Sharia 26th of July路上的车水马龙。早餐额外收费LE10。

Hotel Royal 青年旅舍 $

（见68页地图；☎2391-7203；www.cairohotelroyal.com；1st fl, 10 Sharia Elwy；标单 US$21，双 US$24~28；❄📶）Royal的客房采用简约的家具，配有迷你冰箱、办公风格的桌椅和装着磨砂玻璃的浴室隔间。遗憾的是，服务和清洁三心二意，这很可惜，因为稍微改善一下，这里就能成为最佳旅舍了。

Meramees Hostel 青年旅舍 $

（见68页地图；☎2396 2318；5th fl, 32 Sharia Sabri Abu Alam；单/双 LE250/450，铺/标单/双 带公用浴室 LE100/200/400；❄📶）这家定位准确的青年旅舍有一种慵懒的氛围，房间内有高高的天花板，还有木地板、大窗户和阳台——6层的房间比7层的房间维护得更好。公用浴室和厨房很干净，管理人员看起来会把客人的利益放在心上。

★ Golden Hotel 酒店 $$

（见68页地图；☎2390-3815；www.goldenhotelegypt.com；13 Sharia Talaat Harb；标单/双 US$30/40，新翼楼 US$40/50；❄📶）Golden Hotel的客房质量和市中心其他地方相比，高到不知哪里去了。这里的房间很新，风格现代，虽然很小，但配有贴着蓝色瓷砖的现代浴室和良好的设施：冰箱、卫星电视和数量充足的电源插座（真是奇迹）。多花US$10可以住进新翼楼，那里的房间刚刚经过翻新，宽敞不少，棕红色的石墙也与众不同。

在我们上次来这里时，屋顶露台正在进行翻新，打算建成一个清凉的酒吧区。

Windsor Hotel 历史酒店 $$

（见68页地图；☎2591-5810；www.windsorcairo.com；19 Sharia Alfy；标单 US$46~62，双 US$58~74，标单/双 带淋浴和洗手盆 US$37/46；❄📶）乘坐这里的手摇电梯上楼，感受一下客房的老式魅力，房间内配有深色家具，木地板也饱经风霜（25号房是我们的最爱），空调噪声很大，管理层居然还要收取额外的费用。但是这家酒店散发出的逐渐消逝的浪漫气息——包括每天19:30餐厅里都会响起的用餐钟声——对怀旧爱好者来说就是天堂。

City View Hotel 酒店 $$

（见100页地图；☎2773-5980；www.cityview-hotel.com；1 Sharia Al Bustan；标单/双 US$40/50；❄📶）City View距离混乱的塔里广场仅一步之遥，是一个运营良好的酒店，拥有友善且乐于助人的员工，客人还可以欣赏到埃及博物馆的景色。这里的客房温馨舒适，配有迷你冰箱、卫星电视和露台等设施，十分齐全，尽管丝绸般的窗帘和软装家具让这里显得有些老气。

Hotel Osiris 酒店 $$

（见68页地图；☎010-0531-1822，2794-5728；www.hotelosiris.fr；12th fl, 49 Sharia Nubar；标单/双/标三 US$40/75/90，标单 带公用浴室 US$25；❄📶）位于一座商业大厦的顶层，在这里能看到城市的景色。房间一尘不染，色彩缤纷的贴花床罩和棕榈叶架子更是为这里增添了些许传统韵味，只是标单以这个价格来说不算宽敞。如果可以，要一间配有阳台的双人间。早餐含新鲜果汁、煎饼和煎蛋卷。

开罗酒店的骗局

简而言之，所有的骗局都是为了让你改变原来的住宿选择。开罗的酒店不会频繁地开张、关闭，如果是一家知名的酒店，不太可能在你到达的时候停业。

在机场，可能会有人接近你，带着看似正式的徽章，声称是政府的旅游代表（真正的代表不会出现在机场）。他们会问你是否预订了酒店，然后打电话确认你订的酒店是否给你留了房间。这个电话当然不会是酒店的——他们会打给一个朋友，对方会说没有预订，房间已经住满。正当你不知所措之际，招揽生意的人会给你提供一个选择……

有的出租车司机会推脱不知道你说的酒店在哪儿。如果遇到这种情况，就告诉他们你在Midan Talaat Harb广场下车——多数廉价酒店都在那附近。其他的骗局包括：说你要去的酒店已经关闭，或价格极高，或非常可怕，或是一家妓院，并建议你去一个"更好"的地方。这样他们就能赚取佣金，而这笔费用要由你来买单。

最复杂的骗局是一个陌生人（通常在机场大巴上）和你聊天，打听你的姓名和下榻的酒店。这个人和你道别后再也不会出现。接下来，他叫一个朋友在你预订的酒店门外等你。当你到达之后，他或她会问"你是……"——用你在机场时主动说出的名字。然后你会被告知酒店已经被警方封锁，或因水管问题关闭，或已全部住满，店主已经在别处给你安排了房间。

最后，在办理入住手续时，如果没有预订，不要提前支付超过一晚的房费。正规酒店也不会要求你这样做。如果它不符合你的要求，你可以随时换地方。

★ **Steigenberger Hotel El Tahrir** 酒店 $$$

(见100页地图；☎2575-0777；www.eltahrir.steigenberger.com；2 Sharia Qasr El Nil；房间US$116起；❄📶🏊)自2017年初开业以来，这座精致的酒店便开始在市中心酒店圈中掀起波澜。Steigenberger现代化的简约大堂配有休闲酒吧，客房空间很大，采用当代风格装修，这座酒店就是市中心一片使人平静的绿洲。这里的服务很棒，与其他高端酒店相比，还很实惠。

花园城区

这一区域就在塔里广场的南边，比起开罗其他地方，这里更安静，交通也不那么拥挤，但可供选择的酒店不是很多。

Four Seasons at Nile Plaza 酒店 $$$

(见100页地图；☎2791-7000；www.fourseasons.com/caironp；1089 Corniche El Nil；房间US$300起；❄📶🏊)在开罗的两家四季酒店(Four Seasons)中(另一家在吉萨)，这家更加时尚(前台的后面挂着Omar Nagdi的画作)，位置也更加便利，从这里走到埃及博物馆只需15分钟。房间无可挑剔，窗户可以打开(这在豪华酒店里并不多见)。此外，这里还有3个游泳池！

Kempinski Nile 酒店 $$$

(见100页地图；☎2798-0000；www.kempinski.com；12 Sharia Ahmed Ragab；房间US$150起；❄📶🏊)进入这座尼罗河畔的塔楼前，你需要先穿过一个相当狭窄、平平无奇的大堂，好在房间不错，光线充足，风格现代，墙上挂着漂亮的艺术品，还配有一个小阳台。然而，与其竞争对手相比，这里的服务可能稍逊一筹，游泳池也有些小。

扎马雷克

扎马雷克是一个比较安静的地区，是城里能让你睡得最安稳的地方，但价格并不是最便宜的。许多开罗最好的餐馆、商店、酒吧和咖啡馆都在这里，但去景点要乘坐出租车，还得从交通拥堵的桥上经过。

★ **Hotel Longchamps** 酒店 $$

(见102页地图；☎2735-2311；www.hotellongchamps.com；5th fl, 21 Sharia Ismail Mohammed；房间US$84~96；❄📶)这家酒店深受重返开罗的回头客的青睐，房间舒适、漂亮、宽敞、整洁，并且配有各种现代化设备：平板电视、迷你水吧，还有在埃及难得一见的热水壶。卫生间宽敞且现代。日落时分，客人们都聚集在植被葱郁、安静的后阳台上聊天，这个阳台可算一大加分项。

Horus House Hotel 酒店 $$

(见102页地图；☎2735-3634；www.horushousehotel.4t.com；4th fl, 21 Sharia Ismail Mohammed；标单/双/标三老翼楼 US$75/95/115，标单/双新翼楼 US$85/105；❄📶)这家酒店很温馨，客房才经过翻修不久，是一个很好的选择——所有客房都很大，采用古典风格，并配有热水壶，床上铺着全新的床垫，浴室贴着别致的米色瓷砖。旧一点儿的房间更朴素，但依旧被打扫得一尘不染。所有客房均配有迷你冰箱和卫星电视。这里的工作人员彬彬有礼，待人友善，并会尽全力提供帮助。

Golden Tulip Flamenco Hotel 酒店 $$

(见102页地图；☎2735-0815；www.flamencohotels.com；2 Sharia Gezirat Al Wusta；标单/双/标三 US$90/100/130起；❄📶)这家酒店很受欢迎，人们将它作为五星级酒店的备选是有道理的。房间舒适，设施齐全，布局略显局促。"高级"客房多收US$10，但室内空间更大，还有一个可俯瞰尼罗河船屋的阳台。

Mayfair Hotel 酒店 $$

(见102页地图；☎2735-7315；www.mayfaircairo.com；2nd fl, 9 Sharia Aziz Osman；标单/双/标三 US$42/48/58，标单/双带公用浴室 US$29/34；❄📶)Mayfair是一家舒适的老式酒店，位于一条安静的街道上，拥有高高的天花板和供客人享用早餐的环绕式露台，是附近最便宜的住所。这里的单人间很小，但双人间很大。所有的房间都比较老式，但很干净，配有(非常旧的)电视和迷你冰箱。

Sofitel El Gezirah 酒店 $$$

(见100页地图；☎2737-3737；www.sofitel.com；Sharia Al Orman, Gezira；房间 US$130起；❄📶🏊)如果你对漫长的旅途感到疲惫，就

在这里选一间能观赏美景的房间吧，让工作人员照顾你。这家酒店位于杰济拉岛（Gezira Island）的尖端，与该地区的其他酒店相比，非常安静，但很难打到出租车。这里有几家不错的餐馆，包括酒店新开的印度餐厅Manipuri（见106页）。

Cairo Marriott Hotel 酒店 $$$

（见102页地图；☎2728 3000；www.marriott.com/caieg；16 Sharia Saray Al Gezira；房间 US$130起；P❄📶🏊）大厅和公共区域占据着一座19世纪的宫殿，历史氛围浓厚。不过房间都分布在两座现代的塔楼内，许多房间的浴室不大，但等离子电视和超级舒服的床铺足以弥补这一缺憾。这里有一个非常受欢迎的花园咖啡馆（见117页），是观察来往行人的好地方，此外还有一个不错的游泳池。

Doqqi

Doqqi距离喧嚣的闹市稍远，更有居民区的氛围。这里住宿和就餐的选择并不是特别多，但是这里有Doqqi地铁站，意味着你可以随时前往市中心。

King Hotel 酒店 $$

（见100页地图；☎3335-9455；www.kinghotelcairo.com；20 Sharia Abdel Rahim Sabry；标单/双 US$50/65；❄📶）这是一栋现代化的中层建筑，该有的都有了，这也是为什么许多旅行团都愿意住在这里的原因之一。这里的工作人员很有魅力，还很靠谱。更大的房间为米黄色，稍显单调，客房均配有电视、迷你冰箱、大功率空调和干净的浴室。屋顶的Nomad Bar（见117页）可以让你配着金字塔美景享受啤酒，是一大加分项。

Sheraton Cairo 酒店 $$$

（见100页地图；☎3336-9700；www.sheratoncairo.com；Midan Galaa；房间 US$205起；P❄📶🏊）在经历过一次从头到脚的时髦翻修后，开罗尼罗河畔的Sheraton于2017年年中重新开业，带来全开罗最别致的客房。这里的房间宽敞，设计精美，均采用柔和的中性色调，配有典雅的家具，有舒适的大床和宽阔的阳台；有的还能看到优美的城市景色。优质的服务对得起你的期待。

开罗伊斯兰区

缺点：没有直达地铁，招揽生意的人像蝗虫一样无处不在，没地方买啤酒，清真寺的喇叭吵得人不得安宁。但住在这里能够让你真正深入地了解开罗。

Arabian Nights 酒店 $

（见64页地图；☎2924-0924；www.arabiannights.hostel.com；10 Sharia Al Addad；标单/双/标三 US$20/25/28，带公用浴室 US$12/18/25；❄📶）这家酒店的目标显然不是争夺游客。一些房间光线昏暗，但标准间还是不错的，而且这里被打理得井井有条，十分干净。找到它是个挑战：沿Sharia Al Mansouria向北（从侯赛因广场沿Sharia Al Azhar路向东）走300米，在被毁的Kawakeb电影院处左转。

El Hussein 酒店 $

（见83页地图；☎2591-8089；紧邻Midan Al Hussein；标单/双 LE200/250；❄）在这家酒店，从街道上传来的嘈杂声音在开放式门廊上回荡。这里的房间沉闷，服务粗暴，但从前面房间的阳台上能看到下面侯赛因广场的过往行人。这里还有一个屋顶餐厅。酒店入口在偏僻的小巷里，距离广场一个街区。

就餐

在开罗，吃一顿晚餐的花销为LE5～500。

许多中高档酒店兼作酒吧。

如果你太累了不想离开酒店，可以让餐厅送餐，甚至可以直接通过www.otlob.com在线订餐，它涵盖了全市120多家最受欢迎的餐馆。

最便宜的选择有街摊、库夏里（kushari，一种混合了面条、米饭、小扁豆、炸洋葱和番茄酱的食物）柜台和水果蔬菜市场，大多数开罗人就是在这些地方填饱肚子的。档次略高一点儿的是埃及的快餐店——忘了肯德基和必胜客吧，这里的快餐店里有最可口、最便宜的饭菜。和酒店一样，可靠的中档餐馆并不多见，但有几家物超所值，传统食物尤佳。

至于高档餐厅，开罗的餐饮业国际化程度很高，厨师通常来自相应国家，原料也是从

这些国家进口的。晚餐建议预订。

市中心

市中心是廉价餐馆的主要聚集地，这里一派生机勃勃的景象，还有几家怀旧餐厅。到目前为止，这里是品尝地道埃及美食的最佳地点。

★Abu Tarek 埃及菜 $

（见68页地图；40 Sharia Champollion；库夏里LE10~25；⏲8:00至午夜；✍）这座库夏里殿堂声称"我们没有其他分店"。不过这家店已经扩大了，它年复一年地向楼上扩张，一直持有开罗"最佳库夏里"的非正式头衔。楼上布置得很精致，与其打包食物带走，不如进店品尝。

点菜时要点"特色菜"（special），这样就会有额外的鹰嘴豆和炸洋葱。

★At Tabei Ad Dumyati 埃及菜 $

（见72页地图；☎2579-7533；31 Sharia Orabi；塔米亚、沙威玛和三明治LE2.50~23，菜肴LE4.50~51；⏲7:00至次日1:00；✍）餐厅前面的外卖区出售沙威玛（从炉火边现切的肉，配着番茄丁与其他配菜一起塞入面包卷中）和塔米亚（ta'amiyya，埃及版沙拉三明治），生意热火朝天。而后方是一个就餐区，食客大多是一家人。这里有开罗最便宜的饭菜，还附带一个受欢迎的沙拉吧，服务员也很友好。

挑选你的沙拉，品尝富尔（fuul）和外表酥脆、内里柔软的塔米亚吧。这家店在**Talaat Harb**（见68页地图；Talaat Harb Complex, Sharia Talaat Harb；⏲9:00至午夜）和**莫汉迪欣**（见102页地图；☎02-3304-1124；17 Sharia Gamiat Ad Dowal Al Arabiyya；⏲7:00至次日1:00）设有分店。

Koshary Goha 埃及菜 $

（见68页地图；4 Sharia Emad Ad Din；主菜LE7~15；⏲10:00至午夜；✍）埃及人最识货了，这也是为什么Koshary Goha门外的桌子在晚上经常满座的原因。这里的库夏里会随便撒上些炸洋葱，并在一旁适当配上辣酱，味道好极了。但这里最拿手的当属makaroneh bi lahm——一种烤意面，加入辛辣的番茄酱。

Greek Club 地中海菜 $$

（见68页地图；☎2575-0822；21 Sharia Mahmoud Bassiouni；最低消费LE30，非希腊人服务费LE5，菜肴LE10~70；⏲17:00至午夜）位于市中心的Greek Club深受开放的埃及人、艺术家和外国居民青睐。夏季在户外露台上喝杯凉啤酒非常惬意。这里的食物没什么特别之处，但很实惠，主餐厅挑高的天花板和高高的圆柱散发出一种老式魅力。

Gad 埃及菜 $$

（见68页地图；☎2576-3583；13 Sharia 26th of July；塔米亚和沙威玛LE2.50~24，主菜LE15~46；⏲9:00至次日2:00；✍）Gad的灯塔标识恰如其分：它就像夜晚饥肠辘辘的开罗人的灯塔，不论你是想吃菲提尔（fiteer，或甜或咸的酥皮比萨）、沙威玛、沙拉还是欧式比萨饼，来这里准没错。一层出售外卖，在收银台点餐之后直接付款，然后拿着收条去相关的柜台领餐；也可以在楼上用餐。

位于**Sharia Abdel Khalek Sarwat**（见68页地图；☎02-2396-4621；Sharia Abdel Khalek Sarwat；⏲9:00至次日2:00）的分店通常人不是很多。它在**Sharia Al Azhar**（见86页地图；⏲9:00至次日2:00）和**Midan Falaki**（见68页地图；⏲24小时）也设有分店。

El Abd 面包房 $

（见68页地图；35 Sharia Talaat Harb；糕点LE2~10；⏲8:30至午夜）要吃阿拉伯式糕点，就来这家开罗最著名的面包房。这里很好识别，门口有一群人在津津有味地吃羊角面包、甜品和美味馅饼。如果吃腻了乏味的酒店早餐，这里是你换换口味的好地方。它在Sharia 26th of July和Sherif的交叉路口还有一家**分店**（见68页地图；⏲8:30至午夜）。

Fatatri At Tahrir 埃及菜 $

（见68页地图；166 Sharia Tahrir；菲提尔LE35起；⏲7:00至次日1:00）这家朴素的食堂就在塔里广场附近，几十年来一直向市中心的居民和大量背包客供应美味、带馅但稍显油腻的菲提尔。这里没有菜单，烹饪菲提尔的厨师会向你报出食材让你挑选。如果你要求，他们也可以适当做得更辣。

Sudan Restaurant 非洲菜 $

（见68页地图；Sharia Haret Al Sufi；菜肴LE8~40；⏲10:00~22:00）这条巷子里有几家

苏丹餐馆和咖啡馆，这家餐馆是其中之一，最为整洁，也许饭菜的味道也是最好的。尝尝黑沙拉（salata iswid，一种辣味茄子拌花生），还有qarassa（盛在面包碗里的炖菜）等。

它所在的巷子连接着Sharia Adly和Sharia Abdel Khalek Sarwat，位于巷子南端的一座庭院里。牌匾上只有阿拉伯文——红底黄字。

Fasahat Soumaya　埃及菜 $$

（见68页地图；☎020-9873-8637；15 Sharia Youssef Al Guindi；主菜 LE35~75；⏰13:00~22:30；✎）这家餐厅位于一条步行小巷里，所有的主打菜肴都像是一位埃及妈妈亲手烹制的：各种蔬菜卷、丰盛的炖菜，周四还会增加几道特色菜（稻米香肠、羊腿）。绿色的牌匾挂在白墙上，上面只有阿拉伯文，沿台阶可进入地下用餐区。

Eish + Malh　咖啡馆 $$

（见68页地图；☎010-9874-4014；20 Sharia Adly；早餐 LE35~65，主菜 LE39~89；⏰8:00至午夜；📶✎）这家咖啡馆拥有高挑的天花板，独特的拱形窗户上达天花板，下达地板，可以让你看到城市街景。时尚的埃及年轻人最喜欢来这里了。意大利风格的菜单上有不错的比萨、各种意大利面，还有美味的冰激凌。此外，对咖啡爱好者来说，这里还有一大特色——flat white（以及其他浓缩类咖啡）是全市中心最好的。

Hati Al Geish　埃及菜 $$

（见68页地图；23 Sharia Falaki；主菜 LE30~180；⏰11:00~23:00）这家炭烤肉餐厅供应美味的羊排（kastileeta）和鲜嫩的羊小腿（moza），啃着吃很惬意。moza fatta配以米饭和皮塔砂锅，味道也不错。此外这里还有砂锅炖菜（tagens）、多种开胃菜和沙拉，丰盛的菜品适合埃及人举家享用。

Gomhouriya　埃及菜 $$

（见68页地图；42 Sharia Falaki；鸽子 LE55；⏰正午至午夜）带馅的烤鸽子是这里的主打菜肴——告诉侍者你需要几只鸽子，然后坐等香脆的热鸽子上桌，再配上沙拉和无限量的胡椒柠檬肉汤。一个英文小牌子上写着“Shalapy”。

Felfela Restaurant　埃及菜 $$

（见68页地图；☎2392-2833；15 Sharia Hoda Shaarawi；菜肴 LE12~105；⏰8:00至午夜；✎）自从1963年以来，Felfela一直吸引着游客、乘坐大巴的旅游团和当地人，它提供可靠但算不上特别可口的食物和优质的服务。店内装潢以奇特的丛林主题为主，食物却是地道的埃及风味，品质始终如一，尤其是开胃菜和烤鸡。

Le Bistro　法国菜 $$

（见68页地图；☎2392-7694；8 Sharia Hoda Shaarawi；主菜 LE60~110；⏰正午至23:00）Le Bistro隐藏在街面以下，是市中心一家令人惊艳的餐馆。食物也许算不上是地道的欧洲风味，但开罗人喜欢，吃惯了烤肉串，换换口味吃点儿牛排、薯条也不错。餐厅的入口在右侧，你也可以在吧台点餐（从左侧进入）。

Estoril　埃及菜 $$

（见68页地图；☎2574-3102；紧邻Sharia Talaat Harb；开胃菜 LE21~52，主菜 LE60~120；⏰正午至午夜；✎）室内烟雾缭绕，桌子挤在以开罗字画为装饰的背景下，然而一旦坐下来，你就会感觉它像一家夜店。你可以盛点简单的开胃菜，一杯一杯地点凉啤酒。这里的食物并无特别之处，不过氛围怀旧。

女士可以独自来喝一杯，后面的酒吧是

ℹ 自炊

Sunny Supermarket（见102页地图；☎16848；11 Sharia Aziz Osman，Zamalek；⏰每天7:30至午夜）这家小小的高端超市有不少新鲜食材、烘焙食品和熟食，还有不少国际商品。这里还自产冰沙。

Alfa Market（见102页地图；☎02-2737-0801；4 Sharia Al Malek Al Afdal，Zamalek；⏰8:00~22:00）这里有不少当地食品和进口商品。

Souq At Tawfiqiyya（Sharia At Tawfiqiyya；见68页地图；Downtown；⏰7:00~21:00）这个水果蔬菜市场有一个街区长，营业到很晚。在与Talaat Harb相交的地方还有一家很好的乳品店，出售新鲜奶酪。

就坐的好地方。

★ Café Riche 埃及菜 $$

（见68页地图；☎2392 9793；17 Sharia Talaat Harb；开胃菜 LE8~25，主菜 LE50~90；⊙10:00至午夜；☑）这家狭窄的餐馆自称开罗最老的餐馆，过去知识分子最喜欢来这里喝酒。自那时起，这里便已经稍显破旧了，如今仍然有一些守旧派和喜欢历史氛围的游客坐在吊扇下。这里的主菜是略带法式风格的埃及菜肴，味道不能算好，所以还是点几道开胃菜作为啤酒的下酒菜吧。

花园城区

这里是举办正式宴会的地方。尼罗河沿岸的豪华酒店有许多相当不错的餐馆。

Mahrous 埃及菜 $

（见100页地图；Sharia Al Haras；Garden City；餐 LE20；⊙16:00至次日4:00；☑）本店的富尔也许是开罗最好的，值得提升至正餐的地位（注意特殊的营业时间）。每盘豆子都配有大份沙拉和新鲜的薯片。它只是住宅区的一个小摊，从Co-op加油站转向花园城区，在第一个路口左转，在下个十字路口再左转即达。

★ Sabaya 黎巴嫩菜 $$$

（见68页地图；☎2795-7171；Corniche El Nil，Semiramis InterContinental；开胃菜 LE40~95，主菜 LE145~265；⊙13:00至次日1:00）这是一家氛围轻松的奢华餐厅，供应黎巴嫩美食，这里的主菜有很多烤肉，但开胃菜才是重点。你可以点一些经典菜，比如鹰嘴豆泥、sambousek（带馅的三角形糕点）、沙拉、石榴糖浆泡鸡肝和bel kawarma（用羊油浸泡的土豆泥），这样一来黎巴嫩大餐就齐全了。

所有菜都搭配现烤的皮塔饼，互相分享菜品才是最重要的，这样你就能尝到更多的开胃菜了。最重要的是，这里的服务比城里大多数地方都好。

Osmanly 土耳其菜 $$$

（见100页地图；☎2798-0000；Corniche El Nil，Kempinski Nile；开胃菜 LE45~65，主菜 LE160~200；⊙正午至午夜；☑）本店倾情奉献的土耳其食物无与伦比，你会先用散发着茉莉花香的水洗手，然后在令人眼花缭乱的开胃菜中做出选择。这里的烤肉堪称完美，独特的奥斯曼宫廷菜也不逊色，比如塞了米饭和松子的鸡腿。留点儿肚子给甜点kunafa（一种甜味糕点，用奶酪和粉丝状的食材制成）。

Bird Cage 泰国菜 $$$

（见68页地图；☎02-2795-7171；Corniche El Nil，Semiramis InterContinental；菜肴 LE75~190；⊙正午至午夜）这个镶嵌着木嵌板的空间令人身心放松，是开罗有钱人的最爱。这里的烧烤食品并不是黑乎乎的，而是做了特殊的处理，比如将整条黑鲈包裹在香蕉叶里，完美地呈现在你面前。主厨可以应客人的要求做出地道的泰式辛辣口味。

扎马雷克

扎马雷克有开罗最好、最时尚的餐馆。岛上便宜的就餐选择并不多，但也能找到几个，例如位于Sharia Brazil路的**Baraka沙威玛烤肉摊**（Baraka shawarma stand；见102页地图；☎02-2736-8737；9 Sharia Brazil；沙威玛和三明治 LE18~30；⊙9:00至次日2:00）。

26th of July也有几家店可以买到不错的新鲜产品。

★ Zööba 埃及菜 $

（见102页地图；☎16082；www.facebook.com/ZoobaEats；Sharia 26th of July；菜肴 LE3~36；⊙8:00至次日1:00；☑）在Zööba可以吃到经过现代化改良的埃及街头食品。这里保留了埃及传统小吃的精华，同时为它们增添了些许现代气息，比如全麦库夏里、甜菜根面包（baladi）、腌柠檬和香辣塔米亚三明治，以及可口的沙拉和沙威玛。店内的装饰不拘一格，你可以在餐桌上就餐，也可以打包带走，这是理想的野餐食物。

不仅是埃及人爱吃他们的创新埃及菜，该团队的塔米亚三明治在2016年的伦敦沙拉三明治节上也取得了第一名的好成绩。

Copenhagen 咖啡馆 $

（见102页地图；☎2737-4796；118 Sharia 26th of July；糕点 LE15~45，三明治 LE30~75；⊙7:00~23:00；☜☑）以浓拿铁咖啡和牛油果吐司来充当轻食午餐——开罗啊开罗，你也有

今天。这个小咖啡馆只有2个高高的吧台桌和8个座位，是我们在扎马雷克的咖啡馆新宠。这里也出售各类沙拉和三明治（也是出色的野餐食品），此外还有一个极具诱惑力的法式糕点柜台。

这里很早就开门了，对那些厌倦了开罗酒店典型早餐套餐——面包卷、奶酪块、水煮蛋、无花果酱的人来说，新出炉的羊角面包和美味的咖啡有如苦海明灯。

Four Fat Ladies 甜品 $

（见102页地图；☎16679；8 Sharia Brazil；LE9~30；⏰8:00至午夜）这里不是一个可以让你节食的地方。这家店售卖咖啡和蛋糕，布朗尼蛋糕能让你血糖迅速升高。这里永远都有至少6种不同的蛋糕，包括我们最喜欢的胡萝卜蛋糕，此外还有不少松饼和饼干。

★O' s Pasta 意大利菜 $$

（见102页地图；☎2739-5609；www.facebook.com/ospasta；159 Sharia 26th of July，Zamalek；主菜 LE68~155；⏰16:00至午夜；✎）在几年前，寿司餐厅在开罗还火爆到不行，如今新开的餐厅又都是意大利风味了，而O' s Pasta正是其中的佼佼者。挤一挤（没错，这里只有5张桌子）挤进这个蓝绿色的餐厅内，大口品尝加入菠菜和奶油酱的红海鱿鱼意大利面，或是浇着山核桃罗勒香蒜酱的鸡肉意大利面。

厨房就在你面前，你可以清楚地看到厨师在烹饪，整体服务友好且高效。菜单上几乎全是意大利面，偶尔会有几道沙拉，还有一道相当美味的红薯汤作为开胃菜。这里不售卖酒精饮料，所以不妨尝一尝酸柠檬薄荷汁。

这里紧邻Sharia 26th July，位于Diwan书店与Maison Thomas之间的小巷内，注意留神蓝色的门。

Abou El Sid 埃及菜 $$

（见102页地图；☎2735-9640；www.abouelsid.com；157 Sharia 26th of July；开胃菜 LE19~58，主菜 LE56~120；⏰正午至次日1:00）Abou El Sid是开罗第一家新潮的埃及餐馆（如今已经成为一家全国连锁店），深受游客和当地上流阶层的欢迎。这里的molokhiyya（大蒜叶子汤，是埃及特色菜）算不上最好的，啤酒、红酒和漂亮的Louis Farouk家具却是别处没有的。

餐馆紧邻Sharia 26th of July路，往Diwan书店和Maison Thomas之间的街道走，寻找高高的木门。最好预订。

Maison Thomas 比萨 $$

（见102页地图；☎02-2735 7057；157 Sharia 26th of July；比萨 LE35~114；⏰24小时）这家店有些欧式风格，以大量黄铜和镜子作为装饰，系着白色长围裙的侍者待人友善。这里几十年来一直供应全城最棒的薄底比萨，清教徒应该试试正宗的那不勒斯口味，但我们偏爱Leonardo口味（带洋蓟和腌辣椒）。

Sufi 咖啡馆 $$

（见102页地图；☎2738-1643；1st fl，12 Sharia Sayyed Al Bakry；主菜 LE35~80；⏰9:00至次日1:00；📶）开罗的年轻人会坐在这里敲打笔记本电脑，啜饮咖啡，或是吃意大利面、比萨饼、三明治。这里的木地板吱呀作响，墙上满是书架，上面摆满了旧书。这是一个艺术气息浓厚的安静去处，偶尔还举办展览或是放映电影。

Cairo Kitchen 埃及菜 $$

（见102页地图；☎2735-4000；118 Sharia 26th of July；沙拉 LE15，主菜 LE21~79；⏰10:00至午夜；✎）来这里感受一下健康的传统埃及家常菜的当代版本。这里有糙米库夏里、molokhiyya，还有传统的埃及炖菜，要在柜台点餐。在沙拉吧则可以吃到全市最美味的素食。你可以来一份四合一什锦沙拉，再配一道辣土豆。

店内装饰色彩缤纷，价格实惠，很受开罗人的欢迎。尽管地址信息不明确，但是从Sharia Aziz Osman往南走一个街区就能找到这里。

Crave 各国风味 $$

（见102页地图；22 Sharia Taha Hussein；主菜 LE43~189；⏰11:00至午夜；📶）毫无疑问，Crave不是素食者该来的地方；这里专营肉类菜肴，食客也都是埃及家庭或者一大群聚会的朋友。这里供应三明治和比萨饼，也有沙拉，但是人们来这里主要是为了品尝那些分量十足的菜肴，比如黑椒牛排和浇着柠檬

不要错过

扎马雷克的冰激凌店

Gelato Mio（见102页地图；☎2737-1527；6 Sharia Brazil；每勺 LE20起；⊙正午至次日1:00）在炎热的夏日，我们会直奔这里，来一勺西瓜和仙人掌梨的混合冰激凌，让自己凉快一些。对巧克力狂热爱好者来说，Twix巧克力味和辣椒巧克力味棒极了。

Rigoletto（见102页地图；☎010-2666-3110；www.rigolettoicecream.com；Yamama Center，3 Sharia Taha Hussein；每勺 LE15；⊙10:00至午夜）在炎热的天气里，美味的冰激凌可以让你凉爽下来。年轻人（和心态年轻的人）可以尝试香蕉牛奶和奶油糖等有趣的味道，若想试试更精致的食品，可以尝尝mastik（阿拉伯口香糖）、盐渍花生或小豆蔻。

Mandarine Koueider（见102页地图；☎2735-5010；17 Sharia Shagaret Ad Durr；每勺 LE10；⊙9:00～23:00）这家冰激凌店深受当地家庭的欢迎，家长会带着孩子去享用美食。若想来点儿果味，一定要尝尝黑莓酸奶（zabadi bi tut）。

莳萝酱的鸡胸肉，所有菜品都配有蔬菜和土豆泥。

Left Bank　啤酒店 $$

（见102页地图；☎2735-0014；www.leftbankonline.com；53 Sharia Abu Al Feda；主菜 LE35～195；⊙8:00至午夜；P）这个位于尼罗河畔的露台是吃早餐的好地方，供应法式吐司和传统开罗菜，后者配有富尔和菲达奶酪。稍晚时段，店内还供应品种丰富的沙拉、意面以及主菜，如烤海鲈鱼、填着蘑菇和马苏里拉奶酪的鸡。

Peking　中国菜 $$

（见102页地图；☎2736-3894；23B Sharia Ismail Mohammed；菜肴 LE18～100；⊙正午至午夜）有时候，你就是突然想吃蒸饺。很幸运，当那种欲望刺激你的时候，你可以来Peking。点一份辣白菜馅的饺子，然后配一碗酸辣汤，可以消除你整日吃库夏里和沙威玛的疲倦。这里的酒吧（啤酒LE43，鸡尾酒LE70起）也不错。

Five Bells　埃及菜 $$

（见102页地图；☎2735-8980；13 Sharia Ismail Mohammed；开胃菜 LE29～88，主菜 LE77～165；⊙12:30至次日1:00）如果你在扎马雷克走累了，这家有情调的花园餐厅是放松休息的理想之选。本店经营传统的埃及开胃菜，室内回荡着伊迪丝·琵雅芙（Edith Piaf）的歌声以及其他伤感的欧洲旋律，到了晚上还会伴着叮叮当当的钢琴声。这里的酒吧氛围很放松，可以品尝小吃，比如热肉丸和新鲜的炸土豆条，也可以喝杯凉啤酒。

Makani　寿司 $$

（见102页地图；☎2736-1486；118 Sharia 26th of July；菜肴 LE39～110；⊙10:00至次日2:00）一家出售寿司和意大利面的咖啡馆根本不会成功吧？但是Makani就做到了，这里的寿司是菜单上（也有三明治）最棒的，提供各种经典寿司卷、创新寿司卷和生鱼片。

Manipuri　印度菜 $$$

（见100页地图；☎2737-3737；www.sofitel.com；Sharia Al Orman，Gezira，Sofitel Gezirah；菜肴 LE50～280；⊙周二至周日 19:00至次日1:00；✍）尽管我们更喜欢调味更随意一些的地方，但是这里估计是开罗最棒的印度餐厅了。这里的菜单侧重于印度烤鸡，但是也有不少素食咖喱可供选择，还有一些喀拉拉邦的海鲜特色菜。如果可以，最好在户外露台上用餐，那里可以欣赏到尼罗河岸的美景。

莫汉迪欣和Doqqi

这些充斥着混凝土建筑的郊区看上去平淡无奇，但也能找到一些非常好的餐馆。

Abu Ammar Al Suri　叙利亚菜 $

（见102页地图；☎3336-0887；8 Sharia Syria，Mohandiseen；沙拉和开胃菜 LE8～12，三明治和沙威玛 LE9～35，主菜 LE18～74；⊙24小时）在这个繁忙的快餐店里，穿马裤的工人正在制作混合烤肉串，将肉片包进叙利亚式的

saj大饼里。这里值得一试的还有阿拉伯特色菜，这些菜在叙利亚和约旦更常见一些，比如freek（一种用青麦做成的杂烩饭）和mansaf（一道贝都因羊肉菜肴，浇上用发酵的酸奶酪做成的酱）。

Yemen Restaurant

也门菜 $

（见100页地图；☎3338-8087；10 Sharia Iran, Doqqi；菜肴 LE15~80；⏲正午至次日2:00）室内亮着日光灯，看起来就像一个汽车展厅，但经营非常地道的也门菜肴，不提供刀叉，巨大的圆薄饼用勺子挖着吃。炖锅里的所有食物都是标准化烹饪的，但菜单上几乎所有菜肴都调味过重，甚至是"肉末"。Sharia Iran路距离Midan Doqqi广场以北一个街区，向西走。

El Omda

埃及菜 $

（见102页地图；☎3346-2701；6 Sharia Al Gazayer, Mohandiseen；菜肴 LE2.50~80；⏲24小时；📶）这个迷你帝国占据了街区比较好的地段，它有无数种方法让烤肉进入你的消化系统。拐角处的外卖窗口出售shish tawooq（腌制的鸡肉烤串）三明治搭配辛辣的泡菜。

Mori Sushi

日本菜 $$

（见102页地图；☎11112；www.mori-sushi.com；30 Sharia Mohandes Mohammed Hassen Helmy, Mohandiseen；寿司 4~8个 LE28~120；⏲正午至次日1:00）这里是埃及最受欢迎的寿司店（全国有多家分店），由于定价合理，菜品丰富，这里永远都熙熙攘攘的。店里从手卷、军舰卷、握寿司到简单的太卷应有尽有，绝对能够让你过足日料瘾。

Sea Gull

海鲜 $$

（见100页地图；☎3749-4244；106 Sharia El-Nil, Agouza；餐 LE120~170；⏲11:00至次日1:00；❄👪）这里没有菜单，所有的鱼都摆在冰上供客人选择。顾客基本上都是埃及家庭，点餐后回到餐桌旁一边看风景、吃沙拉，一边等待烤好的食物上桌。在温暖的夜晚，坐在外面就餐非常惬意。室内有空调。

开罗伊斯兰区

侯赛因广场周围有许多快餐店，但这里的餐馆有限——你会喜欢的可能只有烤肉，而且对卫生条件也不能有太高的要求。

Al Halwagy

埃及菜 $

（见83页地图；☎2591-7055；紧邻Sharia Gawhar Al Qaid；菜肴 LE6~45；⏲24小时）这家店已经存在了近一个世纪，经营美味的塔米亚、富尔和沙拉。你可以选择摆放在人行道上的餐桌，也可以去楼上用餐。

Khan El Khalili Restaurant & Mahfouz Coffee Shop

埃及菜 $$

（见83页地图；☎2590-3788；5 Sikket Al Badistan；三明治和主菜 LE40~70；⏲正午至次日3:00；❄📶）这家咖啡馆兼餐厅拥有宁静的摩尔式装潢，店内冷气十足，侍者都戴着塔布

当地知识

找到你自己的传统咖啡馆

开罗的传统咖啡馆（ahwa）是放松、聊天和抽水烟的主要场所。满是灰尘的地板、快要散架的桌子以及多米诺骨牌和西洋双陆棋（towla）发出的咔嗒声都诠释了传统的内涵。但那些比较时尚、漂亮的地方（女士们在这里也吸烟）已经将这一内涵进一步扩展了，水烟的口味更是五花八门，从芒果味到口香糖味，应有尽有。

每种亚文化都至少有一间传统咖啡馆。我们在此处评测的都是最有名的，而去发现属于你自己的传统咖啡馆是一大乐趣。遍寻市中心的后街小巷，体育迷们聚集在Sharia Alfy以南，知识分子在Midan Falaki。爱资哈尔清真寺后面的小巷里有一家不错的传统咖啡馆，就在Townhouse Gallery隔壁。它们多数都是8:00开门，凌晨2:00左右打烊，不仅供应茶（shai）和咖啡，还有木槿（karkadai，有凉的，也有热的）、肉桂（irfa）、莳萝（kamun，对治疗感冒有帮助）、茴芹（yansun），冬天还有热的sahlab（兰花块茎制成的乳白色饮料）。

什帽，是躲避哈恩哈利利喧嚣的港湾。这里主要面向游客，但食物很不错，尤其是肉馅饼（hawashi）和香辣味的baladi香肠三明治，以及埃及式面包甜点umm ali。此外果汁也很棒。

Farahat 埃及菜 $$

（见83页地图；126a Sharia Al Azhar, Islamic Cairo；鸽子 LE55~60；⏲正午至次日4:00）Farahat在紧邻Sharia Al Azhar路的一条小巷里，以烤鸽子和填馅鸽子而闻名。虽然它外表看起来不怎么样，就在外面摆了几把塑料椅，但一旦你开始啃鲜美多汁、香喷喷的烤鸽子，就知道人们所言不虚了。

饮品和夜生活

开罗并不是一座禁酒的城市，但当地人更喜欢去传统的咖啡馆或欧式咖啡馆喝咖啡。通常人们只在晚上饮啤酒或烈酒，并仅限于去西式酒吧和价格便宜、只有当地人光顾的小酒馆。要去西式酒吧，最好选择扎马雷克区，而小酒馆则全都集中在市中心。

烈酒价格不菲；当地葡萄酒能喝，但不是很好；而啤酒则比较常见，而且价格便宜。啤酒的价格为LE25~45，而鸡尾酒通常只有在比较高档的酒吧里才能喝到，价格为LE70~200，甚至更高。比较好的地方都有严格的进门限制，就像夜店一样，所以要穿着得体，同伴中必须有男有女。许多地方还有完整的菜单，所以你不必担心饿肚子。

市中心

Zahret Al Bustan 咖啡

（见68页地图；Sharia Talaat Harb；⏲8:00至次日2:00）这家传统咖啡馆是知识分子和艺术家经常光顾的地方，同时也是许多背包客的不二之选，但要警惕店里冒充艺术家的骗子。它就在Café Riche后面的巷子里。

Windsor Bar 酒吧

（见68页地图；☎2591-5810；19 Sharia Alfy, Windsor Hotel；⏲18:00至次日1:00）遗憾的是，Windsor Hotel酒吧的许多老主顾都已故去，只剩下一些酒店客人、通晓多种语言的酒吧男招待以及音响里播放的微弱的摇摆爵士乐和Umm Kulthum的歌声。一组动物标本剥制师制作羚羊头标本的纪实镜头、水桶椅和精致的壁突式烛台体现了厚重的殖民地历史。独自旅行的女性在这里会感到很舒服。

Kafein 咖啡馆

（见68页地图；☎010-0302-5346；28 Sharia Sherif；⏲7:00至次日1:30；📶）这家巴掌大的咖啡馆兼餐厅藏在紧邻Sharia Sherif的一条小巷内，供应不错的咖啡和水烟，也有很棒的鲜榨果汁和奶昔。有很多外国记者都很享受楼上的空调、免费的无线网还有咖啡。这里也适合吃午餐，菜单上有三明治和沙拉。

Cilantro 咖啡馆

（见68页地图；www.cilantrocafe.net；31 Sharia Mohammed Mahmoud；⏲9:00至次日2:00；📶）这家热门的本土连锁店是埃及人对星巴克的回应，店内供应常见的冷热咖啡饮品、茶和果汁，此外还有三明治和蛋糕套餐。如果不是因为那些放学后聚集在这里的戴着头巾的花季少女，你很可能会忘记自己正身处埃及。大热天来一杯牛奶冰咖啡（latte frappé）就如同身处天堂。

全市各处都遍布它的分店，比如在**扎马雷克**（见102页地图；157 Sharia 26th of July；⏲10:00~23:00；📶）、**莫汉迪欣**（见102页地图；☎02-3303-0645；Sharia Gamiliat Ad Dowal Al Arabiyya和Wadi El Nil交叉路口；⏲8:00至次日2:00）和**Doqqi**（见100页地图；Midan Al Missaha, Doqqi；⏲7:00至次日1:00；📶），这只是其中的几家。所有分店都有免费Wi-Fi、充足的冷气和隔开的非吸烟区。

Odeon Palace Hotel 酒吧

（见68页地图；☎02-2577-6637；www.hodeon.com；6 Sharia Abdel Hamid Said；⏲24小时）这个屋顶露台酒吧略显破旧，它的假草皮都被水烟的煤炭烧焦了。这里是开罗戏剧和电影圈青睐的酗酒场所，同时也是观赏日落（甚至日出）的好地方。

Le Grillon 酒吧

（见68页地图；☎02-2574-3114；8 Sharia Qasr El Nil；⏲11:00至次日2:00）这个奇怪的人造天井表面上是一个餐厅，实际上人们在这里喝啤酒、抽水烟、谈论政治、欣赏艺术。柳条家具、假葡萄藤和大量吊扇给人一种身处户

当地知识

泡吧

在开罗，人们说起泡吧通常是指去西式的休闲酒吧，但在比较便宜的baladi（当地）酒吧里也有一种类似的酒文化。这些酒吧的牌匾上通常标的是“自助餐厅”，有一种略显破败的老式氛围。在啤酒公司Stella的资助下，一些自助餐厅经过翻新已经有所改观，www.baladibar.com网站甚至还有一个在线指南（虽然过时了，但依然很有意思）。它们的入口通常比较隐蔽，或被遮挡。市中心的著名当地酒吧包括：

Cafeteria El Horreya（见68页地图；☎02-2392-0397；Midan Falaki，Downtown；⏲14:00至次日1:00）开罗的一家老店，卫生条件不错，店面宽敞、明亮，欢迎女性顾客。店里为客人们准备了棋类游戏，但不供应啤酒。

Cafeteria Stella（见68页地图；Sharia Hoda Shaarawi和Sharia Talaat Harb的交叉路口；⏲13:00至午夜）屋顶很高，从下午开始就挤满了形形色色的客人，入口在一个亭子的后面，为喝啤酒的客人准备了免费小吃。

Cap d' Or（见68页地图；☎02-2123-8957；Sharia Abdel Khalek Sarwat，Downtown；⏲16:00至次日2:00）室内破旧不堪，点着日光灯。工作人员对外国人已经习以为常了，但通常只有男性光顾。

Greek Club（见110页）人们在露台上一边喝着凉啤酒，一边谈论艺术、革命和政治。

Cairo（见68页地图；☎02-2574-1479；3 Sharia Saray Al Ezbekiyya，Downtown；⏲10:00至次日3:00）穿过烧烤餐厅来到位于2楼的酒吧，牌匾上只有阿拉伯文，红底蓝字。

Gemayka（见68页地图；16 Sharia Sherif，Downtown；⏲11:00至次日2:00）位于证券交易所周围的步行街区。

外的错觉。入口在两座建筑之间一个院落的后面。

Zigzag 酒吧

（见68页地图；☎012-7560-2411；www.facebook.com/zigzagCairo49；6 Sharia Qasr El Nil；⏲22:00至次日6:00）这家酒吧兼夜店位于古老的Arabesque餐厅，在工作日的晚上会有当地乐队演奏，而周四和周五晚上则是DJ之夜，演奏内容包括电子乐、R&B、嘻哈和Grime乐。酒吧有严格规定，只有男女搭伴的顾客或群体才能入内。在7月和8月，那时候开罗的大多数派对搬去了海边举办，这里只偶尔才有活动。

扎马雷克和Doqqi

Deals 酒吧

（见102页地图；☎2736-0502；2 Sharia Sayyed Al Bakry；⏲16:0至次日2:00；📶）这里是扎马雷克一家一流的聚会场所，有时候挤满了人，而且到处都浓烟滚滚的，但我们很喜欢这里休闲轻松的氛围。不要错过隔壁的姊妹咖啡馆No Big Deal，那里更大、更新，氛围有些老派，菜单上有三明治和咖啡，全天开放。

Sequoia 休闲酒吧

（见102页地图；☎2576-8086；www.sequoiaonline.net；53 Sharia Abu Al Feda；⏲13:00至次日1:00）这个尼罗河畔的庞然大物在扎马雷克的最北端，颇有炫耀之嫌。人们坐在矮垫子上抽水烟，喝着啤酒或鸡尾酒。主菜多为炭炉烧烤，口味配不上这里的环境，吃点开胃菜就可以了。这里的最低消费是LE200。

花园咖啡馆 咖啡馆

（Garden Café；见102页地图；☎2728-3000；16 Sharia Saray Al Gezira，Cairo Marriot；⏲6:30~22:00）Marriott的花园露台是城内最舒适的休闲场所之一，有大藤椅和新鲜空气，还有上等的葡萄酒和啤酒，受到欢迎是实至名归的。这里的食物价格不菲，但并无特别之处。

Nomad Bar 屋顶酒吧

（见100页地图；20 Sharia Abdel Rehim

Sabry, King Hotel, Doqqi; ⏲13:00至次日4:00; 📶)这是一家位于King Hotel屋顶的酒吧，能看到金字塔的景色是这里的一大特色。这里气氛休闲放松，适合晚上来喝几杯啤酒，抽几口水烟。

Riverside Cairo 酒吧

(见102页地图; ☎012-1280-1290; www.riversidecairo.com; 16 Sharia Al Montazah; ⏲正午至次日1:00)这家超级时尚的酒吧兼餐馆地处扎马雷克最好的位置，周末经常有现场音乐和DJ，出售昂贵的鸡尾酒和美味寿司，店内的一切都令人赏心悦目。你需要着装正式才能入内。这里的最低消费为LE200。

开罗伊斯兰区

★Fishawi's 咖啡

(见83页地图; Khan Al Khalili; ⏲24小时，斋月期间 17:00至次日3:00)Fishawi's大概是城里最老的咖啡馆了，当然也是最著名的，自从1773年以来一直是观看车水马龙的好地方。店内斑驳的镜子和铜质桌面散发出一股旧时气息。虽然这里挤满了外国游客和对一切都感到新鲜的来自埃及其他地区的人，但它还是一个正常的咖啡馆，为摊贩和购物者提供茶和水烟。

价格经常变化，所以要向侍者确认一下。

Coffeeshop Al Khatoun 咖啡

(见86页地图; Midan Al Khatoun, Islamic Cairo; ⏲15:00至次日1:00)这个现代的户外咖啡馆隐藏在爱资哈尔后面一座安静的广场上，是走累了休息的好地方，有茶、小吃和铺着坐垫的舒适长椅。晚上，这里吸引着附庸风雅之士，如来自广场上Arabic Oud House学校的学生等。

☆ 娱乐

开罗的现场音乐规模虽然还很小，但正在逐渐壮大。这里有一些不错的文化表演场地，还有些许肚皮舞表演。若想知道详情，可以访问www.cairo360.com。你无须进店，街上就很热闹。晚上许多开罗人沿尼罗河水滨路或在Qasr El Nil桥上散步。偶尔出现的茶亭供应茶点。

现场音乐和表演

Makan 传统音乐

(见64页地图; ☎2792-0878; http://egyptmusic.org; 1 Sharia Saad Zaghloul, Mounira; 音乐会门票 LE40; ⏲音乐会周二和周三; Ⓜ Saad Zaghloul)埃及文化和艺术中心经营的这个私密地方致力于发展民间音乐。不要错过传统的女声zar——一种音乐催眠法和治疗仪式，演出在周三晚上开始(20:30可入场)。周二晚上有各种民间音乐表演，通常是一场埃及-苏丹摇滚音乐即兴演奏会(19:30可入场)。

从Saad Zaghloul地铁站出来，沿Sharia Mansour路向北走就能找到这个地方。由于座位有限，最好提前订票。

El Dammah Theatre 传统音乐

(见68页地图; ☎2392-6768; www.el-mastaba.org; 30a Sharia Al Balaqsa, Abdeen, Downtown; 票 LE30; ⏲20:00入场，音乐会 21:30)这里在周四、周五、周六会定期有音乐合奏团举行演出，比如时髦的苏丹民乐组合Rango，还有El Tanboura Band，他们的演奏被称为simsimiyya，是一种源于苏伊士运河流域的音乐形式。这里还有其他埃及民乐上演(详情请访问他们的网站)。

Al Tannoura埃及遗产舞团 舞蹈

(Al Tannoura Egyptian Heritage Dance Troupe; 见83页地图; ☎2512 1735; Wikala of Al Ghouri, Sharia Mohammed Abduh, Islamic Cairo; 演出 LE30; ⏲演出周一、周三和周六19:30)埃及唯一的苏非舞团——比更出名的白衣土耳其托钵僧舞更热闹，色彩也更丰富——每周表演3次，在紧邻爱资哈尔的高里客栈举行，令人着迷。在观看表演的瞬间，人们仿佛回到了中世纪。为了找到座位，请提前1个小时到达。

El Sawy Culture Wheel 现场音乐

(El Sakia; 见102页地图; ☎2736 8881; www.culturewheel.com; Sharia 26th of July, Zamalek; ⏲8:00至午夜)这个综合建筑藏身于一座立交桥的下面，有十几个表演场地和画廊，埃及最受欢迎的摇滚和爵士乐队在此演出，非常活跃。此外，这里还有El Sakia木偶剧院(El Sakia Puppet Theatre)的定期演出

（很适合孩子们看），还会举行各类研讨会。正门在26th of July路的南侧，它在尼罗河畔还有一个宜人的户外咖啡馆。

Darb 1718 艺术中心

（见64页地图；☎2361 0511；www.darb1718.com；紧邻Sharia Qasr Al Shama，Fustat；⊙周六至周三 11:00~22:00，周五 16:00起）这个超酷的创意空间旨在成为现代艺术的“蹦床”，让有趣的想法能够被发现。这里晚上会定期有埃及乐队的演出，以及电影放映活动，还开办创意研习班。在白天，有时会有艺术展。欲知详情可以访问官方网站。

可沿Sharia Mar Girgis向南走，随道路左转。在街道的尽头左转进入Sharia Qasr Al Shama，走过两条街后再右转，走到头就是Darb 1718。

开罗歌剧院 歌剧

（Cairo Opera House；见102页地图；☎2739-8144；www.cairoopera.org；Gezira Exhibition Grounds，Gezira；Ⓜ Opera）开罗歌剧团和开罗交响乐团在能容纳1200人的主厅（Main Hall）演出，男士必须西装革履（游客可以向工作人员借服装）。小厅（Small Hall）和露天剧场（Open Air Theatre）的着装要求不那么正式。

开罗爵士乐俱乐部 爵士乐

（Cairo Jazz Club；见102页地图；☎010-6880-4764；www.cairojazzclub.com；197 Sharia 26th of July，Agouza；⊙21:00至次日3:00）开罗爵士乐俱乐部已经跟上了节拍，它拥有全市最活跃的舞台，上演现代埃及民间音乐、电子乐、融合音乐等，每晚都有演出，通常从22:00左右开始。你必须预订座位（在线预订最方便），25岁以下不允许进入。

开罗木偶剧院 木偶剧院

（Cairo Puppet Theatre；见68页地图；☎2591 0954；Sharia Masrah Al Ara'is，Downtown，Ezbekiyya Gardens后面；成人/儿童 LE20/15；⊙周四至周五，演出通常18:30开始；Ⓜ Ataba）这里是阿拉伯世界最大的木偶剧院，自1959年起就不断为开罗的孩子们带来快乐。表演用阿拉伯语进行，但是色彩鲜艳，气氛活跃，无论什么年龄段的人都能从中得到享受。这里比较难找，需要走Ezbekiyya Gardens南面那条有围栏的小路，然后在清真寺处左转，再沿着左边第一条小巷走。

肚皮舞

开罗是肚皮舞这一艺术形式的真正发源地。最好的舞蹈演员在开罗的五星级酒店表演，观众通常是一群富有的海湾阿拉伯人。演出一般在22:00前后开始，但明星通常在午夜以后登台。入场费极高，要么是节目费加餐费（含额外饮料），要么设有每人最低消费。在顶级的场所，一晚上的花费能超过LE1000。也有不那么贵的选择，那便是晚上的尼罗河游轮肚皮舞表演。请注意，这类游轮上的暖场表演有如酒吧卖唱歌手在低吟浅唱，场面十分糟糕。开罗的女舞者经常与场地方发生争执，所以演出场地可能会有变化。

至于低端市场，在开罗市中心Sharia Alfy一带的几家夜店能观看演出，但水平还是有很大差距的。这些夜店给人一种脏乱衰败的感觉（卖淫绝对是副业），麦克风的混响被调到最高，多数舞者都是业余的，但是表演很有趣，尤其是上台和众人一起纵情起舞（如果你向舞蹈演员和乐队抛撒足够多的LE5钞票，气氛就会更加热烈）。但如果你陷入数不清的收费骗局，例如迅速上涨啤酒的价格，或是让你为从未点过的小吃甚至是餐巾纸付费，就没那么有趣了。

Bab El Nil 卡巴莱歌舞

（☎02-2461-9494；www.fairmont.com/nile-city-cairo/dining/bab-el-nil；Nile City Towers，2005b Corniche El Nil，Fairmont Nile City Hotel；每人最少 LE1000~1200；⊙表演 22:00至次日1:00）Fairmont Nile City酒店的餐厅是可以欣赏肚皮舞表演的经典场所之一，长期以来，开罗最受欢迎的Soreya经常在这里表演。与许多其他地方不同，这里不会把菜单和表演组合起来收费，而是设立了一个饮品和晚餐的最低消费（更靠近舞台的座位最低消费更高）。

Nile Maxim 卡巴莱歌舞

（见102页地图；☎2738-8888，012-2241-9500；www.maximrestaurants.com；Sharia Saray Al Gezira，Zamalek；表演和晚餐 LE480~730；⊙20:30和22:30起航）这里有最好的尼罗河游

轮，由万豪经营，是观看Randa或Farah等大牌肚皮舞明星表演的比较经济的场所，还能点菜（不含饮品）。最好乘坐第二班船，因为那个时段没什么蹩脚歌手暖场，都是真正的肚皮舞表演。这里位于Cairo Marriott Hotel对面。

Shahrazad 卡巴莱歌舞

（见68页地图；1 Sharia Alfy, Downtown；含两份饮品 LE150；⏲22:00至次日2:00）这个老派的大厅最近面目一新，仅华丽的内部装潢就值得一看，它的东方特色，包括红色天鹅绒帷帘，给人的感觉不像市中心其他低级夜店那么衰败，但也不足以营造出优雅的气氛。为了迎合附庸风雅的人群，这里偶尔也举办DJ之夜。

Haroun El Rashid Nightclub 卡巴莱歌舞

（见68页地图；☎2798-8000；www.ihg.com；Corniche El Nil, 3rd fl, Semiramis InterContinental, Garden City；表演含晚餐 LE1140起；⏲23:00至次日4:00）这是一个五星级夜店，室内全部是红色的窗帘和白色的天幕灯。上等座距离舞台最近，价格为LE1900（不含饮品），座位越靠后越便宜。这个价格之所以高得超乎想象，是因为著名的Dina在此演出。但是，告诉你一个实用的建议：她只在周四晚上演出。

当地知识

当地市场

Souq Al Gomaa（星期五市场；见68页地图；南部墓地；⏲周五 6:00至正午）这个一周开市一次的大市场位于城堡以南，是现代社会中一个狂热的中世纪集市。它位于一座公路立交桥下，你能看到自行车、活驴和破电话。精明人能淘到一些宝贝和老式服装。在10:00以前去，可以避开人潮。这里很容易找，告诉出租车司机街区名“Khalifa”就行了。

Wikalat Al Balah（Souq Bulaq；见64页地图；Sharia 26th of July, Bulaq；⏲8:00~18:00）这个街市专门出售二手服装，大部分都品相完好、干净而且带价签（尤其是在Al Wabur 和Al Fransawi路上这一段街市上出售的）。它的起点在海滨路旁边，就在26th of July立交桥下。

Souq Bab Al Luq（见68页地图；Midan Falaki, Downtown；⏲7:00~19:00）大型社区室内市场，经营农产品和肉，周围的店铺出售干货。

文化中心

荷兰学院 艺术中心

（Netherlands-Flemish Institute, NVIC；见102页地图；☎2738-2520；www.nvic.leidenuniv.nl；1 Sharia Mahmoud Azmy, Zamalek；⏲9月至次年5月每周有电影和演讲）这个不错的文化中心会在周日晚上放映电影（19:30），影片从荷兰艺术片到埃及年轻导演的新片（均有英文字幕）均有，每周四还有演讲（18:00），通常是英文，还会定期举办展览。

意大利文化中心 艺术中心

（Istituto Italiano Di Cultura；见102页地图；☎2735-8791；www.iiccairo.esteri.it；3 Sharia Sheikh Al Marsafy, Zamalek；⏲图书馆 周日、周二和周四 10:00~16:00）这里是开罗最活跃的文化中心之一，举办的活动令人目不暇接，从艺术片放映、演讲（有时是英文）到艺术展，应有尽有，此外这里还有个图书馆。

歌德学院 艺术中心

（Goethe Institut；见68页地图；☎2575-9877；www.goethe.de；5 Sharia AlBustan, Downtown；⏲图书馆 周日至周三 13:00~19:00）这里有关于埃及古物学和其他主题的德语研讨会和演讲，此外还走访音乐团体，组织艺术展览，并放映电影。图书馆内有15,000本藏书（以德文书籍为主）。

购物

面对成堆的廉价纪念品和无数急切推销的商贩，人们真的很难产生在开罗购物的欲望，但不买的话你会错过埃及最美的宝贝，关键是要知道去哪儿逛。

市中心

★**Oum El Dounia** 工艺品

（见68页地图；☎2393-8273；1st fl, 3 Sharia

当地知识

古董路演：开罗版

在布满尘土的仓库和华丽的店铺里，你能找到开罗辉煌时刻的见证。以下几个是最好的去处：

Ahmed El Dabba & Sons（见83页地图；☎02-2590-7823；5 Sikket Al Badistan，Islamic Cairo；⏲周一至周六 10:00~19:00）哈恩哈利利最受尊重的古董商，有路易十五时期的家具、首饰和鼻烟壶。

Amgad Naguib（见68页地图；☎012-8668-0908；紧邻Sharia Mahmoud Bassiouni，Downtown；⏲预约）可预约参观Amgad的宝库，它位于市中心，满是尘土。这里除了有老式太阳镜、电影海报和漂亮的玻璃制品以外，还有许多有趣的故事。

Kerop（见68页地图；116 Mohammed Farid，Downtown；⏲周一至周五 9:00~13:00）在一个好似时空穿越的办公室里能看到原版的开罗老照片。

King Saleh Bazaar（见78页地图；80 Sharia Al Muizz Li Din Allah，Islamic Cairo；⏲周一至周六 10:00~19:00）就在卡拉乌恩伊斯兰学校和陵墓的南边。越仔细淘，越会有惊喜的发现。

Nostalgia（见102页地图；6 Sharia Zakaria Rizk，Zamalek；⏲10:00~18:00）从镶框的阿拉伯平面广告到蜗牛叉，应有尽有。

L' Orientaliste（见68页地图；☎2575 3418；15 Sharia Qasr El Nil，Downtown；⏲10:00~20:00）出售有关埃及和中东的珍贵书籍以及平版印刷品、地图和版画。

Talaat Harb；⏲10:00~21:00）Oum El Dounia地处市中心，位置极佳，出售极有品位而且物超所值的当地产手工艺品，包括玻璃器皿、陶瓷、首饰、艾赫米姆（Akhmim）产的纯棉服装和其他有趣的小装饰品。漫画家Golo制作的带插图的明信片也是一个不错的选择。有一个房间专门出售用法语介绍埃及的图书。

★开罗美国大学书店 书籍

（American University in Cairo Bookshop；见68页地图；☎2797-5929；www.aucpress.com；Sharia Sheikh Rihan；⏲周六至周四 10:00~18:00；Ⓜ Sadat）埃及最好的英文书店，有海量关于开罗、埃及乃至中东广大地区的政治、社会学和历史的资料。此外还有一般性非虚构类图书、大量旅行指南、地图和不少小说。在这里还能找到很多阿拉伯作家的译本。

你需要出示你的护照（或者其他身份证明）才能入内。

Lehnert & Landrock 书籍

（见68页地图；☎2392-7606；www.lehnertandlandrock.net；44 Sharia Sherif；⏲周一至周六 10:00~19:00）这里出售关于开罗和埃及的老地图和图书（有的是二手的），还有漂亮的老式明信片和重印的老照片。

Drinkies 饮品

（见68页地图；☎19930；41 Sharia Talaat Harb；⏲11:00至午夜）现代、漂亮的酒类商店，店家甚至还提供送货服务。小瓶时代啤酒（Stella）的价格为LE12，大瓶Sakara为LE17。这家店在市中心还有一家**分店**（见68页地图；⏲11:00至午夜），位于Sharia Mahmoud Bassouni。

开罗科普特区

Souq Al Fustat 市场

（见74页地图；Sharia Al Anwar，Fustat；⏲10:00~19:00）很遗憾，很多游客到了科普特区后都不来逛逛这座现代化的市场，这里的几家精品店有趣极了——这些店主要售卖埃及的现代手工艺品。其中**Bidouin Handmade**出售独特的贝都因刺绣，**环境保护协会**（Association for the Protection of the Environment）的店铺出售刺绣和用回收材料制成的工艺品。此外Abd El Zaher（见123页）在这里也有一家分店。

扎马雷克和Doqqi

Fair Trade Egypt 工艺品

(见102页地图; ☎2736-5123; 1st fl, 27 Sharia Yehia Ibrahim; ⊙10:00~20:00) 这里销售的手工艺品都产自全国的创收工程，包括贝都因地毯、手织棉布、来自法尤姆（Al Fayoum）的陶器以及来自阿斯旺（Aswan）的串珠首饰。棉布床罩和围巾特别漂亮，价格也非常合理。

L' Oiseau du Nil 礼品、服装

(Asfour El Nil; 见102页地图; ☎2735-1458; 23a Sharia Ismail Mohammed; ⊙周六至周四11:00~22:00) 这里就像一个宝库，有产自埃及的新颖礼品、极好的棉布服装、时髦的包袋和饰品，以及Malaika制作的精美的埃及棉布寝具。

Azza Fahmy 首饰

(见102页地图; ☎010-6664-2365; www.azzafahmy.com; 15c Sharia Dr Taha Hussein, Al Marashly和Taha Hussein交叉路口; ⊙10:00~22:00) 世界知名的现代珠宝商，创作灵感来自伊斯兰文化和法老。Azza Fahmy还组织设计研习班，制作极美的首饰。

Nomad 工艺品

(见102页地图; ☎2736-1917; www.nomadgallery.net; 1st fl, 14 Sharia Saray Al Gezira; ⊙9:00~20:00) 专营首饰、传统贝都因手工艺品和服装，包括贴花桌布和垫子套、产自绿洲的服装、编织的篮子、丝质拖鞋和用料十足的银首饰。要想找到它，经过Egyptian Water Works办公室，来到一层，按门铃。它在Cairo Marriott Hotel还有一家小一点儿的分店（见94页）。

Sami Amin 时装和配饰

(见102页地图; ☎2738-1837; www.sami-amin.com; 15a Sharia Mansour Mohammed; ⊙周一至周六 10:30~22:00) 出售黄铜-珐琅首饰以及各种家居用品，比如用料十足的金属相框和镜框。沿着这条街走到13号，这里有皮包、皮带和其他配饰，许多都刻有部落图案，价格非常便宜。

Diwan 书籍

(见102页地图; ☎2736-2578; www.diwanegypt.com; 159 Sharia 26th of July; ⊙9:00~23:30) 简直令人难以置信：这里有英语、法语和德语书籍，从小说到旅行指南，再到大型画册，应有尽有。这里还有一个儿童区、很多关于埃及的非虚构类书籍、阿拉伯作家的译本和一家小咖啡馆。

Nevin Altmann 服装

(见102页地图; ☎2736-5431; www.nevinalt

当地知识

开罗的手工艺品："去哪儿买"

这些都是选购不同商品的最佳区域。

金银制品 去哈恩哈利利（见77页）西端的黄金区。

西洋双陆棋和水烟杆 Bein Al Qasreen附近的Sharia Al Muizz Li Din Allah（见78页）一带有很多店铺。另有一些出售水烟的商家在祖韦拉门（见84页）的东西两侧。

贴花 在祖韦拉门以南的帐篷工匠市场（见85页）能买到最好的贴花。

地毯 高里清真寺学院（见84页）以南的地毯市场有进口商品，平织的贝都因地毯是唯一的当地款式。

香料 哈恩哈利利的大部分商家带给你的麻烦远大于他们的价值。去Abd Al Rahman Harraz或Midan Falaki周围的店铺试试。

香水 除了哈恩哈利利西南角，还可以去Midan Falaki周围的店铺逛逛。

镶嵌装饰 达布阿玛的工匠在他们的作坊外摆摊。

莫斯基（Muski）玻璃 到处都能买到，但去参观征服门（见81页）北区的吹玻璃作坊很有趣。

mann.com; 3 Sharia Hassan Assem; ⏲10:00~22:00)工艺复杂的刺绣配饰令人爱不释手，有棉布的，也有亚麻的，产自埃及不同地区。漂亮的布娃娃也是极好的礼品。

Al Qahira 家居用品

(见102页地图; ☎011-1313-3932; www.facebook.com/Alqahiragallery; 1st fl, 6 Sharia Bahgat Ali; ⏲正午至21:00)Al Qahira出售精心制作的埃及手工艺品，通常都包含一个特别的元素。还出售Suzanne El Masry设计的光彩夺目的首饰、刺绣饰品、印着电影明星老照片的织物和一些有趣的家居用品。

Wady Craft Shop 手工艺品

(见102页地图; ☎2735-4350; 5 Sharia Michel Lutfallah; ⏲周一、周二、周五 10:00~17:00, 周三、周四、周六 10:00~22:00, 周日 11:00~22:00)这家慈善商店由英国教会经营，出售由难民组织和弱势家庭制作的产品，这里有不少厨房织品和嵌木制品，但最突出的要数传统的木制儿童玩具火车、飞机、卡车和积木金字塔。如果按地址(教堂建筑群的正门)找不到这里，那么记住店门位于Sharia Zakaria Rizk。

Mix & Match 服装

(见102页地图; 11 Sharia Hassan Sabry; ⏲10:00~22:00)这些女装单品有羊毛、丝和纯棉质地，本地设计，制作精美，价格合理，通常带有细微的中东特征。

Nagada 服装、陶瓷

(见100页地图; ☎3748-6663; www.nagada.net; 13 Sharia Refa'a, Doqqi; ⏲10:00~18:30)这家令人愉悦的商店主要出售手工织造、色彩饱和的优质丝绸、棉布和亚麻，论码出售，也出售宽松的男女成衣，还有产自法尤姆的漂亮陶器。

Loft 家居用品

(见102页地图; ☎2736-6931; www.loftegypt.com; 1st fl, 12 Sharia Sayyed Al Bakry; ⏲周一至周六 10:00~22:00)这家店铺位于一栋杂乱无章的公寓内，出售本地产的五花八门的古玩，有小型黄铜烛台、颇具古风的矮沙发，还有在市内时髦餐厅里看到的描花大托盘。

Drinkies 饮品

(见102页地图; ☎19330; 157 Sharia 26th of July; ⏲10:00至午夜)外卖凉啤酒、葡萄酒等各类酒精饮品。

开罗伊斯兰区

Abd Al Rahman Harraz 食品

(☎2512-6349; 1 Midan Bab Al Khalq; ⏲10:00~22:00)创建于1885年，是开罗最享盛誉的香料商之一，它的草药生意也很兴隆(楼上有药师诊断并开处方)。这里没有英文标识，你得在街角找找橱窗里有埃及村庄生活立体模型的那家店。距离祖韦拉门以西大约450米。

Khan Misr Touloun 工艺品

(见90页地图; ☎2365-2227; Midan Ibn Tulun; ⏲周一至周六 10:00~17:00)这家店就在伊本·图伦清真寺对面，有大量手工艺品、木箱、首饰、陶器、木偶和领带，价格合理，值得拥有。

8月假期闭店，有时候是7月。所以如果你夏天来，来之前最好提前给店主打电话，确认是否开门。

Abd El Zaher 文具

(见83页地图; https://abdelzahers.com; 31 Sharia Mohammed Abduh, Islamic Cairo; ⏲9:00~23:00)开罗最后一家仍在经营的装订商，也制作精美的皮革和油纸空白本、相册和日记本。售价中包含金色字母图案设计，相对于复杂的工艺而言，价格低得可怜。装订自己的图书起价大约LE100，需要几天的时间。

Atlas 服装、手工艺品

(见83页地图; ☎2591-8833; Sikket Al Badistan, Islamic Cairo; ⏲周一至周六 10:00~20:00)自从1948年开业以来，Atlas家族专营丝质moiré土耳其长衫和拖鞋。布匹论码出售，你也可以定制服装。

Mahmoud Abd El Ghaffar 时装和配饰

(见83页地图; ☎2589-7443; 73 Sharia Gawhar Al Qaid, Islamic Cairo; ⏲周一至周六 11:00~23:00)城内最好的肚皮舞用品商店之一。入口在紧邻主街的一条短巷的尽头，在楼上能发现真正的好东西。

市中心以外

Citystars Centre 购物中心

(☎2480-0500; www.citystars-heliopolis.com.eg; Sharia Omar Ibn Khattab, Nasr City; ⏲11:00至次日1:00)它是开罗最奢华的购物中心，从星巴克到Zara，各个国际连锁店纷纷入驻。这里还有一个儿童主题公园和一家大型影院。它位于市中心以东大约12公里处。乘坐出租车，并对司机说“Citystars”即可。

实用信息

危险和麻烦

尽管自2011年革命以来轻度犯罪有所增加，但开罗还是一个比较安全的城市，犯罪率还是比较低的。

- 对女性游客来说，性骚扰依然是个令人头痛的问题。
- 扒手和偷包的人并不多见，但有时在哈恩哈利利、地铁和公共汽车等人多的地方也能遇到。
- 塔里广场和Midan Talaat Harb周围有不少托儿，在这两个地方要小心任何接近你的人。
- 如果财物被偷，马上去找旅游警察而非普通警察报警。

旅游骗局

开罗最大的骗局与旅游有关。你最好提前订好行程，不要在开罗安排。一定要找声誉好的旅行社。即使是在你住的酒店也不要轻易预订任何旅游项目，当天往返的短途游除外。不要在市中心随意选择办公室（许多都是幌子），或听从在街上遇到的陌生人的建议去预订旅游项目。

街头骚扰

与媒体报道相反，单身女性在开罗通常是安全的。虽然轻微的骚扰很猖獗，但实际上对女性造成的身体伤害仍然比许多欧洲或西方国家少得多。然而在23:00以后，女性游客在漫步街头时最好结伴出行，无论何时都要尽量避免乘坐最便宜的公交车（因性摩擦而臭名昭著，经常有女乘客投诉），并要努力躲开一大群漫无目的的男人——政治游行以及一切和足球有关的庆祝活动似乎都会激发男性荷尔蒙，也要警惕想要护送你过马路的男人——这是猥亵的好机会。女性打车应该永远坐在后座，如果你想找一位女出租车司机，请致电Nour Gaber（见99页）。

紧急情况

旅游警察局总部（Main Tourist Police Office；见68页地图；☎126, 2395-9116；Sharia Adly, Downtown；⏲9:00~14:00）位于市中心旅游局总部左侧的巷子里，在一座大楼的2层。如果遇到被窃等不太严重的紧急情况，先来这里。

全市各处都有旅游警察局。

旅游警察局（见64页地图；☎126；Midan Al Hussein, Islamic Cairo；⏲9:00~17:00）在哈恩哈利利附近。

旅游警察局（见89页地图；☎126；Citadel；⏲9:00~17:00）在城堡内。

旅游警察局（☎126；Pyramids Rd, Giza；⏲8:00~17:00）位于Mena House Hotel对面。

救护车	☎123
火警	☎180
警察	☎122

医疗服务

开罗许多医院的设备都很陈旧，医务人员漫不经心，但也有个别例外。你的大使馆应该能够为你推荐医生和医院。

As Salam International Hospital（☎2524-0250，紧急情况 19885；www.assih.com；Corniche ElNil, Ma'adi；⏲24小时）

Badran Hospital（见64页地图；☎3337-8823；3 Sharia Al Ahrar, Doqqi；⏲24小时）位于Doqqi，就在十月六日大桥的西北方。

这些药房全都24小时营业，有讲英语的工作人员，并能送药到你下榻的酒店。

Al Ezaby Pharmacy（见102页地图；☎19600；46 Sharia Bahgat Ali, Zamalek；⏲24小时）分店遍布开罗。

Delmar Pharmacy（见68页地图；☎2575-1052；Sharia 26th of July, Downtown；⏲24小时）

Misr Pharmacy（见68页地图；☎19110；44 Sharia Talaat Harb, Downtown；⏲24小时）一家现代药房，在市内有其他分店。这里还有充足的护肤品，其中一些国际品牌在别处很难找到。

New Victoria Pharmacy（见102页地图；☎2735-1628；6 Sharia Brazil, Zamalek；⏲24小时）

现金

酒店的银行网点能兑换现金，但在独立

的货币兑换处兑换，汇率更加优惠，市中心的Sharia Adly和扎马雷克的Sharia 26th of July路一带有几个货币兑换处，营业时间是周六到周四的10:00~20:00。自动柜员机数量很多，开罗伊斯兰区除外——此处最方便取款的自动柜员机在哈恩哈利利El Hussein酒店的下面。

厕所

在开罗很难找到公共厕所，但多数大型博物馆和遗址的公厕设施还说得过去。你可以去像Gad这样的快餐店方便，那里的厕所通常都有一个服务员，需要给LE2小费。在哈恩哈利利，就去Khan El Khalili Restaurant & Mahfouz Coffee Shop（见115页）。

旅游信息

旅游总局（Main Tourist Office；见68页地图；☎2391-3454；5 Sharia Adly, Downtown；⏲9:00~18:00）

游客信息中心（Ramses Train Station, Midan Ramses, Downtown；⏲9:00~19:00）位于火车站内，是最有帮助的信息中心。

游客信息中心（☎3383-8823；Pyramids Rd, Giza；⏲8:30~17:00）位于Mena House Hotel对面，在金字塔主入口前。

延长签证

所有的签证相关事宜（延长签证与多次入境批准）都在**Mogamma**（护照办事处；见68页地图；Mogamma Bldg, Midan Tahrir；⏲周六至周三8:00~13:30）办理。

若要延长签证，去二楼，然后右转。从走廊里办公桌前的警察那里拿一份表格，填好后将表格交还给这位警察让他签字。然后将表格（连同两份护照照片和两份护照签证页与信息页的复印件）带去12号窗口。再去43号窗口盖戳，之后将所有东西交到12号窗口。第二天去38号窗口领取护照即可。

要将单次入境签证转换为多次入境签证（LE61），你需要去位于大厅对面的窗口，窗口处有指示牌。

如果你的酒店位于吉萨(包括Doqqi)，办理签证延期或多次入境等事宜需要前往**Agouza护照办事处**(见102页地图；☎3338-4226；El Shorta Tower, Sharia Nawal；⏲周六至周三 8:00~13:30)。从警察局的侧门进去，然后前往3楼的4号窗口。

ℹ 到达和离开

飞机

开罗国际机场（见502页）位于市中心东北20公里处，所有航站楼到达大厅都有自动柜员机。

1号航站楼 用于服务大多数国际航空公司。该航站楼有3栋建筑，彼此相望，但只有1号和3号到达大厅接收商业航班。

3号航站楼 这里是埃及航空公司的国际和国内航班枢纽，并为其他星空联盟的国际航空公司提供服务。该航站楼位于1号航站楼以南2公里处。

2号航站楼 这里在经过漫长的翻新后，如今部分重新开放，现在为多家国际航空公司提供服务，未来还将有更多航空公司的航班在这里起降。

有摆渡车（每30分钟一班）往返于各个航站楼之间。

长途汽车

长途汽车总站

长途汽车总站**Cairo Gateway**（Turgoman Garage；Sharia Al Gisr, Bulaq；Ⓜ Orabi）位于Orabi地铁站以西400米处，你也可以花LE5左右，从Tahrir或Sharia Talaat Harb路乘坐出租车过去。

不同的公司和目的地有不同的售票窗口。

East Delta Travel Co（☎2419-8533；Cairo Gateway, Sharia Al Gisr, Bulaq）去往苏伊士和西奈，右边的**Super Jet**（☎02-3572-5032, 2290-9017；Cairo Gateway, Sharia Al Gisr, Bulaq）前往赫尔加达（Hurghada）、卢克索（Luxor）和沙姆沙伊赫（Sharm El Sheikh）。

West & Mid Delta Bus Co（☎2432-0049；http://westmidbus-eg.com；Cairo Gateway, Sharia Al Gisr, Bulaq）去往亚历山大、马特鲁港（Marsa Matruh）和锡瓦（Siwa），左边的**Upper Egypt Travel Co**（☎2576-0261；Cairo Gateway, Sharia Al Gisr, Bulaq）去往西部沙漠绿洲和卢克索（注意：去亚历山大和卢克索，乘坐火车更方便）。

大部分车票建议预订，尤其是夏季去西奈、亚历山大和马特鲁港这样的热门目的地。

学生乘车没有折扣。

此外，还有开往以色列和约旦的长途汽车。

由于安全问题，外国游客不允许走开罗与塔巴（Taba）的直达路线，也就是横跨西奈半岛中部的那条路。如果你计划前往塔巴或努韦巴（Nuweiba），必须走路途更长的南西奈海滨路，途经图尔（Al Tor）到达沙姆沙伊赫和宰海卜

(Dahab),到了那里再转乘努韦巴至塔巴的长途汽车。

也就是说,截至我们调研时,East Delta Travel Co不会对外国人出售开罗到塔巴的直达车票。如果想知道这一现状是否有所改观,可以询问长途汽车总站的售票亭。

Go Bus汽车站

Go Bus(见100页地图;☎19567;www.gobus-eg.com;Midan Abdel Moniem Riad,Downtown)会有车辆定期发往亚历山大、宰海卜、艾尔古纳、赫尔加达、卢克索、阿莱姆港(Marsa Alam)、马特鲁港、基纳(Qena)和沙姆沙伊赫。车票乃至车上的具体座位都能在线预订。

Go Bus的服务等级令人困惑,价格较高的"精英"(Elite)车提供更宽敞的座位,有无线网和免费零食。"豪华"(Deluxe)车与Super Jet和East Delta的汽车差不多,但Go Bus比较快(特别是在西奈线),因为在经过大多数安全检查站的时候,他们挥挥手就被放行了。

以下为票价:

宰海卜 经济/豪华/精英LE145/175/330

赫尔加达 经济/豪华/精英LE115/140/275

沙姆沙伊赫 经济/豪华/精英LE125/140/275

汽车的发车点/到达点位于Midan Abdel Moniem Riad的Tahrir办事处(位于埃及博物馆后面,Ramses Hilton对面)。

Abbassiyya长途汽车总站

从塔巴发来的长途汽车(外国人不能乘坐),以及偶尔从圣凯瑟琳(St Katherine)发来的汽车会将**Abbassiyya长途汽车总站**(Abbassiyya Bus Terminal,Sinai Station;见64页地图;Sharia Ramses,Abbassiyya;Ⓜ Abbassiyya)作为终点站,车站位于拉美西斯火车站东北方向4公里处,可在附近乘坐地铁到市中心。

从CAIRO GATEWAY出发的长途汽车

目的地	公司	价格	时间	班次
亚历山大	West & Mid Delta	LE55	3小时	5:00至次日12:05每小时一班
哈里杰绿洲	Upper Egypt Travel	LE150	8~10小时	21:30和22:30
古赛尔	Upper Egypt Travel	LE120	10小时	13:30、18:30和23:00
拜哈里耶(拜维提)	Upper Egypt Travel	LE100	4~5小时	7:30和18:00
宰海卜	East Delta	LE140	9小时	8:00、13:30、19:30和23:00
达赫莱	Upper Egypt Travel	LE120	8~10小时	7:30和18:00
费拉菲拉	Upper Egypt Travel	LE120	8~10小时	7:30和18:00
赫尔加达	Super Jet	LE120	6小时	7:30、12:30和23:00
	Upper Egypt Travel	LE120	6~7小时	13:30、18:30和午夜
伊斯梅利亚	East Delta	LE25	4小时	6:30~19:30每小时一班
卢克索	Super Jet	LE150	11小时	13:30、17:30和23:30
	Upper Egypt Travel	LE150	11小时	9:00
马特鲁港	West & Mid Delta	LE105	5小时	6:30至午夜共15班车
塞得港	East Delta	LE40	4小时	6:30~21:30每小时一班
沙姆沙伊赫	East Delta	LE120	7小时	6:30、8:00、13:30、16:30、19:30、23:00和次日1:00
	Super Jet	LE125	7小时	7:30、13:15、18:15和23:30
锡瓦	West & Mid Delta	LE150	11小时	周六、周一和周四23:45
圣凯瑟琳	East Delta	LE90	7小时	11:00
苏伊士	East Delta	LE25	2小时	6:30~19:30每小时一班
塔巴和努韦巴	East Delta	LE110	8小时	9:30和12:45(游客不可以搭乘这条线路)

从开罗出发的主要列车

下表中的票价是带空调的一等座的价格，除非另有说明。

目的地	价格	时间	班次
亚历山大（直达）	LE70~100	2.5小时	8:00、9:00、11:00、14:00、15:00、18:00、19:00和22:30
亚历山大（经停）	LE50	3~3.5小时	6:00、8:10、10:00、正午、13:00、14:20、15:10、16:00、17:10、20:15和21:00
伊斯梅利亚	LE25（二等座）	3小时	6:15、13:45、14:40、17:45和19:50
卢克索/阿斯旺（西班牙列车）	LE109/135	10.5/14小时	正午、19:00、20:00和22:00
卢克索/阿斯旺（专列）	LE200/240	10.5/14小时	8:00、10:00、17:30、21:00和23:00
卢克索/阿斯旺（Watania卧铺）	2/1床位车厢US$80/110	9.5/13小时	84次列车：20:00（只从吉萨出发）；86次列车：20:15（拉美西斯）和20:30（吉萨）
马特鲁港（Watania卧铺）	US$43	7小时	6月中旬至9月中旬周六、周一、周三23:30
塞得港	LE30（二等座）	4小时	6:15、13:45和19:50
坦塔	LE30~45	1~1.5小时	6:00、8:10、10:00、11:00、正午、13:00、14:20、15:10、16:00、17:10、18:00、20:15、21:00和22:30
宰加济格	LE15（二等座）	1.5小时	5:15、6:15、13:00、13:45、15:40、19:50和22:00

Abboud长途汽车总站

Abboud长途汽车总站（Abboud Bus Terminal; Khazindar; Sharia Al Tir' a Al Boulaqia, Shubra; Ⓜ Mezallat）位于拉美西斯火车站以北5公里处，有开往三角洲和奈特伦洼地（Wadi Natrun）的长途汽车。从Mezallat地铁站向东走大约800米即达。

小巴和拼车

在拉美西斯火车站和Midan Ulali之间的街区有小巴前往大多数目的地，包括**亚历山大港**、三角洲地区目的地和**苏伊士**（见72页地图），你也可以拼车（servees）前往。

要前往法尤姆和西部的绿洲，就去位于吉萨Sharia El Nil路的Moneib，它在环路立交桥的下面（乘坐出租车或从Sakkiat Mekki地铁站向东步行800米即达）。吉萨的Midan Al Remaya广场离金字塔不远，也是去往法尤姆和三角洲西部城镇的起点，可在吉萨地铁站乘坐小巴前往。

火车

开往亚历山大、上埃及和三角洲主要城镇的列车最高效、最舒适。

而开往小城镇的列车只适合铁路迷，它们不仅特别慢，而且脏乱不堪。

拉美西斯火车站是开罗最重要的火车站。这里有行李寄存处、邮局、自动柜员机和能提供英文服务的游客信息中心（见125页），很有帮助。

仅次于它的火车站包括：**吉萨站**（Mahattat Giza; Pyramids Rd, Giza; Ⓜ Giza），所有去往上埃及的列车都会经停这里；紧挨着同名地铁站的**吉萨郊区站**（Giza Suburban），开往法尤姆的列车从此发车；在城市东北部的**Ain Shams**站，开往苏伊士的列车从这里发车。

如需乘坐带空调的一等车或二等车，可访问埃及国家铁路的官网（https://enr.gov.eg），在官网可了解时刻表，购买亚历山大至阿斯旺主干线列车的票。在拉美西斯火车站购买车票需要找到你要去的目的地所对应的售票窗口，还得知道具体时间和列车车次。去**游客信息中心**（见125页）确认，那里的工作人员会将你的优先选择用阿拉伯语写下来，方便你买票的时候拿给售票员看。

去亚历山大

有两个级别的火车，专列经停的站比西班牙

Ramses Station 拉美西斯火车站

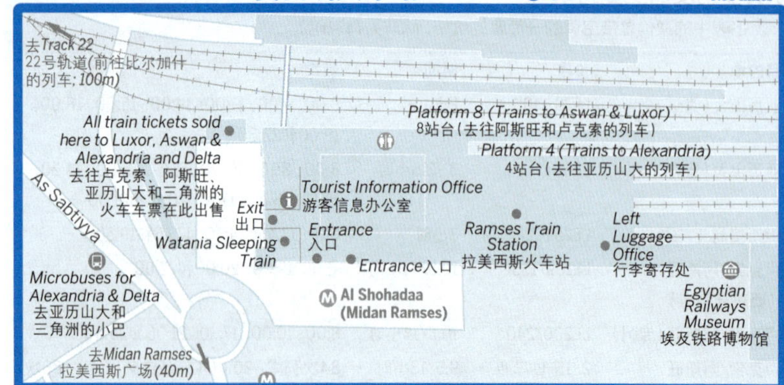

列车少。

这两种列车的一等车（ula）车厢都比较宽敞，有指定座位，通常盥洗室也更干净。

去卢克索和阿斯旺

游客前往卢克索和阿斯旺基本上都乘坐私营的卧铺列车，但是现在已经允许游客搭乘所有普通列车了。这些列车的票价便宜不少，只有座位，早晚均有，如果遇到一个不想卖给你票的接待人员，你可以直接上车找售票员买票，但要支付少许额外费用，也可以提前上网订票。

有两种不同类型的硬座车（西班牙列车和贵一些的专列），两种都有一等座和二等座，并且有空调。尽管票价不同，但两种列车在旅行时间上没有差别，因此你可以依照自己喜欢的出发时间来选择列车。专列的车厢更新，座位稍大。车上按说应该提供无线网，但实际上并没有。早上8点出发可以看到最美的风景。

去卢克索和阿斯旺的Watania卧铺车

去往卢克索和阿斯旺的过夜卧铺车由一家私人公司Watania（见508页）运营。你可以在拉美西斯火车站的售票处买票，接受信用卡（额外收费）以及欧元、美元或埃及镑现金，也可以在吉萨火车站买票（入口右边的活动房就是售票处）或是在线订票。

可在当天18:00以前订票，但在旺季（10月至次年4月）要提前几天订票。

去马特鲁港

Watania（见508页）运营的一趟列车夏季每周3班开往地中海沿岸。

去苏伊士运河区域

这条线上的列车经常晚点，乘坐长途汽车效率更高。如果你决心乘坐火车，前往伊斯梅利亚是最佳选择。

当地交通

抵离机场

接机服务

若想顺畅抵达，可以通过酒店安排机场接机服务，或通过**Cairo Airport Travel**（☎19970；www.cairoshuttlebus.com；1号和3号航站楼，开罗国际机场；⊙24小时）从网上预先安排接机服务。1号航站楼、1号到港大厅和3号航站楼设有办事处（无论你身在机场何处，他们都可以接你），每辆车收费LE220。

公共汽车

如果有人告诉你没有去市中心的公共汽车，千万别信。400路或500路**空调大巴**（LE2.5，每件大行李加收LE2，1~2小时）每20分钟一班，往返于开罗市中心的Midan Abdel Moniem Riad广场（在埃及博物馆后面）和机场的汽车站之间。400路公交车24小时运营，而500路的末班车在22:00。请注意，这些公共汽车很拥挤，不是特别舒适。在我们上次来时，也有人说会有更现代、舒适的公交车往返市中心和机场（费用为LE5），但具体从何时开始运营还不清楚。

有免费的摆渡车往返于机场航站楼和机场汽车站之间。在1号航站楼的1号到港大厅，机场巴士停在停车场第一道，出门往右一点儿即是。在1号航站楼的3号到港大厅，出门后左转——摆渡车停在外道，就在通往机场商店的人行天桥下。机场巴士站台在公交大厦对面，从加油站右转即是。在3号航站楼，出门右转，巴士停在外道的最远端。机场巴士从这里直接开进公交车终点站。

出租车

有计价器的出租车在开罗机场很少见（就算你找到了，司机也不肯打表），所以你需要和聚集在出口附近的一大群出租车司机讨价还价，大多数司机到市中心收费LE120，但不少人会从LE150报价。最好在开始讲价之前假装转身离开，这是一种压低价格的策略。要对讲好的价钱反复确认，因为现在有种令人气愤的趋势，出租车司机开始同意你说的价格，后来又要高价。从市中心去机场，很容易就能打到有计价器的出租车，要进入机场地面你必须加付LE5。

在到港大厅，还有“豪华轿车”的接机服务，去市中心的价格为LE175~200。

在清晨车比较少的时候，去开罗市中心只需20分钟；但在一天中交通比较繁忙的时段，则需要一个多小时。

公共汽车

为开罗地面公共交通网络服务的，基本上都是挤得像沙丁鱼罐头一样的大型公共汽车和体积略小的小型公共汽车（理论上，小型公共汽车上的乘客都必须就座），对游客来说，它们基本上没用。不过如果不赶时间，乘坐公交车去金字塔或离开机场也是不错的选择，而且价格便宜。但如果是去其他地方，乘坐地铁或出租车更快、更舒适。站牌上只有阿拉伯语，所以你必须知道代表线路的数字。目前还没有城市公交线路图。上车后找售票员买票，票价为LE1.5~2.5，具体视距离和是否有空调（白色的CTA大车有空调，薄荷绿的公交车有时也有空调）而定。从市中心到郊区的线路于2017年开始采用了更新、更舒适的空调车（LE5）。

埃及博物馆后面的**Midan Abdel Moniem Riad**（见68页地图）和阿塔巴广场是主要的公交枢纽。

小汽车

我们不推荐在开罗开车，这不会是一次令人愉快的经历，而且还会给本就十分拥堵的街道增加压力。开罗的车辆从不按线行驶，除非有警察现场执法，否则司机也很少使用转向灯，信号灯也是形同虚设。晚上，有的司机专门用大灯晃对面驶来的车辆。

但开罗的司机也有自己的道路规则：他们互相张望，彼此提防，而且对在别的地方可能引起路怒的驾驶行为比较容忍。只有新手才容易出错——就像外国游客，很可能会不知所措。

地铁

地铁（www.cairometro.gov.eg）高效、便宜，而且除高峰时段（7:00~9:00和15:00~18:00）之外，都不太挤。既然开罗的地面交通不太方便，你可以依靠地铁出行，这样既节省时间，又能缓解地面交通的压力。

地铁站的标识是一个蓝色的星里有一个大大的红色“M”。无论坐到哪站，票价都是LE2；拿好车票，出地铁时要塞入车票（更多时候是塞给旋转门的工作人员）才能通过旋转门。地铁列车大约5分钟一趟，从6:00一直运营至23:30。

每趟列车的中部两节是女士专用车厢。在站台上找到蓝色的“女士”标识，然后站在那里候车。

地铁线

1号线 长43公里，绵延于尼罗河东岸，途经市中心、开罗科普特区和Ma' adi。

有用的地铁站

Ataba 去市中心很方便。

Bab Al Shaaria 离开罗伊斯兰区最近，在北侧。

Opera 在开罗歌剧院旁边，离扎马雷克最近。

Giza 紧挨着吉萨火车站，对要乘坐公共汽车去金字塔的人来说非常方便。

Mar Girgis 在开罗科普特区的中部。

Mohammed Naguib 紧邻阿卜丁宫。

Al Shohadaa 在拉美西斯广场和拉美西斯火车站的下方。

Nasser 位于Sharia 26th of July和Sharia Ramses，离市中心夜生活地区最近。

Sadat 在塔里广场的下方，离埃及博物馆很近。

El Qâhira(Cairo) Metro 开罗地铁

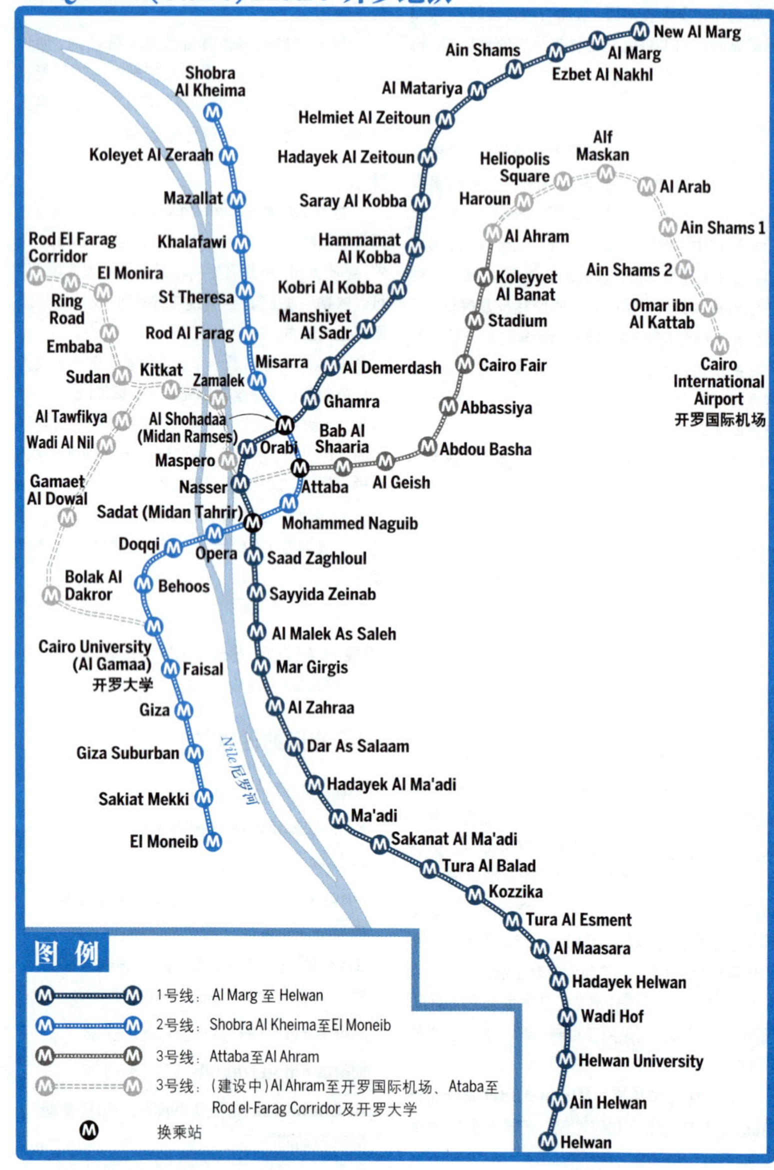

2号线 穿越至西岸，经过市中心，沿途横穿杰济拉。

3号线 期盼已久的3号线已经部分开通，从市中心的Ataba到赫利奥波利斯的Al Ahram站，最终会连通西边的机场，并途经扎马雷克向东至因巴拜（Imbaba）。

小巴

私人小巴（meekrobas）是一种小型客车，大约有12个座位，开罗人将其作为公共交通工具。由于车上不标注目的地，所以一开始让人摸不着头脑。但对主要线路来说，它们非常有用。你可以乘坐长途小巴从吉萨地铁站到金字塔主入口和Midan Al Remaya广场，从阿塔巴广场到Sharia Sayyida Aisha以前往城堡，还可以到**侯赛因广场**（见83页地图）前往开罗伊斯兰区。

当地人使用特定的手势向路过的小巴表明他们要去的目的地；如果有空座，小巴就会停车。票价从LE2到LE5不等，具体视距离而定，上车就座后付款。钱通常要靠前面的乘客传递，找零也是如此（人们总是小心翼翼的）。

水上巴士

水上巴士虽然实用性有限，但很适合观光；它从靠近市中心的海滨路（Corniche）出发，终点站是**吉萨**（见100页地图），途经动物园和开罗大学。市中心的总站在Maspero，位于Ramses Hilton以北250米处，后面有一座圆形的电视大楼。船每隔15分钟一班，全程30分钟，票价LE1.5。

出租车

除了下午的高峰时段，打车还是很容易的，只要你轻轻一挥手，马上就会有一辆车紧急刹住停在你面前。若是在街头叫出租车，现在崭新的白色出租车——带计价器，有时还有空调——使开罗的整个出租车行业大有改观。黑白相间、不带计价器的老款出租车仍在运营，虽然它们的价格可能便宜一些，但舒适度差，再加上几乎不可避免的讨价还价，还是让人觉得不值得。

出租车费起价LE2.5，每公里加收LE1.25，等候收费LE0.25。给司机10%左右的小费他们会很高兴的，最好准备小面值的钱，因为司机通常都缺零钱。有人提到会有计价器被调快或司机声称计价器坏了的情况。如果遇到这样的情况，下车另打一辆出租车就是了——多数出租车司机都是守法的，不会给你添麻烦。

有时候为了赚取额外费用，出租车司机会搭载多名乘客，尽管这不是标准做法。这通常会让整个旅途更绕。当你看到出租车里已经有其他乘客的时候，尽管招手吧。

长时间租车，每小时租金为LE30~40，具体要看你的讲价技巧了，通常一整天的费用为LE350~400。

也可以预订女出租车司机Nour Gaber（见99页），价格优惠，而且司机能讲英语。

如果你不想在街上叫出租车，也可以使用优步和总部在中东地区的公司Careem（www.careem.com/cairo）的服务，它们都在开罗运营出租车。

吉萨金字塔（GIZA PYRAMIDS）

严格地说，开罗在尼罗河西岸的部分都是吉萨，但这个名字却和距离尼罗河9公里、地处沙漠边缘的金字塔有千丝万缕的联系。时间紧张的游客可以考虑绕开这里，直接去开罗，但会错过许多乐趣。用一天的时间来这里郊游可能是比较理想的选择。Sharia Al Haram路（Pyramids Rd）直接通向景点，Nazlet As Samaan村在金字塔脚下，Pyramids Rd路以南。

景点

这是古代世界唯一留存的奇迹，在近4000年里，**吉萨金字塔**（见54页3D导览图；成人/学生 LE120/60；⏲8:00~16:00）那独特的形状、完美的几何结构和庞大的身躯不禁让人们产生这样的疑问：它是怎样建成的，为什么要建金字塔？经过几个世纪的研究，部分答案已经浮出水面：金字塔是法老下令、由数以万计的强壮工人修建的巨大陵墓。如今，这些威严的金字塔就像是在对古埃及的权力、组织力与成就的致敬。

吉萨高原（Giza Plateau）正在进行的挖掘工作便足以支持这一结论，再加上人们发现了金字塔建造者的聚居地，以及大规模的食物生产区域和医疗设施，更是提供了越来越多的证据，证明这些工人并非好莱坞传说中的奴隶，而是一支由埃及农民组成的劳动大军。在洪水泛滥的季节，尼罗河淹没了他们的土地，于是这些农民受组织严密的官僚机构的调配去修建法老的陵墓。这样，金字塔几乎可以被看作一项古老的创造就业的计划。洪水也为人们向工地运送建筑石材提供了便利。尽管有证据支持，但一些人还是不相信古埃及人能够取得这样的成就。所谓的金字塔学家指出，精确到毫米的雕刻和石块的安放以及建筑维度的命理学意义都证明了金字塔是天使或外星人建造的。也许你会笑话这些不着边际的想法，但当你近距离地，尤其是在内部观察这些遗迹时，你就能够理解为什么如此多的人相信这些令人敬畏的建筑源自超自然的力量了。大多数游客都会直奔那四个最著名的景点：**胡夫金字塔**、**哈夫拉金字**

Giza Plateau 吉萨高原

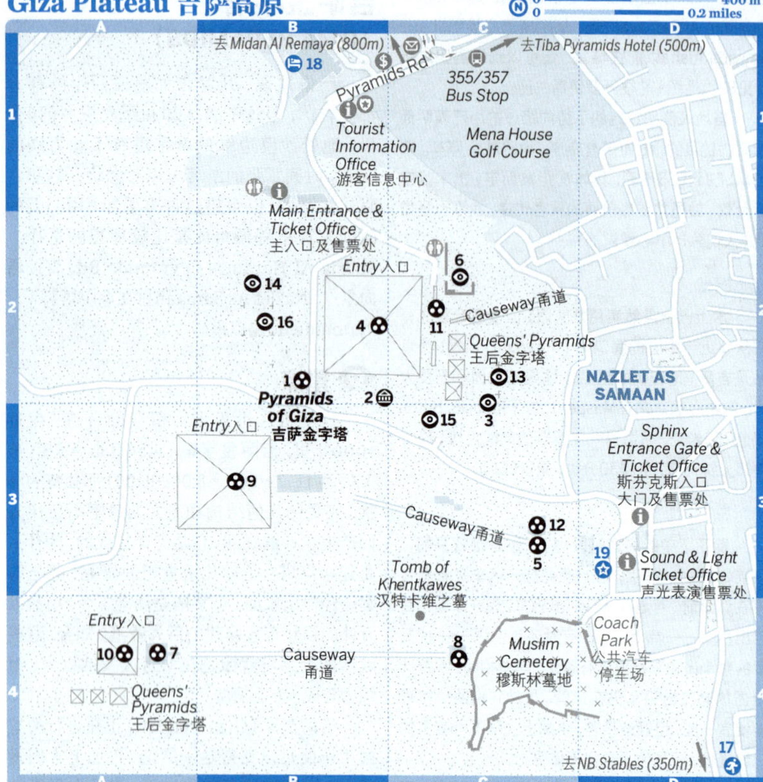

Giza Plateau 吉萨高原

重要景点

1 吉萨金字塔 B2

景点

2 太阳船博物馆 B2
3 东陵 C2
4 胡夫金字塔 B2
5 哈夫拉山谷神庙 C3
6 法鲁克国王别墅 C2
7 孟卡拉陵庙 A4
8 孟卡拉山谷神庙 C4
9 哈夫拉金字塔 B3
10 孟卡拉金字塔 A4
11 太阳船坑 C2
12 斯芬克斯 C3
13 Tomb of Meresankh III C2
14 Tomb of Senegemib-Inti B2
15 Tomb of Seshemnufer Ⅳ C3
16 西陵 B2

活动、课程和团队游

17 FB Stables D4

住宿

18 Mena House Hotel B1

就餐

Khan Al Khalili .... （见18）
Moghul Room .... （见18）

娱乐

19 声光表演 D3

塔、孟卡拉金字塔和狮身人面像。但对那些想要进一步探索的人来说，金字塔周围的沙漠高原上到处都是墓地、寺庙遗址和稍小的卫星金字塔。

胡夫金字塔　考古遗址

（Great Pyramid of Khufu, Great Pyramid of Cheops; 内部 成人/学生 LE300/150; ⏲8:00至正午和13:00~16:00）胡夫金字塔是吉萨最古老的金字塔，也是埃及最大的金字塔，它高146米，于公元前2570年建成。经过近4600年的风化，它的高度减少了9米。

金字塔的内部没什么可看的，但在这座古老的建筑中攀爬本身就是一次令人难忘的经历——但是对稍有幽闭恐惧症倾向的旅行者来说，这是不可能完成的任务。它非常陡，所以上了年纪和身体不好的人也不适合攀爬。

首先通过入口左侧简陋的阶梯爬上金字塔的表面。如果带着相机的话，将它交给保安，然后屈身进入塔内。在隧道内的某一处，沿一条通道向下来到基岩内的一个长约100米、深30米、未完工的墓室（通常是关闭的）。从此沿另一条高1.3米、宽1米的通道向上攀登大约40米来到大甬道（Great Gallery），这是一个令人印象深刻的狭窄空间，47米长，8.5米高。在大甬道的起点，有一条水平的小通道一直通向所谓的王后墓室（Queen's Chamber）。

在从大甬道向上攀爬的时候，留意天花板上叠放精确的石块。在10米长的国王墓室里，墙壁是用红色的花岗岩建造的。天花板由9块巨大的花岗岩组成，总重量超过400吨。在这些石板的上方还有4块由缝隙隔开的巨石，用来分散墓室所承受的巨大的重量。多亏了现代的通风系统（安装在两个古老的小通风井内），你在凝视着头顶这些巨石的时候才不至于感到窒息。

金字塔的东面是一个来自另一时代的遗址：法鲁克国王别墅（King Farouk's Rest House），这是一座华丽的新法老式建筑，1946年由Mustafa Fahmy建造。如今这里凌乱不堪，但从毗邻的院子里能看到迷人的城市风光。在2017年年中，政府宣布已经将这里的修复工作提上议程。

沿着金字塔的东面有三座20多米高的小建筑，类似碎石堆。这就是王后金字塔（Queens' Pyramids），即胡夫妻子和姐妹的陵墓。你可以进入内部参观，但里面非常潮湿。注意金字塔之间的太阳船船坑，那里曾经停放着巨大的殡葬用船。

西陵（Western Cemetery）　墓地

这些私人墓地隐藏在石道旁边的山中，在金字塔周围呈整齐的网格状分布，一直以来只有几座墓地对公众开放。在西陵北端，Tomb of Senegemib-Inti有一些有趣的铭文，上面还刻有一只面目狰狞、肌肉发达的河马。

东陵（Eastern Cemetery）　墓地

这座陵墓位于王后金字塔的东侧，沿着一些建筑的底部，你仍然能够看到十分光滑的石灰石。为了刺激旅游业，修建于第4王朝的Tomb of Meresankh Ⅲ（成人/学生 LE50/25）在关闭了25年后再次开放。墓内的浅浮雕表现了人们的日常生活，描绘了农业、手工艺人以及墓主Meresankh的家庭，与金字塔简单朴素的内部形成了鲜明的对比。

南侧的Tomb of Seshemnufer Ⅳ几乎始终开放。进入由圆柱支撑的入口，你就能看到门厅墙上雕刻着鹿的图案，下面有一个墓室，你可以爬进去看看。

太阳船博物馆　博物馆

（Cheops Boat Museum; 成人/学生 LE80/40, 照相机 LE50; ⏲9:00~16:00）迷人的太阳船博物馆就在胡夫金字塔（见本页）的南侧，馆内只有一件藏品：胡夫五艘太阳船中的一艘，就埋在他的金字塔附近，1954年出土。这艘古老的大木船令人惊艳，它大概是现存最古老的船了，人们将1200块黎巴嫩雪松仔细地重新拼在一起，并将它保存在这座恒湿恒温的博物馆里，免受大自然的侵蚀。游客进入博物馆时必须穿鞋套，以防将污染物带入博物馆。

人们在胡夫金字塔附近发现了五个大坑，坑内曾经停放着法老的太阳船。据推测，当时人们将法老的木乃伊放在太阳船上，经尼罗河运至山谷神庙，再从那里通过大甬道送入墓室。之后这些船被埋在金字塔周围，好将法老送往另一个世界。

除了这艘船被保存在博物馆里之外，其他四艘船在被发现后又重新被埋了起来。

哈夫拉金字塔 考古遗址

（Pyramid of Khafre, Pyramid of Chephren；成人/学生 LE60/30；⏲8:00~16:00）第二大金字塔哈夫拉金字塔看起来比胡夫金字塔（见133页）还大。它的高度虽然只有136米，不及胡夫金字塔，但它所在的地势较高，其塔尖仍然保持着原来闪亮的石灰岩壳。最初三座金字塔的表面都有这样光滑的白色石头，在阳光的照耀下熠熠生辉。后来，这些外壳被剥去，用来修建宫殿和寺庙，使内核较软的石头暴露在外，受到大自然的侵蚀。

与胡夫金字塔相比，它的墓室和通道没那么复杂，但幽闭的空间也会让人产生不适。从入口向下进入一条通道，随后来到墓室，那里仍然停放着哈夫拉巨大的花岗岩石棺。在我们调研之际，金字塔的内部是关闭的；它通常与孟卡拉金字塔轮流开放。

金字塔的实用信息

入口和门票

主要**入口**在Pyramids Rd（Sharia Al Haram）的尽头，如果你是乘坐旅游巴士来的，也许能从Nazlet As Samaan村狮身人面像下面的门进入。

参观**太阳船博物馆**、**Tomb of Meresankh Ⅲ**和金字塔的内部需要额外买票。**胡夫金字塔**（见133页）总是对外开放的，另外两座金字塔轮流（大约每年一次）开放。只有在主要入口的售票处才能购买参观金字塔内部和Tomb of Meresankh Ⅲ的门票。两座小一点儿的金字塔全天售票。在高峰期，胡夫金字塔的门票（夏季每日300张，冬季每日500张）分两批出售，分别在早上和13:00。冬季，你可能需要排队，尤其是在周三和周四，那时有从红海来的旅游团。不过如今，来埃及观光的游客有所减少，所以门票通常全天有售，无须排队。如果你离开景点去购买其他门票，和保安说明情况，回来的时候就不会有麻烦。

景点内允许携带照相机（给钱即可），包括博物馆，但不能带进金字塔和墓室。金字塔入口处的保安会替你看管照相机，需支付LE5左右的小费；付小费的话，有时也能在墓室内拍照。

设施和食物

在主要入口的售票处旁边有干净的、维护良好的**卫生间**（向服务员支付LE2左右的小费）。在平原上，太阳船博物馆内有不错的卫生间，胡夫金字塔附近的一个拖车式活动房屋里也有一些条件稍差的卫生间。狮身人面像脚下有一个不错的卫生间（LE2）。

在我们上次来这里时，狮身人面像脚下的**露天咖啡馆**（饮品LE20，三明治LE25~65）并没有开门。至于食物，这里的价格奇高，侍者在找零的时候很容易"犯糊涂"。花同样的价钱，你可以去附近的必胜客或更好的**Mena House**补充能量，但这意味着你需要徒步走上山回到主要入口的大门。要想吃得便宜，就从狮身人面像的大门沿主路向东北方走一段，穿过Nazlet As Samaan，沿途有各种快餐选择。

马和骆驼

骆驼贩子的兜售让人心生反感，很想不去理会，但三座金字塔之间的距离实在太远了，所以这一服务也是必不可少的。尽管官方价格为每半小时LE50，但正像一位旅游警察所说的，"你要做好讨价还价的准备"，他抱歉地耸耸肩。实际上，少于LE50你哪儿都去不了。最低消费LE20只能让你骑骆驼在附近跑两圈，照个相而已。选择看上去健康的动物；如果他们最后的要价比当初讲好的价高，就找最近的旅游警察，或去Mena House旁边的**旅游警察局**（见124页）投诉。要长距离地骑行，在村庄的马厩租一匹马远比在金字塔景区内的小贩那里租要好得多。

回到外面，在金字塔的东侧是哈夫拉真正的陵庙遗迹，石板铺就的堤道将墓地与尼罗河连接了起来。

孟卡拉金字塔

考古遗址

（Pyramid of Menkaure，Pyramid of Mycerinus；成人/学生 LE60/30；⏲8:00~16:00）62米高（最初高66.5米）的孟卡拉金字塔是三座金字塔中最小的一座，体积大概只有胡夫金字塔（见133页）的十分之一。在金字塔建成之前，法老孟卡拉就去世了，因此底部的花岗岩砌面可能都没有进行抛光。进入内部，你会下到三个不同的平面——最大的一个大得出奇，在这里你可以看一眼主墓。

在金字塔的外面，你能看到**孟卡拉陵庙**（Menkaure's Funerary Temple）的挖掘遗迹，再往东是法老的**山谷神庙**（valley temple）遗迹。南侧又是一组**王后金字塔**。如果你徒步走到这边，就会有牵着马或骆驼的人劝说你深入沙漠，拍摄三座金字塔的全景。如果你去的话，一定要将门票拿在手上，以防返回的时候有警察查票。

哈夫拉山谷神庙（Khafre's Valley Temple）

考古遗址

这座神庙是前往狮身人面像的必经之地，从前它坐落在一个小型人工湖的边缘，一条河道将它与尼罗河连接起来——当初正是利用该河道将建筑材料运至这一地区的，后来信徒们也经由此条河道前往神庙朝拜。这座坚固的建筑有漂亮的粉色花岗岩圆柱和大理石地面。

墙角的粉色花岗岩饰面石材好似拼图一样完美地组合在一起。神庙原来供奉着23尊哈夫拉雕像，光线透过墙壁上方和平屋顶之间的空隙投射进来，照射在雕像上，营造出一种古代版的"情调照明"。这些塑像全都由坚硬的黑色闪长岩雕刻而成，但只有一尊保存完好——如今在埃及博物馆内。

斯芬克斯

考古遗址

（狮身人面像，Sphinx）斯芬克斯的阿拉伯语名字是Abu Al Hol，即恐惧之父的意思，这座长着狮子身体的人像雕塑被古希腊人称为斯芬克斯。在希腊神话中，它是长着翅膀的怪物，守在大路口，杀死回答不出问题的人。地质勘测的结果显示，这尊雕像很可能是由石道底部的基岩雕凿而成的，它建于哈夫拉在位期间，因此也许是按照他的脸型雕刻的。

根据早期阿拉伯旅行者的描述，斯芬克斯的鼻子是在11~15世纪被凿掉的，也有些人认为是拿破仑下令用大炮轰掉的。掉落的胡子有部分在19世纪被探险家带走，目前陈列在英国的大英博物馆内。如今斯芬克斯还面临着一个更大的问题：污染和上升的地下水造成了内部的断裂，对它的修复已经成为日常工作。

关于斯芬克斯的传说和迷信以及被遗忘已久的修建目的就像它的外表一样令人着迷。第一眼看到它，许多游客都和英国剧作家阿兰·本奈特（Alan Bennett）有同样的感受，他在日记里写道，看见斯芬克斯就像遇见了一个活生生的电视名人，它比人们想象中的要小。

Wissa Wassef Art Centre

艺术中心

（☎02-3381-5746；www.wissawassef.com；Saqqara Rd，Harraniyya；⏲周二至周日 10:00~17:00，周一只接待预约游客）**免费** Wissa Wassef Art Centre的工匠们在开放的工作室里工作，他们制作的田园风光的挂毯与众不同，远近闻名。粗糙的仿制品在纪念品商店随处可见；而在这个博物馆里出售和展示的则完全是另一个档次，它们就像是画在羊毛上的油画。这里的陶器和蜡染同样品质不俗。这就像一个圣所，安静而且满目葱翠，尤其是在去过满是尘土的金字塔之后，你更会觉得这里无比清新。

该艺术中心所在的这座漂亮的泥砖综合建筑是其创建者、建筑师Ramses Wissa Wassef的作品，优雅的传统风格为其赢得了阿迦汗奖（Aga Khan）。

要前往艺术中心，可在Pyramids Rd的Maryutia Canal（上方有一座巨大的立交桥）乘坐去往塞加拉的小巴（LE3）或乘坐出租车。大约3.5公里后（驶离立交桥约600米），看到蓝色的"Harraniyya"标识下车。艺术中心在马路西侧，靠近运河。

活动

在金字塔附近唯一可以做而且总是不断

被提起的事，就是在日落时分骑马走沙漠，以雄伟的金字塔为背景，令人难忘。

所有马厩都集中在斯芬克斯大门旁边公共汽车停车场以南的路边。

一个好马厩的收费大约是每人每小时LE150，声誉好的公司都是在骑行结束后才收费的。其他公司可能价格稍微便宜些，但马匹状况通常令人担忧。要额外给向导LE10~15的小费，并带着你的金字塔景点门票，否则进来的时候会被再次收费。月下骑马也是一项受欢迎的活动，但根据新的规定，18:00以后游客不得靠近景点。

NB Stables 骑马

（☎02-3382-0435，012-2746-2565；www.facebook.com/NasserBreeshStables；Nazlet As Samaan；骑马每小时 LE150）开罗的外国居民基本上都认为这是斯芬克斯附近最棒的马厩。这里的老板是Nasser Breesh，他的马匹健壮，指引工作也非常到位。

这里可能会比较难找：顺着紧邻主广场的斯芬克斯海报旁的街走，有马匹聚集的地方就是；或者干脆问Sphinx Club怎么走，因为马厩就在它的后面。

FB Stables 骑马

（☎010-6507-0288；www.fbstablesgiza.co.uk；Sharia Gamal Abdul Nasser，骑马每小时LE150；⌚24小时）这个可供骑马的马厩位于金字塔旁，马匹健康，受到了悉心照顾，值得推荐。

住宿

Tiba Pyramids Hotel 酒店 $

（☎3358-1659；www.tibapyramidshotel.com；33 Pyramids Rd；房间 LE320起；❄📶）虽然品质不够完美，但这家酒店最大的优点是步行即可到达金字塔。由于它位于一个主要的

喧嚣拥挤的金字塔

金字塔景区通常挤满了游客大巴、骆驼和做骑马、骑骆驼生意的商贩，一派热闹的旅游场景。许多游客发现参观金字塔是旅途中最令人筋疲力尽的经历。遗憾的是，只有景区提高管理水平，让附近村庄的村民除了做骑马和骑骆驼生意之外，还有其他收入来源，没完没了的兜售和骗局才可能避免。对游客来说，知道提防什么很有帮助。但是目前，游客少了，摊贩也少了，但渴望赚钱的欲望也更加强烈了。

甚至在你刚离开酒店的时候，就有人开始打你的主意了。有人会向你推销"日出之旅"，但其实只不过是想早早地把你送到马贩子的手里，因为早上8:00以后才能进入景点。途中，在吉萨地铁站有人会走过来和你搭讪，或者在Pyramids Rd堵车的时候，有人会跳上你的出租车，警告你前面封路了，建议你骑马前行（说是封路，其实是在距离景点大约1公里的地方，所有离开的车辆必须向北绕道至Sharia Al Mansouria，所以不要紧张，你很快就会绕回到金字塔的）。如果你在主入口大门的山脚下车，那么当你走到售票处的时候，会有马贩子来告诉你入口换地方了，只有机动车才能从这个入口进去，或为你指一条秘密路线。我们还听说有伪造门票的——一定要自己去售票处窗口买票。

进入旋转门后，警察可能会将你领到一个在此等候的人面前，或有人以官方的口吻向你要票。不要理会他们，他们只是想做你的向导。你只需在进入胡夫金字塔和任何一座对外开放的小一点儿的金字塔的时候，或在进入Tomb of Meresankh Ⅲ的时候，出示你的附加票就可以了（保安应该只拿走半张票，而不是一整张）。保安有时也会在斯芬克斯那里检查你的通票。小墓地的服务员也会向你要票，并试图说服你买一张——出示你的通票即可。

即使了解了所有的一切，也不能阻止小贩靠近你，无论你怎么直截了当、频繁地说"不"，这些家伙都不会停下来——这是他们唯一的工作。所以关键是你自己的心情不要受到影响，微笑着走开就是了。另外，从进入景区开始，游客就被金字塔深深吸引着，而当地人可能已经等着出售纪念品了，记住这点也很有帮助。

交叉路口，因此交通噪声很大。只有那些预算有限、又想专门参观金字塔的游客才会选择住在这里。

Barcelò 酒店 $$

（☎3582-3300；www.barcelo.com；229 Pyramids Rd；房间 €66起；❄📶🏊）这里位置优越，价格合理，既便于参观金字塔，又不必远离城市。吉萨地铁站距此3公里，金字塔距此4公里。它是一家标准的连锁酒店，风格现代，设施齐全，早餐不错，还有一个宜人的屋顶游泳池。

Mena House Hotel 历史酒店 $$$

（☎3377-3222；www.menahousehotel.com；Pyramids Rd；标单/双 US$315/345起；❄📶🏊）这家酒店建于1869年，最初是伊斯梅尔总督的狩猎行辕，其复杂的金饰令人目眩神迷，空气中永远弥漫着茉莉花香。宫殿一侧的房间最豪华，类似于天方夜谭风格，未免有些俗气，但透过窗户就能看到胡夫金字塔。花园一侧的房间是比较典型的现代风格。游泳池大小适中。

就餐

Khan Al Khalili 埃及菜 $$

（Pyramids Rd；Mena House Hotel；主菜 LE73~165；⏲13:00~15:00和19:30~22:00）这家位于Mena House的休闲餐厅拥有正对金字塔的巨大窗户，非常适合在早上看过金字塔后，来吃顿午餐恢复精力。菜单上有不少开胃菜，也有传统主菜，如填馅鸽子、molokhiyya（埃及特色蒜叶汤）和煎尼罗河鲈鱼。

Andrea 埃及菜 $$

（☎010-0353-2000；New Giza Rd，New Giza；主菜 LE35~120；⏲正午至午夜）Andrea长期以来是参观金字塔后的游客们最喜爱的餐厅，如今这里已经搬迁至新吉萨山顶，你可以在那里的花园用餐，俯瞰整座城市。这里的叉烤全鸡和美味的开胃菜很出名，只是如今从金字塔乘出租车来这里稍远（20~30分钟，取决于交通状况）。

Moghul Room 印度菜 $$$

（☎3377-3222；www.menahousehotel.com；Pyramids Rd，Mena House Hotel；主菜 LE70~185；⏲19:30~23:00；🖋）这家由Mena House经营的老字号印度餐馆专营印度烤鸡和温和的北印度咖喱菜肴，还有很多素食菜肴。尽管从市中心到这里有点儿远，但豪华的装饰、可口的食物和锡塔尔琴的现场演奏绝对不会让你失望。菜式称不上完全正宗，但环境漂亮、宜人。

天黑后的金字塔

由斯芬克斯讲述的**声光表演**（☎02-3385-7320；www.soundandlight.com.eg；狮身人面像入口大门；LE150~175；⏲表演 10月至次年4月 19:00和20:00，5月至9月 19:30和20:30）是一场比较过时的表演，不值得你专程去看，但如果你恰好在这一带，看看也不错——金字塔在灯光的照耀下格外壮观。第一场表演（英文，有免费的翻译耳机）无论观众多少，都会准时开始；第二场表演（意大利语、法语、德语或西班牙语）必须至少有五位观众才会开演。

入口和**售票处**位于狮身人面像那侧，演出没有正式的针对学生的折扣，有的读者提到可以通过讲价得到一个小折扣。

到达和离开

前往金字塔最高效的方式是乘坐地铁到吉萨（LE2），再换乘出租车（大约LE20）、小巴（LE5）或公共汽车（LE2.5）。

小巴都聚集在地铁西侧的台阶下（司机们大喊“Haram”），司机会让你在金字塔正门外的交通环岛下车，你只用走到山上的售票处即可。

公共汽车在Pyramids Rd的北侧停车，就在地铁的地下通道西边。乘坐任何一辆去往Midan Al Remaya广场的车，在Sharia Al Mansouria路下车，或寻找**355路**或**357路**，它们的终点站就在Mena House的前面，距离景点入口大约250米。

返回开罗的时候，如果你想乘坐小巴或公共汽车返回吉萨地铁站，最简单的方法是从主入口原路返回，并在入口外的交通环岛拦一辆巴士。出租车司机会想尽办法劝你付固定价格而不是打表，往入口外多走走可能更容易打到车。你也可以从狮身人面像入口附近乘坐突突车前往Pyramids Rd，价格大约为LE3。

埃及博物馆

包括 ➡

埃及博物馆（成人/学生 LE120/60，周日和周四 17:30后 LE180/90，王室木乃伊厅 LE150/75，照相机 LE50；⏲周一至周三 9:00~19:00，周日和周四 至21:00，周五和周六 至16:00；Ⓜ Sadat）内收藏着世界上最重要的古代文物，它傲立于开罗市中心，位于塔里广场的北侧。在这座巨大的浅粉色穹顶建筑内，有伟大的法老随葬品、木乃伊、珠宝、碗，以及一些埃及人的日常用品。走进博物馆，开始一段穿越时空的冒险吧。

博物馆本身的结构在一定程度上具有局限性，因而馆内甚至连一块交互式触摸屏都找不到，许多小件文物都被放置在原来的陈列柜内，自从1902年博物馆开放以来就再也没有移动过。一些展厅灯光昏暗，一到傍晚人们必须眯着眼睛才能看清展品细节和卡片上的内容，只有少数重要展品才有展览卡，上面的文字还是用打字机打出来的，也不是很清楚。

正是以这种方式，埃及博物馆记录了法老时代的历史，以及埃及古物学的历史。由于新发现不断推翻旧理论，所以许多展品的展览卡都已经过时了。迅速增加的藏品打破了博物馆原本合理的布局，例如，图坦卡蒙的巨大宝藏和塔尼斯（Tanis）墓葬都是在开放后出土的，它们不得不被硬塞进博物馆来。如今在大约1.5万平方米的空间里挤着超过10万件文物。

埃及博物馆就像这个国家一样，不断经历着变动。多数文物仍在展览，但有些已经被移至大埃及博物馆。当展室进行翻新时，文物会被暂时存放在馆内的其他地方，通常是隔壁展室。就像现在一样，这座博物馆未来仍将是一个主要景点，展示大量的珍贵杰作，但会更加井井有条。但这里会发生多大变化，大埃及博物馆何时会开放，目前仍是未知。

这给游客参观埃及博物馆带来了一些困难。最有价值的攻略很简单——四处随意走走，欣赏最能吸引你眼球的展品。但这也不容易，因为总有更迷人的展品在下一个展室等着你。我们推荐一些亮点，但请你务必停下来看看其他一些较不为人所知的展品，它们同样出众，也会把法老的世界生动地展现给你。

Egyptian Museum 埃及博物馆

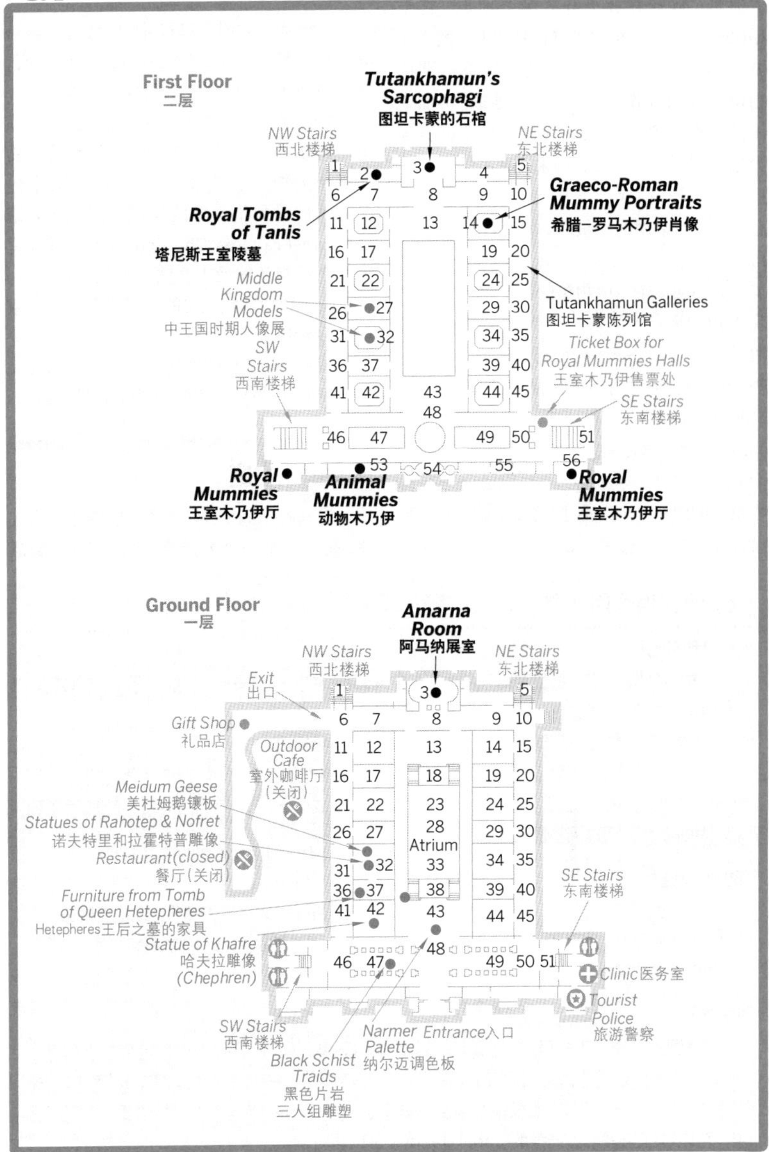

历史

现在的这座博物馆源于埃及人最初对埃及古代遗产进行管理的种种努力，可追溯至1835年，当时埃及统治者穆罕默德·阿里（Mohammed Ali）禁止文物出口。但并不是所有人都遵守这一禁令，1858年，被授权创立埃及古文物部（Egyptian Antiquities Service）的法国考古学家奥古斯特·马里埃特（Auguste Mariette）就忙着将他的发现从塞加拉（Saqqara）运往卢浮宫。

马里埃特越来越多的藏品来自35处考古遗址，辗转存放于开罗多个地点，直至1902年，现在的这座建筑拔地而起，矗立在城市的显著位置。其原本的布局是早期博物馆设计的佳作，但由于疏于维护，再加上埃及古物学领域的不断扩大，它的空间已经无法满足需求了。几十年来，博物馆地下室里的藏品是出了名的杂乱无章，雕塑被人遗忘，陷进不坚固的地板里，需要被重新挖掘出来。

1996年以前，博物馆的保安措施仅限于晚上锁门而已。结果一个大胆的窃贼偷偷溜了进去，待了一夜，轻而易举地偷了很多宝物。博物馆方面这才安装了警报器和探测器，同时改善了馆内展览的照明。在2011年革命期间，博物馆遭暴徒闯入，许多文物不知所踪。为了防止被进一步掠夺，一些积极分子在博物馆周围组成人墙以保护馆藏文物，大多数报告称这个办法行之有效。

一层

进博物馆之前先逛逛花园。你的左侧是**马里埃特墓**（tomb of Auguste Mariette，1821~1881年）和这位考古学家的一尊塑像，他双臂交叉站在一棵枝繁叶茂的大树下。马里埃特墓的上方是一个由20多位埃及古物学杰出人物的半身像组成的**圆弧**，其中包括成功破译象形文字的让-弗朗索瓦·商博良（Jean-François Champollion）、继马里埃特之后担任埃及古文物部部长的Gaston Maspero和19世纪杰出的德国埃及古物学家Karl Lepsius。

博物馆第一层的展品布局从门厅开始，大致是根据时间的前后顺序按顺时针排列的。

展室43：中庭

中庭内摆满了各种大件、小件的考古发现，简直就是一个大杂烩。台阶前的区域展

博物馆实用信息

入口和门票

进**埃及博物馆**就是练习排队的过程：在高峰期，你要等待安检、买票、通过十字转门，然后再次安检。闭馆前一个小时停止售票。

参观**王室木乃伊厅**需要在楼上56号展室附近购买附加票。

当你在主入口购买门票时可以买到摄影票，如果你不买摄影票，就必须将相机存放到别处。领取个人物品的时候最好给一点儿小费（LE1或LE2）。闭馆的时候应该立即回来取包，否则你会发现这间小屋很快就下班锁门了。

时间的选择

游客大巴通常会在10:30和14:00到达博物馆，最好一大早就去参观，或者傍晚去。周五早上更加清静，周日和周四晚上也是如此，这几天博物馆直到21:00才闭馆。晚上，博物馆内的光线非常昏暗，你可以带一个小手电。

导游

花园里有许多正式导游在招揽生意。如果你不是跟团游的话，他们肯定会走上前来，并提出要带你参观博物馆，每小时收费LE100。虽然这其中有比较好的，但许多人对博物馆内的展品也是一知半解。如果你对埃及古物学（Egyptology）非常感兴趣，想要深入了解历史，可以选择值得强烈推荐的Manal Helmy（见101页）。

设施和食物

洗手间在每层南侧楼梯的夹层。虽然有一个牌子上显示不收小费，但最好还是给LE5。大楼西侧的广场有一个简朴的**咖啡馆**，供应冷饮、冰激凌和简单的三明治，但是在我们调研时，这里并没有开门。一定要自备饮用水。你要再次进入博物馆的话只能走前门，多跟保安说点好话。

埃及博物馆的亮点

以下是我们最喜欢的必看展览，要看完这些展览至少需要半天的时间，如果时间充裕一点儿会更好。

图坦卡蒙陈列馆（2楼）所有人的首选，图坦卡蒙国王的珍宝占据了博物馆楼上的大部分空间。趁着人少，先去3号展室看他的石棺。

古王国展室（1楼，展室42、37和32）看过图坦卡蒙陈列馆之后，回到1楼按时间的先后顺序参观。留意肌肉发达的哈夫拉雕像——狮身人面像就是按照他的相貌雕刻的。

阿马纳展室（1楼，展室3）走进这间展室仿佛进入了另一座博物馆——埃赫那吞（Akhenaten）时期的艺术品与前朝的风格迥异，他在位期间迁都阿马纳（Tell Al Amarna）。在这间展室，你还可以看看他的妻子奈菲尔提提（Nefertiti）。

塔尼斯王室陵墓（2楼，展室2）当所有人都呆呆地盯着图坦卡蒙宝藏时，这间展室通常是空荡荡的。那些镶着宝石的黄金饰品出土于尼罗河三角洲最大的城市废墟。

希腊-罗马木乃伊肖像（2楼，展室14）这是木乃伊传统中一段特别的插曲，源于古埃及末期，这些木板肖像被放置在木乃伊的面部上方，栩栩如生，属于现实主义风格。

动物木乃伊（2楼，展室53和54）这个狭长、昏暗的房间隐藏在博物馆内一个奇怪的角落里，收藏了大批古人喜欢的宠物、尊崇的神祇，甚至还有他们的最后一餐。

中王国时期人像展（2楼，展室32和27）当你看腻了黄金和其他王室饰品之后，去这些展室看看古埃及的普通人，他们以微型立体模型的形式呈现，陪伴法老去往另一个世界。

王室木乃伊厅（2楼，展室56和46）午餐前后或邻近闭馆的时候参观这些展室，以避开人群——不到半个小时就能看完，能给你参观的那些超凡脱俗的文物增添一些人文色彩。

出的是最古老的文物。中间的8号陈列柜展示着双面的纳尔迈调色板（Narmer Palette），它是在孔阿玛（Kom Al Ahmar）的荷鲁斯神庙（Temple of Horus）发现的，靠近伊德富（Edfu），具有重要意义。纳尔迈调色板源于第1王朝，正反两面分别描绘了头戴上埃及王冠和下埃及王冠的法老纳尔迈[Pharaoh Narmer，也被称为美尼斯（Menes），约公元前3100年]，象征着上埃及和下埃及在同一位统治者治下的首次统一。埃及古物学家将其视为古埃及文明的起源，以及纳尔迈作为埃及第1王朝开国之君的证明。它是长达3000多年的法老历史的起点，在此期间历经30多个王朝、170多位统治者，这座建筑内的所有藏品几乎都出自这一时期。从这个意义上讲，纳尔迈调色板堪称埃及博物馆的基石。在右边的一个六边形展柜里有一个小陶土头像，它源自公元前4000年，是在埃及发现的最早的人像之一。此外，这里还有许多精致的法老时期之前的文物。

展室48：早王朝时期（Early Dynastic Period）

16号玻璃柜陈列着左赛尔石灰岩雕像（limestone statue of Zoser，Djoser，公元前2667年至公元前2648年），他是第3王朝的法老，其总建筑师伊姆霍特普（Imhotep）设计了赛加拉开创性的阶梯金字塔（Step Pyramid）。这尊雕像于1924年出土于金字塔东北角的serdab（地窖）里，是馆藏同类雕像中最古老的。这尊接近真人大小的坐像虽然失去了最初的镶嵌眼珠，但他身穿紧身袍、头戴巨大的假发和条纹头巾的形象还是给人留下了深刻的印象。

展室47和46：古王国（Old Kingdom）

三人一组的黑色片岩三人组雕塑非常精致，描绘了法老孟卡拉（Mycerinus，公元前

2532年至公元前2503年，吉萨三座金字塔中最小的一座的建造者）被两个女人簇拥着的场景。石头的硬度要求雕刻家具有高超的技艺，同时有助于这些雕塑历经千年还能保存完好。法老的右边是女神哈索尔（Hathor），左边的形象则代表埃及的省（行政区划），人物头上的符号代表省的名字。这些雕塑（另外还有一尊未在本馆收藏）出土于法老的山谷神庙，就在吉萨金字塔的东面。

展室42、37和32：古王国的杰作（Masterpieces of the Old Kingdom）

42号展室的中央放置着博物馆的杰作之一——一尊光滑的黑色**哈夫拉雕像**（statue of Khafre, Chephren，公元前2558年至公元前2532年）。这位吉萨第二大金字塔的建造者高踞于一个狮子宝座上，鹰神荷鲁斯展开双翅保护着他。这尊雕塑是由闪长岩雕刻而成的，它比大理石或花岗岩都硬，象征着法老的权力。事实上，在吉萨平原的山谷神庙中曾有23尊完全相同的哈夫拉雕像，但这尊是唯一幸存下来的。

在哈夫拉的左前方是绝妙的**卡培尔木雕**（wooden statue of Ka-Aper, No 40），其主体结构是由一整块无花果木雕刻而成的（手臂是古时候加上去的，腿则是现代修复的）。对哈索尔女神来说，无花果是神圣的，而卡培尔的肚子则暗示着繁荣富庶。他的眼睛栩栩如生，以铜做眼皮，不透明的石英做眼白，无色水晶做角膜，中间钻孔注入黑色的铅玻璃作为瞳孔，令人赞叹。当这尊雕像于1870年在塞加拉出土的时候，当地工匠称其为Sheikh Al Balad（酋长），因为此雕像酷似他们当地的首领。在你身后，门的左边是一尊**书记员的坐像**（Seated Scribe, No 44），由石灰岩雕刻而成，色彩绚丽，手势就好像是在等待记录，眼睛镶嵌在一张不对称的脸上，看上去表情非常生动。

32号展室内最醒目的展品要属漂亮的**诺夫里特和拉霍特普雕像**（statues of Rahotep and Nofret, No 27），这对贵族夫妇来自第4王朝，其统治者斯尼夫鲁（Sneferu）修建了代赫舒尔（Dahshur）的弯曲金字塔（Bent Pyramid）和红色金字塔（Red Pyramid）。这两尊真人大小的石灰岩雕像漆面完好无损，线条简洁，看起来就像是现代的作品，谁能想到它们竟然出自4600年前呢。

在靠近左侧的一个橱柜中陈列着一组石灰岩雕像，描绘了王室服饰主管**Seneb**和他的家人（No 39）。Seneb是一个著名的侏儒，他盘腿坐着，两个孩子所在的位置巧妙地挡在了他的短腿前方。他身高正常的妻子Senetites亲切地搂着他的肩膀。这组雕像于1926年出土于他们在吉萨的墓地，最近这对幸福的夫妻和他们两个孩子的形象还被用在了埃及计划生育的宣传画上。

这里还有一块**美杜姆鹅镶板**（panel of Meidum geese, No 138），它是一幅极美的壁画的一部分，出土于法尤姆（Al Fayoum）绿洲附近的美杜姆（Meidum）的一处马斯塔巴（mastaba，即坟墓上方的长椅形状软泥砖建筑，后来的金字塔由此演变而来）。虽然这幅壁画绘制于公元前2500年前后，但色彩仍然鲜艳，它属于明显的法老风格，其写实的程度令人惊叹——鸟类学家一眼就能认出所画的物种。

从32号展室进入37号展室，这里有出土于吉萨平原**Hetepheres王后之墓的家具**，包括一把轿式椅子和一个首饰盒，还有床和床帐。墓主人是斯尼夫鲁的妻子、胡夫（Cheops）的母亲。她的木乃伊还没有找到，但其干瘪的内脏保存在她的卡诺匹斯箱（Canopic chest）内。一个玻璃橱柜内陈列着胡夫的微型象牙雕像，出土于阿拜多斯（Abydos）。颇具讽刺意味的是，今天我们只能通过这尊不到8厘米的小雕像一睹胡夫金字塔缔造者的风采了。

展室26：门图霍特普二世（Montuhotep Ⅱ）

离开32号展室之后，在右侧的走廊上能看到一尊**门图霍特普二世**（公元前2055年至公元前2004年，No 136）坐像，他生于底比斯（Theban），是中王国时期的第一位统治者。雕像中的国王皮肤黝黑（象征着肥沃和新生），头戴下埃及的红色王冠。这尊雕像是1900年霍华德·卡特（Howard Carter）在底

"大"埃及博物馆

2002年，时任总统胡斯尼·穆巴拉克举行了隆重的大埃及博物馆（Grand Egyptian Museum，简称GEM；www.gem.gov.eg）奠基典礼，该博物馆是一个目标宏大的计划的核心，以期重新定义吉萨平原。15年过去了，该项目更像是独裁时代的冒进工程，投入了大量资金，但进展缓慢，并且深陷财政困难。在2015年，埃及文物部表示还需要3亿美元才能使博物馆完工，这意味着建造博物馆的预计总成本达到11亿美元。

大埃及博物馆距离胡夫金字塔2公里，计划使用最先进的技术展示埃及文物最精华的部分。但自从2011年革命以来，该项目的命运就前途未卜。陆续有一些文物从老博物馆和其他各遗迹转移到了这里，但没人知道该馆到底会展出什么。官方消息称目前博物馆已完成85%的修建工作，预计在2020年部分开放，2022年全部开放。你可以欣赏一下埃及博物馆内新刷的油漆——这可能是近期在文物展览方面唯一实质性的进展了。

比斯德巴哈里（Deir Al Bahri）法老神庙的前院地下发现的，当时他的马踩塌了地面——令人惊讶的是，这在埃及古物学史上是一种极为常见的发现文物的途径。

展室21和16：斯芬克斯（Sphinxes）

这些灰色花岗岩斯芬克斯与吉萨神秘而雄伟的狮身人面像截然不同——它们看上去更像是《绿野仙踪》里胆小的狮子，每个都长着茂密蓬松的鬃毛和大耳朵，中间是丰满的人脸。这些雕像是在第12王朝时期为法老阿蒙涅姆赫特三世（Amenemhat Ⅲ，公元前1855年至公元前1808 年）雕刻的，它们被希克索斯人（Hyksos）移至阿瓦里斯（Avaris），后来又被拉美西斯二世（Ramses Ⅱ）移至三角洲城市塔尼斯。在16号展室还有一个特别出色的卡（灵魂）木雕，刻画的是第13王朝统治者Hor Auibre的灵魂。

展室12：哈索尔神庙（Hathor Shrine）

这个展室的核心展品是一座完好无损的拱形砂岩圣堂（sandstone chapel），出土于德巴哈里的底比斯神庙附近。它的墙上绘有浮雕，浮雕上刻有图特摩斯三世（Tuthmosis Ⅲ，公元前1479年至公元前1425年）以及他的妻子Meritre和两位公主的形象，他们正在向哺育法老的哈索尔献祭。画面中，实物大小的奶牛用乳汁哺育图特摩斯三世的儿子和继承者阿蒙霍特普二世（Amenhotep Ⅱ，公元前1427年至公元前1400年），他就站在奶牛的下巴底下。

哈特谢普苏特（Hatshepsut，公元前1473年至公元前1458年）是图特摩斯三世继位初期的摄政王，她自己最终也登上王位成为法老。她那真人大小的粉红色花岗岩雕像就在圣堂的右侧。虽然她戴着法老的头饰和一副假胡须，但仍然具有明显的女性特征。在这间展室外的走廊上还有一尊巨大的哈特谢普苏特头像，由石灰岩雕刻而成，被涂成了淡红色，与巨大的奥西里斯（Osiris）雕像一样，曾用来装饰哈特谢普苏特神庙那被柱子支撑的外墙。12号展室的北墙上还有出自同一座神庙的装饰图案，描绘了著名的远征蓬特（Punt）场景，学者们猜测，蓬特可能是今天的索马里或阿拉伯半岛。

展室3：阿马纳展室（Amarna Room）

"异教徒"法老埃赫那吞（Akhenaten，公元前1352年至公元前1336年）不仅在阿马纳建立了一个新首都，并以太阳神阿吞（Aten）取代了传统主神阿蒙（Amun）的地位，还开创了一个伟大的艺术自由的时代，从这间展室的展品中就能看出当时的成就。这里的雕塑都有魁梧的躯干、怪异的球根状腹部、臀部和大腿，以及拉长的面部和厚厚的嘴唇，与在前面展室看到的那些造型优美、轮廓鲜明的中王国时期雕像形成了对比。

这间展室中最引人注目的可能是未完成

的奈菲尔提提头像（No 161，在左侧的壁龛里）。它由褐色的石英岩雕刻而成，头像的主人是埃赫那吞的妻子奈菲尔提提。整个雕像工艺细腻、惟妙惟肖，展现了王后倾国倾城的容貌——完全不同于这间展室里其他奈菲尔提提浮雕所呈现的那种与她丈夫同样奇特的外貌特征。这一时期的杰作——完成了的奈菲尔提提半身像——保存在柏林的新博物馆（Neues Museum）内。

展室10：拉美西斯二世（Ramses Ⅱ）

在东北侧楼梯的底部矗立着一尊巨大的灰色花岗岩拉美西斯二世雕像，拉美西斯二世是拉美西斯二世神庙和阿布·辛拜勒（Abu Simbel）神庙的建造者。但在这尊雕像中，他被温柔地刻画成一个吮着手指的孩子，依偎在一只巨鹰的胸前，这只鹰就是迦南之神荷鲁斯。

展室34：希腊-罗马展室（Graeco-Roman Room）

最好在参观完2层之后再来看最后这几间展室，因为古埃及的故事到这里就结束了。公元前4世纪，埃及已经被多国入侵，最近的一次是马其顿的亚历山大大帝。本展室门口左手边的雕像就证明了这一点：一张典型的希腊人面孔，蓄着蜷曲的胡须和头发，却戴着一个法老式的发饰。

在不远处右手边的墙上，你会看到一块巨大的砂岩镶板，上面刻着3种语言：官方埃及象形文字、比较常用的通俗文字，以及新统治者的语言希腊语。这块刻着3种语言的石头和大名鼎鼎的罗塞塔石碑（Rosetta Stone）性质相同，后者保存在伦敦的大英博物馆内。博物馆入口附近有一块罗塞塔石碑的复制品（展室48）。

二层

这里的展品都是根据主题分类的，可以按任何顺序参观，但如果你是从东南侧的楼梯上楼的话，你会从45号展室进入图坦卡蒙陈列馆，这里的展品大致按照它们在陵墓里的顺序摆放（45号展室外的墙上有一幅介绍陵墓和宝藏的海报，海报中的样子即是出土时的样子），楼梯的正上方是王室木乃伊厅。

展室56和46：王室木乃伊厅（Royal Mummies Halls）

这些展室内停放着埃及第17王朝到第21王朝（公元前1650年至公元前945年）最著名的法老和女王。他们躺在独立的玻璃展柜里（保持22℃恒温），被安置在博物馆两边角落处的房间里，气氛非常肃穆，不允许大声喧哗（但保安总是很大声地对着手机说话）。团队游的导游不允许进入，但有的也进去了。

展出王室遗体曾存在争议。1979年，已故总统安瓦尔·萨达特（Anwar Sadat）出于政治原因，停止展出王室木乃伊，但1994年11具漂亮的木乃伊再次与世人见面，创造了可观的旅游收益，促使博物馆开放了第二间展室，这里的木乃伊虽然地位没那么显赫，但同样是令人感兴趣的名人。王室木乃伊厅的票价很贵，但你在其他任何一个博物馆肯定看不到这么多木乃伊，更别说是近距离观察了。父母们应该小心，木乃伊的样子可能会吓到小孩子。

展室56

花点儿时间研究一下第一展室中的名人吧，从勇敢的底比斯法老塔阿二世（Seqenenre Taa Ⅱ）开始，他死得相当惨烈，据说是在公元前1560年前后第二中间期（Second Intermediate Period）末在重新统一国家的战斗中牺牲的。他卷发下的伤口仍然清晰可见，他那扭曲的胳膊反映了他牺牲时的壮烈。被完美包裹着的Merit Amun王后和阿蒙霍特普一世（Amenhotep Ⅰ，公元前1525年至公元前1504年）木乃伊展示了王室木乃伊本应具有的特征——以花环作为装饰。

图特摩斯二世（公元前1492年至公元前1479年）躺在展室的另一面，旁边是他的妹妹兼妻子——伟大的王后和女法老哈特谢普苏特，12号展室的雕像展现了她的光辉形象，而这里的描述性文字则将她贬低成“长着一口烂牙的肥胖女性”。最后一个展柜里躺着的是他们的儿子图特摩斯三世（公元前1479年至公元前1425年），几百年前他曾遭到盗墓者的严重破坏，但看上去还不算太糟。

展室中央的**拉美西斯二世**保存得完好无损，他神色傲慢，长着家族特有的弯鼻梁，灰发被染成了红褐色，指甲很长。相比之下，他的第13个儿子及继承人**麦伦普塔赫**（Merenptah，公元前1213年至公元前1203年）则由于木乃伊化过程而呈现出特有的苍白面色。**阿蒙霍特普二世**（Amenhotep Ⅱ）被安放在旁边的展柜里，他的木乃伊曾从他在国王谷的陵墓中被偷走，沿尼罗河几经辗转，经历了动荡的一百年，才终于安定下来。**图特摩斯四世**（公元前1400年至公元前1390年）发型精美，也是第一位穿耳洞的法老。**塞提一世**（Seti Ⅰ，公元前1294年至公元前1279年）皮肤光滑、黝黑，下巴棱角分明，保存的完好程度堪与拉美西斯二世相媲美。

展室46

木乃伊第二展室（持同一张票可进入）在建筑的另一边，紧邻47号展室。走廊上的展品展示了一些最著名的木乃伊的发现过程，包括1881年德巴哈里的藏匿处，还展出了长发飘逸的**泰伊王后**（Queen Tiye）的木乃伊。这个展区的许多木乃伊都源自第20和21王朝，新王国末期和第三中间期（Third Intermediate Period，公元前年1186年至公元前945年）的初期。首先经过**拉美西斯三世**（公元前1184年至公元前1153年）和**拉美西斯四世**（公元前1153年至公元前1147年），拐角处**拉美西斯五世**（公元前1147年至公元前1143年）的面部有许多凸起的小斑点，很可能是天花留下的疤痕。展室中央的**Nedjmet**（公元前1070年至公元前946年）头戴一顶夸张的带卷的假发，以黑白相间的石头作为眼睛。她旁边的是**Henettawy王后**的木乃伊，身上裹着画有奥西里斯形象的亚麻布，Henettawy王后的木乃伊是现代修复者的修复作品，她的脸颊因古代木乃伊制作者的过度包裹而爆裂。展出的最后一部分是**Nesikhonsu王后**的木乃伊，王后的面部特征十分生动，而**Maatkare王后**的木乃伊则和其宠物狒狒的木乃伊躺在一起。

图坦卡蒙陈列馆（Tutankhamun Galleries）

新王国时期的年轻法老图坦卡蒙于公

将图坦卡蒙国王送入实验室

虽然法老图坦卡蒙的墓葬已经为我们提供了许多具体的证据，但这位少年国王在某些方面仍然有许多未解之谜。他的死因是什么？他的父母是谁？他的妻子是谁？随着DNA技术的进步，人们对图坦卡蒙和其他几具有可能和其有亲属关系的木乃伊进行了DNA检测，结果于2010年揭晓。

DNA检测确认了占主导优势的理论，即阿蒙霍特普三世和泰伊王后是他的祖父母，继而说明他的父亲几乎可以肯定是“异教徒”法老埃赫那吞。最后，该团队确认了另外一具身份不明的木乃伊是图坦卡蒙的母亲——也是埃赫那吞的妹妹。

研究人员也在寻找先天性疾病的特征。我们在著名的埃赫那吞肖像中看到的是一个兼具两性特征的畸形面部。难道图坦卡蒙和他的父辈都患有一种疾病？事实上，从DNA的检测中并没有看出畸形的迹象，所以埃赫那吞的奇怪外形也许只是一种创作。

但图坦卡蒙很可能受到近亲联姻的影响。和他葬在一起的两具胎儿木乃伊几乎可以肯定是他未出世的女儿。还有一种理论假设，他的妻子是他同父异母的妹妹安克赫娜蒙（Ankhesenamun）。所有这些均表明胎儿可能是因为畸形而胎死腹中的。

最后，在准备对图坦卡蒙木乃伊进行DNA分析时，一项CT扫描结果显示他有畸形足并有一根脚趾骨坏死——这就解释了为什么他死时只有19岁，在他的陵墓中还发现了大量手杖。另外他的疟原虫检测呈阳性，这也可能是他的死因。

谜团正被一个个破解——研究人员还在研究其他的木乃伊，试图更加深入地了解图坦卡蒙复杂的家族历史。

元前14世纪执政（公元前1336年至公元前1327年），在位仅9年，但他的宝藏却是举世闻名的文物。1922年，英国考古学家霍华德·卡特发现了他的陵墓。由于陵墓位于国王谷内一个非常隐秘的位置，上方是规模更加宏大但被洗劫一空的拉美西斯六世的陵墓，所以很长时间以来一直没有被发现。如今许多考古学家相信这些稀世珍宝的80%都是为图坦卡蒙的前任法老埃赫那吞和斯曼赫卡拉（Smenkhkare）制作的——有的珍宝上面原主人的名字仍清晰可见。也许随着图坦卡蒙的离世，一切和阿马纳时期有关的物品最后都匆忙地和他一起被埋葬并遗忘了。

大约有1700件文物分散在博物馆二层的一系列展室中，虽然黄金饰品光彩夺目，但通过那些不那么华丽的物品能够更加深入地了解法老的一生。其中有的展室经过了翻修。

展室45

门口的两侧矗立着两尊真人大小的**图坦卡蒙雕像**，它们是在陵墓前室被发现的。雕像以木料雕刻而成，表面涂有沥青，黑色暗示着地狱判官奥西里斯和肥沃而黝黑的河泥，象征着丰饶和重生。

展室35和30

法老的狮子宝座（No 179）是博物馆的一个亮点。这个木头宝座以狮腿作为支撑，表面贴满金箔，镶嵌着青金石、红玉髓和其他半宝石。椅背的画面色彩艳丽，描绘了安克赫娜蒙在太阳神（阿吞）的照耀下为她的丈夫涂抹香水的场景，对太阳神的崇拜是阿马纳时期保留下来的传统。有证据表明这个宝座被重新改造过，它其实是图坦卡蒙的父亲、前任法老埃赫那吞的宝座，皇袍是用银箔制成的，头发则是用玻璃浆料制作的。

宝座对面的东墙上是**图坦卡蒙假发盒**，它由深色木料制作而成，有蓝色和橘色的条纹镶嵌，盒里面蘑菇形的木支架上曾经放着法老弯曲的短假发。

许多**黄金雕像**被放进了法老的陵墓，帮助他进入另一个世界，包括28个木制涂金的保护神和413个在另一个世界服侍法老的随从shabti（小型人形俑）。此处陈列的只是一小部分。

展室20

这个展室内陈列着精致的**雪花石罐**和**容器**，它们都被雕成了船和动物的形状。有的小动物还伸着逼真的粉色舌头，好像艺术家在炫耀他能赋予一块石头这样的生命力。

展室10和9

这个展室的东端摆放着法老的三把精致**随葬长椅**，它们分别以奶牛女神Mehet-weret、专吃恶魔心脏的“吞噬者”阿米特（Ammit）女神和狮神Mehet为支撑。楼梯顶部附近10号展室的巨大鳄梨木**花束**和橄榄叶，最初被放置在45号展室内两尊黑色和金色的雕像旁。楼梯旁边墙上的截面图显示了陵墓里所有家具的摆放位置。

在9号展室的西端有一个雪花石箱，里面盛放着4个**卡诺匹斯罐**（Canopic jars），盖子被做成了图坦卡蒙头像。罐子里面有4个盛放着法老内脏的小型金棺（现在被放在3号展室）。箱子和4尊镀金女神像一起被放在卡诺匹斯黄金神龛内，这4位女神分别是伊希斯（Isis）、奈斯（Neith）、奈芙蒂斯（Nephthys）和塞勒凯特（Selket），她们全都张开双臂守护着法老。

多数人会经过图坦卡蒙令人惊叹的**衣橱**，它靠南墙摆放。在法老的随葬品中有许多镶嵌着金片和珠饰的奢华上衣、“人造皮草”仪式长袍和大量叠放整齐的内衣以及分趾袜和47双人字拖鞋。图坦卡蒙织物项目（Tutankhamun Textile Project）通过这里的物品以及其他文物计算出了图坦卡蒙的三围：胸围79厘米（31英寸）、腰围74厘米（29英寸）、臀围109厘米（43英寸）。

展室8和7

这些展室勉强摆下4个巨大的**镀金木神龛**，它们像俄罗斯套娃一样，严丝合缝地套叠在一起，中间放置着少年法老的石棺。

展室3

人们都想看这间展室，因为这里存放着法老的金棺和珍宝，高峰期要做好排队的准备。图坦卡蒙那令人叹为观止的**黄金面具**已经成了埃及的符号。它由纯金打造，重达11公斤，罩在木乃伊的头部，被放置在3层石棺内。面具美化了这位年轻法老的面容，以黑曜石和石英做眼睛，眼睛的轮廓和眉毛用青金石勾画。在2015年，由于面具的胡子被展览柜碰断而采取的补救手段仅仅是将其粘回去，导致这个面具登上了各国头条。最终出动了专家，才将之前蹩脚的工程重新修复，并将其恢复到了原本的样子。

里面的两具**金棺**也同样令人赞叹，最外层的灵柩和法老的木乃伊仍然被安放在国王谷的陵墓里。最小的灵柩和面罩一样由纯金打造，以同样技法进行镶嵌装饰，重达110公斤。稍大一点儿的灵柩是镀金木棺。

展室4：古埃及珠宝（Ancient Egyptian Jewellery）

即使看过了图坦卡蒙的宝藏，这里的**王室珍宝**同样会令你感到惊艳，包括腰带、镶嵌珠饰、项链、半宝石和手镯，年代从早期王朝一直到罗马帝国时期。其中最美的一件源自Al Lahun金字塔：**西特哈索尔尤奈特王后的头饰**（diadem of Queen Sit-Hathor-Yunet），这是一件黄金发箍，上面有一条镶嵌着半宝石的立式眼镜蛇。法老雅赫摩斯（Ahmose）的金匕首和塞提二世（Seti Ⅱ）的大金耳环也令人瞩目。

展室2：塔尼斯王室陵墓（Royal Tombs of Tanis）

这些闪闪发光、镶金嵌银的宝物源自第21和22王朝6座完好无损的陵墓，它们是1939年法国人在塔尼斯三角洲遗址发掘出土的，其墓葬之丰堪与图坦卡蒙陵墓相媲美，但当时这一新闻因“二战”的爆发并未被世人所知。**普苏森尼斯一世**（Psusennes Ⅰ，公元前1039年至公元前991年）的黄金面罩描着厚厚的黑色眼线，与其内层银棺以及另外一具属于法老舍顺克二世（Shoshenq Ⅱ，公元前890年）的带有鹰神头像的银棺摆放在一起。

展室14：希腊-罗马木乃伊肖像（Graeco-Roman Mummy Portraits）

这间展室内保存着少量极好的希腊-罗马木乃伊肖像，即著名的**法尤姆肖像**。这些作品画在木板上，通常是在原型活着的时候创作的，置于木乃伊经过防腐处理的面部上。与其他大多数古埃及艺术作品的优雅相比，这些肖像在人物特点的表现方面做得更好，体现了古代艺术与西方肖像画传统的联系。

展室34：法老时期的科技（Pharaonic Technology）

小物件爱好者一定会对这间展室感兴趣，这里有大量促进古埃及从史前时期迅速演变的日常物品。例如一些手工农耕工具，在埃及的一些地方至今仍在使用。还有一些如针线、梳子、骰子，看上去和我们今天所使用的惊人地相似。法老的**回飞镖**很显然是用来打鸟的。

展室43：尤亚和图玉墓（Yuya & Thuyu Tomb）

在图坦卡蒙墓被发现之前，尤亚和图玉（泰伊王后的父母，图坦卡蒙的外曾祖父母）墓是埃及考古领域最重大的发现。1905年它在国王谷被发现的时候几乎是完好无损的，里面有大量珍宝，包括5具装饰华丽的石棺和两具保存得非常完整的木乃伊，他们生前由平民变成了王室的姻亲。在众多展品当中，最引人注目是镀金并镶嵌着珠饰的**图玉面罩**，就在展室的前面。

展室53：动物木乃伊（Animal Mummies）

在古埃及各地，对动物崇拜的现象不断壮大，53号展厅中的猫、狗、鳄鱼、鸟、猴子和胡狼木乃伊就是证明。这间展室隐藏在博物馆昏暗、布满灰尘的一侧，与人类的木乃伊相比，这些动物木乃伊僵硬的形态不免令人毛骨悚然。一些可以食用的动物则被制成了“食物木乃伊”，作为食物被保存起来，经树脂浸泡处理成“烤熟了的焦黄色”，供法老生生世世享用。

展室37：军队模型展

这些军队模型出土于艾斯尤特（Asyut）的行政官Mesheti之墓，可追溯至公元前2000年（第11王朝）前后，共有两组40个木头士兵，呈方形队列。肤色较黑的士兵（No 72）是努比亚弓箭手，来自王国南部，每个士兵都身穿款式各异、色彩鲜艳的短裙；而肤色较浅的士兵（No 73）则是埃及矛兵。

展室32和27：中王国时期人像展（Middle Kingdom Models）

这些栩栩如生的人像大部分都是在麦克特瑞（Meketre）的坟墓里发现的，墓主人是第11王朝底比斯的一位大臣。这些人像生动地展现了4000年前的日常生活，包括造型精致的仆人（主要在第32号展室）和木工，还有渔船、厨房和纺织作坊。在27号展室内有一个麦克特瑞宅邸的模型，包括花园里的无花果树和一幅1.5米宽的场景画面，描绘了麦克特瑞、他的几个儿子、4名书记员以及其他人坐在一起数牛的场景。

开罗郊区和三角洲

包括 ➡

最佳历史景点

- 塞拉比尤姆（见156页）
- 伊姆霍特普博物馆（见152页）
- 弯曲金字塔（见157页）
- 美杜姆金字塔（见163页）
- 塔尼斯（见169页）

最佳另辟蹊径景点

- 马地城（见162页）
- 拉耶恩谷保护区（见161页）
- 卡拉尼斯（见161页）
- 比尔加什骆驼市场（见167页）

为何去

如果你想更深入地了解埃及的文化和历史，首都周边地区有几处有趣的重要遗迹，这些遗迹很少出现在常规的埃及旅行线路中，不过，除了位于城市南部边缘的古代遗址塞加拉之外，这一带基本上没有"必看"的景点。如果你时间充裕，可以好好逛逛这些非热门景点。

你可以参观奈特伦洼地那座有1700多年历史的科普特修道院；也可以花一个早上去比尔加什骆驼市场，感受一下混乱又粗犷的场面。你还能去鲸鱼峡谷，那里是全球最能反映出进化历程的景点之一。除此之外，崩塌的遗迹和巨像也零星地散落在这片区域，随时欢迎你的造访。

这里的每个目的地都可以从开罗一天轻松往返，你也可以选择悠闲的过夜之旅。

何时去

法尤姆城

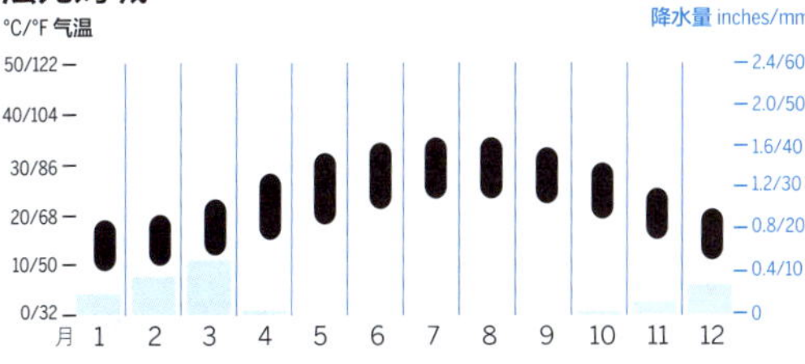

12月至次年2月 此时天气较凉爽，最适合来一日游，参观没有树荫遮蔽的古迹。

6月至8月 开罗夏季的高温让人动弹不得，如果此时拜访，不妨放慢脚步，多多喝水。

10月 坦塔的萨义德·巴达维节（圣人节）吸引着上百万的埃及人。

开罗郊区和三角洲亮点

❶ **塞加拉**（见151页）在这座古王国的金字塔墓穴和精美的陵墓中重返古代。

❷ **代赫舒尔**（见157页）沿着陡峭的台阶深入红色金字塔的内部。

❸ **鲸鱼峡谷**（见162页）在这片橙色的沙漠中，四处散落着鲸鱼化石，你可以在此探索比法老还古老的历史。

❹ **玛卡修道院**（见166页）在修道士的带领下，你可以参观这座修道院内的教堂、僧侣室和堡垒，进一步了解埃及丰富的修道院传统。

❺ **比尔加什骆驼市场**（见167页）沉浸在这个巨大的骆驼市场，感受这里恶臭的混乱氛围。

❻ **塔尼斯**（见169页）戴上你的遮阳帽，到这个巨大的法老时期遗址来，探索其中的古墓和倒塌的雕像。

沙漠地带(DESERT ENVIRONS)

塞加拉、孟菲斯和代赫舒尔（Saqqara, Memphis & Dahshur）

一说起埃及，大部分游客就会联想到吉萨金字塔，其实目前已知的就至少有118座古代金字塔遍布全国各地，而且每隔几年就会发现新的金字塔。其中大部分都分布在吉萨平原和半绿洲城市法尤姆（Al Fayoum）之间的沙漠地带。塞加拉（Saqqara）的左赛尔阶梯金字塔（Step Pyramid of Zoser）以及代赫舒尔（Dahshur）的红色金字塔（Red Pyramid）和弯曲金字塔（Bent Pyramid）都不容错过。上述三座金字塔代表了这种建筑的发展历程。随着胡夫金字塔（Great Pyramid of Khufu；见133页）的建成，金字塔这种建筑形式到达了顶峰。

历史

这些金字塔的故事源于古城孟菲斯，可惜如今这座城市所剩无几。大约在公元前3100年，传奇法老纳尔迈[Pharaoh Narmer，即美尼斯（Menes）]统一了上、下埃及，并在尼罗河三角洲与河谷具有象征意义的交会处建立了孟菲斯。在法老时代的大部分时间里，孟菲斯一直是埃及的首都，但在新王国时期，它作为权力中心的地位被底比斯（Thebes，今天的卢克索）所取代。

孟菲斯最早被称为"Ineb-hedj"，意为"白城"，现代的名字源于"Men-nefer"，意为"成功和美丽"。事实上，当时的孟菲斯城里到处都是宫殿、花园和神庙，是古代世界最伟大的城市之一。公元前5世纪，孟菲斯的巅峰时期早已结束，但在希腊历史学家和旅行家希罗多德（Herodotus）的笔下，它仍然是"繁荣的城市和世界的中心"。甚至在新王国迁都底比斯之后，孟菲斯仍然是埃及第二大城市，并且一直保持着兴旺与繁荣，直到7世纪，随着阿拉伯人的第一次入侵，这座城市最终被废弃。

过去城内到处都是王族的金字塔、私人墓地和神圣动物的大墓地，但几百年来的建筑业采石、一年一度的尼罗河泛滥和贪婪成性的古董寻宝人破坏了这座连强大的波斯人都难以攻破的城市：孟菲斯古城几乎彻底消失了。

古城的地基早已被犁翻，就连造物主之神卜塔（Ptah）那雄伟的神庙都只剩下可怜的残垣断壁，在高水位期间屡屡被水浸泡。如今拉希纳村（Mit Rahina）能够证明孟菲斯昔日雄伟和重要地位的线索已经寥寥无几，人们很难想象它曾经是怎样一个聚居地。孟菲斯唯一保留下来的可靠证据就是分布在古城边缘的墓葬建筑金字塔。

景点

塞加拉

★塞加拉 考古遗址

（Saqqara；成人/学生 LE120/60，停车 LE2；⏲8:00~16:00，斋月期间到15:00）塞加拉是古城孟菲斯的墓地，地处西部沙漠，绵延7公里，是3500多年前一个活跃的大型墓地，目前是埃及最大的考古遗址。这个大型墓地高踞在尼罗河谷的耕种区之上，是死去的法老和他们的家人、官员、将军及神圣动物的最终安息地。塞加拉这个名字最有可能源于孟菲斯的死亡之神索卡尔（Sokar）。

古王国法老葬于塞加拉的11座大金字塔内，而他们的臣民则葬在成百上千的小墓地中。除了阶梯金字塔之外，塞加拉的大部分都被掩埋在沙土中，直到19世纪中叶，伟大的埃及考古学家法国人奥古斯特·马里埃特（Auguste Mariette）发现了塞拉比尤姆（Serapeum；见156页）。从那时起，它经历了一个循序渐进重新被发现的过程：直到1924年，阶梯金字塔巨大的墓葬建筑才展现在世人面前，并一直处于被修复的状态中。法国建筑师让·菲利普·劳尔（Jean-Philippe Lauer）一直在此工作，从1926年开始到2001年逝世，长达75年之久，令人赞叹。最近，人们陆续又有了一些新发现，包括几具木乃伊，甚至还有一座新发现的金字塔。

如果动作迅速，你可以在半天之内看完塞加拉最精华的部分。先快速参观一下伊姆霍特普博物馆（Imhotep Museum；见152页），对这一地区有个大致的了解。然后前往左赛尔的墓葬建筑群，从多柱大厅进入，好好看看世界上最古老的金字塔——左赛尔阶梯金字塔（见本页）。向南走前往乌纳斯砌道（Causeway of Unas），接着开车前往特提金字塔（Pyramid of Teti；见156页），看看它内部著名的金字塔文字，然后去附近看一眼Tomb of Kagemni。最后到达精彩绝伦的陵墓Mastaba of Ti（见156页），以其迷人的描绘日常生活场景的浮雕为行程画上圆满的句号。

★伊姆霍特普博物馆（Imhotep Museum）

博物馆

这座建筑位于遗址的入口，馆内收藏着从塞加拉出土的一些最精美的文物，是埃及最好的小型博物馆之一。这座博物馆是为了纪念建筑设计师伊姆霍特普，他效力于法老左赛尔，创造了古埃及第一座综合性的石头建筑，他还被认为是世界上最早的医生。博物馆的一间展室陈列着他结实的木棺。

博物馆内还陈列着来自左赛尔金字塔内部的绿松石彩瓷以及在乌纳斯金字塔的砌道上发现的饥民雕刻，画面中的人物瘦骨嶙峋、胸部下垂，栩栩如生。除此之外，你还能看到一些漂亮的现实主义头像和雕塑，以及一具脚趾和头部暴露在外的木乃伊——Merrenre一世。他是最古老的完整的王族木乃伊，来自公元前2292年。

博物馆的一个展室重现了让·菲利普·劳尔的藏书室，与其他古代文物交相辉映。这位考古学家将一生中的大部分时间都献给了塞加拉的考古发掘工作。

当地知识

参观“其他金字塔”

看过吉萨金字塔之后，从开罗出发前往塞加拉及其周围的遗址是最热门的一日游线路，要想参加团队游，通过你的住处应该就能安排。如果想要更加自由，包一天的出租车即可。

只要出城就成功了一半，最好选择周五或周六前往，那时交通不那么拥堵。不管怎样都要赶早出发。冬季，白天的气温还能应付，先参观代赫舒尔，因为它距离最远（不堵车的话大约需要1小时），然后中午抵达塞加拉，那时许多旅游巴士已经离开了。但如果天气炎热的话，从塞加拉开始参观可以避开最热的时候，按照你自己的节奏来。

带一份午餐（比如外卖三明治），因为这里没有吃饭的地方。

左赛尔阶梯金字塔（Step Pyramid of Zoser）

金字塔

公元前2650年，法老左赛尔（公元前2667年至公元前2648年）让他的总设计师伊姆霍特普（后来被奉若神明）为他建造一座阶梯金字塔。这是世界上最早的石制金字塔，其重要性无可比拟。阶梯金字塔高60米，周围是一座巨大的墓葬综合建筑，被长达1645米的石灰岩围墙围住。部分围墙保存至今，靠近入口的一段被还原成最初10米的高度。

以前，神庙都是用易腐烂的材料修建的，而王室陵墓通常建在地下，顶部有一个泥砖堆砌的马斯塔巴（mastaba，一种长凳形状的建筑）。而伊姆霍特普将马斯塔巴发展成了一座金字塔，并用大石块建造。埃及后来的建筑成就都源自于此。

从马斯塔巴转化为金字塔经历了6个建筑阶段，对新方法的运用以及掌握移动、放置和加固巨石的技巧给了建设者信心。这座最早的金字塔共有6层，高60米，被精美的白色石灰岩包住。

从东南角经一条柱廊通道和一个宽阔的**多柱大厅**（hypostyle hall）进入综合建筑。通道里的40根圆柱都是“束柱”，看上去就像是一捆棕榈叶或纸莎草茎。墙壁已经被修复，而起到保护作用的天花板则是现代的混凝土结构。走进入口之后，你会经过一个巨大的、半开放式的假卡（ka，意为灵魂）门——注意靠近底部的石头“铰链”。整个综合建筑有14扇这样的门，在此之前使用的都是木门，但这里的门第一次用石头雕刻而成，并通过着色使其看上去像是木头。有了这些门，法老的灵魂就能来去自由了。

多柱大厅一直通到**南院**（Great South Court），这是一块巨大、开阔的场地，在金字塔的南侧，在一段围墙上有一条眼镜蛇雕带（其余的保存在伊姆霍特普博物馆内）。眼镜蛇（蛇形标记）代表女神瓦吉特（Wadjet)，是喷火的毁灭者，同时也是法老的守护神，它还是埃及王室的象征，立式眼镜蛇形象通常出现在法老的头饰或王冠上。

靠近金字塔底部有一个圣坛，在院子的中央是两座D形石头界标，用以界定仪式性赛跑的界线，法老必须跑，以表明他身体健康，足以统治国家。赛跑是登基纪念庆典[Jubilee Festival，赫卜塞德（Heb-Sed）节]的一部分，通常在统治达30年之后举办，表明法老返老还童（象征性的），其至高无上的权力得到全国官员的认可。在左赛尔的墓葬群中修建赫卜塞德（Heb-Sed），是希望他能永葆青春。

金字塔东侧的建筑也和国王登基周年有关，包括**赫卜塞德院**[Heb-Sed Court（Jubilee）]。院子东侧的建筑代表下埃及神殿，而西侧的那些建筑则代表上埃及神殿。所有建筑都是供埃及诸神在登基周年仪式期间见证法老再生时居住的。

赫卜塞德院的北部是**南院厅**（House of the South Court）和**北院厅**（House of the North Court），代表上、下埃及的两大神殿，象征着国家的统一。柱头的装饰则选择了这两个地区的纹章植物：北部的纸莎草和南部的莲花。

南院厅有最早的游客涂鸦。公元前1232年前后，在拉美西斯二世统治的第47年、左赛尔死后近1500年，一位名叫Hadnakhte的国库书记员在游览了孟菲斯西部之后，写下了他对左赛尔的景仰之情。他那用黑色墨水书写的僧侣体字迹就保存在有机玻璃的后面，位于建筑的入口内。

金字塔前的一座石头建筑是地窟（serdab，一间存放死者雕像的小屋，摆放贡品），内有一个略微倾斜的木盒，木盒的北面钻有两个洞。透过洞看向盒内，你会毛骨悚然，仿佛正和左赛尔本人脸对着脸。盒子里面是一尊真人大小的法老雕像，面无表情地看向星空。但这只是一个复制品，原件在开罗的埃及博物馆内。

原来通往阶梯金字塔的入口就在地窟的后面，向下通向迷宫般的地道和墓室，当年工人们在岩石中挖了将近6公里。法老的墓室是用花岗岩建成的，呈拱状，其他地方都以登基周年赛跑的浮雕作为装饰，有一些精致的蓝色瓷砖。尽管金字塔的内部不安全，不对公众

North Saqqara 北塞加拉

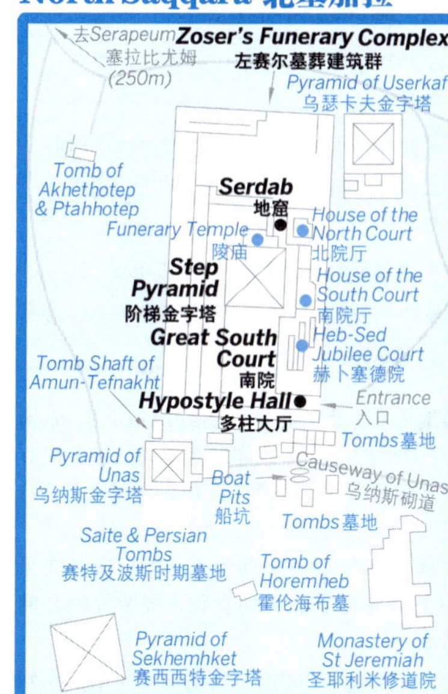

开放，但你可以在遗址入口的伊姆霍特普博物馆内看到部分蓝色瓷砖装饰。

乌瑟卡夫金字塔（Pyramid of Userkaf） 金字塔

阶梯金字塔的东北方是第5王朝的第一位法老乌瑟卡夫的金字塔（出于安全的考虑，不对公众开放）。虽然它的石灰岩外壳已经脱落，只剩下一个碎石堆，但其高度曾经达到49米。而且它的陵庙曾经装饰着最精美的自然主义风格浮雕，从所剩无几的残片（如今保存在埃及博物馆内）上可以判断出浮雕描绘的是鸟儿栖息在水畔的场景。

乌纳斯金字塔（Pyramid of Unas） 金字塔

在左赛尔墓葬建筑的西南方是第5王朝最后一任法老乌纳斯（公元前2375年至公元前2345年）的金字塔，与开创性的阶梯金字塔的修建只差了300年。这座不起眼的松散石堆曾经高43米，它的内部装饰标志着丧葬习俗重大进展的开始。王族墓室第一次有了装饰，它的天花板以星星做点缀，白色的雪花石衬墙上刻着漂亮的蓝色象形文字。

上述象形文字是最早的墓葬铭文，如今被称为**金字塔文字**（Pyramid Texts），后来

塞加拉实用信息

- 阶梯金字塔周围的主要遗址被称为北塞加拉。
- 阶梯金字塔以南大约1公里处的一组遗址被称为南塞加拉，没有正式的门票和开放时间。
- 遗址唯一的洗手间在北塞加拉正门。
- 去售票处查看哪些景点开放——经常发生变化。

被编入《埃及亡灵书》（*Egyptian Book of the Dead*）。塞加拉许多金字塔的墙上都有这种象形文字，它们是保护死者灵魂的"符咒"。在乌纳斯墓中的283个独立短语当中，大部分都是祈祷文和圣歌，还有法老在另一个世界可能需要的食物、服装等物品的清单。

750米长的**砌道**从乌纳斯金字塔的东侧一直通向他的山谷神庙（如今只有几根石柱矗立在通向遗址的路边），最初有顶，并以大量彩绘浮雕作为装饰，其中的一个画面描绘了饥民的形象，被认为是再现了乌纳斯统治时期一场饥荒的场景。部分浮雕被陈列在伊姆霍特普博物馆内。

乌纳斯两个45米长的**船坑**就在砌道的南侧，砌道的另一侧是数不清的**墓地**——200多座已经被发掘。其中乌纳斯的王后Nebet和公主Idut（可能是他的女儿）的墓地保存得比较完好，而且通常对游客开放。此外，这里还有第5和第6王朝几位名臣的彩绘墓地，包括大臣Mehu和歌唱者总管Nefer的墓地。

乌纳斯金字塔以东区域的几座漂亮墓地已经被清理干净。它们虽然没有阶梯金字塔北侧的墓地有名，但一些法老随从的墓地很有趣，包括法老尼塞拉（Nyuserra）的美甲师总管**Niankhkhnum和Khnumhotep之墓**，以及王室理发师总管**Neferherenptah之墓**和王室屠夫总管**Irukaptah之墓**。

乌纳斯金字塔遗址周围是几座**大竖井墓地**，建于后来的赛特时期（Saite，公元前664年至公元前525年）和波斯统治时期（公元前525年至公元前404年）。这些竖井墓地是埃及最深的坟墓，但与其他地方的墓穴一样，也没能逃过盗墓者的洗劫。这些墓地的庞大规模和里面巨大的石棺以及精致复杂的装饰，显示了古埃及晚期的技术成就相较于前期毫不逊色。

圣耶利米修道院（Monastery of St Jeremiah） 遗迹

沿乌纳斯砌道上山，这座一半被掩埋的科普特修道院遗址就在船坑的东南方，它建于5世纪。遗憾的是，这座建筑在950年被入侵的阿拉伯人洗劫，已所剩无几。最近，它的壁画和雕刻被移至开罗的科普特博物馆（Coptic Museum；见73页）。

赛西西特金字塔（Pyramid of Sekhemkhet） 金字塔

考虑到安全因素，这座未完工的金字塔不对公众开放，它的主人是左赛尔的继承人赛西西特（公元前2648年至公元前2640年）。金字塔在圣耶利米修道院废墟以西，二者只有一小段距离。工程不知为何半途而废，当时它雄伟的石灰岩外墙只有3米高，但事实上，当时已在金字塔下的岩石中建成了墓室和南侧墓地深深的竖井。

霍伦海布墓（Tomb of Horemheb） 墓地

这座墓地最初被指定为霍伦海布将军的安息之地，然而公元前1323年，它的主人从法老阿依（Pharaoh Ay）手中夺取了政权。不久，法老霍伦海布（公元前1323年至公元前1295年）就在国王谷（见205页）修建了一座新陵墓。塞加拉的这座墓地从未使用过，但在墓中发现的大量精美浮雕目前正在世界各地展览。

Tomb of Akhethotep & Ptahhotep 墓地

Akhethotep及其子Ptahhotep的联合马斯塔巴有两个墓室、两个礼堂和一个柱厅。Ptahhotep部分的彩绘浮雕格外漂亮，描绘了各种动物，从狮子到刺猬，再到被驯养的牲口和家禽，作为献给死者的贡品。Ptahhotep的画像更是鲜艳夺目，他身穿豹皮长袍，正从一个坛子里嗅香水。

Akhethotep及其子Ptahhotep是第5王朝末期吉德卡雷（Djedkare，公元前2414年至公元前2375年）和乌纳斯统治时期的高官。

The Pyramids of Abu Sir & Saqqara 阿布西尔金字塔群及塞加拉

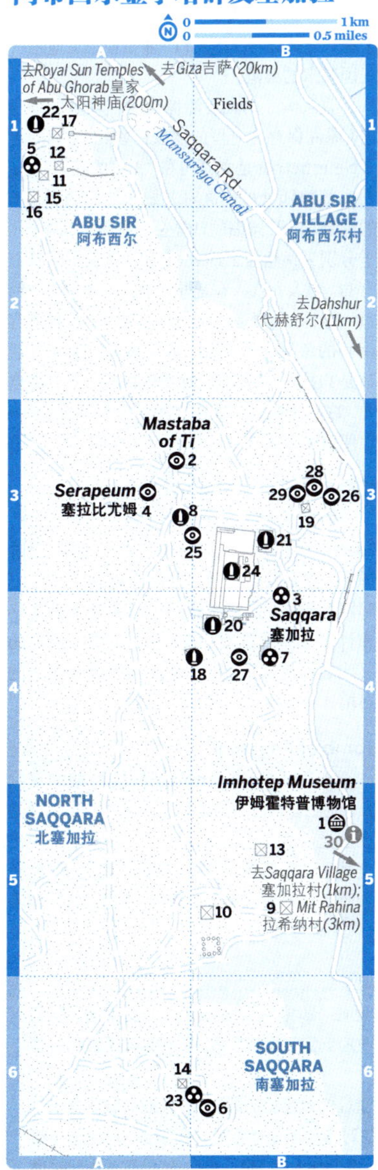

Akhethotep身兼大臣、法官、金字塔城市总管和祭祀总管数职，最终Ptahhotep继承了他的头衔和墓地。

The Pyramids of Abu Sir & Saqqara 阿布西尔金字塔群及塞加拉

重要景点

1 伊姆霍特普博物馆......B5
2 Mastaba of Ti......A3
3 塞加拉......B4
4 塞拉比尤姆......A3

景点

5 阿布西尔......A1
6 Mastaba of Al Faraun......B6
7 圣耶利米修道院......B4
8 哲人群......A3
9 吉德卡雷金字塔......B5
10 麦伦拉金字塔......B5
11 尼夫里尔卡尔金字塔......A1
12 尼塞拉金字塔......A1
13 佩皮一世金字塔......B5
14 佩皮二世金字塔......A6
15 汉特卡维二世王后金字塔......A1
16 兰尼弗雷夫金字塔......A1
17 萨胡拉金字塔......A1
18 赛西西特金字塔......B4
19 特提金字塔......B3
20 乌纳斯金字塔......B4
21 乌瑟卡夫金字塔......B3
22 Abu Ghorab皇家太阳神庙......A1
23 南塞加拉......B6
24 左赛尔阶梯金字塔......B3
25 Tomb of Akhethotep & Ptahhotep......B3
26 Tomb of Ankhmahor......B3
27 霍伦海布墓......B4
28 Tomb of Kagemni......B3
29 Tomb of Mereruka......B3

实用信息

30 阿布西尔金字塔、塞加拉主入口及售票处......B5
阿布西尔金字塔和塞加拉旅游警察......（见30）

哲人群（Philosophers' Circle） 纪念碑

这是一组看上去颇显悲伤的希腊雕像。它是托勒密一世（Ptolemy Ⅰ，公元前323年至公元前283年）修建的一座路边神龛，他在位期间重视文化发展，资助学者从事研究。雕像中的人物有哲学家，也有诗人，他们被排列成半圆形，上面是一个碍眼的水泥篷。从左到右分别是柏拉图（Plato）、赫拉克利特（Heraclitus）、泰勒斯（Thales）、普罗泰戈拉（Protagoras）、荷马（Homer）、赫西俄德（Hesiod）、法勒鲁姆的德米特里（Demetrius of Phalerum）和品达（Pindar）。

★塞拉比尤姆（Serapeum） 墓地

塞拉比尤姆是用来供奉圣牛阿庇斯（Apis）的，也是塞加拉的一个旅游亮点。最早为阿庇斯举行葬礼是在阿蒙霍特普三世（Amenhotep Ⅲ，公元前1390年至公元前1352年）统治时期，这一习俗一直持续到公元前30年。巨大的花岗岩和石灰岩石棺每个重达80吨。牛死后先在孟菲斯被制成木乃伊，然后人们举行盛大的游行，将它送至塞拉比尤姆的地下墓室，并置于一口巨大的石棺中。

人们相信阿庇斯是孟菲斯之神卜塔（Ptah）的化身，是一头被闪电击中的牛犊。阿庇斯牛是到目前为止葬在塞加拉的最重要的动物崇拜偶像。一旦神圣受孕，奶牛之后就再也不能生育了，其牛犊被供奉在孟菲斯的卜塔神庙中接受崇拜。阿庇斯经常被描绘成全身黑色，前额有一颗醒目的白色钻石，背上是一只秃鹫，舌头上有一个圣甲虫形状的印记。

在19世纪中期以前，人们只是通过经典文献了解到圣牛阿庇斯的存在。1851年，奥古斯特·马里埃特在塞加拉发现了一尊半埋于地下的狮身人面像，他根据希腊历史学家斯特拉波（Strabo）在公元前24年的描述，发现了通往塞拉比尤姆的路。可惜只有一具阿庇斯石棺是完好无损的。

★Mastaba of Ti 墓地

1865年，马里埃特发现了Mastaba of Ti。这座宏伟又不失精细的私人墓地不仅是古埃及时期最杰出的艺术作品，也是人们了解埃及古王国生活的主要来源之一。它的主人Ti是第5王朝时期阿布西尔（Abu Sir）金字塔和太阳神庙等工程的监工。事实上，他的墓地质量上乘，与其绰号“富人Ti”非常吻合。这是古王国艺术的典范。

真人大小的死者雕像矗立在坟墓的祭堂内（原件保存在开罗的埃及博物馆）。Ti的妻子Neferhetpes是女祭司和“王室的熟人”。在整座墓地随处可见这对夫妇和他们两个儿子的形象，以及详细的日常生活的场景，两个儿子分别为鸭塘监工Demedj和王室美甲师督查官Ti。男人和女人在地里劳作、准备食物、钓鱼、造船、跳舞、经商、躲避鳄鱼，画面附有闲聊的象形文字对话，毫无疑问，这些对话都是Ti担任王室监工时常说的话——“快点儿，牧人来啦。”“别这么大声。”“付清——太便宜了。”

特提金字塔（Pyramid of Teti） 金字塔

特提金字塔（公元前2345年至公元前2323年）是第6王朝第一位法老的陵墓，呈阶梯状，有石灰岩外壳，但如今只剩下一座不起眼的土堆。内部能看到一部分金字塔文字和许多星星状图案。墓室完好无损，特提的玄武岩石棺保存完好，是最早的刻有铭文的石棺。

Tomb of Kagemni 墓地

胖乎乎的Kagemni是特提时期的审判长，他躺在自己的马斯塔巴坟墓中，就好像是在享受着大地的恩赐，坟墓内的雕带呈现出美妙生动的场景，让人有身临其境之感：鲶鱼和鳗鱼在尼罗河中大量繁殖，奶牛产奶，男人

阶梯金字塔：面临坍塌的危险

1992年的地震导致阶梯金字塔在2006年面临“即将”坍塌的危险。一支英国团队利用巨型“安全气囊”支撑金字塔的天花板，同时政府制定了大修方案。在2011年革命和持续的经济危机后，修复工作已全面停止。

2014年，这项工作被移交给一家毫无考古遗址修复经验的建筑公司。他们做的第一件事就是在金字塔周围建了一堵新墙，就好像是在对待一座现代建筑，这完全不符合国际修复标准，给金字塔增加了更大的压力。Non-Stop Robberies Movement的维权人士已经要求政府雇用一家能够胜任的建筑公司，以防遗址情况进一步恶化。然而政府却答复，担心是没有根据的，这只不过是被解散的穆斯林兄弟会散布的谣言。人类最古老的金字塔的命运令人担忧。

们给小狗喂食，甚至还有蜻蜓和其他昆虫。鳄鱼和河马争斗的场景，以及一排充满活力的舞者和杂技演员的画面尤为生动。

在隔壁Mereruka（成人/学生 LE80/40）的墓地内也能看到同样清晰的场景，而Ankh-mahor的墓地由于损毁严重已经关闭。

南塞加拉

南塞加拉（South Saqqara） 考古遗址

南塞加拉有许多古王国的陵墓、金字塔和碎石堆，吸引着铁杆金字塔迷们。

南塞加拉最远的遗址是与众不同的墓葬建筑Mastaba of Al Faraun，也被称为“法老的长凳”。它是第4王朝最后一位法老、短命的谢普塞斯卡弗（Shepseskaf，公元前2503年至公元前2498年）的陵墓。谢普塞斯卡弗是孟卡拉（Menkaure；吉萨第三大金字塔的建造者）的儿子，但他没能继承父亲的辉煌。整个建筑曾经占地700平方米，谢普塞斯卡弗的长方形墓地是由石灰岩石块建成的，原来外面还有一层漂亮的白色石灰岩，下层是红色的花岗岩。墓地内有一条21米长的走廊向下通往储藏室和一个拱形的墓室。

转身向北，你会经过佩皮二世金字塔（Pyramid of Pepi Ⅱ，公元前2278年至公元前2184年）。这位第6王朝晚期的法老在位94年，可能是埃及历史上统治时间最长的法老了。虽然佩皮长寿，但他52米高的金字塔却和他的前任佩皮一世的那些金字塔一样低调。从外面看上去，它不过是一座碎石堆而已，但内部却以更多的金字塔文字作为装饰。

在南塞加拉还有吉德卡雷（Djedkare）、麦伦拉（Merenre）和佩皮一世的金字塔。被称为“森蒂纳尔金字塔”（Pyramid of the Sentinel）的吉德卡雷金字塔内保存着第5王朝最后一位统治者的遗体，可以从北侧进入。麦伦拉和佩皮一世的金字塔不过是在慢慢坍塌的石堆，而后者的重要意义在于它的名字与“孟菲斯”有关联。

代赫舒尔

代赫舒尔 考古遗址

（Dahshur；成人/学生 LE60/30，停车 LE2；⏲8:00~16:00，斋月期间到15:00）这块3.5公里长的醒目遗址在塞加拉以南大约10公里处，这里矗立着第4王朝和第12王朝的金字塔。原来共有11座金字塔，但只有两座古王国时期的金字塔仍然完好无损。法老斯尼夫鲁（Pharaoh Sneferu，公元前2613年至公元前2589年）是胡夫的父亲，他在这里修建了埃及第一座真正意义上的金字塔——红色金字塔及其早期版本——弯曲金字塔。这两座雄伟的金字塔高度相同，是埃及继吉萨两座最大的金字塔之后并列第三的大金字塔。

这里的金字塔和吉萨的一样壮观，而且更加安静（看不见兜售骑骆驼服务的商贩）。在建造代赫舒尔大墓地之前，斯尼夫鲁还在法尤姆着手建造美杜姆金字塔（Pyramid of Meidum）。目前只有红色金字塔对游客开放。在遗址边缘的一个小门房买票，这里没有其他设施。

★红色金字塔 金字塔

（Red Pyramid，North Pyramid）红色金字塔是世界上第一座真正的金字塔，在质量较好的白色石灰岩外壳脱落之后，里面的石灰岩经风化呈红色，这大概就是它名字的由来了。建筑师从建造变形的弯曲金字塔中吸取经验，并将其运用到红色金字塔的建造当中，采用了弯曲金字塔上部更加平缓的倾斜度，即43°角。穿行于有些黑暗潮湿的金字塔内，你仿佛化身为印第安纳·琼斯，开始了一次冒险经历。

走进入口——沿125级特别陡的石阶向上，再向上，然后向下，再走一段63米长的通道——来到下面的两个前厅，其天花板以承材支撑，高达12米。这里还有一个15米高、以承材支撑的墓室，考古学家在这里发现了人体残骸碎片，也许是斯尼夫鲁本人的。留意寻找英国探险家在19世纪初留下的木炭涂鸦。拿着门票去入口处，给百无聊赖的服务人员准备一点儿小费（baksheesh）。

弯曲金字塔（Bent Pyramid） 金字塔

斯尼夫鲁的建筑师试图建造一座真正的、表面平滑的金字塔，他们开始借鉴了阶梯金字塔的陡峭角度和向内倾斜的石头摆放方式。塔高预计105米，当金字塔建到大约一半的时候，开始出现压力和不稳定的迹象，建筑师们不得不将倾斜角从54°减小至43°，并且开始水平摆放石头。这就解释了为什么它的形状如此独特，以及它名字的由来。

读懂法老场景

在参观神庙和陵墓的时候，能看到无数表现法老的场景：侧身而立，向数不清的神祇呈上千篇一律的贡品，这些场景看多了难免会让人觉得厌倦。但只要你看得再仔细些，就会有意外的发现。

虽然墙上作品中的人物一动不动，但目光敏锐的人能发现不同的细节，从法老犁地，到小女孩互相拉扯头发。在这些最古老的场景中居然出现了一系列现代生活的场景，包括美发、制作香料、修指甲，甚至还有按摩——国库监管人Ptahhotep无疑颇为享受这一切。在塞加拉的其他地方也有类似的身体护理场景，例如，在Ankhmahor墓中，一群男人正享受着美甲和修脚的服务。

"王室理发师和假发制作者总管"这一职位通常由最高级别的官员担任，即使是在最出人意料的地方都能看到美发的场景。不仅仅是Ptahhotep的假发由他的男仆打理，类似的美发场景甚至还出现在棺材上，例如在第11王朝卡维特王后（Queen Kawit）的石灰岩石棺（现存于开罗的埃及博物馆内）上就制作精美假发的场景。

在众多丰富的场景中，位于卢克索西岸的底比斯Rekhmire墓描绘了一场宴会的场面，席间弹竖琴的女子唱道："往玛特女神的头发上涂抹香膏。"在离此不远的德尔麦迪那（Deir Al Medina），工匠Peshedu墓中的族谱用头发来表示年龄的大小：头发苍白者年纪最大。

在古埃及的许多画面中，无论是男人、女人、成人还是儿童都画着黑色的眼妆。除了美学价值之外，它还有减弱刺眼阳光的功效——想象一下古代的太阳镜。就连体力劳动者都化眼妆：在德尔麦迪那的Ipy墓中曾经有一个场景，修建王陵的工人们在劳作的时候都将眼部涂黑。

它的外壳大部分保留了下来，内部（不对游客开放）有两个墓室，其中最高的那间墓室保留了原来的支架，以巨大的雪松梁木制成，用以消除内部的不稳定。南面还有一座小型的附属金字塔，东面是一座小型陵庙的废墟。向东朝耕地的方向走到大约一半的位置，就到了斯尼夫鲁的山谷神庙遗址，那里有一些有趣的浮雕。

黑色金字塔（Black Pyramid） 金字塔

你只能在弯曲金字塔旁边的停车场远远看看这座建筑。这座外形奇特的塔状金字塔由阿蒙涅姆赫特三世（Amenemhat Ⅲ，公元前1855年至公元前1808年）建造，但已完全倒塌。泥砖废墟中的走廊和墓室纵横交错，宛如迷宫一般，这样的设计是为了骗过盗墓者。尽管如此，盗墓贼还是设法进入了墓室，好在他们遗落了许多珍贵的陪葬文物，这些文物最终于1993年被发现。

孟菲斯

拉希纳村 博物馆

（Mit Rahina；成人/学生 LE60/30，停车LE5；⏲8:00~16:00，斋月期间到15:00）这座重要的露天博物馆是唯一保留下来的孟菲斯曾经存在于世的证据，它围绕着一尊躺倒在地的巨型石灰岩**拉美西斯二世雕像**（statue of Ramses Ⅱ）而建。雕像后背着地，正好方便人们细细欣赏雕刻——甚至连法老的乳头都清晰可见。另外一尊与之相仿的雕像原来一直矗立在开罗的拉美西斯广场上，2006年被移至大埃及博物馆工地。

博物馆的其他亮点包括一尊新王国时期的雪花石狮身人面像、两尊最初装饰努比亚神庙的拉美西斯二世雕像和巨大的石床，圣牛阿庇斯被送往塞加拉的塞拉比尤姆之前，就是在这些石床上被制成木乃伊的。

阿布西尔

阿布西尔 考古遗址

（Abu Sir；紧邻Saqqara Rd；成人/学生LE80/40；⏲8:00~16:00）阿布西尔的几座金字塔被沙丘包围，是第5王朝（公元前2494年至公元前2345年）的王室墓地。多数遗址都不如吉萨或塞加拉的壮观，但在这片低调的废墟中享受片刻宁静，沉醉于周围沙漠的宁静和荒凉也是一种幸福。在阿布西尔的4座金字塔当中，萨胡拉（Sahure）金字塔最完整。

遗址有一个正式的门房，但没有固定票价。取而代之的是在附近闲逛的临时导游，他们会带你参观景点，收取小费。

萨胡拉金字塔（Pyramid of Sahure） 金字塔

萨胡拉（公元前2487年至公元前2475年）是第一位葬在阿布西尔的第5王朝法老。他的金字塔原来高50米，现在严重受损。从入口你可以步行穿过一条75米长的走廊，然后猫腰前行2米穿过法老时期的尘土和蛛网到达墓室。萨胡拉的陵庙一定曾是一座雄伟的神庙，有黑色玄武岩地面、红色花岗岩枣椰树圆柱，墙壁以10,000平方米精美绝伦的浮雕作为装饰。

一条235米长的砌道将它与山谷神庙连接起来，后者就在耕地的边缘，临水而建。在晴朗的天气里，从萨胡拉金字塔能够看到远方地平线上散布的其他10座金字塔。

尼塞拉金字塔（Pyramid of Nyuserra） 金字塔

在阿布西尔已完工的金字塔当中，最破败的一座属于尼塞拉（公元前2445年至公元前2421年）。它最初有50多米高，但几千年来因采石被严重破坏。事实上，尼塞拉重新使用了他父亲尼夫里尔卡尔（Neferirkare）的山谷神庙，后来又改变了砌道的方向，从通向他父亲的金字塔改为通向他自己的金字塔。

尼夫里尔卡尔金字塔（Pyramid of Neferirkare） 金字塔

尼夫里尔卡尔（公元前2475年至公元前2455年）是第5王朝的第3位法老，萨胡拉的父亲。他的陵墓最初与塞加拉的阶梯金字塔类似，但原来的外壳早已脱落，我们今天看到的只是它的内核，高度也从最初计划的72米降低至今天的45米。

20世纪初，考古学家在尼夫里尔卡尔的陵庙发现了所谓的阿布西尔莎草纸（Abu Sir Papyri），这是一份重要的古王国时期档案，使用僧侣字体——一种象形文字的简写形式，内容与葬在这里的法老的信仰有关，记录了葬礼的重要细节、神庙设施、祭司的值班表和神庙的账目。

尼夫里尔卡尔金字塔的南侧是损毁严重的汉特卡维二世王后金字塔（Pyramid of Queen Khentkawes Ⅱ）。墓主人是尼夫里尔卡尔的妻子、兰尼弗雷夫（Raneferef）和尼塞拉的母亲。捷克考古学家在附近的王后陵庙发现了另一套莎草纸文献。此外，王后金字塔南边有两座几乎完全损坏的金字塔，可能是尼塞拉王后们的陵墓。

兰尼弗雷夫金字塔 金字塔

（Pyramid of Raneferef, Pyramid of Neferefre）学者们认为兰尼弗雷夫（公元前2448年至公元前2445年）是尼塞拉的前任，统治时间只有4年，他的金字塔没有完工，只是一座马斯塔巴。捷克考古学家在它旁边的泥砖崇拜建筑中发现了雕像的碎片，包括一尊精美的石灰岩小雕像，刻画了兰尼弗雷夫受荷鲁斯（Horus）保护的场景，现在保存在开罗的埃及博物馆内，还有与阿布西尔神庙档案有关的莎草纸残片。

Abu Ghorab皇家太阳神庙（Royal Sun Temples of Abu Ghorab） 纪念地

Abu Ghorab遗址就在阿布西尔金字塔群的西北侧，这里有两座供奉赫利奥波利斯（Heliopolis）太阳神拉（Ra）的神庙，是为法老乌瑟卡夫（Pharaohs Userkaf，公元前2494年至公元前2487年）和尼塞拉修建的，采用了山谷神庙的传统设计，有一条砌道和一个巨大的石头围场。围场内有一座37米高的大型石灰岩方尖碑，矗立在高20米的底座上。

团队游

对有经验的骑手来说，从吉萨骑马或骆驼前往塞加拉比较受欢迎，全程大约需要3小时。

在塞加拉的塞拉比尤姆附近也许也能租到骆驼、马或驴，沿环线前往各景点转一圈价格为LE75～100。从北塞加拉深入沙漠还要加钱。

实用信息

危险和麻烦

一些外围金字塔的守卫在索要小费的时候可能会比较强硬，在阿布西尔这一问题尤其严重。

根据一些读者的反映，在门房闲逛的那些向导会收取高昂的费用，而且不预先付款就不让游客入内。

到达和离开

由于公共交通十分有限，人们通常参加团队游前往这一地区，或从开罗包一辆私人出租车，一天LE350~450，外加在每个景点的停车费。

此外，塞加拉和代赫舒尔众多遗址的位置很分散，最好有辆车，能开车四处转转。

如果意志足够坚定，你也可以乘坐公交车前往塞加拉和拉希纳村，但有一个大麻烦——用这种方式到不了代赫舒尔和阿布西尔。在开罗乘坐小巴或公共汽车沿Pyramids Rd到Maryutia Canal（在环路立交桥下），然后换乘前往塞加拉村的小巴，跟司机说你在“Haram Saqqara”下车。从那里走1.5公里到售票处，也可以乘坐突突车前往，甚至还可以沿着公路直抵拉希纳村。

法尤姆（Al Fayoum）

☎084/人口：300万

这里距离开罗不到2小时路程，一路上，广阔的盐湖加龙湖（Lake Qarun）映入眼帘，丰茂的农田取代了干旱乏味的平原，向日葵在微风中摇曳，高大的枣树投下树荫，水牛就在其间游荡。

这片广阔而肥沃的盆地大约70公里宽、60公里长，通常被称为绿洲，但严格地讲，它的水源并非泉水，而是通过数百条像毛细血管一样的尼罗河运河引来的尼罗河水，许多运河在古代就已经开凿了。这一地区有许多重要的小型考古遗址，比如倒塌的金字塔残骸和广袤的托勒密帝国古城遗迹——这些古城是过去人们朝拜鳄鱼的中心。法尤姆同时还是探索拉耶恩谷（Wadi Rayyan）的沙漠湖和鲸鱼峡谷（Wadi Al Hittan）的大本营，后者那乱石嶙峋的黄沙中埋藏着史前鲸鱼的骨架。

游客主要流连于绿洲的两座城镇。**法尤姆城**拥有50万人口，沿最大的运河而建，和埃及的其他城市一样喧嚣。这里是主要的交通枢纽，能提供人们所需的一切服务，包括酒店。市中心位于贯穿绿洲的主要运河Bahr Yusuf沿线。而处在法尤姆西部边缘的突尼斯村（Tunis）是一个艺术家聚居区，它和附近的加龙湖畔都是比较常规的住宿之选。

值得一游

突尼斯村

这座村庄靠近加龙湖的西南端，高高的石墙上随处可见叶子花，墙后是富有曲线美的哈桑·法赛（Hassan Fathy，埃及最具影响力的现代建筑师）式泥砖建筑。一直以来，突尼斯村是开罗艺术家和知识分子的隐居地，也是一个著名的陶器中心，这里蜿蜒又安静的小巷中有几家独立陶器工作室。这里是个宁静又悠闲的地方，住上几天会很惬意，同时还能作为探索大法尤姆地区的大本营。11月初会举办村子一年一度的陶器和手工艺品节。

景点

法尤姆陶器学校（Fayoum Pottery School；☎084-682-0405；⊙10:00~18:00）这家学校于20世纪70年代由瑞士艺术家Evelyne Porret和Michel Pastore创办，致力于向儿童和成人传授当地的制陶传统技术。它的建筑属于埃及民间风格，和这里销售的学生创作的陶器作品一样迷人。从学校打听去往**Ahmed Abou Zeid**作坊的路线，他也是一位当地著名的制陶工匠。

Fayoum Art Center Residency（☎012-2338-2810；www.facebook.com/fayoumartcenter）该项目由画家Mohamed Abla经营，在天气较凉爽的1月和2月，这里还会举办课程，也有来自世界各地的常驻艺术家。如果想了解未来培训课程的详情，可以给他发邮件。学校内还设有一座**漫画博物馆**（Caricature Museum），馆内陈列着不少有趣的埃及政治漫画，适合休闲游客。

景点

卡拉尼斯 考古遗址

(Karanis; Kom Aushim; 成人/学生 LE60/30; ⏲9:00~16:00)卡拉尼斯古城位于法尤姆城以北25公里处，这片广袤而坍塌的废墟散落在绿洲洼地的边缘、通往开罗的路上。这里是由托勒密二世的雇佣兵在公元前3世纪建立的，曾经是一个泥砖结构的居住区，有数千居民。如今，除了这片沙漠中半截入土的残垣断壁，古城保存下来的遗迹寥寥无几，但有两座**希腊-罗马神庙**(Graeco-Roman temples)保存完好。

其中较大的一座更令人感兴趣，它建于公元前1世纪，用来供奉两位当地的鳄鱼神Pnepheros和Petesouchos。在东门前有一个巨大的正方形容器，其实是圣鳄鱼的游泳池。神庙内墙上的壁龛本来是用来存放鳄鱼木乃伊的，还有一座建筑是神的"住处"。装饰神庙的铭文可以追溯到罗马皇帝尼禄(Nero)、克劳狄乌斯(Claudius)和维斯帕先(Vespasian)统治时期。

前往北神庙的路并不轻松，这里没有太多的建筑，但你能在东面看到一座古老的鸽子塔，与今天点缀法尤姆的那些建筑没有太大区别。在神庙北侧被毁坏的居家区有一个装饰着壁画的浴缸。

废墟内有一座**博物馆**，紧挨着克罗默伯爵(Lord Cromer)从前的体育馆，馆内展出的工艺品风格各异，来自法尤姆周边的遗迹，展品年代横跨古埃及、古希腊—罗马、科普特和伊斯兰时期。就在遗迹区的起点处，还有一个小型的露天"博物馆"，里面的柱子和石像均是从Kiman Faris(古老的鳄鱼城)抢救出来的，那里已被现代都市法尤姆城所吞并。

最好乘坐出租车前往这里，因为景点的路标上只有阿拉伯语，并且写的是其阿拉伯语名字"Kom Aushim"。司机(以及其他法尤姆人)有可能只知道这个名字。

加龙湖(Lake Qarun) 湖泊

加龙湖是开罗人周末纳凉的热门之选，湖畔布满了咖啡馆和婚礼馆。这个位于沙漠边缘的大湖并不是一个大游泳池，但是仅仅欣赏如此美景就会使人神清气爽，你可以租一条手划船泛舟湖上。目前这座湖泊是一个重点鸟类栖息区，冬季向南迁徙期间，成千上万的候鸟在此栖息，包括大量火烈鸟。

在第12王朝法老塞索斯特里斯三世(Sesostris Ⅲ)和他的儿子阿蒙涅姆赫特三世统治之前，现在被称为法尤姆的这一地区全部被加龙湖覆盖。在一次早期的开垦荒地行动中，上述两位法老挖了一系列的运河将加龙湖与尼罗河连接起来，排干了大部分湖水。

在过去的几百年里，为了创造更多的耕地，尼罗河改道，加龙湖的体量因此有所恢复，已经绵延42公里。但是由于目前它比海平面低了45米，湖水的盐度不断增加。值得一提的是，野生动物已经适应了这样的环境，这个自诩为"世界最古老的湖泊"维持着一个独特的生态系统。你在这里很可能会看到种类繁多的鸟，尤其是在秋天，包括成群的火烈鸟、苍鹭、篦鹭和许多种鸭子。

盖斯尔加龙 神庙

(Qasr Qarun; 成人/学生 LE60/30; ⏲8:00~16:00)在加龙湖的西端和盖斯尔加龙村以东，就是古狄奥尼修斯(Dionysias)废墟，它曾经是商队前往西部沙漠绿洲拜哈里耶(Bahariya)的起点。这一古老的聚居区如今保留下来的就只有一座托勒密神庙了，也被称为盖斯尔加龙，建于公元前4世纪，用来供奉长着鳄鱼头的法尤姆之神索贝克(Sobek)。神庙屋顶景色极佳。

拉耶恩谷保护区 国家公园

(Wadi Rayyan Protected Area; LE40, 每辆车加收LE5, ⏲9:00~17:00)拉耶恩谷保护区的瀑布是该地区的主要景点，开罗人周末经常来此野餐。从保护区的大门行驶约20公里，拉耶恩谷瀑布就在道路左侧，这道瀑布是两个湖泊交汇的地方。在湖滨地带有游客中心、洗手间和供应冷饮、小吃的咖啡馆。从那里你可以乘坐大型木船来到湖中央，然后船会靠近瀑布，全程需要1小时，价格为LE50~75。

拉耶恩谷缓坡地区有丰富的野生动物，包括白瞪羚、埃及瞪羚、耳廓狐、非洲狐以及品种罕见的留鸟、候鸟及各种鹰和隼。这片迷人的区域十分值得进一步探索。沿着湖边岔路再走5公里，你就能看到Jabal Al Modawara嶙峋的石壁，它非常易于攀登，也

Medinat Al Fayoum 法尤姆城

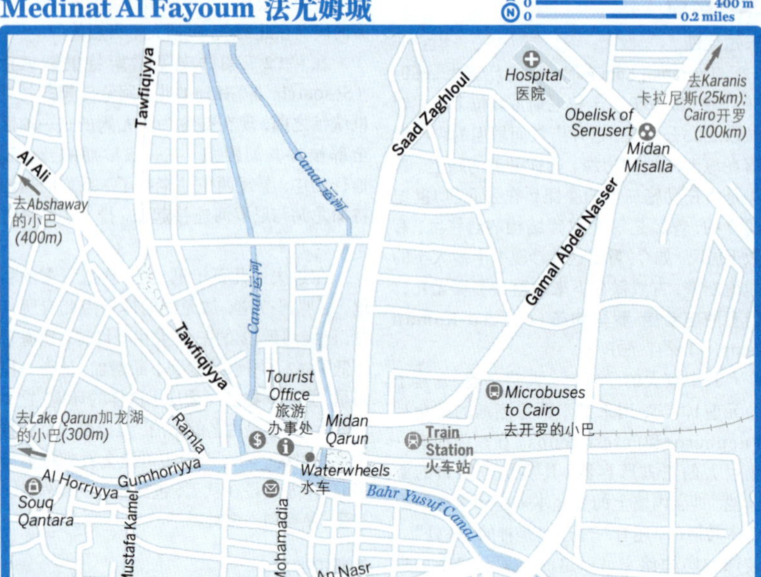

是看鹰或隼的好地方。

20世纪60年代，埃及当局在加龙湖西南方的拉耶恩谷洼地兴建了3座湖泊，用来存储多余的农田排水。这本来是一项规模宏大的开荒工程的第一步，但出人意料的是湖水开始变咸。不过这也有令人高兴的一面，这些人工湖特别适合鸟类栖息，因此整个洼地也被划为国家公园进行管理。

走过Jabal Al Modawara后，沿着一条有路标的岔路走，就能到达鲸鱼峡谷（拉耶恩谷保护区的一部分），每晚花LE15可以在这里露营。

鲸鱼峡谷 国家公园

（Wadi Al Hittan, Valley of the Whales; LE40, 每辆车加收LE5; ⏲9:00~17:00）鲸鱼峡谷是联合国教科文组织认定的世界遗产，内有已知最古老的史前鲸鱼骨骸，这里有400多副龙王鲸（basilosaurus）和dorodontus的化石骨骸，它们都曾是凶猛的水中掠食者。这些化石的年代大约可以追溯至4000万年以前，可以清楚地显示出这些动物长有退化的前腿和后腿，表明它们是从陆地哺乳动物进化成海洋哺乳动物的。

在这片沙漠里还发现了海牛、大型多骨鱼的骨骸，它们看似与广袤的沙漠格格不入。

以峡谷中央大本营为起点，步行小道纵横交错，通往十几处化石骨骸遗迹。虽然听上去不甚诱人，但沙漠景色壮观，是极好的一日游或过夜短途旅行目的地，人们通常将它与拉耶恩谷组合在一起游览。

大本营内设有卫生间、野外露营地，还有个很棒的**鲸鱼峡谷化石和气候变化博物馆**（Wadi Al Hittan Fossil & Climate Change Museum; ⏲周六至周四 9:00~14:00）免费。这个圆柱形的博物馆只有一个展厅，展品包括一系列信息板、化石，以及镇馆之宝——一个18米长的龙王鲸骨架，这些展品出色地展示了这片区域的地质历史和自然环境。此外这里还播放着一部关于鲸鱼峡谷的纪录短片。

若要来鲸鱼峡谷，可以从拉耶恩谷主路的岔路走，这是一条未封闭的沙漠小道，道路不平，需要四驱车。从岔路出发，开37公里就能到主景点大本营。

马地城 考古遗址

（Medinat Madi; 成人/学生 LE50/25）这座古城是法尤姆最偏远的地方之一，但这正是它的魅力所在，你将独自站在扬沙之中，看着沙粒从狮身人面像的头上滑落。马地城（阿拉伯语称其为“过去之城”）以一座保存完好的中王国时期神庙而闻名，埃及这一时期的神庙保存至今的寥寥无几。这座神庙供奉的是鳄鱼之神索贝克和眼镜蛇女神Renenutet，由阿蒙涅姆赫特三世和阿蒙涅姆赫特四世修建。

意大利人在20世纪初的发掘中发现了一份希腊文档案，里面将这座城市称为Narmouthis。他们还发现了另外一座供奉鳄鱼的神庙，鳄鱼在那里似乎被圈养过——有一个储藏鳄鱼蛋的地方以及处于不同发育阶段的动物遗体。它们通常都是在非常小的时候就被当作祭神的祭品了。

参观马地城需要一辆四驱车，因为没有真正的通往遗址的道路。

美杜姆金字塔

考古遗址

（Pyramid of Meidum；成人/学生 LE40/20；⏲8:00~16:00）位于法尤姆城东北大约30公里处的美杜姆金字塔遗址曾是古埃及人尝试修建的第一座真正的金字塔。它最初是一座8层的梯级建筑，后来阶梯被填上，又在外层加了石灰岩形成了最早的金字塔外壳。由于它的设计缺陷，在竣工后的某个时候（大概是公元前的最后几个世纪），金字塔的自身重量导致了外部的坍塌。如今虽然只有内部核心屹立不倒，但看上去仍然非常壮观。

法老胡尼（Huni，公元前2637年至公元前2613年）下令修建这座金字塔，但真正负责建造的却是他的儿子斯尼夫鲁。斯尼夫鲁的设计师后来又修建了更为成功的代赫舒尔弯曲金字塔和红色金字塔。

守卫会打开金字塔的入口，从那里沿着阶梯可下到75米深的空墓室。斯尼夫鲁的儿子Rahotep和儿媳Nofret等一部分家人以及官员的巨型马斯塔巴陵墓就在金字塔附近。

要去美杜姆金字塔并不方便。最好是包一辆出租车，与其他景点结合起来参观。

哈瓦拉金字塔

考古遗址

（Pyramid of Hawara；成人/学生 LE60/30；⏲8:00~16:00）在法尤姆城东南方大约8公里处，连接着法尤姆和尼罗河的Bahr Yusuf运河的北侧，矗立着阿蒙涅姆赫特三世的第二座金字塔。这座金字塔早已残破不堪，较之第一座金字塔（代赫舒尔的塔状黑色金字塔）而言倾角更平缓。希腊历史学家和旅行家希罗多德将这座神庙（长300米，宽250米）描绘为一座有3000个房间的迷宫，这一点甚至超过了吉萨金字塔。希腊历史学家斯特拉波（Strabo）称它的房间之多令人难以想象。

最初的哈瓦拉金字塔有白色的石灰岩外壳，但遗憾的是，如今只有泥砖内核保存了下来，就连曾经著名的神庙也已成了采石对象，被劫掠一空。金字塔的内部（目前不对游客开放）揭示了许多技术的发展：走廊被一系列巨大的石头闸门封锁，墓室是由一整块石英岩雕凿而成的，有一个设计巧妙的装置能利用沙子把屋顶建材下降到合适的位置，从而封闭墓室。

往返于法尤姆城和贝尼苏韦夫之间的小巴从Hawarat Al Makta经过。从这里到金字

法尤姆肖像

如今，法尤姆的名气也许并不大，但正是在这里出土了一些世界上最古老的肖像。这些栩栩如生的作品被统称为法尤姆肖像——画在木板上，置于木乃伊的面部，或直接画在亚麻裹尸布上。这一古埃及和古希腊-罗马葬礼技法的融合，为西方现实主义肖像画传统打下了基础。

法尤姆肖像起源于公元前30年至公元395年，运用的技巧包括将颜料与蜡调和加热。它们的作者都是些不知名的画家，但技艺高超，画面中的人物非常逼真，有种跨越了几百年的诡异现代感。画面中那一张张年轻的面孔（有的甚至还只是个婴儿）尤其令人唏嘘难忘——这也反映出当时新生儿的死亡率很高。

目前已经发现了1000多幅法尤姆肖像，不仅是在法尤姆，而是在埃及各地。如今它们被保存在世界各地的众多博物馆内，包括开罗的埃及博物馆（见138页）。

塔只需走一小段距离。或者你也可以包一辆出租车，把这里纳入一次环线游览。

Al Lahun金字塔 考古遗址

（Pyramid of Al Lahun；成人/学生 LE60/30；⌚8:00~16:00）这座土砖结构的金字塔遗址在哈瓦拉东南大约10公里处，由法老塞索斯特里斯二世（公元前1880年至公元前1874年）修建。它并不值得你专门前往，但如果驾车从此经过的话，不妨看看那与众不同的笨拙外形，它建在一块现成的露出地表的岩石上以增加高度。古代的盗墓者掠走了它所有的石料和宝藏，只有迷人的纯金眼镜蛇幸存下来，如今被陈列在开罗埃及博物馆的珍宝馆内。

团队游

Hany Zaki 团队游

（☎010-0166-6979；www.facebook.com/RahhalaExpeditions）Hani Zaki是Rahhala Expeditions的创建者，有30多年在西部沙漠旅行的经验，组织观鸟之旅、沙漠探险和沙丘滑沙。他还可以提供交通工具供人游览法尤姆周边的景点。

Etman Abood 团队游

（☎010-0133-3781）Etman Abood能组织滑沙以及法尤姆周边和拉耶恩谷的沙漠之旅。

食宿

在喧嚣的法尤姆城住宿毫无视觉享受可言，去加龙湖或突尼斯村要好得多。

突尼斯村可选的住宿虽然不多，但都博采众长，独具特色，既有波希米亚风格的经济型客栈，也有几家高端的乡村度假胜地，但是无论你打算住哪里，都要记得带上杀虫剂，这里的蚊子十分凶猛。

突尼斯村以及湖畔的所有酒店都有自己的餐厅。

突尼斯村

Zad Al Mosafer 客栈 $

（☎010-0639-5590，084-282-0180；www.facebook.com/zad-elmosafer-guest-house-230412360350291/；房间 带/不带空调 LE180/350，标单 带共用浴室 LE80；❄🏊）Zad Al Mosafer是突尼斯村比较出色的休闲之地，这里简朴的泥砖石平房内装饰着贝都因地毯和棕榈绿植。院子里随处散落着坐垫，很适合就着一杯啤酒放松休息。客栈虽然设施简陋，但是个性十足，此外，菜单上的传统埃及菜（LE20~50）以及店内的员工也都十分出色。

Sobek Lodge 客栈 $

（☎010-6888-5423；www.facebook.com/Sobek-lodge；标单/双/三 LE250/450/500；🏊）这里位于一个陶工大院内，有几个简单、干净的房间，周围一片绿色，有许多可供闲逛的空间，还有个小泳池。即便不打算入住，来法尤姆的时候也可以在这里预订一顿饭（LE50~120），因为这里的家常菜（尤其是当地特色的鸭子）太值得推荐了。

Kom el Dikka Agri Lodge 别墅 $$

（☎012-2244-0012；www.facebook.com/komeldikkaagrilodge；套 US$80，能容纳3~6人的别墅 每晚US$250起；⌚10月至次年6月；❄📶）在这个占地18公顷的有机橄榄农场可俯瞰加龙湖美景。这里提供可以自炊的套房式住所和两间别墅，房间均采用极简的现代主义设计，有泥砖风格的弧形墙壁和球形穹顶，并配有现代化厨房（套房内有厨房）和洗手间。这里是个适合家庭度假的好地方，有大量针对儿童的活动。

这里的花园还提供有机农产品，有兴趣的话，还可以亲手种植与采摘。

Lazib Inn 度假村 $$$

（☎084-682-0000；www.lazibinn.com；套US$200起；❄📶🏊）这里的土色墙壁背后隐藏着宽敞的套房，所有的房间内都装饰着优雅的当地工艺品和奇特的古玩，为套房增添了不少艺术气息。起床后可以在露台上享受加龙湖的景色，探访过法尤姆之后可以在按摩浴缸中放松身心，更何况酒店内还设有水疗中心和两个无边泳池，让人流连忘返。

加龙湖

Helnan Auberge Fayoum 酒店 $$

（☎084-698-1200；www.helnan.com；靠近Shakshouk，Lake Qarun；房间 US$50起；❄📶🏊）这家酒店建于1937年，最初是法鲁克国王

（King Farouk）的私人狩猎行宫，“二战”结束后，各国首脑就是聚集在此确定了中东的边界。王室气息十足的长廊和高挑的客房仍然散发着些许殖民时期的魅力，但服务还有很多不足之处。

实用信息

危险和麻烦

长期以来，法尤姆一直以针对独立旅行者的严厉安保措施而臭名昭著。近些年来，情况似乎有所改善，报告这类问题的游客并不多。检查站的警察很少检查护照（但你也要随身携带以防万一），如果独自一人旅行，乘坐一辆满是埃及人的小巴，就会被顺利放行。独立旅行者可能偶尔也会被指定由一名警察护送，但如今这种情况很少发生。我们上次拜访这里时，唯一见到的一次警察护送是在前往鲸鱼峡谷的路上，而这似乎也仅限于大型旅行团。

如果你避开法尤姆城，去往这一地区的其他景点，就不会遇到任何麻烦。

旅游信息

法尤姆旅游局（Fayoum Tourism Authority；☎084-634 -2313；www.fayoumegypt.com；Midan Qarun,Sharia Tawfiqiyya）在法尤姆主要城镇的水车旁边设有一个办事处，但并非总是有工作人员，加龙湖的Helnan Auberge Fayoum旁边的小亭子也是如此。

到达和离开

乘坐小巴（LE10~15，1.5~2小时）是从开罗前往法尤姆最快的方式。在吉萨的Midan Al Remaya乘车，具体位置是拉美西斯火车站（Ramses Station）旁边的Ulali或Moneib的环路地下通道。在法尤姆城，告诉司机你在Bahr Yusuf下车。如果你打算去加龙湖或突尼斯村，可以直接从吉萨的Midan Al Remaya乘坐小巴到Abshaway，就在湖的南面下车，从这里你可以雇一位小巴司机，也可以搭乘突突车或者出租车继续前进。

返程的话，离开法尤姆城的小巴从火车站的北侧出发，开往开罗各主要车站。具体票价视目的地而定。

当地交通

要去湖泊和各考古遗址，你可以包一辆出租车，一天的价格是LE300~400，足够从容地参观卡拉尼斯、加龙湖、金字塔和拉耶恩谷。

如果你想多花点儿时间深入沙漠或参观鲸鱼峡谷和马地城，你需要有一辆四驱车，任何突尼斯村和湖畔的住所都可以帮你安排出行。

小巴将大多数小村庄与法尤姆城连接起来，你可以去离加龙湖酒店最近的居民区**Shakshouk**，票价LE2。如果要去盖斯尔加龙或突尼斯村，就前往**Abshaway**（LE2），从那里，你可以乘坐小巴（私人包车）、出租车或突突车继续前行。

奈特伦洼地（Wadi Natrun）

奈特伦洼地以科普特修道院而闻名，4世纪，成千上万的基督徒为躲避罗马人的迫害逃到了这里。山谷里最初有60多座修道院，但只有4座保存下来。这些修道院的建筑非常壮观，在817年阿拉伯人入侵后，它们都被加固过。但是不像东部沙漠（Eastern Desert）的圣安东尼修道院（Monastery of St Anthony）那样，这里保留下来的壁画寥寥无几。

你的游览体验在很大程度上取决于何时来。大部分时间这里都很安静，但到了基督教节日或公共假期，游客就会蜂拥而至，来看当代的科普特传统。修道院传统依然欣欣向荣，科普特主教仍然从奈特伦洼地的修道士中产生。

该地区对古埃及人也非常重要，因为山谷的盐湖夏季干涸，留下的泡碱是制作木乃伊的关键材料。

景点

Deir Anba Bishoi 修道院

（☎开罗总部 02-2591-4448；欢迎捐赠；⏲9:00~18:00，夏季 至19:00）**免费** 340年，St Bishoi来到沙漠，在奈特伦洼地修建了两座修道院：这座和附近的Deir El Sourian修道院。通过一座吊桥进入固若金汤的城堡主楼，入口处就是一个不大的门房。这里的修道士很友好，他们会组织大家进行游览，沿途参观食堂、堡垒（修道士遭受攻击时便会躲进去）和保存St Bishoi遗体的那座教堂——据说遗体被完好地保存在管状容器内。

每年7月15日，人们都会抬着这个管状棺

材围着教堂游行。据修道士说，抬棺者能明显地感觉到整个遗体的重量。在我们上次拜访这里时，由于不久前的大雨造成的破坏，修道士正忙着修复老旧的泥砖建筑。破损倒是让一些壁画显现出来，它们长久以来埋藏在礼拜堂的灰泥层下。人们希望通过修缮，可以让这些被人遗忘已久的壁画重见天日。站在堡垒（通常是锁着的，不过你的修道士导游可以为你开锁）顶上，你可以俯瞰整个修道院的美景，包括两个种着棕榈树的阴凉花园。

与修道院相邻的是一座巨大的新教堂。修道院外面的一座单独的建筑内是一个出售修道院产品的商店，里面有橄榄油、蜂蜜和蜡烛，稀奇的是，还出售清洁用品。

Deir El Sourian 修道院

（☎开罗总部 02-2590-5161；www.st-mary-alsourian.com；欢迎捐赠；⏲9:00~18:00，夏季至19:00）**免费** Deir El Sourian修道院在Deir Anba Bishoi修道院西北大约500米处，是周围环境最美的修道院。它以叙利亚流浪修道士的名字命名，这名修道士在8世纪从科普特人的手中买下了这座修道院，但16世纪科普特人又收回了修道院。它的圣母教堂（Church of the Virgin）内保存着**11世纪的壁画**，还有年代更老的圣像，但眼睛已经被刮掉了，其中一幅上的圣人明显穿着法老式长袍。

教堂本身是围绕着4世纪的洞穴而建的，St Bishoi曾经住在洞里，他在祈祷的时候头悬梁以保持清醒。院内还有一座老教堂、一棵St Ephraim罗望子树——据说它是由叙利亚圣人的手杖生根发芽长出来的，以及一些展示修道院日常生活的修道士人体模型。

玛卡修道院 修道院

（Deir Abu Makar, St Macarius Monastery；☎开罗总部 02-2577-0614；www.stmacariusmonastery.org；欢迎捐赠；⏲9:00~18:00，斋戒期间关闭）**免费** 玛卡修道院是围绕着一间小室而建的，St Macarius在那里度过了人生最后的20多年。尽管它在贝都因人袭击中遭受的破坏比其他修道院更严重，但如今这里经过了精心修复，而且修道士们会带领游客游览。玛卡修道院之所以出名，是因为大部分科普特主教都是从它的修道士中选出来的，而且他们大部分都葬在这里。

在玛卡修道院的主教堂内，有一扇雕工精美的10世纪梧桐木门通向后殿（门是锁着的，但是你的向导一般可以为你开门），向内窥去，可以看到一个穹顶，角落处还有一幅幸存至今的7世纪壁画，上面画着天使。在教堂中殿，有一个活板门通往一个在修缮工程中发现的地穴，修道士们在这座地穴中发现了一些遗物，据称属于施洗者圣约翰。游客还可以参观狭窄简陋的原修道士房间、方顶小教堂、食堂和修缮得极好的堡垒。

Deir Al Baramouse 修道院

（☎开罗总部 02-592-2775；欢迎捐赠；⏲周五至周日 9:00~18:00，斋戒期间关闭）**免费** 过去由于路况不好，因此Deir Al Baramouse修道院基本上是与外界隔绝的，如今这里有100多位修道士。除了经过修复的中世纪要塞（不对公众开放），这里的花园和整个建筑群都很漂亮，维护良好，氛围宁静。在壁龛中有一块经过精心修复的石磨，不远处坐落着这里最古老的教堂——圣母玛利亚教堂（Church of the Virgin Mary），内有幸存至今的**13世纪壁画遗迹**。

食宿

男士可以在任何一座修道院过夜，但必须有开罗办事处的书面同意。即使你不是虔诚的信徒，参加礼拜并在离开的时候慷慨地留下捐赠都是礼貌的行为。

每座修道院外都有简单的咖啡馆，供应茶、冷饮和小吃。除此之外，Deir Anba Bishoi修道院内有一家免费的自营餐厅，欢迎来访者享用一餐面包和富尔（fuul）。

实用信息

有的修道院在三大斋戒期间不对外开放：四月斋（Lent，复活节周前40天）、降临节（Advent，圣诞节前40天）和圣母安息日（Dormition，8月的两周）。

到达和离开

开罗—亚历山大沙漠公路将三角洲的绿色原野和西部沙漠的无情黄沙分隔开来，虽然奈特伦洼地位于这条公路的沙漠一侧，但该地区现在点缀着众多农场和新兴的卫星城镇。

可搭乘West & Mid Delta Co公司从Cairo Gateway去往亚历山大的长途汽车，然后在靠近奈特伦洼地的沙漠公路边下车（告诉司机你想在Master Mall and Rest下车），但仍要按照到亚历山大的全程票价（LE55）付费。在吉萨金字塔附近的Midan Al Remaya乘坐小巴（LE15，1小时）比较便宜，长途汽车会开进不那么可爱的小镇。突突车和出租车在公路和长途汽车站等客，你可以乘坐突突车前往Deir Anba Bishoi修道院和Deir El Sourian修道院（你可以步行往返于两者之间），让司机几个小时之后来接你，这需要LE50。要想参观全部4座修道院，需要包一辆出租车，收费为每小时LE50左右。

从开罗包出租车游玩一整天需要LE500~600，费用含转遍所有修道院。

尼罗河三角洲 （THE NILE DELTA）

尼罗河在开罗以北分为两个支流，在古老的达米埃塔（Damietta）和罗塞塔（Rosetta）港口汇入地中海，形成了世界上最肥沃、最适合耕种的地区之一。三角洲地区草木葱翠茂盛，其间无数水路纵横交错，与满是尘土的开罗和贫瘠的沙漠形成了鲜明的对比。这一地区很少有游客光顾，酒店的基础设施有限，警察甚至会怀疑你的动机。但对那些喜欢漫无目的地闲逛更胜于观光景点的旅客来说，来此一日游一定会不虚此行。

比尔加什骆驼市场 （Birqash Camel Market）

埃及最大的骆驼市场（Souq Al Gimaal；Birqash；门票 LE25，照相机 LE20；周五和周日 6:00至正午）在比尔加什（Birqash，发音为Bir'ash），这座小村庄位于开罗西北35公里处，就在三角洲耕地的边缘。骆驼市场不适合神经脆弱的人——这些动物不会像宠物一样被善待。但这必将是一次令人难忘的经历，对一个狂热的摄影师来说更是如此。每逢集日，都有成百上千峰骆驼在这里被贩卖，早上7点至10点是最热闹的时段。

多数骆驼都是由牧民从苏丹西部经Forty Days Rd赶到阿布·辛拜勒（Abu Simbel）以北，再从那里去往上埃及达劳（Daraw）的市场。未售出的骆驼会被捆起来，塞进卡车，经过24小时的车程来到比尔加什。抵达的时候，许多骆驼都已憔悴不堪，只适合被当作废物送入屠宰场，有的在市场里就断气了。商人脾气火爆，犯了错误的骆驼会受到残酷的鞭打。

除了那些来自苏丹的骆驼之外，还有来自埃及各地（包括西奈、西部和南部）甚至从索马里远道而来的骆驼。它们被用来换取现金或其他牲畜，例如山羊、绵羊和马匹，会被卖到农场工作或被宰杀。小一点儿的骆驼售价只有LE750，但大骆驼就能卖到LE6000，甚至更高的价格。

在市场里要提防扒手。女士应该穿着保守——市场基本上是男人的天下，唯一出现的女性就是当地的售茶小姐。但这里的商人对游客已经习以为常，如果你表现得体的话，他们通常乐于回答问题，并让你拍照留念。要始终警惕逃窜的骆驼——即使是被捆绑住的也不例外，它们的动作非常快。

这里有从因巴拜（Imbaba）老骆驼市场开出的小巴和卡车（LE2）。要前往因巴拜，可在开罗市中心的Midan Abdel Moniem Riad乘坐小巴，然后打听去往老市场的路线——因巴拜机场（matar Imbaba）是最近的地标。你也可以乘坐出租去老市场。要返回开罗，可乘坐开往因巴拜的小巴，客满发车。

来这里最简单的办法是从开罗包一辆出租车，含等待的时间，全程车费大约为LE200——对大多数人来说，通常在市场里逛1小时就足够了。你也可以将它与尼罗河坝结合起来参观，让出租车在那里将你放下，然后乘坐水上巴士返回。

盖纳提尔（尼罗河坝） [Qanater（Nile Barrages）]

02/人口: 66,350

盖纳提尔（意为河坝）的一半魅力都在2小时摇晃颠簸的水上巴士之旅上，最好赶在周五或公共假日来。大群年轻人和家庭会在船上和盖纳提尔起伏不平的公共花园里野餐聚会。盖纳提尔是尼罗河的两个支流之间一块1公里长的陆地，19世纪在这里建起的河坝是一项出色的工程。在船上，阿拉伯流行音乐震耳欲聋，年轻的乘客跟着喇叭唱歌、拍手、跳舞，风度翩翩地互相调情。

这是一个令人愉快的交际场合，但要做好受关注的准备。游客是罕见而备受瞩目的，而且盖纳提尔是埃及青年男子的热门目的地，他们喜欢骑摩托车在两个河坝之间的通道上穿行。女性最好结伴来这里。

河坝其实就是人工修建的一连串蓄水池和水闸，保证全年都有水流入三角洲地区，从而确保棉花的大幅增产。达米埃塔支流的河坝由71道水闸组成，长521米，横跨河流；罗塞塔河坝有61道水闸，长438米。

到达和离开

水上巴士（见131页；LE12）从电视大楼（Maspero）前面的码头出发，就在开罗市中心Ramses Hilton的北侧。从7:00~10:00，客满发船。如果返程发船的时间不方便，或者你想清静一会儿，可以乘坐小巴（LE20）返回。盖纳提尔离比尔加什很近，所以可以包一辆出租车前往骆驼市场，然后让司机将你放在盖纳提尔，这样就能乘船返程了，费用大约是LE200。

坦塔（Tanta）

☎040/人口：429,000

坦塔是三角洲第一大城市，可看的地方并不多，这里的铁路网络非常便利，人们可以毫不费力来体验乡下生活。它是苏非派的一个重要中心，有一座为纪念萨义德·艾赫迈德·巴达维（Al Sayyed Ahmed Al Badawi）而建的大清真寺，这位摩洛哥的苏非派教徒是13世纪抗击十字军的斗士。为了纪念他，人们在棉花收获之后（一般是10月的最后一周），庆祝moulid（圣人的节日）。这是埃及最大的moulid之一，为期8天，届时会有超过百万的人聚集在这里诵经、举行仪式、品尝坦塔最著名的糖果。

如果你在moulid期间到访，做好面对混乱的准备（性骚扰非常普遍，女性不要单独前往），并尽早订好住处。

历史

三角洲西部的这一地区曾经是古城舍易斯（Sais，Sa Al Hagar）、诺克拉提斯（Naucratis）和瓦吉特（Wadjet）的所在地。虽然这些城市早已经从地图上消失，但只要你对三角洲地区的历史感兴趣，就会被脚下古人曾踏足的这片土地迷住。

坦塔西北，即尼罗河支流罗塞塔河的东岸，曾经是著名的埃及第26王朝首都**舍易斯**的所在地。它是战争和狩猎女神、木乃伊的守护者奈斯（Neith）的圣地。舍易斯可追溯至埃及历史的开端，城内到处都是宫殿、神庙和王陵。公元前525年，该城被波斯国王冈比西斯（Cambyses）所毁，据传说，他从地下挖出从前统治者的木乃伊，并在公众面前鞭尸、焚尸。

坦塔以西，在通往达曼胡尔（Damanhur）的公路中途是**诺克拉提斯**曾经的所在地。公元前7世纪，希腊人在此定居。

达曼胡尔东北、坦塔西北是埃及人的崇拜中心**瓦吉特**（希腊人称其为Buto），以下埃及眼镜蛇女神命名。过去这里的人们虔诚地敬拜眼镜蛇。

景点

通往清真寺的道路两旁有卖糖果的商贩，当地特色是一种沾满了坚果或干鹰嘴豆的牛轧糖。清真寺的后面是坦塔的**老市场区**，非常适合漫无目的地闲逛。

萨义德·艾赫迈德·巴达维清真寺 清真寺

（Mosque of Al Sayyed Ahmed Al Badawi；⌚24小时）免费 巴达维生于摩洛哥，在1234年来到坦塔，创建了埃及最大的苏非教教团之一——巴达维亚（Badawiya）。进入清真寺，左侧巴达维的神龛被绿色的荧光灯映照着，四周围着的朝圣者用手机拍照留念。这座清真寺距离火车站300米，穿过站前停车场向右，在第一条主街的尽头就能看到这座清真寺。

住宿

New Arafa Hotel 酒店 $

（☎040-340-5040；MidanAl Mahatta；标单/双 LE350/500起；❄📶）New Arafa Hotel虽不

是那么新，但已经是坦塔最好的选择了，反正别抱什么期待，凑合睡一晚是没问题的。客房没什么特别之处，但是员工很友善，酒店内还有不错的酒吧和餐馆。出了火车站，马路对面右边的粉色建筑便是这家酒店。

到达和离开

坦塔位于开罗—亚历山大铁路沿线，所以乘坐火车出行很方便。开罗的拉美西斯火车站有舒适的空调列车（LE30~45，1~1.5小时）开往坦塔，6:00~22:30每天14班。每天有13班列车返回开罗，末班车发车时间为22:55。坐火车比坐小巴车（在坦塔火车站外发车）舒服多了，因为火车不受交通拥堵的影响。

宰加济格和布巴斯提斯（Zagazig & Bubastis）

055/人口：319,700

宰加济格（埃及人读作"za'-a-zi"）的名字很讨喜，城郊就是埃及最古老的城市之一布巴斯提斯的废墟。那里的神庙曾经供奉着优雅的猫女神巴斯苔特（Bastet），如今已经只剩残砖碎石，对狂热的埃及学爱好者来说，花一天时间，从开罗来到人迹罕至的布巴斯提斯和塔尼斯（东北70公里处）将是一次十分有趣的体验。

景点

布巴斯提斯神庙 考古遗址

（Temple of Bubastis; Tell Basta; Sharia Al Shohaada; 成人/学生 LE60/30; 8:00~16:00）布巴斯提斯神庙举办的节日庆典曾一度吸引了70多万狂欢者，他们载歌载舞，享用美食，畅饮美酒，并向巴斯苔特女神献祭。第4王朝期间，胡夫和哈夫拉开始修建神庙，在此后的17个世纪中，神庙被不断扩建。许多在这里出土的精美石柱和雕像都被重新安置在一座雕塑园中，而神庙（右边）如今只剩下一堆瓦砾。

雕塑园的左边是一座倒塌的泥砖宫殿的废墟和一片有5座墓（紧锁）的墓地，在那里发现了许多猫的铜像。

这里位于火车站以南约2.5公里处。向出租车和突突车司机提"Tell Basta"这个地名即可。这片遗址位于城镇的南部边缘，如果你乘坐出租车从开罗出发，需要沿着主入口的路行驶，到达庞大的立交桥后向右转即可。

到达和离开

乘坐长途汽车或小巴前往宰加济格最经济、快捷。往返于宰加济格火车站和开罗Abboud站（LE10~15，1.5~2小时）的列车从双方向频繁发车。

如果搭乘火车，开罗的拉美西斯火车站6:00、7:00、9:00、17:30、19:30均有列车发出（LE20，2~3小时）。这些列车为三等列车，而且晚点是常事。

花一天时间从开罗搭乘出租车前往布巴斯提斯和塔尼斯的车费为LE450~500。

塔尼斯（Tanis）

在宰加济格东北70公里处的San Al Hagar村外就是部分被发掘的塔尼斯废墟（San Al Hagar; 成人/学生 LE25/15; 8:00~17:00），该城被古埃及人称为贾奈特（Djanet），被希伯来人称为Zoan。由于这里规模宏大，有人称其为三角洲的塞加拉，但其保存程度并不如塞加拉完好。这里只有残破的神庙遗迹，散落在广袤黄沙间的雕像、方尖碑和石柱营造出让人惊叹的气氛。

几个世纪以来，塔尼斯一直是三角洲最大的城市之一，新王国时期末期之后，它的重要性更加凸显，尤其是在古埃及晚期（公元前747年至公元前332年）。

塔尼斯最早的建筑源于普苏森尼斯一世（Psusennes Ⅰ，公元前1039年至公元前991年）统治时期，他在阿蒙神庙（Temple of Amun）周围修建了一圈高大的围墙。1939年法国人发掘了他的王陵以及其他5座第21王朝的墓地，从中发现的珍宝在埃及轰动一时。如今，遗址内的珍宝，包括华丽的首饰，都陈列在埃及博物馆内。普苏森尼斯一世和后来的国王重新使用了早期王朝的石块和雕塑，因此许多石材其实是古王国时期和中王国时期的。他的继任者又修建了一座供奉穆特（Mut）、孔苏（Khonsu）和亚洲女神阿施塔特（Astarte）的神庙以及一座圣湖，神庙工程一直持续到托勒密时代。

由于埃及的法老时期遗迹实在太多了，塔尼斯在埃及学爱好者的优先列表中排位只能靠后，但对那些时间充裕的人来说，来一趟必定不虚此行。电影迷更是一眼就能看出塔尼斯是电影里印第安纳·琼斯发现“失落的约柜”的地方。

通常在售票处可以找到当地的景点向导伊扎特（Ezzat），让他带领你参观景点很值得（给点儿小费就更好了）。虽然他不会深入讲解塔尼斯的历史，但是他对展出的象形文字了如指掌，还可以为你指出许多细节，如果你自己在景点漫游，肯定会错过这些地方。有些读者在这里遇到了凶猛的野狗，这也是你找伊扎特当向导的理由之一，这样就不用单独在这个庞大的遗迹逛了。

要前往塔尼斯，可在开罗的Ulali或Abboud乘坐小巴或East Delta的班车（LE15，2小时）到Faqus镇，在塔尼斯以南大约35公里处。从Faqus打车或乘坐长途汽车（LE5~7）到San Al Hagar村，或者包一辆出租车（LE35）前往遗址。

也可以乘坐缓慢的火车到离Faqus镇最近的车站Abu Kabi（LE20），大约需要3.5小时。这些旧车没有空调，从开罗拉美西斯火车站最东端发车（打听“Sharq”或“Limun”），大约2小时1班。如果你从宰加济格来，坐火车比较有吸引力，只需45分钟就能到Abu Kabir，车次也多，大概每小时1班。

尼罗河谷北部

包括 ➡

最佳餐饮

- Bondookah Restaurant（见176页）
- Al Watania Palace Hotel（见183页）
- El Khalil Grill（见176页）

最佳住宿

- New Hermopolis（见179页）
- Horus Resort（见175页）
- House of Life（见188页）
- Al Watania Palace Hotel（见183页）
- Al Safa Hotel（见185页）

为何去

如果你急于探寻南部的宝藏和乐趣，就很容易忽略开罗和卢克索之间的这一区域。这里游客较少，但肯花精力去的人几乎都满意而归。

该地区的某些地方依然比较落后，你可以看到一些农民依然在手工种地，但这里的人们同样需要努力应对现代化的问题——缺水、缺电，以及穆斯林兄弟会倒台后带来的紧张局势和安全问题。

这一地区如今虽然闭塞、落后，但它在埃及的历史中起着至关重要的作用，这里的诸多考古遗址都可以证明这一点，如贝尼哈桑色彩艳丽的陵墓和遗弃之城阿克塔顿遗址，后者是图坦卡蒙的成长之地，还有许多受法老时期影响的早期基督教修道院。

何时去

艾斯尤特

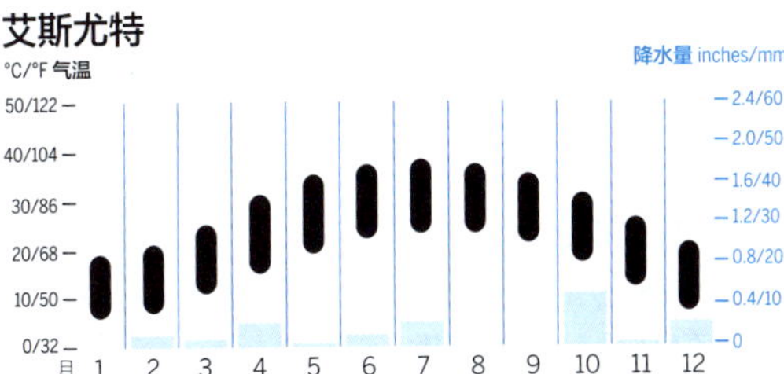

4月 人们以该地区特有的方式庆祝科普特复活节星期一。

8月 成千上万的人来到这里，在明亚外面庆祝Feast of the Virgin。

10月至11月 理想的旅游时间，此时的光线特别优美。

尼罗河谷北部亮点

❶ **贝尼哈桑**（见176页）在这里欣赏绘有轻盈舞者、猎人甚至摔跤手的陵墓。

❷ **代尔穆哈拉克**（见182页）参观科普特修道院，了解为何科普特人声称是古埃及人的后裔。

❸ **塞提一世神庙**（见187页）在阿拜多斯欣赏古埃及最精美的神庙浮雕。

❹ **丹达拉**（见189页）华丽的哈索尔神庙是埃及保存得最完好的神庙建筑之一，令人赞叹。

❺ **明亚**（见174页）在殖民地时期的中心四处逛逛。

❻ **红色修道院**（见184页）去古典时代晚期最精美的建筑之一欣赏壁画。

❼ **阿马纳**（见179页）在异教徒国王埃赫那吞的遗弃之城周边葱茏的乡野漫步。

历史

对古埃及人来说，上埃及从古都孟菲斯（Memphis）以南开始延伸，并越过今天的塞加拉（Saqqara）。

埃及人将贝尼苏韦夫（Beni Suef）和基纳（Qena）之间的区域分成15个省，每个省都有自己的首府。省长和贵族在洪泛区上方的沙漠边缘修建他们的坟墓。阿拜多斯（Abydos）靠近现在的索哈杰（Sohag），曾经是该地区占有主导地位的宗教中心和全国最神圣的地点之一，也是一个朝圣地：埃及早期的法老都葬在这里，它在基督教时期也非常繁荣。

新王国时期的法老埃赫那吞（Akhenaten）试图削弱底比斯（Thebes）祭司的权力，于是迁都到一座新城——阿克塔顿[Akhetaten，靠近现在的马尔拉维（Mallawi）]，那里是当时尼罗河沿岸为数不多的与任何一位神祇都没有关系的地方之一。

基督教徒很早就来到了上埃及。亚历山大（Alexandria）的宗派分裂以及圣安东尼（St Anthony）在东部沙漠建立的修道院传统的流行，鼓励教士在各省安定下来。许多教堂和修道院在这一地区的持续运转就是基督教传统强大的证明：这里有开罗以外最大的科普特社区。

由于农业是这里的主要产业，因此在基督教和伊斯兰教时期，这一地区的大部分区域都处于封闭落后的状态，不过基纳和艾斯尤特（Asyut）作为贸易枢纽很繁荣，基纳同时还是前往红海港口塞法杰（Safaga）的起点，而艾斯尤特则将尼罗河与西部沙漠和苏丹商队路线连接起来。

如今，这里的大部分区域依然贫穷。农业依然是当地经济的主要支柱，但无法承受人口爆炸式增长的压力。开罗以南由于缺乏工业基础，已经造成了严重的经济困难，年轻人尤为不易，他们纷纷涌入城镇寻找工作机会。人们因缺乏希望而产生不满，再加上失去了来自伊拉克的汇款：20世纪80年代该地区的许多人在国外找到了工作，但随着第一次海湾战争的爆发，他们的工作也丢了。宗教激进分子利用20世纪90年代的暴动事件直指政府，力求建立一个伊斯兰州。暴动遭到了武力镇压。2011年之后，穆斯林兄弟会在这里得到了大量支持，前总统穆尔西（Morsi）倒台后，暴力事件频发，最近的一次发生在2017年5月，一群科普特人在前往明亚附近的修道院的路上遭受了袭击。想要停止动荡，必须解决其根本问题——贫穷和缺乏希望。

危险和麻烦

自20世纪90年代的暴动事件发生以来，这个地区便时常进行旅游管制。在本书写作期间，由于暴力事件引发的旅游管制，这里成了最难旅行的区域。不过，开罗和卢克索之间的尼罗河巡游已经恢复了。虽然情况一直都在变化，但是一些地区，尤其是索哈杰以南[例如阿拜多斯和丹达拉（Dendara）]，可以放心前往，不会有麻烦。

ℹ 当地交通

在该地区的城市之间往返，乘坐火车是最佳方式。外国人目前不允许搭乘小巴，因此短途旅行只能搭乘私家出租车，有时还会有全副武装的警察护送你。

贝尼苏韦夫（Beni Suef）

☎082/人口：272,850

贝尼苏韦夫是一座省会城市，也是连接开罗、卢克索与红海、法尤姆（Al Fayoum）的主要交通枢纽。自古以来，至少到16世纪，这里都以亚麻而闻名。19世纪，贝尼苏韦夫因有一座美国领事馆而变得十分重要（起码在纺织品贸易领域）。但如今，除了感受一下省会城市的氛围之外，这里没有什么能引起游客的兴趣。

景点

贝尼苏韦夫博物馆 博物馆

（Beni Suef Museum；成人/学生 LE20/10；⏲8:00~16:00）这座博物馆紧邻省政府大楼，在动物园的后面，是贝尼苏韦夫的主要景点。它虽然不大，但展品涵盖古王国时期到穆罕默德·阿里（Mohammed Ali）时期的文物，有托勒密雕刻、科普特织物和19世纪的餐桌摆设。

住宿

City Center Hotel

酒店 $

(☎011-1007-2326; www.citychotel.net; Midan Al Mahatta; 标单/双 LE265/295; ❄📶)这家三星级酒店位于废弃的Semiramis Hotel拐角处，从火车站穿过广场就到了。这里有45间客房，深受来贝尼苏韦夫出差的经理和白领的欢迎。这里的房间虽然朴素，但是配有空调、冰箱和电视，7楼的餐厅供应午餐和晚餐，有比萨以及鸡肉、鸽子肉等多种风味菜肴，但需要预订。

Tolip Inn

酒店 $$

(☎088-236-6993; www.tolipinnbns.com; Sharia Ahmed Orabi; 标单/双 US$60/80; P❄📶🏊)这里是贝尼苏韦夫最新、最时髦的酒店，客房宽敞，均配有大屏平板电视和迷你水吧，网速不错，还可以冲咖啡、泡茶。餐厅供应当地菜和欧洲菜，虽然乏味，但是品质有保证，此外这里还有个大泳池。

到达和离开

长途汽车站位于主路Sharia Bur Said沿线，市中心以南。汽车开往开罗、明亚、法尤姆和扎费拉奈(Zafarana)。小巴也走同样的路线。根据安全形势，你可能不得不乘坐火车或者私家出租车出行。

向北去往开罗和吉萨(一等/二等车厢LE39/23，1.5~2小时)以及向南去往明亚(一等/二等车厢LE39/23，1.5小时)的列车车次很多。

鸟山和Frazer Tombs

圣母修道院

修道院

(Deir Al Adhra; ⏲6:00至黄昏)陡峭的鸟山(Gebel At Teir)矗立在尼罗河东岸，位于贝尼苏韦夫以南约93公里处、明亚以北20公里处。传说在每年修道院的斋日，全埃及的鸟都会在此停留，鸟山因此而得名。圣母修道院高踞于尼罗河上方130米处，从前被称为滑轮修道院(Convent of the Pulley)，让人想起那个只有通过绳索才能达到悬崖顶端的时代。

按照科普特人的传统说法，圣家庭在穿越埃及的途中曾在这里停留了3天。此处的一座洞穴兼小教堂是拜占庭皇帝康斯坦丁(Constantine)的母亲海伦娜(Helena)在4世纪修建的。一座19世纪的建筑将洞穴围了起来，小教堂的圣母像据说拥有神奇的力量。一年的大部分时间修道院都无人到访，但在圣母升天节(Feast of the Assumption)期间会有成千上万的朝圣者聚集在这里。这一庆典将持续一周，于8月22日达到高潮。

你可以乘坐公共交通工具前往修道院(从明亚乘坐出租车或小巴到Samalut，然后乘船过河)，但从明亚乘坐私人出租车往返的价格也不会超过LE100~150。

Frazer Tombs

墓地

(成人/学生 LE30/15; ⏲8:00~16:00)位于Tihna Al Gebel以南5公里的Frazer Tombs建于第5和第6王朝。这些古王国时期的墓地是在东岸的峭壁之上雕凿而成的，俯瞰着山谷。只有两座墓地对公众开放，它们都很简单，只有被侵蚀的画像和象形文字，没有丰富多彩的场景，可能只有那些对人迹罕至的景点情有独钟的旅行者才会感兴趣。

明亚(Minya)

☎086/人口: 283,000

明亚素有"上埃及的新娘"(Arousa As Sa'id)之美誉，位于上、下埃及的边界。明亚是省会城市，宽阔的街道绿树成荫，有一条滨河路，还有许多漂亮但略显破旧的20世纪初的建筑，使之成为上埃及最宜人的市中心之一。

这里曾经是上埃及的棉花贸易枢纽，但如今它的工厂却在加工糖、肥皂和香水。20世纪90年代，由于当地经济下滑，这里爆发了一次暴动，政府派出了坦克和装甲运输车来镇压。这一幕在2013年镇压支持穆斯林兄弟会的抗议活动中再次上演。近期，安全局势又紧张了起来，2017年5月，一群科普特游客在前往明亚外一座修道院的路上被袭击，28人死亡。尽管如此，明亚仍然是一个值得一游的好地方，这里的中心仍然保留着优雅时代的感觉。

景点

除了在市中心周围散步，或是背靠东山(Eastern Hills)沿着滨河路闲逛之外，明亚

Minya 明亚

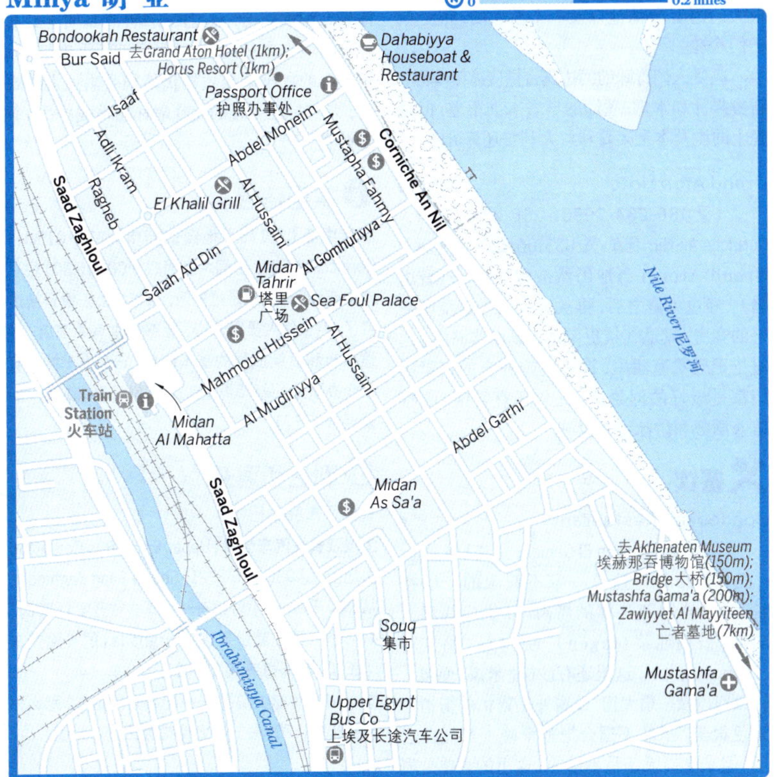

的景点并不多，但这一情况将随着埃赫那吞博物馆（Akhenaten Museum）的开放而改变。在市中心的南端有一个**集市**（souq），从那里通向塔里广场（Midan Tahrir）的街道最热闹。

你可以租一辆**马车**（hantour，每小时LE30~40）在市中心周围或沿着滨河路悠闲地转转，也可以在旅游局对面的码头上租一条**三桅小帆船**（Feluccas，每小时LE50）沿河观光。

亡者墓地（Zawiyyet Al Mayyiteen） 墓地

这片大型穆斯林和基督徒墓地位于河东岸，位于城市东南大约7公里处，由几百个泥砖陵墓组成，其中很多都采用蜂巢式屋顶。它从公路一直向山上延伸，延绵4公里，形成了一幅有趣的画面。据说它是世界上最大的墓地之一。

埃赫那吞博物馆（Akhenaten Museum） 博物馆

新建的埃赫那吞博物馆位于尼罗河东岸，目前已经竣工，但具体开放日期还没有定下来。如果当局办事顺利，届时经典的奈菲尔提提王后（Queen Nefertiti）半身像（现在柏林）和从附近阿马纳出土的其他珍宝将起码在这里展出好几个月。

住宿

★ Horus Resort 酒店 $$

（☎086-231-6660；www.horusresortminia.com；Corniche An Nil；标单/双 US$40/60；❄📶🏊）这家酒店位于尼罗河畔，距离市中心大约1公里，一直是我们的首选，不过多半是因为竞争者太少。这里的员工友善，还能看到尼罗河的美景，但是和上一次入住时相比，这

里的卫生和食物水平都有所下降。酒店有个很大的河畔游泳池以及一个游乐场，很受孩子们欢迎。

颇受人们青睐的河边露台供应冰镇啤酒、新鲜果汁和水烟；餐厅的早餐水准很差，但是晚上的埃及本土菜肴和意大利餐还算可口。

Grand Aton Hotel 酒店 $$$

（086-234-2993，086-234-2994；Corniche An Nil；标单/双 US$100/120；）Grand Aton在当地仍然被称为Etap（曾用名），经过大修之后，再次为大家带来全城最好的客房，只是气氛更像是商场而非酒店。这里位于尼罗河西岸，许多设施齐全的别墅房间都是极好的河景房。此外还有餐馆、咖啡馆兼酒吧和游泳池等设施。

餐饮

Bondookah Restaurant 埃及菜 $

（Sharia Masaken El Gamaa；主菜 LE45起；正午至23:00）这是一家不起眼的三层楼餐厅，是全明亚最棒的烤肉店，供应烤鸡、羊排、砂锅炖菜（tagen），更少不了科夫塔（kofta，肉丸）。这里还有沙拉、米饭、面包、软饮料以及一扇大窗户，窗外是繁忙的街道，景色很美。虽然不适合把整个晚上都耗在这里，但来吃顿饭还是不错的。这里的菜单是阿拉伯语。

Sea Foul Palace 埃及菜 $

（Midan Tahrir；主菜 LE20起）这里位于老Palace Hotel旁边，供应全城最棒的富尔（fuul，蚕豆泥）和塔米亚（ta'amiyya，磨碎的蚕豆加香料炸成的小丸子），不妨买上满满一袋，坐在广场或者滨河路上，静看人来人往。

El Khalil Grill 埃及菜 $$

（086-233-4433；Sharia Abdel Moneim；主菜 LE65左右；11:00至次日2:00）当你馋肉的时候，不妨来这个堪称明亚传奇的餐厅，这是个备受欢迎的可靠的烧烤餐厅，主菜是烤肉（Kebab，每公斤LE250）。这里不供应酒，隔壁的果汁非常可口。

Dahabiyya Houseboat & Restaurant 咖啡馆 $

（086-236-5596；Corniche An Nil；正午至23:00）这条古老的尼罗河帆船多年来一直停靠在滨河路旁，靠近旅游局，它是明亚最不寻常的地方之一。楼下的卧室已不再出租，但甲板上的咖啡馆兼餐馆仍然很受当地人的欢迎，尤其是在温暖的夜晚喝杯咖啡或冷饮，非常惬意。

实用信息

游客中心（见175页地图；086-236-0150；Corniche An Nil；周六至周四 9:00~15:30）位于市中心，正对面就是尼罗河，虽然看上去像是被遗弃了，但工作人员很热心，能够提供有关酒店、短途旅行和后续旅程的基本信息。它在火车站还有一个**办事处**（见175页地图；086-234-2044），但是经常不开门。

到达和离开

长途汽车和小巴

上埃及长途汽车公司（Upper Egypt Bus Co；见166页地图；086-236-3721；Sharia Saad Zaghloul）从6:00开始，每小时都有一班车去往开罗（LE30，4小时）。开往赫尔加达（Hurghada）的长途汽车（LE80，6小时）在10:30和22:30发车。

如果你被允许乘坐小巴或拼出租车，那么去开罗花费LE20，去艾斯尤特花费LE15。

火车

去往开罗（一等/二等车厢LE62/36，3~4小时）的列车从4:25开始发车，至少每1.5小时一班。向南行驶的列车发车也非常频繁，最快的列车在23:00至次日1:00从明亚发车。开往卢克索（LE86/47，6~8小时）和阿斯旺（Aswan，LE109/59，8~11小时）的列车，中途会在艾斯尤特（LE39/26，2小时）、索哈杰（LE55/34，3~4小时）和基纳（LE78/44，5~7小时）停车。

贝尼哈桑（Beni Hasan）

贝尼哈桑（成人/学生 LE60/40；8:00~16:00）大墓地位于尼罗河东岸一连串石灰岩悬崖上，在明亚以南大约20公里处。它位置优越而且重要，一家客栈使其更具吸引力，不过如今这里只是偶尔供应饮料，你还是应该自备水和食物。贝尼哈桑的多数墓地建于第11和第12王朝（公元前2125年至公元前1795

年)，上面的39座墓地属于省长(nomarch)。许多墓地没有完工，目前只有4座对游客开放，墓内有反映当时日常生活和紧张政治局势的绘画。虽然进入墓地要费些周折，但里面很精彩，非常值得一看。

从售票处开始有导游陪同你参观，收取小费(至少LE20)。试着按年代顺序参观墓地。

景点

Tomb of Baqet(15号) 墓地

(成人/学生 LE60/40，价格包含所有贝尼哈桑的墓地；⏲8:00~16:00)Baqet是第11王朝Oryx省的省长。在他长方形的墓堂中，有7座墓穴竖井和一些保存完好的壁画。其中在左侧的壁画上，Baqet和妻子正在监督织工和杂技演员——大多数女人都身穿精致的服装，姿势灵活。接下来是数动物(可能是Baqet的财产)的场景。在一个沙漠狩猎的画面中，还能看到瞪羚群中的神话动物。

后面的墙上画的是一系列摔跤的动作，这些招式今天仍在使用。右(南)侧墙上的壁画反映了省长的日常生活，画面中有陶工、金属加工工人和亚麻收获的场景等。

Tomb of Kheti(17号) 墓地

Baqet之子Kheti从父亲那里继承了Oryx省省长的职位。在他的墓堂内，最初的6根纸莎草柱有两根完好无损，彩色的壁画栩栩如生，描绘了狩猎、制作亚麻布、下棋、加工金属、摔跤、杂技表演和跳舞等活动，大部分都处于省长的监督之下。右侧墙上酿酒和放牧的场景中，有人摆出的姿势像在做瑜伽，而在朝向西侧的墙上绘有10种不同的树。

★ Tomb of Amenemhat(2号) 墓地

Amenemhat是第12王朝Oryx省的省长。他的坟墓是贝尼哈桑最大的，可能也是最好的了，像Khnumhotep一样，它那引人注目的外表和内部装饰与早期墓地比较朴素的风格截然不同。从一个柱廊入口进入墓地，6根圆柱全都完好无损，内部的壁画描绘了农耕、狩猎、生产和向死者献祭的场景，还能看见死者与他的狗在一起。

除了精美的壁画之外，坟墓内还有一段长长的、褪了色的文字，Amenemhat借此向到访者致辞：“贪生怕死的人们说：‘快向世袭王子、Oryx省伟大省长之灵魂献上成千上万的面包和啤酒，以及数以万计的牲畜和野禽……’”

Tomb of Khnumhotep(3号) 墓地

Khnumhotep是第12王朝早期的省长，墙基刻着他详细的“自传”，墙上描绘的场景最为详细。他的墓地以色彩丰富、精心呈现的画面而闻名，其中有植物和动物。在左侧墙上的画面中，农民在田里劳作，有一名书记员正在记录收成。还是在左侧墙上，有一个亚洲使团进贡的场景，他们的服装、面孔和胡须全都清晰可见。

Speos Artemidos 神庙

(Grotto of Artemis；⏲8:00~16:00)如果守卫允许的话，你可以沿着一条悬崖边的小道向东南方走约2.5公里，然后再走约500米进入一个旱谷，前往岩穴神庙Speos

劫掠历史

偷盗文物在埃及并不是新鲜事，几千年来一直有人从古墓和其他遗址偷盗文物。但是在2011年穆巴拉克倒台后，埃及出现了安全真空，国内的许多遗址都遭到抢劫。持续的经济困难激起更多的人对文物下手，趁火打劫的现象在全国各地都很普遍。很多著名遗址都遭受了损失，包括开罗的埃及博物馆，而许多鲜为人知的地方，如艾希贝赫(El Hibeh)和马尔拉维的博物馆也遭到了洗劫。尽管负责找回文物的埃及单位工作起来困难重重，但还是从国外的拍卖场找回了一些重要文物。埃及学家莫妮卡·汉纳博士(Dr Monica Hanna)是最执着的捍卫者之一，2013年，马尔拉维博物馆遭到洗劫，馆内1000多件文物中的大部分都被抢走(后来找回了很大一部分)，当时她正在那里工作。后来汉纳博士创建了埃及遗产专责小组(Egypt' s Heritage Taskforce)，是几个帮助保护古文物的组织之一，但文物被劫掠的威胁依然存在。

Artemidos，当地人称它为Istabl Antar[安塔尔的马厩（Stable of Antar），安塔尔是一位阿拉伯武士诗人和民族英雄]，实际上这座神庙供奉的是古埃及狮子女神Pasht。

这座小神庙建于第18王朝，由哈特谢普苏特（公元前1473年至公元前1458年）开始修建，在图特摩斯三世（Tuthmosis Ⅲ，公元前1479年至公元前1425年）统治时期竣工。这里有一座小厅以及雕工粗糙、刻有爱神哈索尔（Hathor）头像的圆柱和一个未完工的圣所。墙上有哈特谢普苏特献祭的场景，在它正面的上部刻有一段铭文，描述了她是如何在希克索斯人（Hyksos）统治之后恢复秩序的。

参观时可能会有警察和守卫（收取小费）陪同。

到达和离开

可以从明亚乘坐小巴到东岸，然后再换乘向南去往贝尼哈桑的车辆，但和许多地方一样，这需要时间，并且很多时候当局不允许你搭乘小巴。从明亚乘坐出租车价格为LE200~400，具体要看你的讲价技巧和在景点停留的时间。

贝尼哈桑至阿马纳（Beni Hasan to Tell Al Amarna）

赫尔莫波利斯（Hermopolis）

Khemenu古城遗址赫尔莫波利斯是上埃及第15省的首府，其埃及名字翻译成英文后意为八城，对应的是四对蛇和青蛙神，根据埃及创世神话，在大地从混沌的水中浮现之前，它们就已经存在了。这里还是智慧和书写之神透特（Thoth）的一个重要崇拜中心，希腊人将其等同于赫耳墨斯（Hermes），因此这座城市的希腊名是"Hermopolis"。

尽管这座曾经富庶的古城如今所剩无几，但在Tuna Al Gebel的墓内和周边有很多神奇的东西值得一看，只是2017年5月出土的17具木乃伊在短时间内不会展出。

景点

★ Tuna Al Gebel 墓地

（见180页地图；成人/学生 LE60/30；⏲8:00~16:00）Tuna Al Gebel是赫尔莫波利斯的大墓地，从Tuna Al Gebel村再走5公里，就能看到埋葬着赫尔莫波利斯居民和神圣动物的墓地和地下墓穴。那黑暗的地下墓穴走廊内曾经摆放着成千上万具朱鹭和狒狒的木乃伊，这些木乃伊都被视为"透特的形象"。该地底墓地氛围奇特，分为两层，至少延伸3公里，甚至也许一直通向赫尔莫波利斯。

这里有一个供奉狒狒之神的神庙很令人难忘，此外最底层还有个单人墓穴。若想在走廊里充分探秘，你需要带上手电。

Tuna Al Gebel曾经属于法老埃赫那吞短命的首都阿克塔顿，王城以14根石柱为界，沿途你会经过其中的一根。巨大的石柱承载着埃赫那吞的誓言——他的城市永远不会扩大并越过这条西部边界，侵入农田和与之相连的村庄，他死后也不会葬在别处，但事实上他最终可能还是被葬在了卢克索的国王谷。左侧的神台上供奉着法老和他妻子奈菲尔提提的雕像，但已经被损毁，侧面刻着他们的三个女儿。

赫尔莫波利斯最壮观的遗址是两尊巨大的透特神像，它们以狒狒的形象呈现，由石英石雕凿而成，源于公元前14世纪。支撑神庙的部分在古代多次被重建。保存下来的还有一扇中王国时期的神庙大门和一座拉美西斯二世（Ramses Ⅱ）时期的塔，它们所使用的石材都是从附近的阿马纳掠夺来的。这里还有科普特教堂遗址，它的圆柱被重复使用多次，甚至连狒狒雕像也是如此，它们巨大的生殖器被拆掉了。

从赫尔莫波利斯往南走几公里，然后沿着一条通往沙漠的路再走5公里即可到达。

皮特赛里斯墓 墓地

（Tomb of Petosiris；⏲8:00~16:00）皮特赛里斯墓是由托勒密王朝早期的一位大祭司修建的，建于古埃及晚期（在被波斯征服和被希腊征服之间）。这座墓之所以与众不同，是因为其外形和所谓的托勒密神庙一样。就像从这座墓出土的现在位于开罗埃及博物馆内精美的石棺一样，皮特赛里斯墓也博采众长，尽管建于内克塔内布二世（Nectanebo Ⅱ）统治时期，却展现了波斯和希腊对埃及的影响。墓内的彩色浮雕描绘了耕作和向死者献祭的场景，也有其他日常生活场景。有四根柱子支撑着长方形的内室，墓室就内室中央的正下方。

伊萨多拉墓（Tomb of Isadora） 墓地

伊萨多拉是安东尼·庇护（Antoninus Pius，138~161年）统治时期在尼罗河溺水而亡的一个富有的女人。坟墓内的装饰并不是很多，但存放着这个不幸女人的木乃伊，死者的牙齿、头发和指甲都清晰可见。

到达和离开

一趟从明亚出发的乡村慢速火车在马尔拉维停车，那里有一个覆盖周围村庄的小巴网络。除非时间极其充裕，否则游览这些景点唯一可行的方式就是从明亚打车，你也许还能借此继续前往艾斯尤特。车费最高可达LE1000，具体根据你逗留的时间、目的地的距离和讲价的技巧而定。

阿马纳（Tell Al Amarna）

法老埃赫那吞（公元前1352年至公元前1336年）在执政的第五年就和王后奈菲尔提提放弃了卡纳克（Karnak）的神和祭司，树立了以崇拜单一神——太阳神阿吞（Aten）为基础的新宗教。

他们还建造了一座新首都——阿克塔顿（意为“阿吞的疆域”），如今该地区被称为阿马纳。这是片美丽的新月形平原，南北长约10公里，坐落在尼罗河和一个悬崖耸立的海湾之间。埃赫那吞死后，他的继任者将自己的名字由图坦卡吞（Tutankhaten）改为图坦卡蒙（Tutankhamun，公元前1336年至公元前1327年），重新崇拜阿蒙神，将首都迁回底比斯。阿克塔顿在做了30年埃及首都后被荒废。

埃赫那吞这座注定失败的城市是一个非常复杂的景点，散落在荒漠平原上的遗址也让人们很难理解。提前规划行程很有必要，若想知道有关这里的更详细的信息，可以访问www.amarnaproject.com。

景点

阿马纳墓地（Tell Al Amarna necropolis；成人/学生 LE60/30；⏲10月至次年5月 8:00~16:00，6月至9月 至17:00）由两组悬崖上的坟墓组成，相隔大约8公里，有许多被损毁的彩色壁画，反映了阿吞改革时期人们的日常生活。宗教遗址以及私人或公共建筑的遗址分散

> **另辟蹊径**
>
> **可持续旅行**
>
> **New Hermopolis**（www.newhermopolis.org；半食宿 每人UK£60~90，视团体人数而定；⏲10月至次年5月；P ）是一家非营利的可持续农场兼住所，这在埃及很少见。这里致力于为当地人争取受教育的机会，旅行者届时会住在蜂巢状圆顶的房间内，从农场的井中抽水，电力则主要来自太阳能电池板。该中心设有会议室，目前仅接待12~24人的团体。这里的赞助人中有一些是资深的外国埃及古物学家。

在一个广阔的区域里——这里毕竟是一座王城。门票可在售票处购买。

中央遗迹

中心城区（Central City） 寺庙

阿克塔顿的中心城区由神庙、大宫殿（Great Palace）和国王居所（King's House）组成。其中神庙包括两座主建筑，分别是圣殿和长庙（Long Temple），后者长达190米，分为6个区域。沿着长桌（Long Table）的南墙，考古学家在这里找到了920张贡品桌的遗迹。这些贡品桌和国王居所之间是储藏室。宫殿用石头建成，装饰精美，使用彩釉和瓷砖装饰，还有雪花石栏杆。

考古学家非常重视这处遗址，因为与埃及的大多数地方不同，它只存在了一个朝代。同时，这里也是最有助于大家了解当时人们生活的遗迹之一。

北侧的墓地

Tomb of Huya（1号） 墓地

Huya是埃赫那吞之母泰伊王后（Queen Tiy）的管家，其墓地入口左右两侧的浮雕描绘了泰伊和她的儿子及家人一起用餐的场景。在外墓室右侧的墙上，埃赫那吞正带着他的母亲前往为她修建的小神庙。在左侧的墙上，埃赫那吞和奈菲尔提提坐在被抬起的椅子上。

Tomb of Meryre Ⅱ（2号） 墓地

Meryre Ⅱ是奈菲尔提提的史官、管家兼“后宫总管”，在入口的左侧，你能看到奈菲尔提提为埃赫那吞斟酒的画面。

Hermopolis, Tuna Al Gebel & Tell Al Amarna 赫尔莫波利斯、Tuna Al Gebel和阿马纳

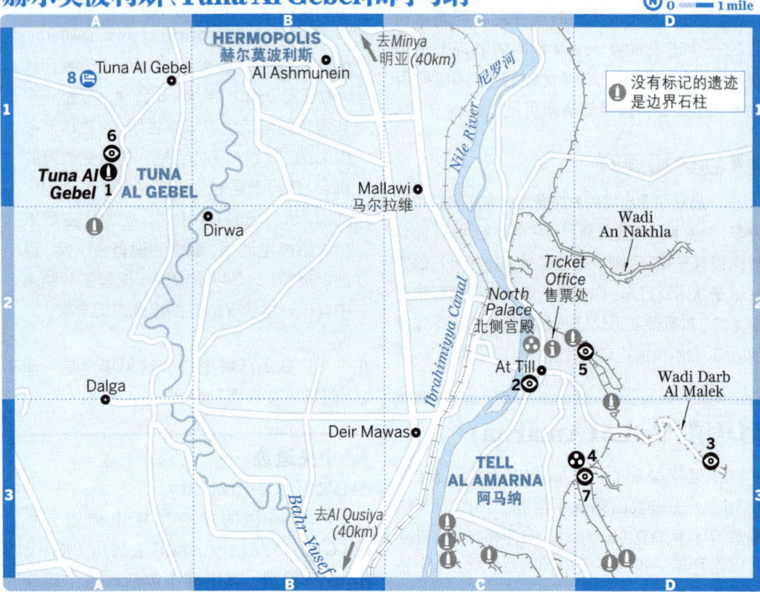

Hermopolis, Tuna Al Gebel & Tell Al Amarna 赫尔莫波利斯、Tuna Al Gebel和阿马纳

重要景点

1 Tuna Al Gebel....A1

景点

2 中心城区....C2
3 埃赫那吞的皇家陵墓....D3
4 阿马纳....D3
Tomb of Ahmose（3号）....（见5）
阿伊之墓（25号）....（见7）
5 Tomb of Huya（1号）....D2
6 伊萨多拉墓....A1
7 Tomb of Mahu（9号）....D3
Tomb of Meryre I（4号）....（见5）
Tomb of Meryre II（2号）....（见5）
Tomb of Panehsy（6号）....（见5）
Tomb of Penthu（5号）....（见5）
皮特赛里斯墓....（见6）

住宿

8 New Hermopolis....A1

Tomb of Ahmose（3号） 墓地

Ahmose的头衔是“国王真正的史官，国王右侧的执扇者”，他被安葬在北部的墓中。其坟墓的大部分装饰都没有完成：通向墓室的长走廊左侧的墙上表现了艺术家不同阶段的工作进展。在上方的画面中，国王夫妇在全副武装的卫队护送下前往阿吞大神庙，而下方的画面则呈现了他们坐在宫殿里听乐队演奏的场景。

Tomb of Meryre I（4号） 墓地

在墓室的左侧墙上，阿吞的大祭司Meryre在朋友的簇拥下接受国王夫妇的奖赏。在右侧墙上，国王夫妇正在向太阳神阿吞献祭——注意，此处有一道彩虹，这样的画面在当时并不常见。

Tomb of Penthu（5号） 墓地

御医Penthu是“第一权臣”，他被安葬在一个简单的坟墓内。走廊左边的墙上绘有阿吞大神庙中的王室成员以及Pentu被任命为御医的画面。

Tomb of Panehsy（6号） 墓地

Panehsy是埃赫那吞在阿克塔顿的首席

仆人，其墓地表面的装饰保留了下来，而多数墓地的装饰早已不复存在了。内部与王室有关的场景有奈菲尔提提驾驶着她的战车，入口通道的右侧墙上还画着奈菲尔提提的姐姐Mutnodjmet，后来她嫁给了法老霍伦海布（Horemheb，公元前1323年至公元前1295年），还有身材矮小的仆人。Panehsy出现在两个主墓室之间通道的左侧墙上，画面中的他是一个胖老头。

随着古代仪式的没落，科普特人在这些墓穴周围建起了基督教聚居地，而Panehsy的墓也被改造成了一座教堂。第一个墓室内原来有四根圆柱，其中的两根被科普特人移走了，他们还添加了一个后殿——如今在墙上还能看见残留的彩色天使翅膀。

南侧的墓地

Tomb of Mahu（9号） 墓地

这是南侧的墓地中保存最好的一座。壁画呈现了Mahu作为埃赫那顿护卫首领的一些有趣的细节，包括带犯人去见宰相（vizier）、检查物资和参观神庙。

阿伊之墓（Tomb of Ay，25号） 墓地

这个墓地位于南侧墓地群，是阿马纳最好的墓地。这里的画面反映了阿伊（Ay）和提伊（Tiyi）在当时的重要性，场景包括夫妇二人拜太阳神以及阿伊接受王室的奖赏，如红色的皮手套。阿伊并没有葬在这里，而是葬在了底比斯国王谷旁边的西部山谷中。

阿伊的头衔不仅仅是"神的父亲"和"国王右侧的执扇者"，他还是图坦卡蒙的继任者，在位时间是公元前1327年至公元前1323年，登基之前是三位法老的宰相。他的妻子提伊是奈菲尔提提王后的乳母。

埃赫那吞的皇家陵墓

埃赫那吞的皇家陵墓 墓地

（Royal Tomb of Akhenaten；附加票 成人/学生 LE40/20）埃赫那吞的墓地（No 26）在距离王室山谷（Royal Valley, Wadi Darb Al Malek）大约12公里的一座峡谷内，山谷将悬崖分为南、北两部分，从这里可以在每个黎明时分看到太阳升起。这座陵墓的设计和比例与国王谷的皇家陵墓相似，但分为好几个墓室。墓地的雪花石膏上涂着装饰画，其中大部分颜色已经脱落，只有少部分残留。

右边的墓室内有埃赫那吞及其家人崇拜阿吞神的破损的浮雕。墓穴内一个凸起的长方形平台曾经放置着石棺，如今它们（在被德国归还之后）保存在开罗的埃及博物馆内。

有一条平整的道路一直通向荒凉的山谷。在你进入这里之前，守卫需要先启动墓地的发电机。埃赫那吞本人可能没有葬在这里，但他的许多家人肯定葬在此处。有人认为他被葬在卢克索国王谷的KV 55内，因为在那里发现了他的石棺，但他的木乃伊至今下落不明。

实用信息

你需要有一名导游陪同才能游览这里，他们就在**售票处**（墓地 成人/学生 LE60/30；⏲10月至次年5月 8:00~16:00，6月至9月 至17:00）闲逛。

在售票处附近有家咖啡馆，内有洗手间，在南侧墓地还有一家更新的咖啡馆，但是在我们调研期间这两家咖啡馆均未营业。务必自带食物和水。

到达和离开

即使安全状况允许，乘坐公共交通工具前往阿马纳也是一个挑战，尤其是外国人不许乘坐当地小巴这一条规定。步行无法参观范围巨大的遗址，所以最好从艾斯尤特、明亚或马尔拉维打车前往，沿尼罗河东岸行驶很长的距离，或者搭乘时间间隔不规律的汽车渡轮（每辆车LE30）过河。打车费用最高可达LE1000，具体要看你从哪里出发以及你打算待多长时间。一定要详细说明你想去的墓地，否则司机可能会拒绝去偏僻的遗址。

Tombs of Mir

Cusae省长的墓地通常被称为Tombs of Mir（成人/学生 LE40/20；⏲周六至周三 9:00~16:00），有时也被称为Meir，是于古王国和中王国时期在贫瘠的悬崖上挖凿的。其中9座坟墓有装饰，并向公众开放，其余6座都没有完工，而且尚未挖掘。

1号墓和旁边的2号墓刻有720尊法老的神像，但由于早期科普特隐士曾在这里修行，因此许多神的面孔和名字都被毁了。在4号墓

内，你还能看到最初画在墙上的网格，当年设计师就是借助它们来设计墙面装饰布局的。3号墓中画有一头正在产仔的奶牛。

从艾斯尤特向明亚的方向行驶大约50分钟就能到这里。长途汽车会将你放在Al Qusiya，从Al Qusiya去往Tombs of Mir的车辆不多，所以只能打车前往，车费至少LE70，具体取决于你在景点逗留的时间。从艾斯尤特乘坐出租车到Mir需要LE20~300，将这里与代尔穆哈拉克（Deir Al Muharraq）组合在一起参观比较理想。

代尔穆哈拉克（Deir Al Muharraq）

代尔穆哈拉克 修道院

（Burnt Monastery；⏲6:00至黄昏）代尔穆哈拉克位于艾斯尤特西北1小时车程处，是朝圣、避难和立誓的地方，在这里你能感受到科普特传统的力量。常驻修道士相信圣母玛利亚和耶稣在逃出希律王的魔爪之后，曾经在这里的一个洞穴内住了6个月零10天，这是他们在埃及停留时间最长的地点。根据传说，矗立在洞穴上方的阿兹拉克教堂（Church of Al Azraq，受膏者教堂）是世界上最古老的基督教教堂，于公元60年前后祝圣。

尽管现在的这座建筑建于12~13世纪，但修道士们于4世纪就开始在这里生活了。它的特别之处在于教堂内有两个圣障，圣坛左边的圣障来自埃塞俄比亚的圣彼得和圣保罗教堂，过去被放置在屋顶。其他来自埃塞俄比亚的物品被陈列在教堂外面的大厅里。

教堂旁边的一座独立的塔楼保留了下来，它建于7世纪，在12世纪和20世纪被重建。塔楼可以通过吊桥进入，共有4层，还有圣米迦勒教堂（Church of St Michael）、食堂、宿舍，甚至在圣坛后面还有安葬遗体的空间，俨然就是一个小型修道院。

修士们相信这座修道院的宗教意义已在《以赛亚书》（*Book of Isaiah*）第19章19-21中得以证实。修道院在保护科普特传统方面做了很多工作：19世纪之前，这里的修道士一直使用科普特语（那时修道院有190名修道士），当其他修道院使用阿拉伯语举行科普特礼拜仪式的时候（为了方便讲阿拉伯语的会众），他们仍然坚持使用科普特语。

圣乔治教堂（Church of St George，Mar Girgis）也在这个院子里，它是1880年经土耳其苏丹的许可修建的，当时他还是埃及的官方统治者。这座教堂以十二使徒和其他宗教场景的绘画作为装饰，其圣障由大理石制作，许多圣像都是拜占庭风格的。根据传统，表现圣母和圣子的圣像都出自St Luke之手。

进入教堂前记得脱鞋，要对这个安静和圣洁的地方心怀敬畏。每年都有一周的时间（通常是6月21日至28日），成千上万的朝圣者聚集于此，参加修道院一年一度的斋日，届时非朝圣的游客可能会被拒之门外。

参观修道院通常有人陪同，这里不收门票，但接受捐赠。有的游客最后会匆匆看一眼1940年修建的新教堂，或去逛附近的礼品店，或在修道院的接待室里喝杯冷饮。

驾车从艾斯尤特出发，向明亚方向行驶大约50分钟即达修道院。或者乘坐长途汽车在Al Qusiya下车，不过目前当局不允许乘坐小巴，所以你只能步行。搭乘出租车前往是最好选择。

艾斯尤特（Asyut）

☎088/人口：429,538

艾斯尤特给人带来的体验相比开罗或者卢克索有天壤之别。这里属于行省，是这片农村地区的首府，而非一国之都。它位于尼罗河以西的肥沃平原之上，自法老时期就有人定居，其远古遗风至今犹存：它和Swaty一样，都是上埃及第13省的首府。它是一条重要的商队路线的终点附近，该路线从南撒哈拉出发，途经苏丹和哈里杰绿洲（Al Kharga Oasis），其重要性在于通商，其次是政治。几百年来，奴隶是这里交易的主要商品之一：在交易之前，商队停在这里接受检疫，在这段时间内，奴隶贩子通常会为后宫准备一些男性奴隶。

景点

作为一个历史悠久的城市，艾斯尤特却几乎没有什么吸引人的景点，这在一定程度上是因为大部分古城遗迹要么尚未发掘，要么位于山上的灌溉区域边缘，而这些地方是禁止外国人前往的。在2000年，科普特人和穆斯林都在圣马可教堂(Church of St Mark)上方目击到了圣母玛利亚，有不少朝圣的游客涌向了艾斯尤特。她的幻影持续了好几个月。

艾斯尤特河坝(Asyut Barrage) 地标

艾斯尤特河坝一直延伸到尼罗河畔的亚历山大宫(Alexan Palace)，是该市最美的19世纪建筑，在翻新并重新开放前，它是最容易接近的古迹，也是艾斯尤特财富的见证。它建于1898~1902年，用以调节流入Ibrahimiyya运河的水量，从而确保对远至贝尼苏韦夫的山谷的灌溉，它还是一座横跨尼罗河的桥梁。

如今艾斯尤特河坝的战略重要性犹在，禁止拍照，所以应该收好相机。

巴纳纳岛 岛屿

(Banana Island; Gezirat Al Moz)位于城市以北的巴纳纳岛是一个阴凉、宜人的地方，适合野餐。乘坐三桅小帆船之前，你必须和船长讲好价钱，要做好每小时至少LE40的心理准备。

Convent of the Holy Virgin 女修道院

(⏲6:00~18:00)这座女修道院位于艾斯尤特西南约11公里的Dirunka，它建在山谷上方大约120米高的一座悬崖上，在一个洞穴的旁边，据说圣家庭在逃往埃及期间曾经在此避难。女修道院里有50多位修女和修道士，其中一位修道士很乐意带你参观。你得乘坐出租车前往(LE60~80)。

在圣母节期间(8月下旬)，成千上万的朝圣者来到这里祈祷，举着圣母玛利亚和耶稣的圣像游行。

住宿

作为一省的中心，艾斯尤特并不缺酒店，但许多都定价过高，环境嘈杂。虽然过去几年房费有所上涨，但是标间的价格没有变动。

YMCA 青年旅舍 $

(☎088-230-3018; Salah Ad Din Al Ayyubi; 铺 LE30; ❄)这家青年旅舍有一个大花园，提供简单的房间，房间内配有冰箱，深受埃及年轻群体的青睐。务必提前订房。

Al Watania Palace Hotel 酒店 $$

(☎088-228-7981; Sharia Al Gomhuriyya; 标单/双 US$60/80; ❄📶)这家艾斯尤特最新、最漂亮、最大的酒店看上去已经稍旧了，它是一个由海湾财团支持的房地产开发项目，有一间令人印象深刻的大厅、宽敞的房间、各种功能室，星级标准比全市其他酒店都高。舒适度和服务质量可以充分弥补地理位置的欠佳和氛围的不足。

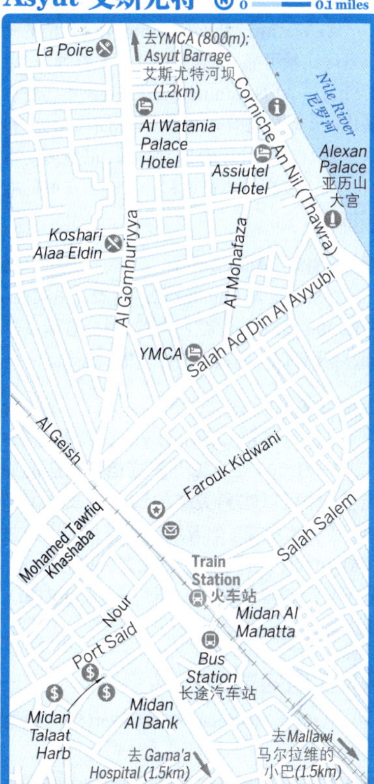

Assiutel Hotel 酒店 $$

[☎088-231-2121; 146 Corniche An Nil (Thawra); 标单/双 LE620/840; ❄@]它俯瞰尼罗河和嘈杂的水滨路，曾一度是城内最好的酒店，但如今看上去很乏味。房间分布在两个楼层内，服务不是特别热情，价格也不算便宜，但所有房间都配有卫星电视、冰箱和私人浴室。这里有一个沉闷的餐厅和艾斯尤特唯一的酒吧。

就餐

Al Watania Palace Hotel中等价位的屋顶餐厅比较可靠，适合好好坐下来吃顿饭，沿着Sharia Al Gomhuriyya有好几家不错的快餐店。火车站周围有许多出售富尔（fuul）和塔米亚（ta' amiyya）的食品摊，尼罗河沿岸有一些比较高档的餐馆和一家非常友好的咖啡馆。

★ Koshari Alaa Eldin　埃及菜 $

（Sharia Al Gomhuriyya；主菜 LE6~10；⏲10:00~23:00）这家位于主街道的餐馆友善而朴素，可以吃到很棒的库夏里（kushari）。

La Poire　糕点 $$

（Sharia Al Gomhurriya；⏲周六至周四10:00~21:00）在这家开罗高档糕点店的分店里，你可以吃到美味的埃及以及各国糕点，还有冰激凌。配着红枣和杏仁的库纳法（Kuanafa，一种意大利细面条一样的糕点，底下是浸着糖浆的香草蛋糕，每公斤LE110）尤其好吃。

实用信息

在Midan Talaat Harb和Sharia Port Said路上有自动柜员机。

旅游办事处[☎088-231-0010; Governorate Bldg, Corniche An Nil（Thawra）]的门关着的时候，看上去就跟废弃建筑一样，但这里的员工非常热情，能提供城市地图，并帮助安排接下来的旅行。

到达和离开

艾斯尤特是所有交通方式的枢纽，但如果你想经陆路前往卢克索和南方，就必须在索哈杰换车。

长途汽车

上埃及的**长途汽车站**（☎088-233-0460）在火车站附近，有去往开罗（LE80，5~6小时）、赫尔加达（LE80，5.5小时）、沙姆沙伊赫（Sharm El Sheikh，LE130，10小时）和亚历山大（LE110，8小时）的车辆。

小巴和出租车

没有去往卢克索的小巴，搭乘小巴去马尔拉维是可行的，不过有时会被禁止乘坐。乘坐私人出租车前往卢克索，单程车费最多可达LE1000。

火车

有几趟日班列车开往开罗（一等/二等车厢LE79/44，4~5小时）和明亚（LE39/26，1小时），每天大约有10班列车向南开往卢克索（LE70/40，5~6小时）和阿斯旺（LE95/52，8~9小时）。所有列车都在索哈杰（LE33/21，1~2小时）和基纳（LE59/35，3~4小时）停车。

索哈杰（Sohag）

☎093/人口：211,181

索哈杰是上埃及一个主要的科普特基督教区域。虽然城内景点不多，但附近的白色和红色修道院都非常值得一看，另外河对岸的艾赫米姆（Akhmim）也是一处旅游胜地。

景点

要前往修道院必须打车（每小时大约LE100）。

★ 红色修道院　修道院

（Deir Al Ahmar；LE20；⏲7:00至黄昏）红色修道院位于白色修道院西南4公里处，隐藏在一座小村庄的后面，是埃及最好的基督教建筑之一。这里由Shenouda的一个门徒Besa修建，传说他在皈依基督教之前是一个窃贼，这座修道院是他为纪念St Bishoi而建的。修道院的开放时间可能会受礼拜仪式和科普特节日的影响。

修道院两座附属礼拜堂中比较老的一座——Chapel of St Bishoi and St Bigol，建于4世纪，80%的表面仍然覆盖着彩色灰泥和壁画，也让人们了解了古典时代晚期宗教建筑的模样。由埃及的美国研究中心（American Research Center in Egypt）和美国国际开发署（USAID）展开的大规模修复工作使其重现往日辉煌。保存下来的作品在质量和面积上可以和伊斯坦布尔的圣索菲亚大教堂（Hagia Sophia）与拉韦纳（Ravenna）的教堂相媲美，都是幸存下来的最好的古代晚期遗址。空地另一边的圣母教堂（Chapel of the Virgin）比较现代，平淡无奇，不过这里举办的礼拜仪式十分有气氛，会用到很多香烛。

白色修道院　修道院

（White Monastery；Deir Al Abyad；LE20；

⌚7:00至黄昏）白色修道院位于索哈杰西北6公里处，在古时尼罗河洪水位上方遍布岩石的地面上。大约在公元400年前后，St Shenouda修建了这座修道院纪念他的导师St Bigol。它的白色石灰石来自法老神庙，在一些石块上仍然能够看到古老的神祇和象形文字。修道院外墙效仿了古代神庙的设计。

这座修道院曾经维系着一个庞大的修道士社区，自称有埃及最大的图书馆，如今该修道院有23名修道士，而针对手稿的研究终于开始。围墙依然存在，但已无法保护内部，大部分已成废墟。尽管如此，围墙内的教堂布局还是很容易辨别的。教堂使用砖块砌成，长75米，宽35米，采用长方形教堂的布局，有一个正堂、两个侧廊和一个半圆形殿。正堂和半圆形殿完好无损，穹顶以《圣母永眠》（*Dormition of the Virgin*）和《基督普世君王》（*Christ Pantocrator*）做装饰。19根圆柱源于一座早期建筑，将礼拜堂与正堂分隔开来。游客如果想协助服务，可以在凌晨4点之后到达。

艾赫米姆 城镇

（Akhmim，Meret Amun；成人/儿童 LE40/20）卫星城艾赫米姆位于索哈杰东岸，将埃及古城Ipu废墟囊括其中，它本身是在前王朝时期一个更加古老的聚居地上建立起来的。它是为生育之神敏（Min）而建的，该神通常被表现为一根巨大的阴茎，相当于希腊的潘神（后来希腊人称这座城市为Panopolis）。乘坐出租车前往艾赫米姆，车费每小时大约LE50。如果你被允许乘坐小巴，则需要15分钟，票价LE6。

艾赫米姆现在这个名字取自敏神，1982年的发现更加确定了它与古代的联系，当时在Sheikh Naqshadi清真寺旁边发现了一尊11米高的**Meret Amun**雕像，这是在埃及发现的最高的古代王后雕像。Meret Amun（意为“阿蒙的爱人”）是拉美西斯二世的女儿，也是阿蒙霍特普一世（Amenhotep Ⅰ）的妻子和敏神庙的女祭司。雕塑中的她左手持连枷，佩戴仪式用头饰和大耳环，旁边她父亲的一尊坐像仍然保留着部分最初的色彩。

神庙本身保留下来的部分并不多，Meret Amun雕像如今矗立在一个小型考古园内，周围还有一个罗马聚居地遗址和现代的房屋。

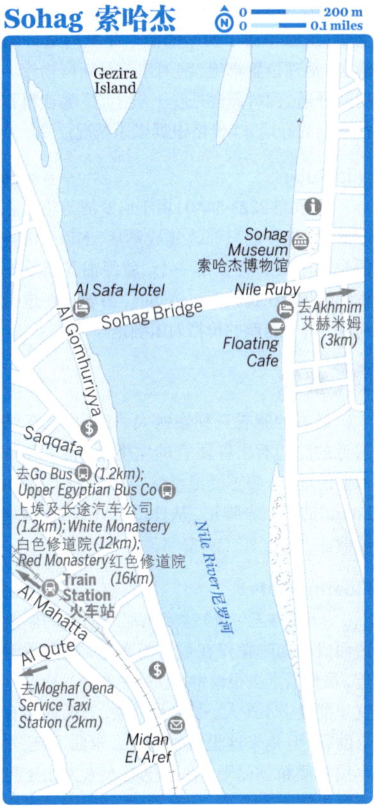

Sohag 索哈杰

马路对面另外一处遗址已经被挖开，附近正在进行一项规模更大的发掘。

艾赫米姆在古代以纺织品而闻名，一名现在的织工称其为“史前的曼彻斯特”。这一传统一直延续至今，在Meret Amun雕像的对面，正对着邮局有一扇绿门，通向一个小型纺织厂（如果门是关着的就敲门）。在这里，你能看到织工纺织，可购买当场制作的手织丝绸和棉织品（丝绸每米ELE200，棉布每米LE90~125），或者捆起来的现成桌布和餐巾。

索哈杰博物馆 博物馆

（Sohag Museum；成人/儿童 LE60/30）这里展示了当地文物，包括不断从位于艾赫米姆的拉美西斯二世神庙中出土的文物。

住宿

Al Safa Hotel 酒店 $$

（☎093-230-7701，093-230-7702；Sharia

Al Gomhuriyya, West Bank; 标单/双 LE300/400; ❄📶)这家坐落于西岸的酒店是城内最好的酒店，地理位置卓绝，河对岸就是新博物馆。房间舒适，河畔露台是晚上吃小吃、喝饮料和抽水烟的好地方。价格根据需求情况浮动。

Nile Ruby 船屋 $$

(☎012-2223-5440)由于尼罗河游轮行业不景气，许多船只都改建成酒店，Nile Ruby便是其中最新开张的一个，就停泊在索哈杰桥的附近。在我们上次访问时，游轮正在进行清理，70个船舱的价格尚未确定。

餐饮

最好的就餐选择在两大酒店内。火车站附近的路边有出售便宜的库里夏、富尔和塔米亚的地方。要感受浪漫氛围，可以去Gezira Island的一家咖啡馆，从Hotel Al Nil北侧乘船前往。

Floating Cafe 咖啡馆

(🕘正午至午夜)这家由尼罗河上的船改造而成的咖啡馆停在尼罗河东岸，就在桥附近，虽然看上去很慵懒，但是在温暖的夜晚，这里能吸引不少人。菜单很朴素，有时候会有自助餐，但是来这里就别吃什么东西了，还是享用非酒精饮品吧。在这里看人来人往还挺有意思的。

实用信息

Sharia Al Gomhuriyya沿路有几家银行。**旅游办事处**(☎093-460-4913; Governorate Bldg; 🕘周日至周四 8:30~15:00)在尼罗河东岸新博物馆旁边的大楼内，很有帮助，能安排参观修道院。

到达和离开

Go Bus 每天会发两班车去开罗(LE135)。**上埃及长途汽车公司**每天7:30~21:30会定期发车前往开罗(LE85~120)。

沿开罗—卢克索主线向南、向北的列车非常频繁，每天有几趟列车开往艾斯尤特(一等/二等车厢 LE34/21, 1~2小时)和卢克索(LE94/63, 3~4小时)。开往Al Balyana的列车(只有三等车，1~2小时)非常慢。

阿拜多斯(Abydos)

埃及到处都有供奉死神奥西里斯(Osiris)的圣殿，而且每个都被当作他身体不同部分的安息之地，但阿拜多斯(成人/学生 LE80/40; 🕘8:00~16:00)才是主要崇拜中心。埃及人认为奥西里斯的头颅就安放在这里，都想在有生之年到此朝圣，或者死后葬在这里。从前王朝统治时期到基督教时期(公元前4000年至公元600年)这4500多年间，这里一直被当作一个大墓地。这里的大多数墓穴都尚未被挖掘，这一点同其阿拉伯名字不谋而合——Arabah El Madfunah，意为"掩埋的阿拉巴"。塞提一世神庙(Temple of Seti I)后方的区域被称为Umm Al Qa' ab(罐之母)，有埃及早期法老的墓地，包括第1王朝的法老哲尔(Djer，公元前3000年)。随着挖掘工作的进行，这片区域已不再对外开放。

国王名单

古埃及人的历史均是围绕法老书写的。相比按照年份顺序，他们是按照特定统治者的年号来记录大事件的：每次有新的法老即位，就会将那一年算作元年，直到这位法老去世，下一位法老即位后再开始重新计算年数。

法老的顺序被记录在一份所谓的国王名单上，在开罗的埃及博物馆、巴黎的卢浮宫和伦敦的大英博物馆都可以看到这份名单。但是只有阿拜多斯的塞提一世神庙中的这份名单还依然留在原址。塞提很看重皇室祖先，他的名单中的75位先皇，从半神话时代中的美尼斯[Menes，通常认为他就是纳尔迈(Narmer)法老]就开始计算了。但这份名单并不完整，塞提为了重写历史，排除了那些他觉得"不合适"的法老，他删去了第二中间时期的异族希克索统治者、女法老哈特谢普苏特，还有阿马纳的那些法老。因此，排在阿蒙霍特普三世后面的是霍伦海布，而埃赫那吞、斯曼赫卡拉(Smenkhkare)、图坦卡蒙和阿伊法老则干脆被删得干干净净。

Abydos 阿拜多斯

景点

★塞提一世神庙 纪念地

（Temple of Seti Ⅰ, Cenotaph; 见179页地图; 成人/学生 LE80/40; ⏲8:00~16:00）你在阿拜多斯看到的第一座建筑就是塞提一世神庙，在经过一定的修复之后，现在这是埃及最完整、最具特色、最美的神庙之一。虽然附近的奥斯瑞文（Osireion）也笼罩着一层神秘的色彩，沙漠景观令人赞叹，但塞提一世神庙还是以精美的装饰和浓郁的氛围成为阿拜多斯的主要景点。

这座雄伟的石灰石建筑与众不同，它呈L形而非矩形，有7个巨大的门洞，供奉着6位主神——奥西里斯、伊希斯（Isis）、荷鲁斯（Horus）、阿蒙-拉（Amun-Ra）、拉-哈拉胡提（Ra-Horakhty）和卜塔（Ptah），还有塞提一世（公元前1294年至公元前1279年）本人。在阿马纳进行“异端之举”（指埃赫那吞法老打破传统，建立了新宗教、新首都以及新艺术风格）后不到50年的时间中，它就成了古老传统回归的明确标志。穿过黑暗的大厅和圣殿，神秘的气氛如影随形。

经一座损毁大半的塔门和两个开阔的庭院进入神庙，它由塞提一世之子拉美西斯二世修建，柱廊上的画面描绘了他杀害亚洲人并崇拜奥西里斯的情形。这里原本有7个门洞，现在人们只能从中央的门洞进入，远处的第一多柱厅也是由拉美西斯二世建成的。浮雕刻画了法老向神献祭和准备建造神庙的场景。

第二多柱厅有24根砂岩纸莎草柱，是神庙中由塞提装饰的最后一部分，不过他在完工前就去世了。这里的浮雕质量上乘，并且复兴了古王国时期的技艺，后方右边墙上的场景尤其突出，画面中的塞提站在供奉着奥西里斯的神龛前。他的前面是女神玛特（Maat）、Renpet、伊希斯、奈芙蒂斯（Nephthys）和Amentet，下方是尼罗河神哈比（Hapy）。

在第二多柱厅的后面是7位神祇的圣殿（从右到左：荷鲁斯、伊希斯、奥西里斯、阿蒙-拉、拉-哈拉胡提、卜塔和成神的塞提），过去圣殿内有他们的雕像。奥西里斯圣殿是从右边数第3座，通向一连串内室，那里供奉诸神、他的妻子和孩子、伊希斯和荷鲁斯，甚至还有无处不在的塞提。7座圣殿中靠近左侧的内室比较有趣：在一组供奉着神秘的奥西里

Temple of Seti I 塞提一世神庙

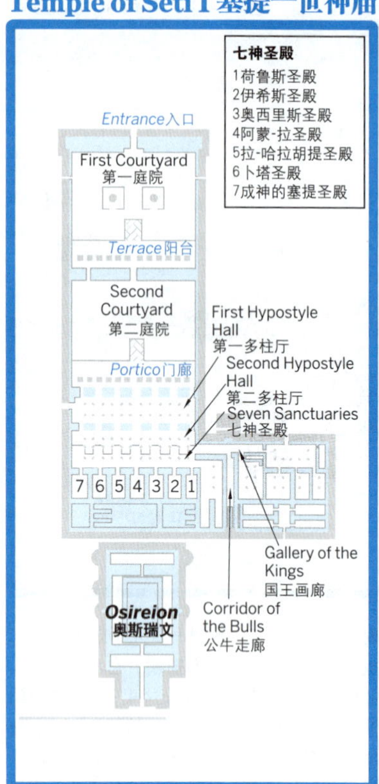

斯的内室中，奥西里斯被表现为木乃伊，女神伊希斯化作一只鸟在上方盘旋，这是对他们孕育儿子荷鲁斯的场景的记录。

左侧的走廊被称为国王画廊，里面有塞提一世和他的长子，即后来的拉美西斯二世，以及在他之前的一众法老的雕像。楼梯通往奥斯瑞文和远处的沙漠。

神庙最后的住客之一多萝西·伊笛（Dorothy Eady）是有"塞提之母"（Omm Sety）之称的英国人。她相信自己是神庙女祭司转世，是塞提一世的情人。她在阿拜多斯生活了35年，为考古学家提供有关神庙的信息，在神庙里她获准表演古老的仪式。她于1981年逝世，死后被葬在沙漠里。

奥斯瑞文（Osireion） 纪念地

奥斯瑞文就在塞提一世神庙的后面，这座怪异、奇妙的建筑在埃及独一无二，至今让埃及学家为之困惑。这座建筑如今不对游客开放，因此人们无法查看随葬品和刻在墙上的仪式图文。不过你可以从塞提一世神庙的后方俯瞰这里，能完整地看到这座建筑及周围的水域。

根据其建筑中使用的大块花岗岩，人们最初认为这是一座古王国时期的建筑，现在则推测其历史可追溯到塞提统治时期，是奥西里斯的衣冠冢——确切地说，是奥西里斯的化身塞提的。这里据说是根据国王谷的岩墓为基础设计的。可以通过一条128米长的地底通道到达由10根柱子支撑的"墓室"，墓室低于塞提神庙的水平面，中心有一具假石棺。这间墓室模拟小岛的样子，因此四周被水渠所包围。

拉美西斯二世神庙（Temple of Ramses Ⅱ） 寺庙

拉美西斯二世神庙在塞提一世神庙的西北方，与后者相比，它的规模较小，保存得也没那么完好，且没有房顶。该建筑由塞提一世的儿子拉美西斯二世（公元前1279年至公元前1213年）修建。它采用了传统神庙的矩形设计，拉美西斯为每位他认为重要的神祇都修建了圣所，包括奥西里斯、阿蒙-拉、透特、敏、被神化的塞提一世，当然还有拉美西斯自己。大量浮雕的色彩依然清晰可见，例如祭司和祭品挑夫的形象以及法老为神像涂抹香膏的画面。该遗址偶尔会不允许游客参观。

住宿

House of Life 酒店 $$

（☎010-1000-8912，093-494-4044；www.houseoflife.info；标单/双 €55/70；❄@📶≋）这座由荷兰人和埃及人共同经营的大型酒店刚刚完工，墙面模仿古埃及风格，位于通往塞提一世神庙的路上。这里的房间宽敞、安静、设施齐全，而且均配有步入式淋浴间。大多数客房都可以看到泳池或者周边乡村的景色（看不到神庙）。这里还有一个使用古埃及疗法的康复中心和一家供应饮料、水烟的室外咖啡馆。

到达和离开

最近的火车站在Al Balyana，距离Al Araba Al

Madfuna有10公里，但多数人都是从卢克索出发到此，卢克索有许多公司提供巴士一日游。从卢克索乘坐私人出租车往返最低LE900，具体价格根据你的讲价水平和在神庙停留的时间而定。有一趟火车（一等/二等车厢LE52/42，3小时）8:25从卢克索发车。乘坐私人出租车从Al Balyana到神庙大约需要LE60，具体价格视等候时间而定。在Al Balyana乘坐小巴需要LE3。

基纳（Qena）

☎096/人口：257,939

基纳位于一个巨大的河道拐弯处，在贯穿沙漠、通往红海港口塞法杰港和度假胜地赫尔加达的道路与尼罗河主路的交叉点上。作为一个集镇和省会，这里是前往附近的丹达拉参观壮观神庙的一个有用的落脚点。伊斯兰舍尔邦月（Islamic month of Sha' ban）14号是该城纪念12世纪的守护圣徒Abdel Rehim Al Qenawi的节日。

景点

★丹达拉 寺庙

（Dendara；成人/学生 LE80/40；7:00~18:00）早在第6王朝（公元前2320年）时期，丹达拉就是一个重要的行政和宗教中心了。虽然哈索尔神庙（Temple of Hathor）建于法老时代末期，但仍然是埃及的标志性建筑之一，这主要是因为它基本上完好无损，厚实的石头屋顶、圆柱、黑暗的内室、地窖和曲折的楼梯都刻有象形文字。

所有游客必须穿过**游客中心**，那里有售票处和集市。虽然大部分摊位还没有人入驻，但在不久之后，可能你在进入神庙前得先忍受扰民的小贩了。厕所干净，能正常使用，是个优点。在我们造访时，在景点内买不到食物或饮料。

经过高高的门道和泥墙，能看到建在稍高处的神庙。入口通向**外多柱厅**，它由罗马皇帝提比略（Tiberius）修建，在24根巨大的装饰石柱当中，前面的6根四面都刻有哈索尔的头像，虽然被基督徒破毁，但仍然令人印象深刻。墙上刻着提比略和他的罗马继任者向埃及诸神献祭的场景：此处与遍布全国各地的神庙一样，都是传统的延续，即使是在外族的统治下也不例外。大厅最左侧和右侧的天花板上装饰着黄道十二宫的图案。现在已经清理出了一部分，颜色非常鲜艳。

神庙内部建于托勒密时期。面积较小的**内多柱厅**也有哈索尔石柱，墙上刻着王室仪式的场景，包括建立神庙的场景。注意"空白的"旋涡花饰，它们大概揭示了托勒密王朝末期政治上的不稳定——法老快速更迭，石匠们好像不太情愿刻上那些在位时间短暂的法老的名字。公元前80年，情况变得空前糟糕，托勒密十一世杀害了他那受人爱戴的妻子和继母贝勒尼基三世（Berenice Ⅲ），当时他们共同执政仅仅19天。愤怒的亚历山大市民为王后报仇，将法老拖出宫殿并杀死。

过了第二多柱厅之后，你会发现**贡品厅**（Hall of Offerings）一直通向**圣所**（sanctuary），这是神庙最神圣的部分，里面供奉着女神的雕像。还有一尊哈索尔神像被存放在神庙下面的地窖里，每个新年（在古埃及，新年在7月尼罗河涨潮的时候）都会被请出来。它被抬进贡品厅，与其他神像放在一起，随后会被抬上屋顶。**西侧楼梯**以这一游行场景的画面作为装饰。新年那天，神像被放在屋顶西南角的露天凉亭里迎接太阳神拉的第一缕阳光。随后神像会经**东侧楼梯**被抬下去，那里也刻着同样的场景。

屋顶的两个套房以奥西里斯在他的妹妹兼妻子伊希斯的帮助下复活的画面作为装饰，同样延续了复活的主题。在**东北套房**的屋顶中央是著名的"丹达拉黄道十二宫"（Dendara Zodiac）石膏像，原件目前在巴黎的卢浮宫。站在屋顶俯瞰周围的乡村，风景非常壮观。

外墙有狮头滴水嘴，用来应对极为罕见的降雨，还刻有法老敬神的场景。后（南）墙的画面最著名，图中克里奥佩特拉（Cleopatra）和她与尤利西斯·恺撒（Julius Caesar）所生的儿子恺撒里昂（Caesarion）站在一起。

正对后墙的是**伊希斯神庙**，它由克里奥佩特拉的死对头屋大维（Octavian，奥古斯都皇帝）修建。回到西侧哈索尔神庙的前面，棕榈树成荫的**圣湖**（Sacred Lake）为神庙供

Dendara 丹达拉

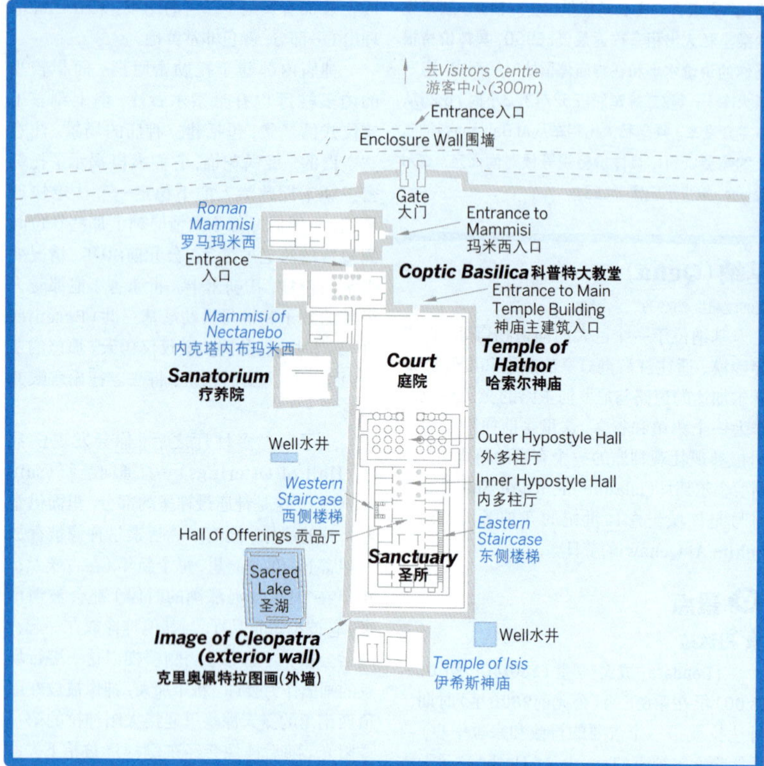

水。离开此处向北，是**疗养院**（sanatorium）的泥砖地基，病人来到这里祈求女神为他们治愈疾病。

最后，这里还有两座玛米西（mammisi，产房），第一座由第30王朝埃及法老内克塔内布一世（Nectanebo Ⅰ，公元前380年至公元前362年）修建，并由托勒密家族进行了装饰；另一座由罗马人修建，由图拉真皇帝（Emperor Trajan，公元98~117年）进行装饰。这样的建筑是用来庆祝神祇和神之子法老的诞生的。在两座玛米西之间，有一座建于5世纪的**科普特大教堂**遗迹。

丹达拉位于基纳西南4公里处，在尼罗河的西侧。多数游客都从卢克索前往，从卢克索乘坐出租车往返大约需要LE200。还有从卢克索到丹达拉的一日游线路。如果你乘坐火车到基纳，就得打车去神庙（往返LE40，含部分等候时间）。

ℹ 到达和离开

长途汽车

上埃及长途汽车公司（Midan Al Mahatta）在火车站对面的长途汽车站，运营定期前往开罗的线路，途经红海、赫尔加达和苏伊士。

小巴

在本书写作期间，外国人不可以搭乘小巴，如果这一状况发生了改变，那么从桥向内陆走1公里就是小巴车站，可以从这里向南去往卢克索和阿斯旺，向东去往赫尔加达、阿莱姆港（Marsa Alam）和苏伊士，向北去往纳格哈马迪（Nag Hamadi）、索哈杰和艾斯尤特。

火车

所有从北向南行驶的主要列车都在基纳停车。这里有去往卢克索的一等/二等空调列车（LE27/19起，40分钟）以及去往Al Balyana（二等/三等LE18/12，2小时）的列车。

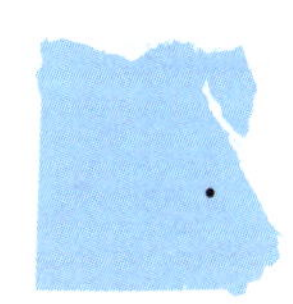

卢克索

☎095/人口：1,088,911

包括 ➡

最佳就餐

- Sofra Restaurant & Café（见229页）
- Al Moudira（见231页）
- Nile Valley Hote（见230页）
- As Sahaby Lane（见229页）
- Koshari Alzaeem（见229页）

最佳住宿

- Al Moudira（见228页）
- Hilton Luxor Resort & Spa（见226页）
- Nefertiti Hotel（见225页）
- Beit Sabée（见227页）
- Bob Marley Peace Hotel（见224页）

为何去

卢克索素有“世界最大的露天博物馆”之称。这个奇妙的地方很难用语言来描述。就规模和宏伟程度来讲，古都底比斯遗址在全世界都首屈一指。

这里的景致美得令人震撼，尼罗河流淌在东岸现代城市和西岸大墓地之间，背靠神秘的底比斯悬崖。丰富的古迹散落在四处，从东岸的卡纳克和卢克索神庙，到西岸的众多墓地和神庙，数不胜数。

从18世纪末开始，底比斯的财富和权力以及古代传说就引得西方游客慕名而来。如今这里的游客数量完全取决于政治形势，在景点，你有可能孑然一人，也有可能被来自世界各地的游客包围。不管怎样，只要稍加计划，你就能最大程度上感受到底比斯的魔力。

何时去

卢克索

4月至5月和10月至11月 旅游的最佳月份，阳光充足。

舍尔邦月（3月至5月） 纪念圣人优素福·阿布赫格的节日。

11月26日 1922年的这一天，霍华德·卡特打开了图坦卡蒙之墓。

卢克索亮点

❶ **卡纳克**(见194页)徘徊在多柱大厅内，仿佛穿行于富有异域情调的石林里，这些石林由纸莎草形的巨柱组成。

❷ **卢克索神庙**(见200页)惊叹于这座令人震撼的建筑的同时，不要忘记晚上返回这里，在迷人灯光下领略墙上浮雕的魅力。

❸ **国王谷**(见205页)如同法老当初那样，让众神带你进入亡者的世界。

❹ **贵族墓**(见221页)在陵墓的墙上一窥古埃及贵族的上流生活。

❺ **哈布城**(见217页)在柔和的黄昏下，漫步于保存完好的底比斯神庙之中。

❻ **塞提一世神庙**(见221页)感受一下这个小众神庙的灵性。

❼ **卢克索博物馆**(见203页)欣赏这座美丽的博物馆所藏的瑰宝。

历史

在中王国时期(公元前2055年至公元前1650年)，底比斯[古瓦赛特(Waset)]的地位日益重要。第11王朝底比斯君主门图霍特普二世(Montuhotep Ⅱ，公元前2055年至公元前2004年)统一了上、下埃及，定都底比斯，并将卡纳克(Karnak)的地位提升为当地神祇阿蒙的崇拜中心，兴建了一座神庙供奉他。第12王朝的法老(公元前1985年至公元前1795年)将都城迁回了北方，扩大发展对外贸易和农业，再加上军队远征努比亚和亚洲所获得了巨额财富，使得底比斯的宗教持续繁荣。这

200年是埃及历史上最富庶的时期之一，建筑和艺术欣欣向荣，科学也取得了重大进步。

还是底比斯人，在雅赫摩斯一世（Ahmose Ⅰ）的带领下，在第二中间期（公元前1650年至公元前1550年）后将统治者希克索斯人（Asiatic Hyksos）驱逐出去，并统一了埃及。正是因为在军事上取得了胜利，并建立了第18王朝，千百年来雅赫摩斯一世一直被奉若神明，供奉在底比斯。辉煌的新王国时期（公元前1550年至公元前1069年）从此拉开了序幕，底比斯迎来了全盛时期。数以万计的人来到这里安家，并参与到伟大遗址的建设当中。

对底比斯贡献最大的可能要数阿蒙霍特普三世（Amenhotep Ⅲ，公元前1390年至公元前1352年）了。他对卡纳克的神庙建筑群进行了重要的补充，在西岸为自己修建了恢宏的宫殿Malqata，同时修建了一个大型港口作为宗教节日的庆祝场地，还建了一个最大的纪念神庙。如今除了门农巨像（Colossi of Memnon）之外，神庙已所剩无几，这尊最大的门农巨像是由一整块巨石雕刻而成的。阿蒙霍特普三世的儿子阿蒙霍特普四世（Amenhotep Ⅳ，公元前1352年至公元前1336年）后来更名为埃赫那吞（Akhetaten），将都城从底比斯迁至新城阿克塔顿[Akhetaten，阿马纳（Tell Al Amarna）]，只崇拜一个神（太阳神阿吞），并给艺术和建筑领域带来了巨大的变化。他死后，在其继承人图坦卡蒙（公元前1336年至公元前1327年）的统治下，祭司的权力很快得到恢复。图坦卡蒙所建甚少，但当1922年他的坟墓被发现并挖掘出大量珍宝的时候，他一举成为最著名的法老。拉美西斯二世（Ramses Ⅱ，公元前1279年至公元前1213年）也许夸大了自己在军事上取得的胜利，但他的确是一个伟大的建设者，不仅为卡纳克增建了雄伟的多柱大厅，为卢克索神庙增建了其他的大厅，还修建了拉美西斯二世神庙，并为他和他的儿子在国王谷修建了两座富丽堂皇的陵墓。

底比斯重要性的逐渐减弱反映了法老统治的衰落：当它遭到波斯人洗劫的时候，很显然末日将近。泥砖聚居区依附于曾经强大的底比斯神庙，人民躲进石墙，抵御沙漠部落的劫掠。早期基督徒在神庙原址上修建教堂，在墙上雕刻十字架，刮去异教神的浮雕。7世纪阿拉伯人入侵之后，这一地区陷入了沉寂，唯有阿拉伯统治者赋予它的名字Al Uqsur（堡垒），能让人想起它辉煌的过去。当18世纪欧洲旅行者来到这里的时候，卢克索只不过是上埃及的一座大型村落，人们知道它主要是因为葬在卢克索神庙土堆之上的12世纪圣徒阿布赫格（Abu Al Haggag），而非部分被掩埋的废墟。

埃及狂热症的兴起改变了一切。1798年拿破仑来到这里，想重现埃及的伟大。《埃及记述》（*Description de l'Egypte*）的出版成功，重新唤起了人们对埃及的兴趣。底比斯墓地出土的木乃伊、珍宝和其他令人震惊的随葬文物相继在欧洲展出，使卢克索成为越来越受欢迎的旅游目的地。1869年，托马斯·库克（Thomas Cook）带着他的第一个旅游团来到埃及，卢克索就是他们此行的重点之一。大众旅游的兴起，使卢克索在世界地图上重新占有了一席之地。

20世纪60年代，以卢克索为中心的尼罗河现代大众旅游拉开了序幕，这里的酒店和景点比埃及南部任何地方的都多。后来城镇发展成为一座拥有几十万人口的城市，人们几乎都以旅游业为生。在过去的几十年间，这里经历了繁荣和萧条，最近的萧条是由推翻胡斯尼·穆巴拉克总统和穆罕默德·穆尔西总统的骚乱引起的。从那以后，游客数量持续低迷，卢克索和南部其他地方的人民全都饱受其苦。

实用信息

Luxor Travel Guide（http://luxor-news.blogspot.co.uk）有关于卢克索的信息。

Theban Mapping Project（www.thebanmappingproject.com）有关于国王谷的历史、图片和新闻。

Flat Rental（www.flatsinluxor.co.uk）住宿、向导和团队游预订。

Luxor Times（http://luxortimesmagazine.blogspot.co.uk）当地的英文报纸。

在卢克索的……

两日

如果你在卢克索只有两天时间，你的行程会很满。第一天在东岸，清晨出发参观**卡纳克**（见194页）。之后沿着水滨大道前往**卢克索博物馆**（见203页）。在**Sofra Restaurant & Café**（见229页）吃过午餐后，在午后金色的阳光下参观**卢克索神庙**（见200页）。晚餐后返回，欣赏泛光灯下的神庙。第二天乘坐出租车去西岸一日游，仍然要早起动身去**国王谷**（见205页）以避开人流。在返回的途中参观**卡特老宅**（见220页）以及图坦卡蒙墓室精美的复制品和**哈特谢普苏特纪念神庙**（见219页）。午餐后参观**贵族墓**（见221页）或**哈布城**（见217页）美轮美奂的拉美西斯三世神庙。

四日

如果有四天时间就更加从容了。可以去西岸参观**贵族墓**（见221页）、**拉美西斯二世神庙**（见218页）和**塞提一世神庙**（见221页）。最后一天早上重返卡纳克，过河去看看**德尔麦迪那**（见216页）的古代工匠村和陵墓，或者用一天的时间去看迷人的**丹达拉**（见189页）和**阿拜多斯**（见186页）。

景点

卢克索的景点分布于尼罗河东西两岸。东岸有众多酒店、现代的城区以及卢克索和卡纳克神庙建筑群。西岸历来被称为“死者之城”，是陵庙和陵墓所在地。

东岸

卡纳克

卡纳克

（Karnak；☎095-238-0270；Sharia Maabad Al Karnak；成人/学生 LE120/60，票价含露天博物馆 LE150/75；⏲6:00~18:00；Ⓟ）这是一个非凡的建筑群，有圣所、凉亭、塔门和方尖碑，不仅供奉着底比斯三柱神，还有无限荣耀的法老。遗址占地2平方公里，足够容纳十余座大教堂。而其核心阿蒙神庙则是当地神祇在凡间的居所。该建筑群的修建、增建、拆除、修复、扩建和装饰工程持续了近1500年。卡纳克是新王国时期埃及最重要的崇拜场所。

恢宏的**阿蒙-拉神庙**（Temple of Amun-Ra）是建筑群内的主要建筑，也是世界上最大的宗教建筑群之一，有著名的**多柱大厅**（hypostyle hall）——一片壮观的纸莎草形状石柱丛。主建筑周围是神的妻子穆特（Mut）以及他们的儿子孔苏（Khonsu）的住所，这也是两座巨大的神庙建筑。南侧的**穆特神庙围场**（Mut Temple Enclosure）曾经由一条公羊头斯芬克斯大道与主神庙连接。北侧是**蒙图神庙围场**（Montu Temple Enclosure）里面供奉着底比斯当地的战神。曾经连接卡纳克的阿蒙神庙和卢克索神庙的一条3公里长的人头斯芬克斯大道，如今再次被清理出来。现在你能看到的大部分建筑都是由的第18王朝至第20王朝（公元前1570年至公元前1090年）的强大法老修建的。这些法老在这个最神圣的地方投入了大量财富，留下他们的印迹，当时这里被称为Ipet-Sut，意思是“最受尊重的地方”。后来的法老以及托勒密王朝和早期基督徒又对建筑群进行了扩建、重建。你越深入建筑群，就会发现里面的建筑年代越久远。凌晨和傍晚的光线最美，神庙也更加安静，但到了上午，旅游团大巴和大批从赫尔加达（Hurghada）来一日游的游客就会蜂拥而至。多去几次能够更好地感受这片巨大的古代遗址。

★阿蒙神庙围场（Amun Temple Enclosure） 寺庙

阿蒙-拉是卡纳克本地神祇，新王国时期，底比斯君主统治埃及，他便成了全国至高无上的神，这座神庙反映了他的地位。神庙在鼎盛时期拥有421,000头牛、65座城市、83艘船和2764平方公里的农田，有81,000人为其工作。在被亚述和波斯洗劫之后，这座神庙依旧是世界闻名的大型考古遗迹，其残存的外壳仍然恢宏、美丽、激动人心。

节庆期间，载着神像的大船就停靠在**阿蒙码头**（Quay of Amun）。从Nakht墓和其他地方的绘画中，我们知道在码头的北面建有宫殿，周围是葱郁的花园。东面有一条斜坡，向下通往供游行使用的**公羊头斯芬克斯大道**。这些都通向巨大的未完工的**第一塔门**，它是在内克塔内布一世（Nectanebo Ⅰ，第30王朝）统治期间最后修建的。塔门的内侧仍然有巨大的泥砖建筑斜坡，修建塔门用的石块都是用滑轮和绳索沿着这条斜坡牵引上去的。拿破仑的远征军报告当时斜坡上还有石块。

➡ 巨庭

巨庭（Great Court）在第一塔门的后面，是卡纳克建筑群中面积最大的区域。左侧是**塞提二世神庙**（Shrine of Seti Ⅱ），有三座小神庙，用来存放在奥佩特节（Opet Festival）期间承载穆特、阿蒙和孔苏神像的圣船。东南角（最右边）是保存完好的**拉美西斯三世神庙**（Temple of Ramses Ⅲ），是一个微缩版的哈布城（Medinat Habu）法老神庙。神庙布局简单而经典：塔门、空地、立着4根Osirid柱的门厅和4根圆柱，以及拥有8根圆柱的多柱大厅和存放阿蒙、穆特、孔苏圣船的三座圣堂。在庭院的中央是一根21米高的圆柱，柱头呈纸莎草形状——最初共有10根圆柱，它是唯一幸存下来的。还有一个雪花石小祭坛，是第25王朝努比亚法老塔哈尔卡（Taharka）残存的塔哈尔卡亭遗址。

第二塔门是第18王朝最后一位法老霍伦海布（Horemheb）开始修建的，工程一直延续至拉美西斯一世和拉美西斯二世时期。他们还在入口两侧为自己竖立了三尊巨大的红色花岗岩雕像，如今其中的一尊已经被毁。

➡ 多柱大厅

第二塔门后面非凡的**多柱大厅**（Great Hypostyle Hall）是最宏大的宗教遗址之一，占地5500平方米（足以容纳罗马的圣彼得大教堂和伦敦的圣保罗大教堂），134根直入云霄的石柱令人震撼，它们呈纸莎草形状，象征着尼罗河沿岸广泛分布的沼泽。古埃及人相信这些植物就生长在诞生生命的原始土丘周围。每当夏季河水泛滥的时候，多柱大厅内的积水有数英尺高。最初，这些石柱都被涂上了鲜艳的颜色——有的颜色现在仍然依稀可见，上方有顶，如果没有照明，大厅内会相当昏暗。石柱的恢宏气势和数不清的装饰给人带来强烈的视觉冲击。花些时间，在这里坐一会儿，好好看看这炫目的奇观。

多柱大厅由拉美西斯一世设计，塞提一世和拉美西斯二世修建。注意浮雕质量上的差异：北部浮雕凸起，工艺精美，出自塞提一世时期；南部图案凹陷，比较粗糙，是拉美西斯二世时期加上去的。内墙上神秘的场景是为熟悉宗教经典的祭司和王室而画。外墙上的图案则更容易理解，显示了法老的军事权力和力量，以及将混乱重归秩序的能力。

在由阿蒙霍特普三世（Amenhotep Ⅲ）修建的**第三塔门**的背面，右侧绘有法老在奥佩特节期间驾驶圣船的场景。图特摩斯一世（Tuthmosis Ⅰ，公元前1504年至公元前1492年）在**第三塔门**和**第四塔门**之间修建了一个狭窄的庭院，那里矗立着四座方尖碑，图特摩斯一世和图特摩斯三世（公元前1479年至公元前1425年）各两座。除了一座为图特摩斯一世竖立的22米高的方尖碑之外，其余三座只有基座保留了下来。

➡ 内部神庙

第四塔门外的**图特摩斯三世多柱大厅**是图特摩斯一世使用珍贵木材修建的，后经图特摩斯三世改造，增加了14根圆柱和一个石顶。女王哈特谢普苏特（Queen Hatshepsut，公元前1473年至公元前1458年）为她至高无上的“父亲”阿蒙建造了两座30米高的方尖碑，其中的一座就竖立在这个庭院内，另外一座已经坍塌，上半部被遗弃在圣湖旁。**哈特谢普苏特方尖碑**是埃及最高的方尖碑，顶端最初以金银合金包裹。哈特谢普苏特死后，她的继子图特摩斯三世清除了她所有的治国痕迹，并将它们封存在一座砂岩建筑内。

坍塌的**第五塔门**由图特摩斯一世修建，通向另一个现已严重损毁的柱廊。紧随其后的是**第六塔门**，它规模较小，由图特摩斯三世修建。他还在外面的门厅里修建了一对红色花岗岩柱，柱身以莲花和纸莎草作为装饰，象征着上、下埃及，左侧是两尊在图坦卡蒙统治时期雕刻的阿蒙和女神阿蒙奈特（Amunet）的巨型雕塑。

原来的**阿蒙神殿**正好是神庙的中心和黑

Luxor – East Bank 卢克索-东岸

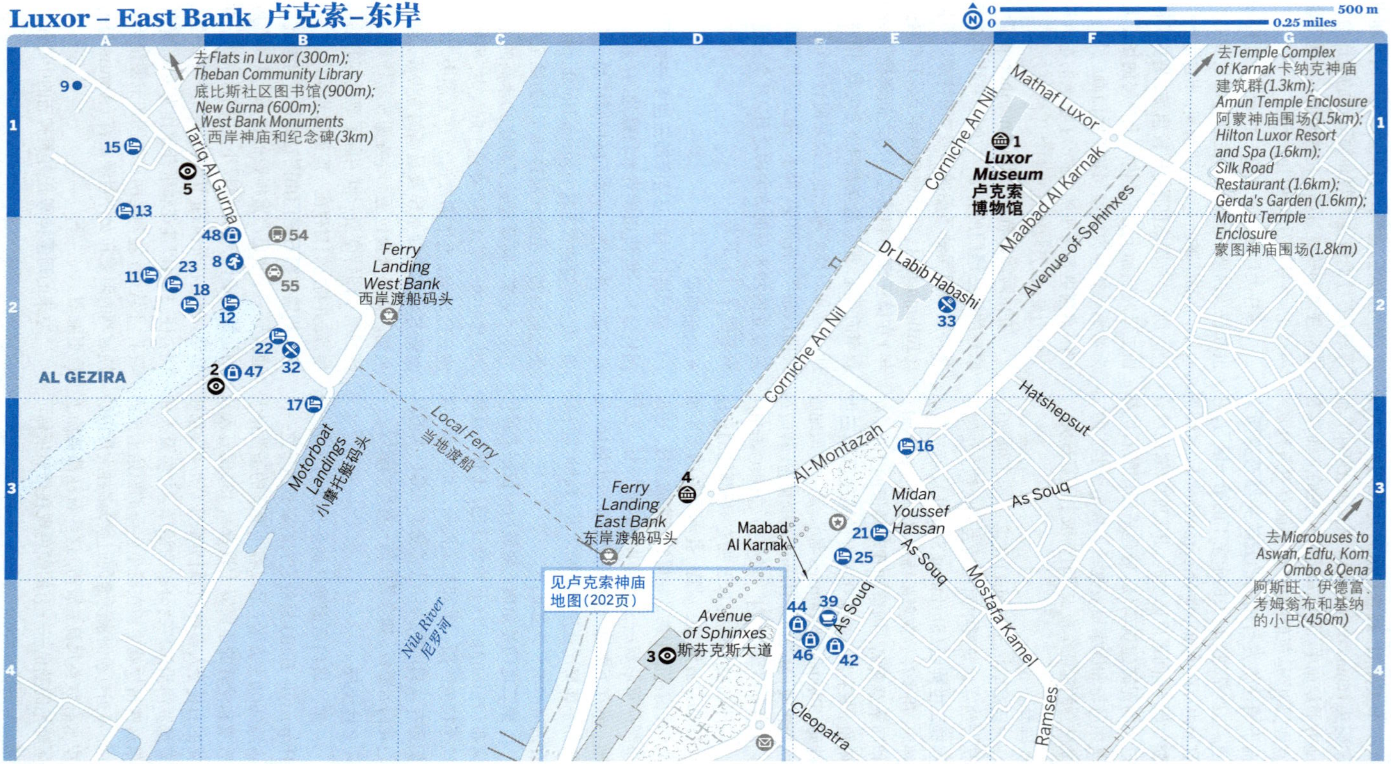

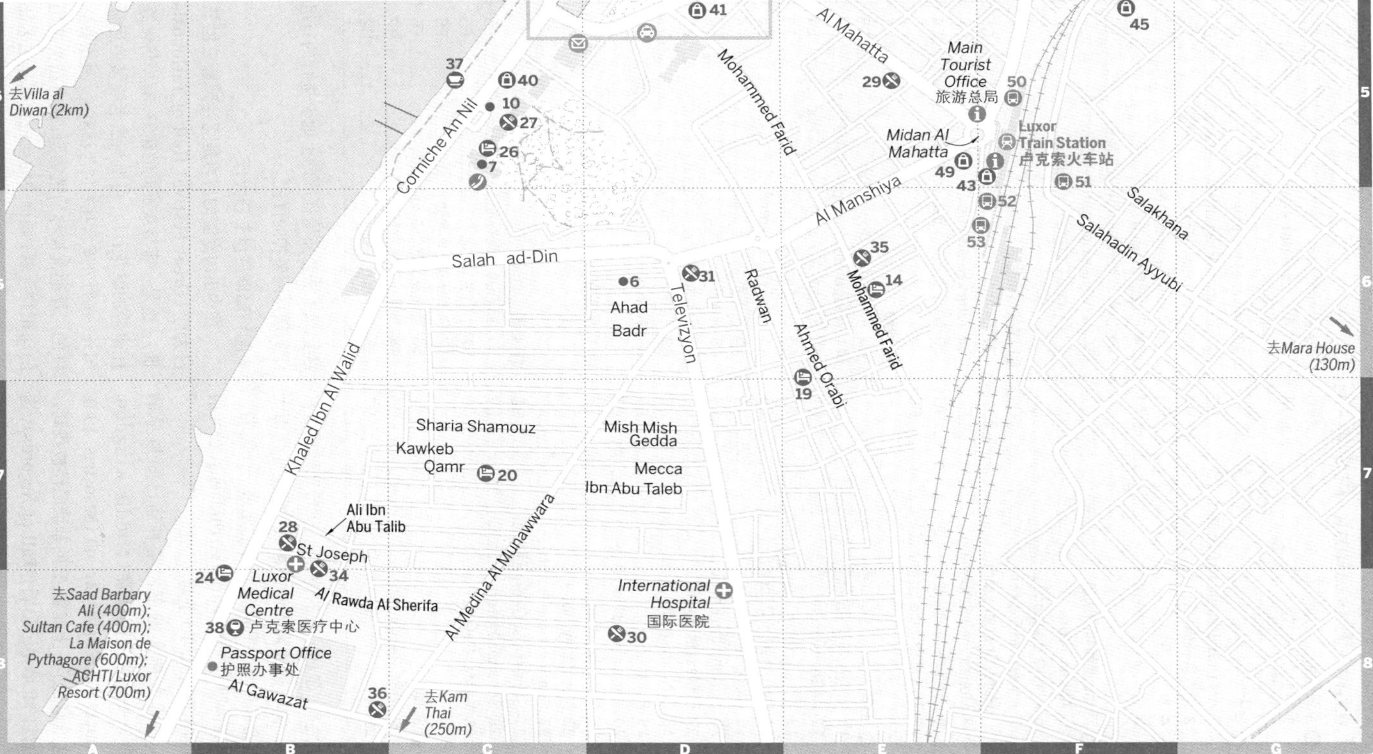

去Villa al Diwan (2km)
Corniche An Nil
Main Tourist Office 旅游总局
Al Mahatta
Mohammed Farid
Midan Al Mahatta
Luxor Train Station 卢克索火车站
Al Manshiya
Salakhana
Salahadin Ayyubi
Salah ad-Din
Ahad
Badr
Televizyon
Radwan
Ahmed Orabi
Mohammed Farid
去Mara House (130m)
Khaled Ibn Al Walid
Sharia Shamouz
Kawkeb
Qamr
Mish Mish
Gedda
Mecca
Ibn Abu Taleb
Ali Ibn Abu Talib
St Joseph
Luxor Medical Centre 卢克索医疗中心
Al Rawda Al Sherifa
Al Medina Al Munawwara
International Hospital 国际医院
去Saad Barbary Ali (400m); Sultan Cafe (400m); La Maison de Pythagore (600m); ACHTI Luxor Resort (700m)
Passport Office 护照办事处
Al Gawazat
去Kam Thai (250m)

Luxor – East Bank 卢克索-东岸

重要景点
1 卢克索博物馆 F1

景点
2 Art from People to People B2
3 卢克索神庙 D4
4 木乃伊博物馆 D3
5 底比斯社区图书馆 A1

活动、课程和团队游
Aladin Tours （见21）
6 Alaska Balloon D6
7 American Express C5
Hotel Sheherazade （见23）
8 Mohammed Setouhy B2
9 诺比的阿拉伯马厩 A1
10 Travel Choice Egypt C5

住宿
11 Al Fayrouz Hotel A2
12 Al Gezira Hotel B2
13 Amon Hotel A1
14 Bob Marley Peace Hotel E6
15 Cleopatra Hotel A1
16 Domina Inn Emilio E3
17 El Mesala Hotel B3
18 El Nakhil Hotel A2
19 Fontana Hotel E6
20 Happy Land Hotel C7
21 Nefertiti Hotel E3
22 Nile Valley Hotel B2
23 Sheherazade Hotel A2
24 Sonesta St George Hotel B8
25 Susanna Hotel E3
26 Winter Palace Hotel C5

就餐
27 1886 Restaurant C5
28 A Taste of India B7
29 Abu Ashraf E5
Al Gezira Hotel （见12）
As Sahaby Lane （见21）
30 Jewel of the Nile D8
31 KoshariAlzaeem D6
32 Nile Valley Hotel B2
33 Oasis Palace Cafe E2
34 Pizza Roma.It B7
35 Sofra Restaurant & Café E6
36 Wenkie's German Ice Cream & Iced Coffee Parlour B8

饮品和夜生活
37 Cilantro C5
38 Kings Head Pub B8
39 New OumKoulsoum Coffee Shop E4

购物
40 AA Gaddis Bookshop C5
41 Aboudi Bookshop &Coffeshop D5
42 Bazaar Al Ayam E4
43 Drinkies F5
44 Fair Trade Centre E4
45 水果蔬菜市场 F5
46 Habiba E4
47 Sandouk B2
48 Sa-Re Gourmet Food B2
49 Twinky E5

实用信息
美国运通公司 （见7）

交通
50 Go Bus 售票处 F5
51 小巴主车站 F5
52 Super Jet 售票处 F6
53 上埃及长途汽车公司售票处 F6
54 西岸小巴停车场 B2
55 西岸出租车站 B2

暗之所，是神居住的地方，由图特摩斯三世修建。神庙遭波斯人洗劫被毁，后经亚历山大大帝的继承人和同父异母的兄弟——脆弱、愚笨的腓力三世（Philip Arrhidaeus，公元前359年至前317年）重建。

腓力神龛的东面是神庙已知最早的部分——**中王国庭院**（Middle Kingdom Court）。塞索斯特里斯一世（Sesostris Ⅰ）在这里修建了一座神龛，它的基墙已经被找到。庭院的北墙是**记录墙**（Wall of Records），连续记录了法老在他征服的土地上进行的有组织的敬拜阿蒙神的仪式。

➡ 图特摩斯三世节日大厅

在中王国庭院的后方是**图特摩斯三世节日大厅**（Great Festival Hall of Tuthmosis Ⅲ）。这是一座与众不同的建筑，有模仿帐篷杆建造的雕花石柱，可能与法老频繁地远征国外、在野外安营扎寨的生活有关。外面有立柱的门厅通常被称为植物园，内有精美绝伦的动植物浮雕，画面中的动植物都是法老征战叙利亚和巴勒斯坦时看到并带回埃及的。

➡ 阿蒙神庙围场的第二中轴线

多柱大厅和第七塔门之间的庭院由图特摩斯三世修建，被称为cachette court，1903年在这里发现了大量石头和青铜雕像。大约在公元前300年，祭司将他们不再需要的旧雕塑和神庙家具埋了起来。多数雕像都被送到了开罗的埃及博物馆，但有一部分保留了下来，立在第七塔门前，包括左侧的四尊图特摩斯三世雕像。

保存完好的第八塔门由女王哈特谢普苏特修建，是神庙南北中轴线上最古老的部分，也是卡纳克最早的塔门之一。塔门上的文字错误地将女王的继位归因于图特摩斯一世，以证明她王权的合法性。

第七和第八塔门的东面是圣湖，根据希罗多德的说法，阿蒙的祭司每天早晚两次在湖里沐浴，作为洁净的仪式。圣湖的西北方是部分坍塌的哈特谢普苏特方尖碑，上面的图案描绘了她加冕礼的场景，还有一个巨大的圣甲虫石雕，是阿蒙霍特普三世献给凯布利（Khepri）的，它是太阳神的一种化身。

围场的西南角是孔苏神庙，孔苏是月神，是阿蒙和穆特之子。可以从阿蒙神庙多柱大厅南墙的一扇门进入，沿一条小路经过各式各样的石块到达孔苏神庙。神庙基本上是在拉美西斯三世时期建成的，后来在第19和20王朝诸位拉美西斯国王的统治时期扩建，它位于尤尔格提斯之门（Euergetes' Gate）和通向卢克索神庙的斯芬克斯大道的北侧。神庙塔门经柱廊通向一个多柱大厅，厅内的8根圆柱上雕刻着拉美西斯十一世和当时上埃及的实际统治者、大祭司赫里霍尔（Herihor）等人物。隔壁室内存放着孔苏的圣船。

穆特神庙围场 神庙

（Mut Temple Enclosure；成人/学生 LE40/20）一条斯芬克斯大道从第十塔门通向部分出土的南部围场——穆特围场，穆特是阿蒙的伴侣。穆特神庙由阿蒙霍特普三世修建，由一座神殿、一座多柱大厅和两个庭院组成。它已经修复，并正式对公众开放。

阿蒙霍特普三世还竖立了700多尊黑色花岗岩母狮女神塞克荷迈特（Sekhmet）的雕像，她在北方的地位等同于穆特。人们相信这些神像构成了一部日历，每天早晚各有一尊神像接受供奉，一年正好是700多尊。沿着卢克索神庙的斯芬克斯主大道走，可以前往穆特神庙前方，通向卡纳克建筑群。

蒙图神庙围场（Montu Temple Enclosure） 神庙

在阿蒙神庙围场内，卜塔神庙附近的北面的墙上有一扇门（进门后左手边）。这扇门通常是锁着的，可以通向蒙图神庙围场。蒙图即鹰首战神，是底比斯最早的神祇之一，而这座神庙是卡纳克最早的中王国时期建筑之一，由阿蒙霍特普一世修建。如今幸存下来的遗迹是其他法老重建过的。整个建筑残破不堪。

露天博物馆 博物馆

（Open-Air Museum；成人/学生 LE60/30，票价含阿蒙神庙围场 LE150/70；⏲夏季 6:00~17:30，冬季 至16:30）卡纳克的露天博物馆就在阿蒙神庙围场（见185页）第一座庭院的左（北）侧。因为在卡纳克可看的太多了，而且它又被称为"博物馆"，因此被大部分游客所忽略，但这里的石头、雕像和神殿的确值得一看。

保存完好的神庙包括：塞索斯特里斯一世白色圣堂（White Chapel of Sesostris Ⅰ），卡纳克最古老、最漂亮的遗址之一，有迷人的中王国时期浮雕；于2000年被重新修复的红色石英石哈特谢普苏特红色圣堂（Red Chapel of Hatshepsut）和阿蒙霍特普一世雪花石圣堂（Alabaster Chapel of Amenhotep Ⅰ）。该博物馆还汇集了在神庙建筑群各处发现的雕像。套票在主售票处购买。

斯芬克斯大道

3公里长的斯芬克斯大道连接着卢克索和卡纳克，目前正处于挖掘状态。遮盖斯芬克斯大道的多数建筑已经被毁，包括一些对19世纪末、20世纪初卢克索发展比较重要的建筑。这条大道最终将完全展现在世人面前，虽然到底有多少人想从卢克索走到卡纳克神庙尚待分晓。

Amun Temple Enclosure 阿蒙神庙围场

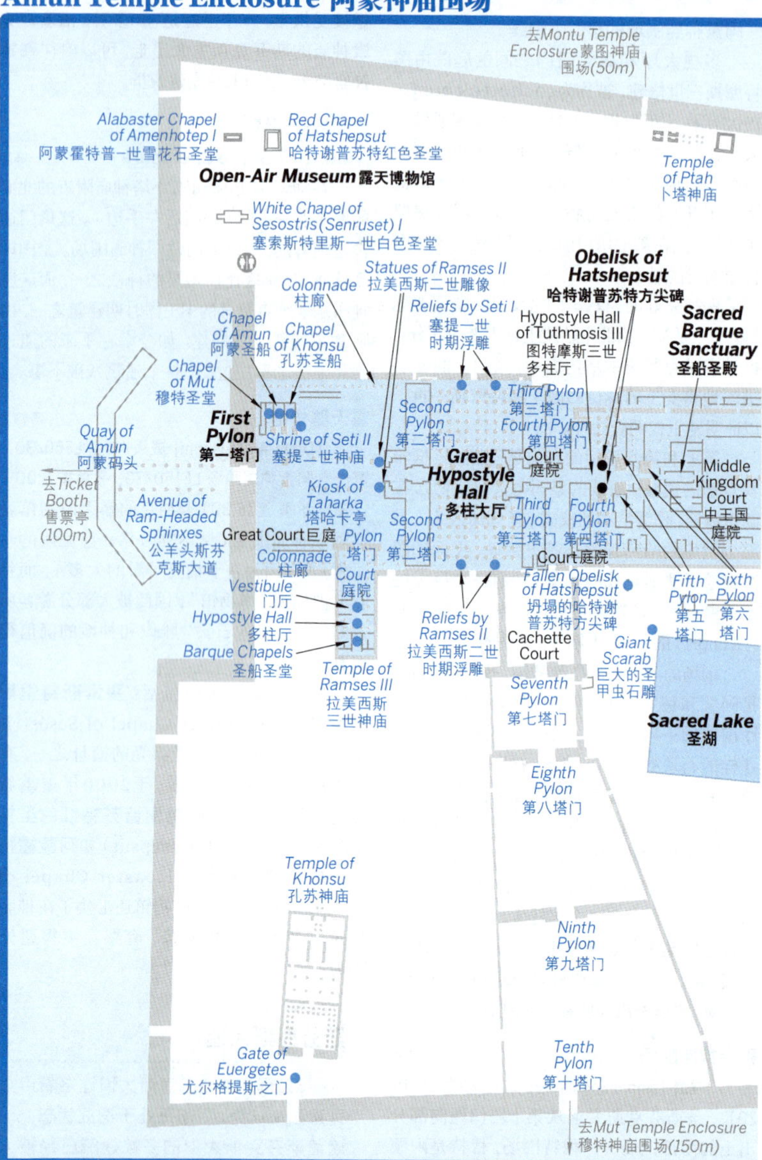

卢克索
景点

卢克索神庙和博物馆

卢克索神庙 神庙

（Luxor Temple；☎095-237-2408；Corniche an-Nil；成人/学生 LE100/50；⌚6:00~21:00）这座神庙的大部分都是由新王国时期法老阿蒙霍特普三世（公元前1390年至公元前1352年）和拉美西斯二世（公元前1279年至公元前1213年）修建的，遗址地处现代城市的中心，显得分外优雅。它也被称为南方神殿（Southern Sanctuary），主要是为庆祝一年

一度的奥佩特节而建的，届时阿蒙、穆特和孔苏的神像被人们从卡纳克抬出来，沿着斯芬克斯大道游行；在洪水泛滥期间，神像重聚于此。

神庙一开门就来，赶在大批游客到来之前，或者干脆晚点儿，在太阳下山时前往，那时遗址在落日余晖的映照下格外迷人。无论何时去，一定要在晚上亮灯后返回神庙，那时浮雕、柱廊和错落的光影将共同打造出一个美妙的奇观。

阿蒙霍特普三世对哈特谢普苏特修建的老神殿进行了大规模扩建，重新将这座巨大的神庙献给阿蒙，作为神在南方的ipet（私人居所）。后来图坦卡蒙、拉美西斯二世、亚历山大大帝以及罗马各君主又对该建筑进行了补充。罗马人在神庙周围修建了一座军事堡垒，后来被阿拉伯人称为Al Uqsur，虽然堡垒已遭破坏，但由此产生了卢克索这个名字。

古时候，神庙周围本来是密集的泥砖住宅、商店和作坊，但在城市衰落后，人们迁入当时被部分湮没的神庙建筑群，并在这里修建他们的城市。14世纪，人们在一个内部庭院修建了一座清真寺纪念当地的圣人（sheikh）阿布赫格（Abu Al Haggag）。始于1885年的挖掘工作已经清除了村庄和几百年来留下的残骸，露出了我们今天看到的神庙，但清真寺被保留下来，它经历了一场大火，但已经被修复。

与卡纳克相比，卢克索神庙并不复杂，但同样你越往里走，建筑的年代就越久远。神庙的前面是**斯芬克斯大道**的起点，它一直通向北边3公里外的卡纳克神庙，如今几乎全部被挖掘出来了。

24米高的**第一塔门**由拉美西斯二世修建，装饰浮雕描绘了他的军队远征的场景，包括卡叠什战役（Battle of Kadesh）。原来塔门的前面有六尊拉美西斯巨像，其中四尊是坐像，两尊是立像，但只有两尊坐像和一尊立像保留了下来。在原来的两座粉红色花岗岩方尖碑中，有一座仍然矗立在原地，另外一座现在巴黎的协和广场（Place de la Concorde）。**拉美西斯二世巨庭**（Great Court of Ramses Ⅱ）周围有两排圆柱，柱头为莲花花蕾，巨庭的围墙以法老祭神的场景作为装饰。在南（后）墙上，拉美西斯17个儿子的雕像排成一排，还附有他们的名字和头衔。巨庭的西北角是**三船圣堂**（triple-barque shrine），由哈特谢普苏特修建，后来被她的继子图特摩斯三世占用，献给阿蒙、穆特和孔苏。东南方矗立着14世纪的**阿布赫格清真寺**（Mosque of

Luxor Temple 卢克索神庙

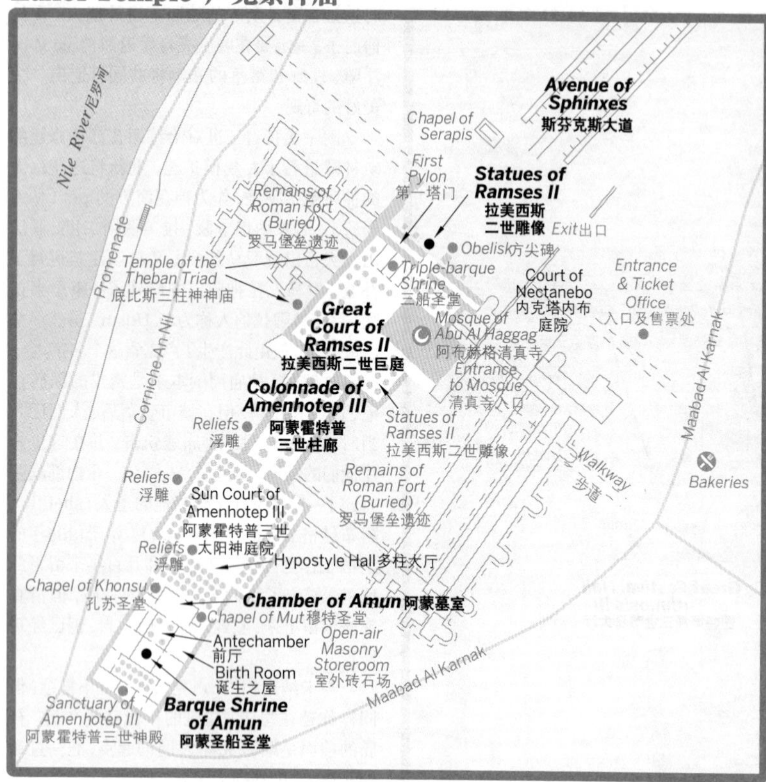

Abu Al Haggag)，它是为纪念一位当地圣人而建的，可从神庙围墙外的Sharia Maabad Al Karnak进入清真寺。

庭院外是更加古老、壮观的**阿蒙霍特普三世柱廊**（Colonnade of Amenhotep Ⅲ），它是被当作奥佩特阿蒙神庙的正门而建的。优雅的纸莎草列柱后面的围墙是在年轻的法老图坦卡蒙统治时期修建的，用来庆祝底比斯在其前任法老、刚愎自用的埃赫那吞统治结束后重新回归正统。画面生动、详细地描绘了奥佩特节的盛况，法老、贵族和平民全都加入了庆祝胜利的游行。注意鼓手和做后弯动作的杂技演员。

柱廊的南面是**阿蒙霍特普三世太阳神庭院**（Sun Court of Amenhotep Ⅲ）。过去庭院的三面被两排高耸的纸莎草石柱围住，其中东、西两侧的石柱保存得最好，它们的柱顶过梁依然存在。1989年，工人在这里发现了隐藏的26尊雕像，它们是被罗马时期的祭司埋起来的，如今陈列在卢克索博物馆内。

庭院外是**多柱大厅**，原奥佩特神庙的第一个房间，有四排石柱，每排八根，通向神庙的主要房间。多柱大厅南侧中轴线上的中心室是**阿蒙祭拜神殿**。3世纪罗马人给神殿涂上了灰泥，并以罗马官员的画面作为装饰，这些画面有的依然完好无损，栩栩如生。这个房间的两侧分别是供奉着穆特和孔苏的圣堂。穿过房间是有四根石柱的前厅，是供奉阿蒙的地方。在它后面就是**阿蒙圣船圣堂**（Barque Shrine of Amun），经亚历山大大帝重建，圣堂内的浮雕将其描绘为一位埃及法老。

东面的一个入口通向两个房间，第一个是阿蒙霍特普三世的**"诞生之屋"**，里面有他神圣诞生的象征性画面。你能看见神的手指触碰到王后，使其受孕。旁边附有说明性的象形文字："神的甘露充满她的身体。"**阿蒙霍特普三世神殿**（Sanctuary of Amenhotep Ⅲ）是最后一个房间，阿蒙神像石头底座的残缺部分仍在，虽然它曾经是神殿最神圣的部分，如今却被正后方繁华的街道削弱了氛围。

★卢克索博物馆 博物馆

（Luxor Museum；见186页地图；Corniche An Nil；成人/学生 LE120/60；⏲9:00~14:00和17:00~21:00）这座精彩的博物馆中，展品都经过精心挑选，还有详细的说明。年代跨度从古王国时期一直到马穆鲁克时期，大部分都来自底比斯神庙和大墓地。虽然票价不菲，但不要因此望而却步：它是卢克索最值得一看的景点之一，也是埃及最棒的博物馆之一。

一楼展室有许多杰作，包括保存完好的图特摩斯三世石灰岩浮雕（140号），出自卡纳克神庙、工艺精致的图特摩斯三世硬砂岩雕像（2号），一尊阿蒙霍特普三世受伟大的鳄鱼神索贝克（Sobek）保护的雪花石像（155号），以及一件在底比斯发现的为数不多的典型古王国时期艺术作品和一幅Unas-ankh浮雕（183号），浮雕是在尼罗河西岸Unas-ankh的陵墓中发现的。

新楼2004年对外开放，展示新王国时期底比斯的辉煌。其中的亮点以及兴建新楼的主要原因是两具王族木乃伊：一具是雅赫摩斯一世（第18王朝的缔造者），另外一具有人认为是拉美西斯一世（第19王朝的缔造者，塞提一世的父亲）。这两具木乃伊没有包裹，完美地陈列在昏暗的房间里。其他标注清楚的展品展示了新王国时期（即埃及帝国时期）底比斯强大的军事实力，包括战车和武器。楼上的日常生活主题，例如新王国时期所使用的技术，冲淡了军事主题。多媒体展览展示了工人收割纸莎草并制作成书写用纸，以及小男孩学习读写象形文字的场景，除此之外还有抄写员的文具和建筑师的工具。

回到老楼，经斜道来到**二楼**，与一尊阿蒙霍特普抄写员花岗岩坐像（4号）面对面，他是Hapu之子，是法老的重臣，最终在托勒密王朝时期被奉若神明。他也是阿蒙霍特普三世时期所有法老工程的监工，底比斯许多伟大的建筑都是由他负责的。最有趣的展品之一是埃赫那吞墙，由一系列被工匠们称为"talatat"（三）小砂岩石块组成——大概是因为它们的高度和长度与三个手掌相当，是阿蒙霍特普四世在更名为埃赫那吞并将首都从底比斯迁到阿马纳之前在卡纳克建成的。后来墙被拆毁，大约有4万块石头被用来填充20世纪60年代末发现的卡纳克第九塔门，这

制作木乃伊

虽然在世界各地的文化中都可以找到保存尸体的行为，但只有埃及人才是这种复杂手术的终极实践者，他们在近4000年的时间里不断改进这种手术。埃及人对死者的保存可以追溯到很久以前，那时尸体只是被简单地埋在沙漠中，远离有限的耕种区域。在尸体与覆盖其上的沙子进行直接接触时，炎热、干燥的条件使得尸体水分流失，同时又使得皮肤、头发和指甲完好无损。这一意外发现对那些认出了去世多年的死者的人产生了深远的影响。

从此，一个漫长的实验开始了，实验内容便是如何在不埋进沙子里的情况下保存尸体。直到公元前2600年左右，人们才开始移除尸体的内脏，那是腐败真正开始的地方。接下来，这一过程变得越来越复杂，所有器官都被移除了，除了难以触及的肾脏，以及心脏——当时人们认为后者才是智力的来源，而非大脑，因此心脏被留在原位，通常还会附有一个心形护身符，上面刻有《亡灵书》（*Book of the Dead*）的符咒。为了移除大脑，制作人员会在尸体的鼻子里插入金属探针，将大脑搅拌成易于排出的液体。所有剩下的器官——肺、肝、胃、肠——均通过腹部左侧的开口被切除掉。然后，用成堆的钠盐覆盖尸体及分离出的器官，并使其干燥40天，之后将它们洗净、纯化，并将各种油、香料和树脂涂抹其上。接着，将所有这一切包裹在亚麻布中，将相应的护身符放在尸体的各个部位，与此同时，祭司会吟唱咒语，这些咒语可以让护身符生效。

里我们所看到的是部分重新组装的。描绘埃赫那吞、他的妻子奈菲尔提提（Nefertiti）和神庙生活的场景，在阿吞神庙的装饰中并不常见。更多的亮点是图坦卡蒙墓中的宝藏，包括shabti（仆人）像、模型船、檀香木、箭和来自他葬礼棺罩的一系列镀金的青铜玫瑰花结。

沿一条斜坡向下来到**一楼**，在出口附近有一个黑色和金色的牝牛神Mehit-Weret的木质头像，这是哈索尔女神的一个化身，在图坦卡蒙墓中也发现了这样的雕像。

在左侧的出口之前是一个**小厅**，里面存放着1989年在卢克索神庙发现的22尊雕像中的16尊，全部是古埃及雕塑的杰出典范。在小厅尽头最显著的位置矗立着一尊近乎原始的石英石雕像，它高2.45米，刻画了健壮的阿蒙霍特普三世身穿一条打褶短裙的形象。

木乃伊博物馆 博物馆

（Mummification Museum；见186页地图；Corniche An Nil；成人/学生 LE80/40；⏲9:00~14:00）木乃伊博物馆位于卢克索水滨路上的前游客中心内，馆内井井有条的展品介绍了制作木乃伊的艺术。博物馆规模不大，有些人也许会认为它票价过高。另外，这里虽然全天开放，但是有时如果游客不多，这里会在中午结束后闭馆几小时。

卢克索 景点

展品中有保存完好的第21王朝阿蒙大祭司Maserharti的木乃伊，此外还有动物木乃伊。玻璃橱窗里陈列着制作木乃伊过程中使用的工具和材料，包括将脑子从头骨中取出的小勺和金属铲。此外还有几件对于木乃伊通向来生至关重要的物品和一些美丽的彩棺。博物馆的入口矗立着一尊漂亮的胡狼神阿努比斯（Anubis）的小雕像，他是亡灵的守护之神，帮助伊希斯（Isis）将她的兄长兼丈夫奥西里斯（Osiris）制成第一具木乃伊。

西岸

与东岸的卢克索市区不同，**西岸**（见56页插图）是一个远离喧嚣和嘈杂的世界。它位于市中心以南6公里处。打车过桥或乘坐老渡轮过河，你就会立刻置身于葱翠的乡野间。鲜绿色的甘蔗地、纵横交错的沟渠和一片片色彩绚丽的房屋，背靠沙漠和底比斯山丘。来到耕地的尽头，你会发现巨大的砂岩石块横卧在荒野中央，张开黑漆漆的洞口。法老们在这里的冲积平原上建起雄伟的神庙，他们因祭司的献祭而不朽，他们的肉体、在世间的财富以及妻儿的遗体则被藏在在山上华丽的陵墓中。

从新王国时期起，大墓地还供养着一大批工匠、劳力、神庙祭司和守卫。他们致力于建造和管理这座亡者之城，保护满是珍宝的墓地免受贪婪盗贼的劫掠。工匠们不断完善修建、装饰和隐藏陵墓的技术，并将秘密在他们的家族内一代代地传下去。他们全都在这里修建了自己的墓地。

直到上一代，村民们还在利用墓地躲避沙漠的极端天气。最近，仍有许多人住在建在贵族墓（Tombs of the Nobles）之上的房屋内。对每个来到西岸的人来说，这些色彩艳丽的房屋都是一道亮丽的风景。然而，在过去的100多年间，最高文物委员会（Supreme Council of Antiquities）一直试图重新安置Al Gurna的住户。2007年，他们的房屋被拆毁，所有家庭都迁到国王谷以北8公里外一个大型新村庄内，新房全部使用轻型建筑材料修建。目前依然有一些房屋尚未被拆除，仍不知道当局对这些房屋有何打算。

门票

文物检查售票处（Antiquities Inspectorate ticket office；见206页地图；主路，从渡轮码头向内陆走3公里；⏲6:00~17:00）位于门农巨像（见205页）后面，出售除德巴哈里（Deir Al Bahri）神庙、Assasif Tombs（在德巴哈里售票处购票）、国王谷和王后谷之外多数景点的门票。提前确认一下这里出售哪些门票，以及哪些墓地开放。所有景点的正式开放时间是6:00~17:00。

任何墓地都不允许拍照，守卫可能会没收胶卷或存储卡。当他们见到你使用相机时，也可能会将此看作一个榨取油水的机会。门票只在购买的当天有效，过期不退。

杰济拉村（Gezira Village）到售票处

Art from People to People 艺术中心

（见196页地图；☎095-231-5529，012-2079-7310；art-frompeople.com；Gezira；⏲周六、周一、周四 16:00~20:00）这家艺术馆兼艺术中心在卢克索新开张不久，位于Nile Valley

Hotel（见230页）后面，地方不大，老板是伊亚德·欧拉比（Eiad Oraby）。这里不仅展示了当地艺术家的作品，还为孩子们开办艺术课、举办艺术活动，是一个必不可少的创意中心。

底比斯社区图书馆 图书馆

（Theban Community Library；见196页地图；☎010-0523-8113；www.tmp-library.org；New Gourna附近；⊙15:30~20:30；🚹）免费 作为肯特·威克斯教授（Professor Kent Weeks）和底比斯测绘工程（Theban Mapping Project）的最新项目，底比斯社区图书馆是卢克索第一座开放图书馆。读者可以免费借阅阿拉伯语和英语图书，馆内的考古学和关于文物保护的图书非常丰富。晚上定期举办讲座。图书管理员Ahmed Hassan提供更加详细的信息，你也可以访问他们的Facebook页面。

图书馆对所有人开放，包括当地考古学家、导游、学校的孩子们（这里没有其他图书馆供他们使用）和村民。最近图书馆为当地的妈妈们新添了有关日常饮食和产前保健方面的图书。该图书馆需要自筹资金，欢迎捐赠。

新Gurna 村庄

（见206页地图）哈桑·法赛（Hassan Fathy）设计的泥砖结构的村庄就在从渡轮码头到文物检查售票处的路上，一过铁道就是。这个村子建于1946~1952年，尽管是为了安置住在贵族墓地上面和周围的旧Gurna村居民而建，却成了实用的泥砖设计的成果展示。迷人的建筑有哈桑·法赛标志性的圆屋顶、厚厚的泥砖墙和天然的通风设备。

但由于大部分旧Gurna村居民拒绝搬进新房，所以这一项目并没有达到预期的目的，他们不愿搬出老宅，放弃自己的营生——向游客出售饰品，或者从自家房屋地下挖出宝藏。如今法赛的作品已经破败不堪，原来的住宅被焦渣石所取代，但漂亮的泥砖清真寺和电影院保留了下来。联合国教科文组织已经认识到需要保护这座村庄，但该计划已经被搁置。可以在https://vimeo.com/15514401观看关于这个村子的短片。

门农巨像 纪念地

（Colossi of Memnon；见206页地图）免费 这两尊面部已经无法辨识的门农巨像原来是法老阿蒙霍特普三世的雕像，高约18米，庄严地矗立在平原之上，是来到西岸看到的第一个遗址。这两尊宏伟的巨像都是由重达1000吨的一整块石材雕刻而成的，坐落在西岸最大的阿蒙霍特普三世陵庙的东入口处。埃及古物学家目前正在对寺庙进行挖掘，他们的成果可以在巨像背后看到。

这里早在希腊-罗马时期就已经是一处著名的旅游景点了，当时人们认为它们是门农的雕像，相传门农是在特洛伊战争中被阿喀琉斯（Achilles）杀死的非洲国王。希腊人和罗马人认为在日出时分听到北侧雕像发出的呼啸声是一种幸运，他们认为门农是在用哭声呼唤他的母亲黎明女神厄俄斯（Eos），而她也因他的过早离世而落泪。造成这一现象的原因可能是公元前27年的地震给巨像上身留下了一道裂缝。清晨的阳光炙烤着被露水浸湿的石头，裂缝内的沙粒脱落，引起共鸣，发出呼啸之声。3世纪，Septimus Severus（193~211年）修补了雕像之后，人们再也听不到门农悲伤的呼唤了。

门农巨像就在通往文物检查售票处的路边，成群的游客通常会在这里拍照留念。这两尊端坐在王位上的巨像被安置在同样壮观的陵庙大门前，多数游客都不知道，这是埃及最大的陵庙，它的遗址正慢慢地展现在世人面前。

门农巨像后面的神庙只有一小部分矗立，目前进行的挖掘工作正在逐步揭开遗迹面纱。在众多雕像当中，一对阿蒙霍特普三世和他妻子泰伊的巨型雕像目前占据着开罗的埃及博物馆的中庭，一些雕像后来被其他法老拖走，还有许多至今仍然被掩埋在泥沙中。据目前保存在埃及博物馆的一块石碑描述，这座神庙使用“白色砂岩建造，到处都是黄金，地板上铺着白银，门的表面包着金银合金”。虽然还没有找到金银，但如果你漫步至巨像后方，就能看到一大片区域，这片区域被长期掩埋在地下的雕像和砖石所覆盖。

国王谷

大约从公元前2100年开始，卢克索西岸一直是王室成员的安葬地点，新王国时期（公元前1550年至公元前1069年）的法老们选择

Luxor – West Bank 卢克索–西岸

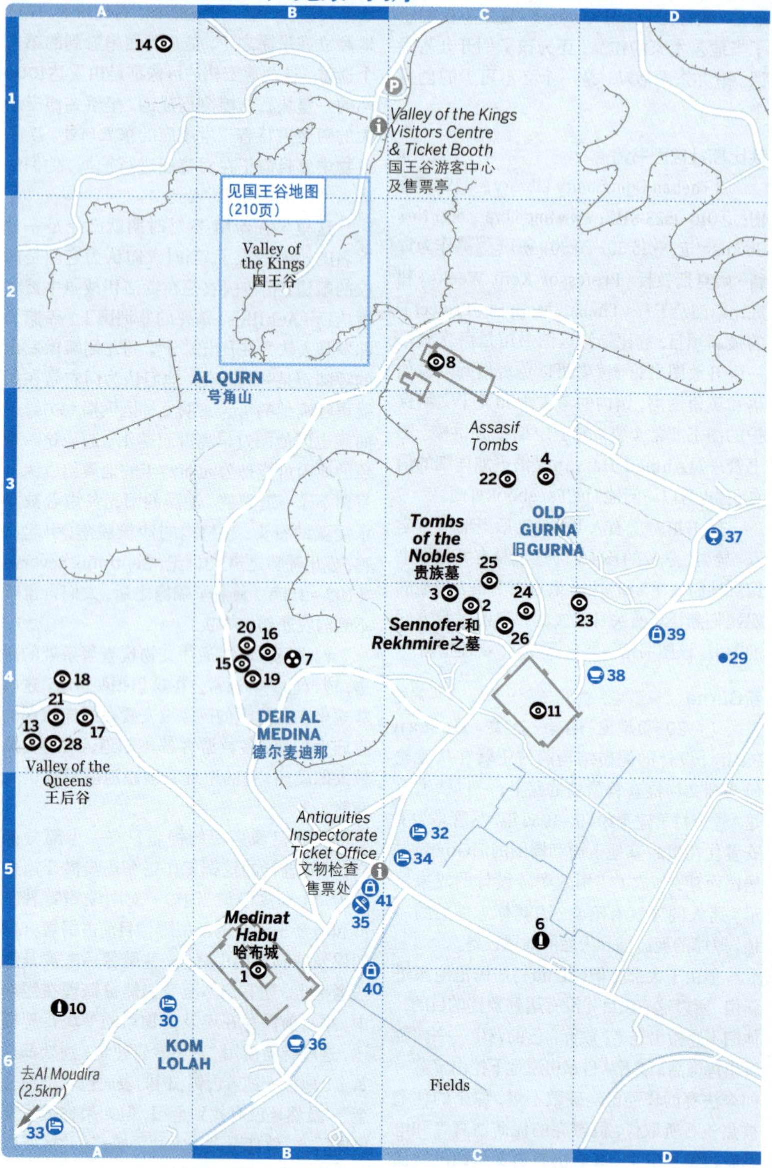

了这个荒无人烟、唯有金字塔形山峰Al Qurn（号角山）高高耸立的山谷。**国王谷**（Valley of the Kings, Wadi Biban Al Muluk；见210页地图；www.thebanmappingproject.com；含3座墓地 成人/学生 LE160/80；⏲6:00~17:00，16:00停止售票）曾经被称为万代法老之大墓地（Great Necropolis of Millions of Years of Pharaoh）或真理之地（Place of Truth），有63座富丽堂皇的王室陵墓。

寻宝者、洪水和近年来的大众旅游对这

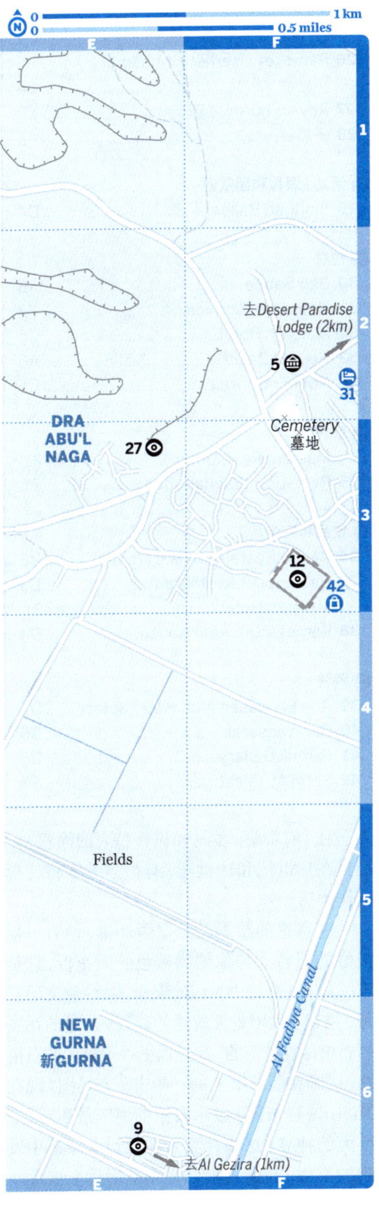

些陵墓造成了严重的伤害。就后者而言，二氧化碳、摩擦和平均每个游客流下的2.8克汗液都会对浮雕和壁画的稳定性产生影响，这些壁画都画在灰泥上，灰泥下是石灰岩。文物部门已经在受影响最严重的墓地里安装了减湿器和玻璃屏风。他们还采取了一种轮换模式：永远只有一部分墓地对公众开放。持门票可进入3座墓地，要想参观阿伊、图坦卡蒙、塞提一世和拉美西斯六世之墓，需要额外买票。

西岸攻略

如果可能的话，留出一天以上的时间参观西岸。提前计划好行程，因为多数景点必须在中心售票处买票，而且只有当天有效。清晨参观最为理想，但遗憾的是多数旅游团会在这一时间参观**哈特谢普苏特纪念神庙**或**国王谷**。所以尽量将这两个景点留到下午，以避开人流，早上参观其他景点，例如**贵族墓**或**拉美西斯二世神庙**。

通往国王谷的道路是上坡，而且越走越干，越走越热，所以要有所准备，如果骑车的话会更加困难。沿途有游客市场，出售软饮料、冰激凌和快餐，但质量参差不齐。装有空调的**国王谷游客中心及售票亭**（见206页地图）有一个精致的国王谷模型、一部介绍卡特发现图坦卡蒙陵墓的影片，还有洗手间（更高处有活动厕所，但建议用这里的）。tuf-tuf（一种电动小火车）搭载游客往返于游客中心与墓地之间（夏季可能会很热），票价LE4。有的区域灯光昏暗，最好带一只手电筒。不可以带相机，在所有墓地都禁止拍照。

有关墓地（包括其装饰和历史的详细说明）的最好信息源是Theban Mapping Project，有的墓地需要额外的入场费和门票。

亮点包括阿依之墓（Tomb of Ay）、霍伦海布之墓（KV 57）、拉美西斯三世之墓（KV 11）、拉美西斯六世之墓（KV 9）和塞提一世之墓（KV 17）。

拉美西斯七世之墓 墓地

（Tomb of Ramses Ⅶ, KV1）正门附近是拉美西斯七世（公元前1136年至公元前1129年）之墓，它规模不大，而且尚未完成。墓地的长度只有44米（对一座王陵来说很短，因为他死得非常突然），由一条走廊、一间墓室和一间未完工的第三墓室组成。建筑师仓促地加宽了陵墓的第二条走廊，将其变为一个墓

Luxor – West Bank 卢克索-西岸

重要景点

1 哈布城 B6
2 Sennofer和Rekhmire之墓 C4
3 贵族墓 C4

景点

4 Assasif Tombs C3
5 卡特老宅和图坦卡蒙陵墓复制品 F2
6 门农巨像 C5
7 德尔麦迪那 B4
8 哈特谢普苏特纪念神庙 C2
9 新Gurna E6
10 阿蒙霍特普三世宫殿 A6
11 拉美西斯二世神庙 C4
12 塞提一世神庙 F3
13 Amunherkhepshef之墓 A4
14 阿伊之墓 A1
15 Inherka之墓 B4
16 Ipuy之墓 B4
17 Khaemwaset之墓 A4
18 奈菲尔塔利之墓 A4
19 Peshedu之墓 B4
20 Sennedjem之墓 B4
21 Titi之墓 A4
22 Kheruef和Ankhhor之墓 C3
23 孔苏、Userhet和Benia之墓 （Nos 31, 51 & 343） D4
24 Menna、Nakht和阿门内莫普之墓 C4
25 Neferronpet、Dhutmosi和Nefersekheru之墓 C3
26 Ramose、Userhet和Khaemhet之墓 C4
27 Roy和Shuroy之墓 E3
28 王后谷 A4

活动、课程和团队游

29 Sindbad Balloons D4

住宿

30 Beit Sabée A6
31 House of Scorpion F2
32 Marsam Hotel C5
33 Nour El Balad A6
34 Nour El Gourna C5

就餐

Marsam Restaurant .... （见32）
35 Restaurant Mohammed B5

饮品和夜生活

36 Cafe & Restaurant Maratonga B6
37 Hatshepsut Restaurant D3
Marsam Hotel .... （见32）
38 Ramesseum Rest House D4

购物

39 Abo El Hassan Alabaster Factory D4
40 Caravanserai B6
41 Farouk Gallery B5
42 Souq At Talaat F3

室，法老被停放在一个坑里，上面盖着石棺的盖子。

放置卡诺匹斯（Canopic）罐的壁龛是在尸坑的侧面挖凿的，是这座陵墓的独特之处。通向墓室的走廊墙壁以《洞穴书》（*Book of Caverns*）的节选和“开口仪式”（Opening of the Mouth）的场景作为装饰，保存得相当完好，而墓室则以《世间书》（*Book of the Earth*）的章节作为装饰。根据墙上涂鸦所示，后来这里为科普特隐士所占领。

拉美西斯四世之墓 墓地

（Tomb of Ramses IV，KV2）拉美西斯四世之墓的规模根据计划原本会更大，但由于法老早逝（公元前1147年），这里被缩短了89米，并且墓室是由柱子支撑的大厅所改造而成，石棺上方的屋顶上有一个壮观的女神努特像。这座墓地靠近国王谷入口，从古代起便有人居住（有希腊、罗马和科普特人的涂鸦），而且在18世纪和19世纪，有很多游客将这里当作酒店。

墓室里的绘画已经损毁严重，但有一幅极好的努特女神像铺满蓝色的天花板，它是唯一刻有《努特书》（*Book of Nut*）原文的墓地，描述了太阳每天所走的路线。红色的花岗岩石棺尽管是空的，却是国王谷中最大的石棺之一。画在莎草纸上的一幅古墓布局图（现在Turin博物馆内）显示石棺的周围最初有4个巨大的神龛，这些神龛与在图坦卡蒙墓中发现的类似。拉美西斯四世木乃伊后来被重新安葬在阿蒙霍特普二世（KV 35）的陵墓内，现在保存在开罗的埃及博物馆里。

拉美西斯九世之墓 墓地

（Tomb of Ramses IX，KV6）这里自古埃及时代便对外开放了，法老驾崩时，这里的装饰只完成了一半。这里虽然不是国王谷内最有趣的墓，却是最受欢迎的，因为这里有一口微微遮盖的梯井，并且靠近山谷的入口。大前厅以《亡灵书》中的动物、蛇和魔鬼图案作为装饰，紧接着穿过一个柱厅和很短的过道，最后来到墓室。

在后墙的大门两侧有两个祭司的画像，他们都穿着豹皮长袍，留着正式的鬓发。墓室的墙上刻有《阴间书》(*Book of Amduat*)、《洞穴书》、《世间书》(*Book of the Earth*)，天花板上刻着《天堂书》(*Book of the Heavens*)中的场景。虽然它尚未完工，却是国王谷内最后一座拥有这么多完整的装饰而且绘画保存得比较完好的陵墓了。

麦伦普塔赫之墓

墓地

(Tomb of Merenptah, KV8)国王谷内第二大陵墓麦伦普塔赫之墓自古代开始就一直是开放的，因此留下了古希腊和科普特的涂鸦。长长的陵墓仿佛隧道一般，洪水毁坏了墙壁靠下的部分，但上部的浮雕保存完好。走廊以《亡灵书》、《门之书》(*Book of Gates*)和《阴间书》中的内容作为装饰。在一个竖井那边有一个假墓室，里面有两根以《门之书》作为装饰的柱子。

拉美西斯二世太长寿，他的12个儿子全都先他而去，第13个儿子麦伦普塔赫(公元前1213年至公元前1203年)在60岁的时候继承了王位。法老原来被安葬在4具石棺内，其中3具是花岗岩的(第2具的盖子仍然在原来的位置，顶端有一尊麦伦普塔赫的雕像)，第4具也是最里面的一具，是雪花石的。修建陵墓的时候犯了一个错误，最外面的石棺太大了，无法通过陵墓的入口，必须砍掉墓门，古埃及的工程师很少犯这样的错误。墓室内的许多装饰都已褪色，但它仍然是一个气势恢宏的房间，有下沉式地面和前后两面墙上的砖砌壁龛。

图坦卡蒙之墓

墓地

(Tomb of Tutankhamun, KV62; 见210页地图; Valley of the Kings; 成人/学生 LE200/100，不含在国王谷套票中; ⏲6:00~17:00)图坦卡蒙之墓举世闻名，有关其发现过程的故事和墓内的珍宝远远胜过了这位短命法老的小陵墓本身。图坦卡蒙之墓是谷内最不起眼的陵墓之一，规模不大，而且所有迹象都表明，它是在仓促间完成的，葬礼也并不体面，更有甚者，墓内的装饰遭到了严重的破坏。尽管如此，由于内部有很多富有教育意义的复制品，这里依然有很多人访问。

埃及考古学家霍华德·卡特(Howard Carter)在国王谷内辛勤工作了6年，终于发现了图坦卡蒙的安息之所和里面的宝藏，这些宝藏是埃及有史以来最重要的一次出土。1922年11月4日他发现了第一条石阶，11月5日发现了其他的石阶，一个密封的入口显现出来。卡特觉得这就是完好无损的图坦卡蒙墓，于是打电话给卡纳冯勋爵(Lord Carnarvon)，请他立即来埃及和他一起开启陵墓。当他朝里望去时，用那句著名的“美妙的事物”来形容他所看到的东西。

图坦卡蒙是埃赫那吞和他一个妹妹所生的儿子，他在位时间不长(公元前1336年至公元前1327年)，死的时候还很年轻，没有经历过伟大的战事，也没修建过什么不朽的建筑，甚至还没来得及修建一座陵墓。这座陵墓在古代曾经两次被盗，但此次发现的价值连城的宝藏还是让卡特梦想成真，甚至超出了他的想象。4个墓室内塞满了珍宝、家具、雕像、战车、乐器、武器、盒子、罐子和食物。后来人们发现许多宝物都放错了地方，是古代管理大墓地的官员在盗墓发生后“整理”墓地的时候随意放置的，即使这样也无损于它们的价值。一些考古学家相信，也许是不受欢迎的阿马纳王朝的所有痕迹都随图坦卡蒙一起被埋葬了，许多陪葬品上都刻着他父亲埃赫那吞以及神秘的斯曼赫卡拉(Smenkhkare，公元前1388年至公元前1336年)的名字，考古学家认为后者是作为法老执政的奈菲尔提提。

图坦卡蒙陵墓内的大部分珍宝都在开罗博物馆，少数在卢克索博物馆。只有图坦卡蒙躺在镀金棺木中的木乃伊和他的石棺还在原来的位置。墓室的墙壁以金黄色做底，上面画着胖乎乎的法老，后面是众神。石棺底端的墙上描绘了法老葬礼的场面，对面墙上画着12只蹲着的狒狒，取材自《阴间书》，代表了夜晚的12个小时。

进入墓地需要一张额外门票，可在入口

Valley of the Kings 国王谷

大门和图坦卡蒙之墓售票处（见本页地图）买到。

在卡特老宅（Carter's House；见220页）的院子里安放着陵墓和石棺的精确复制品，以及讲述陵墓发现过程的详细说明。

在本书写作期间，这里正在施工，以确认在墓室后墙是否还有另一个房间：埃及古物学家尼古拉斯·里维斯（Nicholas Reeves）认为，这里最初可能是用来埋葬奈菲尔提提的，她的遗体和宝藏可能就在墙后。

★ 拉美西斯六世之墓 墓地

（Tomb of Ramses Ⅵ，KV9；见本页地图；Valley of the Kings；成人/学生 LE80/40，不含在国王谷套票中；⏲6:00~17:00）KV 9是国王谷中最壮观的陵墓之一，拥有最宽阔的走廊、最长的竖井（117米）和最多样化的装饰。它从拉美西斯五世时开始修建，于拉美西斯六世时期竣工，可谓一场视觉的盛宴，陵墓大部分表面刻满了完好无损的象形文字和绘画。墓室的地面有一个未完工的坑，有壮观的努特女神像，还有《日之书》（*Book of the Day*）和《夜之书》(*Book of the Night*)中描绘的场景。

直到1922年以前，图坦卡蒙陵墓之所以能够一直完好无损，在很大程度上要感谢旁边这座拉美西斯六世之墓的存在，因为这里无意中为其他古老陵墓的入口做了掩护。KV 9最初其实是为昙花一现的拉美西斯五世(公元前1147年至公元前1143年)准备的，后来由拉美西斯六世(公元前1143年至公元前1136年)继续修建，很显然这两位法老都葬在这里。在陵墓的前半部分仍然能够看到拉美西斯五世的名字和头衔。法老入土后仅20年，这座陵墓就被盗了，拉美西斯五世和六世的木乃伊被迁至阿蒙霍特普二世的陵墓，于1898年被发现，随后被送往开罗。

虽然陵墓的灰泥没有涂完，但以天文景象和文字为主的精美装饰却保存完好。入口走廊的绘画取材自《门之书》和《洞穴书》，它们一直延续至陵墓的中部和井室，还增加了《天堂书》的内容。靠近墓室的墙壁装饰取材于《阴间书》。墓室本身非常华丽，天花板上以一幅漂亮的努特女神双像来描绘《日之书》和《夜之书》的内容。以黑色和金色呈现的夜间景象表现了天空女神每天晚上吞掉太阳，每天早上再赋予它新生，周而复始，永不停息，象征法老死后灵魂复活，重获新生。墓室的墙上画满了拉美西斯六世和众多神祇的精美画像以及取材自《世间书》的场景，表现了太阳神穿过夜晚，在诸神的帮助下，冲破黑暗力量的阻挡抵达黎明的主题。注意墓室墙基周围的画面：太阳神的敌人跪在地上被斩首，黑色的行刑者任意摆弄着被斩首的尸体，以表现它们的无助。

拉美西斯三世之墓 墓地

(Tomb of Ramses Ⅲ, KV11) KV 11是国王谷最受欢迎的墓地之一，这里同时还是最有趣、保存最好的墓地之一。墓地由赛特纳克特(Sethnakht，公元前1186年至公元前1184年)开始修建，但随着工人们被调去修建另一座墓地(KV 10)，这项工程便被废弃了。后来拉美西斯三世(公元前1184年至公元前1153年)——埃及最后一位骁勇善战的法老——重新动工，他建起的墓穴走廊先向右转，再向左转。走廊继续深入(共125米)山中，最终通往一个宏伟的墓室，由8根柱子支撑。

墓内装饰精妙，彩色的凹陷浮雕上有传统的仪式文字[《太阳神拉的连祷文》(*Litany of Ra*)和《门之书》等]以及拉美西斯家族和诸神的图像。与众不同的是，在入口走廊两侧的小房间里还有世俗的场景，包括外国的贡品，例如详细描绘了王家军械库、船和来自爱琴海的陶器。在最后一个房间里还有盲人竖琴师的画像，这座陵墓也因此获得了另外一个名字“竖琴师之墓”。苏格兰旅行家詹姆斯·布鲁斯(James Bruce)将这幅画像收录在了他的《探索尼罗河源头之旅》(*Travels to Discover the Source of the Nile*)一书中，结果在1790年出版时，遭到了伦敦各界的嘲笑。

在远处的墓室中有一段废弃的地道，古代的建设者通过它进入旁边的陵墓。他们将陵墓的轴心移向西方，修建了一条通道通向一个柱厅，墙上的图案取材自《门之书》。在右后方的柱子上也有古时候的涂鸦，描述了第21王朝(公元前1069年至公元前945年)时期重新安葬法老的情景。剩下的陵墓只挖掘了一

不要错过

最佳陵墓

陵墓太多，让你无从选择？以下是底比斯大墓地中的亮点：

国王谷

- 图特摩斯三世之墓(见212页)
- 阿蒙霍特普二世之墓(见212页)
- 霍伦海布之墓(见212页)
- 塞提一世之墓(KV17；见213页)

王后谷

- Amunherkhepshef之墓(见215页)
- 奈菲尔塔利之墓(见215页)

贵族墓

- Nakht之墓(见222页)
- Sennofer之墓(见222页)
- Ramose之墓(见222页)

德尔麦迪那

- Sennedjem之墓(见216页)

带什么

参观西岸景点的时候要多带些水（在一些景点能买到水，但你应该留出富余），遮阳帽、太阳镜、防晒霜也是必不可少的。还需要准备零钱付小费，因为守卫的薪水少得可怜，完全靠小费增加收入，付给每人LE10或LE20应该足够让他们不去打扰你，或为你打开门，或为你照亮某一幅特别漂亮的壁画。带上手电筒，它迟早能派上用场。

部分，在结构上比较脆弱。

拉美西斯三世的石棺在巴黎的卢浮宫内，精美的棺盖被保存在剑桥的费兹威廉博物馆（Fitzwilliam Museum）内。拉美西斯三世的木乃伊是在德巴哈里被发现的，现在保存在开罗的埃及博物馆内。这个木乃伊是20世纪30年代的影片《木乃伊》（*The Mummy*）中鲍里斯·卡洛夫（Boris Karloff）饰演的角色的原型。

霍伦海布之墓

墓地

（Tomb of Horemheb, KV57）霍伦海布是图坦卡蒙的将军，是短暂掌权的图坦卡蒙导师的阿依（Ay）的继任者。他的陵墓装饰精美，是国王谷中第一个使用浅浮雕的墓地。这也是第一次用《地狱之书》来装饰墓室的墓地。墓地大约128米长，非常陡峭，是第一个没有直角拐弯的直线形坟墓。霍伦海布并非皇室出身，他统治了28年，并恢复了阿蒙崇拜。

这座陵墓被发现的时候，里面满是王室殡葬设施，包括许多木雕，后来都被送往开罗的埃及博物馆了。霍伦海布平息了埃赫那吞统治造成的混乱，带来了稳定。他之前在塞加拉修建了一座奢侈的陵墓，但又将其废弃，修建了这座陵墓。墓室中各个时期的装饰让我们有机会了解陵墓的装饰过程。

从入口开始，一段陡峭的阶梯和一段同样陡的过道通向一个竖井，那里有霍伦海布和诸神的画像，非常精美。注意哈索尔的蓝色和黑色条纹假发以及年轻的守护神那弗顿（Nefertum）的莲花冠，所有这一切都以灰色和蓝色为背景。6柱墓室以《门之书》的部分内容作为装饰，还剩一部分没有完工，从这里我们可以看出这些装饰是如何完成的：先用红墨水画出网格，再用黑墨水在网格上画出图像，最后再进行雕刻和绘画。法老红色的花岗岩石棺还在陵墓内，里面空无一物，上面刻着守护女神张开双翼保护亡灵的画面，而他的木乃伊则下落不明。

阿蒙霍特普二世之墓

墓地

（Tomb of Amenhotep Ⅱ, KV35）这座墓地长达91米，其主人是阿蒙霍特普二世（有时也被称为阿蒙诺菲斯二世，Amenophis Ⅱ），他继承了父亲图特摩斯三世的衣钵。阿蒙霍特普二世于公元前1400年左右驾崩，在位长达26年，在这期间，他有足够时间挖出这个又巨大又复杂的陵墓，墓内通往墓室的内厅有6根柱子支撑。在1898年法国考古学家维克多·劳雷特（Victor Loret）打开陵墓时，法老的遗体就在这里，同时出土的还有很多其他皇室木乃伊。

这座陵墓是山谷中最深的建筑之一，有90多级台阶向下通往一个现代修建的过道。它建在一个深坑之上，目的是保护内部，使底下的墓室免受盗贼（并未成功）和洪水泛滥的破坏。

在巨大的墓室内，整个天花板上都布满了星辰，墙壁好似一幅巨型画卷，刻有《阴间书》上的文字。多数人物都与图特摩斯三世陵墓中的肖像相同。陵墓内也有比较丰满的人物形象，例如墓室石柱上法老站在奥西里斯、哈索尔和阿努比斯前面的图案，这在国王谷的王陵中是开了先例的。它的墓室是双层的，这也比较特别。上层都是柱子，石棺放在下层。

虽然陵墓在古代遭到了盗贼的破坏，但阿蒙霍特普二世（公元前1427年至公元前1400年）的木乃伊经祭司修复，放回了石棺中，脖子上还戴着一个花环。两侧的房间中还安放着其他13具王族木乃伊，包括图特摩斯四世、阿蒙霍特普三世，麦伦普塔赫、拉美西斯四世、五世和六世以及塞提二世（公元前1200年至公元前1194年），大部分现在都在埃及博物馆。

图特摩斯三世之墓

墓地

（Tomb of Tuthmosis Ⅲ, KV 34）KV 34隐藏在石灰岩峭壁之间的群山中，只有经一条陡峭的阶梯并跨过更加陡峭的深谷才能到达。

这座陵墓向我们展示了古代法老是怎样不遗余力地阻止盗贼的。图特摩斯三世（公元前1479年至公元前1425年）在许多领域都是一位改革者，他的功绩和声望为其赢得了“古埃及拿破仑”的美誉。他是最早在国王谷修建陵墓的法老之一。

虽然地处陡峭，需要爬上爬下，但这位法老最关心的就是隐秘，于是选择了最难接近的地点，设计了一系列角度无规律可循的通道和假门，以误导或捕捉潜在的盗贼。竖井如今由一条狭窄的通道连接，通往一间由两根石柱支撑的前厅，它的墙上画着700多位神和半神。作为山谷内最早有墓室壁画的陵墓，它的墙壁看上去就像是一张巨大的丧葬莎草纸，上面画着树枝状的人物。墓室有弯曲的墙壁，室内安放着法老的石英岩石棺，上面刻有旋涡花饰。

Tomb of Siptah（KV47） 墓地

这座陵墓（公元前1194年至公元前1188年）发现于1905年，虽然没有完工，但上面的走廊有精美的绘画。陵墓的入口以太阳圆盘作为装饰，入口的两侧有真理女神（玛特）的跪像。此外，陵墓内还有取材自《阴间书》的场景和阿努比斯的神像，再往后就没有装饰了。

Tawosret/赛特纳克特之墓 墓地

（Tomb of Tawosret/Sethnakht，KV 14）Tawosret是塞提二世的妻子。塞提二世的继承人Siptah死后，她亲自掌权（公元前1188年至公元前1186年）。埃及学家认为，这座陵墓开始是Tawosret为她自己和塞提二世修建的，却被她的继任者、统治时间同样短暂的赛特纳克特（公元前1186年至公元前1184年）盗用，后者为自己增建了一个墓室。从古代起，这座陵墓就一直是开放的，部分的装饰已经不复昔日光彩。

从陵墓的装饰上就能看出它所有权的变化，上面的走廊里有王后的画像，她的继子Siptah陪在身旁，后面是众神。Siptah的旋涡花饰后来被塞提二世的所取代。但在下面的走廊和墓室里，Tawosret的形象则被赛特纳克特的形象或旋涡花饰所掩盖。墓地的颜色和墓室的状况还是不错的，天花板以天文景象以及Tawosret、赛特纳克特和众神形象作为装饰。最后，Tawosret墓室中源自《洞穴书》的场景尤为壮观，画面中太阳神化身为一个长着公羊头的形象，张开双翼，浮出漆黑的阴间。

塞提二世之墓 墓地

（Tomb of Seti Ⅱ，KV15）与Tawosret/赛特纳克特之墓相邻的是一座规模较小的墓地，似乎赛特纳克特将塞提二世（公元前1200年至公元前1194年）的遗体从KV 14迁走之后，就将他葬在了这里。陵墓里有许多古代的涂鸦，由此可见古时候它一直是开放的。陵墓的入口处有一些精美的浮雕，但其他的颜色都已经脱落了。墙上刻着《太阳神拉的连祷文》《地狱之书》和《阴间书》的节选。

与众不同的是，在井室的墙壁上有法老陵墓随藏品的画面，包括供奉在神龛内的法老金像。

拉美西斯一世之墓 墓地

（Tomb of Ramses Ⅰ，KV 16）拉美西斯一世的在位时间只有两年，这座陵墓在他于公元前1294年去世时还未完工，所以非常简单。最短的入口走廊通向一个几乎是正方形的墓室，室内停放着法老打开的粉红色花岗岩石棺。1817年意大利冒险家乔凡尼·贝索尼（Giovanni Belzoni）发现并挖掘了这里（像许多其他人一样），石英岩石棺依然在原位，一些壁画也仍然保存完好。

只有墓室内有精美的装饰，与霍伦海布之墓（KV 57）非常相像。里面有《门之书》的节选以及法老与众神的画面，例如法老跪在长着胡狼头的“Nekhen之魂”和长着鹰首的“Pe之魂”之间，他们象征着上、下埃及。

★塞提一世之墓 墓地

（Tomb of Seti Ⅰ，KV 17；见210页地图；Valley of the Kings；LE1000，不含在国王谷套票中；⏲6:00~17:00）这座大教堂般的陵墓是国王谷中最精美的陵墓，也是埃及艺术的伟大成就之一。这里长期以来不对游客开放，如今终于重见天日，门票昂贵但是物有所值。1817年乔凡尼·贝索尼发现这里时，这座137米长的陵墓从里到外全被装饰过了，并且保存完好，虽然自那以后，这里已经受到影响，但仍然能令你大开眼界——塞提统治时期发展的艺术是埃及最精美的艺术之一。

塞提一世是拉美西斯一世的继任者，同时还是拉美西斯二世的父亲，他在图坦卡蒙去世后约70年中统治着埃及。在阿马纳的埃赫那吞混乱时期之后，塞提一世统治了一个黄金时代；见证了古王国时期艺术风格的复兴，在阿拜多斯的神庙和他的墓地中可以看到这种艺术风格中的佼佼者。贝索尼在凸起的浮雕上放上湿纸，并剥取了一些颜料，以此制作陵墓装饰的副本，陵墓也因此遭受了损坏。随后的访客造成了更大的损失，破译象形文字的商博良（Champollion）甚至凿下了一些墙面装饰。这座陵墓于2016年重新开放，墓内的墙壁上画满了美丽的壁画，这些壁画出自许多古代文献，包括《太阳神拉的连祷文》《亡灵书》、《地狱之书》和《神牛之书》（*Book of the Heavenly Cow*）等。陵墓中的石棺是埃及最精美的石棺之一，被贝索尼带走了，现在藏于伦敦的约翰索恩爵士博物馆（Sir John Soane's Museum），而其中的两幅彩色浮雕描绘了塞提一世和哈索尔在一起的场景，如今分别被保存在巴黎的卢浮宫和佛罗伦萨的考古博物馆中。

Tomb of Montuhirkopshef（KV19） 墓地

这座陵墓是你在国王谷唯一能参观的王子陵墓（其他的王子墓不开放），这座陵墓的主人是拉美西斯九世之子Rameses Mentuherkhepeshef王子（约公元前1000年），1817年当乔凡尼·贝索尼发现这里时，他发现这里埋了许多晚于那个时期的木乃伊。而王子的遗体至今尚未被发现。墓中的壁画不错，但是由于1994年的洪水破坏了墙壁的下部，现在这些壁画都藏在玻璃后面。

墓主人的名字译为“蒙图的臂膀是强有力的”。通往陵墓的入口走廊以真人大小的浮雕作为装饰，画面中包括奥西里斯、卜塔（Ptah）、透特（Thot）和孔苏在内的众神正在接受年轻王子的献祭。他衣着华丽，身穿精致的亚麻打褶长袍，在黑色的假发上还附有一缕蓝色和金色的“青年发鬏”——更别提他光彩夺目的妆容了（在古埃及，无论男女全都化妆）。

图特摩斯四世之墓 墓地

（Tomb of Tuthmosis Ⅳ, KV 43）图特摩斯四世（公元前1400年至公元前1390年）之墓是第18王朝时期建造的最大、最深的陵墓之一。它还是第一座以黄色作为墓室壁画背景的陵墓，这一传统在许多陵墓中得以延续。1903年，霍华德·卡特发现了这座陵墓，20年后他又发现了图特摩斯四世的曾孙图坦卡蒙之墓。

沿两段陡峭的长石阶向下来到墓室，那里安放着一具刻满象形文字的大石棺。竖井和前厅的墙上装饰的画像绘有图特摩斯四世

KV5：继图坦卡蒙陵墓之后最伟大的发现

1995年，美国考古学家肯特·威克斯发现了埃及最大的陵墓，它被认为是拉美西斯二世多位王子的埋葬地，并立即被誉为继图坦卡蒙陵墓之后最伟大的发现，或者用某家伦敦报纸的说法，这是“终极木乃伊”。

1987年，威克斯找到了KV5的入口。在19世纪20年代，詹姆斯·伯顿·卡特（James Burton Carter）也发现了这里，不过他认为这里只是个小型墓穴，下面除了淤泥和黄沙，什么也没有。接着墓穴的入口便被别的挖掘工程所产生的废物掩埋。当威克斯的团队清理了入口的墓室后，他发现了陶器、石棺的碎片和墙壁上的装饰图案，这些使他相信这是拉美西斯二世儿子的陵墓。

后来在1995年，威克斯发现了一个入口，沿着它竟然找到了121个墓室和走廊，这座陵墓比埃及的其他陵墓大出许多倍，也更加复杂。其中一间墓室有16根柱子，这个数量比国王谷的任何墓室都多。从这座独特、巨大的陵墓中清理碎片的工作艰辛而且危险。工作人员必须要对每桶碎片进行筛选，将陶器、骨头和浮雕分开，况且要支撑住这座440米长的陵墓也是一项重大工程。发掘进展缓慢，但威克斯推测这里的墓室多达150个。要了解发掘进展，可登录网站www.thebanmappingproject.com。

在众神前的场景，女神哈索尔身穿各种漂亮的珠饰服装的画像尤其引人注目。

在前厅的左（南）墙上有一片公元前1315年的古埃及涂鸦，是政府官员Maya和他的助手Djehutymose写上去的，大意是他们遵照霍伦海布的命令检查并修复图特摩斯四世的陵墓。当时是霍伦海布执政的第8个年头，即图特摩斯四世死后67年，刚刚经历了第一次盗墓浪潮。

阿伊之墓 墓地

（Tomb of Ay, KV 23；见206页地图；成人/学生 LE40/20，不含在国王谷套票中；⏲6:00~17:00）这座墓地藏在西谷（West Valley）中，虽然只有墓室有装饰，但阿伊狩猎河马和在沼泽中捕鱼的场景（这些场景通常出现在贵族而非王族陵墓中）非常有名，墙上还有12只狒狒，代表夜晚的12个小时，西谷或Wadi Al Gurud（猴谷）就是因此而得名的。

虽然他是图坦卡蒙的继承人，但其短暂的执政（公元前1327年至公元前1323年）却与更早的阿马纳时期和埃赫那吞联系在一起（埃及学家指出他可能是埃赫那吞的妻子奈菲尔提提的父亲）。阿伊放弃了阿马纳的一座宏伟的陵墓，在西谷另建了一座。西谷在阿马纳的故事中扮演着重要的角色，因为阿蒙霍特普三世选择在这里为自己修建巨大的陵墓（KV 22，山谷的半山腰）作为新的安葬地。他的儿子和继承人埃赫那吞在迁都阿马纳之前也在这里修了一座陵墓，但他最终还是葬在了阿马纳。

图坦卡蒙好像也准备葬在西谷，但他英年早逝，他的继承人阿伊和他交换了墓地。图坦卡蒙按照惯例被安葬在国王谷内（KV 62），而阿伊自己却占据了图坦卡蒙之前在西谷修建的陵墓。沿着国王谷停车场附近的一条土路前往陵墓，这条路长约2公里，沿荒凉的山谷蜿蜒向上，经过陡峭的石崖。在这里能够再次感受到与之相邻的国王谷的气氛（和宁静），值得一游。

王后谷

王后谷（Valley of the Queens；Biban Al Harim；见206页地图；成人/学生 LE80/40；⏲6:00~17:00）位于底比斯山坡的南端，里面至少有75座陵墓，这些陵墓属于第19、20王朝的王后和其他王室成员，包括公主们和第19、20王朝诸位拉美西斯国王的王子。这里有4座陵墓对外开放。其中最著名的是奈菲尔塔利（Nefertari）之墓，直到2016年才重新对外开放，其他墓地有Titi、Khaemwaset和Amunherkhepshef之墓。

奈菲尔塔利之墓需要额外购买门票。

> **找准时候玩**
>
> 在旺季，旅游大巴会满载着来自红海的一日游游客，于10:00左右抵达卢克索。这些游客会直接前往国王谷或卡纳克神庙，所以如果你不喜欢被人群淹没，最好在上午避开这些景点。

奈菲尔塔利之墓 墓地

（Tomb of Nefertari；见206页地图；LE1000，不含在王后谷套票中；⏲6:00~17:00）奈菲尔塔利之墓被赞为底比斯大墓地乃至整个埃及最精美的陵墓，奈菲尔塔利是拉美西斯二世的五位妻子之一，这位新王国时期的法老以其诸多宏伟的遗址而闻名。他为自己最宠爱的王后修建的陵墓其实是祭奠其美貌的神庙，毫无疑问，是种劳师动众的爱。三座墓室和走廊的每寸墙壁都以彩色绘画作为装饰。

奈菲尔塔利又被称为“最美丽的女人”，画中的奈菲尔塔利身穿透明的白色长袍，宛若仙子一般，头上的金色头饰还有两根取自秃鹰背部的长羽毛。陵墓的天花板布满了金色的星星。在很多画中，奈菲尔塔利与众神在一起，并附有《亡灵书》中的文字。

与国王谷的多数陵墓一样，当考古学家发现这座陵墓的时候，它已被盗墓贼洗劫一空。王后的粉红色花岗岩石棺只留下了少量碎片，她的木乃伊也只找到了膝盖。

目前有计划将陵墓的复制品安置在霍华德·卡特的老宅旁，与图坦卡蒙墓室的复制品并排。

Amunherkhepshef之墓 墓地

如果负担不起奈菲尔塔利之墓的门票，不妨来王后谷中的精品——Amunherkhepshef之墓，这里的精美浮雕保存完好。Amunherkhepshef是拉美西斯三世之子，死的时候只有十几岁。在陵墓门厅墙壁的画面中，拉美西斯三世拉着儿子的手，将他介绍给诸神，并请求神灵帮助他进入来世。Amunherkhepshef穿着凉鞋和短裙，还有年轻男子的标志性鬓发。

陵墓内还陈列着一具5个月大胎儿的木乃伊。关于它有许多富有创意的故事，其中的一个是Amunherkhepshef的母亲在听到他的死讯后因悲伤过度而流产。这座陵墓是由意大利发掘者在王后谷南面的一个山谷里发现的。

Khaemwaset之墓 墓地

与旁边的Amunherkhepshef之墓一样，Khaemwaset是拉美西斯三世的另一个儿子，他也英年早逝，关于他的年龄和死因人们所知甚少。他的墓穴也采用了线形布局，内有许多保存完好、色彩艳丽的浮雕，浮雕内容是法老将他的儿子介绍给诸神和《亡灵书》中的场景。门厅的天花板上是一幅巨大的画，拉美西斯三世身穿全套礼服，他的儿子紧随其后，身穿一件长袍，头上的鬓发表明他很年轻。

Titi之墓 墓地

（见206页地图；Valley of the Queens；成人/学生 LE50/25；⏲6:00~17:00）Titi王后的陵墓有一条走廊通向一座正方形的神庙，与之相邻的是墓室和另外两个小房间。虽然壁画已经褪色，但还是能分辨出画面中的场景：身生双翼的玛特跪在走廊的左手边，右手边是王后以及身后的透特、卜塔和荷鲁斯的四个儿子。墓室内有一系列动物守卫：胡狼、狮子、两只猴子和一只持弓的猴子。

考古学家无法确定Titi到底嫁给了哪位拉美西斯法老，在她的陵墓中她被称为国王的妻子、国王的母亲和国王的女儿。有考古学家认为她是拉美西斯三世的妻子，她的陵墓在某些方面与Khaemwaset和Amunherkhepshef的有相似之处，他们有可能是她的儿子。

德尔麦迪那

德尔麦迪那（Deir Al Medina，Monastery of the Town or Workmen's Village；见206页地图；成人/学生 LE80/40；⏲6:00~17:00）得名于一座托勒密王朝时期的神庙，后来被改造成一座科普特修道院——城市修道院，但这里真正的亮点在于其独一无二的工匠村（Workmen's Village）。在国王谷和王后谷修建陵墓的许多技艺高超的工匠和艺术家生前住在这里，死后也葬在这里。考古学家已经在这座村庄中发现了70多座住宅和许多墓地，现将最漂亮的对外开放。

在距离通往王后谷的道路大约1公里的地方，沿一条短而陡峭的铺砌道路向上，就能来到这座托勒密时期的小神庙。它的大小只有10米×15米，建于公元前221年至公元前116年，献给享乐之神和爱神哈索尔以及真理之神和宇宙秩序的化身玛特。工匠村遗址就在神庙的前面，基本上都是低矮的围墙，但也有一些残存的古代灌溉管道。附近的墓地更为壮观，包括Sennedjem、Peshedu、Inherka和Ipuy之墓。这些墓上方原本都有座小型泥砖金字塔，如今已经重建了其中一座金字塔。

➡ Sennedjem之墓

Sennedjem之墓的装饰令人震撼，内有两个小墓室和一些精美的绘画。Sennedjem是19世纪一位生活在塞提一世和拉美西斯二世统治时期的艺术家，看上去他确保了自己的墓地装饰得像那些王陵一样精美。墓中的绘画内容包括他与妻子一同务农、他被制成木乃伊，还有一幅奥西里斯手持曲杖和连枷的画，十分精美。

➡ Inherka之墓

Inherka是第19王朝的一个雇工，他在国王谷的真理之地（Place of Truth）工作。他的墓地装饰漂亮，只有一个墓室，壁画精美绝伦，包括左墙上一只猫（代表太阳神拉）在一棵圣树下杀死一条蛇（代表邪恶的蛇神阿波菲斯）的著名场景。此外，还有描绘Inherka和他的妻子、孩子在一起的家庭生活场景。

➡ Ipuy之墓

Ipuy是拉美西斯二世统治时期的一名雕塑家。这位艺术家放弃了常见的宗教仪式场景，以农耕和狩猎的场景取而代之。这里还描绘了Ipuy的房屋与种满鲜花和水果的花园。

➡ Peshedu之墓

Peshedu也是第19王朝真理之地的一个雇工，他将自己塑造成在湖边一棵棕榈树下

Medinat Habu 哈布城

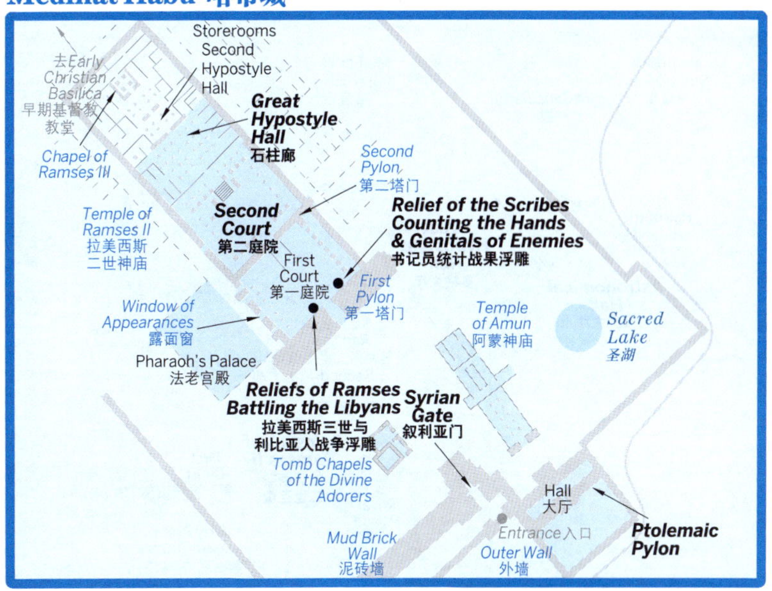

祈祷的样子，这后来成了一个标志性形象。

西岸神庙和纪念地

★哈布城 神庙

（Medinat Habu；成人/学生 LE40/20；⏲6:00~17:00）拉美西斯三世气势恢宏的哈布城纪念神庙前面是安静的Kom Lolah村，背靠底比斯山，这里是西岸最被低估的遗址之一，也是底比斯第一个与当地神祇阿蒙有紧密联系的地方之一。在哈布城最鼎盛的时期，这里有神庙、储藏室、作坊、行政大楼、一座王宫以及祭司和官员的住处，几个世纪以来都是底比斯的经济中心。

尽管整个建筑群以拉美西斯三世修建的陵庙最为著名，但哈特谢普苏特和图特摩斯三世也都在这里大兴土木。后来托勒密时期一连串的统治者对这些建筑进行了增建和改造。当异教崇拜被禁止后，它又变成了一个重要的基督教中心。这里一直有人居住，直到9世纪的一场瘟疫给这座城镇带来了灭顶之灾。站在围墙上你仍然能够看见中世纪城镇的泥砖建筑残骸，这处遗址因此而得名（medina译为“城镇”或“城市”）。

原来的阿蒙神庙（Temple of Amun）是由哈特谢普苏特和图特摩斯三世修建的，后来被巨大的拉美西斯三世陵庙（Funerary Temple of Ramses Ⅲ）抢占了风头，它是哈布城最醒目的标志。当你经过外大门的时候，你还能看到一座建于哈特谢普苏特时期的神庙。

拉美西斯三世从他声名显赫的先人拉美西斯二世修建其神殿中获得灵感，修建了自己的神庙。它与较小的阿蒙神庙都被巨大的外墙围了起来。

在围墙内，大门左侧是为阿蒙神庙首席女祭司而建的Tomb Chapels of the Divine Adorers。这里仅有两个入口，其中一个是东门，外面有一座运河码头，这条运河曾经连接着哈布城和尼罗河。

从独特的叙利亚门（Syrian Gate）进入遗址。叙利亚门是仿照叙利亚要塞而建的一座巨大的两层建筑：法老进攻敌人的场景让人想起埃及和赫梯之间的著名战役，尤其是在拉美西斯二世时期。如果你沿围墙向左，就会发现一道通往楼上的阶梯。房间里没有太多可看之处，但向外眺望，景色极佳，越过神庙前方的村庄就是南方的田野。

保存完好的第一塔门矗立在神庙前，非

Ramesseum 拉美西斯二世神庙

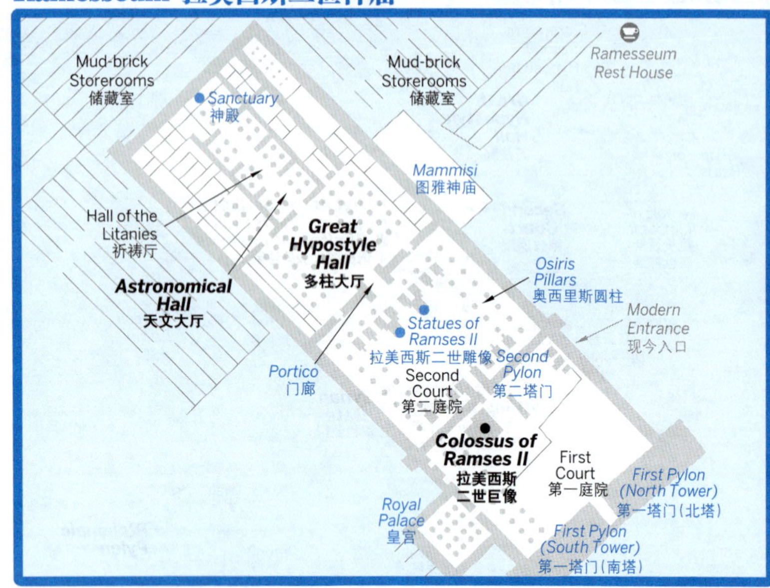

常醒目。浮雕上有拉美西斯三世在几场战争中作为胜利者的形象。最著名的是描绘他战胜利比亚人(你可以从他们的长袍、鬓发和胡须上认出利比亚人)的浮雕。还有一个令人毛骨悚然的场景，画面中的书记员正通过数断手和生殖器来计算杀死了多少敌人。

第一庭院的左侧是**法老宫殿**的遗址，后面的3个房间是后宫。在第一庭院和法老宫殿之间有一扇窗户，被称为**露面窗**(Window of Appearances)，法老通过这扇窗接见他的臣民。

第二塔门的浮雕刻画了拉美西斯三世向阿蒙和他的妻子秃鹰女神穆特赠送战俘的场景。石柱廊和**第二庭院**周围的浮雕描绘了各种各样的宗教仪式。

如果你有时间在陵庙周围广阔的废墟四处转转，就会看到一座**早期基督教教堂**和一个小**圣湖**。在神庙的南面还能看见宫殿的轮廓，想象着拉美西斯三世透过露面窗出现在臣民面前的场景。

拉美西斯二世神庙 神庙

(Ramesseum; 见206页地图; 成人/学生LE60/30; ⏲6:00~17:00)拉美西斯二世将他宏伟的纪念神庙称为“Temple of Millions of Years of User-Maat-Ra”，过去游客们称之为奥兹曼迪亚斯之墓(tomb of Ozymandias)，而破译了象形文字的让-弗朗索瓦·商博良(Jean-Franpollion Champollion)称其为“Ramesseum”。和其他纪念神庙一样，它是拉美西斯二世墓葬群的一部分。他的陵墓藏于深山之中，而这座纪念神庙却建在耕地区的边缘，由一条运河与尼罗河和其他纪念神庙相连。

与拉美西斯二世在卡纳克和阿布·辛拜勒(Abu Simbel)修建的建筑相比，他的纪念神庙保存得并不太好。拉美西斯二世神庙虽经大规模修复，但这里仍以散落在四处的倒塌雕像的残骸而闻名，英国诗人雪莱由此产生灵感，写下了“奥兹曼迪亚斯”一诗，利用拉美西斯终难逃一死的事实来嘲笑他对永生的渴望。

与其他许多神庙相比，拉美西斯二世神庙更加精致，布局也相当规范，由两座庭院、多柱大厅、神殿、副室和储藏室组成。其特别之处在于，它的矩形平面一侧增加了一座年代更为久远的小神庙——拉美西斯二世的母亲图雅(Tuya)的神庙。

从围墙东北角的一个入口进入神庙，它一直通往第二庭院，从那里左转可进入第一塔门。第一塔门和第二塔门的跨度超过60米，上有拉美西斯二世军队远征的浮雕，特别突出了他对赫梯人的战役。进入第一塔门就是宏伟的第一庭院的废墟，包括王宫前的双石柱廊。

西侧阶梯附近散落着部分拉美西斯二世巨像，即雪莱诗歌中的奥兹曼迪亚斯，这座曾经17.5米高的巨像凄凉地躺在地上。另一尊花岗岩拉美西斯二世雕像的头部被遗弃在第二庭院内。多柱大厅最初有48根圆柱，其中的29根今天仍然屹立不倒。它后面的小厅还在原来的位置，屋顶有巨大的象形文字。墙上的一些雕刻工艺精湛，如刻在一片叶子上的法老名字。

哈特谢普苏特纪念神庙 神庙

(Memorial Temple of Hatshepsut; Deir Al Bahri; 见206页地图; 成人/学生 LE80/40; ⌚6:00~17:00)在德巴哈里，首先映入眼帘的就是那些犬牙交错的石灰岩悬崖，它们矗立在沙漠平原之上，将近300米高，巍峨壮观，是大自然留下的遗迹。在悬崖脚下，是光彩夺目的哈特谢普苏特神庙，一座由人类建造的丰碑。这座外表近乎现代的神庙有一部分是在悬崖上开凿的，它的美融入悬崖之中。你所看见的大部分建筑都是经过精心重建的。

自1891年以来，经过不断的挖掘和修复，古埃及最精美的遗址得以展现在世人面前，想必在哈特谢普苏特时期(公元前1473年至公元前1458年)它一定更加迷人。今天嘈杂的游客市场取代了当年壮观的斯芬克斯大道。当时的庭院是一个花园，种满了来自异域的树木和芳香的植物，面向东方，与尼罗河对岸的卡纳克神庙遥相呼应。它被称为Djeser-djeseru(最神圣的地方)，由Senenmut设计，他是哈特谢普苏特的一位朝臣，可能还是她的情人。如果说它的设计看上去与众不同，那么请注意，其实它具备纪念神庙的一切特征，包括凸起的中轴和三个组成部分。但它必须适应所选的位置，即与卡纳克的阿蒙神庙几乎在同一条直线上，而且附近还有一座更加古老的哈索尔女神神庙。

几百年来，神庙被肆意破坏：图特摩斯三世最大限度地清除了他继母的名字，埃赫那吞清除了所有关于阿蒙的痕迹，而早期基督徒将其改造成为一座名为德巴哈里的修道院(北方修道院)，破坏了浮雕。

德巴哈里已经成为地球上最热门的地方之一，所以建议在清晨参观，因为浮雕在低光照下最清楚。经巨庭(great court)进入神庙，在那里仍然能够看到原来的古树根。在我们写作之际，下平台上的柱廊因修复而关闭。斜坡左侧，南柱廊上精美的浮雕描绘了将两座由哈特谢普苏特下令建造的方尖碑从阿斯旺(Aswan)的采石场运至底比斯的场景，北柱廊有捕鸟的画面。

一条大斜坡通向上面的两座平台。中间平台的浮雕保存得最好。北柱廊记录了哈特谢普苏特的神圣诞生。在它的尽头是阿努比斯圣堂，里面的彩色浮雕保存完好。画面中哈特谢普苏特和图特摩斯三世出现在阿努比斯、拉-哈拉胡提和哈索尔的面前，其中哈特谢普苏特的雕像已经损毁。入口左侧蓬特柱廊(Punt Colonnade)的浮雕精美绝伦，讲述了远征蓬特之地、收集做神庙仪式熏香之用的没药树的故事，还描绘远征途中见到的奇怪动物和异域植物、外国建筑和陌生的风景，以及长相各异的人。这个柱廊的尽头是哈索尔圣堂(Hathor Chapel)，它的两个房间内都有哈索尔头石柱。如果你有手电筒的话，会看到西墙上的浮雕，哈索尔化身一头母牛舔着哈特谢普苏特的手，女王吮吸着哈索尔的乳汁。北墙上有一幅褪了色的浮雕，画面中哈特谢普苏特的士兵身穿海军军服，向女神致敬。主厅外是一座在岩石上雕凿的神庙，有3个房间，现在不对公众开放。浮雕上的女王站在众神的前面，在Senenmut门后有一个神庙设计师Senenmut的小雕像，有人认为他是哈特谢普苏特的情人。

在最近的25年间，一支由波兰和埃及专家组成的团队一直在修复上平台，最初的24尊奥西里斯巨像有一部分保留了下来。中央的粉红色花岗岩门廊通向由悬崖雕凿而成的阿蒙神殿(Sanctuary of Amun)。

在哈特谢普苏特神庙的南侧是门图霍特普神庙(Temple of Montuhotep)遗址。它是为第11王朝的缔造者修建的，是到目前为止在底比斯发现的最古老的神庙之一。此外还有为

Memorial Temple of Hatshepsut 哈特谢普苏特纪念神庙

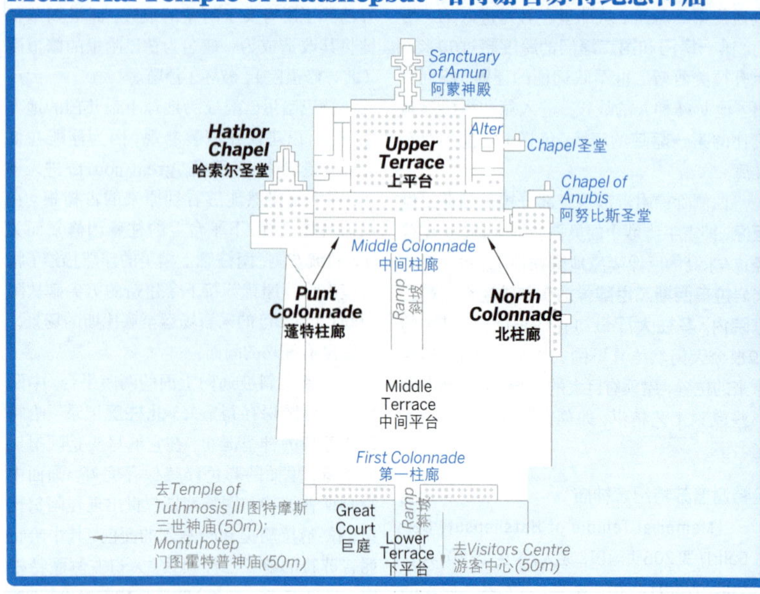

哈特谢普苏特的继承人修建的**图特摩斯三世神庙**。两处都只剩残垣断壁。

Assasif Tombs 墓地

（Tombs of Kheruef, Ankhor and Pabasa；见206页地图；成人/学生 Kheruef和Mntophaat LE60/30, Pabasa LE30/15；⏲6:00~17:00）这组墓地靠近哈特谢普苏特纪念神庙（见211页），属于第18王朝的贵族以及努比亚王朝法老统治下的第25和第26王朝的贵族。考古学家正在对该地区进行挖掘，他们在2015年还发现了新墓地，所以在众多墓地当中，只有几座对公众开放，包括**Kheruef和Mntophaat之墓**以及附近的Pabasa之墓。Pabasa是第26王朝的一位祭司，他的陵墓内装饰着精美的农耕场景，包括养蜂、狩猎和捕鱼。

在哈特谢普苏特神庙（德巴哈里）的售票处购买门票。由于这些陵墓人迹罕至，你可能需要找一位守卫帮你开门。

Roy和Shuroy之墓 墓地

（Dra Abu' l Naga；见206页地图；成人/学生 LE40/20；⏲6:00~17:00）在德巴哈里北部的沙漠悬崖中隐藏着另一个大墓地Dra Abu' l Naga，这里有100多座统治者和官员的陵墓，多数建于第17王朝到晚期王朝时期（公元前1550年至公元前500年）。但在2014年夏天，人们发现了一座第11王朝的王陵（公元前2081年至公元前1938年）。该地区屡遭盗贼劫掠，但Roy和Shuroy的陵墓幸免于难，里面的绘画基本上完好无损。

Roy之墓的主人是一位王室书记官兼第18王朝末代法老霍伦海布的管家。他的墓地不大，以葬礼贡品和农耕的场面作为装饰，天花板上的图案非常漂亮。几米之外是T形的**Shuroy之墓**（13号），里面的一些装饰工艺精美，但有几处损毁严重，画面中Shuroy和他的妻子正在向诸神献供，还有一支由儿童哀悼者引导的送葬队伍。

卡特老宅和图坦卡蒙陵墓复制品 博物馆

（Carter' s House & the Replica Tomb of Tutankhamun；见206页地图；成人/学生 LE50/25；⏲9:00~17:00；Ⓟ）这座圆顶泥砖房屋是霍华德·卡特在寻找图坦卡蒙陵墓时的住所。房屋被一个花园环绕着，处于一个贫瘠的山坡上，下方是从德巴哈里到国王谷的道路。房屋经过修复，以挖掘时的图片和工具作为装饰。在花园的尽头建有一个精确的图坦卡蒙墓室的复制品，还有一个与陵墓发现有关的展览。

该复制品完全按照原墓地的形状而建，并在这里再现了墓室（右手边）的情景。这样做的目的是挑战人们只想看原件的要求，并缓解原墓地的压力。虽然复制品中没有年轻法老的木乃伊，但精确再现了墓室的每个细节，包括一些灰尘、墙上安装木栏杆留下的凹痕和石棺上的裂痕。左手边的储藏室（原墓地不开放）里安上了显示器，解释图坦卡蒙陵墓是如何被发现的，并再现这一过程。

卡特老宅一侧有一个咖啡馆，当它重新开放的时候，这个安静的地方将成为人们歇脚和补充能量的好去处。卡特家上方小山丘上有一幢泥砖建筑，其主人是法国文物修复者亚历山大·斯托佩莱尔（Alexandre Stoppelaëre）。这座房屋是一位埃及建筑师于1950年为他建造的。这座宅子空置多年，现在是底比斯陵墓保护计划（Theban Necropolis Preservation Initiative）的大本营，这是一项由马德里的文物保护数码技术基金会（Factum Foundation for Digital Technology in Conservation）、巴塞尔大学和埃及古文物部共同推进的计划。

塞提一世神庙　　神庙

（Temple of Seti Ⅰ；见206页地图；成人/学生 LE60/30；⏲6:00~17:00）塞提一世修建了阿拜多斯华丽的神庙、国王谷堂皇的陵墓和卡纳克宏伟的多柱大厅，这座神庙尚未完工，他就撒手人寰了，由他的儿子、更加强大的拉美西斯二世继续完成。神庙位于底比斯大墓地的北端，尽管靠近一片棕榈树林，环境优美，但游客很少。

这座神庙在1994年的洪水中遭到严重损毁，并经过了大规模的修复。从围墙东北角的一扇小门进入神庙，围墙是重新修建的，仿佛堡垒一般。第一、第二塔门和庭院与法老的王宫一样都成了废墟，但最近的挖掘已经使地基显露了出来，就在庭院的南侧。作为现存最早的神庙内的王宫典范，它的布局与哈布城拉美西斯三世纪念神庙的王宫类似。

神庙西面的柱廊和远处多柱式庭院的墙上都刻有精美的浮雕。在多柱式建筑的旁边有6座神庙，南面的一座小神庙供奉的是塞提一世的父亲拉美西斯一世，他还没来得及修建自己的陵庙就去世了。

阿蒙霍特普三世宫殿　　纪念地

（Palace of Amenhotep Ⅲ；Malkata；见206页地图）这个开放式遗址位于哈布城（见217页）以南的沙漠，是阿蒙霍特普三世在第18王朝（公元前14世纪）开始建造的一个宫殿群遗址。这座宫殿在古埃及时代被称为欢乐宫，内有住宅、阿蒙霍特普三世妻子的神庙和埃及第一家玻璃厂。这座宫殿一直沿用到了拜占庭时代。

贵族墓

贵族墓（Tombs of the Nobles；见206页地图；⏲6:00~17:00）是西岸最好而且游客最少的景点之一。位于拉美西斯二世神庙对面山麓地带的这400多座墓地属于第6王朝到希腊-罗马时期的贵族。皇族成员用《亡灵书》上的神秘章节来装饰他们的陵墓，从而引领他们进入来世，而贵族为了在死后继续过好日子，则用详细描绘他们日常生活的场景装饰陵墓。

近年来，在山坡上新发现了几处墓地，但还都在研究当中。对公众开放的墓地被分成若干群，每个墓群需要单独在哈布城神殿附近的文物检查（Antiquities Inspectorate）售票处购票（价格不等）。

孔苏、Userhet和Benia之墓　　墓地

（Tombs of Khonsu, Userhet & Benia, Nos 31, 51 & 343；见206页地图；成人/学生 LE20/10；⏲6:00~17:00）Benia之墓是三个墓中最引人入胜的。他是图特摩斯三世统治时期的首席财务官。这里有许多Benia（有时是他的父母）检查堆满食物和酒的供桌的场景。在墓地末端的一个壁龛中有一尊Benia的雕像，左右两侧是他的父母，三个人物的面部全都被毁了。

孔苏是图特摩斯三世（公元前1479年至公元前1425年）纪念神庙中的第一先知，如今这座神庙已荡然无存。在孔苏墓的第一个墓室内绘有艾尔曼特（Armant）蒙图节（Montu festival）的场景。艾尔曼特位于卢克索以南大约20公里处，该地的战神节是由孔苏主持的，载着战神蒙图神龛的圣船由两条小船牵引。奥西里斯和阿努比斯也是至高

无上的神祇，墓室内有许多孔苏向他们献祭的场景。墓室的天花板上绘有鸭子在鸭巢和鸭蛋周围飞来飞去的场景。隔壁是塞提一世（公元前1294年至公元前1279年）时期的祭司Userhet的陵墓，墓地的保存状况欠佳。

Menna、Nakht和阿门内莫普之墓 墓地

（Tombs of Menna, Nakht & Amenemope；见206页地图；成人/学生 LE60/30；⏲6:00~17:00）Menna之墓和Nakht之墓中的壁画色彩鲜艳，非常漂亮，画面突出了埃及第18王朝的乡村生活。Menna是一位地产督查，而Nakht则是阿蒙的天文学家。他们墓中的绘画详细地描绘了农耕、狩猎、捕鱼和宴请的场景。虽然这座墓地空间狭小，只能同时挤进少量游客，但它的一些壁画是埃及墓室壁画中最著名的。

阿门内莫普之墓是最近向游客开放的墓地之一。自古代以来，这座大型墓地就一直是开放的，而且大部分装饰都不复存在。考古学家到来后，在这里发现的年代比较近的文物，是早期的科普特手稿和霍华德·卡特于1912年抄写的《观众》（*Spectator*）。阿门内莫普（公元前1186年至公元前1069年）生活在拉美西斯三世、四世和五世时期，他的头衔包括阿蒙第三先知和底比斯太阳神大先知。上面走廊上的石棺是从下面的墓室中拖上去的。

在Nakht之墓的第一个墓室内有一个小博物馆区。

Ramose、Userhet和Khaemhet之墓 墓地

（见206页地图；成人/学生 LE40/20；⏲6:00~17:00）Ramose是阿蒙霍特普三世和埃赫那吞统治时期底比斯的一位总督，他的陵墓极具吸引力，因为它是那个时期为数不多的遗址之一，当时正是两种不同宗教崇拜的转化时期。精美的绘画和浅浮雕展示了两位法老当政的不同风格，描绘了Ramose的葬礼和他与埃赫那吞的关系。这座陵墓其实一直没有完工，也许是因为Ramose过早离世的缘故。

隔壁是Userhet之墓，墓主人是阿蒙霍特普二世的王室抄写员。墓内精美的壁画描绘了日常生活，包括Userhet向阿蒙霍特普二世献礼的场景，另一面墙上还有理发师剪发的场景，其他场景包括男人酿酒和人们驾驶战车捕猎瞪羚。

Khaemhet是阿蒙霍特普三世的粮仓督察和法庭书记官，他的墓室墙上显示了献供的场景，法老被描绘成一个斯芬克斯，此外还有奥西里斯的葬礼、日常生活和处理公事的场景。

★ Sennofer和Rekhmire之墓 墓地

（见206页地图；成人/学生 LE30/15；⏲6:00~17:00）Sennofer是阿蒙霍特普二世治下的阿蒙花园（Garden of Amun）的负责人，他的墓地最有趣的部分是深埋于地下的主墓室。在墓室的天花板上能够清楚地看到葡萄和葡萄藤的绘画。而四壁和石柱上的画面最为生动，描绘了Sennofer和他生命中的所有女人，包括他的妻子、女儿和奶妈。爬下墓穴的路虽然不长，却很陡峭。

Rekhmire是图特摩斯三世时期的大臣，他的陵墓是该地区保存最好的墓地之一。中央墓室空间狭长，与众不同，斜坡向上通向一道假门。西墙展示了Rekhmire检查金属、砖、珠宝、皮革、家具和雕像生产制作过程的画面，还能看见工人们正站在脚手架上雕刻一尊巨像的场景。东墙上的绘画则展现了宴会的场景，还附有歌词，女竖琴师唱道："往玛特女神的头发上喷香水。"

Neferronpet、Dhutmosi和Nefersekheru之墓 墓地

（见206页地图；成人/学生 LE30/15）Neferronpet（也被称为Kenro）是拉美西斯二世统治时期的一位书记官，他的墓地是在1915年被发现的。里面有色彩鲜艳的墓画，其中的亮点是Kenro在金库监督称金子的场景。隔壁是同一时期金库管理员Nefersekheru的陵墓，其风格和内容都与前者相似。天花板装饰着各种复杂的几何图案。

有一条小路从这座长长的墓地通向损毁严重的Dhutmosi之墓。

活动

乘热气球

乘坐热气球欣赏太阳从西岸和底比斯山区古代遗址上升起的美景，开始新的一天，是一种难忘的体验。飞行通常持续1小时，飞行路线取决于当天风向，因此，有的公司会声明并不能保证你可以飞越国王谷。旺季的价格约

为每人€100。

在过去10年中，由于发生了不少事故，卢克索的热气球运营公司受到了越来越严格的审查，最近一次事故发生在2018年1月，据说当时热气球被大风吹得偏离航线，最终坠毁，一名游客因此丧生。

Alaska Balloon 热气球

（见196页地图；☎095-227-6651，010-0568-8439；www.alaskaballoon.com；Sharia Ahad，紧邻Sharia Televizyon；每人 US$50起）卢克索的热气球运营商所提供的服务基本上大同小异，不过Alaska（卢克索在当地的名字）的名声不错。

Magic Horizon 热气球

（☎010-0568-8439，095-227-4060；www.visitluxorinhotairballoon.com；Sharia Khaled Ibn Al Walid；每人 US$50起）这家热气球运营商名声在外，可以安排飞往西岸的古代纪念地和底比斯山脉的热气球之旅。

骑驴、马和骆驼

骑马、驴或骆驼穿过田野，看底比斯山日落是一次美妙的经历。西岸渡轮码头上的男孩们提供驴和骆驼，每小时LE40~50。但是有许多关于女性被骚扰和最后要价过高的报告。有的西岸酒店也组织骑骆驼旅行，包括去附近的村庄喝茶，还可以骑驴在西岸到处转转。这些旅行都是在7:00左右开始（有时是5:00），将近午休的时候结束，每个人的收费为LE100左右。

★诺比的阿拉伯马厩 骑马

（Nobi's Arabian Horse Stables；见196页地图；☎095-231-0024，010-0504-8558；www.luxorstables.com；戴头盔骑骆驼或马 每小时约LE50，骑驴 LE40；⏲7:00至日落）在诺地的阿拉伯马厩能找到出众的马匹，这里还提供头盔、英国马鞍和保险。诺比还有25头骆驼和数量相当的驴。他同时也组织长距离的骑马深入沙漠和宿营之旅，或为期一周的从卢克索沿西岸到考姆翁布（Kom Ombo）之旅。如果提前打电话，他们会去你的酒店接你。

提前打电话预订，诺比还能安排车辆，保证你顺利到达指定地点，因为出租车司机经常试图将你带到他们朋友的马厩。

乘坐三桅小帆船

像埃及别的地方一样，傍晚的尼罗河最迷人。从岸边乘坐三桅小帆船（felucca）航行几个小时，沐浴着柔和的午后阳光和落日余晖，在观光之后吹着习习凉风，让自己放松下来。三桅小帆船的价格是每条船每小时LE50~100，具体视你的讲价技巧而定。

乘船逆流而上前往巴纳纳岛（Banana Island）这一活动很受欢迎。这个小岛距离卢克索大约5公里，遍植棕榈树。旅途需要两三个小时。安排好时间，及时返航欣赏迷人的尼罗河日落。一定要提前讲好费用都包括什么。当心有的船长谎称上岛要买"门票"（其实是免费的）。

游泳

在冒着上午的酷暑参观陵墓和神庙之后，投入游泳池中简直就像到了天堂。如果你留下来吃午饭的话（提前确认），Hilton Luxor Resort & Spa（见226页）通常允许你游泳。Domina Inn Emilio有小型屋顶游泳池，票价LE20。在目前的低迷时期，东岸大部分酒店都允许游客使用游泳池，收取门票。在西岸，Al Moudira Hotel（见221页）有一个非常好的游泳池，就在沙漠边缘一个安静的花园中，不住宿也可以使用，但要交LE100。

志愿服务

那些为马匹状况感到忧虑的人可能喜欢去**ACE**（Animal Care in Egypt；☎095-928-0727；www.ace-egypt.org.uk；在Sharia Al Habil的起点，靠近交警；欢迎捐赠；⏲8:00至正午和13:00~17:00）。它是一个家畜医院和动物福利中心，一天最多照料200只动物，还会免费为埃及的工作动物提供治疗，尤其是驴和马。欢迎志愿者。

课程

Hotel Sheherazade 语言

（见196页地图；☎010-0611-5939；www.hotelsheherazade.com；Gezira Al Bayrat；€285）这里提供适合初学者和基础水平人士的阿拉伯语课程，教师均受过DEAC（法国文化中心的当代阿拉伯语教学部）的培训，并使用该机构的教材。价格包含Hotel Sheherazade的住宿、40小时课程的学费、机场接送服务以及卢克索周边的三次观光旅游。

团队游

鉴于讨价还价以及可能遇到的麻烦，一些人也许觉得自由行有时颇具挑战性，囊括主要景点的空调巴士一日游也许更加方便。

多数小型廉价酒店极力推销他们自己的团队游。有的比较好，但许多游客投诉，说他们除了去莎草纸店和雪花石制品加工厂就没看到什么别的了，而且汽车没有空调，热得像蒸笼一样。如果你决定参加这样的团队游，每人大约要支付US$30。

一些比较可靠的旅行社都集中在Winter Palace Hotel（见226页）旁边。它们全都组织同样的团队游，所以你很容易比较价格。

Aladin Tours 文化

（见196页地图；☎010-0601-6132，095-237-2386；www.nefertitihotel.com/tours；Nefertiti Hotel，Sharia As Sahaby；⊙10:00~18:00）这家旅行社由年轻、精力充沛的Aladin经营，非常有帮助，组织卢克索及周边和西部沙漠观光之旅，此外还能安排乘船之旅，并代购去往西奈的渡轮票。

American Express 文化

（见196页地图；☎095-237-2862；Corniche An Nil，靠近Winter Palace Hotel；⊙8:00~20:00）提供各种卢克索及周边的团队游，价格每人半天LE250~400。

Travel Choice Egypt 文化

（见196页地图；☎095-237-2402；www.travelchoiceegypt.com；Corniche An Nil；⊙9:00~20:00）这里曾是Thomas Cook旅行团的办事处所在地，位于Winter Palace Hotel旁边，如今依旧提供兑换货币的服务以及各种私人游和团队游。

节日和活动

阿布赫格圣人节（Moulid of Abu Al Haggag） 文化

城内最盛大的传统节日阿布赫格圣人节是一个为期5天的狂欢节，是为了纪念一位13世纪的苏非派领袖优素福·阿布赫格（Yusuf Abu Al Haggag），他在卢克索担当一个类似主保圣人的角色。节日在斋月前一个月的舍尔邦月（Sha' aban）中旬举行，地点在卢克索神庙。

住宿

卢克索有各种档次的酒店，能满足所有预算需求。不过由于2011年革命和随之而来的旅游业萧条，旅客数量急剧下降，许多店铺也都关门了。

西岸的酒店尤其物超所值，不仅比东岸的酒店更安静，你还能结识当地人。而东岸有不少现代化的中档酒店，设施完善，价格实惠。

要不惜一切代价躲开酒店掮客，只要你一下火车或汽车，他们就会扑向你，每将你带至一家酒店。他们能从中赚取25%~40%的佣金，这一费用会计入你的账单。许多廉价和中档酒店提供免费或便宜的机场、火车站接站服务，所以为了避免遇到掮客以及与出租车司机讨价还价的情况，最好提前给酒店打电话安排接站。

东岸

★Bob Marley Peace Hotel 青年旅舍 $

（Boomerang；见196页地图；☎095-228-0981；www.peacehotelluxor.com；Sharia Mohammed Farid；铺 LE50起，标单/双 带共用浴室 LE140/250；❄📶）Bob Marley Peace Hotel（也被称为Boomerang）是东岸运营最好的经济型住所，你只用花费背包客的预算，就能享用完善的设施。这里的客房与宿舍一尘不染（私人房间配有浴室，而且出奇的大），早饭分量很足，还有一个随处摆着坐垫的屋顶天台。这里可帮忙预定团队游，配有Wi-Fi，而且距离卢克索火车站只有几步路。

Happy Land Hotel 酒店 $

（见196页地图；☎010-0186-4922；facebook.com/msht12345；Sharia Qamr；标单/双 LE85/90，带共用浴室 LE75/80；❄@📶）Happy Land是背包客的最爱，这里有干净的房间、浴室和非常热情的服务。丰盛的早餐有水果

和脆玉米片，还有一个屋顶露台。在卢克索竞争激烈的廉价酒店当中，Happy Land还算不错。

Fontana Hotel 青年旅舍 $

（见196页地图；☎010-0959-8123；www.facebook.com/Fontana-Hotel；Sharia Radwan；Sharia Radwan，紧邻Sharia Televizyon；标单/双/三 LE40/60/75，带共用浴室 LE30/50/65；❄📶）它是一家老牌的廉价旅舍，有25间干净的客房、一台客用洗衣机、一间行李储藏室、一个屋顶露台和一间厨房。浴室大而干净，提供厕纸和毛巾。店主Magdi Soliman乐于助人。早餐额外收费。只有前台有Wi-Fi。

★**Nefertiti Hotel** 酒店 $$

（见196页地图；☎095-237-2386；www.nefertitihotel.com；Sharia As Sahabi，Sharia Maabad Al Karnak和Sharia As Souq之间；标单/双/三/家庭 US$22/30/36/40；❄📶）Aladin As Sahabi满怀激情地用心经营这个家庭酒店，难怪我们的读者都很喜欢这里。酒店的房间简单、舒适，床上铺着清爽的白色羽绒被，还有烧水壶和免费的茶与咖啡，小小的私人浴室一尘不染，客人可以在屋顶露台享用丰盛的早餐。这里是最好的中档酒店之一。

顶层较大的新房间采用了当地的装饰风格。在屋顶能眺望到西岸的迷人风光、卢克索神庙和斯芬克斯大道，每到夜晚灯火辉煌，非常适合饮酒或享用美食。旅行社Aladin Tours（见217页）也在这座大楼内。

La Maison de Pythagore 客栈 $$

（☎010-0535-0532；www.louxor-egypte.com；Al Awamiya；标单/双/三 €35/50/60；❄📶）这家贴心的客栈是一个传统的埃及住宅，它隐藏在ACHTI Hotel后面的小村庄内，靠近尼罗河，但远离卢克索的喧嚣。传统建筑环绕着简单、舒适的房间，采用蓝色调，尽显时尚。花园里种着椰枣、花卉、果树和垂落的九重葛，宛若一个小小的绿洲。

有的房间有空调，其他的则配有电扇，所有房间都有大浴室。早餐被安排在宽敞的屋顶露台上。午餐和晚餐都以当地应季农产品为食材，可以点餐并在花园或屋顶用餐。这里由来自比利时的Anne和她的儿子Thomas经营，如果你想待上几天，这里绝对是个不错的选择。这对母子都对埃及充满了热情，可以为他们的客人和其他游客量身定制为期半天到一周的旅行和冒险。

Domina Inn Emilio 酒店 $$

（见196页地图；☎095-237-6666，095-237-3570；www.emiliotravel.com；Sharia Yousef Hassan；标单/双 US$50/60；❄@📶🏊）Emilio是一家很好的中档酒店，有101个宽敞的房间，全都配有小冰箱、卫星电视、私人浴室和空调，并提供24小时客房服务。此外还有一个人造草皮屋顶露台、一个大游泳池、一间桑拿浴房和一个商务中心。

Susanna Hotel 酒店 $$

（见196页地图；☎095-236-9915；52 Sharia Maabad Al Karnak；标单/双/三 US$25/30/40起；❄📶🏊）这座酒店介于卢克索神庙和集市之间，有45个房间，员工友善，客房老旧，景色宜人，从屋顶上可以俯瞰卢克索神庙和尼罗河。这里提供酒精饮料，傍晚来喝一杯堪称完美。

Sonesta St George Hotel 酒店 $$

（见196页地图；☎095-238-2575；www.sonesta.com/luxor；Sharia Khaled Ibn Al Walid；标单和双 城市风景 US$48起，尼罗河风景 US$77起；❄@📶🏊）这家酒店有322个房间，到处都是大理石，有仿制的法老柱，屋顶周围有火焰形状的栅栏，虽然有媚俗之嫌，却是一个生机勃勃的好住处。该酒店经营有方，服务热情，房间舒适（其中一些景色宜人），酒店内还有一个热水游泳池、一个商务中心和几个品位上佳的餐厅。

Mara House 客栈 $$

（☎010-2224-3661；www.marahouseluxor.com；Sharia Salahadin Ayyubi，紧邻Sharia Salakhana；3天套餐 每人€430；❄📶）这里由爱尔兰人Mara亲手打造，拥有宽敞的套房，每个房间都采用当地的装饰风格，有一个休息区和一个干净的浴室。而别墅则为购买3天套餐的客人开放，套餐包括东岸西岸的团队游、前往阿拜多斯和丹达拉的一日游，还有一顿大餐。欲知详情可前往官网查询。

这座现代客栈位于一个没什么游客的街区内，就在火车站的后面，可能不太好找，给客栈打电话问路或请他们提供免费接站服务。Mara还经营着Salahadeen餐厅，也在同一座建筑内，这里供应埃及家常菜，人均消费约LE225。

★Hilton Luxor Resort & Spa 酒店 $$$

(☎010-0600-1270; www.hiltonluxor.com; New Karnak; 房间 US$150起; P ❄ 📶 🏊) Luxor Hilton是卢克索最时尚、最豪华的度假村。它位于卢克索市中心以北2公里处，路上经过卡纳克神庙。尼罗河畔的房间宽敞、优雅，装修很有品位，采用了温暖的亚洲风格，大量运用了中性色彩和实木。公共区域平静、安宁，水疗令人印象深刻，它的泰式特征明显。

这个大型度假村包括两个带太阳椅的尼罗河景无边游泳池、泰诺健（Technogym）健身器材和几个高档餐厅，包括Mediterranean Olives和一家精致的亚洲酒馆Silk Road。度假村的工作人员和管理层都很年轻能干。这个度假村本身就是一处景点，但不太适合家庭。

Winter Palace Hotel 历史酒店 $$$

(见196页地图; ☎095-238-0425; www.sofitel.com; Corniche AnNil; 阁楼/翼楼房间 US$80/136起; ❄ @ 📶 🏊) 当时修建Winter Palace是为了吸引欧洲的上层阶级旅客，它是埃及最著名的老酒店之一。酒店内弥漫着维多利亚时期的氛围：宏伟的大厅、高高的天花板、无与伦比的尼罗河风光、一座种满珍稀树木的大花园，还有一个巨大的游泳池，非常适合在一天观光后放松。

房间大小和装饰各不相同，但都非常舒适，只不过这栋建筑现在很需要进行翻新。这里的服务一流，食物花样繁多，虽然下午茶令人失望。但正餐还是相当不错的。比较新的Pavillion Wing坐落在花园中，房间的功能更加齐全，但使用相同的公共区域。上网预订经常有不错的折扣。泳池的浅水区很大，尤其适合儿童戏水。

ACHTI Luxor Resort 度假村 $$$

(☎095-227-4544; www.achtiresort.com; Sharia Khaled Ibn Al Walid; 房间 US$100起; P ❄ @ 📶 🏊) 这座酒店曾用名Sheraton Luxor，是一栋僻静的3层建筑，位于葱翠的花园中，在Sharia Khaled Ibn Al Walid的南端，附近有许多餐馆，而且远离嘈杂的街道。房间设施齐全，在尼罗河上方的房间里能欣赏到迷人的景致，还有个河畔泳池。它是一家颇受欢迎的酒店，员工友善，有很多回头客。

意大利餐馆La Mama一直很受欢迎。出租车司机和其他卢克索当地人依然管这家酒店叫Sheraton。

西岸

Nour El Gourna 客栈 $

(见206页地图; ☎010-0129-5812, 095-231-1430; Old Gurna; 标单/双/三 €18/25/30; ❄) Nour Al Gurna坐落在一片棕榈树林中，距离哈布城和拉美西斯二世神庙仅有几步之遥，内有7间宽敞的泥砖式房间，客房内配有电扇（部分房间配有空调）、蚊帐、小型立体声音响、当地制作的家具和铺着瓷砖的浴室，并采用传统的棕榈叶茅草屋顶。这家客栈宁静而温馨，既浪漫又独特，管理人员热情好客，并且位置便利，方便人们游览西岸的遗迹。

就算你不打算住店，也可以在他们的餐厅坐坐，当你游玩西岸或者游玩归来时，不妨尝一下丰盛且实惠的套餐（LE80，素食LE50）。

Marsam Hotel 历史酒店 $

(见206页地图; ☎095-237-2403, 095-231-1603; www.marsamluxor.com; Old Gurna; 标单/双 €25/35, 带共用浴室 €20/25; P ❄ 📶) Marsam是西岸最老的酒店，最初建于20世纪20年代，用于接待来自芝加哥大学的考古学家，后来被当地Abd El Rasoul家族的Sheikh Ali改造成为一家酒店，从那以后它一直由这个家族经营。经过2013年的翻新后，它达到了最佳状态。

在36个房间中，有20个带浴室，并装有空调，其他的则配备了电扇。所有房间都保持着简单的泥砖设计，基本上没有什么陈设。庭院通向田野和阿蒙霍特普三世神庙的挖掘现场，是坐下来乘凉的好地方——客人们可以在这里享用美味的早餐，有自制的面包。酒店大气、安静，离西岸的所有景点都很近，一直

深受考古学家的欢迎，所以你需要预订，尤其是在挖掘的季节（大概从10月一直到来年的3月）。如果你没订上房间，也可以来这里吃午饭，或在冒着酷暑参观完古墓之后来这里喝杯凉啤酒。

Al Gezira Hotel 酒店 $

（见196页地图；☎095-231-0034；www.el-gezira.com；Gezira Al Bayrat；标单/双/三 €15/20/25，半食宿 每人额外€6；❄📶）这家酒店位于一座现代的建筑内，客人在这里会有宾至如归的感觉，一到冬季还会有特别多的考古学家住在这里。魅力十足的店主让每个人都能感受到他的热情，从11间客房向外望去，可以看到下面的湖泊，或者是尼罗河一条干涸的支流。客房维护良好，一尘不染。

Desert Paradise Lodge 度假屋 $$

（☎010-2872-1991，095-231-3036；www.desertparadiselodge.com；Qabawi；标单/双 LE250/300；❄@🏊）这个地方远离人群，在通往国王谷的道路旁，地处沙漠的边缘，特别适合那些想要慢慢地、安静地、便宜地游览西岸的旅客。这个漂亮的小屋属于传统风格，有宽敞的圆顶房间、大量公共空间、一座花园和俯瞰底比斯山区的露台。

它距离通往国王谷的十字路口1.5公里，在经过卡特老宅的第一个路口往左走即是。

Al Fayrouz Hotel 酒店 $

（见196页地图；☎012-2277-0565，095-231-2709；www.elfayrouz.com；AlGezira；标单/双/三/四 €10/16/19/23；❄📶）这家安静的酒店有22个色彩鲜艳的房间，是探索西岸遗址的一个很好的大本营。它由埃及人和德国人共同管理，房间简单，装饰有品位，一尘不染，配有独立卫生间，多数都有阳台。

比较贵的房间（贵€3左右或更多）更宽敞，有一个休息区，也更具特色。就餐被安排在舒适的屋顶露台上，也可以去热门的花园餐厅。

Nour El Balad 客栈 $

（见206页地图；☎095-206-0111；nour-el-balad.luxor-hotels-eg.com；Ezbet Bisily；标单/双/三 US$18/25/30；❄）这里是Nour El Gurna（见226页）的姊妹店，更为安静，有14间宽敞的客房。沿哈布城神殿后面的小路走500米即达。

Cleopatra Hotel 酒店 $

（见196页地图；☎095-231-4545，010-0386-8345；facebook.com/cleopatrahoteluxorl；Al Gezira；标单/双/三/四 LE200/250/350/400；❄📶）这家新开的酒店位于安静的Gezira街，房间十分干净朴素，但是刷着鲜艳的颜色，配有浴室和阳台。这里还有一个很棒的屋顶露台，可以看到田野的景色。

★ Beit Sabée 精品酒店 $$

（见206页地图；☎011-1837-5604；www.nourelnil.com/guesthouse.com；Bairat；标双 €40~100；❄📶）Beit Sabée是一栋二层泥砖建筑，将传统建筑风格发扬创新，这里更像是一个住宅而非酒店，因采用了独特的当地色调和改良的当地风格陈设而登上了设计杂志。这里靠近哈布城后面的农场，房间十分别致，站在屋顶能够将埃及乡村和沙漠风光以及哈布城神殿尽收眼底。

一些房间比其他房间更大、更明亮。较大的房间能够轻松容纳3个人（每晚多收€10）。在庭院或屋顶用早餐，也可以来吃午餐和晚餐（非素食LE80，素食LE50）。如果想安安静静地住上几天，它是一个很好的选择。

Nile Valley Hotel 酒店 $$

（见196页地图；☎095-231-1477，012-2796-4473；www.nilevalley.nl；AlGezira；标单 €22~30，双 €27~35，家 €35~50；❄📶🏊）这家由荷兰裔埃及人经营的酒店讨人喜欢，位于一座紧邻渡轮码头的现代建筑中。无论是老翼楼的便宜房间还是新翼楼的房间，采光都很棒，并且设施齐全（空调、卫星电视、冰箱）。楼上是宜人的屋顶酒吧兼餐馆（见230页），在那里能够欣赏到尼罗河风光和卢克索神庙。此外，花园里还有一个游泳池（和儿童泳池），供你游览过神庙后清凉一下。

Sheherazade Hotel 酒店 $$

（见196页地图；☎010-0611-5939；www.hotelsheherazade.com；Al Gezira；标单/双/三 US$30/35/40；❄📶🏊）Mohamed El Sanosy建酒店的梦想在这里已经达到了巅峰，它是

西岸最令人愉悦的酒店之一，这一点足以让他骄傲。舒适、宽敞的房间以当地的色调和摆设进行装饰，都带浴室，使用太阳能热水器。摩尔人风格的建筑被一个花园所环绕。

Amon Hotel 客栈 $$

（见196页地图；☎010-0639-4585，095-231-0912；www.amonhotel.com；Al Gezira；每人€20起）这个由家庭经营的客栈非常迷人。它在一座现代建筑中，房间一尘不染，有免费Wi-Fi，葱翠的花园种满了来自异域的植物（这里是吃早餐、午餐或喝酒的好地方），工作人员特别乐于助人，而且三餐都是美味的家常菜。这家酒店一到冬季就成了考古学家的据点，所以要预订。

新楼的房间很大，带私人浴室，配有吊扇、空调，阳台下方是庭院。老楼有的房间比较小，有私人浴室，都配有空调。顶层是三个三人间，有一个毗邻的露台，能看到底比斯山区和东岸的迷人风光。这里还有部分使用公共浴室的单人间和双人间，这种房间会便宜€5。

House of Scorpion 客栈 $$

（见206页地图；☎010-0512-8732；www.facebook.com/Scorpion.House.Luxor；Al Taref；标单/双 US$22/30；❄📶）这个迷人的小客栈在一座泥砖住宅内，有7个不同主题的房间，都很宽敞，带有铺着瓷砖的浴室和阿拉伯风格的小客厅。经营这家店的Tayeb非常热情，乐于助人。这里远离人群，主要靠口碑招揽生意。就餐（午餐/晚餐LE50/100）、住宿最好提前打电话或预订。

自炊公寓

家庭出游或者那些打算在卢克索多待一段时间的旅行者可能会考虑自己做饭。因为有这样的需求，卢克索的两岸涌现出大量的出租公寓，它们价格便宜，许多外国人参与经营。自炊公寓的弊端是可能滋生“性旅游”，因为很难控制租客带人进来，而在酒店，外国人是不允许带客人回房间的。

许多公司能安排公寓出租，包括**Flats in Luxor**（☎010-0356-4540；www.flatsinluxor.co.uk；每晚 US$50起；❄@🏊），它由一对英国-埃及夫妇经营，他们一开始是出租自己的公寓，现在也可以安排其他公寓。www.luxor-westbank.com和www.luxor4flats.com这两个网站也提供各种住所选择。

El Nakhil Hotel 酒店 $$

（见196页地图；☎012-2382-1007，095-231-3922；www.elnakhil.com；Al Gezira；标单/双/三 €25/35/45；❄📶）Nakhil位于一片棕榈树林中，在Al Gezira的边缘。这家度假式酒店有17间一尘不染、布置精美的圆顶房间，都有浴室和空调。这里还有家庭房、婴儿床，另外有三间房是专为残障人士准备的。在宽敞的屋顶餐厅能看到尼罗河的景色。

El Mesala Hotel 客栈 $$

（见196页地图；☎095-231-5105，010-6253-2186；www.hotelelmesala.com；Al Gezira，靠近渡轮码头；标单/双/三/平房 €25/35/47/55；❄📶🏊）这里是一家目标客户为家庭的小客栈，在西岸的Al Gezira属于佼佼者，坐落在尼罗河畔，距离渡轮码头仅咫尺之遥，所以从这里去两岸游玩都很方便。这里有17间一尘不染的客房，都配有舒适的床铺，站在阳台上就能看到卢克索神庙和尼罗河。

工作人员和经理Ahmed都非常热情好客。餐厅在前面的花园里，屋顶阳台是晒日光浴的好地方。

★**Al Moudira** 酒店 $$$

（☎095-255-1440，012-2392-8332；www.moudira.com；Daba'iyya；标单/双 €150/180起；❄@📶🏊）Al Moudira是一家极具特色的豪华酒店。这里有迷人尖拱和高耸的穹顶，周围被葱郁的花园环绕，鸟语花香。酒店迷人又平静，宽敞的房间都集中在一个苍翠的小花园庭院。这里有一个安静的庭院餐厅和生机勃勃的酒吧、一个大游泳池和浴室（hammam），工作人员热情周到。

每个房间的大小（都很大）、形状和装饰各不相同，都有各自的手绘错视装饰画，摆放着埃及古董。客厅内有软垫长椅和古董椅，巨大的拱形浴室有私人浴室的感觉。公共空间

更是富丽堂皇，将木格屏风（mashrabiyya）和当代“东方”艺术家的作品相结合。工作人员特别乐于助人。它位于耕地和沙漠的边缘，豪华且独特。虽然位置偏僻，交通非常便捷。

就餐

多数人来卢克索是为了参观遗址而非品味美食——这里的大部分餐馆，尤其是酒店里的，都很普通。但味道正在改善，尤其是经营埃及传统食物的餐馆。除酒店之外，提供酒水或接受信用卡付款的地方并不多。

卢克索有许多不错的面包房。试试位于Sharia Ahmed Orabi、Sharia Maabad Al Karnak的街口以及Sharia Gedda的店铺。火车站附近的**Twinky**（见196页地图；Sharia Al Manshiya）可以吃到最好的糕点。新开的**Drinkies**（见196页地图；www.drinkies.net；火车站旁边）出售埃及啤酒和葡萄酒。西岸Al Gezira的主街上有食品和水果商店，塞提一世神庙对面的Taref内每周一次的集市Souq At Talaat也不错。西岸的**Sa-Re Gourmet Food**（见196页地图；☎010-9750-7767；www.sa-re.net；Al Gezira；⏲周六至周四 9:30~13:00和17:00~20:30）是一家位于码头边的小商店，提供现做的汤、法式烤鸭（duck à l' orange）和其他美食。

东岸

★ Wenkie's German Ice Cream & Iced Coffee Parlour 冰激凌 $

（见196页地图；☎012-8894-7380；www.facebook.com/wenkies；Al Gawazat，Nile Palace对面；小/大勺 LE3/5；⏲周六至周四 14:00~20:00）尽管2014年才开店，店主恩斯特（Ernst）和巴贝特·温克（Babette Wenk）已经声名远扬，他们制作的冰激凌是卢克索最新鲜、最美味的，原料是有机的水牛奶和新鲜水果，采用地道的当地风味（比如木槿、芒果和姜果棕等口味）。

他们成功的秘诀是过硬的产品质量和便宜的价格。本店还供应冰咖啡、奶昔和华夫饼。假期和夏季会停业。卢克索火车站附近的Crepe Cafe也由他们供货。

★ Koshari Alzaeem 埃及菜 $

（见196页地图；Sharia Al Masaken Al Shaabeya；菜肴 LE5~15；⏲24小时）这里的库夏里（kushari，混合面条、米、黑扁豆、炸洋葱和番茄酱的一种菜）大概是城内最好的了，几张桌子通常很快就坐满了。在Midan Youssef Hassan还有一家比较大的分店。

Kam Thai 泰国菜 $

（☎012-7728-2490；www.kam-thai-takeaway.jimdo.com；主菜 LE40~60；⏲13:00~21:00；✎）对东岸的餐饮行业来说，这家正宗的泰国餐厅可谓锦上添花。这个小餐馆藏在Sharia Khalid Ibn Al Walid以东，如果你喜欢香辣汤、炒虾或者扎实的泰式面条，这里非常值得一试。这家店也提供外卖。

Abu Ashraf 埃及菜 $

（见196页地图；☎095-237-5936；Sharia AlMahatta；菜肴 LE15~30；⏲8:00~23:00）这家大餐馆很受欢迎，还提供外卖服务，从火车站向南走即达。菜品包括烤鸡、比萨、烤肉串和美味的库夏里。

★ Sofra Restaurant & Café 埃及菜 $$

（见196页地图；☎095-235-9752；www.sofra.com.eg；90 Sharia Mohammed Farid；开胃菜 LE16~25，主菜 LE45~85；⏲11:00至午夜）Sofra一直是我们在卢克索市中心最喜欢的餐馆。无论是贴心的沙龙还是宽敞的屋顶露台，均装修时尚，并配有古色古香的家具、吊灯和独特的瓷砖。长长的菜单包括了出色的前菜和传统的埃及名菜，如烤鸽子和美味鸭子，用餐结束时还可以体验一下水烟。服务员非常热情，在这里用餐真是一种享受。

屋顶露台同时也是一间咖啡馆，你可以在这里喝点新鲜果汁、来杯咖啡（不供应酒精饮料）或是吸一口水烟。

As Sahaby Lane 埃及菜 $$

（见196页地图；☎095-236-5509；www.nefertitihotel.com/sahabi.htm；Sharia As Sahaby，紧邻Sharia As Souq；主菜 LE13~150；⏲9:00~23:30）这家气氛轻松的露天餐厅位于集市和通往卡纳克神庙的街道之间的巷子里，与Nefertiti Hotel相邻，经营新鲜、精心烹制的常见埃及菜肴，例如菲提尔（fiteer，甜味或咸味的酥皮比萨）、砂锅炖菜（tagen）以及美味的比萨和沙拉。也有些大胆的菜肴，比如骆驼肉配蒸粗麦粉。

年轻的服务员既热情又高效。露台是欣赏人来人往的好地方，逛完集市后也可以来休息一下。

Pizza Roma.It
意大利菜 $$

（见196页地图；☎011-1879-9559；Sharia St Joseph；比萨 LE50左右，肉菜最高 LE150；⌚正午至午夜）这里是卢克索最受欢迎的意大利餐馆，由一位意大利女士和她的埃及丈夫共同经营。这家土红色的小餐馆经营各种意大利面食、比萨、一些经典的意大利肉菜，以及美味的芝麻菜沙拉。不供应酒精饮料，不过可以自己带酒。

Gerda's Garden
埃及菜、欧洲菜 $$

（☎012-2534-8326，095-235-8688；www.luxor-german-restaurant.com；Hilton Luxor对面，New Karnak；菜肴 LE15~45；⌚18:30~23:00）这是一家由德国-埃及夫妇管理的餐馆，深深吸引着欧洲居民和定期来卢克索的游客。店内装修得像是欧洲的乡下酒馆，但菜单中既有埃及特色菜肴（烤肉串和美味的烤鸽子），也有为想家的人们准备的非常地道的欧洲风味，例如匈牙利红烩牛肉和土豆沙拉。

Oasis Palace Cafe
咖啡馆 $$

（见196页地图；Sharia Dr Labib Habashi；主菜 LE30~110；⌚10:00至午夜；📶✍）这家咖啡馆兼餐厅相当迷人温馨，位于一栋20世纪初的建筑中，拥有高屋顶的店面，店里仍然保留着原有的石膏门楣细节。菜单上的菜都很棒，有沙威玛（shawarma）、烤肉、鱼类菜肴、煎蛋卷，甚至还有烤土豆。服务周到且友好。

Jewel of the Nile
英国菜、埃及菜 $$

（见196页地图；☎010-6252-2394；www.jewelofthenilerestaurant.com；Sharia Al Rawda Al Sherifa，距离Sharia Khaled Ibn Al Walid 300米；主菜 LE45~85，套餐 LE75~85；⌚正午至午夜；📶✍）劳拉（Laura）和马哈茂德（Mahmud）靠提供传统的埃及食物挺过了旅游业的衰退。他们采用自己农场出产的有机蔬菜，还为想家的英国人提供英国食物：牛排、农家馅饼和苹果酥。本店的菜单上有许多素菜。餐厅有空调，还有一个不大的户外就餐空间，提供酒精饮料。

A Taste of India
印度菜 $$

（见196页地图；☎010-9373-2727；www.facebook.com/tasteindialuxor；Sharia St Joseph，紧邻Sharia Khaled Ibn Al Walid；菜肴 LE35~80；⌚正午至23:00）这家由英国人经营的印度小餐馆室内采用了中性色调，摆放着朴素的实木桌椅。菜单上有欧洲版的印度菜肴，例如奶油浸肉、菠菜馅饺子和jalfrezi（咖喱腌肉，配番茄、胡椒和洋葱），还有独创的印度特色菜肴，例如madras和咖喱肉（vindaloo curries）。

Silk Road
亚洲菜 $$$

（☎095-237-4933；www.hiltonluxor.com；New Karnak；主菜 LE150~250；⌚18:30~23:00；📶✍）Silk Road是卢克索最精致的餐馆之一，经营异国风味的菜肴，加入大量来自印度、泰国、中国和亚洲其他地方的调料，由印度厨师掌勺。亚洲风格的就餐环境简单、精致。如果你觉得菜品太多无从选择，可以要求品尝几道菜。

1886 Restaurant
地中海菜 $$$

（见196页地图；☎095-238-0425；Winter Palace Hotel，Corniche An Nil；主菜 LE160~310；⌚19:00~23:00）1886是市中心最贵的餐馆，提供富有创意的地中海-法式美食和少数改良的埃及菜肴，老式的餐厅尽显豪华。侍者戴着白手套，非常正式，客人必须按规定着装——男士打领带或穿西装（餐馆提供出借服务）。在这里享用一顿豪华晚餐吧！

西岸

Marsam Restaurant
埃及菜 $

（Sheikh Ali's；见206页地图；www.marsamluxor.com；West Bank，靠近Ramesseum；主菜 LE50~100）这里适合在温暖的夜晚坐下来吃晚饭，或者是参观西岸景点时来吃午饭，你可以坐在院子里的大树下，遥望门农巨像的背部。这里的食物基本上都是非常棒的埃及菜，也很朴素。服务友善，只是有时候上菜比较慢。供应酒精饮料。

Nile Valley Hotel
各国风味 $$

（见196页地图；☎095-231-1477；www.facebook.com/pg/Nilevalleyhotel；Al Gezira；餐

LE40~80; ⏲8:00~23:00)这是一家颇受欢迎的屋顶餐厅，在这里可以俯瞰西岸的水滨、河流和卢克索神庙。Nile Valley经营品种丰富的埃及特色菜和国际风味。这里的油炸鹰嘴豆饼(falafel)、希腊茄盒(moussaka)和鸽肉格外好吃。可以中午来这里躲避烈日，也可以日落后来这里就着啤酒欣赏景色。有时候这里晚上会举办活动。

Restaurant Mohammed 埃及菜 $$

(见206页地图; ☎012-0325-1307, 095-231-1014; Kom Lolah; 主菜 LE40~80; ⏲约10:00至深夜)这家简单的家庭餐馆洋溢着老派的卢克索风格，它就位于店主的泥砖住宅之内，由Mohammed Abdel Lahi和他的儿子Azab为客人服务，他的妻子掌勺。菜品不多，包括烤肉、美味的鸡、鸭以及当地特色鸽子填饭。通常来讲供应Stella啤酒和埃及葡萄酒。

它有一个户外露台，气氛悠闲，是在参观神庙和陵墓的间歇补充体力的好地方，或者晚上来这里放松。建议提前打电话确认这里是否营业。他们还组织沙漠野餐或三桅小帆船之旅。

Al Gezira Hotel 埃及菜 $$

(见196页地图; ☎095-231-0034; Al Gezira; 套餐 LE35)这个舒适的屋顶餐厅经营埃及风味套餐，像molokhiyya(一种叶子炖汤)和mahshi kurumb(卷心菜叶包饭配莳萝和香料)必须提前点。在这里能够看到尼罗河和远处灯火辉煌的卢克索。本店还供应凉啤酒和埃及葡萄酒。

Al Moudira 地中海菜 $$

(☎012-0325-1307; Daba'iyya; 主菜 LE75~110; ⏲8:00至午夜)Al Moudira有最华丽的装饰，食物也是西岸最精致的(也是最贵的)，午饭时间来这里可以吃到美味的沙拉和烤肉。晚餐菜品更加丰富，而且每天都有变化，有美味的地中海-黎巴嫩美食。在庭院里用餐非常浪漫，冬天可以坐在火边。需要预订。

饮品和夜生活

东岸

即使没有旅游业的快速发展，卢克索的夜晚也很热闹。卢克索神庙一直开到22:00，值得晚上去看看，集市也开到很晚，而且晚上比白天更热闹。夏季，许多当地人沿水滨路散步。到了日落时分，你可以前往东岸河畔咖啡馆或Winter Palace Hotel(见226页)的露台享用日落鸡尾酒会。

Kings Head Pub 小酒馆

(见196页地图; ☎010-6510-2133; www.facebook.com/KingsHeadPubAndRestaurant; Sharia Khaled Ibn Al Walid; ⏲正午至深夜)这家气氛轻松的酒吧长期以来一直是喝啤酒、打台球和通过大屏幕观看体育赛事的好地方，它努力营造出一种英式酒馆的氛围，但丝毫没有违和感。轻松的氛围还意味着女士在这里不会受到骚扰。在本书写作期间，这里已处于在售状态很久了。

Cilantro 咖啡馆

(见196页地图; lower level, Corniche An Nil; ⏲10:00~20:00)这个户外咖啡馆很受欢迎，它就在尼罗河畔，Winter Palace Hotel的前面。从前的Metropolitan如今是埃及咖啡连锁店Cilantro的一部分，提供单调但还比较可靠的快餐和美味咖啡。它远离水滨路的嘈杂，就在河边，是打发时间的好地方。

New Oum Koulsoum Coffee Shop 咖啡馆

(见196页地图; ☎0128 909 9909; Sharia AsSouq; ⏲10:00至深夜)这家可爱的咖啡馆就在集市的中心，坐落在一个大露台上，有宜人的喷雾机。你可以在购物和讨价还价之余来这里休息一下，不受任何干扰地观察人群。菜单上有新鲜果汁、冷热饮料和水烟，还有"专业品质的雀巢胶囊浓缩咖啡"。

Sultan Cafe 咖啡馆

(Sharia Khalid Ibn Al Walid; ⏲10:00至午夜)如果你想与卢克索当地人共同度过一个美好的夜晚，不妨来这家新开的Sultan Cafe。这里的老板正是隔壁Maxime Restaurant餐厅的老板。这个巨大的地方有个花园，内有全市最大的电视屏幕，室内有空调，并提供各种新鲜果汁、奶昔、热饮和水烟。埃及女性也会来这里。

西岸

西岸没有真正的酒吧，想喝东西的话基

本上只能去餐馆，或者干脆不喝。

在你拜访过贵族墓或者拉美西斯二世神庙后，可以在卢克索最古老的泥砖酒店——Marsam Hotel（见226页）的院子里休息一下，院内绿树成荫。那里有新鲜果汁和冰啤酒，可以重振精神。

Cafe & Restaurant Maratonga 咖啡馆

（见206页地图；☎095-231-0233；Kom Lolah；⏲5:00~23:00）这家友好的户外咖啡馆兼餐馆就在哈布城的前面，是逛完拉美西斯三世雄伟的神庙之后休息的好地方，你可以在一棵大树下喝冷饮，或者买一份美味的砂锅炖菜（tagen）或沙拉当午餐。这里的景色特别迷人，气氛轻松，而且员工超级友善。

Ramesseum Rest House 咖啡馆

（见206页地图；☎010-0945-0789；Ramesseum旁边，Gurna；⏲7:00至次日1:00）这里是西岸老字号的咖啡馆兼餐厅之一，在你逛完神庙后，可以来这个友善悠闲的地方放松一下。除了常见的矿泉水、软饮料之外，还可以买到啤酒，有时还有葡萄酒。这里还供应简单的食物——烤鸡、煎蛋卷和沙拉。

Hatshepsut Restaurant 露台酒吧

（No Galag；见206页地图；☎095-231-0469，010-6975-6053；Gurna，Temple of Hatshepsut附近；⏲正午至23:00）这里正对着底比斯山坡，有个牌子写着"NO GALAG"（没问题，没压力）。在周日以及某些周四的23:00以后，你可以来西岸，到这里欣赏肚皮舞，同时啜饮着冰啤酒。来前最好打电话确认一下是否有演出。

☆ 娱乐

卡纳克声光表演 表演

（Karnak Sound and Light Show；☎02-3385-7320；www.soundandlight.com.eg；LE100，摄影机LE35；⏲表演 冬季 19:00、20:00和21:00，夏季 20:00、21:00和22:00）这场好莱坞式的盛大演出全长1.5小时，详细介绍了底比斯的历史以及为纪念阿蒙神而修建这个神庙建筑群的许多法老的生活。声光表演虽然俗气，但考虑到有机会在夜晚穿行于被灯光映照的神庙，还是值得的。如果观众不足7人，演出就会取消。

除了周三和周日英语演出在第二场，其余日子的第一场演出永远都是英语的。

购物

要买雪花石制品应该去西岸。雪花石矿在距离国王谷西北大约80公里处，但拉美西斯二世神庙和德巴哈里附近的雪花石加工厂出售便宜的手工水杯、花瓶和奈菲尔提提头像形状的灯具，你有可能找到品质较好的碗和花瓶，通常是没经过抛光的，非常值得购买。购买的时候要当心，有时所谓的石头其实是蜡和石屑。避开招揽生意的小贩，因为他们的佣金肯定会加到顾客的账单上。

当地人烹饪时使用的陶锅（tagen）是一件特别的纪念品。非常实用，不仅能放在炉子上烹饪，摆在桌子上也很好看。一个非常小的陶锅价格最低LE30，最高在LE80左右。在卢克索东岸警察局附近的街上就能买到。

★ Caravanserai 工艺品

（见206页地图；☎012-2327-8771；www.caravanserailuxor.com；Kom Lolah；⏲8:00~22:00）这是一个埃及工艺品宝库，位于西岸的哈布城附近，由热情的Khairy和他的家人经营，内有来自西部绿洲的漂亮陶器、锡瓦（Siwa）的刺绣、色彩鲜艳的手织围巾、迷人的贴花手袋和其他许多在埃及别处买不到的工艺品。所有东西都价格合理。

当Khairy意识到制作工艺品是贫穷的埃及妇女为数不多的赚钱手段之一后，他决定开一家店来鼓励并帮助她们。他几乎买下了人们制作的所有工艺品，告诉她们什么卖得好，帮助她们加强设计，最重要的是他热爱人们的创造力。

Habiba 工艺品

（见196页地图；☎010-0124-2026；www.habibagallery.com；Sharia Andrawes Pasha，紧邻Sharia As Souq；⏲10:00~22:00）由一位澳大利亚女士经营，她最大限度地推广了埃及的工艺品。Habiba经营的商品越来越多，包括最优质的贝都因（Bedouin）刺绣、首饰、皮革制品、精美的锡瓦丝巾、来自索哈杰的纯棉刺绣桌布、最好的埃及棉布手巾（通常只用于出口）、镜子、阿斯旺篮子等，所有商品都有固定价格。新产品包括当地生产的乳木果油产品。

Aboudi Bookshop & Coffeshop 图书

（见196页地图；☎095-237-2390，010-1098-7293；www.aboudi-bookstore.com；Sharia Maabad Al Karnak，Luxor Temple后面；⏰9:30~22:00）Aboudi是一家百年老店，一直向大家提供品种齐全的旅行指南、关于埃及和中东的英文图书、地图、明信片和小说。如果你想读书，来这里准没错。在楼上的咖啡馆可以看到卢克索的美景。

Sandouk 工艺品

（见196页地图；☎010-0093-4980；Al Gezira）这家新开的店距离西岸的渡船码头只有几步之遥，出售一些原创商品和设计精美的物件，从陶器、木器、雪花石到时尚用品应有尽有。

Fair Trade Centre 工艺品

（见196页地图；☎095-236-0870，010-0034-7900；Sharia Maabad Al Karnak；⏰9:00~22:30）这家店经营来自全埃及非政府组织项目的手工艺品，定价合理，包括来自附近村庄Hejaza和Garagos的手工木雕和陶器、来自Quz的芳香精油、来自西奈的珠饰、人工吹制的玻璃、艾赫米姆（Akhmim）餐布、来自卢克索西岸的珠饰以及来自开罗可循环利用的玻璃和纸张。

AA Gaddis Bookshop 纪念品、图书

（见196页地图；☎095 238 7042；Corniche An Nil；⏰周一至周六 10:00~21:00，周日 10:30~21:00，6月和7月歇业）Gaddis紧挨着Winter Palace Hotel，世代相传，经营各种关于埃及的图书、明信片和纪念品。

Abo El Hassan Alabaster Factory 工艺品

（见206页地图；☎010-6733-3081；West Bank，Tombs of the Nobles对面；⏰8:00~16:00）Mohamed Yousef的店铺经营各种雪花石制品和其他石雕。与其他许多雪花石制品商店不同，他会承认石头并非来自底比斯山区，而是产自艾斯尤特（Asyut）和明亚（Minya）。店内还展示了石材加工技术，在这里不存在强卖的现象，价格从LE100到上千。店内有空调。

Saad Barbary Ali 工艺品

（Sharia Khaled Ibn Al Walid）如果你正在寻找那种布满灰尘的货架上摆着一排排铜制品、雪花石制品和其他埃及工艺品的老派纪念品商店，你可以去Saad的大卖场看看，就在ACHTI Luxor Resort（见226页）的拐角附近。你准能找到一些称心如意的东西。

Farouk Gallery 古玩

（见206页地图；☎010-6802-9151；www.facebook.com/Farouk-Gallery-Luxor-932610310141883）这里是卢克索唯一一家真正的古玩店，最近刚搬迁至西岸的文物检查售票处不远处。在这里你可以买到从卢克索和周边出土的各种东西，有20世纪早期的，还有更新的。来前最好打电话确认这里是否开门。

Bazaar Al Ayam 服饰

（见196页地图；Tourist Bazaar）这里是购买刺绣披肩和白色男士长袍（galabeyas）的好地方。埃及人也会来这里购物。

ℹ 实用信息

危险和麻烦

➡ 如今生意一直不景气，以至于卢克索曾经臭名昭著的无良商贩似乎都已经对这里失去信心了。尽管如此，仍然会有人在滨海路向你推销三桅小帆船和摩托艇行程，或者在集市和国王谷的入口向你兜售小玩意儿。

➡ 一些马车夫的态度很强硬，因为他们要喂养马匹，而许多马营养不良。

➡ 有时候还有人想向你提供性服务，你应该无视这类服务。这一切都是埃及，特别是卢克索，财政状况令人绝望的信号。

紧急情况

救护车	☎123
警察	☎122
旅游警察	☎095-237-6820

医疗服务

Dr Ihab Rizk（☎095-238-2525，012-2216-0846）是一位能讲英语的心脏病专家，他会去你住的酒店出诊。诊所在东岸。

卢克索医疗中心（Luxor Medical Centre；见196页地图；☎095-228-4092，010-2004-7091；www.luxormedicalcenter.com；Villa Kamal，Sharia St Joseph；⏰24小时）

国际医院（International Hospital；见196页地图；☎095-228-0192，095-227-7914；Sharia Televizyon；⊙24小时）

现金

埃及的各大银行几乎都在卢克索设有分行，而且在东岸有很多自动柜员机。西岸也有几台，但是最好不要期待这些机器可以正常运作。

美国运通公司（American Express；见196页地图；☎095-237-8333；Corniche An Nil；⊙9:00~16:30）在通往Winter Palace Hotel的入口旁边，可以换钱。

Travel Choice Egypt（见224页）位于Winter Palace Hotel入口楼下，可以换钱。

旅游信息

旅游总局（Main Tourist Office；见196页地图；☎095-237-3294，095-237-2215；Midan Al Mahatta；⊙9:00~20:00）消息灵通，非常有用，就在火车站对面。这里还可以预订酒店和团队游，还出售卡纳克的声光表演门票。有一个办事处位于**火车站**（见196页地图；☎095-237-0259；Train Station；⊙8:00~20:00），还有一个办事处位于**机场**（☎095-237-2306；Luxor Airport；⊙8:00~20:00），不过访客少时这些办事处可能不会开放。

延长签证

如果你需要延长你的签证，可以去东岸的**护照办事处**（见196页地图；☎095-238-0885；Sharia Khaled Ibn Al Walid；⊙周六至周四 8:00~14:00），就在Sonesta St George Hotel对面。你需要带上两张护照照片以及两份照片页和签证页的复印件。尽管这里有时候办事很快，但最好还是一大早就去，做好等待的准备。

ℹ 到达和离开

飞机

卢克索机场（Luxor Airport；☎095-232-4455）位于卢克索市中心以东7公里处。埃及航空公司（EgyptAir；www.egyptair.com）定期会运行飞往开罗的航班，价格从LE730起。

长途汽车

上埃及长途汽车公司（Upper Egypt Bus Co；见196页地图；☎095-232-3218，095-237-2118；Midan Al Mahatta；⊙7:00~22:00）和**Super Jet**（见196页地图；☎095-236-7732；Midan Al Mahatta；⊙8:00~22:00）在火车站以南设有售票处。**Go Bus office**（见196页地图；☎010-0779-1286；www.gobus-eg.com；Sharia Ramses）就在北边。大多数长途汽车都在各自的售票处外发车，订票的时候要确认好。从卢克索市中心乘坐出租车去长途汽车站的花费为LE25~35。

要去西部沙漠绿洲可以乘坐火车到艾斯尤特，每天有几班长途汽车从那里去往哈里杰（Kharga）和达赫莱（Dakhla）。

三桅小帆船

你不能从卢克索乘坐三桅小帆船到阿斯旺，由于伊斯纳水闸（Esna Lock）的缘故，多数三桅小帆船都从伊斯纳出发。除非有强风，否则沿着河流上游几天只能航行几公里。因此，我们建议从阿斯旺乘坐三桅小帆船顺流而下。

小巴和面包车

前往卢克索以外的城镇的小巴以及面包车的停车场位于火车站后方以北约1公里处。定期有小巴和一些面包车从那里向南前往伊斯纳（Esna；LE8）、伊德富（Edfu；LE12）、考姆翁布（LE20）和阿斯旺（LE35），向北前往基纳（Qena；LE7）。

根据官方规定，外国人目前不允许使用这种交通工具，不过如果你肯多给点钱，有些司机可能会让你上车。但请注意，如果你运气不好，在沿路的检查站被拦下来，警察可能会索要贿赂让你继续前行，也可能让小巴调头回卢克索，最糟糕的是没收司机的驾驶执照。

火车

乘坐火车向南前往阿斯旺或者向北前往开罗既舒适又方便。与西班牙式列车相比，专列的车厢更新，座位也更宽敞。

卢克索车站（Luxor Station；☎095-237-2018；Midan AlMahatta）有一个旅游办事处，有许多种磁卡电话和一家邮局。所有火车车票最好提前购买，如果是上车以后买票，要多收LE6。

Watania Sleeping Train（www.wataniasleepingtrains.com）在车站内有一个预订车票的售票处。

ℹ 当地交通

抵离机场

卢克索机场和城市之间没有公交车。乘坐出租车从卢克索机场进城没有官方价格，司机自己定价，通常在LE100左右，甚至更高。出租车通常是供过于求，所以当你试图打车的时候，可能会在司机之间引起一场争吵。总之麻烦透顶。如果不想费神，可以让你的住所为你安排接机。

自行车

紧凑的城区非常适合骑车，西岸地势平坦，距离适中，可以进行一些运动，但又不至于使人筋疲力尽（天气太热除外）。鉴于当地司机没有开前灯的习惯，不建议在晚上骑车。

许多酒店出租自行车。价格和车的质量各异，有每天LE25的，也有每小时LE10的。一定要检查车辆的性能——没有什么在比去往国王谷的途中自行车链条断裂更糟糕的事了。

你可以带着自行车乘坐当地（baladi）渡轮过河到西岸，也可以在西岸优秀的租车行**Mohamed Setouhy**（Gezira Bike Rental；见196页地图；☎010-0223-9710；每天 LE25；⏲7:00~19:00）租一辆车。

驴和骆驼

有时在渡轮码头可以租到带向导的驴和骆驼，但在有许可证的马厩租更加安全，比如诺比的阿拉伯马厩（见223页）。

三桅小帆船

有许多三桅小帆船能带你在卢克索周围进行短途旅行，从沿河的各个站点出发。费用取决于你的讲价技巧，预计每小时的航行费用是LE50~80。

渡船

多数参加团队游的游客会穿过城南大约8公里处的大桥到西岸乘坐公交车或出租车，但走水路仍然是最快的方式。当地渡轮针对外国人的票价是LE2，渡船往返于卢克索神庙前面的一个**码头**（见196页地图）和西岸杰济拉村前的码头。小摩托艇（当地人称其为lunches）随叫随停，过河收取LE20。

马车

马车也被称为calèche或hantour，每小时的价格是LE20~100，具体根据你的砍价技巧和马车夫接活的迫切程度而定。从市中心去卡纳克的费用大约是LE30。

小巴

如果要在卢克索城内四处转转，小巴通常是最快、最方便的方式。它们按照固定的路线行驶，招手即停。将你的目的地喊给司机听，如果顺路，他便会停车载你。要去卡纳克神庙，在卢克索火车站正后方的**小巴主车站**（见196页地图）或在卢克索神庙的后面乘坐小巴，车费LE1。其他路线都在城内。

如今西岸的皮卡车（kabouts）几乎已被小巴全面取代了，这些小巴直到22:00左右才收车（每趟LE1）。车子往返于村子之间，所以在去往遗址的途中总能拦到车，但你必须从主路走到入口，对国王谷和王后谷来说，这段距离非常远。**小巴停车场**（见196页地图）位于渡船码头不远处。所有前往Gurna的小巴都可以让你在主售票处下车。

从卢克索出发的长途汽车

目的地	价格	时间	班次/公司
开罗	LE150~275	10~12小时	22:00（上埃及）；9:00、13:00和22:15（Super Jet）；13:00、21:30、23:45和0:30（Go Bus）
宰海卜	LE210	18小时	17:00（上埃及）
赫尔加达	LE50~90	4~5小时	7:00和20:30（上埃及）；8:30和19:00（Super Jet）；8:00和15:30（Go Bus）
塞得港	LE115	12小时	20:00（上埃及）
沙姆沙伊赫	LE175	14小时	17:00（上埃及）
苏伊士	LE90~100	9~10小时	7:00和20:30（上埃及）

所有上埃及长途汽车公司发往北边的长途汽车都可以让你在基纳（LE15）下车。前往赫尔加达的车可以让你在塞法杰（Safaga；LE50）下车，在塞法杰你可以换乘前往古赛尔（Al Quseir）和阿莱姆港（Marsa Alam）的车。

从卢克索出发的火车

此处列出的价格为一等空调车厢座位。

目的地	价格	时间	班次
阿斯旺	西班牙式/专列LE53/94	3小时	4:30、7:35、9:45和22:35(西班牙式);2:50、6:20、6:45、8:15、18:25和19:40(专列)
开罗	西班牙式/专列LE114/203	10小时	1:15、10:55、20:00和23:35(西班牙式);9:10、12:30、14:00、18:20、19:10、21:10和23:59(专列)
开罗(Watania Sleeping Train)	1床位/2床位卧铺US$120/100	9小时	20:10

所有向南前往阿斯旺的列车都会经停伊斯纳、伊德富和考姆翁布。所有向北开往开罗的列车都会经停基纳(去丹达拉)、Balyana(去阿拜多斯)和艾斯尤特(去西部沙漠)。

大多数司机都很乐意你将整辆车包下来——往返于杰济拉村的渡船码头与售票处的包车费用为LE20~30。

出租车

卢克索有许多出租车,但乘客还是得使劲砍价。城市周围的短途旅行车费至少LE20。你还可以包车去西岸附近一日游,车费为LE200~300,具体视距离的长短和你讲价的技巧而定。**西岸出租车站**(West Bank Taxis;见196页地图)就在公共渡船码头所在的岸上。

尼罗河谷南部

包括 ➡

最佳就餐

- Kebabgy（见257页）
- Al Makka（见258页）
- 1902 Restaurant（见259页）
- Eskaleh（见272页）
- Koshary As Safwa（见258页）

最佳住宿

- Sofitel Old Cataract Hotel & Spa（见257页）
- Eskaleh（见272页）
- Philae Hotel（见256页）
- Bet El Kerem（见256页）
- Mövenpick Resort Aswan（见258页）

为何去

卢克索的尼罗河南岸部分被东部沙漠包围，沙化越来越严重。位于河两岸的伊斯纳、伊德富和考姆翁布遍布保存完好的宏伟的古希腊-罗马风格神庙，青翠的田野之间是棕榈树摇曳的村庄——坐在尼罗河游船上欣赏这个地方最理想不过了。曾经辉煌一时的卡卜与庄严的神庙形成鲜明的对比，流经锡勒西莱山的尼罗河在此处穿过一个被古人奉为圣地的峡谷，当时修建卢克索诸多神庙的石块就来自这里的采石场。阿斯旺曾经是古代的象牙贸易站，如今氛围悠闲，景点众多。

阿斯旺以南是全世界最大的人工湖之一、宽阔的纳赛尔水库。湖边有最令人敬畏的古埃及建筑：位于阿布·辛拜勒的拉美西斯二世大神庙。

何时去

阿斯旺

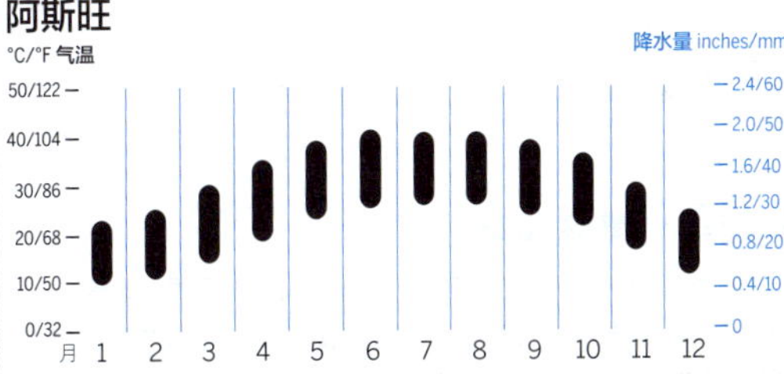

5月至10月中旬 阿斯旺的夏季漫长而炎热，气温经常超过45℃。

10月至11月和3月至4月 来这里游览的最佳季节，白天比较暖和，晚上比较凉爽。

12月至次年2月 白天有时候灰蒙蒙的，晚上乘船的话太冷了。

尼罗河谷南部亮点

❶ **伊德富**（见242页）在埃及保存最完好的神庙中大开眼界。

❷ **锡勒西莱山**（见244页）探索这里的采石场，法老们曾用那里的石头修建古底比斯。

❸ **Sofitel Old Cataract Hotel & Spa**（见257页）坐在露台上，看三桅小帆船在河面上穿梭。

❹ **拉美西斯二世大神庙**（见271页）在令人心生敬畏的神庙中感受拉美西斯二世人生的虚无。

❺ **阿布遗址**（见251页）在游人罕至的象岛的遗迹内漫步。

❻ **伊希斯神庙**（见265页）乘船前往这座位于菲莱岛的神庙。

❼ **阿斯旺植物园**（见253页）阳光灿烂的午后，在奇吉纳岛里散步。

❽ **考姆翁布神庙**（见246页）在清晨的阳光下，欣赏供奉两个神的神庙。

历史

历史上，卢克索和阿斯旺之间的尼罗河谷曾经是鹰神和鳄鱼神的领地，环境险峻，但景色壮观。这里的祭祀地点，例如卡卜（Al Kab）和孔阿玛（Kom Al Ahmar）的祭祀中心，建于埃及历史的最早期。作为第1王朝建立象征的纳尔迈调色板（Narmer Palette）在此出土，最早为众人所知的埃及神庙（用木头而不是石头建造）之一也在这里被发现。透过拉斯科（Lascaux）风格的岩石雕刻和人类遗迹，可以窥见埃及统一之前的遥远历史。

但卢克索和阿斯旺之间的古迹大部分来自古埃及史的末期，当时埃及的统治者是亚历山大大帝的马其顿将军托勒密一世（Ptolemy Ⅰ，公元前323年至公元前283年）的后裔。他们统治了大概300年。虽然托勒密家族住在亚历山大，与地中海的另一边关系密切，但他们尊重这个国家的古代传统和宗教，为后来的罗马人做了很好的示范。他们建立宏伟的法老风格神庙以供奉当地的神祇，借此安抚祭司并赢得百姓的信任，从而保证了对上埃及的安稳统治。伊斯纳（Esna）、伊德富（Edfu）、考姆翁布（Kom Ombo）和菲莱（Philae）的河边神庙不仅占据战略性位置（位于古代贸易线路上或重要的商业中心），同时也是艺术和建筑的瑰宝。

阿斯旺的历史却截然不同。虽然北方的底比斯、马其顿或罗马统治者对南边视而不见，但他们对南部边境却不敢掉以轻心。象岛（Elephantine Island）上的定居点位于阿斯旺旁边的尼罗河中段，最晚建于公元前3000年。村庄得名于曾在此繁华一时的“阿布”（Abu，象牙）贸易，因此被命名为阿布。因为位于尼罗河第一瀑布（First Nile Cataract）正下方，它无异于一个天然的要塞。阿斯旺和喀土穆（Khartoum）之间的尼罗河段上有6处这样的瀑布。在埃及王朝建立之初，即古王国时期（公元前2686年至公元前2125年），阿布是上埃及第一个省（nome）的首府，也是繁华的经济和宗教中心，其战略位置的重要性与统治者对它的称呼相吻合：通往南方之门的守护者。在古代史末期，埃及成为罗马帝国的一部分，这个位于南部边境线上的城镇变为北方越轨者的流放地。

气候

从卢克索往南，肥沃青翠的尼罗河谷变得非常狭窄，逐渐被沙漠包围。气候也有很大变化，越来越像沙漠气候：冬季（12月至次年2月）通常温暖干燥，白天平均气温26℃上下，但晚上冷得吓人；夏季（6月至8月）白天干燥，非常热，气温在38～45℃徘徊，游览户外的景点很让人难受。夏季最热的时候，气温在夜晚也不会降下来。

上埃及南部（SOUTHERN UPPER EGYPT）

伊斯纳（Esna）

☎095/人口：82,790

伊斯纳位于卢克索以南64公里处的尼罗河西岸。游客来伊斯纳大多是为了看赫努姆神庙（Temple of Khnum），但这个繁忙的农业城市有自己独特的魅力。沿着神庙附近的水边，分布着几个有精美木格屏风（mashrabiyya）的19世纪房屋。神庙北侧是美丽但破败的Wekalat Al Gedawi，这个**奥斯曼商队客栈**（Ottoman caravanserai; Wikalat Al Gedawi；赫努姆神庙旁边）曾经是伊斯纳的商业中心。

伊斯纳曾是苏丹和开罗之间以及绿洲和尼罗河谷之间骆驼商队路线的重要一站，商队们都会在这里驻留。神庙对面是法蒂玛（Fatimid）时代的**伊马里宣礼塔**（Emari minaret；赫努姆神庙对面），它是埃及最古老的宣礼塔之一。在神庙南边有顶棚的集市里，一个古老的油坊压榨着从古代起就被认为是春药的生菜籽油。从卢克索出发的话，上午来伊斯纳游玩既轻松又愉快。往来卢克索和阿斯旺之间的人也可以在这里歇脚。

景点

赫努姆神庙 神庙

（Temple of Khnum；见240页地图；成人/学生 LE50/25；⌚8:00～16:30）赫努姆神庙所供奉的赫努姆是羊头的造物神，他用陶工旋盘把尼罗河的泥土塑成人形。神庙由托勒密六世（公元前180年至公元前45年）开始修建，多

Esna 伊斯纳

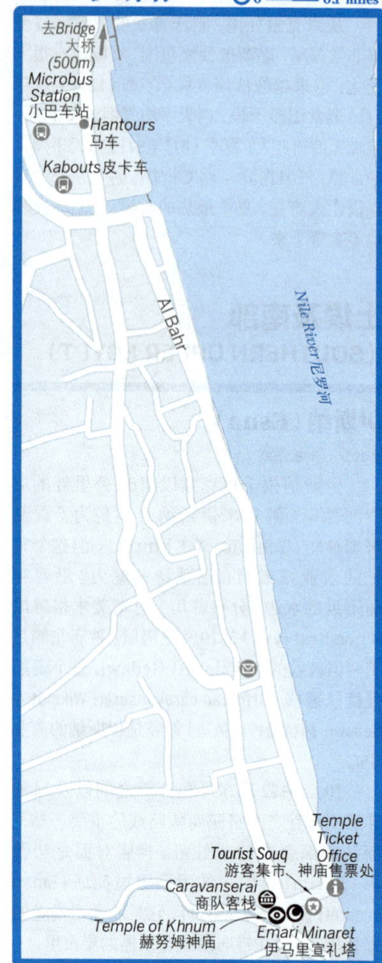

柱厅是后来罗马人加上去的，是迄今唯一挖掘出的部分，也是唯一能参观的部分，厅内保存完好的雕刻来自3世纪末。

赫努姆神庙如今坐落在一个9米深的坑里：自从在罗马时代被废弃后，坑里堆积了15个世纪的沙漠沙土和残骸。神庙的规模与伊德富和丹达拉的两座神庙相仿，寺庙大部分建筑依然埋在伊斯纳城下。连接神庙和尼罗河的码头是罗马皇帝马可·奥勒留（Marcus Aurelius，161年~180年）建造的。

中间的门通往幽深阴暗的前厅，前厅的房顶由18根柱子支撑，柱子上刻着各种花卉、莲花花苞和莎草纸扇子的图案，有些还刻着串串葡萄，这是典型的罗马风格。屋顶用天文图案装饰，但顶梁上刻着讲述神庙仪式的象形文字。在靠前的角落里、较小的门旁边，刻着两首赞美赫努姆的圣歌。第一首是将神龛中的赫努姆唤醒的清晨圣歌，第二首是承认他是造物主（甚至包括创造外国人）的“造物圣歌”：“所有人都出自他的陶工旋盘，他们在每个地区说不同的语言，但旋盘都是他们的父亲。”

墙上，打扮得跟法老一样的罗马皇帝向伊斯纳本地的神祇奉献祭品。北墙上的图案是康茂德皇帝（Emperor Commodus）跟赫努姆神一起在纸莎草丛里捕鱼的场景。紧挨着的那幅描绘的是皇帝把神庙献给神。

东北角的后墙是托勒密时期建造的，特点是有两个托勒密法老——托勒密六世和托勒密八世（公元前170年至公元前116年）——的浮雕。许多罗马皇帝，包括塞普蒂米乌斯·塞维鲁（Septimus Severus）、卡拉卡拉（Caracalla）和盖塔（Geta），都在大厅后门附近写下了自己的名字。外面，一个地下水泵奋力把地下水抽离建筑。

赫努姆神庙位于游客集市的尽头，距离码头200米左右。在**神庙售票处**可以买到门票。

食宿

几乎没有游客在伊斯纳过夜，对大多数游客而言，伊斯纳只不过是卢克索和阿斯旺之间的一站。这里没有住宿的地方。

神庙对面有几家带露台的咖啡馆（ah-wa），出售饮品和一些简单的食物。

到达和离开

乘火车很麻烦，因为火车站在河对面（东岸），离城中心有一段距离，但有**皮卡车**（kabout）穿梭往来连接两地。繁忙的皮卡车站在运河旁边，**小巴车站**在皮卡车站以北一个街区之外。乘坐小巴去卢克索，每个座位LE8，去伊德富LE8，去阿斯旺LE19，不过在本书写作期间，游客在该区域不允许乘坐小巴。到站后，乘客通常在通往城区的主路旁边下车，**马车**（hantour）车夫聚集在主路两边，希望能拉到客人。去神庙往返需要5~10分钟，他们要价LE40。最好的安排是把伊斯纳纳入从卢克索到阿斯旺的一日旅行，沿途可以参观神庙。

卡卜和孔阿玛（Al Kab & Kom al Ahmar）

伊斯纳和伊德富之间有两处古代村庄遗址，其历史可追溯至3000年前，而人类居住的痕迹甚至更早。

卡卜原名奈库贝（Nekheb），位于伊斯纳以南26公里处，是古埃及最重要也最古老的城市之一，供奉上埃及兀鹫女神奈库贝特（Nekhbet）。这座遗迹尚未全部出土，因此不对公众开放。不过，还是可以看一些地面遗迹，最激动人心的当属泥砖城墙，它们围成了一个广场，你可以在广场外面走一走。

墙高11米，厚12米，每边长550米，建造时是分段的：如果尼罗河水位特别高，城墙就有可能倒塌，而这样的建造意味着不必修复整个城墙，只修复受损部分即可。城墙内最古老的砂岩神庙由拉美西斯二世建造，供奉月亮神透特（Thoth），隔壁的奈库贝特神庙是古埃及后期修建的。两座神庙的建筑材料都来自建于早王朝时期（约公元前3100年开始）和中王国时期（约公元前2055年至公元前1650年）的更早的神庙。

上埃及兀鹫女神奈库贝特从古王国时期起，就是法老的两个保护神之一。

古城附近的河边是风景如画的卡卜村，村里林立着泥砖房屋。河对面是**孔阿玛**（不对公众开放），古名Nekhen或希拉孔波利斯（Hierakonpolis），是猎鹰神内克海尼（Nekheny，荷鲁斯神的前身）的家乡。虽然这座曾经重要的城市如今所剩无几，但近来的挖掘工作取得了不错的进展，已经出土了一个大型村庄（有埃及最早的酿酒厂）、一个埋葬大象和牛的前王朝时期墓地（公元前3400年左右）、已知埃及最早的神庙以及前门有12米高木柱的大型木梁结构建筑。一个世纪前，在这个神圣的地方，考古学家们发现了一些仪式器具，其中两件具有重要的历史意义：纳尔迈调色板和精美的荷鲁斯神黄金猎鹰头像。这两件文物如今都收藏在开罗的埃及博物馆内，是该博物馆的亮点之一。

卡卜村主路对面的山脊上有一排**墓地**（成人/学生 LE60/30；⏲8:00~16:00）。最有趣的2号墓来自新王国时期（约公元前1550年至公元前1069年），墓主人是雅赫摩斯一世法老（Ahmose Ⅰ，约公元前1550年至公元前1525年），即外号“水手船长兼将军”的雅赫摩斯。另外一个雅赫摩斯，也就是Ebana的儿子，在墓里留下了他与希克索斯人（Hyksos）作战的英勇事迹。所有的古墓都有保存完好的绘画。

新王国时期古墓的北边是一连串古王国时期古墓，但不对游客开放。位于山梁最高处的那座墓是最古老的墓之一，建于公元前2700年前后。

如果你有自己的车，你可以在卡卜东边远处的沙漠里看到几座供奉努比亚神祇的神庙。在其中的一座托勒密神庙，台阶通往有两根柱子的前厅，后面的圣堂是在岩石上凿出来的。南边远处有个小圣堂，本地人称之为浴池（Al Hammam），它是拉美西斯二世时期的努比亚总督Setau修建的。沙漠水道的中央是个兀鹫形状的大峭壁，上面刻着从前王朝时期到古王国时期的铭文。往东约3.5公里的沙漠中有个供奉奈库贝特的小圣堂，它是阿蒙霍特普三世（Amenhotep Ⅲ，公元前1390年至公元前1352年）修建的，目的是让兀鹫女神的神像在穿过“河谷”时能有个小憩的地方。埃及人感激她的庇佑，因为这是金矿的供给线路之一，这些金矿为埃及带来了巨大的财富。

发掘古代壁画

大多数埃及神庙曾经跟卢克索的古墓一样五颜六色，四壁、柱子和天花板都绘满了图案。人们一直认为，年代久远和风的腐蚀作用是脱色的原因。但**赫努姆神庙**多柱厅内的壁画依然存在。

考古学家用化学试剂仔细地擦掉几千年的尘土，确认所有的绘画都完整无损，并且背景是白色的。现在古埃及学界在争论，是应该修复整个神庙（和其他神庙），还是应该将大部分保持原状，留给后世子孙。

ℹ 到达和离开

游览卡卜的最佳方式是雇一辆出租车从伊斯

另辟蹊径

在孔阿玛过夜

生态旅馆兼客栈**Funduk Al Shams**（☎010-6182-6314；www.egypt-for-you.com；Saida Bahari Al Qibli，Kom Al Ahmar附近；标单/双 €37/80；P@🛜）很是怡人，运营团队由奥地利和埃及人组成。酒店采用泥砖建造，以当地风格装修，蓝色的客房环绕着一座种有果树的阴凉花园。冬天，这里常常住满了在孔阿玛工作的考古学家，但算是一个可以在埃及乡下度过几天安静日子的地方。

纳或伊德富出发，或者在往来于卢克索和阿斯旺之间的时候顺路看一看。从阿斯旺开往伊斯纳的游艇（Dahabiyyas）和一些三桅小帆船（feluccas）也在这里停留，但大型游轮无法靠岸。

伊德富（Edfu）

☎097/人口：133,772

伊德富的荷鲁斯神庙建在开阔的河谷高处，没有遭受过尼罗河洪水的侵蚀，是保存最完整的埃及神庙。作为古埃及末期尝试建造的大型神庙之一，荷鲁斯神庙占据了这个位于伊斯纳以南53公里处的尼罗河西岸小镇的显要位置。保存完好的浮雕为考古学家提供了宝贵的信息，让他们对神庙仪式和祭司的权力有所了解。步行穿过阴森森的大房间，游客们有时会被古埃及的神秘感压得透不过气。

现代伊德富是蔗糖和陶瓷中心，居民友好，城区热闹。虽然它是个农业小城，但很多人都以旅游业为生，拉客的马车夫可能会比较麻烦，而且游客们要去神庙的话，必须从顽强的小贩之间挤出条路来。

景点

★荷鲁斯神庙 神庙

（Temple of Horus；成人/学生 LE100/50；⏲8:00~17:00）这座托勒密神庙建于公元前237年至公元前57年，是埃及保存最完好的古代遗迹之一，或许也是全世界保存最完好的。自从异教信仰被禁止后，沙漠的黄沙将这个供奉伊希斯和奥里西斯之子荷鲁斯神的地方湮没。由于神庙的房顶完好无损，因此是古建筑中最有氛围的一个。

伊德富始建于公元前3000年左右，曾经是个村庄兼墓地。它是贝迪特（Behdet，伊德富古名）鹰神荷鲁斯的"家乡"和宗教仪式中心，但今天看到的荷鲁斯神庙是托勒密时代的。公元前237年8月23日，在托勒密三世（公元前246年至公元前221年）的命令下，在一个更早、更小的新王国时期建筑原址上，荷鲁斯神庙开始动工。这座砂岩神庙在约180年后的托勒密十二世尼欧斯·狄奥尼索斯（Neos Dionysos，克里奥佩特拉七世之父）时代才竣工。就构思和设计而言，这座神庙延续了法老建筑的规模、装饰风格和传统。这一点通过神庙的浮雕可以看出来：希腊的国王们穿着埃及服饰。虽然它的历史比卢克索或阿拜多斯的宗教神庙短，但完好无损的状态填补了许多历史空白，堪称一座有2000年历史的托勒密时代建筑风格模板。

200年前，这座神庙被黄沙、碎石和伊德富村庄的部分民居掩盖，整个房顶都被盖住了。19世纪中叶，挖掘工作在奥古斯特·马里埃特（Auguste Mariette）的带领下开始。如今，要前往神庙必须先穿过一条长长的商铺林立的小街。新建的游客中心内有售票处、干净的卫生间和自助餐厅，还有一个房间播放介绍神庙历史的15分钟英文电影。

➡ **游览神庙**

在罗马风格的玛米西（mammisi，产房）旁边，宽阔的36米高的**塔门**（入口）刻着美丽的图案，两座巨大而威武的荷鲁斯猎鹰神守卫在两旁。墙壁上有巨型浮雕，刻着托勒密十二世尼欧斯·狄奥尼索斯，他站在荷鲁斯神面前，抓着敌人的头发，即将打碎他们的头骨——这是表现法老无所不能的招牌姿势。

从塔门往前走就到了**奉祀庭院**（Court of Offerings），庭院三边被32根柱子包围，每根柱子上都有一个花纹图案的大写字母。四壁以浮雕为装饰，包括入口内侧的"美好会面盛宴"。"会面"是指伊德富的荷鲁斯和丹达拉的哈索尔会面，两人每年都拜访对方的神庙。拜访之前的两周举办盛大的丰收庆祝活动。

另外一对黑色花岗岩的猎鹰形象荷鲁斯雕像曾经放在神庙的第一层**外多柱厅**（Outer Hypostyle Hall）入口处，但今天仅存一座。

Temple of Horus 荷鲁斯神庙

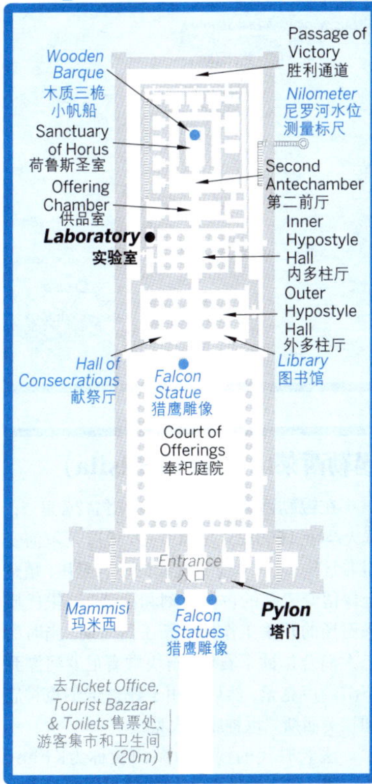

外多柱厅入口内侧左右分别有一个小房间：右边的是神庙图书馆，过去是保管宗教书籍的地方；左边的小房间是献祭厅，刚洗完的袍子和宗教仪式花瓶放在这个房间里。大厅本身有12根柱子，墙壁上的浮雕表现神庙建造的场景。

内多柱厅（Inner Hypostyle Hall）也有12根柱子，大厅左上方的房间或许是这座神庙最有趣的地方：实验室。所有需要用到的香水和熏香，都在这里被精心地酿造和保存，成分表就贴在墙上。

离开内多柱厅，穿过巨大的中央门廊，进入**供品室**（Offering Chamber，亦称第一前厅）。供品室内有个圣坛，每天水果、花朵、红酒、牛奶和其他供品就放在圣坛上。西侧有242级台阶通往房顶，在房顶可俯瞰尼罗河美景和周边的田野（房顶不对游客开放）。

第二前厅（Second Antechamber）通往荷鲁斯神殿，那里有一个经过打磨的花岗岩神龛，黄金荷鲁斯像曾经安放在上面。该神龛（又称神之住所）是内克塔内布二世（Nectanebo Ⅱ，公元前360年至公元前343年）时期建造的，但被托勒密王朝的国王们拿走放在新建的神庙里。神龛前面有个木船（barque）的仿制品，荷鲁斯雕像“乘坐”这艘船出席节日期间的游行活动。原件如今在巴黎的卢浮宫内。

在封闭的东墙上留意水位计的遗迹，水位计曾用来测量河水水位，这有助于预测庄稼能否丰收。

食宿

主广场Al Midan上有个烤肉店和几个简单的小吃摊，水边的Sharia An Nil也有几家自助餐厅。El Massa Hotel的餐厅当属全城最佳。

★ El Massa Hotel 酒店 $

（Diamond Hotel；☎011-1136-0230，097-471-9686；Souq Edfu；标单/双/三 LE200/300/400；❄📶）这家相对较新的酒店拥有舒适的客房，内有冰箱和电视，酒店内还有一家令人愉悦的咖啡馆，供应零食和新鲜果汁。在天台可以看到神庙和市场的美景。

Horus Hotel 酒店 $

（☎097-471-5286，097-471-5284；Sharia Al Gumhuriya；标单/双/三 LE200/300/400；❄）酒店位于Baby Home服装店所在的建筑顶层，对面是Omar Effendi百货商店。这家旅馆虽然简陋，但房间还算可以，带空调、干净的

不要错过

荷鲁斯神庙的胜利游行

从多柱厅出来，走到神殿东侧，神庙与外墙之间有一条狭窄的通道。这条“胜利通道”是一年一度的胜利节（Festival of Victory）期间表现荷鲁斯和赛特（Seth）战争场景的地方。在整个冲突过程中，赛特以河马的形象出现，小小的身子意味着他没多大危险。

Edfu 伊德富

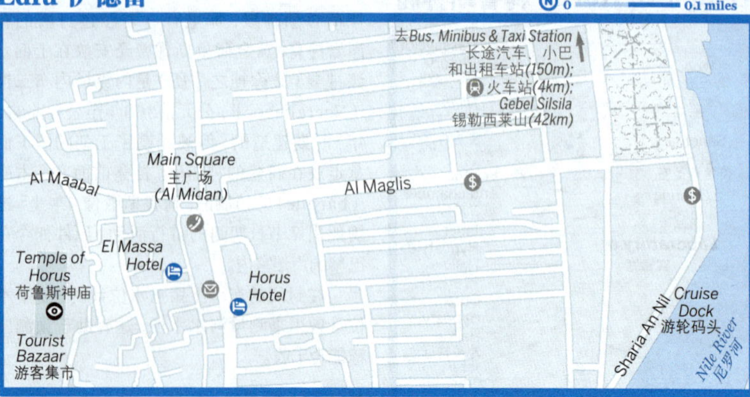

浴室和老式电视机。建议优先考虑El Massa Hotel。

实用信息

Bank Al Ahli Al Masri(Sharia An Nil)有一台自动柜员机。

开罗银行(Banque du Caire; Sharia Al Maglis; ⏲周日至周四 8:30~14:00)有一台自动柜员机。

到达和离开

从卢克索雇一位司机花半天时间去伊德富的花费大约是LE500。

伊德富火车站在尼罗河东岸，距离城区约4公里。全天有多班火车开往卢克索和阿斯旺。要想从火车站去城里，你必须先在火车站乘皮卡车过桥，然后换乘另一辆皮卡车进城，每程都收费50pt。

小巴车站在城区入口处，挨着尼罗河上的桥。从这里有车发往卢克索(LE15, 2小时)、考姆翁布(LE10, 45分钟)、阿斯旺(LE15, 1小时30分钟)和红海边的阿莱姆港(Marsa Alam; LE45, 4~5小时)。在本书写作期间，当局不允许外国游客乘坐往返于卢克索和阿斯旺的小巴(这些车会走更快的高速公路穿越沙漠，而非阿斯旺至卢克索的尼罗河公路)。

当地交通

马车能把乘客从岸边拉到神庙(或返回)，单程LE30~40，但你必须得讲价。

锡勒西莱山(Gebel Silsila)

在**锡勒西莱山**(伊德富以南约42公里处; 成人/学生 LE50/25; ⏲8:00~16:30)，尼罗河变得非常狭窄。河水穿过陡峭的砂岩悬崖，峭壁上保留着凌乱的古代石刻和涂鸦。这里优质采石场的开采工作始于新王国时期。当时的工人们合作砍下石块，石块顺着尼罗河漂到下游的卢克索，然后被用于建造卡纳克神庙和拉美西斯二世神庙等大型建筑。

法老时代的锡勒西莱山被称为Khenu(意即“划船的地方”)，曾是尼罗河祭河仪式的重要中心。每年洪水季来临时，为了保证土地肥沃、庄稼丰收，人们向河里投放祭品。河道变窄，河水被两侧的悬崖挤得高高的，呼啸着流过峡谷，这个景象和声响都令人印象深刻，选择这里作为祭河中心的原因也就不言自明了。这里的峡谷也是埃及基岩开始变化(从石灰岩变成砂岩)的地方。从第18王朝或更早的时候开始，直到罗马时代，这里的**砂岩采石场**一直有几千人在工作。在数百年的时间里，这些采石场是埃及神庙建筑原料的主要供应地。

最吸引人的遗迹在西岸，各个朝代都在那里的岩石上刻下文字和小小的神龛，还留下了大一点儿的神庙。采石场南侧有一根巨大的石柱，被称为“绞盘机”(Capstan)。之所以叫这个名字，是因为当地人相信那里曾经有一条锁链(阿拉伯语中的“silsila”)连接东岸和西岸。附近的三个神龛分别是麦伦普塔赫（Merenptah）、拉美西斯二世和塞提一世（Seti Ⅰ）在新王国时期修建的。再往北，主采石场有清晰的标记和一组精美的私人神庙。几根石柱标志着采石场的北侧边界，包括那根巨大的示撒一世石柱（Stelae of Shoshenq Ⅰ）。在入口附近，有霍伦海布的洞穴神庙（Speos of Horemheb）。

东岸禁止游览，但从西岸一侧看过来，可以感受到法老建筑的规模和辉煌，尤其是那条在山脚开凿出来的巨大通道。

景点

霍伦海布的洞穴神庙 历史遗迹

（Speos of Horemheb；成人/学生 LE50/25，含在锡勒西莱山套票内；⏲8:00~16:30）霍伦海布的洞穴神庙是由新王国时期的法老霍伦海布（公元前1323年至公元前1295年）动工兴建的，但完成工程的是后来拉美西斯时代的官员。这座砂岩凿成的小型神庙供奉着霍伦海布和一些埃及神祇。这些神像就端坐在后墙的神龛中，有阿蒙（Amun）、穆特（Mut）、孔苏（Khonsu）、索贝克（Sobek）、塔沃里特（Taweret）、透特和霍伦海布。

到达和离开

乘坐往来于阿斯旺和伊斯纳之间的三桅小帆船或游艇是前往锡勒西莱山的最佳方式。或者在伊德富包一辆私人出租车，沿通往锡勒西莱的西岸山谷公路也可以到达这里。

考姆翁布（Kom Ombo）

☎097/人口：335,642

考姆翁布周围是肥沃的、经过灌溉的甘蔗地，居民不仅有祖祖辈辈住在这里的农民（fellaheen），也有大批因建造纳赛尔水库失去土地而迁至此地的努比亚人。这是个宜人的小城，位于阿斯旺至卢克索的公路旁边，交通便利。每周四在城郊的铁路附近有大型牲畜市场。现在这里的主要景点是供奉老年荷鲁斯神和鳄鱼神索贝克的河边神庙。这个独一无二的神庙及其附属的鳄鱼博物馆（Crocodile Museum）距离城中心约4公里。

考姆翁布在古代被称为Pa-Sebek（鳄鱼神的土地），名字来自该地区的鳄鱼神。这个城市在托勒密时代很重要，是托勒密六世在位期间上埃及的第一个省，名字也改成了Ombos。同时，它也是埃及和努比亚之间的重要军事基地和贸易中心。黄金在这里交易，但更重要的是，来自埃塞俄比亚的非洲大象也在这里出售。当时塞琉古王国（Seleucid）统治着埃及东边的亚历山大，在与塞琉古王国的长期作战中，托勒密王国需要用非洲大象对抗前者的印度大象。

尼罗河上的拉斯科

20世纪60年代，在位于考姆翁布以北约15公里处的古尔塔（Qurta）地区工作的加拿大考古学家发现了一些遗迹，他们认为是史前岩画，而且肯定是旧石器时代的。但也有一些专家认为这种论断是荒谬的。尘埃落定之后，这个地方被遗忘了。2005年，由比利时布鲁塞尔皇家艺术和历史博物馆（Royal Museum of Art and History）的Dirk Huyge博士带领的一个考古学家小组再次发现了这些岩画。这一次，考古学家们还发现了另外一些被尘土和沉积物盖住的壁画。最近比利时宣布这些岩石艺术来自更新世，至少有15,000年的历史，就年代和风格而言，与法国拉斯科（Lascaux）洞穴的壁画是同一时期的。

这些壁画刻在巨大的努比亚砂岩上，大多数描绘了不同姿势的野牛，但也有自然状态下的瞪羚、鸟、河马和鱼的形象。人类形象都带有夸张的臀部，但此外没有其他的特点了。它们不但代表了在埃及发现的最大、最精美的岩石壁画，同时也将一个具有挑战性的问题摆在了人们面前：埃及和法国远隔千里，为什么两地发现的壁画有如此惊人的相似度呢？拉斯科和古尔塔的古代居民曾经有过某种形式的文化交流吗？

古尔塔的考古工作还在继续，无疑人们还能发掘出更多东西。目前该考古遗迹有卫兵守卫，不对公众开放。

景点

考姆翁布神庙和鳄鱼博物馆 神庙

(Temple of Kom Ombo& Crocodile Museum；成人/学生 LE80/40；8:00~17:00) 考姆翁布神庙是尼罗河谷环境最美的神庙之一，它位于尼罗河一个拐弯处的高地上，古时候神圣的鳄鱼曾在那里的岸边晒太阳。考姆翁布神庙是埃及唯一一座供奉两个神祇的神庙，即当地的鳄鱼神和老年荷鲁斯神(Haroeris，来自har-wer，意思是"年长的荷鲁斯")。

神庙的规划也反映出这一点：沿神庙的中轴线，两边完全对称，有两个一模一样的入口、两个相连的多柱厅(大厅内两侧都有两个神的石刻)和两个神殿。人们认为当时连祭司也有两个。神庙左(西)侧供奉老年荷鲁斯神，右(东)侧供奉鳄鱼神。

曾经使用过的砖石暗示着该神庙的原址上曾有一座中王国时期的神庙，虽然大部分装饰由克里奥佩特拉七世之父托勒密十二世完成，而且主殿是由托勒密六世建造的。神庙位于河边，看起来很壮观，但部分罗马风格的前院和外面的部分被河水侵蚀了。大部分建筑尚存，就布局而言，它与伊德富和丹达拉的两座托勒密神庙非常相似，只不过小一些罢了。

➡ 游览神庙

神庙前院里的浮雕分为两种，对应着两个神。院子中间的**双祭坛**供奉两个神。往里是各有10根柱子的**内多柱厅和外多柱厅**。在外多柱厅内部，左侧是一幅精美的浮雕，描绘托勒密十二世被伊希斯和狮首女神拉艾特塔维(Raettawy)介绍给老年荷鲁斯，透特神在一旁观看的场景。右侧的浮雕表现奈库贝特(上埃及城市卡卜信仰的兀鹫女神)和瓦吉特[Wadjet，下埃及城市布陀(Buto)信仰的蛇女神]为托勒密十二世戴上象征上、下埃及统一的双王冠。

内多柱厅内的浮雕，描绘了老年荷鲁斯交给托勒密八世一件代表胜利之剑的弧形武器的场景。托勒密身后是他的姐姐兼妻子、同时也是共同统治者的克里奥佩特拉二世(Cleopatra Ⅱ)。

从这里开始，三间**前厅**(每间都有两个入口)通往鳄鱼神和老年荷鲁斯神的神殿。两侧的房间现已损毁，过去曾用于储存祭司物品和正式祭祀用的大纸莎草纸伞。神殿的墙壁现在有一两层楼那么高，游客可以清楚地看

Temple of Kom Ombo 考姆翁布神庙

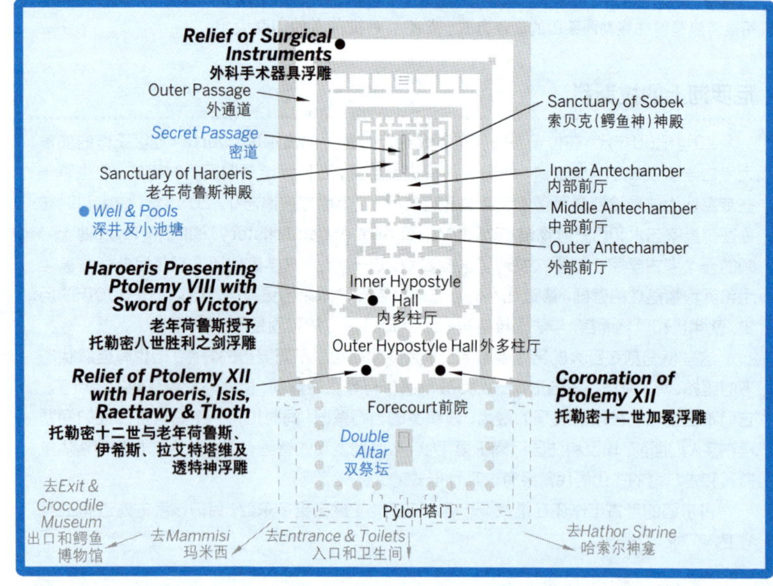

值得一游

达劳

达劳（Daraw）在考姆翁布正南，村里有个很大的骆驼市场，还有一座当地努比亚博物馆。

达劳骆驼市场（Daraw Camel Market；Souq Al Gimaal；⏲周二、周六和周日上午）达劳有埃及最大的骆驼市场之一，这里的骆驼大多是用大卡车拉来的。它们来自苏丹的达尔富尔（Darfur）和科尔多凡（Kordofan），沿着Darb Al Arba'een（Forty Days Rd）走到阿布·辛拜勒（Abu Simbel）正北后，再装车运到达劳。这里风景如画，还能看到迷人的骆驼交易，有时候聚集在这里的骆驼多达2000多头。

每天这里都有骆驼被卖掉，但周二、周六和周日的骆驼市场规模最大。这些骆驼在达劳停留两天，检疫后被苏丹主人出售。其中大多数骆驼被运到位于开罗西北方向约35公里处的比尔加什骆驼市场，它们在那里被卖给埃及农夫、出口到邻国或者被杀了吃肉。这是一个不宜矫情的场所。

Hosh Al Kenzi（Kenzian House；☎012-8395-4911；Sharia AlKunuz；Daraw；欢迎捐赠；⏲8:00至正午）这座小型努比亚博物馆位于Dar Rasoul清真寺对面，1912年由现在居民的祖父Haj Mohammed Eid Mohammed Hassanein修建。该博物馆的建筑为传统努比亚风格，值得一看。装饰物件大多来自棕榈树制品。隔壁的作坊用椰枣核、棕榈叶片或各种植物的种子制作努比亚民居使用的珠帘。

到那条密道——祭司们藏在那里，假充神的声音来回应信徒们的祈求。

外通道围绕神庙四壁一周，这种设计很不寻常。站在这里看，神庙后墙的左（北）侧角落令人摸不着头脑，那里堆放的物品经常被形容为“外科手术器具”。其实它们可能只不过是神庙日常宗教仪式中用到的饰物罢了，不过这座神庙的确曾经是治病的地方，角色与古代的医院非常接近。

在托勒密风格的门廊附近，神庙的东南角，有个供奉哈索尔的小神龛。西南角有个**小玛米西**。往北走，你将看到一口为神庙供水的深井。旁边的小池塘里喂养着索贝克的圣兽：鳄鱼。

从神庙沿着路往外走，来到新开的**鳄鱼博物馆**。馆内有木乃伊鳄鱼和古代石刻，照明良好，讲解清晰，值得一看。博物馆里有空调，而且不透阳光，天气热的时候可以进来避暑。

食宿

考姆翁布没有什么值得住宿的地方，这里离阿斯旺太近了，开办面向游客的旅馆挣不到钱。

Cafeteria Kom Ombo 自助餐厅 $

（⏲8:00~16:00）这个带大花园的自助餐厅在神庙和尼罗河之间，供应冷饮和小吃。逛累了神庙，可以来这里恢复体力。

到达和离开

参加团队游或者包一辆私人出租车是游览考姆翁布神庙最方便的方式。雇一个司机从卢克索出发，花一天时间游览伊德富和考姆翁布，车费为LE900~1200。不回卢克索而继续前往阿斯旺，车费也是LE900~1200。从阿斯旺出发的私人出租车收费LE400~500。

可以选乘火车，但火车站距离神庙3.5公里（这段路得坐出租车）。

在本书写作期间，外国人不允乘坐小巴车前往阿斯旺（LE25）。

当地交通

从城中心前往神庙的方法是：先搭乘皮卡车（LE1）到达位于神庙以北约800米处的尼罗河船只码头，然后走过去。前往船只码头的皮卡车从小巴车站出发。乘坐私人出租车在城区和神庙之间往返的费用应为LE35~40。

阿斯旺（ASWAN）

☎097/人口：312,000

第一瀑布的北端是古埃及的南部边境，

指甲花文身

指甲花是一种天然染料，颜色提取自Lawsonia inermis灌木的叶子，这种灌木在埃及南部已经生长了几千年——法老木乃伊的指甲上也发现过这种植物染料。

与祖先一样，努比亚妇女用指甲花粉染发，并在婚礼前用它在手和脚上画图案。精美的棕红色图案在皮肤上可以停留两周左右，然后就逐渐褪色了。

在象岛的某些努比亚村庄、阿斯旺西岸地区或集市上，会有人主动为女性游客做指甲花手绘（也可以画在足部或腰腹部，每个文身图案LE50起）。这看上去不仅很美，而且你将有机会与努比亚妇女共处。先看清楚做手绘的人是谁：虽说这是妇女的工作，但好色之徒会把这作为"揩油"的好机会。

与传统的红色指甲花文身相比，外国人通常更喜欢黑色，但要小心：黑色实际上是天然指甲花染料加入毒性剧烈的染发剂PPD混合而成的，PPD可是欧洲禁止使用的。一定不要抹黑色指甲花染料，通过网站www.hennapage.com了解这种染料可能导致的伤害：轻者有过敏反应，重者会遭到化学灼伤，有时甚至有生命危险。

因此阿斯旺自古以来就具有重要的战略地位。古时候，阿斯旺是对抗努比亚的驻军城市，这里的采石场为许多雕塑和方尖碑提供了花岗岩。

这里景点众多，但是不适合走马观花地游览。这里的河面很宽，河水来自纳赛尔水库，流过壮观的黑色花岗岩山丘和棕榈树成林的小岛，水流和缓，景色优美。安静而多彩的努比亚村庄紧邻河边，背后是河西岸的沙漠悬崖。

塞赫于岛（Seheyl）和西塞赫于村（Gharb Seheyl）位于老阿斯旺水坝的北面，那里拥有各种气氛悠闲的客栈，你还有机会在河里游个泳。这里很适合住几天，可以一扫旅行与神庙观光产生的疲惫。

白天温暖干燥的冬季是游览阿斯旺的最佳季节。夏季气温高达38~45℃，白天太热了，除了坐着扇扇子、打苍蝇或者在游泳池里游泳之外，什么也做不了。

景点

由于历史悠久，阿斯旺的景点很多，但是相比埃及其他地方，参观起来更为悠闲，可以多花点时间看看美丽的尼罗河日落，逛逛异国情调的集市（开罗以外最好的集市之一），或者感受努比亚人的温和善良。旅游团大多直奔位于菲莱的伊希斯神庙，沿途还要看未完工的方尖碑和水坝，不过人迹罕至的象岛上的古阿布遗址以及精巧的植物园和努比亚博物馆（Nubia Museum）也很迷人。

阿斯旺的景点很分散，大多在城南和城西。集市在城区正中间，与尼罗河平行。努比亚博物馆离城区很近，步行即可前往，但去其他景点需要乘车。要去岛上或西岸的景点，得坐船走一小段水路。

城区和东岸

水滨路

水边

（Corniche；见249页地图）沿着水滨路散步，欣赏河对岸岛屿和沙漠上的日落，是阿斯旺最受欢迎的休闲活动。如果坐在河边咖啡馆的露台上，视野可能会被游轮挡住，但有计划未来让游轮全都停靠在城区北部的码头（尚未完工）。目前观看日落的最佳地点是Sofitel Old Cataract Hotel & Spa（见257页）的露台或者餐馆Sunset（见259页）。

苏克大街

市场

（Sharia As Souq；见249页地图）苏克大街以城区南端为起点，看起来跟埃及各地的游客市场没什么区别，只不过这里的摊贩不像其他市场的摊贩那样，不停地游说游客购买围巾、香水、香料和做工粗糙的法老雕像。进来逛一逛，你会发现很多异国情调的元素。摊贩们出售表示好运的努比亚护身符、五颜六色的努比亚篮筐和无边圆帽、苏丹剑、非洲面具以及巨大的鳄鱼和沙漠动物标本。

阿斯旺还以出产优质花生富尔（fuul sudani）、指甲花粉（质量参差不齐）和干花

Central Aswan 阿斯旺市中心

景点

1 水滨路 A7
2 苏克大街 B2

住宿

3 Happi Hotel A5
4 Hathor Hotel A5
5 Keylany Hotel B6
6 Marhaba Palace Hotel B2
7 Nuba Nile Hotel B1
8 Philae Hotel A6

就餐

9 Abeer B2
10 Al Madina B3
11 Al Makka B2
12 Chef Khalil B2
13 El Tahrer Pizza B2
14 Koshary As Safwa B2
15 Marwan B2
16 Salah Ad Din A6

饮品和夜生活

17 Espresso Cafe A7

娱乐

18 文化宫 A4

购物

19 努比亚旅游书中心 B2

(用于制作深受喜爱的当地饮料karkadai)而闻名。

这里的节奏非常缓慢,下午尤甚。空气中飘浮着淡淡的檀香木味,而且古意盎然,让人充分体会到阿斯旺就是通往非洲的门户。

★ 努比亚博物馆 博物馆

(Nubia Museum; 见252页地图; Sharia Al Fanadeq; 成人/学生 LE100/50; ⏲冬季 9:00~13:00和16:00~21:00, 夏季 18:00~22:00) 这座博物馆在Basma Hotel对面,展示努比亚的历史、艺术和文化,因为很少有游客来,所以清静凉快。这座博物馆是1997年在联合国教科文组织的协助下修建的,以纪念那些被纳赛尔水库淹没的村庄。展品摆放在宽敞的大厅里,布置得宜,清晰的讲解文字带你了解从公元前4500年到现在的历史。

展览以史前文物开始，展品来自库施（Kush）和麦罗埃（Meroe）王国。科普特和伊斯兰展品旁边是关于联合国教科文组织计划的介绍：阿斯旺大坝建成后，在纳赛尔水库水位上涨之前把重要的努比亚历史遗迹挪走。

博物馆的亮点包括有6000年历史的彩绘陶碗和一尊第25王朝的石英岩雕像——底比斯的阿蒙神祭司，面部呈现典型的库施人（上努比亚人）特征。来自巴拉那时期（Ballana，公元前7世纪至公元前5世纪）的巨大战马盔甲展现了该时期工匠的精湛手艺。另一个展览追溯了尼罗河沿岸的灌溉发展史：从最早控制河水流向，到如今修建阿斯旺水坝的技术。努比亚民居模型内摆放着老家具和戴着传统银饰的假人，试图让参观者了解现代努比亚人的民族文化。

★未完工的方尖碑 考古遗址

（Unfinished Obelisk；见252页地图；Sharia Al Haddadeen；成人/学生 LE60/30；⏲8:00~17:00）阿斯旺出产古埃及最好的花岗岩，这种石材被用来建造石像以及建神庙、金字塔和方尖碑。这块巨大的未完工的方尖碑位于北采石场（Northern Quarries），虽然人们尚不完全清楚神庙的制造过程，但这里依然提供了不少有价值的见解。碑体的四面中有三面（每一面接近42米高）已经打磨完毕，只欠缺文字。这块重达1168吨的方尖碑本该是埃及有史以来最重的单体石块。

在加工结束时，岩石上出现了瑕疵，它就被扔在这里了。石块的第四面还附着在母岩上。

采石场入口处的台阶通往放置方尖碑的大坑，入口那里有表示海豚和火烈鸟或鸵鸟的象形文字，应该是当年的采石场工人画的。北采石场离镇子1.5公里远，就在法蒂玛墓地对面。乘坐小巴，可以在距离这里几分钟步行路程的地方下车。乘坐私人出租车收费LE20~25。

尼罗河里的鳄鱼

尼罗河曾经是鳄鱼的代名词，与河同名的那种大型鳄鱼尤其出名。尼罗鳄是全世界体型第二大的爬行动物，成年鳄可以长到4~4.5米长，有些甚至长达6米。通常认为阿斯旺水坝以北没有尼罗鳄。真是这样吗？埃及环境事务局鳄鱼管理处可不这么认为。

阿斯旺的尼罗河段有一只赫赫有名的成年鳄鱼，其他的来自阿斯旺的餐馆和住家——它们小时候被当作宠物豢养。但你要知道，就算是小鳄鱼也能一口咬掉你的手指。此外，纳赛尔水库还有多达2万只鳄鱼。你以为湖水安全，可以游泳，其实……

法蒂玛墓地（Fatimid Cemetery） 墓地

这里除了有现代墓地之外，还有若干泥砖拱顶墓穴遗迹，其中一些建于法蒂玛时代（9世纪）。拱顶建在中空如桶状的基座上，四角像兽角一样向外突出，这是埃及南部特有的风格。用旗子装饰的墓地是当地圣人的长眠之地，你或许能看到阿斯旺人一边向圣人祈祷一边围着墓地绕圈。

阿斯旺当局将法蒂玛墓地围了起来。沿着前往机场的公路走，从水滨路路口走到墓地大门需要10分钟，径直穿过墓地就是通往未完工方尖碑的路——看准方向，走向面朝墓地背后的四层楼建筑就行。墓地看守人经常陪着游客一起参观，向游客介绍保存最完好的墓地，听完之后游客应该给他几埃及镑作为小费（baksheesh）。

河上

象岛（Elephantine Island） 岛屿

象岛的南端是阿布遗址所在地。“elephantine”这个词是古埃及语，既指“大象”，也指“象牙”，可见该岛曾在象牙贸易中扮演过重要角色。岛上的努比亚村庄**Siou**和**Koti**与河对岸繁忙的城市形成了鲜明的对比。

这里位于阿斯旺中心对面，在尼罗河上第一瀑布正北。近来岛上大兴土木，改变了岛上原有的自然风貌。但总体而言象岛仍十分安静，富有田园气息。

第1王朝（公元前3000年左右）初期，岛上修建了一个要塞，以此标明埃及的南部边境。阿布很快就成为重要的海关检查站和贸易中心。作为军队和商队前往努比亚和埃及南部的出发点，阿布在整个法老时期都具有战略重要性。第6王朝（公元前2345年至公元前2181年）时期，阿布成为政治和经济中心，虽然几经兴衰，但在希腊-罗马时代来临之前，象岛一直是个重要的地方。

象岛上不仅有繁华的村庄，它也是羊头神赫努姆（最初是洪水之神，从第18王朝开始变为用陶工旋盘造人的造物神）、其妻萨泰特（Satet，南部边境的守护神）及其女儿Anket的主要祭祀中心。每年，尼罗河洪水最先冲到象岛。随着时间的流逝，岛上的宗教建筑越来越多，民居要么迁到岛北端，要么搬到河东岸。神庙之城阿布在4世纪达到辉煌的顶点，当时基督教已经成为钦定的罗马宗教。从那时起，对古代神祇的崇拜逐渐被摈弃，防御工事也搬到了河东岸，即今天的阿斯旺城。

Siou村和Koti村位于岛南部的遗址和度假村Mövenpick Resort之间，Koti村占据了整个岛的北端。一条南北向的小路穿过岛中央，连接两个村落。有美丽绘画的努比亚民居Baaba Dool（见256页）挨着一面隔开Mövenpick Resort和Siou村的墙，对面是奇吉纳岛（Kitchener's Island）。民居的主人Mustapha供应茶水，出售努比亚手工艺品，还能安排当地妇女现场表演的音乐和舞蹈。屋顶露台是观看河西岸日落的最佳地点，因为日落时对面的岛上有大量飞鸟。迷人的动物博物馆（Animalia；见本页）也在村子里。

女性旅行者应该尊重当地传统，穿得体的服装。越来越多的游客喜欢村子里的传统布局，经常租民居住上几天。

★ 阿布遗址 考古遗址

（Ruins of Abu；见252页地图；Elephantine Island；成人/学生 LE35/15；⏲8:00~17:00）令人回味无穷的阿布遗址和阿斯旺博物馆（内部翻修，部分关闭）位于象岛的南端。写有编号的牌子和按原样修复的建筑，展示了该岛从公元前3000年到14世纪的漫长历史。遗址内最大的建筑是部分经过修复的赫努姆神庙（6、12和13号）。这个供奉洪水之神的神庙始建于古王国时期，在使用了1500多年之后，于托勒密时代得到彻底的重建。

其他亮点包括：一个据说是斯尼夫鲁（Sneferu，公元前2613年至公元前2589年；建造胡夫大金字塔的人）修建的第4王朝阶梯金字塔，一个利用凯拉卜舍神庙（Temple of Kalabsha，今大坝正南）的石头建造的托勒密小教堂（15号），一个由哈特谢普苏特（Hatshepsut，公元前1473年至公元前1458年）建造、供奉萨泰特女神的第18王朝神庙，一个埋葬着被认为是赫努姆神化身的圣羊的墓地（11号），以及公元前5世纪的亚拉姆犹太人村庄遗址。

7号**赫努姆神庙水位计**（Nilometer of the Temple of Khnum）在赫努姆神庙南边的栏杆下面。撇开天兆和祭司神谕不谈，在古代只有水位计才能真正"预言"庄稼是否将有好收成。赫努姆水位计建于第26王朝，有石头台阶通往下面测量尼罗河最高水位的水位计。如果这个位于南部边境小城里的水位计记录到高水位，就意味着农作物会丰收，随之而来的就是更多的税收。另一条有刻度的台阶从水位计北侧通往河边。

10号**萨泰特神庙水位计**（Nilometer of the Satet Temple；阿布遗址，象岛）在阿斯旺博物馆附近一棵悬铃木树下的临河位置。它建于托勒密晚期或罗马初期，19世纪时经过维修。台

不要错过

非正式的努比亚博物馆

动物博物馆（Animalia；☎097-231-4152，010-0300-5672；Main St,Siou, Elephantine Island；LE20，含导览游；⏲8:00~19:00）这座博物馆属于努比亚导游Mohamed Sobhi及其家人，小而迷人。这家人把大宅子的一部分当作收藏努比亚传统、动植物和历史相关物品的博物馆。馆内有努比亚特有动物的标本、沉积岩样本和被纳赛尔水库淹没之前的努比亚照片。

这里有家附设的小商店以固定价格出售努比亚工艺品。屋顶露台很可爱，客人可以吃着午餐、喝着饮料俯瞰下面的花园。Mohamed Sobhi为人热情，对努比亚文化和自然了如指掌，他还带客人参观象岛，或是组织清晨**观鸟游**（见255页）。他的女儿Fatma也是个优秀的向导，会说英文。

Aswan 阿斯旺

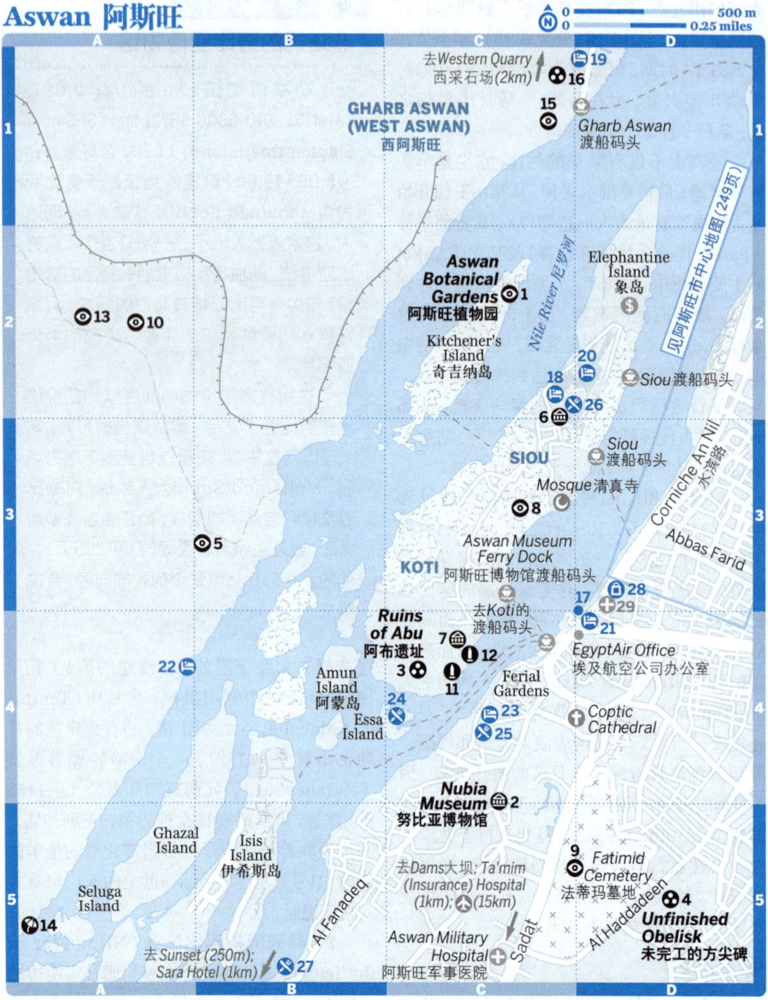

去Western Quarry 西采石场(2km)
GHARB ASWAN (WEST ASWAN) 西阿斯旺
Gharb Aswan 渡船码头
Aswan Botanical Gardens 阿斯旺植物园
Kitchener's Island 奇吉纳岛
Nile River 尼罗河
Elephantine Island 象岛
见阿斯旺市中心地图(249页)
Siou 渡船码头
SIOU
Mosque 清真寺
Corniche An Nil 水滨路
Abbas Farid
Aswan Museum Ferry Dock 阿斯旺博物馆渡船码头
KOTI
去Koti的渡船码头
Ruins of Abu 阿布遗址
EgyptAir Office 埃及航空公司办公室
Amun Island 阿蒙岛
Essa Island
Ferial Gardens
Coptic Cathedral
Nubia Museum 努比亚博物馆
Ghazal Island
Isis Island 伊希斯岛
Seluga Island
去Dams大坝; Ta'mim (Insurance) Hospital (1km); (15km)
Fatimid Cemetery 法蒂玛墓地
Unfinished Obelisk 未完工的方尖碑
Al Fanadeq
Al Haddadeen
Sadat
Aswan Military Hospital 阿斯旺军事医院
去Sunset (250m); Sara Hotel (1km)
500 m
0.25 miles

阶上方有屋檐，墙上的小洞曾经可能是放油灯的地方。往下走向河边的时候，如果你仔细看，能看到刻在左边墙上的罗马地方长官的名字。

★ 阿斯旺博物馆　　博物馆

（Aswan Museum；见本页地图；Elephantine Island；成人/学生 LE70/35；⏲8:00~17:00）当代修建的副楼如今已经重新对外开放，内有从前王朝到罗马时代末期的各种展品，包括武器、陶瓷、器具、塑像、放在盒子里的木乃伊和石棺，这些展品都是在象岛出土的。每件文物都放在单独的玻璃柜子里，每件都展示了古代岛上居民生活的某个方面。

阿斯旺博物馆的主体部分位于威廉·威尔科克斯（William Willcocks，老阿斯旺水坝的建筑师）爵士的别墅内。这栋别墅建于1898年，1912年成为博物馆，收藏来自阿斯旺和努比亚的文物。虽然大多数从神庙（被纳赛尔水库淹没）中抢救的努比亚文物安置在努比亚博物馆（见249页）中，但阿斯旺博物馆内也收藏了一些，这些文物都有英文和阿拉伯文标签。主入口右侧有个单独的房间，里面

Aswan 阿斯旺

重要景点

1 阿斯旺植物园 C2
2 努比亚博物馆 C4
3 阿布遗址 C4
4 未完工的方尖碑 D5

景点

5 阿迦汗王陵 B3
6 动物博物馆 C2
7 阿斯旺博物馆 C4
8 象岛 C3
9 法蒂玛墓地 C5
10 圣西门修道院 A2
11 赫努姆神庙水位计 C4
12 萨泰特神庙水位计 C4
13 Qubbet Al Hawa A2
14 游泳沙滩 A5
15 贵族墓 C1
16 西采石场 C1

活动、课程和团队游

17 Galal D3
Mohamed Sobhi （见6）

住宿

18 Baaba Dool C2
19 Bet El Kerem D1
20 Mövenpick Resort Aswan D2
21 Nile Hotel D4
22 Nubian Beach Hotel A4
23 Sofitel Old Cataract Hotel & Spa C4

就餐

1902 Restaurant （见23）
24 Ad Dukka C4
25 Kebabgy C4
Nubian Beach （见22）
26 Panorama Restaurant & Bar C2
27 Sunset B5

购物

28 Hanafi Bazaar D3

实用信息

29 Evangelical Mission Hospital D3
护照办事处 （见28）

摆放着一只圣羊的木乃伊和石棺。公羊是与赫努姆神有关的动物。

★ 阿斯旺植物园 花园

（Aswan Botanical Gardens；见252页地图；Kitchener's Island；LE30；⏲8:00~18:00）19世纪90年代，位于象岛西侧的奇吉纳岛（Kitchener's Island）被交给时任埃及军队司令的霍雷肖·奇吉纳勋爵（Lord Horatio Kitchener）。为了满足自己种植花草的爱好，奇吉纳从远东、印度和部分非洲国家进口植物，整个小岛被打造成迷人的阿斯旺植物园。

占地6.8公顷的植物园内有数百种植物，鸟语花香。虽然不似从前那般花团锦簇，但高大的树木依然很美，尤其是在日落前光线比较柔和、空气中飘散着檀香木气味的时候。不要在周五来，因为许多当地人会带着家眷和立体声音响来这里野餐。不过你可以等傍晚再来，这时候几乎没什么人。

这个岛是三桅小帆船团队游的游览景点之一。或者，你可以先乘坐开往象岛（北向）的渡船，然后步行穿过村庄走到岛的另一边，岛西岸有几艘三桅小帆船等着载客人前往对面的花园。往返最少也得LE50~60。

西岸

参加三桅小帆船团队游是游览西岸最简单的方法。乘坐渡船从象岛前往圣西门修道院（Monastery of St Simeon）码头的走法比较远。

阿斯旺城区扩张的脚步越来越快，因此Gharb Aswan这座位于贵族墓（Tombs of the Nobles）正北的努比亚村庄不再那么死气沉沉。不过，这座村庄仍不失为一个安静的地方。到了晚上，渡船码头附近的集市关门，村里格外宜人。要去贵族墓或者Gharb Aswan努比亚村，可以乘坐从河东岸火车站对面码头出发的公共渡船。若想绕远，可以从阿斯旺以北的桥上沿着沙漠公路前往Gharb Aswan。

阿迦汗王陵 墓地

（Aga Khan Mausoleum；⏲不对公众开放）优雅的阿迦汗王陵属于伊斯玛仪派第48位伊玛目（imam，意为领袖）。在阿迦汗传奇的一生中，他对印巴分治和巴基斯坦独立的影响重大，他也是好莱坞明星丽塔·海华丝（Rita

Hayworth）的公公。阿迦汗喜欢在阿斯旺过冬，他去世后于1957年葬在这里。

阿迦汗的第四任妻子，人称“哈比贝夫人”（Begum Om Habibeh）的法国女子Yvonne Labrousse于2000年逝世，也被葬在这里，这位夫人以慈善事业而闻名，旨在促进阿斯旺卫生保健的哈比贝基金至今仍在运作。

圣西门修道院 修道院

（Monastery of St Simeon；见252页地图；Deir Amba Samaan；West Bank；成人/学生 LE40/20；⌚8:00~16:00）7世纪的圣西门修道院就像一座城堡，起初供奉在自己婚礼当天与世界告别的本地圣人Anba Hedra。10世纪重修后改为供奉圣西门。僧侣们怀着劝努比亚人改信基督教的愿望，从这里步行前往努比亚。到这里来的方法是：乘坐私人船只过尼罗河，然后沿沙漠小路（基本上是马路）步行或骑骆驼。

这个被沙漠包围的修道院有两层，下层为石头建造，上层为泥砖建造，修道院外面的围墙高达10米。鼎盛时期修道院内可能生活着多达1000名僧侣，在1173年部分建筑被萨拉丁（Saladin，即Salah Ad Din）军队毁坏。大厅内依稀可见壁画。小隔间里摆放着僧侣们的床。右侧最后一个房间内有去麦加朝觐时在这里过夜的穆斯林留下的涂鸦。

到这里来的另一种走法是，乘坐开往贵族墓的渡船，再骑骆驼或驴子前来。记得带水。

贵族墓 墓地

（Tombs of the Nobles；见252页地图；西岸；成人/学生 LE60/30；⌚8:00~16:00）在奇吉纳岛正北、阿斯旺对面的高高峭壁上，有埋葬着总督、南部边防守将和象岛其他古代达官显贵的蜂窝状墓群。这个被称为“贵族墓”的墓群仍在挖掘，2014年和2017年均出土了重要的文物。目前有6座有装饰品的墓地对公众开放。

贵族墓始建于古王国和中王国时期，大多数墓地规划简单：一个门厅、一个柱子支撑的房间和一条通往墓室的走廊。渡船码头那里有一道台阶向上通往墓群。

父子两代总督**Mekhu**和**Sabni**的墓紧挨着（墓地25和26号），建于第6王朝法老佩皮二世（Pepi Ⅱ，公元前2278至公元前2184年）在位期间。Sabni墓的浮雕记录了Sabni为报复努比亚人在战争中杀死他的父亲，从而率领军队进入努比亚并抢回父亲遗体的场景。返回的途中，佩皮二世把自己的御用尸体防腐者和专业的哭灵者派来，以示重视南部边境的守卫者Sabni。Sabni墓里的几个浮雕还保留着原有的颜色，柱子支撑的大厅里还有几幅描绘Sabni与女儿们狩猎和钓鱼的可爱壁画。

萨恩普特（Sarenput）是第12王朝法老阿蒙涅姆赫特二世（Amenemhat Ⅱ，公元前1922年至公元前1878年）时期的当地总督以及萨泰特和赫努姆祭司的监督者。**萨恩普特二世墓**（31号）是贵族墓中最美丽、保存最完好的墓地之一，颜色依然明艳生动。6根柱子支撑的门厅与一条走廊相连，走廊上的6个壁龛里各有一座萨恩普特雕像。墓室有4根柱子和一个带壁画的壁龛。画面展示萨恩普特与妻子（右侧）和母亲（左侧）一起狩猎和捕鱼的场景。

哈库夫（Harkhuf）是佩皮二世在位期间南方的总督，**哈库夫墓**（34号）几乎没有任何装饰，只在入口处右侧有讲述他三次远征中非的象形文字。文字中提到佩皮二世当时是一个8岁的男孩，他建议哈库夫照顾好在远征中得到的“舞蹈小矮人”，因为这位年仅8岁的法老希望能在孟菲斯见到小矮人。“殿下热切地盼望见到这个小矮人，更甚于期待来自西奈或庞特的礼物”，哈库夫如是写到。仔细看，在那些象形文字里，表示小矮人的字符出现数次。

又名Pepinakht的赫凯普（Hekaib）是佩皮二世统治期间监视外国士兵的人。他曾受命镇压努比亚人和巴勒斯坦人的叛乱，死后甚至被奉为神，因此象岛上会有建于中王国时期（公元前1900年左右）的赫凯普小神龛。**赫凯普墓**（35号）内的精美浮雕刻画的是斗牛和狩猎的场面。

萨恩普特一世是萨恩普特二世的祖父，在第12王朝法老塞索斯特里斯一世（Sesostris Ⅰ，公元前1965至公元前1920年）统治期间任总督。**萨恩普特一世墓**（36号）仅存6根有浮雕的柱子。入口的每一边都有壁画，壁画描绘的是萨恩普特身后跟着狗、穿凉鞋的

不要错过

在阿斯旺观鸟

一直以来，阿斯旺都吸引着想看候鸟群的观鸟者。但在清晨的尼罗河一边听着古埃及历史和努比亚传统的介绍，一边看着鸟群展翅飞过河上的小岛，这种景象不仅吸引专家，也吸引普通游客。

Mohamed Arabi（☎012-2324-0132；www.touregypt.net/featurestories/aswanbirding.htm；每人 US$75起）外号"阿斯旺鸟人"（Birdman of Aswan），没有鸟儿能逃过他的眼睛。多年来他一直为珍稀鸟类专家和纪录片拍摄者担任向导，但也乐于带领业余人士。直接给他打电话就行。他驾驶小快艇穿过岛屿之间的海峡，沿途指出植物、太阳鸟、戴胜、草鹭、白翅黄池鹭、绿鹭、夜鹭、斑翠鸟、小白鹭、牛背鹭、红脚鹬和许多其他鸟类。

Mohamed Sobhi（☎097-231-4152, 010-0545-6420；每人 US$30；最少2人）是动物博物馆（见251页）的开办者，可以带领珍稀鸟类专家和其他人士乘坐摩托艇沿尼罗河领略自然风光。他对这些鸟类以及它们在古埃及时期的重要意义了如指掌。

人、戴花的小妾、妻子和3个儿子的画面。

Qubbet Al Hawa 墓地

（见252页地图；⏲8:00~17:00）这个带拱顶的小墓在贵族墓上方的山顶，墓主人是当地的一位酋长或圣人。上山的路很陡，但到达山顶后能看到惊人的尼罗河和周边地区的美景，累也值得。

西采石场 考古遗址

（Western Quarry；见252页地图）孤零零的古代西采石场位于贵族墓西侧的沙漠中，曾是许多古代建筑（没准儿也有门农巨像）的原料产地。为塞提一世（公元前1294年至公元前1279年）建造的未完工的方尖碑在被废弃之前已经有三面被打磨装饰完毕。

采石场在方尖碑附近，标识清晰可见，通往那里的小路曾经是大石块运送至尼罗河的必经之路。

在船只码头骑骆驼来这里，单程30分钟，再怎么讲价也至少得花LE150。带足水，小心蛇。

活动

三桅小帆船

阿斯旺的尼罗河段看起来迷幻而神奇，美不胜收。日落前租一艘三桅小帆船，听船帆被风拉扯、合着独木舟上努比亚男孩的歌声，航行在岛屿、沙漠和巨大的黑色山丘之间，真是再惬意不过了。游轮都停泊在城区的日子里，还有上百艘三桅小帆船在小岛之间穿梭，此时正是乘三桅小帆船前往远处塞赫于岛（Seheyl Island）的好时机。

Galal 划船

（☎012-2415-4902）Galal为人可靠，总是在埃及航空公司办公室对面的渡船码头上出没。乘坐他家的三桅小帆船价格固定（每船每小时LE65，摩托艇LE125），而且不会受到骚扰。Galal住在塞赫于岛，可以安排游览塞赫于岛并在船上吃午饭（LE75），还可以带你去一个安全的海滩游泳。他客栈里的客房不错。

纳赛尔水库一日游

纳赛尔水库通常是从阿斯旺水坝最高处或多日游轮旅程上匆匆一瞥的景色，但是来这里一日游是非常值得的。African Angler（见270页）有小船，组织带钓鱼导游的钓鱼一日游和小型湖上/湖岸野生动物生态游。行程都在白天，还可以去酒店接你。报价含钓鱼竿和午餐，人数越多价格越便宜。

游泳

阿斯旺气候炎热，要想避暑，除了躲在空调房间里之外，只能去游泳了。不要像当地的孩子们那样跳进尼罗河戏水。死水里可能有血吸虫（淡水血吸虫会引起肠道和膀胱感染）。船家知道哪里有流动性足够好（但又不至于汹涌）的水流，可以安全地游泳。Seluga岛对面西岸上的河滩就是一个这样的地方，要去那里可能得租辆摩托艇。

一些旅馆的游泳池对大众开放，特别是在游泳池利用率不高的时候，开放时间通常为9:00至日落。位于象岛上的Mövenpick Resort Aswan（见258页）向使用游泳池的非住店客人收取LE180。

团队游

小旅馆和旅行社能安排该地区主要景点的一日游。半天的导览游通常包含菲莱的伊希斯神庙、未完工的方尖碑和大坝，报价（3~5人团）每人LE400起，含行程内所有景点的门票。有些经济型旅馆组织的团队游价格比较便宜，但导游都是没有资质的。旅行社也能安排前往象岛和奇吉纳岛的三桅小帆船游览，但直接找船家价格更便宜。

阿斯旺所有的旅行社和大多数旅馆都组织前往阿布·辛拜勒的游览，但要注意不同地方的报价悬殊，还要看清楚大巴是否舒适、有空调。Thomas Cook收费每人约LE1000，含有空调的小巴、门票和导游费用。收费LE1400的是乘飞机游览，报价包含车辆交通、门票和导游费用。相比之下，经济型旅馆组织的团队游提供比较小的客车，每人收取LE500~600，但通常不含景点门票或导游。

住宿

来阿斯旺旅游的游客大多住在游轮上，因此几乎没有人投资盖旅馆，但这种情况正在发生改变。

帮旅馆拉客的人在火车站出没，试图让疲惫不堪的旅行者相信，自己预订的旅馆已经关门了。这样拉客的人就可以带他们去另外的旅馆，从而赚取回扣。不要理睬这些人，因为回扣都出自你交的房钱。

根据季节，房价差别很悬殊：10月至次年4月都算旺季，12月至次年1月房价最高。

Baaba Dool
客栈 $

（见252页地图；☎010-0497-2608；Siou, ElephantineIsland；房间 带公共浴室 每人€14）这个地方适合住几天放松一下。美丽的泥砖建筑里的房间内绘有努比亚风格的图案，并且装饰着鲜艳的毯子和当地工艺品，从客房的窗户能俯瞰尼罗河和植物园。客栈非常简陋，但很干净，热水淋浴公用。老板Mustapha可以安排三餐。需要预订。

Nuba Nile Hotel
酒店 $

（见249页地图；☎011-4291-2224, 010-0242-2864；www.nubanilehotel.com；Sharia Abtal At Tahrir；标单/双/三/四 LE200/230/280/310；❄@📶🏊）虽然自封三星级这一行为也就图个乐，但这家友好的家庭经营的酒店永远都挤满了前来度假的埃及人，并且是阿斯旺最可靠的经济型住处之一，它位置便利，就在火车站北侧。大厅采光不好，但是客房内敞亮又干净。决定入住之前先看看房间，因为每间房的水准可能相差甚远。

Hathor Hotel
酒店 $

（见249页地图；☎097-244-6180；Corniche An Nil；❄📶🏊）这里的客房大小合适，没有花哨的装潢，稍显老旧，但都很干净，并配有空调，适合精打细算的旅行者。屋顶露台有个小游泳池，能看到尼罗河景色。

★ Philae Hotel
酒店 $$

（见249页地图；☎011-1901-1995, 097-246-5090；philaehotel@gmail.com；Corniche An Nil；标单/双/三/套 尼罗河景 US$70/80/105/120，标单/双/三 城市风景 US$60/70/90；❄📶）Philae Hotel是城里最好的中档酒店。房间风格现代且简约，装饰着印有阿拉伯书法的纺织品，配备款式优雅的当地产家具。附设的餐厅以有机素食为主，原料来自酒店的花园，饭菜物美价廉（主菜LE75~90）。现在人气很旺，因此你得提前订房。

★ Happi Hotel
酒店 $$

（见249页地图；☎010-0003-6522, 097-245-5032；ali.taher.rizk@gmail.com；10 Sharia Abtal At Tahrir；标单/双/三 US$30/45/55，标单/双 尼罗河景 US$40/60；❄@📶）阿斯旺就缺Happi这种酒店，这里运营有方，干净舒适，位置便利，只是个性稍有不足。这里的65间客房均配有电视、空调、迷你水吧和无线网，酒店内还有24小时营业的自助餐厅。高级房型要精致不少。管理人员待人友善。

Bet El Kerem
客栈 $$

（见252页地图；☎012-391-1052, 012-384-

2218; www.betelkerem.com; Gharb Aswan, West Bank; 标单/双/家 €35/45/50, 标单/双 带公共浴室 €30/40; P❄📶)这家现代化的客栈位于尼罗河西岸高处，下面是沙漠和贵族墓，客房安静舒适，一尘不染，公用浴室特别干净。能俯瞰尼罗河和努比亚村庄的屋顶露台很有名，员工热情友好，为自己是努比亚人而骄傲。

提前打电话，老板Shaaban会去接你，或者告诉你怎么过来。餐厅供应美味三餐（早餐€5，午餐€7，晚餐€10）。

Marhaba Palace Hotel 酒店 $$

（见249页地图；☎097-233-0102; www.marhabapalacehotel.omyhotels.club; Corniche An Nil; 标单/双 城市风景 US$35/60，标单/双/三 尼罗河景 US$50/70/100; ❄📶🏊）这家酒店很温馨，房间一尘不染，床铺舒适，浴室“豪华”（就这个酒店的价位而言），还有卫星电视。整体光线明亮，气氛友好，经营有方。酒店位于水滨路一个公园的上方，附设两个餐厅。员工热情，在屋顶露台上可以看到美丽的尼罗河风光。如果可以，尽量选择带阳台的客房。2楼有个泳池。

Nile Hotel 酒店 $$

（见252页地图；☎097-245-0222; www.nilehotel-aswan.net; Corniche An Nil; 标单/双/三 US$35/45/56; ❄@📶）这里房间很大，维护有方，采光优秀，卫生间十分干净。前排的房间可以看到尼罗河美景，是不二之选。

Nubian Beach Hotel 客栈 $$

（见252页地图；☎012-2169-9145; www.facebook.com/pg/Nubian-Beach-hotel-204996879841937; 房间 US$40; ❄📶）这家努比亚风格的客栈十分休闲，客房简单而鲜艳，Nubian House Restaurant（见258页）供应美味的食物，你还可以在附近的尼罗河游泳，或是沿着沙丘滑沙。

Keylany Hotel 酒店 $$

（见249页地图；☎097-231-4074; www.keylanyhotel.com; 25 Sharia Keylany; 标单/双/三 US$23/34/45; ❄📶🏊）这家小酒店过去是经济型价位的，但现在房价涨了，有人觉得性价比不高。优点是员工热情友好、乐于助人，而且早餐丰盛，只是过于紧凑（有些带卫生间的房间只有小人国居民能住）的客房有待维护，配不上这个价格。

在屋顶露台上看不到尼罗河，但有粗麻布遮阳篷和用棕榈叶做成的家具，是个打发时间的好地方。

在阿斯旺租民居

阿斯旺的尼罗河西岸和象岛有大量平房出租，无论长住还是只住一晚，租民宅都是高性价比的选择。只要在象岛上随便走走，就会有人问你是否要租房子。

如果你想提前订房，可以找**Bet El Kerem**租努比亚民居，或者向**动物博物馆**（见251页）的创办者Mohamed Sobhi打听。**Mohamed Arabi**（见255页）有4栋极好的**民居**供出租，在尼罗河西岸占地1.6公顷的花园和果园内。房子是努比亚风格的，装修很有品位，但地上铺的是冰凉的大理石，浴室和起居室很干净。这些房子非常安静，晚饭的原料产自花园，就餐地点是尼罗河边的露台。

★ **Sofitel Old Cataract Hotel & Spa** 历史酒店 $$$

（见252页地图；☎097-231-6000; www.sofitel.com; Sharia Abtal AtTahrir; 房间 US$225起; ❄📶🏊）这座历史悠久的阿斯旺酒店本身就是一道风景，人在其中仿佛回到了阿加莎·克里斯蒂的年代——据说小说《尼罗河上的惨案》（*Death on the Nile*）的一些章节就是她在这家酒店的房间里写的，同名电影里也出现了这家酒店。宏伟的建筑和精心修剪的花园与尼罗河和沙漠相映成趣，非常美丽。

被称为“皇宫楼”（Palace Wing）的酒店老建筑有76间客房，其中超过一半是套房。但改变得最多的是20世纪60年代建造的副楼，即“花园楼”（Garden Wing），该楼的每个房间都能看到尼罗河美景。1902 Restaurant供应尼罗河边最好的美食，而**Kebabgy**（⏲19:00至午夜）和Saraya出售比较简单的食物，但气氛比1902更悠闲。大游泳池面朝尼罗河和象岛上的遗址，占了两层楼的Spa内有健身中心、土耳其浴室、桑拿房和泰式按摩技师。

Mövenpick Resort Aswan 度假村 $$$

（见252页地图；☎097-245-4455；www.movenpick.com；Elephantine Island；标单/双US$120/195起；❄@📶🏊）这家度假村位于象岛北端一个植被茂盛的大花园深处，但高塔很显眼。房间非常舒适，以努比亚风格装饰。游泳池、顶层的餐厅和酒吧都很不错。这里非常适合全家入住。

住店客人可以乘坐连接度假村和城中心的免费渡船。在其网站上订房价格最划算。

就餐

阿斯旺是个慵懒的城市，大多数游客在游轮上吃饭，但城里也有几家安静的餐馆。除酒店之外，几乎没有卖酒的地方，也基本没有店家接受信用卡支付。

Nubian House Restaurant 埃及菜 $

（☎097-221-0125；Sharia Al Fanadek，Nubian Museum以南；主菜 LE30~75；⏲8:00至午夜）在2017年春季翻新之后，如今这里比过去任何时候都光彩照人。这里的努比亚菜十分美味，但是最棒的当属日落下第一瀑布的美景，以及安静祥和的氛围。这里同时提供指甲花颜料文身服务，有时还有努比亚音乐。

不过根据小道消息，隔壁的高楼建成后就会挡住尼罗河的景色。

Ad Dukka 埃及菜 $$

（见252页地图；☎012-2216-2379，097-231-8293；Essa Island；主菜 LE45~110；⏲18:30~22:00）这家努比亚餐馆位于象岛旁边的岛上，在2017年年初被一场大火夷为平地，现已重建。这里一直出售分量十足、摆盘诱人的优质努比亚食物，来吃晚餐感觉很有气氛。餐厅周边环境优美，就在Old Cataract Hotel和阿布遗址对面。

到这里来的方法是：在埃及航空公司办公室对面的码头乘坐免费渡船。

Salah Ad Din 各国风味 $$

（见249页地图；☎097-231-0361；Corniche AnNil；主菜 LE35~90；⏲正午至深夜）最好的尼罗河边餐馆之一，有多层露台和一个开着空调的餐厅。菜单上有埃及、努比亚和国际风味菜肴，单凭这一点就比阿斯旺的大多数餐馆强。服务高效，啤酒是冰镇的。露台上能吸水烟。

Al Makka 埃及菜 $$

（见249页地图；☎097-244-0232；Sharia Abtal At Tahrir；菜肴 LE85~120；⏲正午至次日2:00）爱吃肉的当地人喜欢全家来这里吃饭。美味的新鲜烤肉、科夫塔（kofta，串烤加香料肉丸）和鸽子填饭都很出名。每道主菜都配以面包、沙拉和芝麻酱（tahini）、米饭和炖菜，丰盛极了。带着你的好胃口来吧。

其姊妹餐馆**Al Madina**（见249页地图；☎097-230-5696；Sharia As Souq；主菜 LE48~165；⏲正午至午夜）供应相似的食物。

当地知识

当地美食

苏克大街和Sharia Abtal At Tahrir沿路都有许多小餐馆和咖啡馆。在这些地方，你不仅能感受集市热闹的气氛，还能品尝当地风味。

Marwan（见249页地图；Sharia Abtal At Tahrir；LE2~5；⏲24小时）这个小小的外卖餐馆隐藏在公寓街区内，紧邻火车站广场。阿斯旺人想吃富尔（fuul）和塔米亚（ta'amiyya）的时候都来这里买。

Koshary As Safwa（见249页地图；Sharia Saad Zaghloul；库夏里 LE8~16；⏲10:00至午夜）品尝库夏里（kushari，把面条、米饭、小黑扁豆、鹰嘴豆和炸洋葱拌在一起，再淋上浓稠的番茄酱）的好地方，也外卖面包夹肉（shawarma）和科夫塔。

El Tahrer Pizza（见249页地图；Midan AlMahatta；菜肴 LE35~85；⏲10:00至午夜）这家咖啡馆紧邻火车站前面的集市，总是坐满了客人，低价出售比萨和菲提尔（fiteer，甜味或咸味的薄比萨），也供应茶和水烟。

Nubian Beach 埃及菜 $$

（见252页地图；☎012-2169-9145；West Bank；套餐 每人LE85；⊙正午至午夜）这家努比亚风味的咖啡馆兼餐馆位于尼罗河西岸一个安静的花园内，背后是高高的沙丘，附近有一个很受欢迎的游泳池。如果天气炎热或者晚上太冷，可以在室内就餐，墙上有美丽的绘画。食物简单，但味道好，有时供应啤酒。

这座餐厅目前属于Nubian Beach Hotel，你可以去附近的河滩游泳，或是去沙丘滑沙。

Abeer 埃及菜 $$

（见249页地图；☎011-0086-4739；Sharia Abtal At Tahrir；主菜 LE40~76；⊙正午至午夜）这家热门的埃及餐厅供应各种名菜，包括美味的鸽子填饭，餐厅的走廊内有很多包间。

Sunset 比萨 $$

（见252页地图；☎097-232-8220；Sharia Abtal At Tahrir, Nasr City；菜肴 LE40~90；⊙9:00至次日3:00）日落时如果你去不了Cataract Hotel，就来这家露台咖啡馆兼餐馆欣赏第一瀑布的壮观景色吧。坐在花园内有树荫的大露台上，喝着薄荷茶，或者享用几种烤肉或比萨。天黑后建议乘坐出租车前来。

Chef Khalil 埃及菜 $$

（见249页地图；☎097-231-0142；Sharia AsSouq；菜肴 LE90~180；⊙正午至次日1:00）这家鱼餐馆虽然小，但生意火爆。从火车站往集市方向走几步就到了。鱼来自纳赛尔水库和红海，摆放在冷柜里，客人们可以自己选择，称重计费。烤、煎还是炸全由客人决定，赠送沙拉、米饭或薯条。有时还卖龙虾（LE190）。

★Panorama Restaurant & Bar 各国风味 $$$

（见252页地图；☎097-230-3455；www.movenpick.com；Mövenpick Resort Aswan, Elephantine Island；主菜 LE140~290；⊙正午至23:00）尽管这里位于Mövenpick度假村的丑陋高塔内，却是阿斯旺最好的餐馆之一。食物不错，餐厅装修雅致，服务友善而高效。但真正的卖点在于能看到阿斯旺、尼罗河和沙漠全景，日落时尤为壮观。天黑后餐厅灯火辉煌。

菜肴以北非食物为主，例如开胃菜、砂锅炖菜、烤肉串、红海鱼以及咖喱和一些意大利菜。三道菜的套餐价格为LE350。鸡尾酒和红酒种类也很多。

1902 Restaurant 法国菜 $$$

（见252页地图；☎097-231-6000；www.sofitel.com；Sharia Abtal At Tahrir；主菜 LE200~410；⊙19:00~23:00）改头换面的Old Cataract Hotel有数个高级餐厅，但1902是其中最有情调的，拱顶为摩尔风格。厨师在法国受过烹饪训练，为你献上的菜肴精致优雅，价格昂贵，大多是创新菜。

餐厅常年烹制法国的鸭子、奶酪和红海的鱼，并提供来自世界各地的正宗红酒，红酒价格最高可达每瓶$1000。

餐厅面积很大，员工服务殷勤，客人需要穿正装，就餐体验是开罗以南最好的。

饮品和夜生活

沿着水滨路散步，坐在屋顶露台欣赏月亮升起，或者在尼罗河边的餐馆里喝冰镇饮品，这些是大多数游客晚上必做的事。此外，在Sofitel Old Cataract Hotel & Spa（见257页）的露台望着夕阳享用鸡尾酒也很惬意。

Espresso Cafe 咖啡馆

（见249页地图；Sharia Abtal At Tahrir；⊙7:00至午夜）这是一家热门的传统咖啡馆（尽管店名听起来不像），位于Banque du Caire后面一条安静的小路上，很适合坐下来吸水烟、喝茶打发时间。老板Nouri是努比亚人，待人友善热情。

★娱乐

Mövenpick Resort Aswan（见258页）和其他小型酒店，比如Bet El Kerem（见257页），有时会有努比亚表演。如果运气好，你可能会在周末夜晚受邀参加努比亚婚礼。邀请外国客人参加婚礼被当地人认为是吉利的。不过你也许会被要求为婚礼的乐队和食物支付一定的费用。

文化宫 演出场地

（Palace of Culture；见249页地图；☎097-231-3390；Corniche An Nil）10月至次年2月或

3月，阿斯旺的民间舞蹈团偶尔在**文化宫**表演努比亚泰必舞（tahtib，手持长木棍的舞蹈），演唱描述村庄生活的歌曲。若想知道节目安排，可提前致电询问。

购物

著名的阿斯旺集市苏克大街（见248页）永远是挑选纪念品和工艺品的好地方。但是在本书写作期间，因为旅游行业不景气，很多商店都关门了，没关门的那些也只是卖些便宜货。

努比亚旅游书中心 书籍

（Nubia Tourist Book Centre；见249页地图；Sharia As Souq；⌚9:00~22:00）这个有空调的优质书店在火车站附近，出售大量介绍阿斯旺和埃及的英文书。未完工的方尖碑（见250页）那里的游客市场附近也有一家存书量大的分店。

Hanafi Bazaar 工艺品

（见252页地图；☎097-231-4083；Corniche An Nil；⌚9:00~20:00）城里最古老、最好也最脏的商铺，门脸是仿法老风格的，出售真正的努比亚刀剑、篮筐、护身符、丝绸长衫和来自非洲各地的珠链。店主是随和的Hanafi兄弟俩。

实用信息

危险和麻烦

同埃及其他地方一样，阿斯旺的游客数量也有所下降，因此很多酒店和集市的商店都关门了。过去几年中，阿斯旺相对来说平静了不少。从阿斯旺前往阿布·辛拜勒已经不再有警察护航，但是外国人应该在5:00~17:00出行，而且本地运输公司必须提前一天申请许可。

紧急情况

旅游警察（见249页地图；☎097-244-0442，126；Corniche An Nil）需要翻译的时候首先找旅游警察。

医药服务

阿斯旺军事医院（Aswan Military Hospital；见252页地图；☎097-231-7985，097-231-4739；Sharia Sadat；⌚24小时）城里最好的医院。

Evangelical Mission Hospital（EMH；见252页地图；☎097-245-0166；Corniche An Nil）这家医院已经有超过100年的历史了，在美国归正会的帮助下进行了翻修。如今这家医院被认为是城里最好的医院之一。

现金

水滨路、苏克大街周围和火车站都有自动柜员机和货币兑换处。

Amex Franchise（见252页地图；☎097-230-3455，012-2223-5094；www.amexfranchise.com；Movenpick Hotel，Elephantine Island；⌚9:00~17:00）

埃及银行（Banque Misr；见249页地图；Corniche An Nil；⌚8:00~15:00和17:00~20:00）主楼隔壁有自动柜员机和货币兑换处。

Travel Choice（见249页地图；☎097-230-4011；Corniche An Nil；⌚9:00~20:00）

旅游信息

旅游总局（见249页地图；☎097-231-2811；Midan Al Mahatta；⌚周六至周四 8:00~15:00）这个旅游局几乎没有宣传小册子，但员工能提供时刻表以及出租车和三桅小帆船的建议价格。

延长签证

延长签证在**护照办事处**（见252页地图；☎097-231-2238；1st fl，Police Bldg，Corniche An Nil；⌚周日至周四 8:00~14:00和18:00~20:00）办理，从北边的侧门进入，需要带上两张护照照片以及两份照片页和签证页的复印件。尽管这里有时候办事很快，但最好还是一大早就去，做好等待的准备。

到达和离开

在本书写作期间，前往阿斯旺并不需要警察护送，但是建议外国人搭乘卧铺火车往返于阿斯旺、卢克索和开罗等地，并且提前订票。当局不允许外国人搭乘当地慢车，但是实际上你也可以先上火车，然后在车上买票。

飞机

阿斯旺机场（Aswan Airport；☎097-348-2440）位于镇子西南16公里处。**埃及航空公司**（见252页地图；☎097-245-0001；Corniche An Nil；⌚8:00~21:00）每天有几班航班飞往开罗，在周日至周四，每天都有3班航班飞往阿布·辛拜勒。

船

阿斯旺是尼罗河游轮最热门的起点。这里也最适合安排过夜或多日三桅小帆船之旅。

长途汽车

长途汽车站位于火车站北边3.5公里处，抵离的车均由上埃及长途汽车公司运营。搭乘出租车去车站需要花费LE60，若是从市中心搭乘小巴车，则需要花费LE2。

小巴

小巴从火车站以北3.5公里处的长途汽车站发车。但是游客不能搭乘小巴前往各个城市，否则在检查站，他们会拦下车辆，并让车辆掉头。

火车

每日有10班火车从**阿斯旺火车站**（Aswan Train Station; enr.gov.eg; Midan Al Mahatta）开往开罗，经停卢克索。可以在阿斯旺很有帮助的旅游总局（见260页）提前查好时刻表，因为车次会有调整。

5:00、10:00、15:00、16:35、18:00和21:00发车的车次使用新型列车——VIP一等车，前往卢克索（一等/二等车厢LE100/70）和开罗（LE235/135）。

7:00、16:15、19:45、20:00和22:00发车的车次使用普通的西班牙式列车前往卢克索（一等/二等车厢 LE51/30）和开罗（LE135/70）。

所有列车都会经停达劳（Daraw）、考姆翁布、伊德富和伊斯纳。所有列车都可以使用学生折扣。你应该提前买票，若是上车后补票需要多交一些钱。

Watania Sleeping Train（www.wataniasleepingtrains.com）每天19:00从阿斯旺发车。

抵离苏丹

埃及与苏丹之间的Qustul陆路口岸和Argeen陆路口岸已于2014年重新开放。现在有几家苏丹巴士公司在阿斯旺长途汽车站设有办事处，会途经瓦迪哈拉法（Wadi Halfa; LE280左右）前往喀土穆（LE420左右）。长途汽车于4:00~6:00（周六至周四）发车。他们走哪个口岸似乎完全由司机自行决定，但Qustul口岸似乎是更受欢迎的选择。

前往苏丹的瓦迪哈拉法的渡船（一等/二等舱LE520/380）于每周日和周三发船。需要在**尼罗河谷交通公司**（Nile River Valley Transport Corporation; 见249页地图; ☎097-578-9256, 011-2709-2709, 097-244-0384; ⌚周六至周四 8:00~14:00）提前购票，这里位于旅游警察局后面的拱廊市场内。船程预计18小时。

现在前往瓦迪哈拉法的长途汽车线路已开通，很多旅行者都更喜欢从陆路前往那里。

虽然总的来说渡船直到15:00才发船，但是你10:00就得去码头。

可以搭乘出租车前往码头。

当地交通

抵离机场

乘坐出租车抵离机场需要LE100~150，具体金额取决你的讲价水平。

自行车

阿斯旺不太适合骑车。但是，位于苏克大街尽头的火车站周边有几个出租自行车的地方，日租金大约LE20。**Bet El Kerem**（见256页）可以以每日LE100的价格租到自行车，也组织前往乡村（每人LE100~200）和卢克索（每人€595，共8天）的骑行游览。

渡船

两班公共渡船（LE1）开往象岛，其中一班（见252页地图）从埃及航空公司办公室对面开往**阿斯旺博物馆**（见252页地图），另一班（见249页地图）从Travel Choice办公室（原Thomas Cook）对面开往**Siou**（见252页地图）。还有一班公共渡船（见249页地图）从火车站对面的渡船码头开往

从阿斯旺出发的长途汽车

目的地	价格	时间	班次
阿布·辛拜勒	LE50	4小时	8:00
开罗	LE130	14小时	16:00
赫尔加达	LE85	7小时	6:00、15:00和17:00
阿莱姆港	LE50	3小时	5:00

西阿斯旺（见252页地图）和贵族墓，船票LE1。外国人的票价可能比当地人的票价贵一些。坐**渡船**（见249页地图）可到达**Mövenpick Resort Aswan**（见252页地图）。

小巴

小巴（LE1~2）走阿斯旺的主要公路。

出租车

包一天出租车游玩阿斯旺周边部分景点的费用为LE300~400（不含门票），具体价格取决于路程和景点数量。

在城里打车的价格是LE10~20。

阿斯旺周边（AROUND ASWAN）

阿斯旺水坝（Aswan Dam）

阿斯旺水坝（旧大坝）于1902年竣工，在当时可谓工程壮举，并且是当时世界上最大的水坝，跨度2441米，高50米，宽30米。尽管这里并不算个景点，但是在大坝顶部的公路上（如果你去机场或者阿布·辛拜勒，就会走这条路）可以看到美丽的尼罗河景色。

19世纪末，随着埃及人口的快速增长，开发更多耕地迫在眉睫，因此就产生了建造阿斯旺水坝的计划。通过限制尼罗河水位或许可以扩大耕地面积，同时也能确保河岸不被洪水冲垮。1898年，英国工程师威廉·威尔科克斯爵士开始在第一瀑布上方建造水坝，建造材料几乎全部是阿斯旺出产的花岗岩。这座水坝被迫加高了两次，不仅是为了增加耕地面积，也是为了有助于水力发电。如今旧大坝只为附近一个生产肥料的工厂提供水电。在20世纪60年代，随着上游6公里处新大坝的开放，最初的大坝已不司原职了。

景点

尼罗河博物馆 博物馆

（Nile Museum；旧大坝旁边，Aswan-Abu Simbel Rd；成人/学生 LE60/30；⏲8:30~17:00）尼罗河博物馆有3层楼高，占地146,000平方米，展出自奥斯曼统治以来那些诉说着水道历史的文物，以及能反映出河流工程与灌溉技术发展的照片。博物馆按照11个尼罗河流域国家分类，展示了这些国家历史上和尼罗河相关的东西。这里还有一个会议厅和图书馆。

塞赫于岛（Seheyl Island）

塞赫于岛（成人/儿童 LE40/20；⏲10月至次年4月 7:00~16:00，5月至9月 至17:00）位于旧阿斯旺水坝北侧，曾被奉献给女神阿努基斯（Anukis）。修建大坝之前，尼罗河水咆哮着流过塞赫于岛南侧河床上凸起的花岗岩山丘，形成了第一瀑布。岛南端的绝壁上有200多处古代文字，大部分是第18王朝和第19王朝的王子、将军和其他官员在前往努比亚的途中留下的。

其中最有名的文字来自第3王朝所谓的“饥荒石柱”，这根石柱记载了左赛尔（Zoser，公元前2667年至公元前2648年）统治时期一次可怕的7年大饥荒。为了让饥荒结束，法老向位于象岛的赫努姆神庙奉献祭品。

古代文字旁边有一个友好的努比亚村庄，村里的房子颜色亮丽。现在有几家民宅接待游客，卖茶水、可口的努比亚午餐和当地工艺品。在岛上转转感觉很宜人。根据希罗多德（Herodotus，生活在公元前5世纪的古希腊作家）的记载，埃及官方曾告诉他，第一瀑布是尼罗河的源头，河水从这里往北部和南部流淌。现在河水流动缓慢，塞赫于岛因此成为距离较长的三桅小帆船游览路线的理想目的地。

位于塞赫于岛对面的西塞赫于村（Gharb Seheyl）如今已成了一个重要的旅游景点，吸引了不少从阿斯旺来的游客，也有那些想寻求慢节奏生活的人。这里鲜艳的努比亚房屋十分养眼，旁边有一个沙滩供你安全游泳，你也可以去骑骆驼或是去小型努比亚工艺品集市逛逛。这里有几家客栈，非常适合享受几天悠闲的日子。

食宿

★Anakato 客栈 $$

（☎010-1763-1212，010-0081-8833，097-345-1745；www.anakato.com；Gharb Seheyl；标单/双 LE300/550；❄@）Anakato在努比亚语

Around Aswan 阿斯旺周边

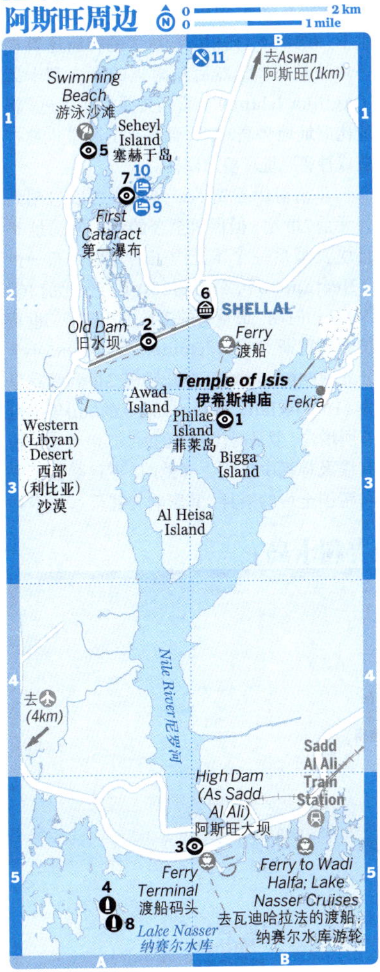

阿斯旺周边 Around Aswan

重要景点

1 伊希斯神庙 B3

景点

2 阿斯旺水坝 A2
3 阿斯旺大坝 B5
4 Beit Al Wali A5
5 西塞赫于村 A1
凯拉卜舍神庙 .... (见4)
6 尼罗河博物馆 B2
7 塞赫于岛 A1
8 珂尔塔斯神庙 A5

活动、课程和团队游

骑骆驼 .... (见5)

住宿

Anakato .... (见5)
9 Nubian Cataract Hotel A2
10 Suheyl House A1

就餐

11 Nubian House Restaurant B1
Qaryat Gharb Seheyl .... (见5)

娱乐

声光表演 .... (见1)

中的意思是"我的家"。这家小小的客栈有12间卧室，均采用色彩狂野的努比亚风格装饰，采用拱形屋顶。这里很适合小住几天，有饭菜供应，离西塞赫于村不远。从舒适的阳台上可以看到尼罗河美景。

Nubian Cataract Hotel 酒店 $$

（☎012-2272-3267；www.facebook.com/nubiancataract；Nubian village Nag Al Makhati，塞赫于岛对面；标单/双 LE550/600；❄📶）这家新开的努比亚风格酒店十分舒适，可以看到尼罗河和塞赫于岛的美景。酒店的阳台很棒，日落时景色美极了，此外还有家不错的努比亚-埃及餐厅（主菜LE90~150）。

在本书写作期间，这里正在修建一座泳池。

Suheyl House 客栈 $

（☎011-1626-2253；Seheyl Island；标单/双/三 LE200/300/400；❄📶）这家朴素而舒适的客栈有8间客房，均配有空调、蚊帐和冰箱。你可以坐在尼罗河畔迷人的露台上，在芒果树下欣赏景色。这里是多放松几天的绝佳选择，供应饭菜（LE60）。花园里有三只乌龟，还种着果树，其中一棵树据说已经活了360年了。

这家客栈就在塞赫于岛考古遗址旁边。

Qaryat Gharb Seheyl 埃及菜 $

（☎012-2272-3126；Gharb Seheyl；主菜LE25起；🕗6:00~20:00）这家咖啡馆兼餐厅位于一座精心修复的努比亚房屋内，同时还是个努比亚工艺品中心，老板名叫Nasr Ad Din

Abduh Es Sitar。这里还提供指甲花颜料文身服务。

到达和离开

来这里的最佳方式是从阿斯旺的滨河路搭乘摩托艇或者三桅小帆船（LE80~100），也可以从阿斯旺水坝走陆路。

菲莱（Philae）

伊希斯神庙位于菲莱（发音为fee-leh）岛高处，几千年来一直吸引着朝圣者。在基督教传到埃及之后，该神庙成为最后一个有信徒祭祀的异教徒庙宇。

1902年后，旧阿斯旺大坝完工。神庙每年要被尼罗河的洪水浸泡6个月，游客只能乘船欣赏部分沉入水下的柱子，透过碧绿的河水窥视水面下宏伟的神像。

如果不是因为联合国教科文组织的干预，神庙在新大坝建成后或许会彻底沉入水下。在1972~1980年，巨大的神庙建筑被一块块地拆掉，然后在附近的阿吉利卡岛（Agilika Island）上重新按照原样搭建。新址比旧址地势高20米，而该岛的风景也被打造成神庙原址环境的模样。

菲莱对伊希斯的崇拜至少可以追溯到公元前7世纪，但保留至今的最早的遗址来自埃及最后一个本土国王内克塔内布一世（Nectanebo I，公元前380年至公元前362年）统治时期。最重要的遗址由托勒密二世费拉德尔甫斯（Philadelphus，公元前285年至公元前246年）修建，在托勒密二世到戴克里先（Diocletian，284~305年）的500年中也有所增建。罗马时代到来的时候，伊希斯是所有埃及神祇中最受人喜爱的，不仅受到了罗马帝国全境的崇拜，其影响力甚至远达不列

Philae (Agilika Island) 菲莱(阿吉利卡岛)

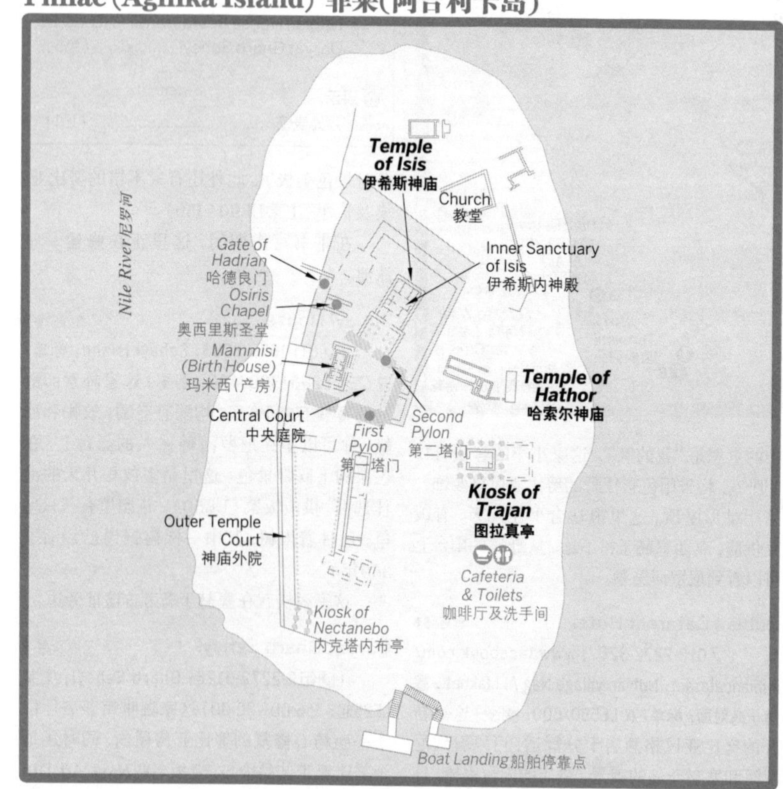

颠。实际上，直到550年，也就是在罗马人和整个帝国接受了基督教之后很久，菲莱仍供奉伊希斯。早期基督徒最终把神庙的多柱厅改建为教堂，并挖掉了异教浮雕，但他们留下的文字后来又被早期穆斯林破坏了。

景点

★伊希斯神庙 神庙

（Temple of Isis；成人/儿童 LE100/50；⏲10月至次年5月 7:00~16:00，6月至9月 至17:00）修建这座神庙是为了纪念伊希斯女神，这座神庙是最后修建的一座埃及古典风格神庙。这里自公元前690年左右便开始修建，是最后一座供奉该女神的神庙。直到550年，这里依然有人膜拜伊希斯。船把你放在最古老的部分——内克塔内布亭（Kiosk of Nectanebo）之后就开走了。神庙入口处是18米高的第一塔门，上面的浮雕描绘了托勒密十二世重击敌人的场景。

位于伊希斯神庙中央庭院内的玛米西（产房）供奉着伊希斯和奥西里斯之子荷鲁斯神。后来的法老为彰显自己是荷鲁斯神的后代，都得参加庆祝伊希斯神迹和其子荷鲁斯在沼泽中降生的仪式。第二塔门通往一个多柱厅，柱头图案非常美丽。神庙后来挪为基督教教堂之用，你会发现原先的象形文字浮雕上还刻有十字架，而且埃及众神的面部也被仔细地刮去了。大厅旁边的三个门厅通往伊希斯内神殿（Inner Sanctuary of Isis）。两个巨大的花岗岩神龛矗立在这里，原先一个装着伊希斯的金像，另一个装着运载金像用的小船。但金像和小船在很久以前就分别被搬到佛罗伦萨和巴黎了，现在剩下的只有小船的石头底座，上面刻着托勒密三世及其妻子贝勒尼基（Berenice）的名字。走西边的小门离开多柱厅，到哈德良门（Gate of Hadrian）。那里有个哈比神（Hapy）的雕像，它在第一瀑布上一个洞穴内，代表尼罗河的源头。

第二塔门的东边是有趣的哈索尔神庙（Temple of Hathor），浮雕刻画的都是音乐家（包括一只吹笛子的猿猴）和分娩之神贝斯（Bes）。哈索尔神庙南边是一个优雅的未完工临水亭子，名字是图拉真亭（Kiosk of Trajan，又名“法老之床”），它或许是菲莱神庙最有名的部分，也是维多利亚时代的艺术家们（他们的船曾经就停泊在亭子下面）最常描画的对象。

在纳赛尔水库遭受洪水袭击之后，整个神庙从菲莱岛搬到了阿吉利卡岛上。菲莱的搬迁工程是由一支联合国教科文组织的跨国团队完成的，纳赛尔水库岸边的一些神庙也是这么搬迁过来的。你可以看到不远处已被淹没的原岛屿，岛上竖立着几根移动过程中使用的钢柱。

不要错过夜晚的声光表演，这场声光“盛会”已是最不俗气的了。参观时要多留神守卫，他们会发挥创意、竭尽全力地出现在你的照片里，或者指出你自己也能看得清清楚楚的象形文字，他们这样做是为了小费！

> **另辟蹊径**
>
> **FEKRA文化中心**
>
> Fekra（www.fekraculture.com；Gebal Shisha，Shellal）是一个占地4万平方米的农场，位于旧大坝和新大坝之间的湖边，地势比菲莱岛高。Fekra这个词在阿拉伯语中的意思是“想法”或“主意”，Fekra文化中心是一个很有创意的项目，来自全世界的艺术家为了支持努比亚和上埃及的艺术家而聚在一起，通过组织艺术活动和工坊的方式促进国际文化交流。这个项目位置好，有活力，因此颇具吸引力。
>
> 位于湖边的努比亚风格泥砖房屋相当安静，所在之处非常适合游泳。文化中心的中档客房能住12人，此外还有几顶共用浴室的贝都因帐篷。

就餐

图拉真亭附近的大树下有个非常宜人的水边咖啡馆，饮料和小吃价格偏贵，因为店址位置太好。

娱乐

声光表演 表演

（Sound & Light Show；www.soundandlight.com.eg；LE125；⏲演出10月至次年4月 18:30、19:45和20:45，5月至9月 19:00、20:15和21:30）尽管解说词不用听也知道很俗气，但是夜游菲莱神庙是无可比拟的体验。演出时间和解说所用的语言常常会变，所以最好在阿斯旺的旅游总局（见260页）提前确认。

最少有7名观众才会有表演。在有表演的日子里，每天至少会有一场英文演出。

到达和离开

开往菲莱神庙的船在旧阿斯旺大坝南侧的Shellal靠岸。只有乘坐出租车或参加团队游去那里才方便，大多数酒店和旅行社可以安排菲莱和阿斯旺大坝的组合游，包括导游，每人花费LE250左右。出租车往返车费为LE120~150。

往返船费每人应该不超过LE20，但实际上的价格经常超出很多，而且还要给船夫小费。团队游的价格通常包括船费，让你免于讨价还价的麻烦。

阿斯旺大坝 （Aswan High Dam）

饱受争议的新**阿斯旺大坝**（As Sadd Al Ali; 成人/儿童 LE30/15; ⏲24小时）位于阿斯旺以南13公里处，是古埃及巨型建筑的现代版本，使用的建筑材料是胡夫大金字塔的18倍，因修建大坝而产生的纳赛尔水库是全世界最大的人工湖之一。

来这里的游客大多是在前往阿斯旺南部景点的时候路过。人们通常将菲莱的伊希斯神庙（见265页）连同这里一道参观，但也可以继续前往凯拉卜舍神庙（Kalabsha Temple; 见268页）。

在大坝处有个小亭子，里面的展品详细介绍了水坝的尺寸和结构，西边还有一个纪念苏（联）埃友谊和合作的纪念碑。

要注意，有规定现场不允许使用录像机和长焦镜头，但似乎没人管。

下努比亚和纳赛尔水库 （LOWER NUBIA & LAKE NASSER）

几千年来，第一瀑布标志着埃及和努比亚的界线，后者的土地从阿斯旺延伸到喀土穆。埃及一侧的尼罗河谷土壤肥沃，一直有人耕种，而努比亚一侧的河岸（南）陆地崎岖不平，只在峭壁和沙漠之间有几块小小耕地而已。

阿斯旺大坝的出现不可逆转地改变了历史，努比亚的大部分土地沉入纳赛尔水库。现在能看到的除了一望无际的沙漠之外，就是宁静的绿褐色湖水。除了美丽安静的纳赛尔水库本身，该地区的主要景点还包括在20世纪60年代花费大量人力物力迁走的神庙。

第一和第二瀑布之间的地区通常被称为下努比亚（古埃及称之为Wawat），南边远处第二和第六瀑布之间被称为上努比亚（古埃及称之为库施）。

对古埃及人来说，努比亚是弓箭手的国度（Ta-Sety），努比亚人也因这种武器而闻名。这里曾处在埃及与撒哈拉以南非洲各国贸易的重要路线上，也曾是铜、象牙、黑檀木和黄金等热销原料的产地。现在这个名字“努比亚”据说来自表示黄金的古埃及词汇“nbw”。

埃及一直对努比亚极其丰富的资源虎视眈眈，两个民族的历史总是交织在一起：埃及强壮就统治努比亚并掠夺后者的自然资源，埃及衰落努比亚就蓬勃发展。

努比亚北部曾出土有10,000年历史的村落遗址。在位于阿布·辛拜勒以西约100公里处的Nabta Playa，考古学家最近发现了民宅和整块巨石雕塑的遗迹，以及全世界最古老的日历——它们由小块立石组成，历史可追溯到公元前6000年左右。

公元前3500年之前，努比亚和埃及基本上以同样的方式发展：驯养动物，种庄稼，逐渐习惯定居生活。两个民族在血缘上有联系，但努比亚人皮肤更黑，带有更多非洲人的特征，语言属于尼罗-撒哈拉语系，而埃及语属于亚非语系。

公元前3100年左右，阿斯旺以北的土地被统一，埃及开始统治努比亚。从古王国初期开始，大约5000年的时间里，埃及人大肆抢夺该地区储量巨大的矿藏。在第一中间期（First Intermediate Period，公元前2160年至公元前2025年），埃及的中央集权垮台，努比亚变得强大起来，努比亚士兵在埃及内战中扮演了重要角色。

中王国初期，埃及再次统一，下努比亚再次沦为附属国。为了保护贸易安全，埃及在尼

努比亚文化

努比亚人为了埃及的利益牺牲了自己。他们失去家园，离开故乡，新的一代在远离故土的地方长大，成为埃及人，甚至欧洲人或美国人，逐渐丧失了自己的身份和传统。

不过，那些保留下来的努比亚文化传统似乎更活跃了。以独特声音闻名的努比亚音乐在Hamza Ad Din等音乐家的努力下受到西方好评，他的乌得琴（鲁特琴）旋律有如空谷幽兰一样美。除了乌得琴之外，另外两种常用乐器也赋予了其音乐独特的节奏和和谐感：douff和kisir。前者是一种又宽又扁的鼓或手鼓，音乐家拿在手里演奏；后者是一种弦乐器。

埃及南部的努比亚人有自己的语言，除了埃及阿拉伯语，他们也说努比亚语。这种语言似乎源自古努比亚语，有60多万名努比亚人说这种语言，遍布埃及和苏丹北部。由于这种语言并无标准的拼写方式，因此既用拉丁字母拼写，也可以用阿拉伯字母拼写。重建努比亚身份认同的一部分，便是复兴古努比亚语的字母表计划。

国外对努比亚独特的建筑知之甚少。传统的下努比亚民居由泥砖建造，与上埃及民居不同的是，下努比亚民居经常有拱形或凸出的天花板，而南方民居的房顶一般是平的棕榈屋顶。它们被涂以灰泥或石灰，墙体覆盖着装饰物，包括瓷砖。这种民居的基本式样可以在阿斯旺周边和考姆翁布附近的Ballana看到。这些屋子五颜六色的，并装饰着几何图案。

努比亚人还有自己的结婚风俗。传统的婚礼庆祝活动持续多达15天，但如今已经缩短成3天。婚礼的第一天晚上，新郎和新娘分别与各自的朋友和家人庆祝。第二天晚上，新娘来到新郎家，两家人一起唱歌跳舞，直至婚礼吉时。然后新娘回家，用指甲花染料在手脚上画出美丽的图案。新郎的手脚也涂上指甲花染料，但没有图案。第三天晚上，新郎一行人像游行（zaffer）似的慢慢地走到新娘家，沿途载歌载舞。根据传统，新郎要在新娘家住三天，然后两人再回新郎家。之后新人就可以建立小家庭了。

罗河沿岸的战略地点修建了一系列要塞。

在整个新王国时期，埃及人在努比亚修建神庙而不是要塞。努比亚地区被分成了5个省，法老派总督代表自己治理，担任这种职务的总督被赋予“国王的库施之子”头衔。到了第三中间期（公元前1069年至公元前945年），埃及政治分裂，努比亚趁机扭转局势，把势力延伸到北方，在第25王朝（公元前747年至公元前656年）时期统治了埃及一个世纪。后来亚述人入侵埃及，第25王朝终结，之后努比亚人按照对自己最有利的方式行事，有时跟外国侵略者结盟，有时站在邻国埃及一边。

5世纪，伊斯兰教已经在埃及尼罗河流域得到广泛传播，但基督教的触角逐渐伸入努比亚。652年，埃及的新伊斯兰王朝与努比亚信奉基督教的国王签订了和平条约。两国遵守该条约直至13世纪前后，此时埃及人再次南下，努比亚的最后一位基督教国王于1305年被废黜，大部分努比亚居民改信伊斯兰教。19世纪，处在奴隶供应线上的努比亚再次成为野心勃勃的埃及的摇钱树。19世纪末，苏丹的马赫迪（Mahdi）起义使努比亚遭受最后一次分裂：随着马赫迪及其继任者被打败以及1899年在苏丹建立了英国、埃及掌控的政府，埃及和苏丹的边境确立在瓦迪哈拉法（Wadi Halfa）以北40公里处。

当代努比亚

随着1902年旧阿斯旺水坝的建成，以及1912年和1934年两次增高坝堤，下努比亚的尼罗河水位逐渐从87米上涨至121米，该地区的许多古建筑被部分淹没。到20世纪30年代，洪水把大批努比亚村庄整个淹没。由于家园被淹，一些努比亚人在政府的帮助下搬到北方，他们购买土地，按照自己民族的传统建筑建造村庄。大部分努比亚村庄挨着阿斯旺，例如象岛、西阿斯旺和塞赫于岛就是由这个时期移居过来的努比亚人建造的。那些决定留在故乡的人在地势较高的地方建造房屋，以为这样就会安全，但他们眼睁睁地看着自家的经济命脉椰枣种植园被毁。这意味着许多努比亚男性被迫到北方找工作，村里只剩妇孺留守。

不到30年，新大坝的修建使留守的努比亚人也不得不搬家了。20世纪60年代，5万名埃及努比亚人迁往政府在考姆翁布（阿斯旺以北50公里处）附近兴建的村庄。努比亚人有大量离散侨民，而如今，他们正竭尽全力让自己的传统和文化保持完整，并重新认同自己的努比亚人身份。

纳赛尔水库（Lake Nasser）

纳赛尔水库是全世界最大的人工湖之一，面积5250平方公里，长510公里，宽5~35公里。1958~1970年，尼罗河上修建了阿斯旺大坝，而这座水库便是因此而形成的。宽阔的水面和岸边一望无际的沙漠使纳赛尔水库呈现出一种荒凉之美，形成了一片广袤而宁静的水域。乘坐游轮从阿斯旺前往阿布·辛拜勒需要花几天时间，可以一路参观拉美西斯二世大神庙（见271页）以及其他迁至高地的神庙。

这里有丰富的野生动物，留意岸边的那些候鸟、瞪羚、狐狸和数种蛇（包括致命的角蝮蛇），在浅水区有巨大的尼罗河鲈鱼、鳄鱼和蜥蜴。

水库的平均蓄水量约为1350亿立方米，其中每年蒸发量为60亿立方米。最大蓄水量1570亿立方米——1996年埃塞俄比亚暴雨过后达到了这个程度，阿布·辛拜勒以北约30公里处的Toshka被迫打开了一个特殊的泄洪口，大坝建成后这还是头一遭。从那之后，埃及政府着手开始一项饱受争议的工程——修建一条新水渠。这条新水渠能灌溉Toshka和新河谷（New Valley）之间数千公顷的努比亚沙漠，埃及前总统穆巴拉克将这条水渠的规模与苏伊士运河和阿斯旺大坝相提并论，但是如今这一切都前功尽弃了。

由于湖水水位上下浮动，湖边无法兴建村庄。这里人迹罕至，除了快速发展的阿布·辛拜勒城和偶尔几个游客，只有大约5000名渔民，他们每年有6个月的时间划着小船捕鱼，全年共计捕获小鱼50,000吨左右。

埃及人非常担心目前正在埃塞俄比亚建造的埃塞俄比亚复兴大坝（Grand Ethiopian Renaissance Dam）会对流入纳赛尔水库的水有影响。这座新大坝的建成无疑将使苏丹和埃塞俄比亚受益，但埃及声称大坝会让尼罗河水无法正常流向湖泊，而河水流量的减少会降低发电量，这对埃及影响巨大。

景点

凯拉卜舍、Beit Al Wali和珂尔塔斯（Kalabsha, Beit Al Wali & Kertassi）

凯拉卜舍神庙 神庙

（Kalabsha Temple；成人/优惠 LE60/30，含Beit Al Wali和珂尔塔斯神庙；⏲8:00~17:00）凯拉卜舍神庙是一座宏伟的托勒密和罗马风格建筑，其布局跟附近的菲莱神庙并无不同。19世纪初的瑞士旅行家伯克哈特（Burckhardt，此人发现了阿布·辛拜勒）认为它是“最珍贵的古埃及遗址之一”。神庙在托勒密时代末期动工，奥古斯都在位期间（公元前27年至公元14年）竣工，用于供奉努比亚的太阳神Merwel——希腊人称之为Mandulis。后来该神庙被用作教堂。

一条宽阔的石头堤道从湖边通往神庙的第一塔门，堤道旁边是石柱廊庭院和有8根柱子的多柱厅。墙上的古代文字表示以神或女神形象示人的皇帝或法老。大厅旁边有一个由三间小室组成的圣所。台阶从其中一间小室通往房顶，在房顶上能看到大厅和庭院对面的纳赛尔水库和大坝。神庙和围墙之间的内部通道通往保存完好的水位计。1977年，为了感谢德国帮助搬迁这座建筑，埃及政府把神庙原有的外部石门赠送给德国。现在它收藏在柏林的埃及博物馆内。

通过联合国教科文组织的不懈努力，这座神庙从现在已被淹没的原址搬到阿斯旺以南约50公里处。新址位于纳赛尔水库西岸，阿斯旺大坝正南。

水位低的时候，游客有时可以步行穿过神庙旧址；或者选择在大坝西侧乘坐摩托艇（往返加上1小时的游览约LE60）。

Beit Al Wali 神庙

（成人/优惠 LE60/30，含凯拉卜舍神庙和珂尔塔斯神庙；⏲8:00~17:00）Beit Al Wali神庙在凯拉卜舍神庙附近，大部分建筑是拉美西斯二世修建的。神庙在岩石上开凿出来，正面是一个砖质塔门。前厅墙壁上的几个浮雕描绘法老战胜努比亚人（南墙）以及反击利比亚和叙利亚（北墙）的场景。

画面上，拉美西斯抓住敌人的头发然后砸碎他们的头，而女人们在旁边哀求怜悯。最美的壁画描绘了坐在王座上的拉美西斯接受战败国努比亚的贡品，包括豹皮、金戒指、象牙、羽毛和异域动物。

珂尔塔斯神庙

神庙

（Temple of Kertassi；成人/优惠 LE60/30，含凯拉卜舍神庙和Beit Al Wali；⏲8:00~17:00）凯拉卜舍神庙（见268页）北侧就是这座线条简约但景色如画的珂尔塔斯神庙。神庙内有两根哈索尔柱子、一根巨大的柱顶梁和四根精美的纸莎草形状柱子。

Wadi As Subua

在1961~1965年，Wadi As Subua的神庙从现在已经被淹没的原址搬到西边约4公里的地方。

Wadi As Subua在阿拉伯语里的意思是"狮谷"，名字源于通往拉美西斯二世神庙的斯芬克斯大道。这里有两座有趣的新王国时期埃及神庙，其中之一便是拉美西斯二世修建的石庙。

拉美西斯二世神庙

神庙

（Temple of Ramses Ⅱ；成人/学生 LE50/25，含达卡神庙和马哈拉加神庙）拉美西斯二世神庙建于这位法老统治期间，神庙内部在岩石上开凿，正面有一个石质塔门和巨大的石像。塔门后面的庭院里有10多座法老雕像，旁边是有12根柱子的大厅和圣所。中央神龛内曾经有描述拉美西斯向神阿蒙-拉（Amun-Ra）和拉-哈拉胡提（Ra-Horakhty）奉献祭品的浮雕。

基督教时期这个圣所被改建为教堂，异教的浮雕被抹上石膏，然后画上了基督教的圣人像。现在由于部分石膏脱落，看上去拉美西斯好像在向圣彼得求爱！

达卡神庙

神庙

（Temple of Dakka；成人/学生 LE50/25，含拉美西斯二世神庙和马哈拉加神庙）达卡神庙遗址在拉美西斯二世神庙北边约1公里处。努比亚法老Arkamani（公元前218年至公元前200年）将原址上之前建筑的石材拿来建达卡神庙，后来神庙被古罗马皇帝奥古斯都改建。该神庙用于供奉智慧之神透特。12米高的塔门值得留意，你可以爬上去远眺纳赛尔水库和周边的神庙。

马哈拉加神庙

神庙

（Temple of Maharraqa；成人/学生 LE50/25，含拉美西斯二世神庙和达卡神庙）马哈拉加神庙是Wadi As Subua三座神庙中最小的，原址在古城Ofendina以北40公里处。神庙供奉伊希斯和亚历山大的塞拉匹斯（Serapis），装饰工程一直没有完成，现仅存一间小小的多柱厅，大厅的东北角有一道螺旋形砖瓦楼梯通往屋顶。

阿马达（Amada）

阿马达神庙

神庙

（Temple of Amada；成人/学生 LE70/35，含派努特墓和德尔神庙）阿马达神庙是纳赛尔水库留存下来的最古老的建筑，迁移之后的新址与旧址相距约2.6公里。它是第18王朝法老图特摩斯三世（Tuthmosis Ⅲ，公元前1479年至前公元1425年）和儿子阿蒙霍特普二世（Amenhotep Ⅱ）合建的，多柱厅则是继任者图特摩斯四世（公元前1400年至公元前1390年）增建的。与努比亚的许多神庙一样，阿马达神庙也用来供奉神阿蒙-拉和拉-哈拉胡提。这个神庙有几块浮雕堪称努比亚古建筑浮雕中最精美、保存最完好的，内部还有两处重要的古代文字。

第一处古代文字在入口左侧（北）的石柱上，讲述麦伦普塔赫法老在位期间利比亚入侵埃及未遂的事件。第二处在圣所的后墙上，讲述阿蒙霍特普二世征战巴勒斯坦的事件（公元前1424年）。两处文字都意在警告努比亚人，埃及强大有力，反抗是徒劳的。

派努特墓

墓地

（Tomb of Pennut；成人/学生 LE50/25，含阿马达神庙和德尔神庙）小小的派努特墓在岩石上开凿而成，保存完好，墓主人是拉美西斯六世（公元前1143年至公元前1136年）在位期间的努比亚总督。该墓原址在阿马达西南方向40公里处的Aniba。古墓由一个小祭祀教堂和后面的一个小神龛组成，浮雕讲述派努特的生平和事迹，包括拉美西斯六世向他赠送礼物。从德尔神庙走到这里只需5分钟。

德尔神庙

神庙

（Temple of Derr；成人/学生 LE50/25，含阿马达神庙和派努特墓）德尔神庙位于尼罗河的河湾处，是在岩石上开凿出来的，由拉美西斯二世建造。塔门和庭院都没了，但多柱厅遗址上还有一些保存尚好的浮雕，描述拉美西斯二世与努比亚人作战的场景，自然还是他把敌人杀死，旁边跟着爱宠狮子。清洗之后，许多图案再次呈现出鲜艳的颜色。

伊卜里姆城堡（Qasr Ibrim）

伊卜里姆城堡

遗迹

作为唯一一个位于原址的努比亚古建筑，伊卜里姆城堡矗立在阿布·辛拜勒以北约60公里处的70米高的悬崖上。但现在湖水已经跟悬崖的上端齐平了。

有证据表明伊卜里姆从公元前1000年开始就是一座驻军城镇。公元前680年左右，第25王朝的法老、有努比亚血统的塔哈尔卡法老（Pharaoh Taharka，公元前690年至公元前664年）建造了一座供奉伊希斯的泥砖神庙。

在古罗马时代，这个小镇是异教徒最后的堡垒之一，城里6座神庙被改建成基督教堂的时间要比埃及其他地方晚200年。后来这里又成为下努比亚主要的基督教中心之一，抵抗伊斯兰教的侵入，直至16世纪被一伙属于奥斯曼军队的波斯尼亚雇佣军占领。雇佣军留了下来，最后还与当地的努比亚人通婚，并且把教堂的一部分用作清真寺。在仅存的建筑中，最显眼的是建在塔哈尔卡神庙上方的8世纪砂岩教堂。由于考古工作还在进行，该景点不对游客开放。

活动

★African Angler

钓鱼

（☎010-0134-2410，012-2749-1892；www.african-angler.net；每人 US$200起，含鱼竿和午餐）这家公司在纳赛尔水库有几艘船，提供出色的钓鱼之旅和湖岸附近的探险活动。

Kasr Ibrim

游轮

（☎02-2516-9656，02-2516-9654，02-2516-9653；www.nilecruising.com/lake-nasser-cruises.

挽救努比亚的古建筑

当阿斯旺大坝的修建已成定局，国际社会的注意力集中在那些受到纳赛尔水库威胁的古建筑上，它们珍贵而无可取代。1960~1980年，联合国教科文组织发起的努比亚救助行动（Nubian Rescue Campaign），将来自50多个国家的专家和资助集中起来，并向努比亚派遣埃及和外国考古队。古墓被挖掘，许多小型文物和遗骸被搬到博物馆，虽然有些神庙沉入湖底，但也有14座得以幸免。

其中10座，包括菲莱（见264页）的神庙、凯拉卜舍神庙（见268页）和阿布·辛拜勒神庙，被一块一块地拆下来，然后花费巨大人力物力搬到高处重建。另外4座被赠送给参与救助行动的国家，以美丽的丹都尔神庙（Temple of Dendur）为例，它在重建后被安放在纽约的大都会艺术博物馆里。

阿布·辛拜勒的神庙得到保护或许是这个过程中最伟大的成就。惊人的现代科技与古老建筑技艺相结合，埃及、意大利、瑞士、德国和法国考古专家小组花费了大约4000万美元，把神庙切成2000多块大石，每块重达10~40吨，在距离湖面210米、比原址高65米的地方建造人工假山，然后把大石运到山上并重建。神庙被精心地重建在面朝原址的位置，原址的环境也在拱形的水泥假山上得以复制。

工程花费了4年多的时间。阿布·辛拜勒的神庙于1968年重新正式开放，而它们曾经矗立了3000多年的圣地消失在纳赛尔水库水面之下。神庙入口处右边的牌子上清晰地记载了这个伟大的成就："通过修复历史，我们实际上帮助建立了人类的未来。"

htm；€693起）Kasr Ibrim和其兄弟公司Eugénie可谓Mustafa Al Guindi的心血结晶，他是一位埃及努比亚人，几乎仅凭一己之力，便让纳赛尔水库对外开放了旅游业。这里的船设计出众，每艘船内都有泳池、土耳其浴室以及法国美食，值得推荐。

Nubiana 游轮

（☎012-2104-0255, 012-2350-3825; www.lakenasseradventure.com）"Nubiana"是一艘小型摩托艇，内有三间不大的船舱、一间套房以及公共淋浴。上层是休息室和阳光甲板。他们还可安排一艘快艇供游客开展钓鱼或滑水活动。这家公司还组织从阿斯旺到阿布·辛拜勒的五日乘船加徒步游。

到达和离开

虽然除伊卜里姆城堡之外所有的景点都有公路连通，但外国人只能从凯拉卜舍、Beit Al Wali或珂尔塔斯过来。

目前，其他景点只能乘船前往，这也是欣赏纳赛尔水库精彩历史遗迹的最佳方式。

阿布·辛拜勒（Abu Simbel）

☎097/人口：2900

几乎没有游客在安静冷清的小城阿布·辛拜勒逗留超过几小时，他们看过著名的巨像神庙之后就离开了。但如果你对纳赛尔水库感兴趣，想参观那些游人罕至的神庙，逛逛这个完全没有旅游业的努比亚小城，或者想听努比亚音乐，那么或许可以在城里住上一两天。

景点和活动

★阿布·辛拜勒的神庙 神庙

（Temples of Abu Simbel；成人/学生 含导游 LE160/80；⏲11月至次年4月 6:00~17:00，5月至9月 至18:00）阿布·辛拜勒的两座神庙分别是拉美西斯二世大神庙和哈索尔神庙（见272页），位于纳赛尔水库边高处，是埃及著名的古建筑。得益于现代工程学奇迹，神庙可以完完整整从原址搬迁到这里，没有因水位上升而被淹没，也免于在阿斯旺大坝（见266页）建成后遭受灭顶之灾，这勇敢的手法与当初拉美西斯二世的建筑风格还真是相配。

在2月22日和10月22日，这里的收费会更高（LE240/120）。

★拉美西斯二世大神庙（Great Temple of Ramses Ⅱ）

公元前1274年至公元前1244年，在尼罗河西岸的山上开凿出来的神庙是阿布·辛拜勒的主要神庙，十分宏伟壮观，这位被神化的拉美西斯二世与拉-哈拉胡提、阿蒙和卜塔一起被供奉在这座神庙里。神庙门口的四座法老巨像仿佛伟岸的卫兵，监视着来自南方的车马和人，这种设计无疑是为了表现法老的力量，对敌人施以警告。

几百年的尼罗河水和风沙淹没了这座神庙，直到1813年它才重见天日。瑞士探险家让-路易·伯克哈特偶然发现了它，当时只有巨像的一个头露在沙子外面，旁边石像的头已经掉了，现在仅存的两个头也只能看到王冠了。1817年沙子被乔凡尼·贝利尼（Giovanni Belzoni）清理了一下，入口露了出来。

从神庙的前厅出发，沿着短而陡的台阶前往石刻外立面（大约高30米、宽35米）前面的露台。四座著名**巨像**守卫着入口，其中三座向河对岸投以永恒般的凝视，内侧左边的巨像已经倒塌了，但身体上半部分还躺在地上。这些石像超过20米高，旁边是比较小的法老母亲图雅王后（Tuya Queen）、妻子奈菲尔塔利（Nefertari）和他最喜欢的几个孩子的石像。在入口上方的中央，戴王冠的巨像中间有一个太阳神拉-哈拉胡提像，它是猎鹰头。

大厅的屋顶有兀鹫图案，象征守护女神奈库贝特。屋顶由8根柱子支撑，每根柱子都正对一座奥西里斯神模样的拉美西斯二世雕像。墙上的浮雕描述法老在战场上的英勇表现以及在神面前践踏和杀死敌人的场景。北墙上的古代文字讲述了著名的卡叠什战役（Battle of Kadesh，公元前1274年左右）。卡叠什在今叙利亚，拉美西斯曾在那里鼓舞士气低落的军队，最终他们战胜了赫梯人。文字中央是一块著名的浮雕：拉美西斯乘着战车，向逃跑的敌人射箭。在浮雕上还能看到四周有全副武装的卫兵守卫的埃及营地和被欧朗提斯河（Orontes River）环绕的赫梯人

Great Temple of Ramses II 拉美西斯二世大神庙

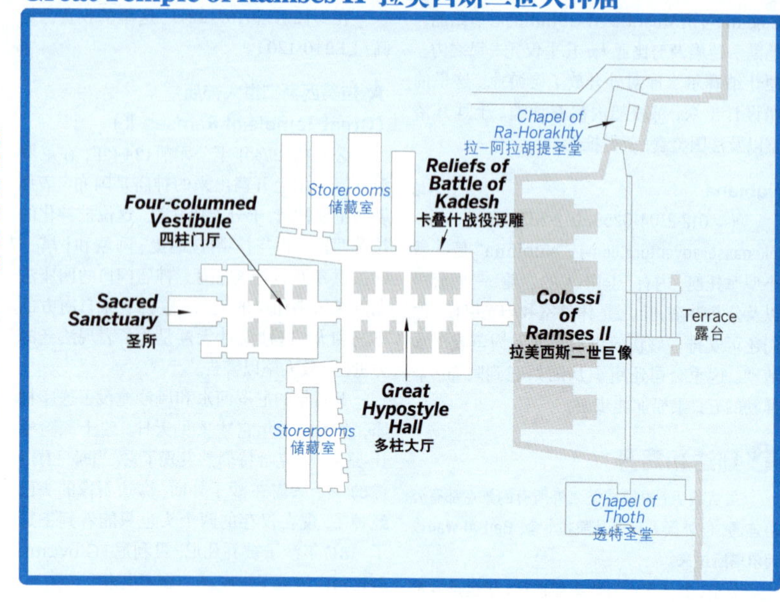

城堡。

下一个是四柱门厅，壁画表现拉美西斯和奈菲尔塔利站在众神和太阳船面前。这个门厅通往圣堂，拉美西斯和大神庙供奉的三位神坐在各自的宝座上。

神庙原址的排列方式别有深意，在每年的2月21日和10月21日——拉美西斯的生日和加冕日，清晨第一缕光线正好能依次穿过多柱厅、前厅和圣所，然后照在拉-哈拉胡提、拉美西斯二世和阿蒙的石像上。而左侧的卜塔神像却绝对不会被照到。由于神庙迁到新址，这种现象要比过去推迟一天产生。

哈索尔神庙（Temple of Hathor）

哈索尔神庙是阿布阿布·辛拜勒两座神庙中较小的那座，就在拉美西斯二世大神庙隔壁。该神庙在岩石上开凿出来，门口有6座10米高的拉美西斯和奈菲尔塔利立像，旁边是他们几个孩子的雕像。奈菲尔塔利穿着女神哈索尔的装束，而且罕见地与丈夫等高（大多数女子像只到配偶像的膝盖高度）。

神庙内，多柱厅的6根柱子顶部是以牛身形象出现的哈索尔神。墙壁上的王后与拉美西斯完全平等地一起站在众神面前，看着丈夫被众神授予荣誉。通往圣所的前厅和相邻的房间都有描绘女神及其圣船的壁画。圣所内有一座在岩石上打造的哈索尔雕像，以奶牛形象出现。与拉美西斯二世大神庙相比，哈索尔神庙的艺术风格更加柔和、更加优雅。

食宿

几乎没有游客会在阿布·辛拜勒过夜，但城里也有两三家专门接待旅游团的旅馆和几家超级安静的住处。

阿布·辛拜勒的主路上有一排便宜的咖啡馆，其中Nubian Oasis和Wadi El Nil是生意最好的。

★ Eskaleh 客栈 **$$**

（Beit An Nubi; ☎012-2368-0521, 097-340-1288; www.facebook.com/pg/Eskaleh; Sharia Saad Ibn Abu Wakas; 标双 €65; ❄@📶）这里部分被努比亚文化中心用来当作展示努比利亚历史的图书馆，部分作为传统泥砖房屋里的奇妙生态旅馆。到目前为止，它也是阿布·辛拜勒最有趣的食宿场所，建筑本身就是一道风景，把它当作游览神庙的大本营再合适不过了。

友好的店主Fikry El Kashef是一位努比亚音乐家，他在瑞士上学，但在阿布·辛拜勒神庙迁走后回到家乡。2005年，当了几年导游的Fikry修建了这个位于湖边的美丽房子，希望能与感兴趣的外国人分享努比亚体验。房间简单但舒适，摆放着当地家具，还有电风扇、空调和干净的独立浴室，有些房间带独立露台。努比亚厨师用产自Fikry花园的有机蔬菜和湖里的鱼烹制美味的家常三餐（包含三道菜的午餐或晚餐€10~18起），有时出售啤酒。一餐的准备时间较长，花点耐心等待饭菜做好吧。晚上，客栈内特别安静（除了有狗叫之外），这在尼罗河沿岸的旅游景点很罕见。有时Fikry会与朋友们一起演奏，或者举办努比亚音乐和舞蹈演出。店方提供船只（根据时间长短，大约€50），带你去湖边或神庙。

Tuya Hotel　客栈 $$

（☎097-340-0002, 012-3577-7539; www.facebook.com/Tuya-Hotel-177306666061500; Sharia Ramsis, Tariq Al Maabad; 标单/双 €35/52; P❄📶）Tuya Hotel距离阿布·辛拜勒神庙1公里远，俯瞰纳赛尔水库。这里舒适的客房刷着冲击力十足的努比亚色彩，均配有干净的洗手间。这里还有免费的摆渡车前往神庙。

Tuya Cafe　咖啡馆 $

（☎012-357-7539; Tariq Al Maabad; 早餐 LE20, 主菜 LE23起; ⏲清晨至深夜）简陋但可靠的咖啡馆，为早起的人提供早餐。食物简单，是本地风味，客人可以在可爱的花园里就餐，也可以坐在颜色鲜艳的室内吃饭。这也是个喝饮料或吸水烟的好地方。如今这是Tuya Hotel的一部分。

☆ 娱乐

声光表演　表演 $$

（www.soundandlight.com.eg; 成人/儿童 LE150/75; ⏲表演 10月至次年4月 18:30~19:30, 5月至9月 19:30）阿布·辛拜勒每晚都有声光表演，提供多种语言的耳机，供游客听解说词。虽然解说词辞藻华丽，听过就忘，但投射到神庙上的激光表演令人震惊，深感不虚此行。

至少有10名观众才会举行表演，可以去旅游办事处提前确认。

ℹ 到达和离开

阿布·辛拜勒的绝大多数游客都是参加阿斯旺的团队游来的。阿斯旺的所有酒店、游轮公司和旅行社都可以安排前来这里的行程。经济型团队游的价格大约LE400起（基本上只包括2小时景点游，外加往返交通）。已不再有从阿斯旺前往阿布·辛拜勒的警察护卫队，而外国人应该在5:00~17:00出行，而且本地运输公司必须提前一天申请许可。

飞机

从周日至周五，埃及航空公司每天有3班航班从阿布·辛拜勒机场飞往阿斯旺。换乘从阿斯旺前往开罗的航班很方便。

长途汽车

从阿布·辛拜勒开往阿斯旺的长途汽车（LE60, 4小时）在6:00和13:00从主路边的Wadi El Nil餐馆出发。车票不能预订，上车后再买票。

锡瓦绿洲和西部沙漠

包括 ➡

最佳天然泉洗浴

- 克里奥佩特拉温泉（见304页）
- Bir Wahed（见304页）
- Ain Gomma（见293页）
- Bir Al Gebel（见289页）

最佳住宿

- Adrère Amellal（见308页）
- Al Babinshal Heritage Hotel（见307页）
- Siwa Relax Retreat（见308页）
- Eden Garden Camp（见300页）
- International Hot Spring Hotel（见300页）

为何去

广袤无垠的西部沙漠比金字塔经历了更为漫长的岁月，华丽壮美不输任何神殿庙宇，尽显大自然的鬼斧神工。白沙漠的嶙峋怪石发出微光，大沙海的涟漪沙丘摄人魂魄。

这片沙漠里有5个绿洲，遍布美景。绿洲内棕榈树成荫，天然冷泉和温泉随处可见，游客可以领略埃及的乡村生活。在达赫莱的盖斯尔小镇弯弯曲曲的小巷里迷失方向，在拜哈里耶的Gebel Al Ingleez山顶凝望笼罩着乡村的余晖，在锡瓦茂密的椰枣林中闲逛。结束白天的冒险之后，晚上回来享受安静悠闲的绿洲生活。

何时去

锡瓦

°C/°F 气温　　降水量 inches/mm

50/122 — 40/104 — 30/86 — 20/68 — 10/50 — 0/32

2.4/60 — 2.0/50 — 1.6/40 — 1.2/30 — 0.8/20 — 0.4/10 — 0

月 1 2 3 4 5 6 7 8 9 10 11 12

4月至5月 冬季结束，旅行者纷纷离开。绿洲在为炎热的夏天做准备。

9月至10月 椰枣即将丰收，在绿洲内的棕榈树林里散步。

11月至次年3月 这是绿洲最凉爽的时候，温泉也令人愉悦。

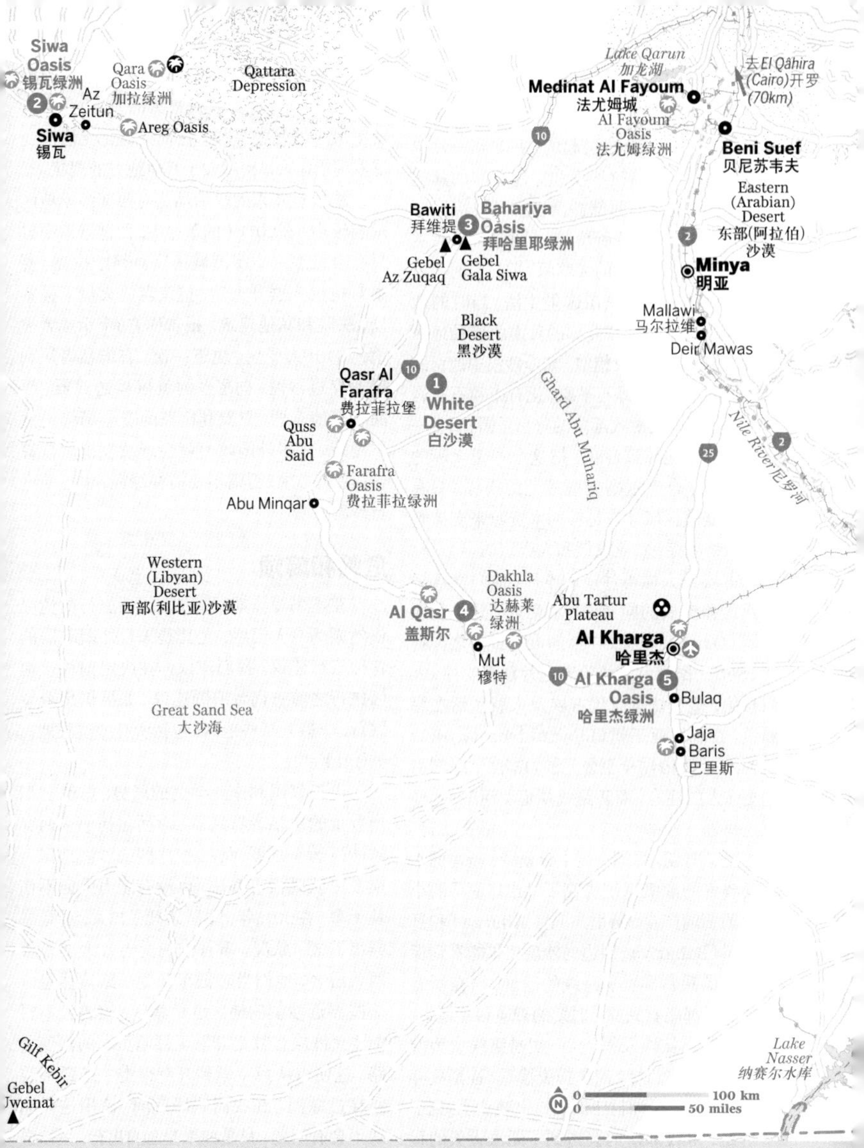

锡瓦绿洲和西部沙漠亮点

❶ **白沙漠**（见294页）那仙境般的地质奇观令人敬畏。

❷ **锡瓦绿洲**（见300页）来到公路尽头，享受世外桃源般的气氛，探索独一无二的锡瓦文化。

❸ **拜哈里耶绿洲**（见295页）在棕榈树荫下的天然泉或泳池里洗去风尘。

❹ **盖斯尔**（见288页）在迷宫般的泥砖小镇漫步和怀古。

❺ **哈里杰绿洲**（见277页）探索迷人且游客稀少的早期基督教遗址。

历史

西部沙漠这个名字是英国人为曾经属于他们的那片利比亚沙漠起的，并非指一片单独的沙漠。与撒哈拉沙漠和穿过北非的其他沙漠一样，埃及的西部沙漠也曾经被特提斯海（Sea of Tethys）所覆盖，后来成了一片滋养了各种野生动植物的大草原。旧石器时代，长颈鹿、狮子和大象在这里生活，当时的地貌据说看起来跟现在非洲的荒漠萨赫勒地区（African Sahel）很相似。如今沙漠中遗留的巨大沙道、广袤的砾石平原、化石床和石灰岩反映出这里曾是游牧部落的狩猎乐园。日复一日的气候变化导致沙化，把这个一望无际的地区变成了今天这副贫瘠荒芜的模样。只有沙漠的低洼区域才有足够的水资源来支撑野生动植物生存、农业发展和人类定居。

古埃及人懂得沙漠的本质，他们将其视为死亡和流放的同义词。杀死自己兄弟奥西里斯（Osiris，地狱之神）的混沌世界之神赛特（Seth）据说就是统治着这片沙漠的神。人们相信，整个法老时代古埃及人就生活在绿洲里。在利比亚王朝（Libyan dynasty，第22王朝，公元前945年至公元前715年），绿洲引起更多人的注意，商队路线从尼罗河出发，经过这里通往西部。

罗马时期，绿洲一度十分繁荣，新建的水井及改善的灌溉系统提高了供出口罗马的小麦和葡萄的产量。哈里杰（Al Kharga）和拜哈里耶（Bahariya）周边的沙漠里仍能看到保卫绿洲的兵营和贸易路线的遗址，而在所有的绿洲里都能看到罗马时期的神庙和墓地。

罗马人从埃及撤走后，贸易路线成为游牧部落的攻击目标。商队损失惨重，逐渐放弃了绿洲路线，绿洲村庄的人口也减少了。到了中世纪，游牧部落的袭击到了无法无天的程度，于是马穆鲁克（Mamluk）卫兵队来到绿洲。现在还能在达赫莱（Al Qasr, Balat）和锡瓦（Shali）看到当年为保护居民而建的卫城的遗址。

罗马人离开后，绿洲最大的变化发生在1958年，纳赛尔（Nasser）总统创造了所谓“新河谷”（New Valley）来缓解尼罗河沿岸的人口压力。之前孤立的绿洲之间修建了公路，灌溉系统更新为现代体系，并建立了各级行政机构。新河谷省（New Valley Governorate）成为埃及最大的省，也是人口密度最小的省之一——任何措施都无法改变尼罗河沿岸人口密度大于其他地方的现状。

埃及近年来的政治动荡对西部沙漠地区影响较小。在2011年的革命中，西部沙漠中也只有哈里杰一个绿洲城镇反对穆巴拉克。警察对抗议人群开火后，抗议者放火烧了警察局、法院和其他建筑。报告称有3个示威者被杀，约100人受伤。更近一次，有走私者从利比亚穿过沙漠，向尼罗河流域运送武器、毒品和其他东西。只要利比亚的安全局势仍然不稳定，许多外国政府就会继续发出旅行警告：除非必须，否则不要前往绿洲，也不要进行沙漠探险。

危险和麻烦

在本书写作期间，进入绿洲旅行的情况依然颇为令人困惑，尤其是来自外国政府的各种旅行建议。我们建议你在决定前往该地区旅行之前查询政府的建议。如果仍想继续旅行，应避开某些地区，包括所有沙漠腹地，如Gilf Kebir。

由于邻国利比亚动荡的局势，据说有相当数量的走私者将武器、毒品和其他东西穿越沙漠运至尼罗河谷。在广阔的沙漠地区，埃及军队既没有办法，也没有能力保证不伤及无辜，在2015年，军队杀死了12人，更是暴露出了这一状况。事件中的受害者大多是墨西哥游客，他们当时把车开到了路边休息。一些靠近沙漠的地区也是禁区：旅游警察目前不允许旅行社走开罗至拜哈里耶的沙漠公路。这使得从卢克索到开罗得走一条弧形线路穿过绿洲。在我们调研期间，使用这条路线不会有问题，只是如果是独自出行，往往会被各检查站挨个拦下，还可能不得不在警察的护送下前往下一个绿洲。拜哈里耶和锡瓦的一些旅行社可以安排前往周边沙漠的团队游，这类团队游不会有任何麻烦，活动还包括在白沙漠过夜。如果你是通过旅行社预订的，请确保他们事先获得了当局的许可，并且已记录所有乘客的详细信息。

只要利比亚的安全局势依然不稳定，绿洲的现状就不会有什么变化，在这里旅行你需要自担风险，而且我们建议你在旅行前找一家信誉良好的专业旅行社，确认当地的最新局势。

长距离沙漠探险

在西部沙漠探险永远都是你在埃及值得体验的经历之一。在本书写作期间，外国人可以前往绿洲，但不能在沙漠中露营或进行远程探险。迫于生计，一些向导仍然提供进入沙漠的短程探险服务，特别是白沙漠，但要小心谨慎。

西部沙漠比较有挑战性的线路包括大沙海（Great Sand Sea；见312页）和偏远的Gilf Kebir（见312页，地处埃及的西南角）。Gilf Kebir是游泳者洞穴（Cave of the Swimmers）和**Gebel Uweinat**的所在地，前者因为曾在电影《英国病人》中出现而著名，后者是一座2000米高的山，被埃及、利比亚和苏丹三国的边境分成三部分，只是目前以上线路都无法探索。等沙漠重新对游客开放时，要牢记，上述探险活动需要严密的组织、优质的设备和丰富的经验才能完成。失误的后果很严重，有时甚至会致命。如果是短途沙漠徒步，可以在当地办理军事许可证；如果是长途探险，则必须获得开罗颁发的军事许可证。在埃及相对可靠的探险公司中选择一家有良好国际声誉的，而且要对沙漠心怀敬畏。

Hisham Nessim 户外

（☎010-0667-8099）作为拉力赛车手，Hisham Nessim在沙漠里行车多年。他拥有卫星电话、GPS定位仪和6台专为长途沙漠旅行改装的四轮驱动车，去埃及任何一个角落都不成问题。如果政策放开管制，他也提供为期2~20天的12种沙漠团队游，或是按照客户的要求定制。

Dabuka Expeditions 户外

（见286页地图；☎010-0355-9729；www.dabuka.de；1 Sharia As Sawra Al Khadra）这个总部设在德国的公司曾经可以安排大沙海、Gelbe Uweinat和Gilf Kebir多日探险，以及由科学家和考古学家带领的专业团队游。他们还出租四轮驱动车，并为在沙漠里进行DIY探险的人提供物资。在本书写作期间，这是当地唯一一家还在运营的沙漠旅行社。

Al Badawiya 户外

（见292页地图；☎092-751-0060，开罗 02-2390-6429；www.badawiya.com）阿里（Ali）三兄弟是来自费拉菲拉（Farafra）的贝都因人，他们在其位于费拉菲拉的旅馆内开设了这个有名的团队游公司，在开罗市中心也有办公室（21 Sharia Youssef El Gendy）。目前他们可以安排绿洲周边的旅行，以及前往白沙漠的旅行。

三人在西部沙漠有丰富的经验，如果当局再次允许沙漠之旅，他们可以为客人定制3~28天的骆驼或吉普车探险，提供帐篷、厨具和卧具。

Khalifa Expedition 团队游

（☎012-2321-5445；www.khalifaexpedition.com）Khaled和Rose-Maria Khalifa已经在位于拜哈里耶绿洲的基地组织西部沙漠骆驼和吉普车团队游超过15年。Rose-Maria是一位有资质的语言治疗师和足疗师，或许正是由于这个原因，他们也为那些对大自然（而不是古迹）更感兴趣的人提供"冥想加静修"沙漠团队游。

哈里杰绿洲（ALKHARGA OASIS）

作为新河谷省的首府以及离尼罗河谷最近的绿洲，哈里杰绿洲最现代化，也最没异国情调。它位于一处长220公里、宽40公里的低洼地，一直是重要沙漠贸易路线（包括著名的Darb Al Arba' een）的交会处。重要的地理位置为它带来了巨大的财富。罗马人到来后，挖井、种庄稼、修建保护商队路线的要塞。直到19世纪90年代，英国军队还用这里的瞭望塔来确保进入埃及的"后门"的安全。

由于新修的一条公路可以直通卢克索，以及新机场的建成可以让游客飞往开罗，这里成了通往绿洲的门户，十分便捷，而绿洲中的古迹确保其成为一个不错的中转站。

哈里杰（Al Kharga）

☎092/人口：80,000

热闹繁华的哈里杰是西部沙漠最大的城

市，也是政府努力发展现代化绿洲的产物。城里的大道宽阔却空空荡荡，两边是单调的水泥房屋，看起来跟大多数旅行者想象的绿洲美丽景象完全不是一回事。虽然环境谈不上风景如画，但绿洲谷地周边有十几个独一无二的古迹遗址，要游览那些景点，住在哈里杰十分便利。

景点

哈里杰附近人气最旺的古迹集中在向南通往巴里斯（Baris）的平整的沥青公路沿线，城北也有几个有趣但交通相对不便的景点。虽然游客很少，但你可以把它们当作绿洲周边一日游的最佳目的地。可以购买通票来参观哈里杰的所有古迹（成人/学生LE120/60）。

★巴格瓦特大墓地 考古遗址

（Necropolis of Al Bagawat；见279页地图；成人/学生 含埃尔喀什修道院 LE50/25；⌚8:30~16:00）这个大墓地看起来好像年代不太久，却是留存至今的世界最早、保存最完好的基督教墓地之一。巴格瓦特大墓地在赫比斯神庙（Temple of Hibis）以北约1公里处，建在更早的埃及墓地之上。263座小礼拜堂式的泥砖墓地大多建于4~6世纪。

有些墓地内部有生动的圣经场景壁画，正面还有精美的装饰。**和平小礼拜堂**（Chapel of Peace）拱顶的对角斜拱上有基督教使徒像，虽然上面被希腊涂鸦覆盖，但也能看出来。**出埃及小礼拜堂**（Chapel of the Exodus）是最古老的墓地之一，有保存最完好的绘画，包括描述摩西带领以色列的子孙离开埃及的圣经旧约故事，该绘画在9世纪的涂鸦中隐约可见。另一个大型**家族墓地**（25号）有亚伯拉罕将幼子伊萨克（Isaac）奉献给上帝的壁画。比较小的**葡萄小礼拜堂**（Chapel of the Grapes，Anaeed Al Ainab）得名于墙上的葡萄藤蔓图案。

墓地守护人会带你游览墓地，打开有装饰的墓地的门。他希望得到LE5左右的小费。

埃尔喀什修道院 遗迹

（Monastery of Al Kashef，Deir Al Kashef；成人/学生 含巴格瓦特大墓地 LE50/25；⌚8:30~16:00）埃尔喀什修道院遗址位于巴格瓦特大墓地以北2公里处的峭壁上，这个有战略意义的位置下方就是西部沙漠最重要的十字路口之一，即达赫莱的沙漠贸易路线Darb Al Ghabari与Darb Al Arba' een（Forty Days Rd）的交会处。这座宏伟的泥砖遗址可追溯至基督教早期。修道院曾经有5层楼高，但大部分已经坍塌，不过现在还能看到十字形拱顶走廊的顶部。

从巴格瓦特大墓地出发，沿左侧的小路步行或乘车走大约2公里就到了。

赫比斯神庙 神庙

（Temple of Hibis；见279页地图；成人/学生LE80/40；⌚8:30~16:00）Hebet（即“犁”）古时是哈里杰绿洲的首府，但如今只剩下保存完好的石灰岩建筑赫比斯神庙。过去神庙位于一个圣湖边，供奉赫比斯的阿蒙神（当地的阿蒙神，有时被赋予太阳神的力量成为阿蒙-拉神）。

赫比斯的阿蒙神在他的另外两个常伴神穆特（Mut）和孔苏（Khonsu）的陪伴下出现在神庙中。**多柱大厅**的浮雕描绘了赛特与邪恶的毒蛇阿波菲斯（Apophis）战斗的场景。这里还有一条斯芬克斯大道、一个庭院和一个内部圣龛。这座神庙的建造始于第25王朝，但装饰和柱廊是在300多年后增建的。神庙在城北2公里处的主路左侧。前往Al Munira的皮卡（LE1）经过这里。

安娜杜日神庙 遗迹

（Temple of An Nadura；见279页地图）安娜杜日神庙位于从哈里杰城往北的主路右侧的一座山上，地处战略位置，曾兼作要塞瞭望塔。这个神庙建于罗马皇帝安东尼·庇护（Antoninus Pius）在位期间（138~161年），目的是保护绿洲。如今神庙已经严重毁损，在这里观看日落，景色美不胜收。

哈里杰文物博物馆 博物馆

（Al Kharga Museum of Antiquities；见280页地图；Sharia Gamal Abdel Nasser；成人/学生LE25/15；⌚8:30~14:00）这个古色古香的两层楼博物馆仿照附近巴格瓦特大墓地的建筑设计建造，陈列的金银珠宝来自哈里杰绿洲和达赫莱绿洲（Dakhla Oasis）周边的考古发现。展品数量不多，但还算有趣，包括从史前时代直到奥斯曼时期的人工制品，例如工具、珠宝、纺织物和其他能反映该地区文化历史的物品。

团队游

Mohsen Abd Al Moneam 团队游

（☎010-0180-6127）Mohsen Abd Al Moneam来自哈里杰的旅游办事处（见281页），是一位有经验的团队游向导，受到旅行者的高度评价，对绿洲无所不知。他还可以安排前往景点以及前往卢克索或开罗的私人交通工具。

Sameh Abdel Rihem 团队游

（☎010-0296-2192）如果你对考古很感兴趣，可以找哈里杰文物专家Sameh Abdel Rihem，哈里杰绿洲周边热门或隐秘的景点显然都是他的心头好。

住宿

哈里杰的住宿场所都大同小异。无论你选择哪家旅馆，都不要抱有太高的期望，房间的保养和卫生并不理想。

Kharga Oasis Hotel 酒店 $

（见280页地图；☎092-2792-1206，012-6866-6299；Midan Nasser；房间 LE150，平房LE350）这座典型的20世纪60年代的水泥楼房是你在哈里杰过夜的最佳去处。主楼内房间很大，床铺和浴室很不错，但你也可以选择后面的传统风格的平房。平房环绕着一个安静茂密的棕榈树花园（当心蚊子），比较有特点。

这家旅馆是政府经营的，服务和客房保养充其量算是差强人意。如果旅馆的两个预订电话都打不通，可以打电话到哈里杰旅游办事处找Abd Al Moneam，让他代你订房。房价不含早餐。

El Radwan Hotel 酒店 $

（见280页地图；☎092-2792-1716；紧邻Sharia Gamal Abdel Nasser；标单/双 LE110/200）哈里杰少数（勉强算得上）比较体面的经济型旅馆之一。空调基本好使，也有自来水。如果你只想找个便宜的地方睡觉，这家旅馆的房间还算过得去。建筑正面看起来好像快要塌

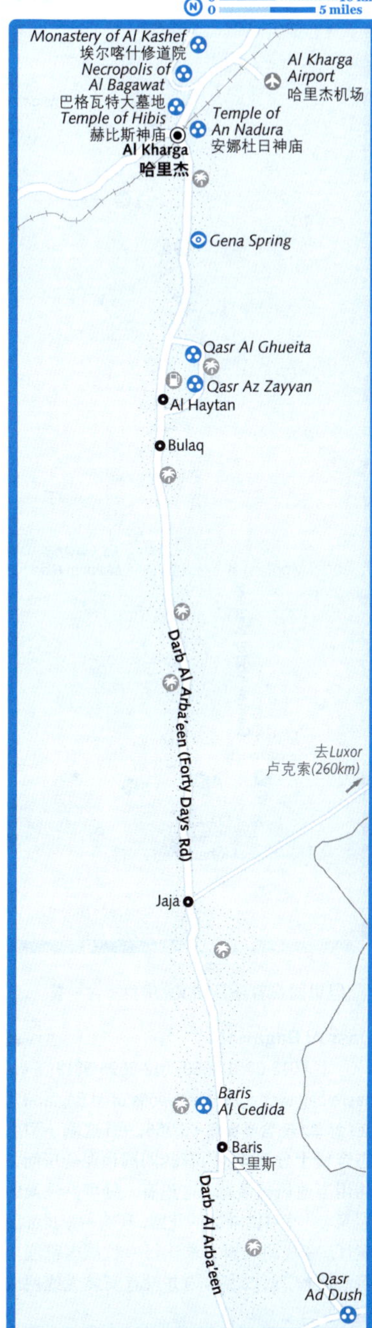

Al Kharga 哈里杰

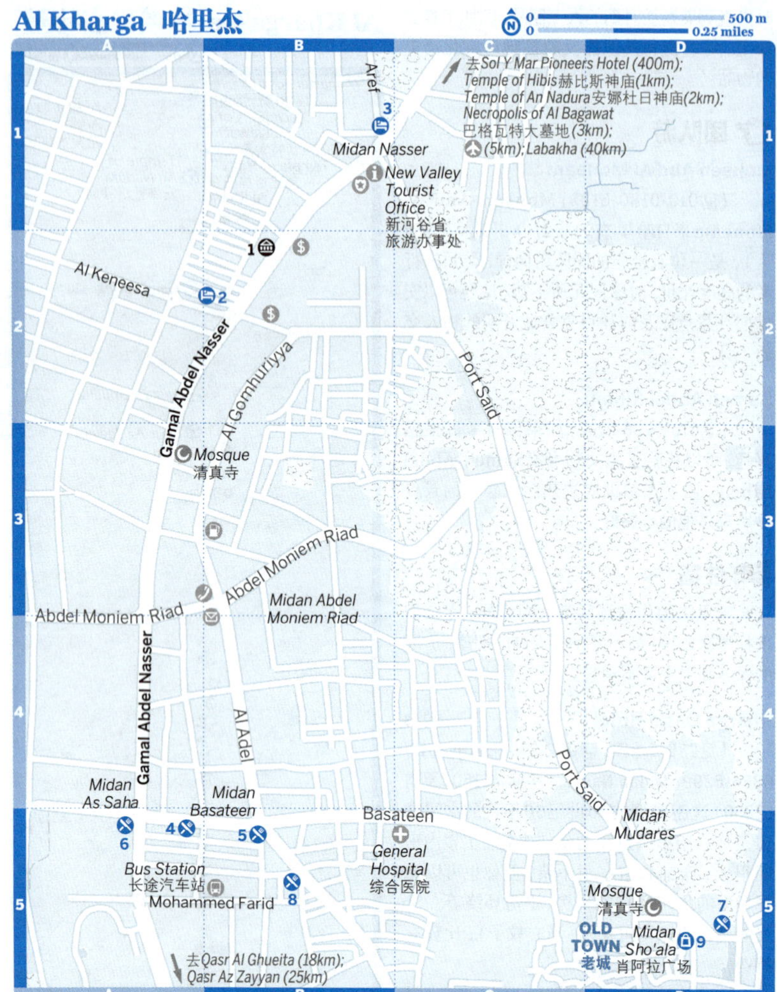

了，但里面看着还算结实。房价不含早餐。

Qasr Al Bagawat 客栈 $$

（☎012-0001-2669，012-2695-5819；www.qasrelbagawat.com；Necropolis of Al Bagawat对面；标单/双 含半食宿 €57/66；P）这家小型生态客栈十分迷人，内有22间圆顶泥砖房间，均用当地风格装修。这里有一处可供洗澡的温泉、一座可供乘凉的花园，还有一家贝都因餐厅。客栈的老板力求让每一位顾客都能全身心放松，所以客房内并没有安装无线网或电视。

Sol Y Mar Pioneers Hotel 酒店 $$

（☎092-2792-9751；Sharia Gamal Abdel Nasser；标单/双/套 含半食宿 US$60/80/100；@ 🛜 🏊）这座粉色的大度假村是哈里杰最舒适的住处，也是唯一一个客房干净的。员工很友好，游泳池是炎炎暑日的天赐宝物，宽阔茂密的花园是天堂般的避暑地。虽然房间宽敞，但破损程度显然与高房价不成比例。

旅馆附设的餐厅是城里唯一能买到酒的地方。

Al Kharga 哈里杰

就餐

肖阿拉广场（Midan Sho'ala）周边、Sharia Al Adel大街沿线和Midan Basateen附近有许多简陋的路边小餐馆，大多数只出售午餐和晚餐。至于早餐，可以去炸豆丸子沙拉卷饼小摊（falafel stand）或糕点店购买。

Crepiano Cafe

薄饼 $

（见280页地图；Midan Basateen；主菜LE10~21；⏲16:00至深夜；✎）没错，哈里杰有法式薄饼，而且味道很不错。从巧克力到香肠，配料种类极多。可以坐在室外摇摇晃晃的餐桌边，边吃边观望闹哄哄的哈里杰城中心。

Al Ahram

埃及菜 $

（见280页地图；Sharia Basateen；主菜LE15~40）这家热情的小餐馆是肉食者的最爱。出售烤鸡和科夫塔（kofta，串烤加香料肉丸），配菜是中规中矩的沙拉和素菜。烤肉的香味会为你指路，看到门口上方的金字塔（alahram）图片招牌就到了。

Pizza Ibn Al Balad

比萨 $

（见280页地图；Midan Sho'ala；比萨 LE20~45；⏲17:00至深夜；✎）如果你吃腻了烤肉和沙拉，想换换口味，就直奔这个小餐馆吧，这里出售整个哈里杰绿洲最美味的菲提尔（fiteer，酥皮比萨）。比萨饼的馅料分奶酪、素食、金枪鱼和牛肉等几种。

Wimpy

埃及菜 $$

（Wembe；见280页地图；Midan Basateen；餐LE20~35）这个繁忙的小餐馆食客如云，提到店里简单而可口的烤肉、沙拉、米饭和素菜等埃及美食，哈里杰当地人也要竖起大拇指。它是城里最靠谱的餐馆之一，可以大快朵颐一番。

Estekoza

埃及菜 $$

（见280页地图；☎010-0091-7670；Sur As Saha Ash Shaabiya；主菜 LE20~45；⏲正午至午夜）在这家热门餐厅可以买到美味的鲜鱼，这在沙漠中央可能比较难以置信，但事实如此。

购物

肖阿拉广场市场

市场

（Midan Sho'ala Market；见280页地图；Midan Sho'ala）这个地道的当地市场占据了肖阿拉广场两侧的小巷，出售形形色色的新鲜农产品。从塑料家用制品到堆得高高的盒子里叽叽叫的小鸡，什么都有。传统修鞋匠、金属制品匠以及装满椰枣的木桶混杂在出售低档廉价服装和小饰品的摊档之间。

这里很有意思，而且没有会唱歌的玩具骆驼和玻璃的金字塔形雪世界模型。到了晚上，似乎有一半的哈里杰人都在这里购物。

实用信息

开罗银行（Banque du Caire；见280页地图；紧邻Sharia Gamal Abdel Nasser）有一台自动柜员机。

埃及国家银行（National Bank of Egypt；见280页地图；Sharia Gamal Abdel Nasser）在博物馆对面，有一台自动柜员机。

新河谷省旅游办事处（见280页地图；☎010-0180-6127, 092-2792-1206；Midan Nasser；⏲周六至周四 9:00~14:00）

旅游警察局（见280页地图；☎092-2792-1367；Sharia Gamal Abdel Nasser）在新河谷省旅游办事处隔壁。

到达和离开

飞机

机场在城北5公里处。Petroleum Service Company的15架飞机通常周一和周四8:00从开罗

黄沙不归路：DARB AL ARBA' EEN

哈里杰绿洲地处古代唯一一条穿过埃及西部沙漠的非洲南北贸易路线——臭名昭著的Darb Al Arba' een（又名Forty Days Road）的高处。这条1721公里长的路线连接苏丹达尔富尔省（Darfur）的Fasher和尼罗河谷的艾斯尤特，是非洲伟大的商队路线之一，将苏丹的财富——黄金、象牙、兽皮、鸵鸟羽毛和（尤其是）奴隶运往北方的尼罗河谷，从那里再运往地中海。

这条路被认为始建于古王国时期。由于在这条荒凉小路上往来的商人携带大量财富，因此安全非常重要。罗马人在这里投入大量人力物力，修建了一连串要塞，比如Qasr Ad Dush、埃尔喀什修道院和Qasr Al Ghueita，向商队征税，并试图击退经常袭击商队的沙漠部落。

虽然危险，Darb Al Arba' een沙漠贸易路线一直到伊斯兰时代初期都很繁荣，在那之前这条路线是埃及奴隶的主要来源，不知有多少奴隶在往北走的路上死于饥饿和干渴。据19世纪的欧洲旅行者说，比起冒着在寒冷的沙漠冬季得支气管炎和肺炎的风险，人们更倾向于在酷暑下运送奴隶，英国地理学家GW Murray（1967年出版的*Dare Me to the Desert*的作者）称之为“黄沙不归路”。

虽然英国屡次尝试禁止奴隶贸易，但直到20世纪初达尔富尔归苏丹所有之后，往北边运送奴隶的行为才停止了。Darb Al Arba' een衰败了，今天这条路上除了风沙什么也没有。

飞过来，15:00从哈里杰飞回开罗（单程LE600，1.5小时）。

长途汽车

每天9:00和10:00，上埃及长途汽车公司（Upper Egypt Bus Co）各有一班长途汽车从**长途汽车站**（见280页地图；☎092-2792-4587；Sharia Mohammed Farid）开往开罗（LE120，8~10小时）。6:00、7:00和9:00还有开往艾斯尤特（Asyut；LE130，3~4小时）的班次。向北开往达赫莱绿洲（LE25，3小时）的长途汽车14:00发车。

没有直达卢克索的长途汽车，要么在艾斯尤特换车，要么乘坐私人出租车。

出租车

私人出租车沿新建的高速公路往返卢克索单程约3.5小时，车费高达LE800左右。但如果你想游览西部沙漠和尼罗河谷，只要能找到人跟你分摊出租车费，这是比长途汽车更佳的方式。如果你想乘坐私人交通工具前往开罗，出租车要价LE1350。联络新河谷省旅游办事处（见281页）的Mohsen Abd Al Moneem，他能帮你安排车辆。

当地交通

哈里杰绿洲面积很大、布局分散，长途汽车站在城中心偏南的地方，小巴车站在市集附近的东南方向，步行比较累，因为大多数旅馆离这两个车站都相当远。小巴（LE1）沿哈里杰的主要街道行驶，尤其是Sharia Gamal Abdel Nasser大道。乘出租车在城里转转的费用为LE5~10。

哈里杰周边 (Around Al Kharga)

哈里杰附近人气最旺的古迹集中在向南通往巴里斯（Baris）的平整的沥青公路沿线，城北也有几个有趣但交通相对不便的景点。虽然游客很少，但你可以把它们当作绿洲周边一日游的最佳目的地。

这片区域所有需要门票的古迹都含在哈里杰套票中（成人/学生LE120/60）。

景点

Qasr Al Ghueita 要塞

（成人/学生 LE40/20；⏲8:00~16:00）兵营厚重的外墙内有一座第25王朝的砂岩神庙，里面供奉着三位底比斯神：阿蒙、穆特和孔苏。在第25王朝之后的几个世纪里，这座要塞曾是一个村子的中心，现在还能看到沿着外墙而建的一些民宅遗址。多柱大厅内有一连串浮雕，描绘大腹便便的尼罗河神哈比（Hapy）手举上埃及诸省的象征物。

这里在哈里杰以南约18公里处，从荒凉而尘土飞扬的地貌看来，恐怕谁也猜不到这一地区在古代曾是土壤肥沃、以葡萄和酿酒闻名的农业中心——名字意思便是“小花园要塞”的意思。这里的村庄始建于中王国时期，当时它的名字是Perousekh。今天，两座建于罗马时期末期、可能曾用作兵营的坚实要塞仍然矗立，俯瞰着平原。

一条沥青小路离开通往巴里斯的主路，延伸2公里到达这两座宏伟的泥砖要塞。如果你没有自己的交通工具，要来这里，可以在哈里杰乘坐开往巴里斯（LE8）的小巴或开往Bulaq（LE2.50）的有篷皮卡。公路上有条沥青小路通往两座要塞，这条小路穿过沙漠，爬升3公里后到达Qasr Al Ghueita。由于路途遥远、天气酷热，要想步行过来的话很费劲，一定要带足够的水。

Qasr Al Zayyan 要塞

（成人/学生 LE40/20）希腊罗马式的Qasr Al Zayyan神庙是哈里杰绿洲的一座重要古迹，位于Takhoneourit古村落。村子大部分仍未经挖掘，是沙漠中前往伊斯纳途中非常重要的一站。这座不大的砂岩神庙是要塞的一部分，用于供奉阿蒙-赫比斯（Amon-Hibis），由一个通往圣殿的庭院和一个通往屋顶的楼梯组成，庭院内还有一个美丽的神龛。

Baris Al Gedida 建筑

Baris Al Gedida的泥砖民宅位于小镇原址以北约2公里处。埃及最有影响力的当代建筑师哈桑·法赛（Hassan Fathy）设计了这些采用传统方法和材料建造的房屋，旨在将Baris Al Gedida作为其他新建村镇的模板。1967年“六日战争”的爆发使施工中止，只建好了两栋民宅和一些公共空间。

这个地方现在是废弃状态，无人居住。

Qasr Ad Dush 要塞

（成人/学生 LE40/20；⏲8:00~17:00）Qasr Ad Dush在巴里斯东南方向约13公里处，是一个宏伟的神庙兼要塞，177年左右完工，所处位置是古城Kysis原址。一座1世纪的砂岩神庙与要塞相连，供奉伊希斯神（Isis）和塞拉匹斯神（Serapis）。神庙有一部分曾经被黄金装饰包裹（这个要塞因此而出名），但很久以前这些黄金就不知所踪了，不过内部石墙上还留有一些装饰。

Dush是个边境小镇，地势险要，位于5条沙漠小路的交会处，曾是埃及的南边门户之一。这个小镇还曾经守卫着连接尼罗河谷内的伊斯纳神庙和伊德富神庙的东西向道路Darb Al Dush。因此，这座要塞十分坚固，并且曾有重兵把守，地下部分就有4~5层。

★ Qasr Al Labakha 历史遗迹

迷你绿洲Qasr Al Labakha位于哈里杰以北约40公里处的沙丘中间，显得孤零零的。零星散布在沙坑和岩石中的有一座4层的**罗马要塞**、两座**神庙**和一个**大墓地**的遗址。那个大墓地曾出土了500多具木乃伊（墓地里至今仍可见到人类遗骸）。哈里杰的新河谷省旅游办事处（见281页）可以安排前往Labakha的一日游，价格为每辆机动车US$150起。

Ain Umm Al Dabadib 要塞

免费 这座宏伟的要塞坐落在一道明显高于沙漠平原的山脊上，位于Qasr Al Labakha以西约20公里处。这里有罗马人在该地区修建的最复杂的地下引水渠之一。到这里游览被认为是真正的沙漠远足，需要四轮驱动车和有经验的司机，这些都可以由哈里杰的旅游办事处安排。只允许在日落前来这里。

达赫莱绿洲（DAKHLA OASIS）

☎092/人口：90,000

达赫莱地处西部沙漠环形公路沿线，绿洲内有10多个土壤肥沃的小村庄，符合大多数游客对绿洲生活的浪漫想象。

新石器时代的达赫莱是一个大湖，岩画表明岸边曾有大象、斑马和鸵鸟出没。在法老时代，达赫莱还保留着几个村落，肥沃的土地出产红酒、水果和谷物。罗马人及后来的基督教徒先后在古老的村落留下各自的建筑。中世纪，村镇被加固，用于抵御贝都因人和阿拉伯人的袭击。盖斯尔（Al Qasr）是这些村镇之中保存最完好的，也是西部沙漠中最迷人的地方。

一个个泥砖村庄、棕榈树林和散落其间的温泉——在穆特周围的绿洲，生活节奏缓

Dakhla Oasis 达赫莱绿洲

慢，你将看到西部沙漠最能令人展开无限遐想的景色。

穆特（Mut）

达赫莱绿洲的中心小镇是穆特，名字来自从法老时代就受到当地人祭拜的阿蒙神的配偶。今天的穆特是一座水泥建筑林立的现代化埃及城镇，设施齐备，是旅行者最方便的大本营。但是，如果你在盖斯尔城里或附近住宿，你会对达赫莱有更多的认识。穆特老城内残缺衰败的古迹以及大片的棕榈树林都让它别有一番风情，但也仅此而已。

景点

泥砖房屋组成的迷宫和山坡上蜿蜒的小路都值得一看，只不过有时会使人热得够呛。

穆特老城 遗迹

（Old Town of Mut；见286页地图）因为有穆特老城的存在，村民才能抵挡住贝都因人的屡次袭击。这里的大多数民宅没有窗户，这是为了抵抗入侵者，同时也可以遮挡沙漠的热气和大风。泥砖房屋组成的迷宫也是为了类似目的。山顶有个老城堡（穆特老城原来的中心），从那里可以俯瞰新城和远处沙漠的风光。

人种学博物馆 博物馆

（Ethnographic Museum；☎010-1484-4100，012-2491-6379；见286页地图；Sharia As Salam；LE10；⏲根据要求）达赫莱绿洲内一个很不错的博物馆，如今仅按要求开放。向旅游办事处询问（或致电），Omar Ahmad会安排一个时间，让你在管理者Ibrahim Kamel的陪同下拜访该博物馆。博物馆内按照传统民宅的样式布局。服装、篮筐、珠宝和其他本地展品让参观者了解绿洲生活。

团队游

大多数旅馆可以组织前往达赫莱绿洲的团队游。典型的一日游包括乘车穿过附近的沙丘、参观一眼泉水，以及游览盖斯尔，沿途可参观Al Gedida和Qalamun，这两个村庄有奥斯曼时期和现代的房屋。包车价格可能高达LE500。穆特的出租车司机可以载你去偏远的景点，包一天车大约LE400，半天大约LE200。如果你想去更远的地方，得向旅游办事处查询，确认载你的人是否持有必需的许可证——达赫莱是离Gilf Kebir最近的绿洲之一，但去那里的许可证已不再签发。

Bedouin Camp & El Dohous Village 户外

（☎092-2785-0480，010-622-1359；www.dakhlabedouins.com；穆特至Al Qasr Hwy，El Dohous；2小时 LE200，全天加过夜 LE1200起）这个营地的主人是几位贝都因兄弟，他们也是骆驼专家，可以安排前往达赫莱周边沙漠的短途骑骆驼旅行，长途旅行已经被禁止。

住宿

El Forsan Hotel 酒店 $

（☎092-2782-1343；Sharia AlWadi；标单/双

LE180/250，平房 不带空调 LE120/175；❄📶）这家酒店是城里最好的经济型住处，请忽略进门之后那条如恐怖电影般阴森的走廊。这里维护得当，带空调的客房里甚至还有羽绒被，后面的花园里有拱顶泥砖平房（相当破旧）。热情的店主Zaqaria能快速做出美味的早餐。

Anwar Hotel 酒店 $

（☎092-2782-0070；Sharia Basateen；标单/双/三 LE100/150/220起；📶）友善的Anwar先生兢兢业业地经营这个家庭旅馆，房价灵活。房间相对干净，有公用卫生间，也有带独立卫生间的。来自附近清真寺的噪声是个问题，而且Anwar先生的孩子过于热衷推销他们的团队游了。

El Negoom Hotel 酒店 $

（☎092-2782-0014；标单/双 LE100/190；📶）在旅游办事处后面一条安静的街道上，位于Sharia As Sawra Al Khadra北边。这个友好的旅馆有令人宾至如归的大堂，房间里家具不多，款式老旧，但浴室很整洁。某些房间有电视。

Bedouin Camp & El Dohous Village 酒店 $$

（☎092-2785-0480，010-0622-1359；www.dakhlabedouins.com；El Dohous；标单/双 含半食宿 LE250/400；P📶♨）ElDohous Village与穆特镇中心相距3公里，有各种线条浑圆带拱顶的房间，颇有气氛。每个房间内都以当地工艺品作装饰。山顶餐厅坐拥美景，餐厅内有一大块铺着垫子的乘凉区。这里还有个温泉。员工友好热情的服务是选择在这里住宿的另一个原因。

就餐

穆特没什么好餐馆，但有些新鲜食物（多是鸡肉、羊肉串和大米之类的）可以尝尝。大多数外卖沙拉三明治的餐馆中午歇业。

El Forsan Cafe 埃及菜 $

（☎092-282-1343；El Forsan Hotel，Sharia Al Wadi；餐 LE40~60；✎）这个花园咖啡馆在El Forsan Hotel旅馆后面（穿过旅馆就进来了），草坪长得特别茂盛。简单但新鲜的埃及美食分量十足，包括各种口味的mahshi（夹馅蔬菜）和常见的烤肉。本地人在这里喝茶，直到凌晨。

Ahmed Hamdy's Restaurant 埃及菜 $

（☎092-2782-0767；Sharia As Sawra Al Khadra；餐 LE30~50）这家广受好评的餐馆位于通往城区的主路边，提供美味的鸡肉、羊肉串、蔬菜和几种小菜。有室内桌椅，客人也可以在露台上就餐。鲜榨酸橙汁特别好喝，水烟也不错。

Said Shihad 埃及菜 $

（Sharia As Sawra Al Khadra；餐 LE30~55）老板Said最擅长为饥肠辘辘的当地人制作以肉类为主的大餐。滋滋冒油的肉串鲜嫩多汁，是不二之选，吃的时候搭配番茄酱土豆、米饭和豆子。

Fateer Al Wadi 埃及菜 $$

（Sharia As Sawra Al Khadra；主菜 LE40~70；⏲6:00~22:00）向一位热情的服务员下单，然后就等着吃新鲜出炉、或甜或咸的菲提尔（酥皮比萨）吧。

实用信息

埃及银行（Bank Misr；Sharia Al Wadi；⏲周日至周四 8:30~14:00）有一台自动柜员机，可以兑换现金和办理维萨卡、万事达卡取现。

旅游办事处（☎092-2782-1685，手机010-0180-6127；Sharia As Sawra Al Khadra；⏲8:00~15:00）热情的办事处负责人Omar Ahmad可以帮你解决和绿洲相关的任何问题。

旅游警察局（☎092-2782-1687；Sharia 10th of Ramadan）

到达和离开

长途汽车

上埃及长途汽车公司的车从穆特的**长途汽车站**（☎092-2782-4366；Sharia Al Wadi）出发，经哈里杰绿洲（LE25，2~3小时）和艾斯尤特（LE70，5小时）开往开罗（LE115，10小时），发车时间分别为19:00和19:30。

去开罗可以选择经由费拉菲拉绿洲（Farafra Oasis；LE35，4小时）或拜哈里耶绿洲（Bahariya Oasis；LE60，7小时）的长途汽车，都在20:00发车。

所有的长途汽车都依次在长途汽车站和Midan Al Tahrir广场上停靠。该广场在长途汽车**订**

Mut 穆特

票办公室小亭子所在的环岛对面。

小巴

在本书写作期间，外国游客不允许搭乘小巴前往各个绿洲。

当地交通

达赫莱绿洲的大多数地方有拥挤不堪的皮卡或小巴往来，但具体时刻表恐怕只有天体物理学家能计算出来。前往**盖斯尔**（LE2.50）的车辆从Sharia As Sawra Al Khadra出发。可以花LE2.50在医院门口乘坐开往拜拉特（Balat）和巴申迪（Bashendi）的皮卡。其他车辆大多从位于Sharia Tamir大道的拼车车站发车。

有时和上门接客的出租车讲价会容易一些。乘坐出租车前往盖斯尔，含等候时间在内，费用应该是LE100。

穆特周边（Around Mut）

从穆特南边或者西边边境继续走几公里就能看到连绵的沙丘，虽然不能算是沙漠里最壮观的景象，但对没有私人交通工具的人

Mut 穆特

景点

1 人种学博物馆......C3
2 穆特老城......B5

活动、课程和团队游

3 Dabuka Expeditions......A1

住宿

4 Anwar Hotel......B3
5 El Forsan Hotel......A4

就餐

El Forsan Cafe......（见5）
6 Fateer Al Wadi......A1
7 Said Shihad......B2

交通

8 长途汽车站......A5
9 去盖斯尔的皮卡车......B1
10 去拜拉特和巴申迪的皮卡车......D1
11 上埃及长途汽车公司订票办公室......B1

而言，这还算是容易到达的（如果步行，单程至少需要一个小时）。穆特几乎每个旅馆和餐馆都能组织包含参观沙丘在内的一日游，也可以安排日落时分骑骆驼游览沙丘。你也可以买到包含达赫莱绿洲所有景点的套票（成人/学生LE120/60）。

拜拉特（Balat）

想一窥中世纪的生活是什么样子，就来穆特以东35公里处的伊斯兰村庄拜拉特吧。拜拉特建于马穆鲁克人（Mamluks）和土耳其人统治时期，所在之处的历史可追溯至古王国时期。富有魅力的蛇形小巷交织成低矮的过道，过道两边摆放着高迪（Gaudí）风格的长椅。房屋圆润的墙体之上仍然使用棕榈叶搭建屋顶。这里的房门都小小的，这种设计可以保持屋内凉爽并迷惑潜在的入侵者。向导很乐意带你上到一栋三层泥砖房屋的屋顶，在那里能看到一览无余的景色（应该给他一点小费）。

景点

Qila Al Dabba 遗迹

（成人/学生 LE40/20；8:30~16:00）Qila Al Dabba是拜拉特的古代大墓地。这里有5个马斯塔巴（mastaba，墓地上方的长椅形状软泥砖建筑，后来的金字塔即由此演变而来），其中最大的一个高度超过10米，历史可追溯至第6王朝。另外4个已成废墟，但有一个被修复并向公众开放。要到这里来，沿一条土路（这条路在拜拉特以东200米处与公路主路会合）直行，然后往北。沿着公路走3.5公里，过了Ain Al Asil之后就是大墓地。

5个马斯塔巴起初应该都被优质的石灰岩所覆盖，其中3个据说属于重要的古王国时期的绿洲统治者。如果马斯塔巴被锁住了，通常可以在附近的建筑里找到守墓人。

到达和离开

要来拜拉特，可以在穆特的综合医院附近乘坐皮卡车（LE2）。

巴申迪（Bashendi）

这个小村子里满是美丽的泥砖屋子，位于达赫莱至哈里杰公路主路的北侧，名字来自葬在附近的中世纪首领辛迪帕夏（Pasha Hindi）。1947年这里出土了5座希腊-罗马风格的墓地，村子也因此扬名。

景点

辛迪帕夏墓 圣陵

（Tomb of Pasha Hindi；成人/学生 含基蒂尼斯墓 LE30/20；8:30~16:00）辛迪帕夏墓上方是伊斯兰时期的拱顶，拱顶下方是一个罗马建筑，从建筑内部可以清楚地看见。当地人来这里朝拜，祈求圣人让自己心想事成。

基蒂尼斯墓 墓地

（Tomb of Kitines；成人/学生 含辛迪帕夏墓 LE30/20；8:30~16:00）这座砂岩墓地在第一次世界大战中埋葬战死的塞努西（Senussi）士兵，后来被村里的一户人家所占据。一些葬礼浮雕保存至今，描绘的是敏（Min）、赛特和休（Shu）这三位神在2世纪的那次著名聚会。

地毯编织合作社 文化中心

（Carpet-Making Cooperative；LE3；周日至周四 9:00~13:00）在巴申迪的地毯编织合作

社，你能看到工匠编织毯子，还可以参观陈列室。

岩刻

历史遗迹

这些雕刻刻在与哈里杰相距45公里的形状奇特的岩石上，所在之处是过去两条重要商队线路的交会处。岩刻来自史前时期，图案是骆驼、长颈鹿和部落图腾。这个地方最近被粗心大意的旅行者破坏得很严重，他们的涂鸦几乎把大部分神秘的图案都毁掉了。要来这里，必须有四轮驱动车和经验丰富的司机。

到达和离开

从穆特搭乘出租车来这里最方便，或者搭乘开往巴申迪方向的小巴，小巴车次不是很多。

盖斯尔（Al Qasr）

中世纪/奥斯曼时期的小镇盖斯尔与众不同，是西部绿洲里的必游景点之一。它位于标志着绿洲北端的粉色石灰岩峭壁脚下，旁边是茂密的植被。老城部分经过精心修复，可以让游客了解新河谷开发之前的其他绿洲城镇的样子，效果相当惊人。镇上住着几百人，而不久之前这个数字是几千。

盖斯尔也是不带向导游览沙漠的首选之地。镇北部的高原遍布着浅浅的沙质河床（河谷或干燥的河床），与岩石和奇形怪状的山峰交织。地上随处可见化石，包括鲨鱼牙齿化石。

景点

盖斯尔的老城由迷宫般的泥砖建筑组成，建在一个古代罗马城市之上。盖斯尔老城据说是绿洲内最早有人类居住的地区。今天能看到的老城大多建于奥斯曼时期（1516~1798年），虽然老旧，但纵横交错、狭窄的有篷街道却美丽犹存，能令人回想起当年的辉煌。全盛时期的盖斯尔老城可能是达赫莱绿洲的首府，要塞内的街道方方正正的，只要守住街道就可以轻松地保护城区。

蜿蜒的小巷在炎热的夏季仍能保持凉

当地知识

了解你要去的沙丘

沙丘形状分类标准是科学家们在20世纪70年代确定的，根据的是从太空中拍摄的沙丘区域照片。典型的沙丘形状有5种，其中4种可以在埃及看到。

赛夫（Seif）沙丘

这个词来自阿拉伯语，意思是“剑”。这些长条形沙丘的走势顺着风向。这种沙丘首先发现于大沙海和西部沙漠的北部。赛夫沙丘经常移动，甚至从悬崖顶部滚下来，形成新的沙丘底部。

新月形沙丘

这些新月形状的沙丘有一面是可以滑动的。它们的宽度和长度一样，两座新月形沙丘之间常见平坦的沙漠走廊。这种沙丘每年能移动19米，在哈里杰绿洲、达赫莱绿洲和大沙海很常见。

星形沙丘

这种沙丘由刮自不同方向的风形成，通常是单独存在的。它们一般是在固定的圆圈区域内往上增长，而不是随风移动。这种沙丘在埃及比较少见。

山形沙丘

这种山形沙丘又名鲸背沙丘，是两个小沙丘相遇后一个摞上另一个而形成的。山形沙丘的每一面都指向不同的方向，在哈里杰绿洲和达赫莱绿洲之间能看到这种形状独特的沙丘。

爽，也有助于抵挡来自沙漠的沙尘暴。老房子的入口很明显，因为门上都有美丽的门楣，即门上方的金合欢木木梁。这些装饰物上面刻着木匠和房主的名字、日期以及《古兰经》里的词句，保存得相当完好。房子的面积和残存的装饰部件不仅显示出房主的富裕程度，也能从中看出这个城镇对奥斯曼人的重要性。

村里有37根门楣，其中年代最早的可追溯至16世纪初。最精美的一根门楣位于旧清真寺内Sheikh Nasr Ad Din的墓上，这座旧清真寺的标志是一座经过修复的12世纪泥砖尖塔。隔壁是Nasr Ad Din Mosque，内有一座21米高的尖塔。一些建筑经过维修，包括老伊斯兰学院。学院曾经教授伊斯兰律法，还曾兼作市政厅和法院，囚犯被绑在入口附近的木桩上。

经过修复的House of Abu Nafir同样有趣，入口处的尖拱下是一扇用钉子固定的大木门。这是一栋泥砖房屋，面积比周围的房子都大。它的大量材料来自该处的早期建筑，可能是一座托勒密时期的神庙，里面有象形文字的浮雕。

老城里其他值得一看的景点包括陶器工厂、一个铁匠铺、一架水车、一个橄榄油榨油厂和一个巨大的老玉米磨坊。玉米磨坊经过彻底翻修后恢复了原有功能，随着杵臼一上一下地敲打，人们可以感受刀耕火种年代的生产效率。附近是人种学博物馆（Ethnographic Museum；LE20；⌚9:00至日落）。博物馆所在的建筑是始建于1785年的Sherif Ahmed的家，馆内陈列的日常用品试图让周围空荡荡的建筑变得鲜活起来。

最高文物委员会（Supreme Council for Antiquities）负责管理该城，但不收门票。最好是你能找到委员会的护卫带你游览（如果他们在附近），他们希望得到LE10的“捐款”。小巷里散乱分布着指路牌，但一些亮点建筑很难找。摄影者注意：正午是在这里拍照的最佳时间，因为此时的光线能最大限度地穿透峡谷般幽深的街道。

要欣赏所有绿洲中最震撼的美景，可以徒步登上从高原拔地而起的峭壁顶端——找看起来比较硬的、能让人放心的沙子下脚，一步一步走上去！然后再从几百英尺高的沙山上跑下来，乐趣无穷，仿佛立刻回到了童年的欢乐时光。从盖斯尔到山顶需要大约2个小时。如果你只是随心所欲地闲逛，所需时间更长一些，因此要带上足够往返路程的水和食物。如果是月圆之夜，就在日落之前动身，然后乘着月色返回。

如果你有自己的机动车或司机，盖斯尔和穆特之间的二级公路沿线有十几个值得一游的景点。Amhadah村遗址附近有几个2世纪的墓地。再往穆特走，公路穿过沉寂的Al Gedida和Qalamun，两个村子里都有许多传统泥砖建筑。

Bir Al Gebel 泉水

（LE30）Bir Al Gebel所在的地方拥有非凡的沙漠美景，是泡温泉的绝佳之地。冬季和春季的白天，这里挤满了一日游的学生团队，大喇叭里播放着音乐。晚上来吧，那时候大多数人都走了，星星在空中眨着眼睛。穆特以北20公里处的路口有路标，从那里再走5公里就到了。现在这里是Camp Bir Al Gabal客栈的一部分。

如果你不幸赶在人多的时候来了，在距离Bir Al Gebel还有500米的右边有一个比较安静的天然泉，它隐藏在一个水泵砖房后面。

住宿

Al Qasr Hotel 青年旅舍 $

（☎092-2787-6013；Main Hwy；房间 带公共浴室 LE90）这家深受背包客喜爱的老牌青年旅舍位于穿过盖斯尔镇的主路边，楼下是一家咖啡馆兼餐馆。房间简单，但楼上的公共起居室通风良好，你可以在那里下棋或者悠闲地坐着。只要多花LE15你就可以躺在天台的床垫上。老板Mohamed素有热情好客的名声。

Camp Bir Al Gabal 客栈 $

（☎012-1043-3045；标单/双 LE160/200；P 📶 ✖）这家客栈拥有12间朴素的圆顶客房，均配有干净的洗手间，客房位于泥砖小屋内。这些小屋坐落沙漠边缘一个迷人的花园内，但是这里最具吸引力的当属Bir Al Gabal温泉。可应要求提供泥浆护理服务。周围的环境棒极了。

当地知识

泡温泉的礼仪

在尘土飞扬的绿洲土路或是炎热的沙漠中奔波了一天之后，没有什么比在天然温泉里泡澡或游泳更惬意的了。

如果你打算在绿洲内随处可见的公共温泉泡泡，就要牢记下列被普遍接受的温泉礼仪：

- 如果当地男性在洗澡，女性应该等到他们洗完后再下水。
- 在城里的温泉，女性应该穿宽松的T恤和短裤，或者最好是在游泳衣外面套条裤子。按照你最保守的着装来，如果察觉气氛不对，就赶快从水里出来。
- 男性不要穿紧身泳裤。

★ Sosal Center for Ethnic Arts and Crafts 客栈 $$

（☎012-2323-2247；www.mervetazmi.com；房间 每人LE250；P 📶）这个可爱的别墅有5间卧室，是一个令人愉快的住所。别墅内设有厨房，舒适的起居室有壁炉，外面还有一个公共花园。隔壁是一个篮筐编织工坊。你可以在这里自己做饭，也可以通过附近村子的妇女安排早餐（LE25）、午餐（LE85）和晚餐（LE95）。

这里所在的村庄、乡下和附近的沙丘非常适合散步。这家客栈就在Al Tarfa Desert Sanctuary的隔壁。店主Mervat希望客人可以每天花1小时与村民互动，比如画画、踢足球、聊天之类的。

★ Al Tarfa Desert Sanctuary 精品酒店 $$$

（☎092-2785-1492，010-0100-1109；www.altarfa.net；Al Qasr；标单/双 含三餐 €360/440；P 📶 🏊）这家酒店将达赫莱的旅馆标准提高到前所未有的高度，在沙漠里鹤立鸡群。传统风格的装修很有品位，从精致程度足以和博物馆展品媲美的刺绣床单，到一点裂纹也没有的灰泥墙壁，连最小的细节都无懈可击。这里位于盖斯尔以北，周围没什么建筑，店方可以安排私家车辆接送客人。

就连度假村后面的金色沙丘都似乎比其他地方的更完美。每间套房都独一无二，游泳池就像一块巨大的液态蓝宝石，Spa里竟然有来自泰国的按摩师。

Desert Lodge 精品酒店 $$$

（☎092-2772-7061，02-2690-5240；www.desertlodge.net；标单/双/三 半食宿 US$90/150/210；@ 🏊）这家酒店经过精心设计，环保泥砖楼房位于盖斯尔东端的山顶，俯瞰着老城。房间的装修风格为极简主义，粉刷成蓝色、粉色和绿色等清爽的蜡笔色。餐厅食物不错，店里还有一个酒吧、一个私人温泉和一个位于沙漠边缘的画室。

ℹ 到达和离开

开往盖斯尔的皮卡从穆特的Said Shihad餐馆对面发车，收费LE2，也可以乘坐从穆特小巴车站发车的小巴（LE2）。

代尔哈格尔及周边（Deir Al Haggar& Around）

代尔哈格尔 神庙

（Deir Al Haggar；成人/学生 LE40/20；⏲8:30~17:00）这座经过修复的砂岩神庙是达赫莱最完整的罗马古迹之一。这座神庙建于古罗马皇帝尼禄（Nero，公元54~68年）和图密善（Domitian，公元81~96年）统治时期，祭祀底比斯三神阿蒙、穆特和孔苏以及荷鲁斯神（Horus，鹰头形象）。一些浮雕保存完好，但大多数都被鸟粪盖住了。

如果你仔细看隔壁的Porch of Titus，就能看到墙上刻着19世纪沙漠探险家格哈德·罗尔夫斯（Gerhard Rohlfs）的整个团队的人名，还能看到Edmonstone、Drovetti和Houghton等著名沙漠旅行者的名字。

神庙在盖斯尔以西7公里处，路上有指路牌。在路口处继续走5公里就到了。

★ Qarat Al Muzawwaqa 墓地

（代尔哈格尔前2公里处；成人/学生 LE40/20；⏲8:00~17:00）埃及考古学家Ahmed Fakri于1971年重新发现了这些墓地，其中一些已经得到了修复，包括Oziri（Petosiris）和Badi Baset（Petubastis）之墓，这两座也是唯一向公众开放的墓地。这些墓内色彩

大气，天花板上画着黄道十二宫，这些墓穴格外有趣，因为它们横跨了希腊-罗马风格和古埃及风格。

这里出土了200多具木乃伊，但早在19世纪，旅行者似乎都很乐意将它们作为纪念品带走。

费拉菲拉绿洲 (FARAFRA OASIS)

☎092/人口: 21,930

尘土飞扬的费拉菲拉绿洲是西部沙漠里最小的绿洲，一眨眼的工夫可能就错过了。由于没有城墙或要塞，这里经常受到利比亚和贝都因部落袭击，许多袭击者最终在绿洲定居下来，成为重要的新的人口组成部分。近年来，政府下力气振兴该地区，橄榄、椰枣、杏、番石榴、无花果、橘子、苹果和葵花籽的产量逐年增加。费拉菲拉绿洲的人口原本只有约9000人，由于尼罗河流域的埃及人为了从事农业活动而涌入这里，使得人口增加了一倍以上。

但自从2011年革命后，就很少有游客来到费拉菲拉了，他们更愿意在拜哈里耶绿洲安排白沙漠之旅，使得这里令人昏昏欲睡。

费拉菲拉堡(Qasr Al Farafra)

费拉菲拉堡是费拉菲拉绿洲内唯一称得上城市的地方，但在西部沙漠仍然算是很落后的地方。城里摇摇欲坠的罗马要塞起初是为保护经过该地的沙漠商队路线而建的，但如今仅剩残垣断壁。要塞背后的小巷里还矗立着几个泥砖小房子，这些房子的门廊被中世纪的钉锁锁着，墙壁上写着《古兰经》词句。

在费拉菲拉堡逗留的唯一原因是你会在去白沙漠(Sahra Al Beida)的路上经过这里，但自助旅行者会认为参加从拜哈里耶绿洲出发的团队游更方便。

景点

在“城中心”正西的棕榈树花园逛逛，那些花园真的很可爱。椰枣丰收的季节(9月/10月)，花园里有各种活动。

★巴达尔博物馆 博物馆

(Badr's Museum; 见292页地图; ☎092-

Farafra Oasis 费拉菲拉绿洲

751-0091; 紧邻Sharia AlMardasa; 捐款 LE20; ⏲8:30至日落)巴达尔(Badr Abdel Moghny)是一位自学成才的艺术家，他充满激情，献给自己所在城市的礼物成为此地唯一真正的景点。巴达尔博物馆内展示着他的作品，其中许多作品都用最具创意的方式记录了传统的绿洲生活。巴达尔依然在继续做实验，他在屋顶上新建了一个雕塑花园，并用在生活中随处找到的天然颜料来作画。

风格独特的绘画以及泥塑、石刻和沙雕为他赢得了许多外国追随者。20世纪90年代初，他在欧洲成功地举办了展览，后来在开罗同样如此。

Bir Sitta 泉水

(6号井)这个硫黄温泉在费拉菲拉堡以西6公里处，来泡温泉的人很多。泉水涌入一个按摩浴缸大小的水泥池，然后飞泻着倾入一个大水池内。这里很适合在晚上边看星星边泡温泉。

Ain Bishay 泉水

罗马时代温泉的Ain Bishay在位于费拉菲拉堡西南10公里处的沙漠中，曾经是椰枣、

Qasr Al Farafra 费拉菲拉堡

Qasr Al Farafra 费拉菲拉堡

重要景点
1 巴达尔博物馆……A2

活动、课程和团队游
2 Al Badawiya……B2

住宿
3 Al Badawiya Safari & Hotel……B1
4 Al Waha Hotel……A2
5 Beit Ad Diyafa Al Asdiqa……B3
6 Rahala Safari Hotel……B3

就餐
7 Samir Restaurant……A3

购物
8 Farafra Bazaar……A2

交通
9 开往拜哈里耶和开罗的长途汽车……B3

橘子、橄榄、杏和长豆角的灌溉用水，泉水凉爽宜人。

阿布努斯湖（Abu Nuss Lake） 湖泊

在灼热的夏季，阿布努斯湖绝对是洗去暑气和汗水的好地方，湖边还有一些有趣的鸟。如果走通往达赫莱的公路主路，那么通往该湖的路口在费拉菲拉堡以北约11公里处。

团队游

费拉菲拉比拜哈里耶离白沙漠更近，但这里的沙漠游公司非常有限。2011年革命之后，游客数量稀少，这也意味着自助旅行者不大可能找到能组成团的同伴。Al Badawiya和Rahala Safari等旅馆能组织费拉菲拉周边和白沙漠的远足游，价格每辆机动车LE1000左右起。但是，由于旅游业实在凋零，你还是谨慎一些为妙：来之前先跟他们联系，问清楚价格和是否有团队游。

住宿

Rahala Safari Hotel 酒店 $

（☎092-251-0440，010-0306-4733；www.rahala-safari.com；标单/双 LE200/250；P ❄ 📶）这家宜人的小酒店由Farafaruni兄弟建造，圆顶客房内均配有电视、空调、无线网和洗手间。客房围绕着一座庭院而建，餐厅为阿拉伯风格，供应家常美味。老板非常乐于助人，他们会组织专业前往白沙漠和黑沙漠周边沙漠的专业行程，并且热情迎接来客。

Beit Ad Diyafa Al Asdiqa 客栈 $

（Badr's Guesthouse；见本页地图；☎01-2170-4710，092-751-0091；Goshna；每人 含食物与沙漠探险 LE500；P 📶）巴达尔博物馆（见291页）的创始人巴达尔还有另一个梦想，那便是开一家可以让创意人士觉得宾至如归的宁静小客栈。这座泥砖建筑有6间舒适的客房，位于一个可爱的花园内，花园内种满了当地果树和仙人掌。这里还有一间宽敞的创作间。

Al Waha Hotel 酒店 $

（☎012-2720-0387；紧邻Sharia AlMardasa；房间 LE75，带共用浴室 LE60）这家小旅馆很简陋，房间还算干净，但很破旧，地上铺着做工蹩脚的垫子。夏季，水泥墙被晒得发烫。这里正在装修一些更舒适的客房，以迎接新老游客再次光临。

Al Badawiya Safari & Hotel 酒店 $$

(☎092-751-0060; www.badawiya.com; Bahariya-Dakhla Rd; 标单/双/三 €30/40/50, 套€40~75; P 🛜 ≋) Al Badawiya由一对兄弟共同经营, 既是酒店, 也是探险旅游公司, 在费拉菲拉旅游界一枝独秀。舒适的拱顶房间富有传统贝都因风情, 但多少应该翻修一下了。附设一个能令人恢复身心(可惜很小)的游泳池和一家餐厅。白沙漠团队游和西部沙漠团队游相当专业。

就餐

费拉菲拉的就餐场所有限。吃腻了鸡肉和烤肉的人如果想换换口味, 就得凭运气了。Al Badawiya Safari & Hotel里也有一家餐厅。

Samir Restaurant 埃及菜 $

(Sharia Al Balad; 餐 LE30~50; ⏲10:00~23:00) 费拉菲拉的正餐馆的确不多, Samir是其中最有气氛的一家。烤肉和鸡肉套餐跟城里其他餐馆的没两样, 但餐桌上铺的桌布渲染出正餐馆的气氛。

Al Chef 埃及菜 $

(☎010-2725-84374; Ad Da' ira Al Gadid; 菜肴 LE20~45; ⏲正午至午夜) 这家路边餐厅位于前往达赫莱的路上, 装修华丽, 供应美味而朴素的食物, 比如鸡肉、科夫塔、炖菜和素菜。

购物

Farafra Bazaar 工艺品

(☎012-8615-2165, 010-2514-5062; Badr's Museum对面) 店主Hany的这家店几乎可以称得上绿洲内唯一一家工艺品店。店内出售山羊毛毛衣和袜子、编织毯、陶器、珠宝, 均为手工制造。

实用信息

若要获取旅游信息, 可以联系穆特(达赫莱)旅游办事处(见285页)的Mohsen Abdel Monem。

埃及银行 (Bank Misr; Bahariya-Dakhla Rd; ⏲周日至周四 9:00~14:00) 有一台自动柜员机, 但你最好别指望它。

旅游警察局 (Sharia Al Mishtafa Nakhaz) 没有电话。

危险和麻烦

费拉菲拉的旅游警察十分苛刻, 会检查每一个出入绿洲的游客。当局要求外国人只能住在Al Badawiya Safari & Hotel, 但是实际上你想住哪就可以住哪。

到达和离开

上埃及长途汽车公司的长途汽车从费拉菲拉经拜哈里耶(LE30, 3小时)前往开罗(LE105, 8~10小时), 发车时间分别为10:00和22:00。从费拉菲拉开往达赫莱(LE30, 4小时)的车分别在14:00或15:00和凌晨2:00前后发车, 始发站为开罗。上车后向售票员买票。

外国人不允许搭乘小巴前往各个绿洲, 你必须搭乘长途汽车或是出租车。

费拉菲拉绿洲至拜哈里耶绿洲(FARAFRA OASIS TO BAHARIYA OASIS)

Al Hayz

Al Hayz这片小绿洲有天然泉水来降温, 还有一个有趣的当地博物馆, 博物馆内的讲解为阿拉伯文和英文。这里位于拜维提(Ba-witi)以南45公里处, 是费拉菲拉绿洲与拜哈里耶绿洲之间的一个驿站。

★Ain Gomma 泉水

Ain Gomma在拜维提以南45公里处, 是这附近最重要的泉水之一。冰凉清澈的泉水涌入被广袤沙漠包围的小池塘里, 旁边是埃及所有绿洲里最时髦的咖啡馆。泉水位于Al Hayz镇附近, 你可以乘坐开往达赫莱的长途汽车来此, 但如果没有自己的交通工具, 怎么回去是个问题。许多前往白沙漠的探险游中途都会在这里停留。

★Al Hayz水资源教育中心 博物馆

(Al Hayz Water Education Center; www.facebook.com/El-Heiz-Water-Education-Center-726503367516623; Al Hayz Oasis; 成人/学生LE15/10; ⏲10:00~16:00) 这座水博物馆非常值得一去, 里面详细介绍了埃及的水资源和问题、西部沙漠的地质、绿洲内的传统农业与建

筑，以及如何解决缺水问题。博物馆用玄武岩和夯土建成，堪称可持续性建筑的典范。

黑沙漠（Black Desert）

在拜维提以南50公里处，沙床从米色变为黑色，标志着黑沙漠（Sahra Suda）从这里开始。山石风化后留下一层黑色的石粉和石块，覆盖住山顶和高原，看起来就像地狱。从拜哈里耶绿洲出发的团队游大多来黑沙漠参观，而且通常和白沙漠的游览行程组合在一起。

该地区的其他景点包括两座山峰Gebel Gala Siwa和Gebel Az Zuqaq。前者呈金字塔形状，曾被来自锡瓦的商队用作瞭望哨，后者以石灰岩上有红色、黄色和橘色的条纹而出名。有条小路通往山顶，很好爬。

到达和离开

行驶在拜哈里耶—达赫莱公路上的普通车辆可以开进白沙漠或黑沙漠的前几公里，但只有四轮驱动车能驶入两个沙漠深处。有些旅行者从长途汽车下来后步行进入白沙漠，但前提是必须有充足的补给。记住：相邻两个绿洲之间几乎不通车辆。步行可以轻松走到公路西侧的巨石或东边的所谓"蘑菇石"那里，但最诡异的景观在东边远处，走起来非常累。Bir Regwa是公路边的一个小泉，就在公园的一个入口处，通常有水。你最好知道这个小泉的位置（以防万一），但别完全依赖它。

尽管游客不允许在沙漠露营或是深入沙漠，但是旅游警察对那些拜哈里耶的旅行社睁一只眼

不要错过

匪夷所思的埃及白沙漠

第一眼见到300平方公里的白沙漠国家公园（White Desert National Park, Sahra Al Beida; US$5），你会觉得自己像在照镜子的爱丽丝。白沙漠位于费拉菲拉东北方向约20公里处的公路东侧，螺旋形的白垩岩石拔地而起，看起来像是一根根糖霜彩色棒棒糖，被干燥的沙漠狂风舔舐成或熟悉、或陌生的形状，堪称一片超自然景观。

日出或日落时最适合欣赏这些岩雕，因为柔和的太阳光为这里镀上了一层橘粉色的光边。月圆之夜的白沙漠也很美，看起来仿佛幽灵般的北极圈。大石头周围的沙子中零星可见石英、各种各样的深黑色硫化铁矿石和小化石。在费拉菲拉至拜哈里耶公路西侧被狂风切割而成的"雕塑"对面，被称为"孤山"的粉笔状圆塔从沙床上拔地而起，形成了壮观的白山谷。圆塔和圆塔之间是宽阔的沙子"大道"，就好似自然界的香榭丽舍大道。景色与公路东边相比毫不逊色，既有树荫，又很安静，非常适合露营。

北边大约50公里处有两座被称为双子峰（Twin Peaks）的平顶山，它们是旅行者的关键地标。双子峰是本地团队游公司最喜欢的目的地，两座山峰是对称的，都是蚁丘形状，站在山顶能看到很漂亮的景色。从双子峰开始，公路沿被称为Naqb As Sillim（意思是"台阶通道"）的陡峭斜坡向上攀升。此处是进出费拉菲拉洼地的主要通道，也标志着白沙漠的尽头。

再往前几公里，沙床再次改变，沙子中镶嵌着亮晶晶的石英。这一地区的岩石构造也大多是晶体。最有名的水晶山（Crystal Mountain）实际上是一大块完全由石英构成的岩石。水晶山在Naqb As Sillim以北约24公里处的公路主路边，因为"山"中间有个大洞，所以一眼就能认出来。

在本书写作期间，当局不允许外国人在沙漠里露营，但是实际上很多人都在这里过夜。旅游警察对此睁一只眼，闭一只眼，只要肯给资深的探险中介公司多付点钱就能搞定。除了公园门票，在这里过夜每晚要交LE20。如果你是跟团来的，团队游的报价里包含这项费用。通常可以在公园入口处买票，但是没票也可以进来，公园管理员来找你的时候把钱给他就行。最难忘的体验莫过于在公园里随便找个地方睡觉，被白色的岩层环绕，被友好的耳廓狐围观。

Bahariya Oasis 拜哈里耶绿洲

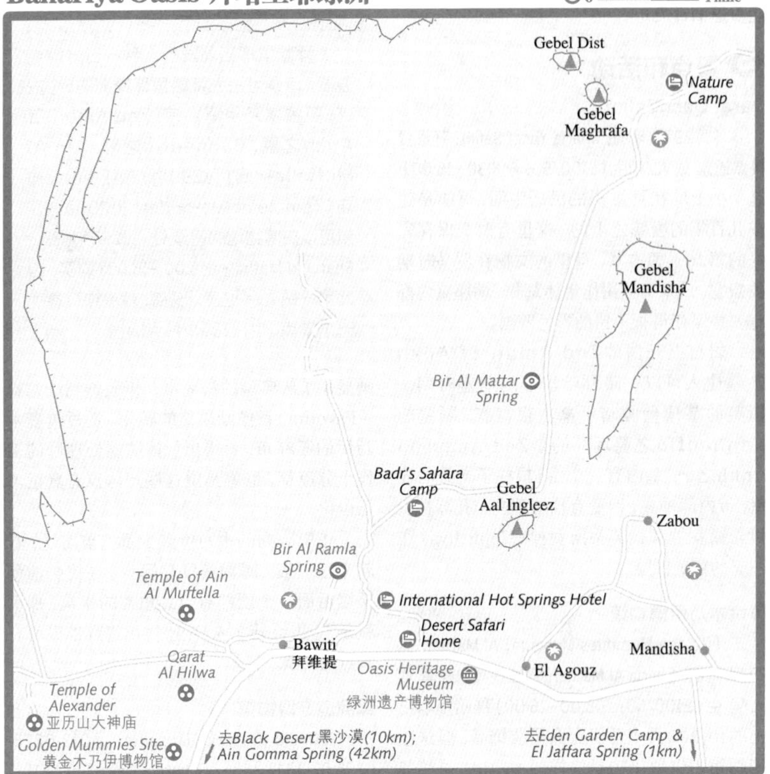

闭一只眼，这些公司可以组织前往黑沙漠与白沙漠的短程探险。

拜哈里耶绿洲 (BAHARIYA OASIS)

拜哈里耶是比较迷人的沙漠绿洲之一，也是交通最便利的绿洲，距离开罗只有365公里。拜哈里耶绿洲的大部分土地被摇曳的椰枣林覆盖，点缀其中的几十处天然泉水是游泳的好地方。周围的沙石平顶山颇有西部沙漠典型的荒凉之美。

在中王国时期，尤其是罗马时期，这个绿洲是农业中心，出产的红酒卖到尼罗河谷甚至远到罗马。由于地处利比亚至尼罗河谷的商队路线上，位置颇具战略意义，因此在后来的岁月里也一直很繁荣。近年来，黄金木乃伊等惊人的考古发现以及与白沙漠和黑沙漠往来的便利交通使拜哈里耶成为热门的旅游景点。

拜维提(Bawiti)

☎02/人口: 35,860

看到拜维提尘土飞扬的公路，你会纳闷儿为什么来这里。但是深入观察，你才能发现这个小镇的魅力：漫步走过土壤肥沃的棕榈树林，在众多的温泉中找一个泡澡，或是探访静悄悄的小巷，你在那里会遇到热情好客的居民。

多年以来，拜维提一直是个以农业为主的安静小镇，但最近，这里成了前往白沙漠和黑沙漠旅游的交通枢纽，还有黄金木乃伊和其他景点。不过，在本书写作期间，这里再次沉寂了下来，很多酒店都关门了，依旧营业的旅行社也屈指可数。人人都盼着沙漠旅游业能重返旧日荣光。

景点和活动

Qarat Qasr Salim 考古遗址

(见297页地图; Sharia Yusef Salim; 拜维提景点通票 成人/学生 LE100/50; ⌚8:30~16:00)这个小土堆在拜维提的民居中间,可能是建在几百年的废墟之上的。这里有两个保存完好的第26王朝古墓,墓里的文物在罗马时期被盗空,后来又被用作集体墓葬。两座墓内都有一些保存得很不错的彩色壁画。

岩石上开凿的**Zed Amun Ef Ankh之墓**让人可以一睹拜哈里耶的鼎盛时期,精美的墓地壁画暗示墓主很富有。隔壁的**Bannentiu之墓**埋葬的是Zed Amun Ef Ankh之子,墓内有一个由4根柱子支撑的葬室,带内部神龛,四壁有描绘墓主与孔苏神、伊希斯女神和奈芙蒂斯女神(Nephthys)在一起的精美浮雕。

黄金木乃伊博物馆 博物馆

(Golden Mummies Museum; Al Mathaf; 见297页地图; Sharia Al Mathaf; 拜维提景点通票 成人/学生 LE100/50; ⌚8:00~16:00)拜哈里耶出土的10,000具木乃伊有大量装饰品,但这座博物馆内仅展出10具这样的木乃伊。虽然装饰图案俗套,制作手艺也很粗糙,但面部绘画显示了从典型的法老木乃伊装饰到法尤姆(Fayoum)肖像画风格的转变。透过包裹木乃伊的亚麻布,看得出尸体防腐处理师的工作十分潦草,也就是说这些尸体没有真正木乃伊化。

馆里陈列的木乃伊多少都有点腐烂,看起来很一般。博物馆没有标识,寻找奶油色矮墙后面一个顶部有卫兵角楼的建筑,那里就是了。售票处在入口内侧,出售拜维提所有景点的门票。

绿洲遗产博物馆 博物馆

(Oasis Heritage Museum; ☎012-0225-0595,02-3847-3666; Bahariya-Cairo Rd; LE15; ⌚时间不定,提前致电)由Mahmoud Eed创建

> **ℹ 持票参观古迹**
>
> 拜哈里耶当局发行一种一日游景点通票,持票可进入拜哈里耶绿洲的5个古迹:**黄金木乃伊博物馆**、**Zed Amun Ef Ankh之墓**、**Bannentiu之墓**、**Ain Al Muftella神庙**(见299页)和亚历山大神庙(Temple of Alexander; 见299页)。票可以在博物馆的**售票处**(见297页地图; Sharia Al Mathaf; ⌚8:00~16:00)购买,因此第一站先来这里。没错,就算你只参观一个景点,也得花5个景点的钱。

> **拜哈里耶究竟藏着多少黄金木乃伊?**
>
> 说起来得归功于驴:在1996年之前,没有人知道拜哈里耶竟然有巨大的考古宝藏。那一年,一头驴在亚历山大神庙附近的一个洞里崴了蹄子,骑驴的人看见沙子下面有张黄金木乃伊的脸,故事由此展开(有些当地人一眨眼就编出了大众深信不疑的神秘故事)。不管怎样,从那之后,考古学家在超过3平方公里的坟墓内进行了大量的研究。雷达探测显示这里有10,000多具木乃伊,现已在被称为"黄金木乃伊谷"的地方出土了250多具。
>
> 这些沉默的历史见证者为人们了解希腊-罗马时期的当地生活提供了新的资料,而那段长达600年的时间是法老时代和基督教时代的过渡期。当时的拜哈里耶曾是一个富庶的绿洲,肥沃的土壤得到天然泉水的灌溉,是有名的小麦和红酒产地。希腊和后来的罗马人都在这里安家,成为侨民中的精英。
>
> 研究显示,托勒密和罗马人为争夺对绿洲的控制权而开战,当时绿洲曾有过短暂的萧条,之后罗马统治者开始兴建重要的公共设施、扩展灌溉系统、挖井、维修水渠和修路,整个绿洲内出现了上千座泥砖建筑。拜哈里耶成为帝国的主要谷物产地,并建有一个大兵营,财富随之增长。研究者希望大墓地的进一步发掘能够解开该地区早期历史及其居民的未解之谜。

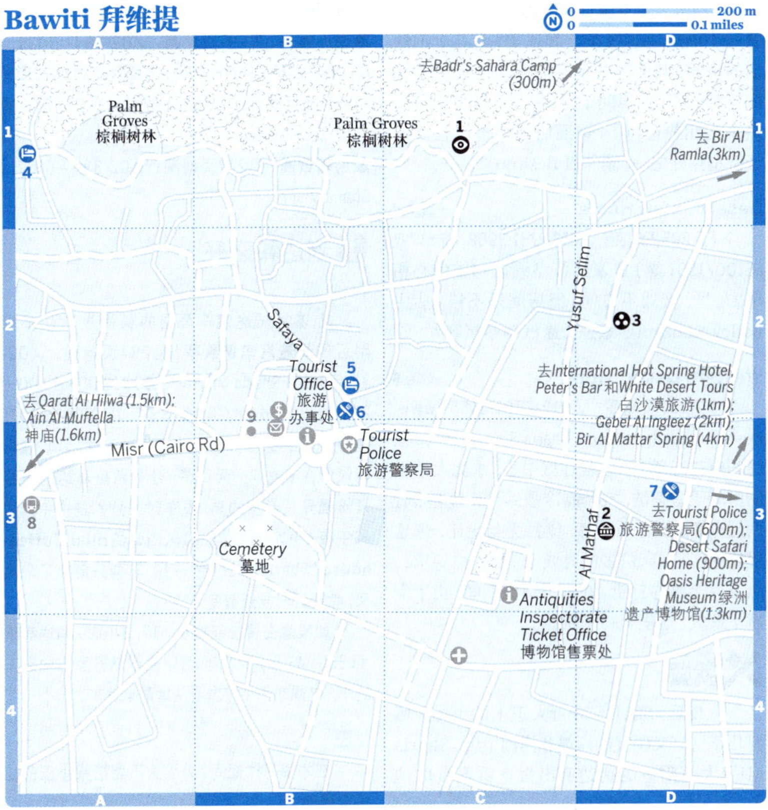

的绿洲遗产博物馆在镇东3公里处、通往开罗的公路边，看起来像个巨大的沙堡，灵感来自费拉菲拉的巴达尔博物馆。创建者用黏土表现传统村庄的生活场景：男人狩猎，女人纺织，还有一个表情痛苦的理发师兼医生。馆里还有一个展览，展出绿洲从前的服装和珠宝。

很遗憾，Mahmoud Eed去世后，这里的展品满是灰尘，并且稍显杂乱。

住宿

拜维提有不少经济型和中档旅馆，尽管很多酒店由于生意不景气而关门了。但如果你想感受悠闲的绿洲生活，应该直奔城外的露营地。

New Oasis Hotel

酒店 $

（见本页地图；☎012-2847-4171；标单/双

Bawiti 拜维提

景点

1 Bir Al Ramla C1
2 黄金木乃伊博物馆 D3
3 Qarat Qasr Salim D2
Bannentiu之墓 .... （见3）
Zed Amun Ef Ankh之墓 .... （见3）

住宿

4 New Oasis Hotel A1
5 Western Desert Hotel B2

就餐

6 Popular Restaurant B2
7 Rashed D3

交通

8 Hilal Coffeehouse和长途汽车站 A3
9 上埃及长途汽车公司售票亭 B3

LE150/240，不带空调LE140/180；❄📶）这个温馨的小酒店建筑线条丰润优美，有几个泪滴形的房间，其中一些带有能俯瞰附近大片棕榈树林的阳台。房间干净，但设计师似乎过于热衷运用粉蓝色了。该酒店是城里比较好的经济型住处之一，紧邻El Beshno泉。

Desert Safari Home 酒店 $

（见295页地图；☎012-2731-3908；标单/双LE100/150；@）这家经济型酒店与城中心相距2公里，交通不方便，但房间还不错。店主Badry Khozam愿意去长途汽车站接客人。

Western Desert Hotel 酒店 $

（见297页地图；☎012-2301-2155；www.westerndeserthotel.com；Sharia Safaya；标单/双LE205/320；📶）酒店就在城中心，水泥大楼里的房间干净整洁，空调制冷强劲，床上竟然有两层床单。服务质量好，位置无与伦比，选这里错不了。空床位多的时候，只要提出要求，店方就会给你打折。在本书写作期间，由于生意不景气，这里显得很荒凉。

就餐

入夜后，Sharia Misr大道上的市场区域有几家又好又便宜的烤鸡和烤肉串店。Sharia Misr大道附近的街边有出售新鲜素食的地方。至于餐馆，数量很少。

Rashed 埃及菜 $$

（见297页地图；Sharia Misr；餐LE30~45；⏲正午至午夜）这里又大又干净，供应含多个菜肴的套餐，菜肴大多数是烤肉。从旅游信息大楼沿着公路主路往东走400米左右就到了。

Popular Restaurant 埃及菜 $$

（见297页地图；☎02-847-2239；Sharia Safaya；套餐LE50~60；⏲8:00~23:00）拜维提最大的餐馆，生意火爆，但水准有所下降，套餐现在定价过高。好在服务十分热情，还卖冰镇啤酒。

实用信息

医院（见297页地图；☎02-3847-0647）如非紧急状况，还是直奔开罗吧。

国家开发银行（National Bank of Development；见297页地图；紧邻Sharia Misr；⏲周日至周四9:00~14:00）有一台自动柜员机，可以兑换现金。

旅游办事处（见297页地图；☎02-3847-3035，02-3847-2167；Sharia Misr；⏲周六至周四8:30~14:00）也可以通过012-2321-6790联系乐于助人的经理Yehia Kandeel。

旅游警察局（见297页地图；☎02-3847-6167；Sharia Misr）

到达和离开

长途汽车

上埃及长途汽车公司的长途汽车从邮局附近的**长途汽车售票亭**（见297页地图；☎02-3847-3610；Sharia Misr；⏲9:00~13:00和19:00~23:00）出发，分别在6:00、8:00、10:00和15:00开往开罗（LE85，5小时）。由于经常客满，我们强烈建议你在出发前一天买票。还有两班从达赫莱经拜维提开往开罗的车，发车时间分别是中午前后和午夜，中途会在位于城区西端的**Hilal Coffeehouse**（Sharia Misr）停一下。车票只能上了车再买，希望这时候还有座。

如果想去费拉菲拉（LE30，2小时）和达赫莱（LE50，4~5小时），你可以搭乘从开罗方向开来的车。这趟车于中午左右从售票亭发车。

小巴

在本书写作期间，外国人不能搭乘小巴前往各个绿洲。

拜维提周边（Around Bawiti）

拜维提许多探险游公司组织的团队游行程中都涵盖了拜哈里耶的多个景点。如果天气凉爽，有些也可以步行前往。这里的主要景点是周边的沙漠美景。

景点

★ Gebel Al Ingleez 山

从通往开罗的公路上就能清楚地看到顶部平坦的Gebel Al Ingleez，这座山又名“黑山”（Black Mountain），得名于第一次世界大战期间的一个瞭望哨。英国军官威廉姆斯上尉（Captain Wiliams）在这里监视利比亚塞努西部落的一举一动。但来这里的真正目的是欣赏360度全景，连绿洲对面和远处的沙漠都看得到。

当地知识

拜哈里耶黑沙漠与白沙漠团队游

如今埃及绿洲的旅游业不景气，很多旅行社要么倒闭，要么离开了绿洲。那些至今仍然坚持没关门的酒店可以安排团队游，一些位于开罗的旅行社也可以安排。

常规游览路线包括拜哈里耶城里和周边的景点，如亚历山大神庙（见本页）、Ain Al Muftella神庙（见本页）、Gebel Dist（见本页）以及Gebel Al Ingleez（见298页），然后出城去黑沙漠（见294页）看看水晶山（Crystal Mountain），再进入白沙漠（见294页）。

拜哈里耶当地景点一日游的价格约为LE1000，黑沙漠半日游LE500，白沙漠过夜露营游大约LE1600。记住：便宜没好货。只要车辆和司机可靠，多花点钱是值得的。报名交钱之前，先查看车辆，确保它们上路没问题，确认公司提供多少食物和饮料（以及是什么）。

开罗许多小旅馆和青年旅舍力荐自己的白沙漠团队游，但你最好在拜维提安排，交钱之前先见见将负责团队游的人。下面是几家声誉良好的当地探险公司。

White Desert Tours（☎012-2321-2179；www.whitedeserttours.com；International Hot Spring Hotel）这家德国人开办的旅行社1995年开张，专营白沙漠和拜哈里耶绿洲周边地区游览，但如果政策再次允许，也能按客人要求定制多日探险活动。

Eden Garden Tours（☎010-0071-0707；www.edengardentours.com；Eden Garden Camp；每人每天US$50~60）参加过的旅行者高度推荐这家当地旅行社组织的白沙漠团队游。

山顶还留有威廉姆斯上尉的瞭望哨遗址，到这里看日落是非常有气氛的。一条土路蜿蜒通往山顶附近的高地，那里有条步行路，能穿过山脊到达山顶（步行5分钟左右）。

Gebel Dist　山

Gebel Dist是一座金字塔形状的山，引人注目，在绿洲的大部分地方都能看到它。作为当地的地标，这里以化石闻名：20世纪初曾出土恐龙化石，驳斥了之前恐龙仅生活于北美的理论。2001年，来自宾夕法尼亚大学的研究者在这里发现了巨型恐龙化石：潮汐龙。

研究小组推断这只食草的庞然大物死于9400万年前，当时它正站在一个潮汐通道边缘。这种恐龙的发现证明拜哈里耶曾经是一个类似美国佛罗里达大沼泽的湿地。

约100米之外是**Gebel Maghrafa**（意思是“勺子山”）。

Ain Al Muftella神庙　神庙

（Temple of Ain Al Muftella；拜维提景点通票 成人/学生 LE100/50；⌚8:00~16:00）这4座第26王朝时期的小教堂位于拜维提西北约2公里处，统称为Ain Al Muftella神庙。建筑主体是第26王朝的最高祭司Zed-Khonsu-ef-ankh下令建造的，他的墓（不对公众开放）曾被拜维提的民宅盖住，现已清理出来。考古学家怀疑这几个小教堂可能建于新王国时期，后期被扩建，希腊和罗马时期又被增建。

整座神庙经过了修复，还加盖了木头房顶，以保护古建筑。

Qarat Al Hilwa　遗迹

（拜维提景点通票 成人/学生 LE100/50；⌚8:00~16:00）这个古代大墓地包括第18王朝的Amenhotep Huy之墓。总体而言，这个景点没什么意思，只能吸引超级狂热的考古迷。

亚历山大神庙　神庙

（Temple of Alexander；拜维提景点通票 成人/学生 LE100/50；⌚8:00~16:00）亚历山大神庙在拜维提西南方向，是埃及为数不多的一处发现亚历山大大帝象形茧的地方。虽有盛名，但神庙本身很小，平淡无奇。

天然泉

El Jaffara　泉水

在拜哈里耶—开罗公路南边数公里处，与拜维提相距大约7公里。这个极小的绿洲El Jaffara里有两个泉，一个冷泉，一个温泉，因此无论冬夏都很吸引人。附近是Eden Garden Camp露营地。

Bir Al Mattar 泉水

Bir Al Mattar位于拜维提东北方向7公里处，那里有一个冷泉流入高架水渠，然后流进一个水泥池子，在炎热的夏季，人们可以在池子里嬉水。与拜维提所有的泉水一样，这里泉水的矿物质含量高，泉水可能会染花衣物。

Bir Al Ramla 泉水

（见297页地图）硫黄温泉Bir Al Ramla在城北3公里处，水温很高（45℃），适合泡澡，但你可能会觉得来往的驴队离你太近了。女性应该穿得保守一些。

住宿

Badr's Sahara Camp 木屋 $

（012-2792-2728; www.badrysaharacamp.com; 铺/标单/双/三 US$8/12/15/27; P）与拜维提相距几公里，有十几个田园风情的非洲木屋，每个木屋里有两张床，门口有个小露台，有的房间会有空调或风扇。热水和电有时不供应，但沙漠里的凉风和绿洲谷地的美景永远不缺。店方可以接客人。

这里的友好氛围可以让人充分放松，而且露台可以欣赏到绿洲棕榈树林的美景和绝佳的落日景色。

★ Eden Garden Camp 木屋 $$

（010-0071-0707; www.edengardentours.com; 木屋 半食宿 每人 LE220，平房 全食宿 每人 US$35）这个露营地坐落于安静的小绿洲El Jaffara内，在拜维提以东7公里处。服务特别热情，营地里有非洲风格的木屋、阴凉的大堂区域、新鲜的食物，最妙的是门外就有两眼泉水，一冷一热。这个地方的老板及构想者Talaat十分有趣。

这个露营地内有花园和泉水，非常适合放松心情。这里组织的沙漠探险游（见299页）声誉良好，还可以免费去拜维提接客人。你可以来这里游泳、吃饭（LE50~150）、喝茶、抽水烟或是来杯啤酒。

International Hot Spring Hotel 酒店 $$

（012-2321-2179，02-3847-3014; www.whitedeserttours.com; 标单/双 半食宿 US$50/80; P）这座水疗度假村在拜维提城外约3公里处通往开罗的公路旁，有36间非常舒适的房间和8个度假屋，在漂亮的花园里围绕温泉而建。屋顶有公共区和很好的餐厅，还有Peter's Bar。店主Peter Wirth是个西部沙漠通，组织的该地区游览活动值得推荐。

Nature Camp 平房 $$

（012-2165-3037; naturecamps@hotmail.com; Bir AlGhaba; 房间 半食宿 每人 US$25; P）这个营地在拜维提以北17公里处的Gebel Dist山脚，树立了环保型经济住宿的新标准，用柔和烛光照明，精心设计的茅草苫顶木屋面朝广袤的沙漠，旁边还有一处自己的冷泉。这是一处远离尘嚣的绝佳住所，食物非常好吃（餐LE50），店主Ashraf Lotfe对沙漠了如指掌。

店方可以安排到拜维提接送客人。

饮品和夜生活

Peter's Bar 酒吧

（012-2321-2179; International Hot Spring Hotel）这家酒吧如同酒店中的温泉一样惊艳，有冰啤酒，冰的！

锡瓦绿洲（SIWA OASIS）

046/人口: 23,000

锡瓦绿洲满足游客对沙漠的一切想象。这片土壤肥沃的盆地低于海平面约25米，与利比亚边境相距仅50公里，盛产橄榄树和棕榈树，是慢节奏绿洲生活的缩影。树荫里的泥砖小村庄由弯弯曲曲的土路相连，驴车、摩托车和四轮驱动车在街道上并驾齐驱。绿洲内遍布清澈的泉水，跳进泉水里可以洗去酷暑。位于绿洲边缘的大沙海绵延伸向天际，那美丽的景色令人忍不住想要去一探究竟。

孤立的地理位置使锡瓦与埃及主流文化截然不同的独特社会得以保留。今天，当地传统和当地柏柏尔人（Berber）使用的锡瓦语仍然占主导地位。

虽然要经过长途跋涉，但来这里是值得的，锡瓦的魅力无人能够抵挡。

历史

锡瓦历史悠久：2007年，这里发现了一个

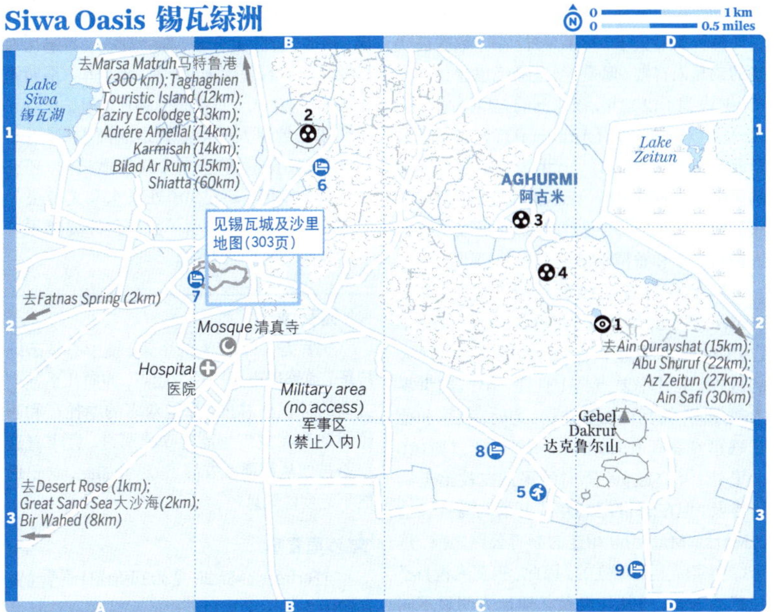

被认为是300万年前的人类足印，这可是全世界已知最早的人类痕迹之一。绿洲出土的燧石表明，旧石器时代和新石器时代这里都有人居住，但锡瓦的早期历史仍然是个谜。

绿洲里最古老的遗址包括神谕殿（Temple of the Oracle），其历史可追溯至第26王朝，当时埃及遭到亚述人的入侵。锡瓦的阿蒙神谕当时就已经很出名了，埃及文物学家怀疑它源自第21王朝，那时候全埃及都以信奉阿蒙神为主。

锡瓦的神谕太出名了，预言的内容甚至对波斯人形成威胁：他们于公元前525年入侵埃及，在第26王朝时撤军。波斯国王冈比西斯（Cambyses）军队的失踪是西部沙漠流传最久的传说之一：冈比西斯派军队去毁掉神谕，但军队却在沙漠里消失得无影无踪。这个传说更增添了神谕的可信度，巩固了阿蒙神的政治地位。

神谕的力量在古埃及越来越强大，锡瓦也随之越来越出名。公元前331年，年轻的征服者亚历山大大帝带领一个小队，跋涉了8天，穿过了沙漠。据信阿蒙神（即埃及诸神的最高神，后来还跟希腊的宙斯扯上了关系）的祭司宣布他为神的儿子。

Siwa Oasis 锡瓦绿洲

景点

1 克里奥佩特拉温泉 D2
2 亡者之山 B1
3 神谕殿 C1
4 乌姆乌拜德神庙 C2
Mesu-Isis之墓 .... （见2）
Niperpathot之墓 .... （见2）
Si Amun之墓 .... （见2）
鳄鱼墓 .... （见2）

活动、课程和团队游

5 Sherif Sand Bath C3

住宿

6 Dream Lodge Hotel B1
7 Nanshaal B2
8 Qasr Alzaytuna C3
9 Siwa Shali Resort D3

就餐

Tanta Waa .... （见1）

罗马统治的终结、贸易路线的荒废和神谕影响力的逐渐消失使锡瓦慢慢沦为无名之地。虽然基督教传播到了埃及的绝大部分地区，但没有这种宗教曾经到达过锡瓦的证据。

这里的祭司们继续信奉阿蒙神，直到6世纪。穆斯林征服者们于708年穿过沙漠，数次被狂怒的锡瓦人打败。但是，与世隔绝也要付出代价：据说到了1203年，该绿洲的人口锐减至40人，他们来自阿古米（Aghurmi），建造了新的要塞小镇沙里（Shali）。12世纪左右，锡瓦绿洲的居民最终皈依伊斯兰教，靠着与尼罗河谷沿线的村庄、利比亚的费赞（Fezzan）及贝都因人进行椰枣和橄榄交易逐步积累了财富。

欧洲旅行者在18世纪末（其中，WG. Browne于1792年，Frederick Hornemann于1798年）来到这里，但他们大多受到当地人的敌视，有几个差点搭上性命。第二次世界大战期间，锡瓦再度被造访，当时，英军和德意联军在锡瓦和Jaghbub（利比亚以西120公里处）互有胜负。那时的锡瓦在政治上属于埃及，但在20世纪80年代开通与马特鲁港（Marsa Matruh）相连的沥青公路之前，这个绿洲实际上是孤立的。因此，锡瓦人说自己独特的方言，遵从与埃及其他地方明显不同的文化。现在锡瓦绿洲内有大约21,000名锡瓦人和几千名其他地区的埃及人。

景点

虽然绿洲茂密的棕榈树林内隐藏着一些迷人的景点，但锡瓦最吸引人之处却是它安静的气氛。锡瓦和埃及其他绿洲都不一样，这里更偏远，更休闲，也更美。在棕榈树林中闲逛，或者骑自行车去冷泉游泳，乃是绿洲安详、闲适、与世无争魅力的一部分。与锡瓦人以及其他旅行者聊天、野餐、坐驴车、乘四轮驱动车探访沙丘，尽情感受锡瓦的魅力吧。

锡瓦最迷人的景点就是绿洲本身，有多达300,000棵棕榈树、70,000棵橄榄树，还有数不清的果园。超过300处泉水和溪流滋养着这里的植被，也吸引了数目和种类都很可观的鸟类，包括鹌鹑和隼。

锡瓦城

锡瓦是一个宜人的小镇，镇中心是**市场广场**，道路以市场广场为起点，伸向几乎各个方向的棕榈树林内。数量众多的摩托车和四轮驱动车在主广场周边呼啸而过，意味着这里不再像从前那么安静了。尽管如此，这里仍然不乏乡村气息。

★沙里要塞

要塞

（Fortress of Shali；见303页地图）免费 锡瓦镇中央是一大片13世纪的泥砖要塞遗址。迷宫般杂乱无章的建筑以kershef（将取自城外湖里的盐块与石头混合，并涂以当地出产的灰泥）为材料，最初有四五层那么高，能住几百人。一条小路通往要塞废墟顶部，途中经过有烟囱形状宣礼塔的**老清真寺**（Old Mosque；见303页地图）。站在废墟顶部可以将美景尽收眼底。

在几百年的时间里，少有外人能够进入

消失的冈比西斯军队

波斯国王冈比西斯于公元前525年入侵埃及，推翻了埃及法老普萨姆提克三世（Psamtek Ⅲ），开始了波斯人长达193年的统治，但胜利没能持久。占领埃及不久之后，冈比西斯遭遇了数次灾难性的反抗。其中一次，他派雇佣军前往尼罗河下游的库施（Kush，今苏丹），因为缺少粮草，士兵为了活命竟然吃人，最后连敌人的面都没见到就狼狈返回了。

冈比西斯最著名的一次失败是他企图抢夺锡瓦的阿蒙神谕。希罗多德（Herodotus）详细记载了这件事：神谕预言冈比西斯下场悲惨，因此这位统治者从底比斯（Thebes）派出一支5万人的军队，并由一支驮负粮草和武器的大型骆驼队做后勤。据说这支军队先到了费拉菲拉，然后往西穿越325公里的广阔沙漠（长达30天的行军路程没有任何树荫遮挡和饮水供应）前往锡瓦。传说经过挣扎，军队在大沙海中被一场猛烈的沙尘暴吞噬，所有人尸骨无存。

之后的几百年间，十多个试图寻找冈比西斯军队以及随军宝藏的探险队都无功而返。或许未来的某天，沙丘位移后能露出古代军队的遗骸。

Siwa Town & Shali 锡瓦城及沙里

Siwa Town & Shali 锡瓦城及沙里

重要景点

1 沙里要塞 A3

景点

2 Ain Al Arais D2
3 锡瓦住宅博物馆 A2
4 老清真寺 B3

住宿

5 Al Babinshal Heritage Hotel B3
6 Kelany Hotel C3
7 Palm Trees Hotel C3
8 Shali Lodge D3
9 Siwa Safari Gardens Hotel D2
10 Siwa Safari Paradise D2

就餐

11 Abdu's Restaurant C3
12 Abo Ayman Restaurant B3
Al Babinshal Restaurant .... （见5）
Kenooz Siwa .... （见8）
13 Nour Al Waha C3

饮品和夜生活

14 Abdu Coffeeshop C3
15 Shaqraza B2
16 Zeytouna C3

交通

17 自行车租车行 B3
18 长途汽车站和West & Middle Delta Bus Co售票处 B1
19 开往马特鲁港的小巴 B2

要塞，而能活着出来的就更少了。但1926年持续3天的大雨对要塞造成的损坏比入侵者还严重。过去的几十年间，居民搬到有自来水和电的舒适新房子里。现在只有要塞边缘周围的几栋建筑有人居住或被用来储物。从中央广场有一条通道通向要塞顶部，从那里能欣赏到绿洲的美景。几个外国人和埃及人正在老城区翻新房屋，其中一些可供过夜。

锡瓦住宅博物馆 博物馆

（House of Siwa Museum；见303页地图；☎010-6513-9839；成人/学生 LE10；⏲周六至周四 9:00~14:00）这个小博物馆里陈列着绿洲典型的传统服装、珠宝和工艺品，很有趣，光是看结婚礼服就值回票价了。博物馆位于富阿德国王清真寺（King Fuad Mosque）西北方向一个街区之外。

亡者之山 考古遗址

（Gebel AlMawta；见301页地图；成人/儿童 LE40/20；⏲9:00~17:00）这个小山在锡瓦镇北端，山上密密麻麻的岩石墓地里随处可见壁画。其名字Gel Al Mawta的意思是“亡者之山”。大多数墓地建于第26王朝、托勒密王朝和罗马时期。这些墓地距离城中心仅1公里，曾在第二次世界大战中被锡瓦人用作躲避意大利轰炸的掩体。

Si Amun之墓里的壁画最好，彩色浮雕刻画了墓主（被认为是一位富有的希腊地主或商人）在向埃及诸神献祭和祈祷。未完工的**Mesu-Isis之墓**也很有趣，入口上方绘有美丽的红色眼镜蛇和蓝色眼镜蛇图案。**Niperpathot之墓**的铭文和粗糙绘画的颜色与当代锡瓦陶器所涂的红色相同。**鳄鱼墓**内的壁画损坏严重，其中有一个代表鳄鱼神索贝克的黄色鳄鱼图案。

天然泉

锡瓦的棕榈树林内有很多冒着气泡的汩汩流泉。无论在镇上的哪处泉水，女性下水游泳都应该穿短裤和T恤，按照最保守的装束来。

克里奥佩特拉温泉 泉水

（Cleopatra's Spring，太阳泉；见301页地图）沿着通往神谕殿的小路走，经过乌姆乌拜德神庙（Temple of Umm Ubayd）后继续前行，就来到锡瓦最著名的温泉了。清澈的泉水汩汩流入一个石头大池子中，当地人和游客都喜欢在这个池子里泡澡。这里还有几个迷人的咖啡馆，座位在树荫下，很舒适，提供软饮和美味的小吃。如果你想多待一会儿，就带点吃的来野餐。

Bir Wahed 泉水

淡水湖Bir Wahed与大沙海的外缘相距15公里，是锡瓦最受欢迎的远足胜地。温泉在一个沙丘的顶部，面积有一个大按摩浴缸那么大，含有硫黄成分的热水在池子里咕嘟嘟地冒着泡，排出去的水用来浇灌花园。

在湖里游泳去去暑气，然后边泡温泉边在沙丘顶部观看日落，简直是一种超凡的体验。美中不足之处是蚊子多，日落时叮人，而且要来Bir Wahed必须持许可证。由于远离城区，这里没有本地人，女性可以穿泳衣，不必担心冒犯到当地人。Bir Wahed只能乘四轮驱动车到达，因此如果你没有自己的车辆，就得雇向导并租车。

Fatnas Spring 泉水

（Lake Siwa）这个相当静谧的池塘位于盐水湖Birket Siwa中的一个小岛上，小岛和陆地由一条狭窄的堤道相连。由于颇具田园风光，这里外号“仙境之岛”。该泉与锡瓦镇相距约6公里，周围是棕榈树和茂盛的植物。这里是欣赏日落的好地方，棕榈树林中有个小咖啡馆，是喝茶或吸水烟的好去处。

农业部有一个项目试图改善湖泊的排水情况，结果让“岛”变得突出且干燥，因此在咖啡馆看到的经常是盐泥滩，而不是微波荡漾的湖景。乘突突车从城里去该泉，往返LE50左右，包含游泳和闲逛的时间。日落时要小心蚊子。

Ain Al Arais 泉水

（见303页地图）Ain Al Arais是距离锡瓦镇中心最近的泉，泉的底部像个大洞，泉水凉爽诱人。这里距离市场广场步行仅需5分钟，泉旁边有间悠闲的咖啡馆兼餐馆。

阿古米

在沙里于13世纪建立之前，锡瓦最大

的村庄是今锡瓦镇以东45公里处的阿古米(Aghurmi)。公元前331年，亚历山大大帝就是在这里求教于那个著名的神谕。

神谕殿 遗迹

(Temple of the Oracle；见301页地图；成人/学生 LE30/15；⏲9:00~17:00)第26王朝的神谕殿坐落在阿古米村遗址的西北方。神谕殿建于公元前6世纪，供奉阿蒙(偶尔被当作宙斯或朱庇特)，是城市财富的有力象征。原址下面可能是一座更早的神庙。人们认为这座神庙就是亚历山大大帝被宣布为阿蒙之子的地方。

关于修建神庙的传说，可谓众说纷纭。其中一则故事讲述了两名女祭司从底比斯被放逐到沙漠，其中一个人在希腊建立了多多纳神庙(Temple of Dodona)，另一个在阿古米建立了这座神谕殿。作为古代地中海最令人敬畏的神谕之一，这里的神谕强大到统治者都要向它寻求帮助，而敌人决心摧毁它。虽然盗墓者曾盗走过财宝，20世纪70年代对神谕殿的加固工作也很马虎，但它仍然是一个宏伟的景点，拥有重要的历史地位。神谕殿周围还有数个阿古米遗址，从这里能俯瞰惊人的锡瓦绿洲美景。

乌姆乌拜德神庙 遗迹

(Temple of Umm Ubayd；见301页地图)这个几乎已成废墟的神庙曾供奉阿蒙神。当时，在聆听神谕时，有一条走廊将乌姆乌拜德神庙和神谕殿相连。19世纪的旅行者能看到的部分比现在我们能看到的部分多得多。1896年，一位锡瓦总督下令推倒神庙，改建成现代化的清真寺和警察局。

现在只有一面刻着铭文的墙壁残存。沿小路从神谕殿过来，大概走200米就到了。

锡瓦周边

如果有时间，锡瓦周边有一些村庄、遗址和泉水值得游览。要去那些景点必须自己有机动车。锡瓦旅游办事处的Mahdi Hweiti能安排游览，镇上的绝大多数餐馆和旅馆也可以。除了Shiatta，去其他景点都不需要许可证。出发前最好先联系旅游办事处(见311页)。

Shiatta 湖泊

这个巨大的盐湖在锡瓦镇以西60公里处，位于大沙海边缘。湖岸被一圈棕榈林环绕。该湖是包括火烈鸟在内的候鸟迁徙途中的栖息地，还有瞪羚出没。这个湖曾经与锡瓦镇接壤，现在的湖面之下7米处有一艘古代船只。

在本书写作期间，这座盐湖不对外国人开放。

当地知识

尊重当地习俗

环视四周，观察锡瓦妇女的穿着打扮，你会发现她们露在外面的只有一双眼睛。着装保守是人人恪守的准则。西方女子穿短裤和无袖背心，就跟在陌生人家里光着身子一样。换言之，你还是多穿点儿吧。旅行者在锡瓦要比在埃及其他地方更加注意衣着。女性应该穿长裤，上衣要遮住上臂和乳沟，男性最好穿长裤，不穿短裤。夫妻在旅馆房间之外的地方不要有亲昵的举止。与去埃及其他地方一样，只有尊重当地习俗，才能赢得当地人的尊重。

Ain Qurayshat 泉水

Ain Qurayshat在锡瓦镇以东大约20公里的地方，是绿洲里自由流动的最大的泉水。到这里来的最佳方式是经由堤坝穿过盐湖Zeitun，后者的风景也很迷人。

Abu Shuruf 泉水

Abu Shuruf位于锡瓦镇以东27公里、Ain Qurayshat泉以东7公里处的棕榈树丛中，是一处干净的泉水，当地人说它能治病。泉水清冽甘甜，但附近的Hayat瓶装水加工厂多少破坏了这里的景致和安宁。

Az Zeitun 遗迹

这个废弃的泥砖村落在锡瓦镇以东约30公里处，孤零零地矗立在沙质平原上，满目疮痍。2公里之外的地方已经出土了上百座罗马时期墓地，而且现在仍在挖掘，但到目前还没发现什么有意思的东西。

Bilad Ar Rum 遗迹

在Kharmisah正北，即锡瓦镇西北方向约17公里处，这个罗马人的城市有大概100个

不要错过

在达克鲁尔山沙浴

如果你认为泡温泉已经足够令人神清气爽，那么再试试达克鲁尔山（Gebel Dakrur，在锡瓦镇东南方向数公里处）的高温沙浴吧。从7月到9月，人们从全世界蜂拥而至，轮流把脖子以下的身体埋进滚烫的沙子里，每次20分钟。

当地医生宣称，这样"浴"上3~5天，就能治愈风湿和关节炎。从大批的回头客来看，这个说法大概多少有些依据。山的西坡附近有几处可以沙浴。Sherif Sand Bath（见301页地图；☎010-0366-1905；沙浴LE100~150，含食物与过夜LE300~400；⏲6月至9月）最出名。

这座山还出产用于为锡瓦陶器上色的棕红色颜料。锡瓦人相信这座山闹鬼，他们说晚上在花园里能听到幽灵唱歌。

在附近山上开凿出来的石头墓地。一座石头神庙传说是亚历山大大帝的长眠之地。附近的Maraqi以前是个贫穷的小村庄，如今建起了别致的别墅，这些别墅的业主都是富裕人家，有埃及人，也有外国人。

Maraqi还是1995年希腊考古学家Liana Souvaltzi宣称找到亚历山大陵墓的地方。她的发现引起争议，埃及当局收回了她的许可证并关闭了遗址。

Ain Safi 村庄

Ain Safi在废弃的Az Zeitun村以东3公里处，当年居住这里的人为躲避被沙丘覆盖的厄运而往哈里杰绿洲方向迁移了数百公里，这是当时最后一个有人类痕迹的村庄。现在大概有30个贝都因人还在村中生活。

Kharmisah 村庄

位于锡瓦镇西北方向约15公里处，村里有5个天然泉，以优质的橄榄树林而出名。

活动

盐池 游泳

（Salt Mining Pools；Abu Shorouf）免费 锡瓦人一直知道这里的湖水中有盐，但是由于近期的大型盐矿项目，这里出现了几个非常适合游泳的盐水池。盐水虽咸，但是碧蓝的水映着白色的盐结晶，这一景象美极了。有几家酒店可以安排来这里的半日游。

Taziry Stables 骑马

（☎010-1633-3200；www.facebook.com/tazirysiwa；Taziry Ecolodge；2小时 LE300）这里的摩洛哥老板对自己的马很自豪。需要预订。

团队游

锡瓦几乎所有的餐馆和旅馆都能组织锡瓦镇周边沙漠的团队游。Abdu's Restaurant（见309页）和Palm Trees Hotel组织的团队游声誉良好。旅游办事处（见311页）也是报名参加团队游的好地方。

所有的沙漠游览都需要许可证，价格每人每天LE140，通常由导游去旅游办事处办理即可。游览报价根据路线不同差别很大，但花一整天参观锡瓦周边的景点，车辆和司机的均价是LE200~300。参观Bir Wahed（见296）冷泉和温泉的半日游很受欢迎，那个地方在大沙海边缘。Palm Trees能组织过夜游，但露营地点是在城边，并不挨着沙丘。

其他受欢迎的半日游线路包括前往Ain Qurayshat泉、Abu Shuruf泉、Az Zeitun和Ain Safi（2人LE200，更大的团队LE300）以及锡瓦镇和周边（神谕殿、亡者之山、克里奥佩特拉温泉、沙里要塞和Fatnas）。根据目的地，过夜游的路线长短不一。大多数游览需要乘四轮驱动车，因此出发之前要确认车况良好，并带足水。

Amr Baghi Tours 户外

（☎010-0192-0465；amrshali55@yahoo.com）Amr Baghi是一位训练有素的考古学家，可以安排前往绿洲和周边地区的团队游。

Ghazal Safari 户外

（☎010-0277-1234）如果你想探访锡瓦周围的大沙海地区，我们强烈建议你找Ghazal Safari。司机兼导游Abd ElRahman Azmy有一辆性能超好的机动车，他对锡瓦的深爱会传染给每一个人。

节日和活动

Moulid At Tagmigra 宗教

（⊙8月）一年一度，夏末玉米收割后，锡瓦镇上小小的Sidi Suleiman圣陵成为圣人节（moulid）的庆祝地点，锡瓦语称这个节日为Moulid At Tagmigra。旗子上写着“moulid”，圣陵外面举行zikr仪式。

丰收节 文化节

（Siyaha Festival；⊙10月）10月月圆前后的3天，达克鲁尔山（Gebel Dakrur）成为丰收节的庆祝场所。数以千计的锡瓦人聚集在一起欢庆椰枣丰收、重温友情、平息前一年与别人的争论。跟旅游办事处提前确认今年是否有活动。

丰收节期间，每天中午祈祷结束之后，无论财富多少和社会地位高低，所有的锡瓦人都会聚在一起吃大餐。这个节日与苏非派的活动重合，几百人围成一个圈，共同举行zikr仪式。锡瓦的成年妇女不参加庆祝活动，但12岁以下的女孩可以参加日落之前的活动。

住宿

从价格具有竞争优势的经济型旅馆，到令人眼花缭乱的高级酒店，锡瓦镇的住宿选择很多。许多中档和高级旅馆在郊区，即达克鲁尔山和Sidi Jaafar周边。

这里的警察无时无刻不在盯着在镇子周围露营的人。如果你想在沙漠里过夜，最好是参加有当地向导带领的团队游。

锡瓦镇和周边

★Al Babinshal Heritage Hotel 精品酒店 $

（见303页地图；☎010-0361-4140；www.facebook.com/Albabinshal-Heritage-Hotel-1242284019179174；Shali；标单/双/三 LE285/365/475；📶）这座美丽的曲线形泥砖旅馆与沙里要塞无缝衔接，是要塞的一部分，迷宫般的建筑全都使用与要塞相同的kershef砖建成。令人眼花缭乱的走廊和台阶连接宽敞而凉爽的房间。装修是典型的沙漠风格，房间内有椰枣木的家具、本地出产的纺织品和传统的木百叶窗——这些都为旅馆增添了浓郁的本地风情。

老板Salama把这里打理得井井有条，非常乐于助人，并且对当地了如指掌。可以去屋顶坐坐，那里十分适合欣赏日落，或者在星空下享用晚餐。

Siwa Safari Gardens Hotel 酒店 $$

（见303页地图；☎046-460-2801；www.siwagardens.com；Sharia Ain AlArais；标单/双/三 半食宿 LE270/370/470；📶🏊）这个小旅馆虽然简单，但极其整洁，细节到位：房间明亮干净，棕榈树遮阴的庭院里有个波光粼粼的泉水游泳池。一楼的房间平淡无奇，你可以要求住二楼更有特点的拱顶房间。旅馆的工作人员会竭力提供帮助。

Dream Lodge Hotel 酒店 $

（见301页地图；☎010-0099-9255；siwadreamlodgehotel.net；Gebel Al Mawta附近；标单/双/三/套 LE180/280/380/440；🅿📶🏊）这家迷人的小酒店拥有22间客房，采用当地装修风格，客房坐落在一个泳池周围。这座酒店被一个阴凉的花园包围，那里早上会供应埃及式早餐，到了冬天的晚上还会点起篝火。这里十分宁静。

Palm Trees Hotel 酒店 $

（见303页地图；☎046-460-1703，012-2104-6652；www.facebook.com/PALM-TREES-816079035146405；Sharia Torrar；标单/双 LE80/95，带公用浴室 LE50/60，平房 标单/双 LE80/120，房间带空调 LE120；📶）只要你能对付蚊子（说真的，你得带上驱虫剂），这个受欢迎的经济型旅馆倒是一个可爱的住处。房间很整洁，配有风扇和阳台，窗户有窗帘。阴凉的花园里摆放着椰枣木的家具，很宜人。平房的门廊通向绿地。

Kelany Hotel 酒店 $

（见303页地图；☎010-2336-9627；Sharia Azmi Kilani；标单/双/三 LE100/150/200；❄📶）Kelany的小房间或许有些破旧，但比锡瓦其他经济型旅馆还是强一大截。如果你想找个有空调、Wi-Fi又好用的便宜地方过夜，这里就是你的最佳选择。屋顶餐厅（餐LE35）面朝沙里要塞和达克鲁尔山，二者之间的景色一览无余。房价不含早餐。

★Shali Lodge 精品酒店 $$

（见303页地图；☎010-1118-5820，046-460-

2399; www.siwa.com/accommodations.html; Sharia Subukha; 标单/双/三/套 LE385/475/575/650; ⏲9月至次年6月; 📶）这个美丽的小旅馆由环保主义者Mounir Neamatallah所有，在与锡瓦镇主广场相距约100米的茂密棕榈树林内。房间宽敞舒适，内有极具曲线美的泥砖神像、裸露的棕榈木梁、石壁浴室和铺着垫子的地板座位，既有品位又安静，正是这种精品酒店所应有的风格。

Nanshaal 酒店 $$

（见301页地图；☎010-6661-9586; www.facebook.com/nanshal.siwa; Shali; 房间 US$40起；📶）宁静的避风港Nanshaal位于沙里边缘，是一座经过修复的泥砖建筑，内有几间客房。老板Faris Hassanein很随和，这里的客房虽然朴素，却是正宗的锡瓦风格，客房内基本上都采用天然材料。有个屋顶露台，你可以在那里打发时间。

Faris几乎认识每个人，而且乐于为大家推荐绿洲和周边沙漠的亮点。

Siwa Safari Paradise 酒店 $$

（见303页地图；☎046-460-1290; www.siwaparadise.com; Sharia Ain AlArais; 标单/双 LE420/550，平房 LE280/380，带空调 LE300/400; 📶🏊）这个度假村风格的旅馆在小路交错的花园旁边，主要针对想在天然泉水游泳池边晒太阳的北欧人。带空调的宽敞平房有拱顶和小起居室，是首选房型。主楼内的房间千篇一律，乏善可陈。

Sidi Jaafar和锡瓦湖周边

Maraki Camp 精品酒店 $

（☎012-2490-7806; www.siwawi.com; Maraqi; 双 LE250; 📶）这个朴素的地方设计精美，最适合放松几天，拥有12间泥砖客房，均位于湖边，内有洗手间、蚊帐和太阳能灯。在梦幻的露台上可以俯瞰湖水，你还可以在湖里游泳。

隔壁有一栋美丽的别墅供出租，有两间卧室，并配有热水，可以住4人（每晚LE500）。

Siwa Astro Camp 帐篷露营 $

（☎012-2410-6044; www.facebook.com/siwaastrocamp; 标单/双 半食宿 LE180/250）Astro Camp距离城镇9公里远，位于两座山脉之间，是沙漠中为数不多的可以歇脚的地方之一。客房位于干净的帐篷内，设有公共厨房和浴室，到了晚上会有大号贝都因帐篷。这是一个宁静的地方，非常适合练瑜伽和冥想。店主Fathi待客有道。值得推荐。

★ **Siwa Relax Retreat** 酒店 $$

（☎012-8000~0274; www.facebook.com/SiwaRelaxRetreat; 标单/双 US$65/75，房间 带公用浴室 US$30; 🅿📶🏊）这家酒店地处偏远，可以让你舒舒服服住几天，宛如美梦成真。酒店位于湖边，房间被三角梅所包围，简单却不失舒适，地面用盐结晶制成。有的客房使用公共浴室，其他的则配有独立卫生间。这里没有电力，靠蜡烛照明。

这里的泳池是湖泊的一部分，周围摆着太阳椅。店主Ashraf很随和，并且在湖岸提供优秀且专业的油盐按摩和泥敷护理。你可以在湖边预订浪漫晚餐（US$15）。

Talist 酒店 $$

（☎010-0114-1508, 010-0644-5881; www.talistsiwa.com; Al Maraqi Rd; 房间 US$35起；🅿📶🏊）Talist在柏柏尔语中的意思是“湖”，这是一个可以远离尘世的地方。酒店由家庭经营，提供朴素而舒适的客房，还能带给你美的享受和片刻宁静。酒店内使用了石头、棉花和kershef等天然材料，还有一个可以俯瞰湖泊的大泳池。

你可以预订迷人的烛光晚餐（LE150）。电力只能用来给电子产品充电。

★ **Adrère Amellal** 酒店 $$$

（☎02-2736-7879; www.adrereamellal.net; Sidi Jaafar, White Mountain; 标单/双/三 含三餐、酒水和远足游 US$460/605/900起，套 US$1420起；🅿📶🏊）这家无懈可击的旅馆背倚雄伟的白山（White Mountain，锡瓦语称之为Adrère Amellal），所在的绿洲与锡瓦镇相距13公里，俯瞰Birket Siwa盐湖和大沙海的沙丘。房间是完美而时尚的极简主义风格。套房简单优雅，使用kershef建成，显示出传统建筑技巧。

这里没有电，房间用蜡烛照明，花园的

照明仅靠防风灯和星月之光。在沙漠里跋涉一整天之后，客人们聚集在天然泉水游泳池里，等到晚饭做好，就在星光下吃饭，就餐地点基本上是酒店自家的花园。这处非常浪漫的世外桃源是埃及最特别、最有创意的住处之一。

Taziry Ecolodge 精品酒店 $$$

（☎010-1633-3200；www.facebook.com/tazirysiwa；Al Gaary；标单/双/三 半食宿 LE1200/1600/2200，度假屋 半食宿 LE2200~3000起；🏊）这家安静的旅馆在锡瓦镇以西12公里处，由一位艺术家和一位工程师设计和建造，两人都来自亚历山大。天然材料建成的大房间用本地工艺品和贝都因风格的垫子装饰。气氛安静悠闲，没有电，天然温泉池能俯瞰湖景。住在这里，可以深切地体验锡瓦的魅力。家庭游客可以选择独栋土坯度假屋。

Taziry酒店拥有一股轻松的休息室氛围，也是白天前来放松的理想场所，使用美妙的游泳池并享用美味的摩洛哥午餐花费LE250。这里还组织探险之旅，并有马厩，可以骑马（见306页）。

达克鲁尔山

Qasr Alzaytuna 酒店 $

（见301页地图；☎012-2222-4209，046-460-2909；www.facebook.com/Qasr-Alzaytuna-388249304624984；标单/双/三 LE150/200/240；🏊）房间整洁（有些带小阳台），安静的棕榈树花园里有个泉水游泳池，非常适合想要找个地方休息放松的人。重要的环节都做得很到位，例如优质的床垫和现代化的浴室。店主Sammia非常热情好客。这个酒店在镇子东南方向2公里处，很适合家庭游客。

Siwa Shali Resort 度假村 $$

（见301页地图；☎02-3974-1806，010-0630-1017；www.siwashaliresort.com；标单/双/套 半食宿 €26/52/70；🏊）这座度假村自给自足，平房是传统式样的，建在周长约500米的泉水游泳池四周。房间平淡无奇，但套房的起居室内放有两张床垫，特别适合带小孩的家庭。这里与城区相距4公里，入住多是吃住行全包的欧洲旅游团。

就餐

锡瓦的餐馆和咖啡馆大多面向游客，营业时间从早上8点到很晚。主广场50米外（经过Kelany Hotel）有一两家出售沙拉三明治和富尔（蚕豆面饼）的小摊，还有一个制作a' aish（扁面包）的烘焙店。如果你想品尝绿洲风情美食，锡瓦周边有几家舒适的棕榈树花园餐馆，提供埃及菜和西式食物。

★ **Abdu' s Restaurant** 各国风味 $

（见303页地图；☎046-460-1243；Central Market Sq；菜肴 LE18~50；⏲8:30至午夜）在Wi-Fi和智能手机出现之前，餐馆应该就是这样的：像村里的社交中心，人们欢聚一堂吃吃喝喝，聊着家长里短。这家餐馆是城里历史最悠久的，直到现在仍是最好的就餐去处，员工殷勤机灵，菜单上食物很多，包括早餐、意大利面、传统菜肴、炖蔬菜、库斯库斯（couscous）、烤鸡和比萨饼。

这家餐馆也组织很好的探险游和一日游，员工很高兴为你提供关于锡瓦各个方面的建议和信息。

Al Babinshal Restaurant 埃及菜 $

（见303页地图；☎010-0361-4140；Fortress of Shali；主菜 LE20~65；⏲8:00至深夜）这里位于同名旅馆的屋顶，可能是所有绿洲里最浪漫的正餐馆。夜晚光线幽暗，颇有气氛。餐馆实际上与沙里要塞相连，坐在屋顶能将锡瓦景色一览无余。此处是镇上能吃到炖骆驼肉的餐馆。

Tanta Waa 埃及菜 $

（见301页地图；☎010-1290-1337；www.facebook.com/Tanta-Waa-172058239563868；Cleopatra' s Spring；主菜 LE30，三道菜晚餐 LE150~200；⏲10:00至午夜）在克里奥佩特拉温泉（见304页）游泳归来后，最适合去Tanta坐坐了。这里供应美味的沙冰、新鲜果汁、煎饼和好吃的帕尼尼三明治（paninis），还有慢火熬制的精致烛光晚餐，从羊腿、香橙鸭到沙漠烤鸡，应有尽有。

早上就预订，前一天晚上预订最好。

Abo Ayman Restaurant 烤肉 $

（见303页地图；紧邻Sharia Sadat；餐

LE18~40；⊙11:00至午夜）旧油桶里放着炭火，上面是烤肉串的手摇烤架，这家烤肉店的鸡肉是全锡瓦最鲜嫩多汁的，调味恰到好处，吃的时候搭配沙拉、芝麻酱和面包。室内有低矮的桌椅，但我们喜欢能看街景的室外桌椅。

Nour Al Waha 各国风味 $

（见303页地图；☎046-460-0293；Sharia Subukha；主菜 LE10~30；⊙正午至午夜）这家餐馆在Shali Lodge对面的棕榈树林内，餐桌在树荫下，为只想乘凉的人提供茶和棋牌。食物是埃及和西式相结合的，原料新鲜，菜肴味道好。

Kenooz Siwa 埃及菜 $

（见303页地图；☎046-460-1299；Shali Lodge，Sharia Subukha；主菜 LE20~45；⊙9月至次年6月 8:00至午夜）这个咖啡馆兼餐馆在Shali Lodge的屋顶天台，是边喝薄荷茶或冰镇饮料边打发时间的好地方。主菜包括独特的锡瓦特色菜，如烤扁豆和石榴汁茄子。

饮品和夜生活

城区附近的许多咖啡馆都没有名字，是锡瓦男人坐在一起看电视和闲聊的地方，但不卖酒。最有情调的一两家咖啡馆在克里奥佩特拉浴池旁边。

Shaqraza 咖啡馆

（见303页地图；Sharia Sidi Suleyman；⊙9:00至次日1:00；📶）锡瓦最时髦的咖啡馆兼餐馆位于一个有阴凉的天台上，可以俯瞰主广场。有铺垫子的地板座位，也有常规桌椅。咖啡、茶和果汁种类很多，菜单上菜肴也不少。连上Wi-Fi后，这个地方真是太舒服了。

Abdu Coffeeshop 咖啡馆

（见303页地图；Central Market Sq；⊙7:00至午夜）晚上，店里挤满了吸水烟、大口喝茶和稳操胜券地大力拍下西洋双陆棋棋子的本地男人。

Taghaghien Touristic Island 酒吧

（☎012-8999-1991；www.facebook.com/taghaghien.island；入场费含酒水 LE50；⊙10:00~22:00）馋啤酒了？这个小酒吧在锡瓦镇西北方向12公里处，二者之间有公路相连。锡瓦出售琥珀色琼浆的地方不多，这里是其中一家（瓶装啤酒每瓶售价高达LE40）。阴凉下的桌椅、出租的脚踏船和日落美景使这里成为一日游或野餐的好地方。来这里得有自己的机动车。

Zeytouna 咖啡馆

（见303页地图；Central Market Sq；⊙8:00至午夜）这家咖啡馆就在城里，是本地男人喜欢晚上来喝茶和咖啡的地方。服务员经常把桌椅摆出来，一直摆到广场上。

购物

大量的传统工艺品将锡瓦悠久的文化表现得淋漓尽致，不仅供本地人使用，也向游客出售。锡瓦镇周围有不计其数的商铺，出售的东西都差不多，因此不妨货比三家，再做决定。

锡瓦妇女喜欢佩戴沉重的银饰，镇上应该能找到出售银饰的地方。本地婚礼服装以

锡瓦的同性恋？

锡瓦独特的男性亲密关系历史一直受到关注。在锡瓦居民还在沙里要塞内居住的年代，20~40岁的青年男子会结伴在要塞外面过夜，看护庄稼并保护锡瓦不受袭击。这些锡瓦男子名声不好，不仅是因为他们好勇斗狠（他们被称为zaggalah，意思是“带大棒的人”），更是因为他们对棕榈酒和音乐的嗜好以及公开的同性恋风气。直到第二次世界大战，锡瓦显然还保留着同性婚姻，尽管在那之前几十年埃及政府就宣布其非法了。

虽然锡瓦曾被列入同性恋旅行指南中的一个地方，但情况今非昔比。锡瓦居民断然否认当地同性恋圈子的存在，怀着“猎艳”目的前来的旅行者面对的是日益强烈的反感情绪。锡瓦男性讨厌被过路的陌生人“勾搭”，他们比外国人更能容忍激进的反同性恋态度。针对当地被认为是男同性恋者的暴力袭击也不是没有发生过。

红色、橘色、绿色和黑色的刺绣闻名，上面还缀有贝壳和小珠子，看看有没有卖的。黑丝绸的礼服叫asheah nazitaf，白色棉布的叫asherh namilal。

椰枣纤维能编织成各种篮筐。你可以现场看看工人们精湛的编织手艺，他们不用尼龙绳或人造纤维，而用丝线或皮革。中间为红色皮质的编织盘子叫tarkamt，传统上用来盛放糖果。tghara比tarkamt大，用来放面包。小篮子包括aqarush和有红绿色丝线流苏的nedibash。你还能看到用达克鲁尔山出产的颜料染色的陶器，多见于水罐、水杯和香炉。

锡瓦的椰枣和橄榄也很出名，主广场周围的店铺均有出售。向老板要求尝尝不同味道的，尝过再买肯定错不了。

实用信息

危险和麻烦

在本书写作期间，旅行者可以通过Marsa Matruh路前往锡瓦绿洲，但是不可以走拜哈里耶的沙漠公路。绿洲虽然宁静悠闲，但是由于会有利比亚走私者穿越沙漠边境，当局禁止越过Bir Wahed并深入沙漠。可以联系旅游办事处咨询目前状况。

紧急救助

旅游警察局（见303页地图；☎046-460-2047；Siwa Town）马路对面是旅游办事处。

现金

开罗银行（Banque du Caire；见303页地图；Siwa Town；⌚8:30~14:00和17:00~20:00）在富阿德国王清真寺以北约200米处，自称是全世界唯一的全泥砖建筑银行。自动柜员机通常好使，不过为了以防万一，你来锡瓦时最好带足现金。另一个银行在离这里很远的地方。

许可证

在本书写作期间，当局不允许游客离开绿洲前往沙漠，从锡瓦到拜哈里耶的公路也是封闭的。从锡瓦进入无人区时需要持许可证，当地导游能轻松帮你办理。旅游办事处的Mahdi Hweiti也能帮忙快速办证（周五除外）。许可证每人每天LE140。从锡瓦去拜哈里耶也需要许可证，价格相同。需要提供护照复印件。

旅游信息

旅游办事处（见303页地图；☎010-0546-1992，046-460-1338；mahdi_hweiti@yahoo.com；Siwa Town；⌚周六至周四 9:00~14:00，10月至次年4月 9:00~14:00和17:00~20:00）锡瓦的旅游官员Mahdi Hweiti对绿洲了如指掌，可以帮你安排沙漠探险游或周边村庄一日游。办公室在长途汽车站对面。

到达和离开

长途汽车

锡瓦**长途汽车站**（见303页地图）和售票处在旅游警察局对面。但长途汽车进入锡瓦镇后，会让乘客在中央市场广场附近下车。你最好提前买票，因为长途汽车总是坐得满满的。

West & Middle Delta Bus Co的长途汽车从长途汽车站出发，经马特鲁港（LE40，4小时）开往亚历山大（LE75，8小时），发车时间分别为7:00、10:00和22:00，22:00的那班票价贵LE10。在周二、周五和周日20:00会有从锡瓦到开罗的直达长途汽车（LE150，11小时），否则你就搭乘前往亚历山大的长途汽车，并在那里换车。

小巴

开往马特鲁港（见303页地图；LE40）的小巴从富阿德国王清真寺附近的主广场出发。小巴的票价与West & Mid Delta的长途汽车相同，但班次多，而且更舒适。

四轮驱动车

锡瓦至拜哈里耶的公路于2005年动工修建，经过多次延期后，如今终于完工了。但是在写作期间，这条道路不对外国人开放。

往来利比亚

虽然锡瓦与利比亚相距仅50公里左右，但目前从这段边境出入境是非法的，无论是从边境沿路，还是从塞卢姆（Sallum）的官方口岸。

当地交通

自行车和摩托车

骑车是四处转转的最佳方式，镇上能租到自行车的地方包括大多数旅馆和镇中心附近不计其数的商铺，在中央市场广场（见303页地图）附近的自行车租车行更有可能租到一辆车况好的自行车，租金每天LE20~25。

摩托车也能租到，只是不如骑自行车那么惬意和安静。Al Babinshall Hotel隔壁的摩托车店和Palm Trees Hotel都出租摩托车，每天租车费用为LE150~200。

驴车和突突车

驴车（caretas）曾是锡瓦人的常用交通工具，但是如今已不多见。有些赶驴车的男孩会说英语，特别会讲价。乘坐2~3小时驴车大概LE40，短途LE20。

如今喧闹的突突车已经取代了老式的驴车，乘坐2~3小时突突车大概LE50，短途LE20。

拼车/包车

小巴车像出租车似的，往来于锡瓦镇和周边村庄之间。乘坐皮卡前往Bilad Ar Rum单程LE1~2。如果你想自己包辆车去更远的地方，旅游办事处的Mahdi Hweiti可以帮忙，你也可以去加油站，直接和那里的司机谈。Anwar Mohammed（☎012-2687-3261）是个服务可靠、会说英语的司机，车辆状况也很好。价格按车而不是按人计算，最终谈妥的价格取决于路程的长度、难度和你的讲价水平。

锡瓦以外（BEYOND SIWA）

大沙海和Gilf Kebir

大沙海（Great Sand Sea） 沙漠

作为全世界最大的沙地之一，大沙海横跨埃及和利比亚，北端在地中海海岸附近，南端在Gilf Kebir，绵延超过800公里。它占地达72,000平方公里，拥有全世界有记录的最大的几座沙丘，其中一座长140公里。在本书写作期间，外国人不允许进入这里。

这里有很多新月形、赛夫（剑）形和新月形的沙丘，几百年来让沙漠旅行者和探险者大感惊讶。波斯国王冈比西斯的一支军队据说在这里失踪，第二次世界大战英军的远程沙漠部队花了几个月的时间试图穿越这片难以逾越的沙漠以偷袭德军。大沙海不是一个能随意闲逛的地方，你需要持许可证，而且要准备充分。向导会带你从锡瓦到达大沙海边缘，许多探险游旅行社可以带你在大沙海周边游览。记住：无须深入沙漠深处就足以感受到大沙海的孤寂、美丽和苍凉。虽然有空中测绘和实地勘察帮助测定面积，但它仍是地球上最鲜有人至的地区之一。

Gilf Kebir 沙漠

Gilf Kebir是一片壮观的砂岩高原，位于Gebel Uweinat（见277页）以北150公里处，高出沙漠地平面300米。这里的位置要多偏僻有多偏僻，崎岖之美吸引了最狂热的沙漠爱好者，高原的北面隐没在大沙海的沙漠中。迈克尔·翁达杰（Michael Ondaatje）笔下的《英国病人》使这里名声大噪。在本书写作期间，外国人不允许进入这里。

1933年，匈牙利探险家László Almásy在这里发现了一些激动人心的岩雕和绘画。这些绘画令人震惊，有的描绘了看上去像是在游泳的人——其所在地也叫游泳者洞穴（Cave of Swimmers），有的画着各种的野生动物，包括长颈鹿和河马，这些绘画可能有1万年的历史。Almásy认为，游泳的画面是在气候变化之前，当时的人对周围环境的真实描绘。

亚历山大和地中海海岸

包括 ➡

最佳就餐

- Zephyrion（见340页）
- Kadoura（见332页）
- Mohammed Ahmed（见331页）
- Greek Club（见333页）

最佳住宿

- Steigenberger Cecil Hotel（见330页）
- El Alamein Hotel（见344页）
- Windsor Palace Hotel（见330页）

为何去

埃及北部沿地中海的海岸线长达500公里。夏季，这里的沙滩和绿松石色调的海水吸引了大批埃及人。近年来，有不少度假村在这些清澈海水的岸边建起，但旅行者大多仍直奔曾经光辉灿烂的港口城市亚历山大。这个被赞美了数百年的美人虽已迟暮，至今仍是埃及最有韵味的城市，亚历山大新鲜的海边空气、美味的海鲜、悠久的历史、残破的古代建筑和一种与开罗截然不同的气息水乳交融。

在亚历山大大帝和克里奥佩特拉女王的老地盘外，很少能看到外国游客。要想深入了解该地区，你得参观阿莱曼的第二次世界大战纪念馆，这里肃穆且保存完好。你也可以在罗塞塔的市集街巷中漫步，街巷两边奥斯曼时期的建筑让你感觉时间仿佛凝固了。

何时去

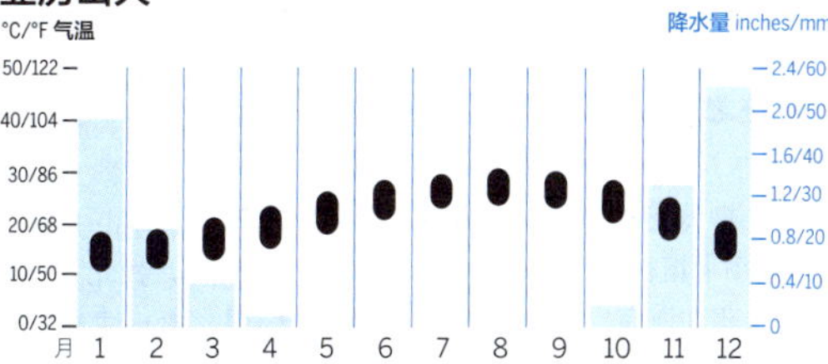

4月至5月 春季天气暖和，特别适合在沙漠附近的地中海海边散步。

6月至9月中旬 埃及的度假季节开始，海滩上摩肩接踵，弥漫着狂欢的氛围。

11月 这个月的电影节是亚历山大文化活动中的一大盛事。

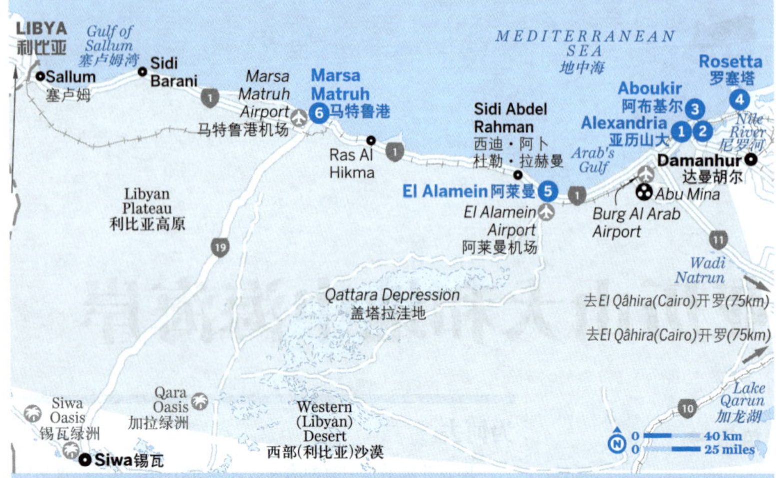

亚历山大和地中海海岸亮点

❶ **亚历山大图书馆**（见322页）参观有现代外壳的古代奇迹，这里不仅是图书馆，还有几个博物馆，藏满了古董、手稿和艺术品。

❷ **亚历山大**（见314页）在年代悠久的咖啡馆里感受19世纪的辉煌，晚上在充满魅力的Anfushi逛逛街道和集市。

❸ **阿布基尔**（见340页）在海边尽情享用简单烤过的新鲜海鲜。

❹ **罗塞塔**（见340页）从容漫步于被驴子占据的尘土飞扬的街道，那些狭窄的小巷两旁林立着修复过的奥斯曼时期的商户和清真寺。

❺ **阿莱曼**（见342页）在这里的战争纪念馆了解第二次世界大战期间北非战场的沙漠战役。

❻ **马特鲁港**（见345页）在海滩清澈的浅绿色海水中嬉水。

亚历山大（ALEXANDRIA）

☎03/人口：440万

亚历山大城（Al Iskendariyya）于公元前331年由时年25岁的亚历山大大帝创建，有无尽的传奇。高大的亚历山大灯塔（Pharos Lighthouse）曾照亮了港口入口，是世界七大奇迹之一。亚历山大的大图书馆（Great Library）被认为是古代知识的宝库。不过命运总是摧残这座城市，亚历山大灯塔已经坍塌，大图书馆被也付之一炬。这座古城的一部分被埋葬在海底，一部分被现代城市吞没，因此往日辉煌的遗迹寥寥无几。

19世纪，作为地中海的重要商业港口之一，亚历山大再度焕然一新。但好景不长，20世纪50年代纳赛尔总统的民族主义政策结束了它的繁荣。今天，宏伟的现代化亚历山大图书馆就坐落在辉煌一时的海滨路，屹立于那褪色的古建筑遗址之间，成了这座城市作为埃及文化之都的最后化身。

历史

亚历山大的历史跨越法老时代和伊斯兰时期。它在最后的法老王朝（即托勒密王朝）时期兴起，成为罗马人进入埃及的门户，培育了早期基督教，而后入侵的伊斯兰军队经过亚历山大前往尼罗河畔某处（即后来的开罗）安营扎寨，亚历山大随即迅速衰败，沦落到默默无闻。

这座城市是亚历山大大帝构思的，他获得了孟菲斯（Memphis）祭司们的认可，从西奈（Sinai）来到这里统治埃及。他在自己熟悉的大海边选择了一个渔村作为建立新城的地点，希望用它来连接法老的旧世界和希腊人的新世界。新城于公元前331年奠基，几乎与此同时，亚历山大大帝前往锡瓦（Siwa）去求取那里著名的神谕，然后他率军远征波斯。他的大军攻无不克、战无不胜，最远打到印度。公元前323年，亚历山大大帝在巴比伦逝世，埃及的统治权落入马其顿将军托勒密手中。托勒密打败了亚历山大大帝的余部，并把他们埋葬在亚历山大城的某处。

托勒密一手策划了新城市的发展，城里到处是可与罗马或雅典相媲美的建筑，亚历山大成为托勒密王国的文化和政治中心。为了让自己的统治看起来像是法老王朝的传承，托勒密用斯芬克斯像、方尖碑以及从孟菲斯和赫利奥波利斯（Heliopolis）遗址中翻找出来的塑像装饰亚历山大城，使其至少表面上呈现出古埃及风格。城市发展为一个主要港口，并成为欧亚贸易路线上的重要中转站。亚历山大文化上的成就与经济上的财富成正比，其著名的图书馆孕育了许多伟大的进步：就是在这里，赫罗菲拉斯（Herophilus）发现人类是用大脑而非心脏思考，欧几里得（Euclid）发展几何学，阿里斯塔克斯（Aristarchus）发现地球围绕太阳转，埃拉托色尼（Eratosthenes）计算出地球的周长。高大的亚历山大灯塔建在岸边的一个岛上，既是引导船只入港的航标，也是炫耀城市伟大而富足的象征。

亚历山大城在其最著名的摄政者克里奥佩特拉（Cleopatra，公元前51年至公元前30年）统治期间，除了军事力量之外，其他各方面都优于罗马。罗马难以忍受这种状况，最终采取了行动。在罗马人的统治下，亚历山大城依然是埃及的首都，但是到了4世纪，内战、饥荒和疾病使人口锐减，城市曾经的辉煌一去不复返。7世纪，伊斯兰军队横扫埃及，他们放弃了亚历山大城，在尼罗河边另建新首都，亚历山大城从此一蹶不振。

中世纪，亚历山大城依然衰落，甚至连作为海港的重要地位都被附近的城市罗塞塔（Rosetta）取代了。几百年间，古迹被地震破坏，废墟里的材料被用于修建新建筑，使得这座古代最伟大城市的面积竟缩小到仅比一个渔村略大，人口还不到1万人。

亚历山大城命运的转折点始于1798年拿破仑的入侵。拿破仑认识到这个城市的战略重要性，着手使之复兴。在随后的埃及革新

在亚历山大的……

两日

第一天先光顾城里古色古香的咖啡馆，然后去**亚历山大国家博物馆**（Alexandria National Museum；见318页）品味历史。接着在人头攒动的**Mohammed Ahmed**（见331页）吃午餐，这里的富尔（fuul）和炸豆丸子沙拉卷饼（falafel）是城里最好的。对该城的历史有所了解之后，去标志性的**亚历山大图书馆**（Bibliotheca Alexandrina；见322页）感知未来。然后穿过街道，前往**Selsela Cafe**（见335页）喝茶，欣赏旁边海湾上碧波翻滚。之后乘小巴在海滨路兜风，直奔**凯特贝城堡**（Fort Qaitbey；见320页），在那里看日落。在**Greek Club**（见333页）饱餐一顿，那里有美味的鱼，还能看到海岸的全景。

第二天，在**Delices**（见333页）吃早餐，接着去**孔迪卡**（Kom Al Dikka；见319页）和**孔姆·艾尔苏卡法地下墓穴**（Catacombs of Kom Ash Shuqqafa；见325页）。去时髦的餐厅**L Passage**（见332页）吃顿午饭，之后搭乘电车前往迷人的**马哈穆德·萨义德博物馆**（Mahmoud Said Museum；见324页），再去Muharram Bey鲜有人问津的**现代艺术博物馆**（Museum of Modern Art；见319页）。你也可以直奔东边海岸沿线的沙滩。晚饭可以在气氛迷人的**Teatro Eskandariya**（见332页）解决，最后去老派酒吧**Cap d' Or**（见334页）喝一杯啤酒，给这一天画上句号。

四日

在第三天，去**罗塞塔**和尼罗河口一日游，第四天直奔**阿莱曼**（El Alamein），午后在**西迪·阿卜杜勒·拉赫曼**（Sidi Abdel Rahman）的海滩度过。

Alexandria 亚历山大

Alexandria 亚历山大

重要景点

1 马哈穆德·萨义德博物馆.......................E2

景点

2 孔姆·艾尔苏卡法地下墓穴.................... A2
3 Herakleion-Thonis.................................H1
4 Mamoura海滩 G2
5 迈阿密海滩 F2
6 蒙塔扎宫花园...G2
7 庞贝柱和塞拉比尤姆神庙.......................B2
8 Ras El Tin Palace A1
9 斯坦利海滩 D2

活动、课程和团队游

10 Qortoba Institute for Arabic Studies.................................F2

住宿

11 四季酒店...E2

就餐

12 Abo Fares Al Soury...............................F2

饮品和夜生活

13 El Rehany.. C2

娱乐

14 Jesuit Cultural Center......................... D2

购物

15 Souq Ibrahimiyya C2

实用信息

16 Al Madina At Tibiya............................. D2
17 German Hospital D2

交通

18 Al Moaf Al Gedid长途汽车站 B3
19 Super Jet C2

派领导人穆罕默德·阿里（Mohammed Ali）执政期间，旧城遗址上兴建了新城。亚历山大再一次成为地中海最繁忙的港口之一，吸引了来自世界各国的人，包括富有的土耳其商人、犹太人、希腊人、意大利人和来自地中海地区其他国家的人。建立在古代历史基础上的多元文化、欧亚之间完美的陆地路线和通过贸易积累的财富，使亚历山大神奇地发展起来，成为一系列新兴诗人、作家的灵感源泉。然而，1952年反殖民主义和亲阿拉伯的浪潮将加麦尔·阿卜杜勒·纳赛尔（Gamal Abdel Nasser）推上了历史舞台，也为亚历山

大国际化大城市的进程画上了句号。之前那些没有跟着法鲁克国王(King Farouk)的游艇离开这个国家的外国人发现，几年后自己就被赶走了：随着苏伊士运河危机的爆发，纳赛尔没收外国人的财产，将许多外商独资企业收归国有。

从那时起，亚历山大城的性质发生了彻底改变。20世纪40年代，这座城市40%左右的人口是外国人，而现在大多数居民是埃及人。20世纪40年代，亚历山大城里只有30万居民，但现在则有超过400万人口。近年来，有超过5万名叙利亚难民在这座城市定居，这一数字还在继续增加。

许多人将亚历山大发生的事件看作引爆2011年革命的导火索。2010年6月，一个名叫Khaled Said的28岁男子在亚历山大被警察殴打致死，显然是因为之前他在网上公布了警察将一次缉毒行动中收缴的毒品私藏的视频。他死后不久，一个名为“我们都是Khaled Said”的Facebook账号被创建，贴出这个年轻人脸部被砸的可怕照片，公开揭露了警察对他死因的解释完全是肆无忌惮的捏造。成千上万愤怒的埃及人纷纷转发，亚历山大举行了一系列要求正义的抗议活动。Khaled Said的死亡以及随后官方的掩盖，成为总统穆巴拉克(Mubarak)执政不力的象征。2011年1月，将近38万人成为上述Facebook账号的粉丝，这个账号的维护者、谷歌在当地的营销主管Wael Ghonim以此作为一台虚拟的扩音器，唤起了开罗塔里广场(Tahrir Square)的示威活动，最终推翻了穆巴拉克政权。在2011年革命中，亚历山大举行了全国规模最大、最激烈的抗议活动，迫使警察从城市的街头完全撤退。

景点

当代亚历山大城沿曲折的海岸线绵延，长度达20公里，而向内陆扩展的宽度却很少超过3公里。市中心呈弧形环绕着东部港口，几乎被两个细长的海角环抱。城里主要的有轨电车站在Midan Ramla广场，它是大多数线路的终点站，被视为城市的核心地带。市中心最大的两条购物街Sharia Saad Zaghloul和Sharia Safiyya Zaghloul均以这个广场为起点。有轨电车站西侧的Midan Saad Zaghloul广场更大、更庄严，广场上有个人来人往的花园面朝海滨。两个广场周边是市中心的购物区、旅游局、众多餐馆和大多数比较便宜的酒店。

中心地带西北方向是比较古老而且有气氛的Anfushi街区，西南方向是拥有一些著名古罗马遗址的Carmous。往东，一连串新建社区沿海岸一字排开，伸向高级住宅区Rushdy和时尚的郊区San Stefano。更远处的蒙塔扎(Montazah)有王宫和花园(见324页)，是城市的东边界限。海滨路(Corniche)是一条又长又宽的海岸公路，将城市的几乎所有部分连接起来，但行走其间时，你要注意避让川流不息的大巴车和出租车。

如果你想在城里多待些日子，**Mohandes Mostafa El Fadaly**(见326页地图；2nd fl, 49 Sharia Safiyya Zaghloul；⏲周六至周四9:00~16:00)制作的街道地图很有用。

亚历山大市中心

由于这座城市夹在Lake Mariout和大海之间，因此扩张的空间相对较小。自2011年革命爆发以来，许多旧建筑都被拆除了，以便为庞大的新开发项目让路，老海滨路的天际线高度增加了一倍。富有传奇色彩的Steigenberger Cecil Hotel(见330页)位于宽阔的海滨路中段，俯瞰Midan Saad Zaghloul广场。这个建于1930年的酒店是亚历山大的著名建筑，也是城市浮华岁月的纪念，接待过剧作家萨默塞特·毛姆(Somerset Maugham)、努埃尔·考沃德(Noard)和英国前首相温斯顿·丘吉尔(Winston Churchill)等名人。2楼有间套房曾是英国秘密情报局的据点。该酒店因为出现在劳伦斯·达雷尔(Lawrence Durrell)的四部曲小说《亚历山大四重奏》(*Alexandria Quartet*)里而名声大噪。

★亚历山大国家博物馆 博物馆

(Alexandria National Museum；见320页地图；☎03-483-5519；110 Sharia Tariq Al Horreyya；成人/学生 LE80/40；⏲9:00~16:30)这座优秀的博物馆收藏着一流的亚历山大文物，水准不俗。博物馆所在的建筑是一栋经过修复的美丽的意大利风格别墅，展品虽然少，但都附有详尽的标签，煞费苦心地将亚历山大的历史和现在串联起来。要格外留意美丽的塔纳格拉雕像(tanagra，希腊女性陶俑)和在地中海水下发现的文物。

博物馆的**1楼**专门陈列希腊-罗马时代的文物，亮点包括一座斯芬克斯像和其他在阿布基尔(Aboukir)水下出土的雕塑。注意观看将一根手指放在嘴唇上(代表沉默)的希腊神祇哈尔波克拉斯特(Harpocrates)的小雕像，他的原型是埃及神荷鲁斯(Horus)，同厄洛斯(Eros)也有联系。再看看美丽的托勒密王后塑像，她的面孔是埃及人的样貌，身体却是希腊风格的。

地下室是法老时代展厅，展品来自埃及各地。注意那些假门，这些门连接着生者与死

亚历山大灯塔

埃及海岸是古代海员的噩梦：平坦的海岸线毫无特色，因此很难辨认并避开隐藏的礁石和沙洲。为鼓励发展贸易，托勒密一世(Ptolemy I，公元前323年至公元前283年)下令修建一个高塔，让水手们从离海岸很远的地方就能看到。经过12年的修建，亚历山大灯塔(Pharos)于公元前283年落成。此后灯塔一直得到增建，变成了一座独特而醒目的建筑，古代学者把它视为古代世界七大奇迹之一。

最初的亚历山大灯塔只是一个简单的地标，顶端可能有个雕塑——这在当时是常见的做法。历史学家相信，罗马人在1世纪增建了一个照明灯，或许是用打磨过的铜片反射油灯的光线，于是高塔变成了灯塔。根据12世纪的记载，亚历山大灯塔有一个方形的基座、一个八角形的中央柱子和一个圆顶。现在仍然可以看到保存下来的早期亚历山大灯塔的形象，其中最著名的是在利比亚东部一座教堂和威尼斯圣马可教堂的马赛克镶嵌画中。

总体而言，亚历山大灯塔经受了1700多年的狂风、洪水和潮汐，但1303年一场席卷整个地中海东部的强烈地震最终使亚历山大灯塔倒塌。100多年以后，马木留克(Mamluk)的苏丹凯特贝(Qaitbey)用灯塔废墟的材料修建城堡，这座城堡如今仍然矗立在那里。

者，还有那些放在尸体旁边的备用头，这些头是用来替代来世的头部的。

顶层陈列着拜占庭时期、伊斯兰时期和现代的文物，包括硬币、奥斯曼武器和珠宝，别忘了看精美的银盾。被新月环绕的木刻十字架代表两种主要宗教早期在亚历山大共存。

孔迪卡 考古遗址

（Kom Al Dikka；见320页地图；Sharia Ismail Mahana；成人/学生 LE80/40；⏲9:00~16:30）孔迪卡是希腊-罗马时代一个富裕的住宅区，拥有漂亮的别墅、澡堂和剧院。这个地区在当时被称为“潘的公园”（Park of Pan），是一个亚历山大居民纵情游玩的乐园。虽然废墟的规模并不大，但它是百夫长岁月一曲保存完好的赞歌，13个白色大理石台阶属于在埃及发现的唯一一处罗马圆形剧场。

这处遗址是在1967年为修建公寓楼打地基时发现的，地点就在被人们戏称为“孔迪卡”（即“瓦砾堆”）的地方。

废墟里的飞鸟别墅（Villa of the Birds）是一个富翁的城市住宅，建于古罗马皇帝哈德良（Hadrian）时期（117~138年）。虽然在3世纪毁于大火，但地板上的鸽子、孔雀、鹦鹉和水鸟图案的马赛克镶嵌画意外地保留了下来。其他的马赛克镶嵌画有黑豹和被称为蔷薇花结（rosette）的独特花朵样式图案。

这个地区的其他地点仍在挖掘。2010年年初，一座门前有成排神像（包括大量猫女神巴斯苔特的神像）的托勒密时代神庙出土。

Eliyahu Hanavi Synagogue 犹太教堂

（Eliyahu Hanavi Synagogue；见326页地图；☎安排游览012-2703-1031；Sharia Al Nabi Daniel）这座意大利人修建的宏大建筑是中东最大的犹太教堂之一，为亚历山大曾经人丁兴旺的犹太人服务。教堂内部的特点是有巨大的大理石柱和能容纳700多人的空间，黄铜名牌还钉在男性祈祷者的固定座位上。在埃及和以色列战争以及1956年的苏伊士运河危机之后，犹太人人口锐减，连召集10个人来举行宗教仪式都很难。在本书作者调研期间，这座建筑正打算翻修。

这座犹太教堂于2012年因安全原因关闭了。要参观这个能令人回想起该城多元文化

当地知识

找到亚历山大古代的中心

有趣的是，现代亚历山大直接建在古城上面，而且基本沿袭了古代街道的布局。现在被称为Tariq Al Horreyya的街道在古代叫作Canopic Way，连接城市东边的太阳之门（Gate of the Sun）和西边的月亮之门（Gate of the Moon）。城市中心曾经位于这条街道与Soma街（今名为Sharia Al Nabi Daniel）相交的地方。

的景点，必须通过当地犹太社区的首领Ben Youssef Gaon安排。他快60岁了，但在当地犹太人中算是最年轻的。给Ben Youssef打电话，如果联络不上，可以试试敲教堂前门。欢迎捐款LE20~30，但并非必需。

现代艺术博物馆 博物馆

（Museum of Modern Art, Musée des Beaux Arts；见320页地图；☎010-0407-4182；6 Sharia Manasha, Muharram Bey；⏲周二至周四和周六、周日 10:00~18:00）这些美妙的展品鲜有人问津，包括16~20世纪的绘画，反映了这座城市的国际化风格。展品藏于一座老别墅内，其中不乏马格特·维隆（Margot Veillon）、西奥多·弗里尔（Theodore Frère）和杰洛姆（Gerome）等人的一些珍品，以及埃及艺术家马哈茂德·穆赫塔尔（Mahmoud Mokhtar）精心安置的雕塑，有的展品则比较平庸，但这个地方绝对值得一游。隔壁有一个小型**书法博物馆**。进门需要护照。

卡瓦菲博物馆 博物馆

（Cavafy Museum；见326页地图；☎03-486-1598；4 Sharia Sharm El Sheikh；成人/儿童 LE25/免费；⏲周二至周日 10:00~17:00）亚历山大的希腊诗人康斯坦丁诺斯·卡瓦菲（Constantine Cavafy）在这栋公寓里度过了生命中的最后25年，公寓位于一条原名Rue Lepsius的街道上的一座妓院里。这里成为卡瓦菲博物馆后，六间房里有两间保留原样，其他房间内的桌子上摆放着这位诗人的出版物、手稿复印件、笔记本和往来信件，在最后一个房间的墙壁上挂着一些诗人的肖像和画作。

由于街角就有一个希腊教堂（St Saba），

Central Alexandria 亚历山大市中心

对面还有个医院，所以卡瓦菲认为这里是理想的住处：既能满足肉欲，又有可以祈求原谅和咽气的地方。对那些喜欢卡瓦菲诗歌的人来说，来这里一趟就相当于朝圣。

Anfushi和凯特贝城堡

亚历山大的土耳其老城区Anfushi魅力十足，曾是古板的亚历山大人寻欢作乐的地方。亚历山大的Midan Ramla广场和开罗的塔里广场均按照19世纪欧洲广场的模板打造，但Anfushi仍保持原本的样子，古色古香的小房子跟现代化的大都会相映成趣。作家劳伦斯·达雷尔笔下的人物就是在Anfushi找妓女和做违法的生意。今天这里仍然是亚历山大比较穷困的城区之一，大批人口挤在摇摇欲坠的老房子里，其中许多房子濒临倒塌。

凯特贝城堡 堡垒

（Fort Qaitbey；见本页地图；Eastern Harbour；成人/学生 LE40/20；⏲9:00~16:00）凯特贝城堡敦实的城墙占据了东部海港。这座城堡位于一个狭窄的半岛上，1480年由马穆

鲁克苏丹凯特贝在著名的亚历山大灯塔遗址上修建。城堡经过精心修复，游人可以参观一排鸽子笼似的房间。步行可到达这里，从Midan Ramla广场出发，沿海滨路走30~45分钟，边走边欣赏海港美景。

曾在大约1700年时间里发挥作用的亚历山大灯塔因1303年的一场地震而倒塌，荒废了100多年后，凯特贝下令在遗址上修建城市的港口。灯塔废墟里的建筑材料被重新使用，如果你近距离观察城堡外墙，还能看到一些红色花岗岩柱子的痕迹，这种柱子极有可能就来自古灯塔。其他的灯塔废墟散落在附近的海床上。

如果你不喜欢在海边散步，也可以在Midan Ramla广场乘坐黄色的15路有轨电车，或是在海滨路沿线招手乘坐小巴来这里。出租车收费LE10~15。

阿布阿巴斯·穆尔西清真寺 清真寺

（Mosque of Abu Abbas Al Mursi；见320页地图；☎03-480-1251；Sharia Mohammed Koraiem, Anfushi）这座宏伟的清真寺建立在一座陵墓上，墓主人是一位德高望重的13世纪苏非

Central Alexandria 亚历山大市中心

重要景点

1 亚历山大国家博物馆......G3
2 亚历山大图书馆......G2

景点

文物博物馆......（见2）
3 克里奥佩特拉王宫......C2
4 凯特贝城堡......C1
5 孔迪卡......F5
手稿博物馆......（见2）
6 阿布阿巴斯·穆尔西清真寺......B2
7 现代艺术博物馆......H4
8 灯塔岛......C1
天文馆......（见2）
9 造船厂......A2
10 泰尔巴纳清真寺......C3
11 沙迪·阿卜杜勒·萨拉姆的世界......G2

活动、课程和团队游

12 Alexandra Dive......B2

就餐

13 Abdo Farag Fish......C4
14 Abu Ashraf......A3
15 Awalad Abdou......E5
16 El Sheikh Wafik......A3
17 Fish Market......B2
18 Greek Club......B1
19 Hassan Fouad......F3
20 Hosny Grill......A3
21 Kadoura......B2
22 Kadoura......C3
23 L Passage......F4
Olive Island......（见18）
24 Samakmak......A2

饮品和夜生活

25 El Qobesi......C3
26 Farouk Cafe......B2
27 Selsela Cafe......G1

购物

28 Anfushi鱼市场......A1
29 阿特里纳古董市场......E5
30 Sayed El Safty......E5
31 Souq District......C4

派圣人阿布阿巴斯·穆尔西（Abu Abbas Al Mursi），来自西班牙穆尔西亚（Murcia）。原址上曾接连修建并重建过几个清真寺。尽管现在的建筑是当代产物，这座八角形的建筑依然很迷人，中央的塔高耸入云，清真寺内部用夺目的伊斯兰马赛克镶嵌画、瓷砖和木刻装饰。穆尔西是埃及的四位圣人之一，所以这里是一个朝圣地。

今天，这座清真寺占据了一个大广场，从海滨路那里可以清楚地看见。在入口处脱鞋，放鞋时给管理员一点儿小费（baksheesh）。游客可以跟随信徒一起去朝拜主厅内的**穆尔西神龛**。夏季的夜晚，清真寺周边有种狂欢节似的气氛，从骑马到碰碰车和旋转木马，什么游乐设施都有。

泰尔巴纳清真寺 清真寺

（Terbana Mosque；见320页地图；Sharia Faransa，Anfushi）美丽的泰尔巴纳清真寺很小，位于Sharia Faransa和Wekalet Allimon的交叉路口。这个街区被称为Gumruk，所在的陆地中世纪时位于水面以下。17世纪末的建造者用从亚历山大古代废墟上找到的材料拼凑成这个清真寺，其宣礼塔就是用两根古代的柱子支撑的。外立面上红黑两色的砖刻是典型的三角洲风格。

造船厂 水滨

（Shipyards；见320页地图；Ras El Tin）这个造船厂位于Anfushi北部与海接壤的地方，你可以边走边欣赏不同建造程度的大型木船。在小作坊里，工匠制作船只的附件，如木刻的舵（转向轮）和船舱。这里地处偏僻，不建议女性单独前往。

Ras El Tin Palace 历史建筑

（见316页地图；Ras El Tin）在亚历山大西部海岸，经过造船厂之后，你将看到Ras El Tin Palace。从地中海能看到这里的壮观景色。这座宫殿最初于19世纪30年代修建，是献给埃及统治者穆罕默德·阿里的。现在它属于一个海军基地，是官方的总统宅邸。1952年，法鲁克国王就是在这里签署了他的逊位书。可惜这里不对游客开放。

东部郊区

★亚历山大图书馆 博物馆

（Bibliotheca Alexandrina；见320页地图；

☎03-483-9999; www.bibalex.org; Al Corniche, Shatby; 成人/学生 LE70/35; ⏲周日至周四11:00~19:00, 周六 正午至16:00)古代的亚历山大图书馆曾是所有古典建筑中最伟大的一个,其重建工程看起来似乎只有大力神赫拉克勒斯才能完成,但新的亚历山大图书馆做到了。2002年落成开放的这座现代化建筑面积惊人,显然试图重现古代亚历山大图书馆作为学习和文化中心的昔日光辉。如今这个图书馆成了埃及的主要文化场所之一,是不计其数的国际表演者的舞台,也是一系列出色的博物馆的所在地。

图书馆建筑的形状像一个放置在地面上有棱角的巨大铁饼,寓意是从地中海升起的第二个太阳。花岗岩外墙上刻着字母、象形图案、象形文字和来自120多种人类文字的符号。在建筑内部,天花板呈倾斜坡度的主阅览室能存放800万本图书并容纳2500名读者,十分震撼。窗户经过特殊设计,既能让阳光倾泻进来,又不会让图书受到光线直晒而损坏。

除了令人难忘的主阅览室,馆内还有四座有专门用途的图书馆(一座为6~11岁儿童开放的图书馆、一座为11~17岁青少年开放的图书馆、一座多媒体图书馆和一座盲人图书馆)以及多个分门别类的馆室。馆内有四座永久性博物馆、一座天文馆、一个会议中心、一系列临时或永久性展览以及丰富多彩的活动。要想充分参观这个非常值得一游的景点,你应该留出半天的时间;只是看看令人目瞪口呆的主阅览室并在馆内其他地方随便转转,需要一个小时左右。

图书馆就在海滨,但主入口和售票处位于大楼的后面。所有行李必须接受检查,但你可以将相机和钱包带入内。图书馆内的两个博物馆需要单独购票,这些票在楼内就能买到,就在各博物馆旁边。

不要错过

海底景观

从古至今,亚历山大下沉了6~8米,因此古城的大部分遗址不是埋藏于现在城区的下面,就是沉入地中海中。由于城市在发展,地面上的部分大多已经被毁。但在水下,情况截然不同,每年都会新发现托勒密王朝时期的古迹。

到目前为止,挖掘工作是以凯特贝城堡(见320页)为中心开展的,这里据说是亚历山大灯塔的原址;在东部海港(Eastern Harbour)东南部分找到了沉入水下的托勒密王宫;而在阿布基尔则找到了两座沉入水下的城市——Herakleion-Thonis和Menouthis。一些重见天日的宝藏被收藏在亚历山大图书馆的文物博物馆(见324页)和亚历山大国家博物馆(见318页)内,潜水者也可以在当地潜水公司Alexandra Dive(见328页)的带领下探索被淹没的港口遗址。

如果你想体验一下印第安纳·琼斯水下探险动作片的感觉,以下是亚历山大最好的潜水地点:

克里奥佩特拉王宫(Cleopatra' s Palace; 见320页地图)这座王宫位于东部港口,堪称亚历山大最有趣的水下古迹。如今潜水者可以看到神秘而巨大的斯芬克斯像,还有红色花岗岩柱子、平台和步道,考古学家猜测这里曾是一个王宫。这里还有一艘大船的残骸,根据碳元素年代测定,年代在公元前90年至130年之间。深度:5米;等级:新手。

灯塔岛(Pharos Island; 见320页地图)这个潜水地点就在凯特贝城堡的海边,水下有法老时期以及希腊和罗马时期的狮身人面像、柱子、柱顶和雕塑,以及据说是亚历山大灯塔残迹的花岗岩大石块(因从高处掉落而摔裂)。深度:8米;等级:新手。

Herakleion-Thonis(见316页地图)对考古学家来说,阿布基尔Heracleon-Thonis的发现是考古界的伟大成果。现已出土大量宝藏,包括5米高(高于海床)的巨大雕像、神庙建筑遗址以及金币和珠宝。但是,在对考古一无所知的潜水者看来,"东方号"(L' Orient, 1798年沉没的拿破仑旗舰)沉船才是这个地区最大的亮点。深度:14米;等级:中级。

➡ 博物馆

文物博物馆（Antiquities Museum；☎03-483-9999；antiquities.bibalex.org；成人/学生 LE50/25；⏲周日至周四 9:00~18:30，周六 正午至15:45）的展品是从全埃及古迹中精挑细选出的文物，年代从法老时期横跨希腊和罗马时期，直到拜占庭和伊斯兰时期。这里有不少2世纪的彩色墓葬陪葬面具、装饰精美的木乃伊人形棺和蓝色彩陶制成的陪葬雕像（shabti），以及一些华丽的希腊时代雕像。

接下来去**手稿博物馆**（Manuscript Museum；成人/学生 LE30/15；⏲周日至周四 11:00~19:00，周六 正午至16:00）。这里虽然展品不多，但整齐地陈列着古代手稿和古籍，包括古亚历山大图书馆仅存的一个画卷的复制品。隔壁的**亚历山大印刷品展览**（Impressions Alexandria Exhibition）藏品惊人，布置一流，通过绘画、地图和早期照片记录这个城市的悠久历史。

以那里为起点，可以去探索图书馆的展厅，那里展示着当代阿拉伯艺术家的作品，也展出精美的古代纺织品、民间艺术品和中世纪的阿拉伯科学设备；**沙迪·阿卜杜勒·萨拉姆的世界**（The World of Shadi Abdel Salam）内展出同名导演所绘的精美电影布景，他是一位出生于亚历山大的邪典电影导演、剧作家兼布景设计师。到了下午，这里会定期放映这位导演的代表作《木乃伊之夜》（*The Night of Counting the Years*，阿拉伯语为*Al Momia*）和其他电影。此外还有一个关于埃及历史的视频展，名叫*Culturama*，画面投射到9个屏幕上。

天文馆（Planetarium；☎03-483-9999；每部影片 成人/学生 LE50/10；⏲周日至周四 10:00~16:00）位于图书馆前面的广场上，是一个未来主义风格的球形建筑，用霓虹灯照明，看起来很像迷你版《星球大战》里的死星（Death Star）。馆内轮流播放3D电影（放映安排见其网站），这些电影专注于太空探索、自然世界和埃及历史等题材，都旨在教育儿童。天文馆中还有座**探索馆**（Exploratorium），同楼下的**科学历史博物馆**（History of Science Museum）一样，都以学龄儿童为对象。后者的展品覆盖三个关键历史时期的科学贡献：法老时代的埃及、希腊时期的亚历山大和伊斯兰时期。

周日至周四的11:45~16:30，以及周六的12:30~15:00，每45分钟都会进行用英文讲解的亚历山大图书馆团队游。

注意：虽然图书馆内有各种适合孩子的活动和馆室，但6岁以下的幼童不允许入馆。很贴心的是，开馆时间段内有幼儿托管服务。

★马哈穆德·萨义德博物馆 博物馆

（Mahmoud Said Museum；见316页地图；☎03-582-1688；6 Sharia Mohammed Pasha Said，Gianaclis；⏲周二至周四和周六、周日10:00~18:00）**免费** 马哈穆德·萨义德（Mahmoud Said，1897~1964年）是埃及20世纪最杰出的艺术家之一，但在本国以外并不出名。虽然主业是一名法官，他还兼职作画，在20世纪20年代至20世纪30年代成为一个致力于打造埃及艺术风格组织的重要成员。该博物馆是一栋意大利风格的别墅，他曾在此居住。馆内陈列着大约40幅他的作品。需要出示护照才能入内。

博物馆的其中一个房间专门展出女性裸体画，考虑到亚历山大如今比较保守的情绪，这非常令人惊讶。萨义德乐于描绘各种女性以及她们感性的身体，并为其加上些简单的首饰，如头巾、珠宝或手镯，以此来纪念她们"平民"般的埃及之美。他的某些作品最近在欧洲拍卖行以数百万美元的价格成交。

从San Stefano有轨电车站（2号线）出发，穿过轨道，沿台阶登上抬高的路面（大型购物中心对面）。右拐，走不多远，左边就是Sharia Mohammed Pasha Said大道。

蒙塔扎宫花园 花园

（Montazah Palace Gardens；见316页地图；Montazah；花园/海滩 LE15/25；⏲8:00至午夜）虽然这座19世纪的蒙塔扎宫并不开放，但周围青翠的花园是散步的绝佳去处。这还有一个很吸引人的海湾，内有一个适合孩子的半私家海滩（但不是非常干净），还有一座怪异的维多利亚风格小桥通向一个电缆塔小岛。总的来说，这里不像市中心那么喧闹嘈杂。这里还有几家餐厅和几个野餐的地方，另一座王室宅邸Salamlek也在这里，现在已经翻建成豪华酒店。

伟大的亚历山大图书馆

古代的亚历山大图书馆是最伟大的古代书籍和文件的宝库。托勒密一世（公元前323年至公元前283年）于公元前283年建造了这个图书馆，将之作为被称作Mouseion（意为“缪斯的神龛”，今天的“museum”即源自该词）的更大综合建筑群的一部分。这个专门用于学习研究的中心能容纳100多个全职学者，中心内除了图书馆外，还有演讲区、花园、动物园和多个神殿。它是最早的大型“公共”图书馆之一，任何人只要拥有符合要求的学术资质，都可以入内。

亚里士多德的弟子德米特里厄斯·法勒琉斯（Demetrius Phalereus）曾受邀管理该图书馆，他和托勒密一世及其继任者立下宏伟目标：收集全世界所有的书籍。在亚历山大繁忙的港口停靠的船只上的手稿被依法没收并复制，商人们被派到其他地中海城市搜罗各种书籍。当时收来的图书大多是莎草纸卷轴，上面的文字通常被译成希腊语，然后重新卷好，收藏在图书馆内众多带标签的分类小文件架内。高峰时，该图书馆据说收藏了超过70万部图书（包括复制品），人们相信这个数字比当时存世的出版物的总量还多。不久之后，图书馆的书籍资源超过馆藏容量，为了收藏源源不断运来的书籍，在塞拉比尤姆神庙（Temple of Serapeum；见327页）建造了一个“分馆”。图书馆丰富的藏书使亚历山大成为当时全世界首屈一指的文化和文明中心。

到底是谁毁掉了这个古代全世界最伟大的知识宝库，目前尚无定论，但有几个“嫌疑人”。尤利西斯·恺撒（Julium Caesar）是第一嫌疑人。公元前48年他与古罗马将军庞贝（Pompey）发生争执，并在图书馆所在的亚历山大港口放了一把火，火势后来蔓延到图书馆所在的区域。后来，在270年，帕尔米拉（Palmyra，今叙利亚）女王泽诺比娅（Zenobia）占领了埃及，并在亚历山大与罗马皇帝奥勒良（Aurelian）作战，随后，亚历山大城被包围，图书馆因而遭到进一步的损毁。当时，亚历山大主要的学习中心迁至位于塞拉比尤姆的分馆。接下来火上浇油的是早期基督教徒：信奉基督教的罗马皇帝狄奥多西一世（Theodosius）展开反异教徒大清洗，分馆最终在391年被摧毁。

埃及总督阿巴斯·希尔米（Khedive Abbas Hilmy，1892~1914年）修建了蒙塔扎宫作为夏宫，当开罗天气太热的时候他就到这里避暑。这座宫殿系摩尔风格，但仿照佛罗伦萨韦奇奥宫（Palazzo Vecchio）而建的一座塔为其增添了一丝意式风情。

到这里来最简单的方法是在海滨路或Sharia Tariq Al Horreyya大道上招手坐小巴，当小巴减速靠近时，大喊“Montazah”即可。只要小巴是开往那个方向的（大多数都开往那个方向），它就会停下来让你上车。搭乘出租车约花费LE40。

Carmous

孔姆·艾尔苏卡法地下墓穴 考古遗址

（Catacombs of Kom Ash Suqqafa；见316页地图；成人/学生 LE60/30；⏲9:00~16:30）因为一头驴意外掉进坑里，这个遗址在1900年被发现。墓穴组成了埃及已知最大的古罗马墓地，也是献给古代埃及宗教的最后一批大型建筑之一。该建筑用希腊-罗马时期的技术展现了亚历山大的两大建筑特色：法老风格和希腊风格。地下墓穴由三层坟墓和墓室组成，直接从地下深达35米处的岩床上开凿出来（底层有大量积水，不能进入）。

要经过一段螺旋状的台阶才能下到墓穴。过去亡者的遗体大概是用绳子吊着向下放到圆形竖井中央的。螺旋状台阶通往一个**圆形大厅**，大厅中间的竖井直通幽深且积水的下层。地下墓穴始建于2世纪，可能是一个家族墓地，圆形大厅当时应该仅通向一个**餐室**（左手边）和**主墓室**（正前方）。但300多年来，墓穴一直被使用，增建了更多的墓室，直到它被扩展成一个能容纳超过300具遗体的蜂窝状墓穴。

餐室被用作宴会厅，悲痛的亲属在葬礼

Midan Ramla & Around
Midan Ramla广场及周边

盛宴上表达他们对逝者最后的敬意。送葬者在遗体下葬40天后回来赴宴，然后每到周年都回来一次。餐室中央有个矮桌，赴宴者倚靠在矮桌周围的长凳上。

回到圆形大厅，从台阶走下去，到达主墓室——它是整个地下墓穴的核心。这里有个带柱子的前厅，山墙径直通往一间内室。典型的亚历山大风格装饰将古埃及、希腊和罗马的墓葬图案结合在一起。通往内室的走廊两侧墙上有代表阿努比斯（Anubis，埃及的死神）的图案，但他穿着罗马军团的服装，拖着一条代表希腊神祇阿格忒斯·岱蒙（Agathos Daimon）的蛇尾。

两条短短的通道从前厅通往一个U形的大墓室，墓室里有成排的小洞，遗体就放在这些小洞里。遗体（许多小洞里不止一具遗体）放入小洞后，洞口就被灰泥石板封上。

另外四条走廊从圆形大厅后面通往一串小墓穴。其中一条走廊连接另外一个截然不同的墓室，后者被称为**卡拉卡拉厅**（Hall of Caracalla）。卡拉卡拉厅有自己的台阶通道（在石壁上挖出来的，很长），这处台阶通道与孔姆·艾尔苏卡法墓穴相连。台阶通道比孔姆·艾尔苏卡法墓穴的年代更久远，它是一心痴迷挖宝的盗墓者打出来的。墙上除了小洞，还有一幅表现奥西里斯（Osiris）被做成木乃伊和珀尔塞福涅（Persephone）被冥神绑架的画，这两个故事分别来自古埃及和古希腊的葬礼神话。

听起来似乎非常宏伟，但是如果你参观过卢克索西岸那些陵墓，那么孔姆·艾尔苏卡法肯定会让你失望：墙壁大多没有装饰，几乎

Midan Ramla & Around Midan Ramla广场及周边

景点
1 卡瓦菲博物馆 C3
2 Eliyahu Hanavi犹太教堂 C2

住宿
3 Alex Otel A4
4 Hotel Crillon A2
5 Hotel Union B2
6 Metropole Hotel C1
7 Steigenberger Cecil Hotel B1
8 Triomphe Hotel B2
9 Windsor Palace Hotel A2

就餐
10 Abou El Sid D3
11 Abou Nasr A2
12 Chez Gaby D3
China House （见7）
13 La Veranda B2
14 Mohammed Ahmed C2
15 Taverna C1
16 Teatro Eskandariya D4
17 Trianon C1

饮品和夜生活
18 Ahwa Sayed Darwish C3
19 Athineos C1
20 Brazilian Coffeestore B2
21 Cap d'Or A3
22 Delices B2
23 El Tugareya A2
24 Imperial Cafe & Restaurant B2
25 Sofianopoulo Coffee Store A3
26 Spitfire A3

娱乐
27 亚历山大艺术中心 C4
28 亚历山大歌剧院 C4
Teatro Eskandariya （见16）

购物
29 Al Maaref Bookshop B2
30 Drinkies B2

实用信息
31 旅游总局 B2
32 Mohandes Mostafa El Fadaly D2
33 护照办公室 B3

交通
机场巴士发车点 （见7）
安飞士 （见7）
34 Go Bus 售票处 B2
35 前往Sidi Gaber的1路小巴 B2
36 West & Mid Delta Bus Co B2

所有绘画的颜色都褪到看不见的程度了。

从庞贝柱（Pompey's Pillar）步行前往该地下墓穴很容易，前者也位于Carmous。如果是从庞贝柱步行前来，可以从售票处前出发。背对着出口的话，走右手边的小街，朝远离有轨电车轨道的方向沿着缓缓上升的山坡走。在这条小街上走几百米后，你会路过左侧的一个小清真寺，再过一个街区，左手边就是地下墓穴的入口。在Midan Saad Zaghloul广场乘坐出租车前往地下墓穴的费用为LE35左右。

庞贝柱和塞拉比尤姆神庙 考古遗址

（Pompey's Pillar & the Temple of Serapeum；Rhakotis；见316页地图；成人/学生 LE60/30；⌚9:00~16:30）这根高达30米的柱子耸立在古代村落Rhakotis（亚历山大就是从这个村子发展起来的）的废墟上。用红色阿斯旺（Aswan）花岗岩雕成的柱子被称为“庞贝柱”，已经有几百年历史，曾是城里最显眼的景点之一：柱子为尖顶，底座高2.7米，柱头是精美的科林斯式。石柱矗立于光秃秃的**塞拉比尤姆神庙**遗址之上，这个神庙在古代曾是一座宏伟的建筑。

一些旅行者想起古罗马将军庞贝是被克里奥佩特拉的兄弟杀死的，所以给这个石柱起名为“庞贝柱”，但柱子底座（过去可能有碎石覆盖）的铭文表明，它是在291年为了支撑戴克里先（Diocletian）皇帝雕像而竖立起来的。

柱子下面的台阶向下通往塞拉匹斯（Serapis，亚历山大的半埃及、半希腊神祇）大神庙的遗迹。这里也是亚历山大图书馆分馆所在地，据说馆藏大量书籍和卷轴。任何使用神庙的人都可以阅读那些卷轴，因此这里也成了地中海最重要的文化和宗教中心之一。

115~117年的犹太人起义期间，这座神庙就遭到了袭击，但在391年，是基督徒对异教

当地知识

亚历山大的海滩

如果你想下海，亚历山大沿海有许多公共和私家的海滩。但东部港口和蒙塔扎之间的海岸线可能很脏，夏天人又多。旺季时，当地人大多前往北海岸（North Coast）的沙滩。

女性应该注意：除非是在西式酒店的专属海滩，否则应该穿着保守，游泳时最好把身体包住——在泳衣外套一件宽松的T恤，下面穿短裤。以下海滩跟城里的任何一个海滩一样，需要购买门票。如果想租遮阳伞和躺椅，就得花更多的钱。

Mamoura海滩（Mamoura Beach；见316页地图；海滩/区域门票 LE10/5）在蒙塔扎以东约1公里处，是亚历山大"最像样"的海滩。沙滩上有条鹅卵石步道，步道两边有几个冰激凌店和食物摊，但真正让这里与众不同的是它跟主路是隔开的，也就是说，嘈杂的公路离你很远。到这里来的方法是：在海滨路乘坐开往阿布基尔的小巴，告诉司机你要在Mamoura下车。当地政府试图通过收费的方式控制沙滩上的人数，但如果你步行进入，没准儿可以不用交钱。主海滩旁边有个私人海滩，那里的人少得多，海滩上有漂亮的蕨叶形状的遮阳伞，门票每人LE50。

迈阿密海滩（Miami Beach；见316页地图）迈阿密（发音为me-ami）海滩的水边有一个带遮阳棚的游乐场，里面有水滑梯和格子爬梯，很适合孩子们玩耍，但要注意，旺季这里的人相当多。它位于Midan Saad Zaghlol广场东边12.5公里处的海滨路旁边。

斯坦利海滩（Stanley Beach；见316页地图；Sidi Gaber）这个大海滩位于老斯坦利桥（Stanley Bridge）下的一个小海湾内，有一小片还说得过去的沙滩可以晒晒太阳。沙滩上有三种不同档次的海滨小屋。海浪冲击水泥桥支柱的情景很壮观。但由于浪大，这个海滩不太适合孩子。

文化发起最终攻击，摧毁了塞拉比尤姆神庙及其图书馆，只留下一根柱子孤零零地矗立着。该遗址如今仅存壕沟和洞穴中的碎石，神庙那里有两排通往地下的狭窄脚手架，还有几个斯芬克斯像（来自赫利奥波利斯）和一个残存的水位计（古代用来测量和记录尼罗河水位的工具）。顶端的石柱是古代建筑唯一幸存的部分，至今仍矗立在亚历山大。这里的守卫有些固执己见。

如果乘坐出租车来此，要对司机说它的阿拉伯名字"Amoud Al Sawari"。从Midan Saad Zaghloul广场出发的话，车费应该为LE30~35。

活动

Alexandra Dive 潜水

（见320页地图；☎03-483-2045，手机 012-2906-5477；www.alex-dive.com；Al Corniche，Anfushi；2次潜水全包价 €80，自带设备 €60）亚历山大的专业潜水公司，负责人Ashraf Sabry在这里的海边潜水已有数十年。公司组织全包潜水游，前往亚历山大城里和周边的水下考古地点以及近海的"一战"和"二战"沉船残骸。

有几个潜水者报告说，海湾能见度很低（有的季节最低仅1米），让在港口潜水的他们感到有些扫兴。到了夏天，院子里会有一个迷人且悠闲的海滨酒吧。

课程

Qortoba Institute for Arabic Studies 语言

（见316页地图；☎010-0209-3065，03-556-2959；www.qortoba.net；Muhammad Nabeel Hamdy和Khalid Bin Waleed交叉路口，Miami；⏲7:00~23:00）这里提供现代标准阿拉伯语和阿拉伯口语课程，有个人辅导和在线课程，无论是一窍不通的初学者还是有学习经验的人，都可以来上课。学院还可以安排附近实惠的学生公寓住宿。

团队游

Michael Mitchell 徒步

（☎012-2085-2916；egyptianmitch@gmail.

com；US$30~50）Michael Mitchell可以组织个人徒步导览游，他会着重带你领略这座城市丰富的建筑、历史和文化，尤其是埃及美好年代时期。若想知道有什么活动，可以致电，此外他也可以为你定制徒步游。

Tamer Zakaria 团队游

（☎012-2370-8210；tamerzakaria@yahoo.com）强烈推荐这位会说英语的向导兼埃及学家，他态度热情，知识渊博，为白天的团队游提供服务。他也能组织海岸周边或埃及其他地方的游览活动和团队游。

节日和活动

亚历山大国际电影节 电影节

（Alexandria International Film Festival；⏰11月）亚历山大国际电影节每年11月举办，是埃及影坛一大盛事。来自世界各地的独立电影制片人在这里展示他们的作品。电影节的主放映场地位于亚历山大图书馆（见322页），但也会在城里其他几个电影院和老建筑内进行放映，还组织跟导演进行面对面的交流等活动。

住宿

亚历山大仍然严重缺乏中档酒店。经济型住处为数不少，层次不一：有破破烂烂的，也有看起来还算体面的。因此，你对住处的选择可能很快就会指向高端那档，比如依旧矗立在海边的高端五星级连锁酒店和屈指可数的几家老牌酒店。

许多经济型酒店至少有一面朝向海滨路。在亚历山大住宿的乐趣之一是早晨推开百叶窗，深吸一口地中海的新鲜空气。但睡觉轻的人应该考虑住背朝海滨路的房间，因为汽车噪声从早响到晚。在亚历山大，无论住哪个经济型酒店，你都最好自带香皂、毛巾和厕纸，因为酒店未必供应。

夏季（6月至9月）是亚历山大的旅游旺季，为了躲避首都的酷暑，几乎一半的开罗人都来这里扎堆。如果你在此时来亚历山大，建议你提前订房。

Hotel Union 酒店 $

（见326页地图；☎03-480-7312；5th fl, 164 Al Corniche；标单/双 LE175/195，带海景 LE200/250；📶）只需在这里订一间海景房，你就能花很少预算从阳台上欣赏地中海的美景了。这里是亚历山大最安全可靠的经济型酒店，总是住满了来度假的埃及人和外国游客。客房布置简单，但维护得很好，还很干净，即便有时候服务漫不经心，员工依然很热情。

Triomphe Hotel 酒店 $

（见326页地图；☎03-480-7585；www.triomphehotel.com；3rd fl, 26 Sharia Al Ghorfa Al Togareyya；双/标三 LE200/250，标单/双 带公用浴室 LE110/160；📶）这里如家一般温馨，摆放着绿植的大堂看起来好像是别人家的客厅。房间宽敞，高高的天花板和深色的木家具依稀可见昔日的优雅，但有些房间略显老旧。就算你是独自一人入住，也值得多花点儿钱住双人套房，因为这种房间有阳台，能看到海景。靠近主街的客房要吵得多。

Hotel Crillon 酒店 $

（见326页地图；☎03-480-0330；3rd fl, 5 Sharia Adib Ishaq；标单/双 LE162/217，带海景 LE185/246）这个老牌酒店颇有特色，可惜有些破旧了。好处是，面朝大海的房间能看到很棒的海港景色，还有阳台、高高的天花板和各种风格的家具。但是所有客房都使用破旧的公用浴室。如果店方为你提供的不是4楼的房间，那么交钱之前要先去房间看一下，有些房间看起来特别破。

从通风良好的大堂能看到迷人的海景，大堂里还有一个放着海鸟标本的柜子。

Alex Otel 酒店 $$

（Alexander the Great Hotel；见326页地图；☎012-2560-3476, 03-487-0081；www.facebook.com/alexhotel2014；5 Sharia Oskofia；标单/双/三 LE500/750/900；📶）酒店位置静谧，旁边是圣凯瑟琳学校（St Katherine School）。这里虽然没有壮丽的海港景色，但极其干净的房间和亚历山大多数酒店比起来有如一缕清风。得益于大面积白漆、墙壁上的伊斯兰风格艺术画、新家具、现代化洗手间，甚至客房内的热水壶，这里呈现出一种明亮而轻松的现代风格。

试试205或206室，这里的阳台可以俯瞰圣凯瑟琳教堂，还能将地中海景观尽收眼

文学作品里的亚历山大

亚历山大在作家笔下和文学作品里的形象要比其由砖头和瓦砾构成的各种遗址更加深入人心，许多到达埃及火车站（Misr Train Station；见339页）的旅行者都随身带着一本小说家劳伦斯·达雷尔的《亚历山大四重奏》。虽然古代的亚历山大已经不复存在，达雷尔、福斯特（EM Forster）和希腊裔亚历山大混血诗人康斯坦丁·卡瓦菲笔下的亚历山大在中央区域的建筑覆盖之下依稀可辨。

父母都是希腊人的卡瓦菲（1863~1933年）几乎毕生（70年）都住在亚历山大。他在一些诗中刻画了托勒密王朝时期和古典希腊的人物，在另外一些诗中则抓住了经常或偶然遇到的城市片段。出生时，他家是城里最富有的家庭之一，但后来的家道中落，迫使他大半生都在公共建设部位于Trianon（见333页）咖啡馆楼上的办公室做一个职员。

卡瓦菲的作品最初是由福斯特（1879~1970年）翻译成英文的，这位著名的英国小说家于1916年到达亚历山大时已经出版了《看得见风景的房间》（*A Room with a View*）和《霍华德庄园》（*Howards End*）。为红十字会工作的福斯特在城里住了3年，虽然没能找到构思下一部小说的地方，但他编纂了一部他称之为“反指南”的指南：《亚历山大：历史和指南》（*Alexandria: A History & Guide*）。他解释说，这本书故意取这样的名字，但书里的内容都不是亚历山大的，全书的基调是“亚历山大的景点本身并不有趣，但从历史的角度看却很迷人”。

这本指南为劳伦斯·达雷尔（1912~1990年）提供了城市介绍，他在福斯特离开22年后到达埃及。达雷尔当时离开希腊来到亚历山大时，对这里极其厌恶，说亚历山大是一个“破烂肮脏的那不勒斯小镇”。但与今天的游客一样，他的第一印象其实是错误的。1941~1945年，达雷尔被走向不明的沙漠战争所带来的混乱局面及不太真实的颓废气息深深吸引，由此催生出他最出名的小说。

爱好文学的旅行者或许想拜访游人罕至的卡瓦菲博物馆（见319页），以及Abou El Sid餐厅，这里之前是著名的Pastroudis Cafe，在《亚历山大四重奏》中，这是书中角色经常碰面的地点。

底。酒店靠近塔里广场（广场上有一尊19世纪埃及统治者穆罕默德·阿里的巨型雕像），但对出租车来说，这里可能很难找。跟司机说Sharia Sant Katrin即可。当你到了教堂旁边，就会发现酒店的路标。

Windsor Palace Hotel 历史酒店 **$$**

（见326页地图；☎03-484-0910；www.facebook.com/paradiseinngroup；17 Sharia Ash Shohada；标单/双 US$79/84，带海景 US$89/94，套 US$139起；📶）这座爱德华时期留下来的珠光宝气的建筑建于1907年，经历过一次翻修，但好在老式电梯和豪华的大堂被保留了下来，房间仍充满老式魅力，绿色和金色的装饰与东方快车（Orient Express）风格一致。如果可以，最好订面朝大海的房间。

Metropole Hotel 历史酒店 **$$**

（见326页地图；☎03-480-8123；www.facebook.com/paradiseinngroup；52 Sharia Saad Zaghloul，Mahattat Ramla；标单/双 带街景 US$74/84，带海景 US$89/94；📶）Metropole曾经很有档次，但如今已落魄了。虽然在20世纪90年代经过彻底翻修（包括一个有帕台农神庙风格雕带装饰的俗气大堂），但从巨大房间的镀金房门、镶木板的墙壁和奢华的枝形大吊灯，还是可以看出年代的痕迹。不过这里还是小有魅力。

★Steigenberger Cecil Hotel 历史酒店 **$$$**

（见326页地图；☎03-487-7173；www.steigenberger.com；16 Midan Saad Zaghloul；标单/双/标三 US$137/152/168，标单/双 带海景 US$152/165；📶）历史悠久的Cecil Hotel是真正的亚历山大传奇，但不幸的是，多年来的数次翻修使温斯顿·丘吉尔和作家劳伦斯·达雷尔曾经流连过的著名酒吧失去了昔日的模

样。房间被刷成优雅的红色和奶油色，在面朝大海的房间可以一览无余地欣赏东部海港的美景。

Monty's Bar（如今在二层）和一层大堂依稀可以看到昔日的辉煌，但连接各个楼层的老式电梯依然嘎吱作响。

四季酒店 酒店 $$$

（Four Seasons Hotel；见316页地图；☎581 8000；www.fourseasons.com；399 Al-Corniche，San Stefano；房间 US$ 220~330，套 US$370起；❄@令☒）过去深受喜爱的赌场Casino San Stefano被改建成这个宏伟的酒店，与周围的建筑相比，酒店显得鹤立鸡群。室内装修很舍得花钱：大理石大堂闪闪发光，员工排成一队随时准备为客人服务，客房（涂成柔和的柠檬黄色）内配备的设施既现代化，又具有亚历山大特色，融合了埃及、希腊和法国的风格。所有房间都有阳台。

就餐

在这里用餐的一大乐趣就是找一家能俯瞰东部海港景色的海鲜餐馆，尽情享用当天海产。这座城市的餐饮行业已经被叙利亚难民改变了，他们会在海滨路上开设大受欢迎的沙威玛摊位（shawarma stalls）。

要注意很多餐厅并不供应酒类饮品。想吃饭的时候配一杯啤酒，你只能在豪华酒店或高级餐厅就餐了。

亚历山大市中心

★Mohammed Ahmed 埃及菜 $

（见326页地图；☎03-487-3576；17 Sharia Shakor Pasha，紧邻Sharia Saad Zaghloul；菜肴 LE2~12；⏲正午至午夜；✎）午餐时间非常适合来这里，狼吞虎咽地吃富尔（蚕豆面饼）和炸豆丸子沙拉卷饼。这里的食物特别好吃，而且以埃及的标准而言相当便宜。先选择你想要的富尔（我们推荐iskandarani口味，这一款会配有大量酸橙汁和各种香料），然后是炸豆丸子沙拉卷饼和搭配的沙拉，接下来就该大快朵颐了。

这里提供英文菜单，方便外国人点菜。芝麻酱、甜菜根（banga）和亮粉色的泡菜（torshi）都很下饭。注意：位于Sadd Zaghloul街角的路牌写的是"Sharia Abdel Fattah El Hadary"。

La Veranda 欧洲菜 $$

（见326页地图；☎03-486-1432；46 Sharia Saad Zaghloul；主菜 LE25~60；⏲11:00至午夜；令）隔壁就是同一个老板经营的著名茶室Delices（见333页），La Varanda是一个专营希腊和法国风味菜肴的温馨小餐馆，供应牛排、优质肉丸、或者希腊通心粉（yuvetsi）。甜点是来自隔壁**Delices**（见333页）的法式蛋糕，种类繁多。店内出售啤酒和埃及红酒。

Taverna 埃及菜 $

（见326页地图；☎03-487-8591；1 Midan Saad Zaghloul；主菜 LE12~48；⏲正午至次日4:00；✎）这个热门餐馆供应全城最棒的沙威玛，还有手抛的或甜或咸的菲提尔（fiteer，埃及风味的酥皮比萨），如果你不知道该选什么，那不妨来一份沙威玛菲提尔，尝尝埃及快餐"全家福"。别错过菲提尔大厨炫技的表演，他的抻面饼技术和意大利厨师相比毫不逊色。堂食或打包外带皆可。

Abou Nasr 埃及菜 $

（见326页地图；☎03-480-6635；www.facebook.com/abounasser1234；13 Sharia Al Shohadaa，Mahattet Raml；主菜 LE6~9；⏲8:00至午夜）这家餐馆干净得非比寻常，供应好吃的夹馅库夏里（kushari，混合面条、米饭、小扁豆、炸洋葱和番茄酱）。别忘了在食物里加入大量的醋和香料。店铺没有英文招牌，看见门口有闪闪发光的金色大碗就是了。

Awalad Abdou 三明治 $

（见320页地图；Sharia Mohafaza；三明治 LE4~8；⏲24小时）虽然卫生状况差了点儿，但这家廉价餐馆依旧非常不错。这里出售快速制作的手工小三明治，并按照你的选择塞入美味的肉。看哪个顺眼就指哪个，然后站在吧台边大口吃完。这里没有招牌，在Sharia Attareen大道附近寻找一个上方挂着盐腌肉的小店铺吧。

Chez Gaby 意大利菜 $

（见326页地图；☎03-487-4404；www.facebook.com/moby.food；22 Sharia Tariq Al

Horreyya；主菜 LE25~55；⏲13:00~23:30）造访这家老式小酒馆就像回到过去。我们十分喜欢店内的私密气氛、格子台布和热情的服务，这里供应各种意大利面、比萨和其他意大利美食。店内出售酒。

★Abou El Sid　埃及菜 $$

（见326页地图；☎03-392-9609；39 Sharia Tariq Al Horreyya；主菜 LE56~125；⏲13:00至次日1:00）这家豪华的埃及餐厅保留了著名的文人集散地——Pastroudis Cafe曾经的店内布置，并在这里新添了查恩特·阿韦迪西安（Chant Avedissian）的艺术作品，以及一份埃及经典菜组成的菜单。菜单包括开胃菜、鸽子填饭、海鲜炖菜以及美味的蒜叶汤（molokhiyya）配兔肉或鸡肉。店内出售酒。需要预订。

★Teatro Eskandariya　埃及菜 $$

（见326页地图；☎03-390-1339；www.facebook.com/Teatro.Eskendria.Official；25 Sharia Fouad, Mahattet Ramleh；主菜 LE28~118；⏲9:00至次日1:00）Teatro颇受当地艺术家和创意人士的欢迎，里面什么都有：咖啡馆、餐厅、文化中心、剧院、音乐厅和美术馆。餐厅位于主街道的一条小巷内，设有大型户外露台，露台内有传统座椅，以及几间色彩缤纷的舒适室内包厢。食物简单朴素，氛围很热闹。

China House　中国菜 $$

（见326页地图；☎012-2248-6661, 03-487-7173；16 Midan Saad Zaghloul, top fl, Cecil Hotel；主菜 LE45~120；⏲11:00~23:30；🖉）吃腻了烤肉卷和烤肉，想换换口味？这家位于Cecil Hotel（见322页）楼顶的天台餐厅烹制美味的亚洲风味食物，服务也很好。四周挂着灯笼，海风习习，客人可以俯瞰海港迷人的美景。鸡肉饺子和蒜烤牛肉味道一流，还有各种寿司可选，油炸香蕉是一道极好的甜品。店内出售酒。

L Passage　美食广场 $$

（Downtown Mall；见320页地图；☎03-486-0066；www.facebook.com/theLPassage；52 Sharia Fouad, Sharia Tariq Al Horreyya转角处；主菜 LE45~130；⏲7:00至次日1:00；📶）这个汇聚各国风味的美食广场位于市中心一座建筑内，在年轻人和当地中产阶级人群之中十分受欢迎。有几家咖啡馆供应咖啡、蛋糕和水烟，包括Brew and Chew、Pottery Cafe和Nutopia，后者的所有东西都是Nutella巧克力酱味的。此外这里还有几家时髦的连锁餐厅，包括黎巴嫩都市菜餐厅Taboon、埃及菜餐厅Man'ousha Street和Mori Sushi。无论是喝咖啡还是吃午饭，来这里都再适合不过了。

Fish Market　海鲜 $$

（见320页地图；☎03-480-5119；Al Corniche, Sea Scouts Club隔壁；主菜 LE60~300；⏲正午至次日1:00；🅿）亚历山大的高档餐馆，位于地中海海边醒目的位置，也是城里一掷千金享用海鲜的最热门去处之一。鱼类做成的主菜多种多样，陈列在橱柜里，供客人选择。等待上菜时可以吃美味的开胃小菜（mezze，与好吃的黎巴嫩风味面包同食）。

Anfushi

要想体验地道的亚历山大风味和气氛，就来Anfushi的街边餐馆，这里的食物虽简单，但性价比高。Sharia Safar Pasha大道两边有十几家用炭火烤肉和鱼的小餐馆。随便在哪家坐下来，都能吃得很满意。别犹豫，带上孩子来我们推荐的餐馆吧，这些餐馆里有许多都适合全家就餐。所有餐馆都营业至凌晨。

El Sheikh Wafik　甜品 $

（见320页地图；☎010-6332-8930；Qasr Ras Al Tin, Bahary；甜品 LE7~19；⏲10:00至次日4:00）这家街角咖啡馆朴实无华、微风习习，出售的甜品是全城最好的。冰激凌有数种常见的口味，但couscousy（由粗燕麦粉、椰子丝、坚果、葡萄干和糖混在一起，上面浇热牛奶）或者干果米布丁等埃及经典甜品才是真正的美味。

★Kadoura　海鲜 $$

（见320页地图；☎03-480-0405；33 Sharia Bairam At Tonsi；主菜 LE70~190；⏲11:30~14:00）店名发音为"Adora"，是亚历山大做鱼最地道的餐馆之一，用餐的桌椅摆在狭窄的街道边。在一大堆被冰块包围的海鲜（价格

不要错过

亚历山大的咖啡馆文化

亚历山大是一座咖啡馆之城——我们说的可不是星巴克卖的什么大杯双份无大豆脱因低脂香草拿铁。自20世纪初，咖啡馆就是亚历山大的文化中心，城里形形色色的人聚集在咖啡馆里，边吃馅饼边喝茶或咖啡边闲聊。文学巨匠们在这里碰头，谈论这个他们无法完全了解的城市。许多这样的老咖啡馆保留至今，虽然其中一些的食物和饮品味道差强人意，但店铺绝对值得参观，因为它们本身就是鲜活的历史，而且店内的漂亮装饰也值得一看。下面是你可以前去品味历史的经典场所。

Delices（见326页地图；☎03-486-1432；www.delicesgroup.com；46 Sharia Saad Zaghloul；⏲8:00~23:00；📶）这个老派茶室从1922年开始营业，想喝茶或者吃蛋糕，这里是最佳地点。尽管原先的气派已经被时间洗去，但有高高天花板的大厅依旧使这里散发出一股来自旧世界的气氛。这里的法式蛋糕曾供应埃及王室，"二战"期间盟军士兵最爱在店内流连。天气炎热的时候，点一杯特色Deliccino饮品（冰激凌和浓缩咖啡混合而成的奶昔）。

Sofianopoulos Coffee Store（见326页地图；☎03-593-0000；www.facebook.com/Sofianopoulo-for-Import-Coffee-Stores-189063451160251；21 Sharia Saad Zaghloul；⏲8:00~22:00）隔半个街区就能闻到咖啡的香气。在全世界其他任何地方，这家老派咖啡零售商都可以列入博物馆了。巨大的银质磨咖啡器、成堆的光滑咖啡豆和烘焙爪哇咖啡豆的隐隐香气，令人目眩神迷，简直就是一个咖啡因的天堂，提供的咖啡简直是帝王级。

Trianon（见326页地图；☎03-486-0986；56 Midan Saad Zaghloul；欧陆早餐 LE48，主菜LE35~110；⏲9:00至午夜；🖉）Trianon曾经是希腊诗人卡瓦菲最喜欢的地方，楼上就是他的办公室。可以来店里感受20世纪30年代的风韵，欣赏装饰精美的天花板以及虽已褪色却依然熠熠生辉的护墙板，挑一块法式糕点，点一杯果汁（这里的咖啡不太受欢迎），并沉浸在历史的氛围中。

Athineos（见326页地图；☎03-486-8131；21 Midan Saad Zaghloul）在Midan Ramla广场对面，这家店颇有怀旧感。咖啡馆部分仍然保留着部分20世纪40年代的装潢，糕点尝起来也像是那个年代出炉的，除此之外这里的很多地方都经历过痛苦的改造工程。

Brazilian Coffeestore（见326页地图；☎03-486-5059；www.facebook.com/Brazilian.coffee.stores；44 Sharia Saad Zaghloul；⏲7:30~22:00）这家建于1929年的咖啡馆虽然进行过改造，但是依旧保持了那种旧世界的氛围，浓缩咖啡非常棒。

按公斤算，通常有海鲈鱼、红鲻鱼、灰鲻鱼、竹荚鱼、鳎目鱼、章鱼、螃蟹和大虾）中挑选吧。无论点什么菜，都是配以同一套开胃菜。没有菜单。

大多数鱼类售价每公斤LE70~190，大虾每公斤LE400。海滨路沿线还有一家**分店**（见320页地图；☎03-480-0967；47 Al Corniche；主菜 LE70~190；⏲11:30至次日2:00），带空调，但气氛不如前者。

★ Greek Club 希腊菜 $$

（White and Blue Restaurant；见320页地图；☎02-480-2690；63 Sharia Iskandar Al Akbar, top fl, Greek Nautical Club, Qaitbey Fort旁边；主菜 LE40~80；⏲正午至午夜；🖉）坐在宽阔的露台上，吹着夜晚清凉的海风，欣赏亚历山大富有传奇色彩的海湾夜景。希腊茄盒和烤肉串显然是所有菜肴中最好吃的，海鲜（按重量计价）也很不错。要求用希腊做法烹制你点的鱼，就是将柠檬、橄榄油、牛至和鱼一起放在炉子里烤。店内出售酒。

这家餐馆是城里傍晚畅饮啤酒或鸡尾酒的最好去处之一。餐馆最低消费LE75。不要错过最近在屋顶新开的酒廊夜店**Olive Island**（主菜 LE75~165；⏲周六至周三 17:00至次日0:30，周四和周五 至次日1:00；📶）。

Abdo Farag Fish
海鲜 $$

(见320页地图；☎03-481-1047；7 Souq AlTabakheen；主菜 LE45~110；⏲正午至次日3:00）这家有本地特色的餐馆位于集市（见337页）深处。客人可以坐在有遮雨篷的室外，也可以坐在有空调的室内。海鲜烹制得当，调味适中。这里很不好找，招牌比街道高出很多。你如果找不到，可以跟别人打听，谁都知道这里。

Samakmak
埃及菜 $$

(见320页地图；☎03-481-1560；42 Qasr Ras El Tin, Anfushi；主菜 LE60~200；⏲13:00至次日2:00）老板是退休的亚历山大肚皮舞皇后Zizi Salem，这里比Anfushi的其他鱼类餐馆水平要高一个档次。店里的鱼跟其他餐馆的一样新鲜，但客人们蜂拥而至都是为了来吃这家的特色菜，如小龙虾、鲜美的砂锅螃蟹和美味的蛤蜊意大利面。

Abu Ashraf
海鲜 $$

(见320页地图；☎010-0139-3333；28 Sharia Safer Pasha, Bahary；主菜 LE40~100；⏲10:00至午夜）从当天捕获的海产中挑选，然后在遮雨棚下面找个座位，看着厨师烹制。肚子里塞大蒜和香料的海鲈鱼和奶油大虾炖杂烩（kishk）是这家餐馆的特色菜。海鲜按照种类和重量计价，最便宜的灰鲻鱼每公斤LE75，最贵的大明虾每公斤LE300~350。

Hosny Grill
烤肉 $$

(见320页地图；☎03-484-3488；30 Sharia Safar Pasha, Bahary；主菜 LE45~90；⏲11:00至次日1:00）Hosny Grill是个半露天餐馆，供应美味的烤鸡、烤肉串和其他肉菜，都佐以蔬菜、沙拉和米饭。在这里吃一顿饭你可能会撑得迈不动步。餐馆就在Abu Ashraf对面。

东部郊区

Abo Fares Al Soury
烤肉串 $

(见316页地图；☎03-554-5500；60 Sharia Iskandar Ibrahim, Miami；主菜 LE25~45；⏲10:00~16:00）这家一流的餐馆招牌菜包括叙利亚沙威玛、令人垂涎欲滴的香辣烤羊羔肉或烤鸡，加入大量蒜味蛋黄酱和泡菜后，卷入烤shammy（类似皮塔饼的面包）内。餐单上有各类开胃菜和烤肉卷，座位分室内和花园露台两种。出租车司机应该都知道这个地方。食物可以打包外带。

饮品和夜生活

晚餐后，人们通常都会去市中心的咖啡馆坐会儿，看看街景，度过休闲的夜晚时光。但对无酒不欢的人来说，可去的地方相对少得可怜。而60年前，亚历山大可是以酒吧而闻名遐迩，1958年的电影《恐怖之砂》（*Ice Cold in Alex*）就是完全忠实于一个真实事件：一队受困的“二战”急救队员抱着返回亚历山大喝口啤酒的信念，终于挣扎着穿过沙漠。

夏季，Ras El Tin和蒙塔扎之间20公里长的海滨路成为咖啡馆（ahwa）一条街。只有几家还算不错，其他的咖啡馆主要做度假游客的生意，收费偏贵。不管怎样，亚历山大是你体验吸水烟的好地方。

独自出行的女性旅行者要注意，亚历山大许多小巷内的咖啡馆的客人仍以下西洋双陆棋的男性为主，而海滨路的那些大多都接待女性和家庭。

亚历山大市中心

★ Cap d' Or
酒吧

(见326页地图；☎03-487-5177；4 Sharia Adbi Bek Ishak；主菜 LE30~60；⏲10:00至次日3:00）酒吧Cap d' Or紧邻Sharia Saad Zaghloul大道，是保留至今的为数不多的典型亚历山大酒吧之一。种类繁多的啤酒、彩绘玻璃窗、长长的大理石吧台、用各种古董装饰的墙壁，还有老旧磁带里放着的法国香颂（chanson，一种法国传统民间歌曲）或埃及热门曲，使人仿佛置身于亚历山大曾作为国际化都市的过去。

波希米亚风的潇洒人群来这里喝冰镇啤酒，吃美味海鲜快餐，泡在酒吧里聊天或者跟其他客人一起弹吉他。

El Tugareya
咖啡

(见326页地图；Al Corniche；⏲9:00至午夜）虽然看起来很像新开业（连招牌也没有），但这个已有90年历史的地方其实是城里最重要的咖啡馆之一。它是非正式的生意和交易中心（店名大意为“贸易”），人们按照长久以来形成的传统边喝茶或咖啡，边谈生意。

亚历山大遗产面临的威胁

由于亚历山大的内陆靠近Mariout湖，这里朝内没有太多的空间可供扩张，只能沿着海岸线发展，或者在城市中建高楼。可悲的是，自2011年革命以来，许多历史建筑为了给酒店、高层建筑和购物中心腾地方，都被摧毁了。2006年颁布的一项法律禁止拆除或改造"与国家历史或历史人物相关且拥有重要建筑风格的建筑物、能够代表历史时代的建筑物，或被视为旅游景点的建筑物"。AlexMed组织在2007年编撰了一份具有法律效力的遗产保护名单，但业主们却试图将他们的产业从这份名单中剔除，以便能将土地出售给开发商。近年来，这里拆除了许多别墅和其他历史建筑，而在市中心，由于新拆除建筑物而造成的"伤口"随处可见。海滨路虽然可以说完好无损，但路后面的房屋已经让位给了高层建筑，这些建筑比起原来的楼至少高了两倍。

有一群叫"亚历山大描述者"(Description of Alexandria; descriptionofalexandria.wordpress.com)的年轻亚历山大志愿者正尽力密切关注事态的发展，记录、绘制这个城市剩下的遗产，并努力保护它们。

这家咖啡馆被分成多个区域，面积占据了整个街区。南边的区域以男性为主，主要供客人们下棋和非正式社交，而海滨路一侧的大厅里则聚集了作家、电影制片人、学生和谈恋爱的情侣，人声鼎沸，热闹非凡。

Imperial Cafe & Restaurant 咖啡馆

(见326页地图; ☎03-480-6812; www.facebook.com/imperial.cafe.alexandria; 28 Midan Saad Zaghloul; ⏰9:00至次日1:00; 📶)这个经典的咖啡馆经过有品位的翻修之后成了一个时髦且舒适的地方，有空调、Wi-Fi以及各种用浓缩咖啡调制的咖啡、奶昔和美味果汁。菜单上有汉堡、三明治和墨西哥玉米饼。客人也可以坐在人行道上有遮阳伞的座位就餐。这真是个休息放松的好地方。

Spitfire 酒吧

(见326页地图; ☎012-7728-2791; 7 Sharia L' Ancienne Bourse; ⏰周一至周六 14:00至次日1:30)Spitfire是全城最好的酒吧之一，虽然灯光昏暗，但是服务友好，装修稍显潦草，在Sharia Saad Zaghloul大道北侧。墙壁是石膏的，贴着轮船公司的贴纸，挂着与摇滚乐有关的物品和醉酒客人的照片。晚上跟当地人和外国人一起坐在室外，边喝酒边看往来行人，度过一个有趣的夜晚。

Ahwa Sayed Darwish 咖啡

(见326页地图; Sharia Abu Shusha; ⏰11:00至午夜)店名来自埃及国歌的作曲者，这个深受喜爱的当地小咖啡馆位于Sharia Al Nabi Daniel大道附近，所在的街道就在卡瓦菲博物馆(见319页)旁边，安静而且绿树成荫。座位摆放得很整齐，水烟器上的很快，也很干净。顾客全都是男性。

Anfushi

El Qobesi 果汁吧

(见320页地图; ☎03-486-7860; 51 Al Corniche; ⏰24小时)El Qobesi自封为"芒果之王"，你只要喝上一口他家的果汁，就必定成为忠实的粉丝。店家取几个成熟的芒果，切成片，放入一个起冷却作用的高玻璃杯中，榨出我们喝过的最好喝的芒果汁。24小时营业，店里总是客满。

可以坐在街边，边喝边看人来人往。当地人经常停车进店，买一杯坐在车里就咕嘟咕嘟地喝起来，我们甚至还见过一个坐得满满的小巴停在门口让乘客买饮料呢。

Farouk Cafe 咖啡

(见320页地图; ☎03-480-3103; Sharia Ismail Sabry)这家出名的水烟店看起来跟1928年开业时没什么两样。房子摇摇欲坠，门外挂着几盏蒙尘的铜灯，可爱的老头们有的在抬杠，有的在下棋，墙上挂着前国王的巨幅照片。

东部郊区

★Selsela Cafe 咖啡馆

(见320页地图; Al Corniche, Shatby Beach;

⏲10:00至深夜）这家迷人的咖啡馆在亚历山大图书馆（见322页）对面，你可以边听海浪翻滚的声音边喝茶或吸水烟，鼻子里闻到的是清新的海上空气，而不是汽车尾气（太棒了）。咖啡馆在一个曲线形的小海滩上，基本听不到公路上的噪声。锈蚀的桌椅就摆放在水面上方，四周的棕榈树上挂着一闪一闪的彩色灯泡。

天气闷热的时候来这里放松很不错，可以享受地中海的悠闲气氛。在图书馆门口的海滨路正对面找到那个有三根白色针状物的现代雕塑，然后朝海的方向走，经过雕塑后，走右手边向下的台阶到这个咖啡馆的入口。

El Rehany 咖啡

（见316页地图；☎03-590-5521；Al Corniche和Sharia Ismail Fangary交叉路口，Camp Chesar；⏲9:00至午夜）这家咖啡馆在亚历山大久负盛名，面积大，通风好。据说有城里最好的水烟，由身着双色漂亮马甲的殷勤侍者以花哨的手法奉上。穿着黑白两色制服的服务员用银瓮为客人倒茶。店内的装饰风格是大杂烩，但很优雅：高高的天花板上有繁复的花朵图案，桌椅设计成伊斯兰式样，桌布则是勃艮第式样。

还应该看看咖啡馆后面陈列在玻璃柜里的各种奇特的小玩意儿。没有英文招牌，看到Premiere Wellness and Fitness Centre隔壁有绿色遮雨篷的地方就是了。

☆ 娱乐

自从20世纪40年代至20世纪50年代欧洲人和犹太人大批离开，亚历山大的文化生活至今仍未复原，但近年来情况开始有所好转。亚历山大图书馆（见322页）开馆后，便负责主办重要的音乐节、国际音乐会和演出，亚历山大可以再次与开罗角逐文化之都的地位。

一些酒店有免费的月刊*Alex Agenda*，广泛罗列了亚历山大音乐会、戏剧演出和现场演奏会的信息。

若想知道这座城市最重要的文化场所正在举办什么活动，可以访问亚历山大图书馆的官网。**Teatro Eskandariya**（见326页地图；☎03-390-1339；www.facebook.com/Teatro.Eskendria.Official；25 Sharia Fouad，Mahattet Ramleh；⏲9:00至次日1:00）也很活跃，可以访问其Facebook页面查看近期活动安排。

亚历山大艺术中心 表演艺术

（Alexandria Centre of Arts；见326页地图；☎012-7057-8134；1 Sharia Tariq AlHorreyya；⏲周六至周四 9:00~21:00）这个活跃的文化中心位于一栋刷成白色的别墅内，主办当代艺术展览和诗歌朗诵会，戏剧厅里偶尔也举办免费音乐会。中心的2楼还有一间艺术工作室、一座图书馆和一座电影院。

亚历山大歌剧院 歌剧

（Alexandria Opera House；见326页地图；☎03-480-0138；www.facebook.com/AlexandriaOperaHouseOfficial；22 Sharia Tariq Al Horreyya）这座轻松可爱的建筑是由前Sayed Darwish Theatre经过翻建而成的，是座面积虽小但令人瞩目的歌剧院。

Jesuit Cultural Center 艺术中心

（The Garage；见316页地图；☎03-542-3553；298 Sharia Port Said）这是家非常活跃的文化中心，会有来自埃及乃至全世界艺术家的当代戏剧、电影放映、当代艺术展览和音乐表演等活动。院内还有一个小咖啡馆和一间电影学校。

🛍 购物

Sayed El Safty 古董

（见320页地图；☎03-392-2972；63 Sharia Attareen；⏲11:00至深夜）或许是城里最有趣的古董市场，值得仔细逛逛，店里有各类古董和不少玩意儿。

Hassan Fouad 市场 $

（见320页地图；☎03-485-9213；Sharia Abdul Hamid Badawy和Moursi Gamil Aziz交叉路口；⏲9:30至次日4:00）这个市场面积虽小却格外整洁，出售摆放得赏心悦目的农产品，例如来自黎巴嫩的葡萄和美味的埃及芒果，也有消化饼干之类的各种进口食品。没有英文招牌，看到有码放得整整齐齐的水果和一块亮红色招牌的地方就是了。

当地知识

重要的集市

虽然在亚历山大看不到开罗那种老古董似的集市，但城里也有几个不错的选择，可以去感受一下市场氛围。

Souq District（见320页地图）位于Midan Tahrir广场西端、亚历山大主集市区的入口，曾经宏伟的建筑经过岁月的洗礼，变得破旧而有亲切感。摊位摆成长长的一排，鱼和肉、蛋糕店、咖啡馆以及杂货店出售琳琅满目的商品。晚上来逛逛很不错。

Sharia Faransa大道以出售布料、衣物和裁缝配件的店铺为主。往西延伸的几条有顶篷小巷被称为Zinqat As Sittat（"女人街"），卖纽扣、穗带、小装饰品、脚镯、珠串等各种东西。走过男子服饰店后，会看到几家金银器店，然后是草药店和香料店。位于Sharia Faransa大道以西几个街区之外的Sharia Nokrashi大道（又名Al Midan）以Midan Nasr广场为起点，穿过Anfushi中心，长度约1公里。

阿特里纳古董市场（Attareen Antique Market；见320页地图；Sharia Attareen；⏲10:00至深夜）古董收藏者或垃圾佬会疯狂地一头扎进这个位于迷宫般背街小巷里的古董市场。1952年革命后，大批欧洲上流阶层被迫离开埃及，这个市场里的许多东西都是那时候留下的。

Souq Ibrahimiyya（见316页地图；Sharia Omar Lofty）是我们最喜欢的市场，在这里可以体验埃及人的日常生活。市场在Sporting Club附近，由几条有顶篷的小巷组成，挤满了出售新鲜农产品、新鲜海产、家禽和肉类（有整个的，也有分割好的）的摊位。最好上午来，那个时候摊贩们的吆喝声最响亮，态度也最热情。

Anfushi鱼市场（见320页地图；Qasr Ras El Tin；⏲约6:00至正午）这个城市的人均鱼肉摄取量比饥肠辘辘的海豹还多，可想而知城里的鱼市场规模有多大。市场位于Anfushi北端，每天人头攒动，人们争相购买刚从渔船上卸货的新鲜海产。早点儿来，那个时候最热闹。到上午鱼就卖得差不多了，人也少了。独自出行的女性游客要注意，这里是个充满男性气息的地方。

Drinkies 饮品

（见326页地图；☎送货03-480-6309；Sharia Al Ghorfa Al Tugareya；⏲正午至午夜）店如其名，位于市中心。啤酒可以打包外带，店家也能送货。

Al Maaref Bookshop 书籍

（见326页地图；☎03-487-3303；32 Midan Saad Zaghloul）这家位于市中心的书店有少量英文书籍，包括介绍埃及和亚历山大的英文书。

ℹ 实用信息

危险和麻烦

这座城市总体来说比较宁静祥和，但是在2017年的复活节前星期日，圣马可大教堂遭受了恐怖袭击，有17人因此丧生。

紧急情况

旅游警察局（见326页地图；☎03-485-0507；Midan Saad Zaghloul）在旅游总局楼上。

医药服务

Al Madina At Tibiya（Alexandria Medical City Hospital；见316页地图；☎03-543-2150，03-543-7402；Sharia Ahmed Shawky，Rushdy；⏲24小时）设施齐全的私立医院。

Central Pharmacy（见326页地图；☎03-486-0744；19 Sharia Ahmed Orabi；⏲9:00~22:00）仅凭高高的天花板和摆放整齐美观的药柜，这个百年老药店就值得参观一回。

German Hospital（见316页地图；☎010-6552-1110，03-584-0757；www.facebook.com/TheGermanHospital；56 Sharia Abdel Salaam Aarafa，Glymm；⏲8:00~22:00）在Saba Basha有轨电车站（2号线）附近，Al Obeedi Hospital隔壁。员工都是优秀的医生，白天为非急诊病人提供门诊。

现金

亚历山大市中心，尤其是银行区（Sharia

Salah Salem大道和Sharia Talaat Harb大道），有不少银行和自动柜员机。

如果要兑换现金，最简单的方法是去位于Midan Ramla广场和海滨路之间小巷里的兑换处。

美国运通（American Express；☎03-487-4073；www.amexfranchise.com；15 Midan Saad Zagloul, Al Raml Station；⏰周日至周四 9:00~16:00）兑换现金和旅行支票，本身还是个旅行社。

Travel Choice（Thomas Cook；见326页地图；☎03-484-7830；15 Midan Saad Zaghloul；⏰周六至周四 8:30~17:00）

旅游局

旅游总局（见326页地图；☎03-485-1556；Midan Saad Zaghloul；⏰8:30~15:00）提供介绍亚历山大景点的优质小册子（带地图），员工友好。

到达和离开

飞机

Burg Al Arab机场（☎03-459-1484；borg-el-arab.airport-authority.com）位于亚历山大市区西南方向约45公里处，所有抵离亚历山大的航班都会在这里降落。这里的大部分航班都是抵离阿拉伯半岛和北非各目的地的。

长途汽车

Al Moaf Al Gedid长途汽车站（Al Moaf Al Gedid Bus Station, New Garage；见316页地图；Moharrem Bey）是主长途汽车站。它位于Midan Saad Zaghloul广场以南数公里处。要到这里来，要么在埃及火车站（Misr Train Station）乘坐小巴（LE2），要么在市中心乘坐出租车（LE35）。

在Al Moaf Al Gedid长途汽车站发车的主要长途汽车公司是**West & Mid Delta Bus Co**（见326页地图；☎03-480-9685；Midan Saad Zaghloul；⏰9:00~19:00）和**Super Jet**（见316页地图；☎03-546-7999；374 Tareq El Horreya；⏰8:00~22:00），两家公司都在市中心设有售票处，不过SuperJet位于Sidi Gaber，很不方便。

Go Bus的发车地点位于Al Moaf Al Gedid旁边的一个单独车站。其**售票处**（Escort Tourism；见326页地图；Sharia Mohammed Talaat Noeman, Mahattet Raml）距离Midan Saad Zaghloul不远。

拼车和小巴

开往**阿布基尔**的出租车拼车（servees）和小巴服务（见320页地图），以及开往**开罗**的出租车拼车（见320页地图）都从**埃及火车站**外发车，其他车辆都从位于Moharrem Bey的**Al Moaf Al Gedid长途汽车站**门口发车。去开罗或马特鲁港的价格约为LE50。前往地区内其他目的地的车费相对固定，例如宰加济格（Zagazig；LE25）、坦塔（Tanta；LE15）、Mansura（LE15）、罗塞塔（LE10）和阿布基尔（LE6）。

从亚历山大出发的长途汽车

目的地	价格	时间	班次（汽运公司）
开罗	LE50~65	2.5~3小时	5:00~23:00每小时1班（West & Mid Delta、Super Jet）；每天7班（Go Bus）
赫尔加达	LE115~150	9小时	9:00和18:30（West & Mid Delta）；22:00（Super Jet）；8:00和午夜（Go Bus）
伊斯梅利亚	LE60	5小时	7:00和14:30（West & Mid Delta）
马特鲁港	LE50	4小时	6:00~22:00每小时1班（West & Mid Delta）；6月至9月每天5班（Super Jet）
塞得港	LE35	4小时	6:00、11:00和14:30（West & Mid Delta）
沙姆沙伊赫	LE130~150	8~10小时	21:00（West & Mid Delta）；23:00（Go Bus）
锡瓦	LE75	9小时	8:30、11:00和22:00（West & Mid Delta）
苏伊士	LE60	5小时	7:00、9:00、14:30和17:00（West & Mid Delta）

大多数前往马特鲁港的长途汽车可以让你在阿莱曼（1小时）或者西迪·阿卜杜勒·拉赫曼下车，不过你依旧得购买到马特鲁港的全票。

从埃及火车站出发的主要列车

目的地	价格	时间	班次
阿斯旺	LE270	17小时	16:45
开罗（直达）	LE70~100	2.5小时	7:00、8:00、正午、14:00、15:00、16:45、18:00、19:00、20:00和22:00
开罗（经停）	LE60	3~3.5小时	6:00、8:15、10:00、13:00、15:30、20:10和21:30
卢克索	LE160	15小时	16:45和22:00

注意：以上票价为空调一等车厢。

火车

亚历山大有两个火车站。主站是位于Midan Ramla广场以南约1公里处的**埃及火车站**（Misr Train Station，Mahattat Misr；☎03-426-3207；enr.gov.eg；Sharia Al Nabi Daniel），服务于东部郊区的火车站为**Sidi Gaber火车站**（Mahattat Sidi Gaber；☎03-426-3953）。自开罗开来的火车先停靠Sidi Gaber火车站，因为当地人大多在这站下车，但如果你打算前往Midan Saad Zaghlol广场周围的市中心，就一定要等到了埃及火车站再下车。

在埃及火车站，去开罗的一等和二等车厢票在1号月台沿线的售票处购买，去开罗之外地方的二等和三等车厢票在大厅购买。

如果你在火车站打车，我们建议你避开在门口拉客的司机，因为他们素有痛宰外地人的恶名。继续走，到街道上再打车。

当地交通

作为亚历山大的游客，你几乎不会用到公交车；而有轨电车虽然有趣，却慢得要命。出租车和小巴通常是在当地转转的最佳交通工具。

抵离机场

有空调的**机场巴士**（见326页地图；Midan Saad Zaghloul）于Midan Saad Zaghlol广场的Cecil Hotel（见330页）门口出发，发车时间是所有航班出发时间之前的3小时。你要在Cecil Hotel确认巴士发车时间（单程LE10，每个包LE2，1小时）。也可以在埃及火车站乘坐475路公交车（LE5，1小时）。

乘坐出租车抵离机场要花费LE130~180。

小汽车

租车自己驾驶跟租带司机的车价格差不多，而且后者可以免去你自己面对交通堵塞时一筹莫展的痛苦。旅游局（见338页）和亚历山大的大多数酒店都可以帮忙为你推荐司机。

如果你喜欢自己开车，那么租车每天US$50起（含100公里里程）。一定要仔细阅读取车和还车的条款，避免为非常小的车辆损坏买单。

安飞士（Avis；见326页地图；☎010-2803-9400；Midan Saad Zaghloul，Cecil Hotel；⏲8:00~16:00）提供各种车型，如果租带司机的车，每天只需多花US$30~50。

小巴

想像当地人那样旅行？跳上一辆小巴即可。你最常乘坐的应该是海滨路沿线的小巴。这些车没有固定停靠站点，只要看见有小巴经过，招手并喊出你的目的地就行了：如果它开往那个方向，就会停下让你上车。短途最低LE1~2，去蒙塔扎要LE5。

前往**Sidi Gaber**（见326页地图）的小巴在Midan Saad Zaghloul发车。

出租车

亚历山大没有打表的出租车。当地人都是在下车时给司机合适的钱，但由于车费没有明码标价，标准因人而异，对游客而言是个挑战（特别是许多司机指望游客能多给钱，总是狮子大开口）。上车之前先讲价，下车时尽量给司机正好的金额。

标准车资如下：Midan Ramla广场至埃及火车站LE10~15，Midan Saad Zaghloul广场至凯特贝城堡LE15，Midan Saad Zaghloul广场至亚历山大图书馆LE10~15，Steigenberger Cecil Hotel至蒙塔扎LE35~50。

有轨电车

亚历山大嘎吱作响的老式有轨电车坐起来很

有趣，但车速慢得令人难以忍受，因此并非四处转转的最佳交通工具。

中央有轨电车站Mahattat Ramla位于Midan Ramla广场，柠檬黄色的有轨电车从这里往西开，蓝色的往东开。每个车站都有一眼就能看懂的线路图，在上面查询你需要的线路。每辆有轨电车的线路编号都是阿拉伯文，但你也可以根据车头标识的颜色判断——和线路图上的线路编号颜色匹配即可。有些有轨电车由两个或三个车厢组成，如果是这样，那么其中一个车厢为女性专用车厢。票价50pt至LE2。

14路有轨电车开往埃及火车站，15路有轨电车穿过Anfushi，1路和25路有轨电车开往Sidi Gaber火车站。

亚历山大周边 (AROUND ALEXANDRIA)

阿布基尔（Aboukir）

☎046

阿布基尔（发音为abu-eer）是个海滨小镇。1798年英国海军上将霍雷肖·纳尔逊（Horatio Nelson）在这里大败拿破仑的法国舰队，阿布基尔因此闻名，这场战役史称尼罗河战役（Battleof Nile）。在阿布基尔岸边进行的水下挖掘工作发现了传说中沉没的城市Herakleion-Thonis，它是在大约1200年前沉入地中海的。

海滩不算很干净，但亚历山大当地人会在夏季来此，到极好的鱼餐馆吃午饭。

就餐

★ Zephyrion 海鲜 $$

（☎010-9510-8484；鱼 每公斤LE75~210；⏲11:00至午夜）这家优秀的鱼餐馆（店名在希腊语里的意思是“海风”）建于1929年，蓝白色的露台下方就是海湾，景色一览无余，鱼类菜肴和海鲜味道一流。店内没有红酒单，但你可以自己带酒，他们会二话不说为你开瓶。这里出售啤酒。在海滨，人人都知道这个地方。

到达和离开

到阿布基尔最简单的方法是在亚历山大的海滨路搭乘往东开的小巴（LE2）。小巴可以让你在一个环岛处下车，如果你面对环岛旁边的大清真寺，那么大海在你左手边。

或者你也可以在亚历山大市中心乘坐出租车，单程费用为LE90~110。

罗塞塔（拉希德）[Rosetta（Ar Rashid）]

☎045/人口：69,000

罗塞塔（又名拉希德）位于尼罗河西支流岸边。这里建于9世纪，但鼎盛时期是在18~19世纪，那时这是埃及最重要的港口。到了19世纪，有不少英国游客来这里，只为一睹迷人的奥斯曼宅邸，或是漫步于柑橘园中。风水轮流转，19世纪中期亚历山大重新振兴，而罗塞塔就成了无足轻重的地方。

今天，这里的落魄闭塞与附近现代化的亚历山大形成了鲜明的对比。柑橘园已经消失了，但游客可以参观经过修复的建筑。这里的土路充斥着超载的驴拉车，集市也仿佛来自几百年前：棕榈树叶在篮筐编织者手中翻飞，铁匠在门口打铁，身后的铁匠铺看起来像中世纪的。

罗塞塔没有酒店，旅游警察也不允许游客在这里过夜，所以还是从亚历山大以一日游的方式来吧。

景点

罗塞塔的奥斯曼时期住宅用传统三角洲风格的红色或黑色小扁砖盖成，通常为三层建筑，上层悬在下楼上方。一楼的门廊往往有精美的花朵图案，墙壁饰以突起和装饰性的木格窗（mashrabiyya）。这座城市是继开罗之后第二个建立起伊斯兰建筑的城市，这里的人对此感到很自豪。

当你来到主广场的时候，会有旅游警察同你打招呼，并带你逛逛。大集市沿线有这种当地建筑的几个最佳范本。大集市位于小巴车站和城市广场之间，占据了Sharia Port Said大道。

阿马斯亚里宅 历史建筑

（House of Amasyali；Sharia Al Anira Feriel；成人/学生 LE15/10；⏲9:00~17:00）这里是罗塞塔最令人印象深刻的精美建筑之一，外立面有漂亮的灯和大片的木格窗户。楼上的主会客

罗塞塔石碑

作为如今伦敦大英博物馆内吸引众多游客的展品，罗塞塔石碑是埃及历史上最重要的发现。1799年，一名法国士兵在罗塞塔附近修缮圣尤利安要塞（Fort St Julien）的防御工事时发现了这块石碑，出土的是一块黑色花岗岩大石碑的下半部分。石碑上记录了公元前196年孟菲斯祭司颁布的法令，赋予托勒密五世宗教神权，并承认这位13岁的法老是一位神——借此换来免除赋税，享受其他祭司特权。为了让埃及人、希腊人和当时生活在这里的其他外国人能看懂，法令用当时使用的三种文字写成：象形文字、世俗体文字（象形文字的一种草书形式）和欧洲学者可以流利阅读的希腊文字。法老雕像旁边的神庙里有这三种语言的铭文。石碑出土时，人们对古埃及已经有所了解，但学者们还不能理解象形文字。有了同样内容的三种文字作为参考并进行对比，象形文字之谜很快就解开了，古埃及世界的大门从此打开。

1801年，英军打败拿破仑的军队，他们在投降书上写了一个条款：古董必须移交给胜利一方。罗塞塔石碑自然是其中最重要的一个。法国人做了一个复制品，原件用船运到伦敦。住在伦敦的英国人托马斯·杨（Thomas Young）确立了象形文字的读法，认为被椭圆形（旋涡纹饰）包围起来的象形文字都是王室成员的名字。

但在1822年，还没等杨设计出阅读这种神秘文字的系统方法，法国人让-弗朗索瓦·商博良（Jean-François Champollion）就意识到这些文字可能是字母，也可能是音节或限定词。他发现，罗塞塔石碑上的象形文字实际上是希腊文的译文，不可能是其他内容，这让他建立了一整套与希腊语对应的象形文字体系。他的努力不仅解开了法老文字之谜，也促进了现代人对古埃及的了解。

室上方有个带屏风的木头小室，女性可以坐在里面而不被外人看到。华丽的天花板刷着红色和蓝色。这里就在阿布沙辛宅的隔壁，两个景点使用同一张门票。

从中央集市出发，在第二个路口左转，沿Sharia Port Said大道直行，经过4个街区后即达。

阿布沙辛宅 历史建筑

（House of Abu Shaheen；Mill House；紧邻Sharia Al Anira Feriel；成人/学生 LE15/10；⏲9:00~17:00）阿布沙辛宅的一楼有个经过修复的磨坊，磨坊内使用了巨大的木梁和木板。现在你还能看到齿轮和传动带，200年前这些装置由一只拉磨的牲畜一圈圈拉动。在院子里，支撑马厩房顶的花岗岩石柱顶部有希腊-罗马风格的柱头。

阿布沙辛宅在阿马斯亚里宅隔壁，持同一张票可参观两个宅子。

Rachid Museum 博物馆

（Manzil Hussein Arab Killi；成人/学生 LE40/20；⏲周六至周四 9:00~16:00，周五 9:00至正午和14:00~16:00）尽管这个紧邻主广场的Rachid Museum近期才进行过翻新，但和其身处的美丽奥斯曼时期住宅一比，也就是个灰头土脸的乡下博物馆。一楼有一块著名的罗塞塔石碑的复制品，以及一些当地出土的东西，二楼则展示了住宅内的生活，三楼是房子的起居部分，有卧室、厨房和客厅。

凯特贝城堡 堡垒

（Fort of Qaitbey；成人/学生 LE40/20；⏲8:00~17:00）这个城堡位于罗塞塔以北约5公里的尼罗河岸边，建于1479年，目的是守卫6公里之外的尼罗河河口。著名的罗塞塔石碑就是在这里被发现的，但考虑到这块石碑的重要意义，我们不得不说现在城堡里的历史展览的质量有些名不副实。乘坐出租车往返这里需要LE30~40。

这里的尼罗河景美极了，而且，此处还是这条伟大的河流汇入地中海的地方，是一片浪漫的完美之地。

ℹ 到达和离开

有小巴（LE10，1小时）定时从亚历山大的Al

Moaf Al Gedid长途汽车站开往罗塞塔。罗塞塔的小巴车站就在通往主集市的广场上。租私家车或乘坐出租车从亚历山大到罗塞塔往返得花LE300左右。

地中海海岸（MEDITERRANEAN COAST）

阿莱曼（El Alamein）

☎046

这个海滨小镇以“二战”时盟军在这里取得决定性的胜利而闻名。在附近的几场沙漠战役中，盟军以超过8万名士兵牺牲或受伤的代价夺得了对北非的控制权。城区附近英联邦、德国和意大利的战争墓地中数以千计的坟墓就是对阵亡士兵的纪念。

令人心情稍感愉快的是，附近的沙滩沙质和水质都很好。如果你住在当地的度假村，享受海滩更容易一些，但自助游游客也能找到可以下海的海滩。

景点

战争博物馆 博物馆

（War Museum；LE50；周六至周四 9:00～16:00，周五 9:00至正午和13:00～16:00）这座博物馆很好地介绍了“二战”期间的北非战场，包括阿莱曼战役（Battle of El Alamein）。博物馆为四个主要参战国设立了专门的独立大厅，分别是英国、意大利、德国和埃及。还有一间展厅有大量与战争有关的纪念物、制服、照片和地图。院子里陈列着一排来自战场的坦克和大炮。

公路主路上有通往博物馆的路口，看到路中间有一辆大坦克的地方就到了。

英联邦战争墓地 墓地

（Commonwealth War Cemetery；7:00～14:30）英联邦战争墓地是一个令人难忘的地方，超过7240块墓碑整齐地排列于精心培植的沙漠植物之间。大多数长眠于此的英联邦国家士兵都牺牲于1942年10月底的阿莱曼战役或是大战爆发之前的阶段。入口右侧有个单独的澳大利亚军团纪念园。该公墓位于阿莱曼战争博物馆以东约1公里处。

澳大利亚纪念园那里有个小石板，上面的浮雕地图精确地标出了关键战役的位置。公墓本身在战争期间是后方——前线从意大利纪念园开始，向南直到盖塔拉洼地（Qattara Depression），长65公里。

公墓大门外的警察守卫通常持有钥匙，因此在非开放时间或许可以入内，但也未必。

德国战争纪念园（German War Memorial） 纪念地

德国战争纪念园位于阿莱曼以西约7公里处，看起来像一个俯瞰大海的密封砂岩城堡。园内很安静，但无疑能让人想起战争的场景，大约有4000名德国士兵被埋葬在这里。纪念园中心是一个纪念方尖碑。想到这里来的话，就从有路牌的路口出公路主路。纪念园的门是锁着的，但你只要稍等片刻，守园人就会让你进去。

在纪念园里，该地区的海岸风光一览无余。

德国纪念园海滩（German Memorial Beach） 海滩

从德国战争纪念园出来，径直穿过沙漠，2公里后到达虽小但迷人的德国纪念园海滩。相对而言，这个海滩上没多少垃圾。海水的颜色深浅不一，颇有层次，感觉跟亚历山大热闹的沙滩形成了鲜明对比。要想来这里，可以请纪念园的守园人为你打开通往沙滩小路的门——但他可能会让你先去海岸警卫站获得许可。来这里散步挺好。

亚历山大—马特鲁港公路沿线还有一条路直达这个海滩。这条沙子小路没有路牌，路上还经过几个低矮的小山。路口在通往德国战争纪念园那条路东侧150米处。

意大利纪念园（Italian Memorial） 纪念地

意大利纪念园位于阿莱曼以西约11公里处，大体上就是意大利军队在“二战”时期与敌军作战的前线所在地，有一条被开花的灌木丛围绕的宽阔小路，通往一座细长的高塔。在塔内的墙上，一块块线条简单的方形白色大理石石板上刻着阵亡将士的名字，令人动容。纪念塔一直锁着，但你只要稍等片刻，看门人就会出来给你开门。

在公路路边通往该纪念园的入口处，有

另辟蹊径

圣曼纳的景点

圣曼纳（St Mena）是一名属于罗马军队的埃及士兵，因为拒不放弃自己的基督教信仰而殉道。圣曼纳之墓位于今天的Burg Al Arab郊区，即亚历山大西南方向45公里处。4世纪末，圣曼纳之墓周边的地区成为神迹的代名词。到了5世纪，最远来自欧洲的朝圣者蜂拥而至，该地区竟形成了一个被称为"殉难者城"（Martyroupolis）的繁华城市——作为朝圣地点，仅比耶路撒冷略逊一筹。641年，阿拉伯军队占领亚历山大之后，殉难者城逐渐被人们遗忘，许多教堂被毁。20世纪初，考古学家让殉难者城（今称曼纳城，Abu Mena）重见天日，因此，我们现在能看到的神迹显现者圣曼纳修道院（Monastery of St Mena the Miracle Giver）也是在遗迹附近发现的。

由于贝都因人的多次袭击和盗窃，曾经十分宏伟的拜占庭时期**曼纳城**中心所剩无几，但巨大的教堂轮廓尚在，而且相当清晰。教堂的圣坛上方盖了一个朴素的木屋小礼拜堂，圣坛石板仍位于原处。圣曼纳的部分遗体保存在小礼拜堂的一个柜子里。从小礼拜堂开始，一排残存的短粗柱子通往圣人的墓室。地下水位的变化导致考古挖掘现场受损，也使得该考古地点名列联合国教科文组织濒危古迹名录。虽然古迹受到了损坏，但对埃及科普特基督徒的历史感兴趣的游客仍能在曼纳城感受到这里在埃及基督教早期所起的重要作用。曼纳城和圣曼纳修道院南侧之间有一条沙漠小路相连（普通机动车可以通行）。如果你不知道该往哪个方向走，就在修道院打听一下。

神迹显现者圣曼纳修道院（www.stmina-monastery.org）建于1959年，是最大的埃及科普特基督教徒朝圣地。大教堂是用阿斯旺花岗岩和大理石建造的。技艺纯熟的修道士匠人制作了教堂内部辉煌的马赛克镶嵌画拱顶和优雅的木镶板圣幛。大教堂后面是该修道院的建造者、教皇瑞罗斯六世（Pope KyrillosⅥ）之墓。

座只有一间展厅的小**博物馆**，陈列着有趣的地图、大炮、照片和战役纪念物。大多数说明文字只有意大利文，但也有几处是英文和阿拉伯文的。

到达纪念园之前，你会发现道路左（南）侧似乎有块很大的岩石路牌，上面刻着意大利人对这场战争的总结：Mancò la fortuna,non il valore（我们缺的是运气，不是勇气）。

团队游

如果你在城中逛一会儿，也许会有很多人来推销沙漠短途游，例如参观**Ruweisat Ridge**的关键战场。但是，如果你想充分参观"二战"战场，可以考虑选择专业团队游公司。不仅是因为战争期间埋下的数百万地雷仍有部分遗留，而且要进入战场，理论上还必须获得埃及军队的批准。那些地方是受军队控制的，如果你被发现未经允许私自进入，可能会产生很大的麻烦。况且，如果你在沙漠里发生状况，你还无法获得当局的援助。

除了参观战场遗址，专业的团队游公司还能带你进入在战争中起关键作用的地点，例如被称为**"碉堡"**（blockhouse）的埃及铁路工人宿舍。在战况最糟糕的时候，该宿舍被用作医院，德国和澳大利亚的医生并肩医治作战双方的受伤士兵。

Wilderness Ventures Egypt 文化游

（www.wilderness-ventures-egypt.com）Wilderness Ventures Egypt广受赞誉，可以组织极好的阿莱曼三日游，晚上在盖塔拉洼地宿营。行程覆盖该地区所有的重要地点，包括位于Ruweisat Ridge、Tel El Eissa和29号高地（Point 29）的主要战场，以及"碉堡"和各国战争纪念园。

食宿

可以在这里或附近的西迪·阿卜杜勒·拉赫曼过夜，但如果是从亚历山大来这边一日游，游览阿莱曼最方便。从这里到西迪·阿卜杜勒·拉赫曼，沿海都有豪华酒店，如果你舍

阿莱曼：战争的转折点

1942年，阿莱曼（又称阿拉曼）的小火车站短暂地吸引了全世界的目光。从1940年开始，英国就与意大利和德国因争夺北非的控制权而战，从突尼斯到埃及，两军展开拉锯战，战势此消彼长。

1942年，人称“沙漠之狐”的陆军元帅隆美尔（Erwin Rommel）率领轴心国军队，迫使盟军退到位于开罗城外的最后一道防线——从阿莱曼向西南至无法穿越的盖塔拉洼地，共计65公里长。盟军似乎只能束手待毙了。英国军队焚烧文件，以免落入敌人之手；德国人则视亚历山大为囊中之物；墨索里尼飞往埃及，准备乘胜进入开罗。

然而，背水一战的盟军在7月末击退了德军的又一次进攻。9月初，在名不见经传的上将伯纳德·劳·蒙哥马利（Bernard Law Montgomery）的激励下，盟军避开了针对著名的Alam AlHalfa山脉的第二次袭击。

1942年10月23日，蒙哥马利集结部队，发动全方位反击。激烈的战斗持续了13天，双方均伤亡惨重，最终轴心国的战线被突破。隆美尔的军队往西撤退，再也没能返回埃及。“沙漠之狐”被召回德国，免遭战败的羞辱，但他手下的23万名士兵最终在突尼斯投降。

蒙哥马利受封爵士，成为“二战”中最著名的英军上将。1946年，他被封为第一代阿莱曼蒙哥马利子爵（Viscount Montgomery of Alamein），这个头衔伴随他终生。对于这场战役，温斯顿·丘吉尔（Winston Churchill）说过一句名言：“在阿莱曼之前我们从未胜利，在阿莱曼之后我们从未失败。”

得花钱，可以考虑入住。

战争博物馆旁边的商店内有个小自助餐馆，提供好吃的富尔、塔米亚（埃及炸豆丸子）和沙拉。也可以回到亚历山大—马特鲁港公路，那里有几家迎合埃及人的餐厅，海滩度假村也有餐厅。

到达和离开

如果有自己的车辆和司机，来这里是最方便的。乘坐出租车从亚历山大到战争纪念馆，再去各个墓地和海滩，然后返回亚历山大，需要LE500~600。

也可以在亚历山大的Al Moaf Al Gedid长途汽车站乘坐开往马特鲁港的长途汽车或小巴，在距离战争博物馆约200米的山脚下车。参观博物馆还可以，但是几个战争墓地相隔非常远。

西迪·阿卜杜勒·拉赫曼（Sidi Abdel Rahman）

☎046

西迪·阿卜杜勒·拉赫曼美丽的海滩是度假村不断兴建的原因。由于欧洲和附近的阿莱曼（东边23公里处）之间有包机往来，因此未来这里还会不断发展。几家度假村位置极好，地中海的碧水白沙交相辉映，十分诱人。但除此之外，这里没什么好看好玩的。

景点

Shaat Al Hanna 海滩

这片美丽的海滩不啻瑰宝，令人难以抗拒的浅蓝色海水特别适合游泳。即使在这么远的地方，女性也应该穿保守的泳衣。可惜，相比从前，最大的免费海滩上垃圾更多了，如果不喜欢这样的环境，可以花LE50去既干净又有遮阳伞和躺椅的私家海滩。

沿亚历山大—马特鲁港公路往西，经过“距马特鲁港155公里”的界标之后再走1.9公里，3个生锈的黄色路牌那里就是通往海滩的路口。这条路部分铺设了路面，部分是沙质，但普通小汽车通行不成问题。

住宿

★ **El Alamein Hotel** 精品酒店 $$$

（☎03-468-0140；www.alalameinhotel.com；km129 on Alexandria-Marsa Matruh rd, Marassi Resort内；标单/双 US$330/445；P 📶 🏊）这家美丽的豪华海滩酒店位于高端的Marassi Resort之内，深受开罗上流人士

的青睐。宽敞的豪华客房拥有令人震撼的海湾全景。酒店内有几家迷人的酒吧和餐馆，更少不了寿司餐厅。这里是沿线最棒的海滩之一，拥有白色沙滩和绿松石色的清澈海水。

到达和离开

从亚历山大Al Moaf Al Gedid长途汽车站开往马特鲁港的长途汽车和小巴都经过这里，但下车后从公路步行前往度假村的路很累人。乘坐私人小汽车或出租车比较好(单程LE250~300)。

马特鲁港(Marsa Matruh)

☎046/人口: 120,600

夏季，马特鲁港是埃及人最理想的度假胜地。从6月到9月，下尼罗河谷似乎有一半的人都跑到这里来度假了。干净雪白的沙滩上挤满了拖家带口的游客，人们在尘土飞扬的街道上享受上午的凉爽天气。街边小摊出售热气腾腾的食物和纪念品，街头音乐家们即兴演奏节奏感十足的韵律。

马特鲁港在其他月份沉寂下来，回归

Marsa Matruh 马特鲁港

Around Marsa Matruh 马特鲁港周边

安静平淡的日常状态。蓝绿色的海湾空无一人，装卸货物的贝都因人和锡瓦人是唯一的“访客”。

无论在一年中的哪个时间，专门来这里的外国游客都很少，除非是在前往锡瓦的途中歇脚。

景点

这里的海岸沿线水质清澈，美中不足的是兴建了太多的酒店。城东的海滩——在通往隆美尔海滩（Rommel's Beach）的桥附近——海水清浅，很适合小孩，而且还有棕榈树叶遮凉。无论在城里的哪个海滩，租躺椅和遮阳伞都需要LE10~30。

再往远处，海水同样清澈，还能找到几处尚未被开发商大肆开发的净土。在闷热的夏季，建议女性穿宽松的衣服下海，而非泳衣，除非她们能够应付不断的骚扰和挑逗。高级酒店的专属海滩除外，但即便如此，大部分埃及妇女仍然遮盖住全身并保持低调。

Lido 海滩

（见345页地图）马特鲁港最大的海滩，沙滩细腻，海水清澈，但夏季人太多了，连毛巾都没地方放。

克里奥佩特拉海滩 海滩

（Cleopatra's Beach；见本页地图）克里奥佩特拉海滩位于马特鲁港西北约14公里处的一个小海岬，可能是该地区海岸线最美的一段。这里的海水色彩迷人，形状奇特的岩石值得一看。你可以涉水前往克里奥佩特拉浴池（Cleopatra's Bath），传说那个天然池塘是克里奥佩特拉女王和马克·安东尼（Mark Antony）共浴的地方。但这里其实不能游泳，因为风浪大，而且海边有礁石。

Shaati Al Gharam 海滩

（见本页地图）Shaati Al Gharam的名字意为“爱人海滩”，位于马特鲁港西侧的海岬。这里的海水清澈见底，但沙滩和其他的主要城市海滩几乎一样拥挤。夏季有通勤船（LE5）连接对面的Lido海滩。乘坐出租车单程LE30~40。

隆美尔海滩 海滩

（Rommel's Beach；见本页地图）就在马特鲁港东部半岛的顶端，这片安静多石的海滨很适合游泳。快到海边的地方有个岩洞，“二战”期间，隆美尔将军就在洞内制定轴心国军队的作战方案。该洞如今是**隆美尔洞博物馆**（Rommel's Cave Museum；LE40/20；⏲周日至周四 9:00~14:00，夏天 至20:00）的所在地。

奇迹海滩（Agiba Beach） 海滩

Agiba在阿拉伯语中是“奇迹”的意思，位于马特鲁港以西约24公里处的奇迹海滩名副其实。这片海湾虽小却很迷人，只能通过一条从峭壁下去的路到达。这里的清澈海水透着绿松石般的颜色，波光粼粼。海滩上夏季人很多，但其他月份则空空荡荡。注意：这里不适合幼儿，因为浪头很大。开往奇迹海滩的**小巴**（见345页地图；LE2）从埃及国家银行门口发车。

奇迹海滩上方的峭壁往东一两公里处，有一大片交通相对便利的海滩，沙质细腻，海水深蓝，人也不像奇迹海滩上那么多。令人摸不着头脑的是，这片海岸也被称为“奇迹海滩”。到这里来的走法是：在Carol's Beau Rivage以西3公里处，走路口有一个蓝、白、黄三色路牌（阿拉伯文）的公路。铺设了路面的公路直通海滨，海滩入口处有门，但不收门票。

住宿

马特鲁港的住宿不尽如人意，大多数酒

店硬件一般，而房价过高，只有少数几家例外。但由于夏季住宿需求旺盛，酒店业主们着实没有动力改变现状。到了夏季，酒店的价格要高得多，房间需要预订。冬天很多酒店会关门。

Riviera Palace Hotel 酒店 $

（见345页地图；☎046-493-0472；2 Sharia Alexandria；标单/双 LE200/450；📶）Riviera Palace Hotel的大厅的混搭风格稍显古怪，但是房间很大，虽然明显有岁月的痕迹，但床上铺着干净的白色亚麻床单，而且浴室也很大，所以性价比相当高。这里还有一个舒适的咖啡馆。

Reem Hotel 酒店 $$

（见346页地图；☎046-493-3605；Al Corniche；标单/双 LE650/850，不带空调 LE360/525；📶）优点：Reem门外就是海滨路，对面就是海滩。缺点：房间一看就是20世纪80年代那种自己动手装修的廉价房间，配不上价格，好在房间干净。便宜的房间不带空调，价格包含半食宿。

Negresco Hotel 酒店 $$

（见346页地图；☎046-493-4491；Al Corniche；标单/双 LE650/1000；📶）就在海滨路上，是一个可靠、安全的住宿选择（在调研期间这里正在进行翻修）。房间大，但装潢简单，所以房价显得过高，但所有房间都有出风强劲的空调、极好的淋浴设施（浴室很大）、平板电视、舒适的床和小阳台。

Jaz Almaza Beach Resort 度假村 $$$

（☎046-436-0000；www.jaz.travel/almaza-bayalmaza-bay/hotels/jaz-almaza-beach-resort.aspx；标单/双 US$250/300；@📶🏊）喜欢豪华度假村的人不必再考虑别家了。这家度假村位于马特鲁港东南37公里处的偏僻海滩上，特点是有一片被棕榈树包围的极好的沙滩、迷人的餐厅以及度假人士所需的一切设施。小孩子可以在儿童俱乐部和儿童游泳池里开心玩耍。

Carol's Beau Rivage 度假村 $$$

（☎011-4252-1444；www.carolsbeaurivage.com；标单/双 US$220/350；@📶🏊）位于马特鲁港以西15公里处的塞卢姆公路（Sallum highway）旁边，所在的海湾被蔚蓝的海水包围。这处度假村的舒适房间按照游猎主题装饰，墙上挂着大象的画，配备深色木家具，阳台上摆放着藤椅。度假村整体感觉有点儿古板，但拥有该地区最好的海滩之一。

就餐

马特鲁港市中心有几家餐厅，食客多数都是饥肠辘辘的当地人，但这里的露天食品市场使得这座城市非常适合自己做饭。买些面包、奶酪和水果，包括锡瓦出产的椰枣和橄榄，就是一顿完美的海滩野餐。

Kamona Restaurant 埃及菜 $

（见345页地图；Sharia Al Galaa；餐 LE25~40；⏲11:00~23:00）这个简陋的餐馆擅长烹制烤鸡和烤肉串。循着香味就能走到Sharia Alexandria大道的拐角，肯定错不了。

Felfela 炸豆丸子沙拉卷饼 $

（见345页地图；Sharia Port Said；餐 LE5~30；⏲正午至午夜；🖉）这里的富尔和炸豆丸子沙拉卷饼是全城最好的，对素食主义者和那些想只花很少的钱就能吃饱的人来说，这里值得试试。

Abou Aby Pizza 比萨 $$

（见345页地图；Sharia Alexandria；主菜 LE18；⏲正午至午夜；🖉）这家颇受欢迎的餐馆出售美味的西式比萨。坐楼上的座位能看到楼下的街景。

Abdu Kofta 埃及菜 $$

（见345页地图；☎012-314-4989；Sharia Al Tahrir；菜肴 LE10~80，烤肉 每公斤 LE160；⏲11:00至午夜）当地人发誓说这家餐馆是城里最好的。它位于二楼，店内干净凉快，出售科夫塔（kofta，串烤加香料肉丸）和按照重量计价的烤肉。吃时搭配美味的开胃菜和沙拉。

实用信息

Sharia Al Galaa大道及沿线有很多家银行和货币兑换处。包括**Bank Watany**（见345页地图；Sharia Al Matar）、有自动柜员机的**埃及银行**（Banque Misr；见345页地图；Sharia Al Galaa；⏲周日至周四 9:00~14:30）以及有自动柜员机的

CIB Bank（见345页地图；Sharia Port Said；⌚周日至周四 8:00~15:00）。

旅游办事处（见345页地图；☎046-493-1841；Sharia Omar Mukhta；⌚6月至9月 8:30~19:00，10月至次年5月 8:30~14:00）与海滨路相距一个街区。虽然提供不了多少信息，但员工很热情。

到达和离开

飞机

埃及航空（Egypt Air）6月至9月每周有航班（周四和周日）往返于开罗和马特鲁港。由于机票会提前售光，并且航班经常会被取消，请提前与航空公司确认清楚。

长途汽车

马特鲁港的**长途汽车站**（Sharia Alexandria）在城东南2公里处。乘出租车从这里到市中心费用不会少于LE15。小巴（50pt）在Sharia Madrassa Al Sanaweya（这条大道的尽头是个蔬菜水果市场）沿路拉客，然后开往长途汽车站。

从7:00至次日2:00，West & Mid Delta Bus Co的车辆每小时一班开往亚历山大（LE55，4小时）。夏季，该公司还有车次开往开罗（LE110，5~6小时），发车时间分别为7:30、10:30、12:00、15:30、16:00、17:00、22:00和午夜。冬季，开往开罗的车辆分别在12:00和15:30发车。开往锡瓦（LE40，3小时）的长途汽车分别在13:30和16:00发车。

注意：West & Mid Delta公司跑亚历山大至马特鲁港线路的车辆似乎是全埃及最老的车型，时常在路上抛锚。

6月至9月，Super Jet每天都有车辆从马特鲁港长途汽车站开往亚历山大和开罗。这家公司的车况通常比West & Mid Delta的强些。

6月至9月，**West & Mid Delta Bus Co**（见345页地图；☎046-490-5079；Sharia Alexandria）在市中心设有一个售票处。

小巴

小巴停车场在长途汽车站旁边。开往锡瓦的小巴客满就发车，票价LE35。与跑相同线路的West & Mid Delta公司的长途汽车相比，小巴更舒适，速度也更快，但在客满之前你恐怕要等上一两个小时。其他目的地包括阿莱曼（LE34）、亚历山大（LE34）和开罗（LE70）。

火车

从6月到9月，每周有三趟卧铺火车（标单/双US$60/86；www.wataniasleepingtrains.com）连接开罗和马特鲁港，全程7小时。火车每周一、周三和周六的23:30从开罗发车，第二天6:30抵达马特鲁港。返程的车辆是周日、周二和周四22:00发车，第二天5:40抵达开罗。需要提前订位。

6月至9月，每天有两趟空调快车连接开罗和马特鲁港（一等/二等车厢LE90/110，7小时）。

普通的无空调二等/三等火车全年往来于马特鲁港和亚历山大之间（单程6.5小时），但我们不推荐，就连火车站的工作人员都说这种火车“太糟糕”。

当地交通

白天可以租用私人出租车或皮卡，但你必须使劲儿讲价，尤其是在夏季。根据距离的远近，费用为LE100~150。

乘坐出租车从长途汽车站到海滨路的车费为LE15~20。

旺季可以在Sharia Alexandria大道沿线的临时租车行租用自行车，日租金为LE15~25。

苏伊士运河

包括 ➡

最佳就餐

- Central Perk（见353页）
- El Borg（见353页）
- Pizza Pino（见353页）
- Reda Helmy（见356页）

最佳住宿

- Mercure Forsan Island（见356页）
- Holiday Hotel（见352页）
- New Continental（见351页）

为何去

苏伊士运河是埃及的光荣，是埃及战胜大自然的工程学奇迹，它从苏伊士地峡的沙质海床上被开辟出来，长达163公里。苏伊士运河不仅是西奈半岛和埃及大陆的分界线，也是亚洲和非洲的洲际分界线，具有举足轻重的区域地位。苏伊士运河建造的年代是埃及的"美好年代"（belle époque），一个充满了豪情壮志但是以破产和梦想破灭结尾的年代。这个时期也造就了运河边的城市：塞得港和伊斯梅利亚。直到今天，这两个城市的街道依然保留着短暂的浮华时代的风华，富有年代特色的建筑虽因年久失修而显得衰败破旧，但看起来仍旧风景如画。

除非是极其喜欢看超级游轮，否则几乎没有人会特意来这里，但对埃及当代历史感兴趣的人会喜欢岸边城市的优雅氛围。运河地区没有大型古迹，也没有宏伟的神庙，但比埃及其他地区显得缓慢的生活节奏吸引着有大把时间的旅行者。

何时去

塞得港

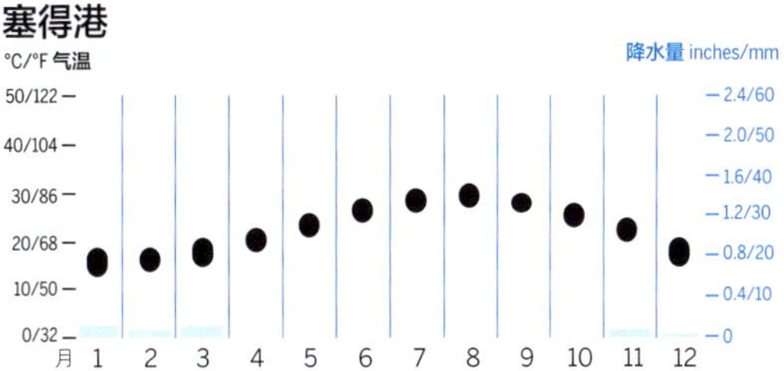

4月至5月 春天气温宜人，很适合在伊斯梅利亚的提姆萨赫湖边野餐。

8月 在塞得港享受凉爽的微风，驱散暑气。

9月 看成群的鹳往南飞，它们从运河地区的上空飞过。

苏伊士运河亮点

❶ **塞得港滨水区**（见351页）在这座城市的滨水区，感受宏伟的建筑在时光中缓慢而优雅地褪色。

❷ **福阿德港**（见354页）跳上从塞得港驶来的渡轮，体验运河生活，你会发现从非洲到亚洲只需要15分钟。

❸ **伊斯梅利亚**（见354页）暂时逃开忙乱的埃及生活节奏，在遍布殖民地时期别墅的安静城市偷得半日闲。

❹ **塞得港木板路**（见351页）在运河边的木板路上散步，满足自己观看超级游轮的兴趣。

❺ **伊斯梅利亚博物馆**（见354页）在这家门可罗雀的小博物馆里，欣赏4000多件法老和希腊-罗马时期的文物，它们如今落满尘埃。

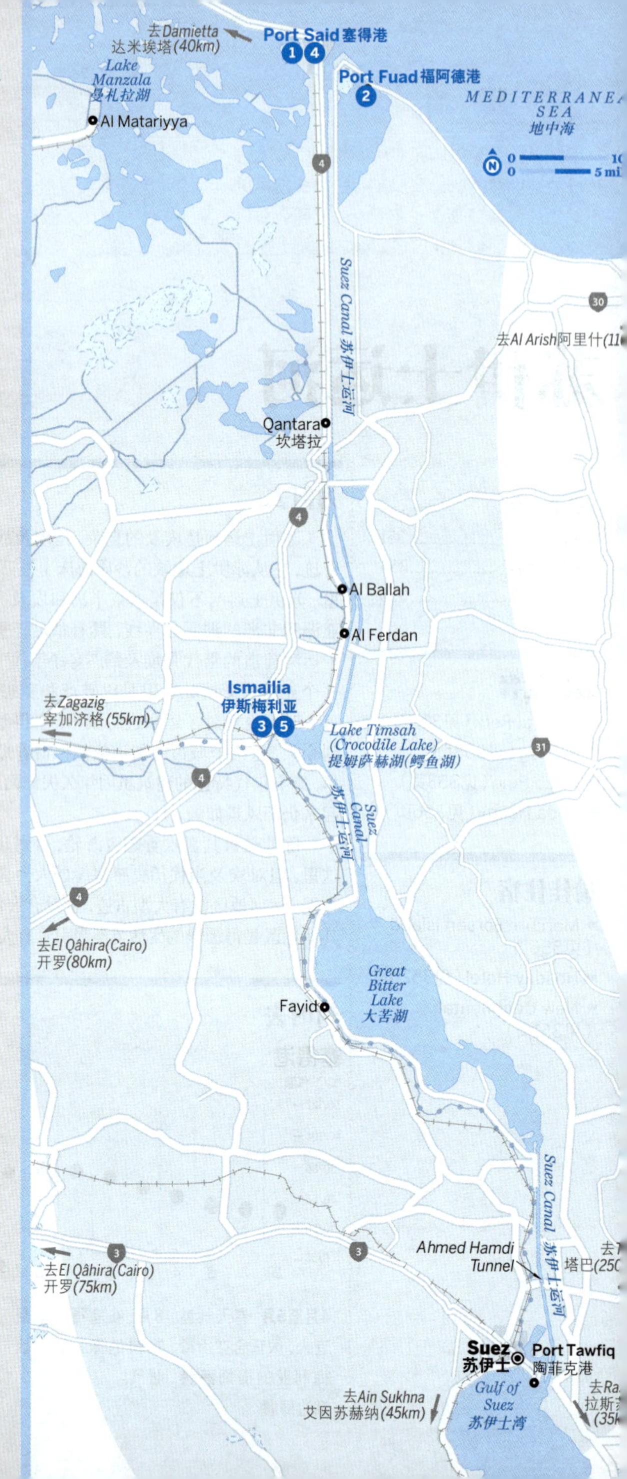

塞得港（Port Said）

☎066/人口：678,564

19世纪末是塞得港的鼎盛时期，当时的塞得港是埃及的“罪恶之城”。醉醺醺的海员和密集的妓院或许早已不复存在，可是水边那些曾经辉煌但现在已经颓败的建筑仍能让人们想象出当年这里是何等的繁华。

曾经的繁华遗迹足够吸引游客，但苏伊士运河才是最主要的景点，也是这座城市建立的原因。高出地面的人行木板路与海滨平行，游客可以边散步边欣赏近在咫尺的运河北端入口的景色，顺便近距离地眺望成群结队的超级游轮。对散客而言，开往运河对面安静小城福阿德港的免费渡轮是他们唯一能在水面上欣赏这个工程奇迹的机会。

景点

塞得港的老城区位于运河岸边，被巴勒斯坦大道（Sharia Palestine）贯穿。建于19世纪末和20世纪初的滨水区域有一种“回归昔日美好时光”的气氛，街道两边满是带有摇晃的木头阳台、百叶门和高走廊的建筑。高出地面的木板路通往巴勒斯坦大道，沿途能看到运河风光。

沿着孟菲斯大道（Sharia Memphis）漫步，经过年久失修的**乌尔沃斯大楼**（Woolworth's building；见352页地图），然后沿Sharia Al Gomhuriyya大道往前走，看看通往**圣经公会大楼**（Bible Society building）和**老运河船运局大楼**（Old Canal Shipping Agency building）的拱门入口，南边就是Commercia Basin。在巴勒斯坦大道沿线不时能看到殖民地时期建筑遗址，包括曾经相当时髦的**西蒙阿兹特百货商店**（Simon Arzt department store）。巴勒斯坦大道北端有一个上面没有安放任何物体的**石基**，它最初是作为“**自由雕像**”（Statue of Liberty）的基座而修建的，当建筑资金申请遭到拒绝后，人们又建造了比这个石基小得多的费迪南德·德·雷斯布（Ferdinand de Lesseps）雕像，直到1956年苏伊士运河国有化之后拆除。

从这里往东走，建于20世纪30年代的**意大利领事馆大楼**位于7月23日大道（Sharia 23rd of July），建筑上刻着法西斯独裁者贝尼托·墨索里尼（Benito Mussolini）的口号：“罗马——再一次成为帝国的心脏。”

往内陆方向走数个街区，萨拉萨勒姆大道（Sharia Salah Salem）两边有一系列令人印象深刻的教堂，包括**圣女普西奥科普特东正教堂**（Coptic Orthodox Church of St Bishoi of the Virgin）和**方济各会修道院**（Franciscan compound）。

苏伊士运河住宅 　历史建筑

（Suez Canal House；见352页地图；Commercial Basin）如果你曾经见过塞得港的图片，背景很有可能就是苏伊士运河住宅的绿色穹顶。这座建筑是1869年与运河同时开工建造的。目前这一建筑处于围挡之中且不对公众开放，因此要想欣赏这座建筑著名的建筑外观，最好是乘坐开往福阿德港的免费渡轮。

军事博物馆 　博物馆

（Military Museum；见352页地图；☎066-322-4657；Sharia 23rd of July；成人/儿童 LE30/10；⏲周六至周四 10:00~15:00）这家博物馆虽小，但对运河的介绍内容丰富，还有讲述1956年苏伊士运河危机以及1967年和1973年两场与以色列战争的奇特展览（包括玩具士兵），因此值得一看。博物馆的花园里有几辆缴获的美军坦克（车身画着六芒星图案）和怪异的UXO（未爆炸武器）展品。

住宿

New Continental 　酒店 $

（见352页地图；☎066-322-5024；30 Sharia Al Gomhuriyya；标单/双 LE200/305；❄）这家典型的埃及酒店价格便宜而且服务不打折，算得上是同行中的佼佼者。房间光线明亮，带小小的阳台。房间面积各异，因此入住前可以先看看。所有房间都带电视和奇怪的杂乱家具。我们特别喜欢走廊的金色棕榈树装饰。管理人员略懂英语，乐于助人，非常友好。

Hotel de la Poste 　历史酒店 $

（见352页地图；☎066-322-4048；42 Sharia Al Gomhuriyya；标单/双 LE190/300；❄）这家经典的酒店虽然稍显破败，但殖民地时期建筑的风韵犹存。不过，如果想要在简单而干净的房间里体验一下消失已久的繁盛之感，则需要尽情发

Port Said & Port Fuad 塞得港和福阿德港

Port Said & Port Fuad 塞得港和福阿德港

景点

1 圣经公会大楼 C2
2 科普特东正教堂 B2
3 方济各会修道院 B2
4 意大利领事馆 C1
5 军事博物馆 A1
6 老运河船运局大楼 C2
7 西蒙·阿兹特百货商店 C3
8 石基 D1
9 苏伊士运河住宅 B4
10 乌尔沃斯大楼 B3

住宿

11 Holiday Hotel C2
12 Hotel de la Poste C2
13 New Continental B3
14 Resta Port Said Hotel D1

就餐

15 Lord Pâtisserie C3
16 Pizza Pino C2

挥你的想象力。在办理入住时，你可以要求一间带阳台的房间。另外，一楼的餐厅很不错。

Holiday Hotel 酒店 $

（见本页地图；☎066-322-0711；Sharia Al Gomhuriyya；标单/双 LE300/400；📶）在这家酒店面前，塞得港的一些廉价酒店不过是小巫见大巫。房间被粉刷成米色，铺着瓷砖，摆放着宜家风格的家具，还有漂亮的浴室。有许多乘船的公司雇员住在这家酒店，因此这里的员工已经习惯了外国人的面孔。不过，Wi-Fi收费是这家酒店的减分项。

Resta Port Said Hotel

酒店 $$$

（见352页地图；☎066-332-5511；www.restahotels.com；紧邻Sharia Palestine；单/双 US$120/150；P 📶 ❄）这家酒店并不像人们认为的那样时髦，而且价格贵得离谱，但就塞得港的水准而言，也算得上差强人意了。在游泳池区域能看到运河，商务酒店风格的房间很宽敞，十分舒适。一定要住能俯瞰运河的房间。

餐饮

Lord Pâtisserie

甜品 $

（见352页地图；☎066-320-8202；Sharia An Nahda；糕点、甜品和蛋糕 LE10起）首先警告大家:不要怪我们破坏了你的节食计划。要想走进这里并抵制住这里的美食诱惑、不带任何东西出来，你恐怕需要十足的意志力。从羊角面包到传统的埃及甜点，从冰激凌到包装精美、价格昂贵的比利时巧克力，尽有尽有。这里可以称得上是塞得港甜品的顶级殿堂。

Central Perk

咖啡馆 $$

（☎066-341-1131；Sharia Al Gomhuriyya,Port Fuad；菜肴 LE25~110；⏲8:00至次日2:00）这家小店与《老友记》中的咖啡厅重名，听上去就像是剧中主演都在店中等着你来一样。没错，就连沙发和裸露的砖墙都是那个剧中咖啡馆的复制品。Central Perk的老板是几个《老友记》的忠实粉丝，这里很快就成了镇上最受欢迎的去处。菜单上有各国风味的食品，有三明治、沙拉、意大利面、比萨和肉类主菜，还有诱人的蛋糕和甜点。这也是你在塞得港喝咖啡最好的选择。

如果要到这里，需要乘坐渡轮到福阿德港（Port Fuad），然后沿着Sharia Al Gomhuriyya直走即可。

Pizza Pino

意大利菜 $$

（见352页地图；Sharia Al Gomhuriyya；主菜 LE40~90；⏲10:00至次日2:00）这家舒适的小酒馆有舒适的藤椅和细心的工作人员，很久以来一直是塞得港主要的意大利面和比萨店。这里是一个品尝爽心美食的好地方，也是在街头漫步、沉醉于旧世界的氛围之后，喝一杯咖啡，休闲放松的宁静之地。意大利面要比比萨好吃。

El Borg

海鲜 $$

（☎066-332-3442；Beach Plaza，紧邻Sharia Atef As Sadat；主菜 LE40~150；⏲10:00至次日3:00）这家餐馆位于塞得港，面积很大，晚上总是挤满了全家来吃饭的客人。如果你不喜欢吃鱼，菜单上还有几种烤肉，但物超所值的新鲜海鲜才是食客竞相品尝的美食。晚上可以坐在岸边的露台上吃饭，边吃边看海边大道上来往的人群。

实用信息

塞得港于1976年宣布成为免税港。理论上，每个人进出城区时都应该经过海关，但实际上几乎没人遵守这项规定。尽管如此，你也一定要随身携带护照。

银行和重要的服务机构大多位于Sharia Al Gomhuriyya大道，这条路与运河相距两个街区。

Delafrant Hospital（☎066-322-2663；Sharia Orabi；⏲24小时）这家医院位置比较好，水平也还可以。

旅游局（见352页地图；☎066-323-5289；8 Sharia Palestine；⏲周六至周四 10:00~19:00）当热情的工作人员从众多的外国游客之间穿过，走进办公室之后，你可以向他们索要一份准确而实用的城市地图。

到达和离开

船

在过去，塞得港一直是驾驶机动车从陆路前

从塞得港出发的长途汽车

目的地	价格	时间	班次/公司
亚历山大	LE40	4~5小时	7:00、11:00、14:00、18:00和20:00（East Delta）；16:30（Super Jet）
开罗	LE40	4小时	每小时1班（East Delta）；每2小时1班（Super Jet）
伊斯梅利亚	LE20	1~1.5小时	6:00~11:00和14:00~18:00每小时1班（East Delta）
苏伊士	LE30	2.5小时	6:00、10:00、14:00和16:00（East Delta）

来的旅客出入非洲的理想口岸，有几艘定期前往土耳其的汽车渡轮。尽管有一些要恢复这些船只的传言，但在调研期间，并没有汽车渡轮驶入塞得港。不过，在亚历山大港有两班定期开往塞浦路斯的汽车渡轮。如果你已经设法找到从欧洲或土耳其开往塞得港的汽车渡轮服务，一定要提前办理埃及签证，因为塞得港不是旅游入境点，所以不会签发旅游签证。

长途汽车和小巴

长途汽车站位于通往开罗的公路起点，距离市中心约3公里，乘坐出租车约需LE10。

Super Jet（☎066-372-1779）和**East Delta Travel Co**（☎066-372-9883）都运营从车站发车的长途汽车。

小巴和拼车（servees）站在长途汽车站隔壁。

火车

开往开罗的火车又脏又破，行驶缓慢，预计会晚点。按照推测，发车时间（二等车厢/三等车厢LE30/15）为每天的5:30、13:00和17:30，但时刻表并不意味着你能准时到达——事实上，晚点是家常便饭。总体而言，长途汽车更快也更舒适。

当地交通

塞得港有许多车身蓝白相间的出租车。在市中心内的短途出行平均车费为LE5。

小巴走Sharia Orabi大道和Sharia AshShohada大道等主要干道，短途收费LE1.50。

伊斯梅利亚（Ismailia）

☎064/人口：366,669

“伊斯梅利亚”得名于伊斯梅尔（Ismail）帕夏，19世纪60年代开凿苏伊士运河时，此人是埃及总督。这个城市也曾经是苏伊士运河公司（Suez Canal Company）的经理费迪南德·德·雷赛布（Ferdinand de Lesseps）的临时住处，他在这里一直住到运河竣工。因此，伊斯梅利亚的建造理念来自殖民地时期在埃及的法国殖民者。今天，伊斯梅利亚的老城区有优雅的殖民地风格街道、宽阔的草坪和19世纪末的别墅，是埃及最安静、景色最美丽的城区之一。伊斯梅利亚的中心和最值得游览的地区是位于Sharia Thawra大道周围的老欧洲区和中心广场Midan Al Gomhuriyya。

景点

伊斯梅利亚博物馆 博物馆

（Ismailia Museum；见355页地图；☎02-391-2749；Mohammed Ali Quay；成人/儿童 LE40/20；⏲8:00~16:00，周五中午祈祷时间关闭）这家博物馆虽小但有趣，位于城东，馆藏4000多件法老和希腊-罗马时期的文物。展品包括塑像、圣甲虫、石柱以及第一条运河[波斯君主大流士（Darius）下令修建，连接大苦湖（Great Bitter Lakes）和布巴斯提斯（Bubastis）]的相关记录。亮点是一块4世纪的马赛克镶嵌画，描绘了淮德拉（Phaedra）给她的继子希波吕托斯（Hippolytus）送去一封情书的场景，底下狄俄尼索斯（Dionysus）乘坐的是由厄洛斯（Eros）驾驶的战车。

石柱花园 历史遗址

（Garden of the Stelae；见355页地图；Mohammed Ali Quay）这个花园在伊斯梅利亚博物馆西南，园内的文物主要是一个孤零零的小狮身人面像，它来自拉美西斯二世（公元前1279年至公元前1213年）时代。要参观这个花园，需要征得博物馆的同意，但从街上也能看

不要错过

渡过运河

很想横渡苏伊士运河，但自己没有游艇？不认识超级游轮的船长？在位于塞得港巴勒斯坦大道西南方向的渡轮码头（见352页地图），跳上开往福阿德港的免费渡轮吧。渡轮全天运营，每10分钟一班，路途虽短，但你沿途能看到运河的360度全景。

到达福阿德港（建于1925年）后，从码头边的清真寺往南走，前往法国风格住宅鳞次栉比的林荫大道。虽然现在街道上垃圾遍地，而且许多别墅略显颓败，但倾斜的房檐、郁郁葱葱的花园和晒着五颜六色衣服的木头阳台仍透露出往昔岁月的雅致和美好。

Ismailia 伊斯梅利亚

Ismailia 伊斯梅利亚

景点
1 德·雷赛布故居 A3
2 石柱花园 D2
3 伊斯梅利亚博物馆 D2

住宿
4 New Palace Hotel A2

就餐
5 Pizza Massimo B2
6 Reda Helmy B1

饮品和夜生活
7 El Mestkawu C2

到这个不同寻常的雕塑。

德·雷赛布故居 历史建筑

（De Lesseps' House；见本页地图；Mohammed Ali Quay；谢绝参观）很遗憾，除非你是苏伊士运河管理局（Suez Canal Authority）的访客，否则就只能从外面的马路上欣赏前法国驻埃及领事的住宅了，因为这栋建筑现在是苏伊士运河管理局的招待所。院子里，德·雷赛布的私人马车被玻璃罩着，保存得很完好。这栋住宅位于Sharia Ahmed Orabi大道的拐角处附近。

住宿

New Palace Hotel 历史酒店 $

（见本页地图；064-391-8333；Midan Orabi；单/双 LE350/450；）这家酒店古色古香，房间简单干净，看起来很有复古感。你很可能会想要一个窗户朝外的房间，其中一些房间配备深色家具和桶形座椅，颇为迷人。窗户朝内的房间则朴素得多。

YHA Ismailia 青年旅舍 $

（064-392-2850；Lake Timsah Rd；双/标三 LE160/165；）这座城外的水泥楼房位于湖边，看起来乏善可陈，但房间特别干净，面积适中，所有房间都带独立浴室，因此是极好的经济型住处。如果从市中心乘坐出租车前来，跟司机说去"Beit Shebab"就行，车费大约LE7。

请注意，只有结了婚的夫妇才能住在同一个房间里。

Mercure Forsan Island 度假村 $$$

(☎064-391-6316; www.mercure.com; Gezirat Forsan; 单/双 €95/110起; 📶🏊)度假村占据了伊斯梅利亚市中心东南方向1.6公里处的一个小岛，专属海滩和花园让这里像安静的天堂。时髦的房间配有现代化的浴室，纺织品色彩鲜艳，多花点儿钱是值得的。

餐饮

Pizza Massimo 比萨 $

(见355页地图; ☎064-392-3232; Sharia Thawra; 比萨 LE25~40; ⌚正午至23:00; 📝)这个小地方供应相当不错的比萨，服务又快又友好。

Reda Helmy 烧烤 $$

(见355页地图; ☎064-332-0409; Sharia Shabeen El Khom; 主菜 LE35~150; ⌚24小时)城镇里最受欢迎的餐馆，食物包括鸡肉串(shish tawooq)、埃及风味的烤肝，以及几乎所有其他可以放在烤架上烧烤的肉类。这里有很棒的沙拉和开胃菜(mezze)，可以搭配所有的肉和砂锅炖菜一起食用。

Cilantro 咖啡馆

(www.cilantrocafe.net; Rd 6, Armed Forces Beach; ⌚8:00至次日1:00; 📶)这个埃及本土咖啡帝国的伊斯梅利亚分部拥有城里最好的景色。你可以在露台上一边俯瞰提姆萨赫湖(Lake Timsah)平静的蓝色水面，一边喝拿铁、卡布奇诺或果汁。这里还有不错的三明治和其他零食。这家咖啡馆位于城镇以东3公里处，在运河边的主路上。

El Mestkawu 咖啡馆

(见355页地图; Sharia Al Geish; ⌚中午至深夜)很酷的带阴凉露台的咖啡馆，古色古香，人们在这里闲聊、喝咖啡、吸着水烟，静观时间流逝。

实用信息

城里到处都有银行和自动柜员机，包括Sharia Thawra和Sharia Al Geish这两条你可能经常造访的街道。

旅游局(☎064-332-1078; 1st fl, New Governorate Bldg, Sharia Tugary, Sheikh Zayeed area; ⌚周六至周四 8:30~15:00)在Midan Orabi广场东北方向约1.5公里处。

到达和离开

长途汽车

伊斯梅利亚的**长途汽车站**(Sharia Mohammed Sabry)在老城区北方约3公里处，乘坐出租车从市中心到长途汽车站约需LE5。**East Delta Travel Co**(☎064-332-1513)的长途汽车从这里开往下列目的地：

亚历山大 LE45，5小时，每天2班，发车时间分别为7:00和14:30。

开罗 LE25，4小时，6:00~20:00每30分钟1班。

宰海卜 LE80，7~8小时，每天10:30发车。

塞得港 LE15，1小时，6:00~11:00和13:00~17:00每小时1班。

沙姆沙伊赫 LE70，6小时，每天2班，发车时间为14:00和22:30。

苏伊士 LE15，1.5小时，6:30~11:30和13:30~18:30每小时1班。

火车

开往开罗的火车(二等车厢LE25，4~5小时)发车时间分别为11:00、14:20、16:15和17:20。每天有3趟火车开往塞得港(二等车厢LE10)，发车时间分别为9:45、11:15和14:15。每天有6趟火车开往苏伊士(二等车厢LE7)，发车时间分别为7:00、8:10、10:30、13:15、15:15和18:00。

当然，对这条线路上的列车时刻表半信半疑总是没错的：火车经常是说开就开。

当地交通

小巴走城市干道。车票价格LE1.5~2.5。出租车很多，短途收费LE5~8。

苏伊士(Suez)

☎062/人口: 497,000

在古老而破败的苏伊士，1967年和1973年两场与以色列的战争摧毁了城里的大部分殖民地时期建筑，因此这里完全没有塞得港和伊斯梅利亚那种古色古香的感觉。市区以敦实的水泥建筑为主，街道上成堆的垃圾也让城市显得更加荒凉。陶菲克港(Port Tawfiq)的几条街上还有一些老房子，它们躲

Suez 苏伊士

过了被炸毁的厄运，但不值得特意来看。如果你出于某种原因不得不在这里过夜，要注意：由于过分严格的安保措施，你根本看不到运河景色，大片铁丝网和满面倦容的卫兵让你根本没有心情也没有机会举起相机。

住宿

最好是尽量避免在苏伊士过夜。

Hotel Green House 酒店 $$

（见本页地图；062-319-1553，062-319-1554；greenhouse-suez@hotmail.com；Sharia Al Geish；标单/双 LE700/1150起；）由于完全缺乏竞争，Hotel Green House仍然是苏伊士最好的住宿地点。20世纪80年代那种沉闷的汽车旅馆式房间有些过时，如果房价低一点儿就好了。优点是房间里有电视和冰箱，而且（据说）还有Wi-Fi。

Red Sea Hotel 酒店 $$

（062-319-0190；13 Sharia Riad,Port Tawfiq；房间 LE966起；）Red Sea的地理位置比苏伊士的大多数酒店都要安静，这里靠近游艇泊区，房间大多装修粗糙，里面有破旧的电视和难看的棕色地毯。从好的一面来看，如果你能得到一个位于后面的房间，那么从你的阳台上就可以看到不错的运河景观。

就餐

Koshary Palace 埃及菜 $

（见357页地图；Sharia Al Geish，主菜LE7~15）店面干净、服务态度友善，这里出售多种当地人喜爱的食物，包括美味的库夏里（kushari，将面条、米饭、小黑扁豆、鹰嘴豆和炸洋葱拌在一起，再淋上浓稠的番茄酱），分量随你决定。

Al Khalifa Fish Centre 海鲜 $$

（见357页地图；☎062-333-7303；Midan Nesima；主菜 LE35~90；⏲正午至23:00）这家朴实无华的餐馆位于拥挤的市中心广场Midan Nesima的角落，出售当天捕获的海鲜，按重量计价。点完海鲜后，坐着等厨师烤好了端上来。

实用信息

Sharia Al Geish穿过城镇中心，有许多银行和自动柜员机。

到达和离开

长途汽车和小巴

长途汽车站（开罗一苏伊士公路）在城外5公里处、通往开罗的公路旁边。**East Delta Travel Co**（☎062-356-4853）的长途汽车开往下列目的地：

开罗 LE25，2小时，6:00~21:00每30分钟1班。

宰海卜 LE75，7小时，每天11:00发车。

伊斯梅利亚 LE15，1.5小时，6:00~16:00每30分钟1班。

苏伊士运河

几百年来，埃及王国一直想方设法将红海与地中海相连来促进贸易和扩张领土，苏伊士运河便应运而生，但将这一想法付诸实践、使该工程得以动工的却是法国驻埃及领事费迪南德·德·雷赛布。1854年，德·雷赛布向埃及总督萨义德（Said）提出了这个建议，后者授权他开凿运河，运河于1859年开工。

10年过去了，运河在人们的欢呼声中竣工。1869年11月16日，两艘分别来自塞得港和苏伊士的小船在新城市伊斯梅利亚会合，苏伊士运河宣布从此开放，至此，亚洲、非洲两块大陆彻底断离了。

起初运河的所有权归法国和英国。86年后，即埃及独立的1956年，总统加麦尔·阿卜杜勒·纳赛尔（Gamal Abdel Nasser）将苏伊士运河收归国有。两个欧洲强国同以色列一道为了夺回运河而武力入侵埃及。在这场被称为“苏伊士运河危机”的战争中，面对广泛的国际舆论谴责，三个国家不得不撤退。

如今，苏伊士运河仍然是全世界最繁忙的货运通道。每天经过苏伊士运河的船只不到50艘（受限于通航能力），但对过往船只收取的费用每年高达50亿美元，2014年8月，埃及总统塞西（Sisi）启动了一项计划，进一步利用运河的重要价值。该项目新建的35公里长的运河与原有运河平行（同时将原有运河河道加深和拓宽），有效地把运河变成了一条双“车道”的水上“公路”，更大的船只也能从运河上通过。

最初开凿新运河的工程估价为40亿美元，但建造过程中成本激增，有4.3万名工人参与建设，截止到该项目竣工，花费将近80亿美元。尽管如此，新运河还是在2015年8月以一场盛大的典礼宣布竣工并投入运营。

不过，该项目仍存在争议。随着新运河的运营，政府希望将每天的船只过往数量增加到90艘以上（是旧运河的两倍），这样的话，到2023年，运河每年将带来130亿美元的收入。从新运河投入运营至今已经有两年多的时间了，每天的过往船只数量和收入依然保持不变。即便如此，苏伊士运河依然是埃及国家财政最大的摇钱树，是这个国家经济的重要组成部分。而新的苏伊士运河能否保住并进一步提升这一地位，还有待观察。

塞得港 LE30，2.5小时，每天7:00、9:00、11:00、12:15和15:30发车。

沙姆沙伊赫 LE65，6小时，发车时间分别为8:30、11:00、13:30、15:00、16:30、17:15和18:00。

圣凯瑟琳保护区 LE45，4小时，每天14:00发车。

上埃及长途汽车公司（Upper Egypt Bus Co；☎062-356-4258）的长途汽车开往赫尔加达（LE50~55，4小时），5:00~23:00基本每小时1班。开往卢克索（LE90~100，9~10小时）的长途汽车分别在8:00、14:00和20:00发车。

小巴和拼车站在长途汽车站旁边。位于西奈的目的地只有图尔（Al Tor；LE25）。

火车

6趟只有二等车厢（不舒服）的火车（LE15~20，3小时）每天从苏伊士驶向开罗方向，最远只能到位于开罗市中心东北方向10公里处的Ain Shams。开往开罗的第一趟火车5:30发车。每天还有8趟慢车开往伊斯梅利亚。

当地交通

几乎随处都能打到出租车（车身蓝色）。长途汽车站和市区之间单程约LE10，长途汽车站和陶菲克港之间单程约LE15，苏伊士和陶菲克港之间单程约LE5。

小巴定点发车，在Sharia al-Geish大道和陶菲克港之间往来。乘客可以在沿途任何地点上下车。短途旅行的价格为LE1~2。

红海海岸

包括 ➡

最佳就餐

- Zia Amelia（见366页）
- Le Garage（见366页）
- Dolce e Salato（见380页）
- El Fardous（见378页）

最佳住宿

- La Maison Bleue（见366页）
- Oberoi Sahl Hasheesh（见370页）
- Marsa Shagra Village（见380页）
- Captain's Inn（见365页）
- Deep South（见380页）

为何去

“红海畔的里维埃拉”（Red Sea Riviera）是一个散发着万千魅力的地方：一方面，它以便宜的包吃住度假村而闻名（或臭名昭著，全凭个人感觉）——海岸遭到过度开发，随处可见超级度假村和未完工的旅馆。而另一方面，还有一些独特的、远离人潮的旅游景点。深入挖掘，红海海岸或许会让你惊喜不断。

红海海岸北部贫瘠的山区中还留存着一些基督教早期发展形成的重要遗址。如果你冒险前往南部喧闹的赫尔加达，你会发现，除了埃及最好的潜水胜地之外，这里还有广袤的东部沙漠。早在遥远的史前时期，这里就已拥有纵横交错、四通八达的贸易路线，而如今则散落着一些古代石刻艺术和孤寂的遗址。这里几乎没有游客到访，是沙漠冒险者的梦想之地。

何时去

赫尔加达

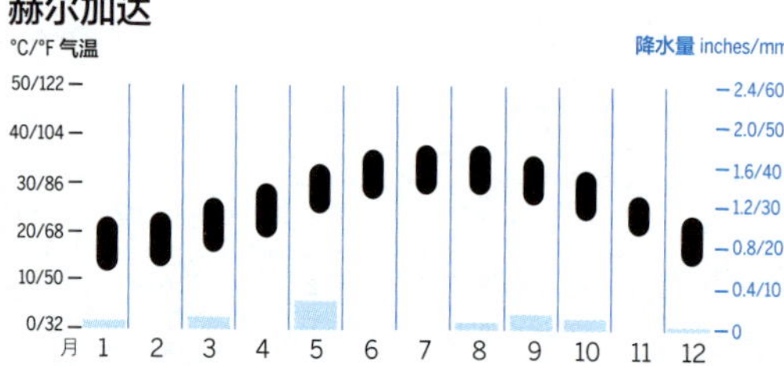

2月 住宿到处都能讲价，此时的度假村房价最低。

4月 为期3天的3alga-noob音乐节在阿莱姆港外举行，你可以在那里感受埃及的现代音乐盛况。

9月 带上你的双筒望远镜，因为将有大批候鸟在此期间飞抵南方。

红海海岸亮点

❶ **赫尔加达**（见367页）与世界级的珊瑚礁来场潜水约会，你将会明白红海为何成为受人追捧的旅游胜地。

❷ **圣安东尼修道院**（见362页）参观这片与世隔绝的建筑群，爬上隐士的洞穴，来追溯修道院生活方式的千年根源。

❸ **阿莱姆港**（见378页）在这里的避暑生态海滩露营地中放松。

❹ **古赛尔**（见376页）漫步老城，在充满怀旧气氛的街巷中追忆往昔辉煌岁月。

❺ **东部沙漠**（见381页）徒步穿越干谷和无穷无尽的山峦。

❻ **瓦迪吉马勒**（见382页）探索罗马时期巨大祖母绿矿遗址。

❼ **艾尔古纳**（见364页）在埃及最好的度假城镇之一，与开罗最时髦的人们一起闲逛。

红海修道院（Red Sea Monasteries）

圣安东尼修道院（见本页）和圣保罗修道院（见363页）都属于科普特修道院，它们是最古老的基督教修道院，也是科普特基督徒心目中数一数二的圣地。圣安东尼教区的建立，标志着基督教修道院传统的开始，这一教区隐藏在东部沙漠贫瘠的山崖之上。

如果你对漫长的埃及基督教历史感兴趣，那么这两处修道院对你来说都将是奇妙而迷人的景点。周围的沙漠一望无垠，这里既不像开罗和尼罗河谷那么噪声扰人，也不像沿海岸地区那样游客众多。

两个修道院相距仅25公里左右，但由于二者之间隔着悬崖和Gebel Al Galala Al Qibliya高原（海拔为900~1300米），公路距离约为85公里。

如果你没有自己的机动车，参加从开罗或赫尔加达出发的团队游（所有的旅馆或旅行社都能组织）来这里最方便。你也可以尝试和朝圣者群体一起从开罗出发——最好的方式是咨询当地的科普特教会。

景点

★圣安东尼修道院 修道院

（Monastery of St Anthony；导览游欢迎捐款；⌚4:00~17:00）免费 这座古老的修道院始建于4世纪，当时的修道士在精神领袖曾经住过的Gebel Al Galala Al Qibliya高原下定居。如今的修道院是一片大型建筑群，周围有高墙，修道院内有几座教堂、一个烘焙坊和一座植物茂盛的花园。为了把一生奉献给上帝，120名修道士住在这片寂静荒僻的沙漠里，每天所做的只有祈祷。

起初，修道院里只有一群各自修行的隐士，而后经过数百年的演化，修道院成了这些人集体生活的地方，修道士们虽然继续过着隐士的生活，但所有修道士居住的小单间都在同一个有围墙的院子里。尽管如此，修道士们仍遵循圣安东尼、圣保罗和1600年前的首批追随者们的传统。

圣安东尼教堂（Church of St Anthony）是该修道院中最古老的部分，也是这里的游览亮点。教堂建在这位圣人的坟墓上，里面有埃及最重要的多幅科普特壁画。用干壁绘画法（把颜料直接涂在干燥的灰泥上）制作的壁画大多来自13世纪初，还有另外几幅年代更早的壁画。剥去沉淀了几百年的尘土和污垢之后，壁画清晰明亮，看得出中世纪科普特艺术与拜占庭和地中海东部伊斯兰艺术之间存在一定的联系。

大多数担任团队游导游的修道士会带你走上修道院的一段**防御城墙**，在那里走走，看看大篮子和木绞车——在遭遇进攻时，篮子和绞车是进出该建筑群的唯一方式。在8世纪和9世纪，这座修道院曾遭到贝都因人的袭击，随后又在11世纪被暴怒的穆斯林攻打，而到了15世纪，一批杀人不眨眼的仆人造反，杀死了大批修道士。站在高墙上，你可以看到一个小小的泥砖结构**城堡**，遇到攻击时修道士们会躲到里面去。城堡通常不允许游客入内参观。

站在墙上还能一览无余地俯瞰修道士们种植的大花园。花园的灌溉水源是沙山底下的一处泉水，该泉眼每天产生100立方米的水，这使得修道院的院子里树木成荫，仿佛一片郁郁葱葱的绿洲。

圣安东尼修道院和圣保罗修道院全年每天开放，基督降临节（Advent）和大斋节（Lent）期间除外。这两个节日期间，游客只有在周五、周六和周日才能入内参观。整个圣周（Holy Week）修道院都不对游客开放。要提出游览申请或确认开放时间，可以联络位于开罗拉美西斯广场（Midan Ramses）南边、紧邻Clot Bey的**修道院总部**（☎圣安东尼修道院的信息咨询 02-2590 6025，圣保罗修道院的信息咨询 02-2590 0218；26 Al Keneesa Al Morcosia, Downtown）。

圣安东尼洞穴（Cave of St Anthony） 洞穴

免费 在圣安东尼修道院的高墙之外，圣安东尼洞穴静静地高踞在修道院上方约300米处的峭壁之上，据信，圣安东尼一生的最后40年就是在这个洞穴里度过的。洞穴又狭窄又幽深（你必须挤进一个狭窄的入口才能进洞），洞内有个设圣坛的小教堂，小小的墙壁凹处就是这位圣人的住处。记得自带手电筒（或头灯），入洞需要照明。

通往洞穴入口的木台阶有1158级，十分陡峭，爬起来让人汗流浃背。体力好的人爬上去需要半个小时。到台阶顶部后，你可以坐在一个小平台上（可以看到无数朝圣者在此留下的各种涂鸦），边调整呼吸边俯瞰下方群山和峡谷的美景。

★圣保罗修道院 修道院

（Monastery of St Paul；导览游欢迎捐款；⏲每天6:00~18:00，基督降临节和大斋节期间周五至周日，圣周关闭）免费 圣保罗修道院始建于4世纪，起初只是一些围绕着保罗的住处建在悬崖峭壁上的独修之所。如今这个修道院建筑群的中心是围绕着圣保罗曾居住过的洞穴而建的**圣保罗教堂**（Church of St Paul）。教堂里杂乱地摆放着祭坛、蜡烛和鸵鸟蛋（象征复活），还有描述圣人和圣经故事的壁画。教堂上方的**堡垒**是修道士们在遭受贝都因人袭击时的藏身之处。

与附近的圣安东尼修道院相比，圣保罗修道院比较安静，也更加低调，游客都喜欢规模更为庞大的前者，往往忽略了后者。但参观圣保罗修道院是值得的，在这座位于东部沙漠的修道院里，你可以一窥围绕着祈祷和苦修而展开的静谧生活方式，而这种生活方式在这里已经持续了近2000年。游客可以（修道院也欢迎）在修道院里随意逛逛，而在讲英语的修道士的带领下，游客还可以进入许多上锁的区域参观。

3世纪中叶，保罗出生于亚历山大（Alexandria）一个富有的家庭，起初是为了躲避罗马的迫害而逃往东部沙漠。他独自一人在洞中生活了超过90年，仅靠附近的一眼泉水和一棵棕榈树为生。据传，343年，当时已经90岁的安东尼预见了保罗的死讯，但他跋山涉水后只见到了保罗的遗体，并埋葬了他。

活动

沿着一条穿越高原最高处的约30公里长的小路可以徒步往返圣保罗修道院和圣安东尼修道院，单程需要1~2天。这个地势崎岖的地区常被称为“魔鬼乡村”（Devil's Country），只适合体力好、经验足的徒步者，如果没有当地导游带领，无论如何都不要尝试。2001年，一名在这里尝试独自徒步的游客因为迷路而脱水致死。完成过该路线徒步的人建议以圣保罗修道院为起点。

食宿

圣安东尼修道院允许事先获得该修道院开罗总部书面许可的男性朝圣者在修道院过夜。住客需要住在宿舍里，而且应该参加祈祷，尊重修道院中肃穆的气氛，并在走时留下捐款。两个修道院都设有小卖部，出售小吃、饮料和简餐。

修道院生活方式的开创者

虽然圣保罗被尊为最早的基督教隐士，但圣安东尼才是修道院生活方式的开创者。安东尼生于251年左右，其父是贝尼苏韦夫（Beni Suef）附近一个上埃及小城的地主。18岁时，他和妹妹成为孤儿，此时的他已经对物质世界失去兴趣，转而更加关注精神世界，因此没过多久，他便将自己继承的遗产分给了穷人。在跟随当地一位圣人学习之后，安东尼前往东部沙漠并住进了洞穴，寻找绝对的孤独和精神的救赎。有关他圣行的说法很快传开，信徒们蜂拥而至，希望模仿他的禁欲生活。

4世纪初，皇帝马克西米努斯·代亚（Maximinus Daia）传令将亚历山大的基督徒监禁，于是安东尼返回沙漠。他再一次被虔诚的追随者包围，为了保持孤独，他甚至逃进了沙漠深处。他在荒凉偏僻的山里找到一处洞穴后，信徒们在山脚下建立了一个松散的修行社区，第一座基督教修道院由此诞生。

安东尼的追随者数量快速增长，在他去世后的几十年里，埃及几乎每个城镇里都有隐修所。不久之后，整个拜占庭帝国掀起了修道院热潮，而在接下来的100年内，这股风潮更是席卷了整个意大利和法国。

具有讽刺意味的是，尽管影响如此巨大，安东尼毕生都在远离其他人。在于105岁高龄辞世后，他渴望独居的心愿总算实现了：他长眠之地的位置成为被严格保守的秘密。

到达和离开

扎费拉奈(Zafarana)位于艾因苏赫纳(Ain Sukhna)以南62公里、贝尼苏韦夫(Beni Suef)以东150公里处的尼罗河边。往来于开罗/苏伊士和赫尔加达之间的长途汽车可以让你在扎费拉奈下车,但直达修道院的交通工具仅限于私家车以及来自开罗或赫尔加达的团队游大巴。

要前往圣安东尼修道院,从扎费拉奈主路路口出发,沿着通往贝尼苏韦夫的西向公路走37公里,那里有通往修道院的岔路。从路口往南走,沿一条路面状况很好的公路行驶17公里,穿过沙漠就到圣安东尼修道院了。

沿着通往赫尔加达的公路向南行,在距离扎费拉奈灯塔以南约27公里处你会找到通往圣保罗修道院的岔路(注意看一块小指路牌)。到了这个路口后,沿一条平整的碎石沥青路再走10公里就到了修道院正门。修道院正门与修道院本身相距大约3公里。

连接苏伊士和赫尔加达的长途汽车可以让你在路口附近的主路边下车,下车后要想去修道院只能靠搭便车。如果你决定搭便车(虽然这不是个好主意),注意不要独自一个人搭,而且确保带足所需物品,尤其是水,因为等待你的将是一段酷热、干燥且荒凉的漫长旅途。

艾尔古纳(El Gouna)

☎065/人口:15,000

艾尔古纳是一座自给自足的度假小镇,这里或许是埃及最好的度假胜地。它来自埃及亿万富翁安西·萨维里斯(Onsi Sawiris)的构想,是围绕着潟湖和水道建造的,确保了这里拥有足够多的海滩,而且许多地方都能看到水景。时髦的埃及人和欧洲旅行团经常光临此地。这里有16家旅馆、一个18洞高尔夫球场、许多别墅,以及若干精品商场和数量众多的餐馆、酒吧,可以让你远离埃及常见的混乱和嘈杂。在这里你所能做的唯一具有埃及特色的事就是吸水烟(尽管是在码头露台上一边俯瞰着众多豪华游艇一边吸),但此处是晒日光浴和潜水的好地方,你绝对会乐不思蜀。

景点和活动

艾尔古纳无疑是个水上运动天堂。这里有大量组织潜水的机构和个人,以及度假村活动中心,均可提供包括航海、海上皮划艇、钓鱼、帆伞、水上摩托艇、风帆冲浪、风筝冲浪和滑水在内的各种水上活动。越来越多的冲浪者把艾尔古纳当作探索赫尔加达周边潜水地点的备选大本营。

亚历山大图书馆艾尔古纳分馆 文化中心

(Bibliotheca Alexandrina El Gouna, Culturama; ☎065-358-0023; Kafr El Gouna; LE10; ⊙周六至周四 10:00~22:00)该博物馆也被称为"知识大使馆",作为现代化的亚历山大图书馆的分馆,这个安静的绿洲是艾尔古纳安静的文化中心。游客可通过馆内的多媒体("culturama"即"多媒体"的意思)了解埃及的悠久历史,记得查询时刻表上不同语言的演出场次。在图书馆里,通过连接亚历山大主馆网站,读者可以阅读大量珍本。如果你忘了带晒日光浴时要看的书,可以在小说阅览室借一本。

Emperor Divers 潜水

(☎012-2234-0995; www.emperordivers.com; Abu Tig Marina, Three Corners Ocean View Hotel; 每天最多€66)该机构的领导者之一在红海的这片水域进行水肺潜水的经验已有25年。他们的艾尔古纳团队在Abu Tig Marina工作,并提供全方位的服务,从PADI开放水域课程(4天,€379)到高级潜水课程和户外活动,应有尽有。

节日和活动

艾尔古纳电影节 电影节

(El Gouna Film Festival; elgounafilmfestival.com; ⊙9月至10月)在埃及的同类电影节中,艾尔古纳电影节是最早设立的一个,第一届于2017年9月成功举办。这是影迷的必游之地,你一定可以看到埃及的顶尖演员、社会名流和获奖艺术家。

住宿

提前预订是这里的座右铭。没听说过有人能临时订到客房,通过网络或者旅行社预订住宿更为划算。大多数住处是度假村风格的旅馆,一些包含全套旅游服务。Abu Tig Marina码头地区也有一些更接近中档消费水

科普特艺术入门

科普特艺术指的是一种埃及特有的基督教艺术。虽然起源于古埃及和希腊，但科普特艺术也曾受波斯、拜占庭和叙利亚影响。实际上，由于该艺术形式曾受到多重影响，人们很难准确地定义科普特艺术的本来样貌，不过好在这种艺术很容易被辨识出来。由于早期基督教艺术家的实用性目的极强，典型的科普特艺术往往涉及日常物品，如纺织物和宗教插图。此外，绘画也是科普特艺术的另一大传统表现形式，尤其是肖像画和壁画。

纺织品

科普特教会继承了古埃及纺织工艺的传统，尤其是织布工艺和挂毯纺织工艺。大多数地区的科普特纺织品由亚麻制成，但有时也用精致的真丝编织。至于图案，科普特纺织品主要借鉴希腊-埃及主题，包括丘比特、跳舞的少女和动物等传统形象。这些形象往往跟鱼、葡萄和圣经场景（尤其是圣母无原罪始胎）等特定的基督教图案交织在一起。

宗教插图

宗教插图起源于古埃及，当时的法老开始用带有装饰图案的莎草纸书写祈祷文和祝祷词。科普特基督教徒保持了这个传统，从早期的莎草纸上的文字可以看到古埃及的设计：精致的花边和文字围绕在具有守护意义的插图四周。与埃及人一样，科普特匠人用鲜艳的颜色绘制小插图，用漆黑的墨水书写所有的文字。但是由于加入了更多具有宗教意义的意象、风景和错综复杂的几何图案，后来的科普特插图变得复杂多了。

肖像画

与其他早期基督教派相比，以殉道者、圣人和苦行僧的数量而论，科普特教会尤其多。由于这些人的行为和事迹有助于形成教会的基础，因此他们的形象在肖像画里永垂不朽，全埃及每个大大小小的教堂内都有他们的肖像。在这些肖像画里，人类的形象通常位置比较靠前，眼睛呈杏仁状，目光平静，表情被理想化。与常见的耶稣背负十字架受苦的图案不同，科普特的耶稣基督肖像画十分独特，往往描绘的是耶稣被众圣人和天使簇拥着受到尊崇的情景。

壁画

早期科普特壁画线条简单，与后来的技法不可同日而语，主要原因在于当时的教堂是建在古埃及神庙上的。为了将神庙完全改建成教堂，信徒们用多层灰泥覆盖了原来的法老浮雕，然后在上面画上基督教图案。随着科普特艺术的发展和兴盛，尤其是掌握了混合染色和黄金刻板的使用方法之后，壁画图案变得越来越复杂。某些最精美的科普特壁画描述了宗教的精神世界，颜色灵动跳脱，生气勃勃，并以黄金点缀。

今日科普特艺术

科普特艺术长期处于古埃及和伊斯兰艺术的阴影之下，虽然历史悠久、传统古老，但没有受到重视。幸运的是，这些文化遗产在埃及乃至全世界的博物馆、教堂和修道院里受到保护，而这种艺术传统也将继续在今天的科普特社区内传承下去。

平的住宿选择。

★Captain's Inn 酒店 **$$**

（☎065-358-0170；captainsinn.elgouna.com；Abu Tig Marina；标单/双 US$75/78起；📶🏊）这家服务热情友好的酒店堪称潜水者和风筝冲浪者的另一个家，他们是奔着水上运动来的，图的不是住处有多豪华。酒店紧邻主要码头，离餐馆和海滩都不远，因此位置极佳。开满鲜花的庭院是放松身心的好地方。客房被粉刷成整洁漂亮的蓝白色，采光充足且十分舒适。

Mosaique 酒店 $$

(☎065-358-0077; mosaique.elgouna.com; Abu Tig Marina; 标单/双 US$81/84起; 📶🏊)我们真的喜欢这家酒店的房间: 光线明亮, 房间内有阳台、舒适的床铺和蓝白色相间的纺织物。酒店位于Abu Tig Marina码头, 因此出门玩很方便, 离商店和餐馆也不远——不过, 这里格外诱人的温水游泳池可能会让你舍不得离开酒店。这家酒店离海滩只有几步之遥, 很受家庭旅行者和风筝冲浪爱好者的欢迎。

Dawar El Omda 度假村 $$

(☎065-358-0063; dawarelomda-elgouna.com; Kafr El Gouna; 标单/双 US$75/79; 📶🏊)这家装修颇有品位的四星级度假酒店位于艾尔古纳城中心, 仅面向成人开放。这家酒店的名字翻译过来就是"市长之家", 并未采用欧洲设计, 而是使用了经典的埃及线条和拱形结构。房间整洁温馨。度假村就建在环礁旁边, 位置便利。这里没有海滩, 但你可以乘坐班车前往。

★ **La Maison Bleue** 酒店 $$$

(☎012-8359-1116; www.lamaison-bleue.com; Kite Centre Rd; 房间 US$400; P@📶🏊)在这里可以体验到富有的黎凡特人想象中的生活。这家酒店的内部装饰不拘一格, 铺着瓷砖地板, 木质天花板图案精美, 四壁挂着时髦的艺术装饰、克里特和埃及风情的艺术品, 散发着奢华而颓废的气息。套房非常宽敞, 格外舒适, 是那种典型的20世纪初接待王室下榻的豪华房间。

就像在家里一样, 在La Maison Bleue, 你需要花些时间才能欣赏到它的一切优点。服务无可挑剔并恰如其分。餐厅提供一些该地区最好的食物, 着重使用当地食材, 口味也偏重于地中海风味。旅馆正面有一个长条形的私人海滩, 白天在海滩上玩了一天之后, 酒店里的游泳池、水疗中心和土耳其浴室能为你洗去一天的暑气和疲劳。如果你想给另一半一个浪漫的夜晚, 来这里准没错。

Sheraton Miramar 度假村 $$$

(☎065-354-5606; www.sheratonmiramarresort.com; 标单/双 US$110/160起; P@🏊)这家色彩柔和的大型五星级度假村由建筑师迈克尔·格雷夫斯(Michael Graves)设计, 是艾尔古纳最初的标志性产业之一。整个建筑群占据了紧邻城区的一连串滨海私人小岛。如果你希望推开门就是海, 那就住这里吧。

就餐

★ **Zia Amelia** 意大利菜 $$

(☎012-2527-1526; www.facebook.com/ziaameliaelgouna; Kafr El Gouna; 主菜 LE115~150; ⏰13:00~23:00; ✍👪)艾尔古纳最具情趣的餐馆, 田园风情恰到好处。内部装修很迷人, 爬满格子架的藤蔓为室外就餐区投下一片阴凉, 如果天气允许, 可以在室外就餐。菜单上是家常意大利菜, 烤面条、酥脆的比萨、家常意面和海鲜分量十足。留点肚子吃甜品, 因为提拉米苏太好吃了。大多数周三都有现场音乐表演。必须预订。

★ **Le Garage** 各国风味 $$

(☎012-2741-2100; www.facebook.com/Le-Garage-Gourmet-Burger-El-Gouna-Egypt-1624447677819893; Abu Tig Marina; 主菜 LE80~150; ⏰16:00至午夜; 📶✍)Le Garage在艾尔古纳美食汉堡热潮中独领风骚, 20种丰富的选择包括传统汉堡和各种食物, 如烤炉鸡肉汉堡、胡桃葡萄蓝奶酪汉堡以及加了松露和可食用金叶子的汉堡, 令人目不暇接。店里也有两三种还不错的素食。

Upstairs 各国风味 $$

(☎010-2888-8923; www.facebook.com/pg/upstairs.elgouna; Kafr El Gouna; 主菜 LE40~90; ✍)"食肉动物"将在这里获得平生难得的就餐体验。Upstairs(店名虽然是"楼上"的意思, 但奇怪的是餐馆并不在楼上)的菜单上有各种法式肉菜。招牌菜是用黄色的咖喱酱烹饪的特别美味的慢炖黄咖喱骆驼肉, 但是如果你不想冒险, 这里也有大量牛排、鸡肉、鸭肉、海鲜和其他肉类美食及素食供你选择。

实用信息

你可以在www.elgouna.com上找到游览艾尔古纳的所有信息, 从就餐和住宿地点到活动日期, 一应俱全。

到达和离开

飞机

赫尔加达机场(Hurghada Airport)在小镇南边20公里处的海滨高速公路主路边。

长途汽车

Go Bus Co(www.gobus-eg.com)每天最多有9班长途汽车开往开罗(LE115~220,6小时),终点是位于开罗塔里广场(Tahrir Square)的Ramses Hiltom旁边的公司办公室。最好提前订好车票,在网上订票可以选择座位。艾尔古纳的售票处和车站在Kafr El Gouna的主广场上,对面就是旅游信息中心。

开往赫尔加达的长途汽车的运营时间为7:00至午夜,每20分钟1班,发车地点也是主广场,票价LE15。

出租车

艾尔古纳和赫尔加达之间有许多出租车往来。单程车费的起价是LE150,如果到赫尔加达机场,费用预计是US$10~30,这取决于你在哪里订票。

当地交通

要想在艾尔古纳随便逛逛,你有多种交通方式可以选择。从水上巴士和穿梭巴士(一日通行证LE10)到突突车(单程每人LE10),还有私人出租车(在度假村内LE20)。

赫尔加达(Hurghada)

☎065/人口:392,540

在红海旅游业蓬勃发展的早期,渔村赫尔加达默默无闻,但如今这里摇身一变,光是密集的水泥建筑就在海边绵延了20多公里长。而且,如果你希望在探访尼罗河谷的同时又能体验潜水,赫尔加达是个很方便的目的地。远离岸边的海中仍然有特别好的潜水地点,当地的非政府组织正在帮助当地居民进行清理,而南部度假村地区和西加拉(Sigala)引人注目的时髦码头多少让赫尔加达重新散发魅力。

不幸的是,大肆修建的建筑把本该是快乐天堂的海岸彻底破坏了,到处是建到一半即被搁置的休闲娱乐场所。离岸边最近的珊瑚礁已因非法填海和不负责任的使用而退化。赫尔加达已经在组团度假的人群中失去了它的光彩,许多的独立旅行者也改去宰海卜、艾尔古纳或更往南的阿莱姆港。

赫尔加达分为三大区域。北边的Ad Dahar是最有埃及气氛的城区,背街小巷里的社区生机勃勃,还有一个热闹的集市。一座名为Gebel Al Afish的沙山,将Ad Dahar和拥挤的西加拉地区分开,后者的中心地带有许多商铺和餐馆。西加拉南边是度假村地带,有许多迎合旅行团需求的大型度假村。

景点和活动

虽然赫尔加达的许多海滩质量不佳,但开发商还是将之充分利用。除了平淡无奇的**公共海滩**(见370页地图;Sigala;LE10;⏲8:00至日落)之外,游客通常都会选择去某个度假村享受海滩和海洋,这些度假村会对进入海滩的非住店客人收取LE25~100的费用。

★赫尔加达码头　　海滨

(Hurghada Marina;见370页地图;www.hurghada-marina.com)赫尔格达码头是一个令人愉快的、没有汽车的散步场所,尤其是在晚上。当你厌倦了远眺大海,或是梦想拥有一艘停泊在这里的大型游艇时,不妨在众多的酒吧或餐厅中挑一间进去坐坐。

潜水地点

由于旅游业的肆意无序发展,挨着赫尔加达和艾尔古纳的珊瑚礁已经被严重破坏,因此大多数潜水地点必须要乘船前往。要挑选潜水团队游,可以货比三家——但指望你所下榻的酒店为你预订并非最佳选择。要想乘船,你得带上护照,因为在港口处可能会被要求出示证件。

★Gota Abu Ramada　　潜水地点

(见38页地图)这里位于吉夫顿岛(Giftun Islands;见本页)以南5公里处,种类丰富得令人难以置信的海洋生物使之成为水下摄影者、水肺潜水者和夜间潜水者的钟情之所。深度:3~15米,级别:初级。

吉夫顿岛　　潜水地点

(Giftun Islands;见38页地图)相比其他潜水地点而言,这些小岛距离赫尔加达最近,是

Hurghada Coast 赫尔加达海岸

海洋保护区的一部分，它们被众多壮观的珊瑚礁环绕，如Hamda、Banana Reef、Sha'ab Sabrina、Erg Somaya和Sha'ab Torfa。这些珊瑚礁也是许多海洋生物的家园。深度：5~100米，级别：中级至高级。

Hurghada Coast 赫尔加达海岸

活动、课程和团队游

1 Jasmin Diving Centre........A6

住宿

2 Dana Beach Resort........B6
3 Hurghada Marriott Beach Resort....B3
4 Steigenberger Al Dau Beach Hotel...A3

娱乐

5 El Sawy Culture Wheel........B3

实用信息

6 El Salam Hospital........B1
7 海军高压氧舱和急救中心........B1

交通

8 埃及航空公司........A3
9 Go Bus........B1
10 Super Jet........A1
11 上埃及长途汽车公司........A1

Umm Qamar 潜水地点

（见38页地图）Umm Qamar位于吉夫顿岛（见367页）以北9公里处，以3座珊瑚塔为亮点。这些珊瑚塔被美丽柔软的紫色珊瑚包围，周围有大量鱼类，在25米深的位置还有一艘沉船。从赫尔加达乘船可以很容易地到达这里，潜水者和浮潜者在这里可以体验许多令人激动的活动。

Sha'ab Al Erg 潜水地点

（见38页地图）交通便利意味着这里非常适合初学者，但高大的脑珊瑚和扇形的坚硬岩石也会让潜水老手兴致勃勃。深度：5~15米，级别：初级。

Shedwan Island 潜水地点

这个岛屿位于赫尔加达和沙姆（Sharm）之间的海峡里，有一些令人难以置信的潜水地点。在北礁墙附近可以看到领航鲸和大群的海豚。

Siyul Kebira 潜水地点

（见38页地图；Southern Straits of Gubal）礁石的上半部分是旗鱼、天使鱼和鲷鱼的家园。如果水流过急，你可以沿着珊瑚礁露出海面部分的边缘漂浮。深度：10~30米，级别：中级。

潜水中心

★ Jasmin Diving Centre 潜水

（见368页地图；☎065-346-0334；www.jasmin-diving.com；Resort Strip，Grand Seas Resort Hostmark；3天6次潜水套餐 €159）这家潜水中心位于主要的度假村地带，声誉良好，是赫尔加达环境保护协会（HEPCA）的发起组织之一。

Aquanaut Diving Club 潜水

（见370页地图；☎012-2248-0463；www.aquanautclub.com；Hurghada Marina，Sigala；1天2次潜水套餐 €45；⏲9:00~16:00）赫尔加达的老牌潜水中心，位置紧邻Sharia Sheraton。

Subex 潜水

（见372页地图；☎065-354-7593；www.subex.org；Ad Dahar；6次潜水套餐 €170）这家声誉良好的瑞士潜水公司以其专业性、友好和注重细节而著称。

团队游

赫尔加达有去往几乎埃及所有城镇的团队游。最火爆的团队游活动是沙漠吉普车探险（LE200起）、游览Mons Porphyrites或克劳迪安山（Mons Claudianus；见381页）、去卢克索（Luxor）或圣保罗修道院和圣安东尼修道院（见362页）的全天远足游、骑骆驼、乘坐四轮摩托（LE250起）和日落沙漠远足游。

Falco Safari 探险游

（☎010-0390-5492；www.falcosafari.com；四轮摩托之旅 €25起，吉普车/沙漠吉普车探险 €30/80）该机构组织沙漠吉普车和四轮摩托远足游以及乘坐吉普车的沙漠游。车辆保养得很好，安全性也很高。机构还可以派车去赫尔加达或艾尔古纳地区的任意一家酒店接送客人。

住宿

赫尔加达的住宿价格随旅游季节和旅游业的状况而波动，但自埃及旅游业低迷以来，为了吸引游客，大部分度假村和酒店一直在不断降价。

大多数经济酒店位于Ad Dahar和西加拉之间，不过，预订度假村通常会使房费大大降低，这使得许多四星级和五星级度假村的房价都处于中档水平。

★ Luxor Hotel 酒店 $

（见372页地图；☎065-354-2877；www.luxorhotel-eg.com；Sharia Mustafa，Ad Dahar；标单/双/标三 LE120/200/270；📶）这座小酒店位于Ad Dahar的山顶，由友好的Said经营，这里有宽敞、干净房间。所有的房间里都配备了色彩暗淡的棕色家具。不过，从价格上来看，这里的设施好得令人惊叹，其中包括电视和冰箱。如果你独自旅行，最好把单人间升级，因为单人间有些破旧阴暗。从屋顶阳台可以看到美丽的景色。

White Albatross 酒店 $

（见370页地图；☎065-344-2519；walbatros53@hotmail.com；Sharia Sheraton，Sigala；标单/双/标三 LE150/200/250）如果你预算紧张，又喜欢在西加拉凑热闹，可以考虑这里。这家小旅馆的房间温馨舒适、极其干净。虽然员工不怎么热情，但如果你乐得自己照顾自己，这家旅馆的性价比还是蛮高的。

Hurghada Marriott Beach Resort 度假村 $$

（见368页地图；☎065-344-4420；www.marriott.com；Resort Strip；房间€80起；P @ 📶 🏊）住在这里，步行即可到达度假村地带的夜店和餐馆。整洁的房间宽敞、明亮，每一间都有阳台。有些游客会对小小的海滩感到失望，但如果你希望在吃饭的时候可以随心所欲地选择自己喜欢的餐馆，住这里还是不错的。

Dana Beach Resort 度假村 $$

（见368页地图；☎065-346-0401；www.pickalbatros.com；Resort Strip；房间 全食宿 €80起；P 📶 🏊）如果你只是想在海滩放松一下，这家拥有841个房间的超大型度假村提供各种设施，并因此成为家庭度假人士的首选住处。海边就有非常适合浮潜的礁石，而精心修剪的花园、四个游泳池和一个长条形沙滩既适合休闲，又可以避暑。

Steigenberger Al Dau Beach Hotel 度假村 $$

（见368页地图；☎065-346-5400；www.

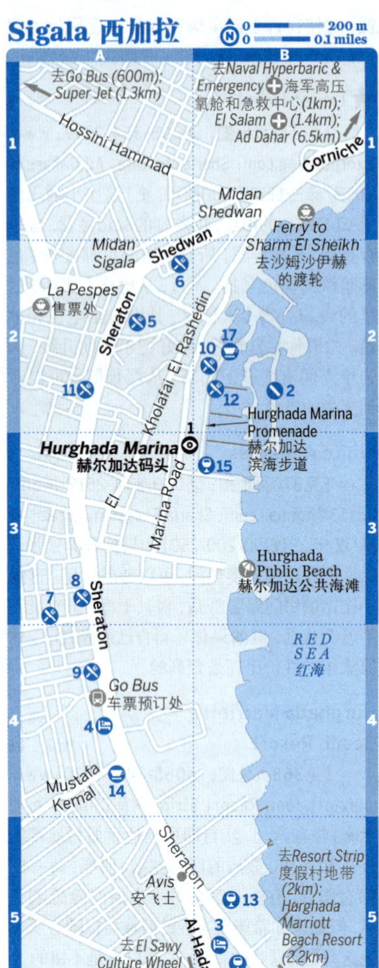

steigenbergeraldaubeach.com; Resort Strip; 房间半食宿 €67起; P 📶 🏊)房间面积大，装修有品位，店方还会提供多种活动，让人眼花缭乱、难以取舍。巨大的游泳池令这家度假村成为家庭度假人士的热门之选，但旅游旺季时这里的服务会受到影响。私属海滩维护得美丽而干净，精心修剪的花园是人们在傍晚时分消暑的好地方。

Roma 酒店 $$

（见本页地图；☎065-344-8140；www.romahotelhurghada.com; Sharia Al Hadaba,

Sigala 西加拉

重要景点

1 赫尔加达码头 A3

活动、课程和团队游

2 Aquanaut Diving Club B2

住宿

3 Roma B5
4 White Albatross A4

就餐

5 Abu Khadigah A2
6 El Halaka A2
7 El Zahraa Bakery A3
8 Gad A3
9 Moby Dick A4
10 Nubian Cafe B2
Shade Bar & Grill .... （见1）
11 Star Fish A2
12 White Elephant B2

饮品和夜生活

13 Caribbean Beach Bar B5
14 El Mashrabia A4
15 Papas HRG B3
16 Retro B5
17 Waves B2

Sigala; 标单/双 US$50/75起; 📶 🏊)这家商务风格的旅馆有个闪闪发光的大堂。房间虽然不像大堂那么金碧辉煌，但干净整洁，工作人员笑容可掬，乐于助人。游泳池和私属海滩令人喜出望外。

Geisum Village 度假村 $$

（见372页地图；☎065-354-6692; Corniche, Ad Dahar; 标单/双/三 US$15/32/39; @ 📶 🏊)这家赫尔加达的度假村历史悠久，虽然在风格方面没什么特色，但房间异常干净明亮，以奶油色和绿色为主色调。对想在海边度假的人而言，这里既有优质的海滩，房价又不太贵，是一个非常受欢迎的选择。客人们都喜欢被美丽花园环绕的游泳池，花园里还有一条精心修剪的绿草小路通往私属海滩。

埃及人非常喜欢一家老小在阳光下欢笑打闹，所以别指望这里会安静。

★ Oberoi Sahl Hasheesh 酒店 $$$

（☎065-344 0777; www.oberoihotels.com;

Hurghada-Safaga Coastal rd, Sahl Hasheesh; 套€140起; P 🛜 🏊)Oberoi比你想象的还要安静、高档、奢华，它坐落在距离赫尔加达以南30分钟车程的地方，特色是极简主义摩尔风格的宫殿级套房。每间套房都配备了下沉式大理石浴缸和私人庭院（有些带游泳池），更可观赏到360度的壮丽海景。这里自称是红海海岸最豪华的目的地，毫不夸张——Oberoi算得上是世界一流的度假村。

Oberoi连锁酒店以服务为傲，这家酒店也不例外，提供的服务比赫尔加达的其他任何地方都好。餐饮选择有各国风味，包括印度菜肴。两层泳池旁边的水疗中心提供一系列高端治疗。酒店有自己的潜水中心，为孩子们提供浮潜和初级潜水项目。该酒店还安排前往卢克索和红海的修道院的旅行和前往吉夫顿岛（见367页）的航海旅行。

Kempinski Soma Bay 度假村 $$$

（☎065-356-1500; www.kempinski.com/somabay; Soma Bay; 房间 全食宿 €130起; P @ 🛜 🏊)Kempinski旗下从无败笔，这个大型度假村也不例外。从阿拉伯宫殿似的大堂到宽阔的海滩和巨大的游泳池区，其豪华程度完全符合五星级标准。注意：这个度假村位于赫尔加达以南足足40公里的地方，因此不适合那些想在城里玩的人。

就餐

如果想要选择各国风味餐厅，赫尔加达滨海步道（Hurghada Marina Promenade）有许多选择。如果你预算有限，Ad Dahar和西加拉的小巷里有几十家物美价廉的本地风味餐馆。

Gad 埃及菜 $

（见370页地图; Sharia Sheraton, Sigala; 沙威玛 LE12~22, 主菜 LE20起，科夫塔每公斤 LE160; ⏲10:00至深夜; 🖉)如果你想找个干净的地方品尝美味且分量足的埃及食物，来这家快餐店肯定错不了。长长的菜单上包括沙拉和汤、沙拉三明治和沙威玛（shwarma，面包夹肉）、菲提尔（fiteer，甜味或咸味的酥皮比萨）和各种烤肉和科夫塔（串烤加香料肉丸，按公斤售卖），令人眼花缭乱。在Ad Dahar有个**分店**（见372页地图; Sharia An Nasr, Ad Dahar; 沙威玛 LE12~22, 主菜 LE20起，科夫塔每公斤 LE160; ⏲10:00至深夜）。

El Zahraa Bakery 甜品 $

（见370页地图; Sigala; 甜品 LE2~6; 🖉)如果在这里吃完了牙疼，可不要怪我们。爱吃甜食的人怎能抗拒得了店里堆成金字塔形状的蜜糖果仁千层酥和库纳法（kunafa，一种在糖浆中浸过的或者带有的坚果的卷起来的粉丝状糕点）呢?

El Halaka 埃及菜 $$

（见370页地图; Sharia Shedwan, Sigala; 主菜 LE20~60)这家餐馆以隐蔽的位置和素雅的内饰著称，出售新鲜的海鲜（旁边就是鱼市场）。鱼类按重量计价，但菜单上也有相对便宜的烤肉和海鲜菜肴。

Abu Khadigah 埃及菜 $

（见370页地图; Sharia Sheraton, Sigala; 主菜 LE20~60; ⏲正午至22:00)要吃地道的埃及烤肉和其他当地美食，来这家餐馆就对了。科夫塔和填馅卷心菜叶很出名。

★ Star Fish 海鲜 $$

（见370页地图; ☎065-344-3751; www.facebook.com/starfishredsea; Sharia Sheraton, Sigala; 主菜 LE60起; ⏲正午至午夜; P)一家非常受欢迎的鱼馆，位于在西加拉的主要地带。你可以从陈列柜中选择鱼类，也可以选择对虾（烤制、搭配意大利面或油炸）和美味的鱼汤。你也可以品尝特色菜套餐，包括汤、龙虾、虾、鱼片、鱿鱼和科夫塔，再配上米饭和沙拉。

★ White Elephant 亚洲菜 $$

（见370页地图; ☎010-0102-5117; Hurghada Marina Promenade, Sigala; 主菜 LE80~130; ⏲16:00至午夜; 🖉)这里物有所值，美味的泰国食物由一位泰国厨师烹饪而成。所以，如果你想要享用一顿辛辣、精致的泰式大餐，需要让服务员知道你能承受多辣，而且White Elephant也不会吝惜使用香料。泰式冬阴功和大多数新鲜的鱼类（来自市场）菜肴都很好吃。

Moby Dick 各国风味 $$

（见370页地图; Sharia Sheraton, Sigala; 主

Ad Dahar

菜 LE85起）人们为Moby Dick美味多汁的牛排而发狂，但意大利面和海鲜同样好吃，香脆新鲜的沙拉也很不错，还有不太常见的蘑菇酱或辣椒酱骆驼排。这里一直很受欢迎，有非常好的氛围，还有乐于助人和健谈的员工。饮品的价格也很合理。

Nubian Cafe　埃及菜 $$

（见370页地图；Hurghada Marina Promenade, Sigala；主菜 LE40~120；⏲正午至22:00；✎）赫尔加达是一个以国际风味餐馆为主的城市，而这家埃及美食餐馆却占据了一席之地。Nubian Cafe制作颇受欢迎的砂锅炖菜、美味的开胃菜（mezze，包含可口的baba ghanoog，即烤茄泥）和烤肉。此外还供应多种素食菜肴，保证能令素食者满意而归。

Shade Bar & Grill　各国风味 $$

（见370页地图；Hurghada Marina, Sigala；主菜 LE80~120）如果你想吃牛排，那就不用再寻觅其他地方了。坐在楼台的豆袋沙发上，点一份红肉套餐吧。Shade还可以轻松地变成一个很受欢迎的酒吧，晚上会播放欢快的音乐。

饮品和夜生活

由于旅游业不景气，赫尔加达活跃的夜生活最近也受到了冲击。尽管如此，在这里你还是可以找到喝啤酒的地方。这里很多的酒吧、咖啡馆和餐馆都提供酒水。

★ Caribbean Beach Bar　酒吧

（见370页地图；Sharia Sheraton, Sigala；🛜）如果你想在海边喝杯鸡尾酒去去暑气，这家棕榈叶苫盖的露台酒吧就在水面上，气氛悠闲，很适合打发时间。太阳落山后经常会有现场音乐表演或派对。要到这里来，你得步行穿过Bella Vista Hotel。

Waves　咖啡馆

（见370页地图；☎010-0589-7367；www.facebook.com/waves.cafeshop；Hurghada Marina Promenade, Sigala；⏲正午至深夜）这里的户外座位是最适合观赏游艇的地方，咖啡馆提供好得令人惊讶的卡布奇诺、优质水烟和价格适中的鸡尾酒。

El Mashrabia　咖啡馆

（见370页地图；Sharia Sheraton, Sigala；⏲10:30至深夜）我们最喜欢这家咖啡馆的果汁、茶（shai）和水烟。它位于西加拉的主路路边，室外座位有树荫，室内光线昏暗。装饰品是中国灯笼和法老艺术品。你一眼就能认出这家咖啡馆，因为门脸上有个假的木格屏风。

Retro　酒吧

（见370页地图；Sharia Sheraton, Sigala；⏲正午至深夜）这家悠闲的酒吧在每周日和周三的晚上会有现场音乐表演，其他时间则会播放风格各异的摇滚、蓝调和灵魂音乐。闲散随意的氛围、不错的酒吧食物和台球桌使得这里成为当地夜生活的首选场所。

Papas HRG　酒吧

（见370页地图；☎065-344-4920；Hurghada Marina Promenade, Sigala; ⏲17:00至深夜)这家由荷兰人经营的备受欢迎的酒吧是赫尔加达夜生活的中心，这里有足够多的现场音乐表演、台球桌和游戏活动，就连潜水教练和外籍人士也成了回头客。这里热闹非凡，大多数晚上气氛极佳，还有一些基本的食物(汉堡、比萨饼等)可供选择。

☆ 娱乐

El Sawy Culture Wheel 艺术中心

(见368页地图; ☎010-0167-8274; www.facebook.com/ElSAWYculturewheelHurghada; Hadaba Rd, Dibaj Mall) El Sawy是开罗文化和表演空间的衍生物，举办适合成人和儿童的音乐和戏剧表演，以及其他活动。

购物

Ad Dahar Souq 市场

(见372页地图; 紧邻Sharia An Nasr, Ad Dahar; ⏲正午至深夜)赫尔加达的集市区占据了几条尘土飞扬的小巷，两边是密密麻麻的出售银制品、铜制品、皮革、莎草纸和水烟筒的商店。在这里你必须讲价。最好晚上来，因为此时白天的暑气已经退去，小巷里挤满了出来散步的人。

ℹ 实用信息

El Salam Hospital(见368页地图; ☎065-361-5013, 065-361-5012; www.elsalamhospital.com; Corniche; ⏲24小时)在Iberotel Arabella的正北方。

海军高压氧舱和急救中心(Naval Hyperbaric & Emergency Medical Center; 见368页地图; ☎065-344-9150, 065-354-8450; Corniche)有一个高压氧舱室。在Iberotel Arabella附近。

旅游局(见368页地图; ☎065-344-4420; Resort Strip; ⏲周六至周四 8:00~20:00，周五 14:00~22:00)在度假村地带的中心设有一个咨询亭。

危险和麻烦

虽然赫尔加达是个度假城市，但这里毕竟还是埃及，无论男女，少暴露一点儿会让你赢得更多的尊重，少受些骚扰。如果要穿泳衣，请确保你是在酒店的私人海滩上。女性应该注意：裸露上身晒太阳在埃及是违法的。在城里步行时，尤其是在Ad Dahar的集市区，所有的旅行者都应该穿着得体。

ℹ 到达和离开

飞机

赫尔加达机场(见368页地图)在度假村地带附

拯救红海

在赫尔加达和许多距离它不超过1小时航程的珊瑚礁附近，巨大的游乐船队和在水面上往来的渔船已经对红海的珊瑚和水生生物造成了严重破坏。直到最近，船长还可以肆无忌惮地在珊瑚礁上抛锚，浮潜者和潜水者都可以随意掰一大块珊瑚拿回家。多亏**赫尔加达环境保护协会**(Hurghada Environmental Protection & Conservation Association，简称HEPCA)付出的巨大努力，红海的珊瑚礁总算得到了保护。

1992年，由城里规模较大且声誉较好的12家潜水公司联合组成的HEPCA旨在保护红海的珊瑚礁，这一项目包括提高公众环保意识的宣传工作、直接在社区内做活动以及游说埃及政府制定相关的保护法律。由于这些努力，苏伊士省以南的整个海岸如今都被称为红海保护区。该项目最早的胜利成果包括建立了一个在该地区热门潜水地点放置570多个浮标的体系，这样可以防止船长在珊瑚礁上抛锚。

除了继续确保红海的潜水地点受到保护外，HEPCA还有志向更为远大的环保计划。2009年，这个非政府组织承担了管理红海南部废弃物处理事宜的工程，在此之前，针对废弃物的处理工作没有任何规范化的制度和流程。如今阿莱姆港(Marsa Alam)及其周边有定期的上门收垃圾服务和一个废物回收工厂。这项服务被认为是成功的，2010年赫尔加达也开始实行类似的项目，如今它被看作是埃及固体废弃物管理的典范。

想了解更多安全潜水的做法，或者如果你有意加入HEPCA，通过清理海滩或珊瑚的废物等行动来保护红海，可以通过其官网(www.hepca.org)查询相关信息。

从赫尔加达发车的长途汽车

目的地	价格	时间	班次/公司
古赛尔	LE20	1.5小时	1:30、5:00、9:30和16:00（上埃及长途汽车公司）
亚历山大	LE150~230	9小时	14:00、16:30、22:00（Go Bus），14:30和23:00（Super Jet）
阿斯旺	LE90	7小时	0:30和22:30（上埃及长途汽车公司）
开罗	LE65~295	6~7小时	每天20班Go Bus、8班上埃及长途汽车公司和5班Super Jet
卢克索	LE50~90	4~5小时	8:30和17:30（Super Jet），0:30和1:30（上埃及长途汽车公司），8:15和15:30（Go Bus）
阿莱姆港	LE50	4小时	2:00、5:30和20:00（上埃及长途汽车公司）
苏伊士	LE50~60	4~5小时	1:00和2:00（上埃及长途汽车公司）

近，有直飞欧洲目的地的飞机（大多数是包机航班）。

埃及航空公司（EgyptAir；见368页地图；☎065-346-3035；www.egyptair.com；⏲周六至周四8:00~20:00，周五10:00起）每天有数班飞机飞往开罗。票价上下浮动很大，最低会达到LE718。

船

连接赫尔加达和沙姆沙伊赫的高速双体渡轮由**La Pespes**（见370页地图；☎012-1014-2000；www.lapespes.com；Midan Aka，Sharia An Nasr，High Jet Office，Sigala；⏲10:00~22:00）运营。船只在周日、周二和周四的8:00（成人/儿童US$40/30，2.5小时）从西加拉的赫尔加达旅游港口出发。你必须在开船前1.5小时抵达港口，并手持护照以待查验。

船票可以提前从**La Pespes售票处**购买。赫尔加达的许多旅行社和酒店也可以为你预订船票。

长途汽车

赫尔加达没有长途汽车站，主要的长途汽车公司，包括**上埃及长途汽车公司**（Upper Egypt Bus Co；见368页地图；☎065-354-7582；紧邻Sharia An Nasr，Ad Dahar）、**Super Jet**（见368页地图；☎065-355-3499；Sharia An Nasr，Ad Dahar）和**Go Bus**（见368页地图；www.gobus-eg.com；Sharia An Nasr，Ad Dahar），都从各自位于Sharia An Nasr（Ad Dahar区）大街沿线的车站抵离。Go Bus在西加拉有一个便利的**车票预订处**（见370页地图；Sharia Sheraton，Sigala；⏲10:00~22:00），但网上订票最简单，你还可以选择座位。

Go Bus提供开往卢克索的最舒适和快捷的运营服务。长途汽车时刻表经常随意变化，在订票前要先问清楚。

当地交通

抵离机场

乘坐出租车前往市中心Ad Dahar需要花费约LE80，但你必须使劲砍价。

小汽车

西加拉的Sharia Sheraton沿线有不计其数的租车公司，附近的**安飞士**（Avis；见370页地图；☎065-344-7400；www.avis.com；Sharia AlHadaba；⏲8:00~13:00和17:00~22:00）提供可靠、友好的服务。

小巴

小巴全天运营，从市中心的Ad Dahar区出发，向南沿度假村地带或沿Sharia An Nasr大街及其他主要线路开往各个目的地，车费为LE1~3。

出租车

从Ad Dahar开到度假村地带的起点（Marriott附近），出租车要价LE40左右。从长途汽车站到AdDahar区的中心需要花费LE20，到度假村地带需要花费LE30~40。

塞法杰（Safaga）

☎065/人口：43,990

塞法杰是个简陋的港口小镇，大多数人只会经过这里，但如果你是一名帆板运动或潜水爱好者，你可能会想停下来享受这里碧绿的海水和一些绝佳的近海暗礁。不过，塞法杰的主要商业是出口磷酸矿石，它还是驶往沙特阿拉伯的渡轮的主要枢纽，在朝觐期间，来自尼罗河谷数以千计的朝圣者会从这里起航前往麦加。小城中心乏善可陈，街上尘土飞扬。不过，海湾北部尽头的度假村地带还是有一些慵懒的魅力的。

景点和活动

大多数人来塞法杰是为了潜水。塞法杰的海风很出名，来自北方的风力相当稳定，度假酒店大多有帆板冲浪中心，此外也有风筝冲浪和其他水上运动。

Salem Express 潜水地点

（见38页地图；Safaga Bay南部）Salem Express号虽然壮观，但观之令人心酸——这艘渡轮在1991年沉没，导致大约1000名朝觐归来的朝圣者丧生。潜水时，花点儿时间为长眠在这座水下坟墓的人祈祷。请勿进入沉船船体。深度：12~30米，级别：中级。需乘船前往。

Panorama Reef 潜水地点

（见38页地图；Safaga Bay外围）Panorama Reef珊瑚礁以成群的梭鱼以及不计其数的海豚、鲼、黑尾真鲨和银尖灯鱼，以及软珊瑚和硬珊瑚而闻名。深度：3~40米，级别：中级。乘船前往。

潜水运营商

Orca Dive Club 潜水

[☎065-326-0111；www.orca-diveclub-safaga.com；Resort Strip；1天（2次潜水）€58，3天（6次潜水）€164]红海顶级的技术潜水中心之一，在海滩上有自己的小酒店。如果在线预订Orca的潜水套餐，可享折扣。

Mena Dive 潜水

[☎065-326-0060；www.menadive.com；Resort Strip, Safaga；1天（2次潜水）€52，3天（6次潜水）€142]自20世纪90年代起，Mena Dive就是塞法杰最好的潜水公司。这里的潜水团队提供从初学者开放水域课程到技术潜水的各种活动。这里还有潜入海洋深处可能所需的各种装备。

住宿

在小镇北部有各种中档和低价的住宿选择，大多是针对潜水者的。

Toubia Hotel 酒店 $

（☎012-2313-5676；Corniche；标单/双LE150/240）店主哈基姆（Hakim）极其热情好客的家人营造出家一般的温馨气氛，但他的水泥砖酒店看起来有些破旧，需要翻新。22个简单的客房都打扫得很干净，门外就是一片简单的私属海滩。

Menaville Resort 度假村 $$

（☎065-326-0065；www.menaville-resort.com；Resort Strip；标单/双 半食宿 每周 €330/484；P @ ≈）这家低调的四星级度假村深受欧洲潜水者的喜爱。酒店面朝一片很好的沙滩。小屋围绕一个大游泳池而建，周围鲜花环绕，房间粉刷得雪白，通风良好。它还以治疗牛皮癣等皮肤病和关节炎的气候疗法吸引游客。这里有一个内部医疗团队，治疗包括黑沙浴。

Nemo Dive Hotel 酒店 $$

（☎010-0364-8708；www.nemodive.com；标单/双 €25/40；P 🛜 ≈）Nemo是一家经营良好的酒店，老板是荷兰人，共有30间客房，它坐落在小镇边缘的海滩上，对面是一条安静的公路。这里有细心的员工和一些整洁的现代装饰设施，还有一片带游泳池的小海滩和酒吧。房间宽敞明亮，屋顶海景餐厅提供简单的各国风味美食和冰啤酒。这里对潜水者来说是一个完美的地点，提供一周的全食宿套餐。酒店还提供PADI开放水域课程，价格是€287。

餐饮

小城北端有几个物美价廉的餐馆，但没有值得专程前往的。大多数旅行者宁可在酒店里就餐——酒店通常都有含食宿在内的全包套餐项目。

在一些周末，Nemo Dive Hotel会在自己的海滩上供应食物，举行音乐表演。此外，镇上还有几家咖啡馆。

Diver' s House 酒吧

（www.facebook.com/diverhouse.safaga；紧邻Corniche；⏲16:00至次日2:00）在塞法杰聚会的唯一地方，这里供应啤酒和鸡尾酒、简单的

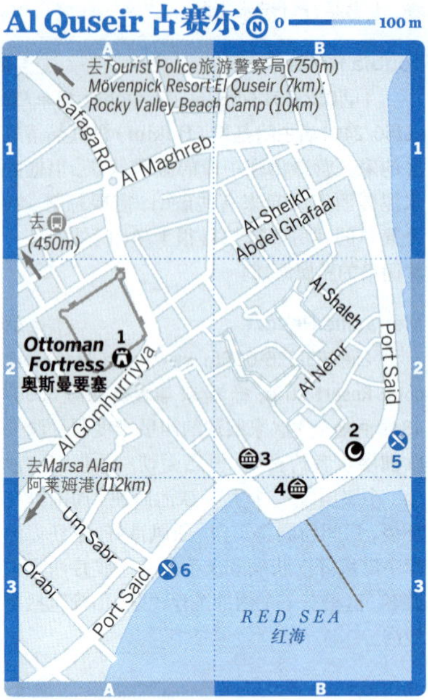

Al Quseir 古赛尔

重要景点

1 奥斯曼要塞......A2

景点

2 法兰清真寺......B2
3 谷仓......B2
4 老警察局......B3

就餐

5 El Fardous......B2
6 Restaurant Marianne......A3

食物，还可以听到大声的欢呼。当地人、潜水教练和游客会在一个美好的夜晚聚在一起。

到达和离开

船

塞法杰有定期开往杜巴（Duba，沙特阿拉伯）的客船，朝觐期间也有开往吉达（Jeddah，沙特阿拉伯）的船只。

长途汽车

长途汽车站在小城南端附近。塞法杰位于赫尔加达以南53公里处的海滨高速公路主路旁边。每天有7班长途汽车开往开罗（LE85，7~8小时），也有定点发车的长途汽车经赫尔加达（LE20，1小时）开往苏伊士（LE50~65，5~6小时）。每天还有几班长途汽车分别开往古赛尔（LE20，1小时）、阿莱姆港（LE35~40，3小时）和舍莱泰因（Shalatein；LE60，7小时）。

古赛尔（Al Quseir）

☎065/人口：49,313

古老的古赛尔与地处红海海岸的那些度假城市截然不同，城里杂乱无章地分布着用珊瑚砖砌成的五颜六色的老旧建筑。它们修建于奥斯曼时期，但可惜大多数游客都不会停下脚步看上一看。这个安静而迷人的海滨小城始建于法老时代，当时向南驶往神秘的东非王国庞特（Punt）的船只都从这里起航。虽然那时的辉煌几乎没能留下痕迹，但你可以在古赛尔风景如画的老街上散步，看看背后破旧的奥斯曼要塞，以及无数在前往或从麦加返回的朝圣路上离世的圣人的拱顶坟墓，感受旅游业发展起来之前该地区的别样魅力。

历史

纵观埃及历史，古赛尔不仅是一个极其重要的港口，还曾是尼罗河谷和红海周边地区之间繁华的贸易和出口中心。一位希腊历史学家记录了一支由120艘船组成的船队，他们出口陶器、奴隶、葡萄酒和珍贵的原材料，并带回丝绸、香料和宝石，然后用骆驼运送到尼罗河上的Qift，再通过内河向北运送到亚历山大和欧洲。古赛尔还是前往麦加的朝圣者的主要出发地。即使在衰败的时候，古赛尔仍然是个主要城市，其位置重要到奥斯曼帝国在16世纪建造了要塞来保护它。后来，英国打败法国夺得了古赛尔的控制权，在此后的一段时间里，它成了印度和英国之间贸易路线上的重要驿站。1869年苏伊士运河的开通为这段历史画上了句号。这一切加速了古赛尔的衰败进程，这座城市只在20世纪初的几十年里作为磷酸盐矿石的加工处理中心而兴盛过很短的一段时间。

景点和活动

古赛尔是鲜为人知的潜水目的地，海滨

有一家潜水商店，但大多数潜水公司附属于酒店。

★奥斯曼要塞 要塞

（Ottoman Fortress；见376页地图；Sharia Al Gomhurriyya；LE15；⏲9:00~17:00）这座小要塞建于1571年，目的是使奥斯曼军队掌握对港口的控制权，从而前往麦加。该要塞曾先后多次被法国和英国改建，而且英国在19世纪一次激战中发射的6000多枚加农炮弹永久性地改变了要塞的外貌。直到1975年，埃及海岸警卫队还在使用它。最近的一次翻修使它成为城里最好的景点。

原来的城墙大部分依旧保存完好，内部翻修得也很好。要塞内的一些房间里摆放着介绍古赛尔历史、贸易，以及该地区人民的有趣的信息板。**北堡垒**（North Bastion）有一个关于当地阿巴达（Ababda）部落的小型展览。在其他地方也有一些展览，介绍了穿越沙漠到尼罗河和红海的贸易路线和货物明细。**瞭望塔**上有一段楼梯，可以俯瞰全镇和港口。

潜水地点

El Qadim 潜水地点

（见38页地图）位于古赛尔以北7公里处，有个与Mövenpick Resort相邻的小海湾。这个潜水地点的优势在于水下有一大片互通的洞穴和峡谷。深度：5~30米，级别：中级。可以从岸边来这里。

El Kaf 潜水地点

（见38页地图）在古赛尔以南10公里处，水深易于潜水，因此吸引了各种水平的潜水者前来。El Kaf是个遍布小洞穴和通道的峡谷，水下有大片珊瑚礁和沙壑。深度：18~25米，级别：初级。可以从岸边来这里。

食宿

Rocky Valley Beach Camp 露营地 $$

（☎065-333-5247；www.rockyvalleydiverscamp.com；全食宿潜水套餐 每人€50）这个露营地在古赛尔以北约10公里处，无疑是囊中羞涩的潜水爱好者的天堂。店方提供各种便宜的全包套餐，费用包含贝都因风格的帐篷、海边烧烤、深夜海滩聚会和游览岸边几处极好的珊瑚礁。这里是个有趣的地方，店方努力营造出一种利于旅行者结交朋友的轻松气氛。

★Mövenpick Resort El Quseir 度假村 $$$

（☎065-335-0410；www.movenpick.com；标单/双 半食宿 US$190/220；P@📶🏊）古赛尔最好的酒店，围绕着城市中心北部7公里处的珊瑚海湾延伸，最好的房间就在海岸之上。

不要错过

老城漫步

古赛尔的**老城**在Sharia Al Gomhuriyya大街和海岸之间。老城是由交织的小巷构成的迷宫，街上很安静，当地人的生活节奏如蜗牛般缓慢。走在**奥斯曼要塞**下和弯弯曲曲的小巷内，你将看到色彩柔和的民宅，其中一些还保留着原始的木格屏风（mashrabiyya），这些屏风的破损程度各不相同，有的保存完好，有的略显破败，但都很上镜。你还可以寻找手绘的朝觐装饰物和颜色奇特的门。

漫步时可以寻找下列历史建筑：

老警察局（Old Police Station；见376页地图；Sharia Port Said）曾经辉煌一时的老警察局位于古赛尔的海边，起初是奥斯曼时期的议会大厅（diwan），现在虽然景色如画，但只剩下破败的外壳了。

谷仓（Granary；见376页地图）这个有要塞式外观的谷仓就在老警察局后面。它建于19世纪初，曾用于储存要运往麦加的小麦。

法兰清真寺（Faran Mosque；见376页地图；Sharia Port Said）法兰清真寺的宣礼塔建于1704年。

它提供良好的欧洲和埃及食品，还有常见的五星级酒店设施，包括一个不错的水疗中心。这是沿海最悠闲的度假村之一，还能提供安静的夜晚和令人耳目一新的感觉。

虽然度假村已经扩建，但管理人员仍保留其环保意识，这一点从当地珊瑚礁（有很棒的珊瑚和鱼，可以浮潜或潜水观赏）的良好状态就可以看出。这家酒店有广阔的庭院和一个可以俯瞰大海的大游泳池，但让人们留在这里的最大原因可能是海湾本身，那里有沙滩，可以直接通往大海（非常适合孩子）。这里还有一个室内潜水中心。

★El Fardous 海鲜 $$

（见376页地图；☎012-8332-4884；Sharia Port Said；主菜 LE50~150；⊙正午至22:00）El Fardous是一家务实的海滨餐馆，供应古赛尔最好的鱼。这里有6张桌子、面朝大海的大窗户和一个大冷柜（你可以从那里面选择鱼、鱿鱼或龙虾），还有一些友好的服务员，他们会就"什么是最好的"给出建议。不供应含酒精饮料，尽管有"禁止吸烟"的标识，这家餐馆还是有水烟供应。

在炎热的日子里，这里有空调；在寒冷的夜晚，这里有电视；当天气允许时，你可以坐在海边餐桌旁在沙滩上用餐。当地人和埃及其他地方的人都会来这里吃饭。它位于法兰清真寺（见377页）的马路对面。

Restaurant Marianne 埃及菜 $$

（见376页地图；☎065-333-4386；Sharia Port Said；主菜 LE40~80）这家当地人最喜爱的餐馆提供友善的服务、各种海鲜美食和常见的埃及风味菜肴。客人们可以直接坐在沙滩上就餐。

到达和离开

长途汽车站在老城西北方向大约500米处。长途汽车经赫尔加达（LE30，1.5~2小时）开往开罗（LE100，10小时），发车时间分别为11:00、正午、21:00和22:30。开往阿莱姆港（LE25，2小时）的长途汽车分别在9:00、14:00、21:00、22:00和午夜发车。该车继续开往舍莱泰因（LE50）。

当地交通

小巴会沿着Sharia Al Gomhuriyya大街运营，有些也开往长途汽车站和拼车站。车费为LE1~2，具体金额视你的目的地而定。乘坐出租车从长途汽车站到海边的费用为LE10~15。

阿莱姆港（Marsa Alam）

☎065/人口：6526

懂行的潜水者多年来都直奔阿莱姆港，他们被这里的海水所吸引，蜿蜒曲折的海岸边有埃及最好的几个潜水地点。尽管如此，这个地处偏远的目的地在很长一段时间里未能引起游客的注意。虽然阿莱姆港城本身依然沉寂、毫不起眼，但城北和城南的海岸都被热情高涨的开发商占据了，随之而来的是大批度假村和未完工的酒店。

虽然如此，阿莱姆港的海岸仍然是潜水爱好者的梦想之地。这里有一些老牌的海滩露营地，特别适合那些主要来玩潜水的游客。如果你想去探索广袤的埃及东部沙漠的南部，阿莱姆港是最适宜的大本营。东部沙漠南部的山区虽然土壤贫瘠，但矿产丰富，罗马人曾在那里开采过黄金和祖母绿矿石。

景点和活动

Elphinstone 潜水地点

（见38页地图）Elphinstone在阿莱姆港北边，陡峭的礁壁被柔软的珊瑚覆盖，水流强劲，适合观看鲨鱼——据说这片水域有7种鲨鱼出没。这里是该地区最好的潜水地点之一。深度：20~40米，级别：高级。

Sha'ab Sharm 潜水地点

（见38页地图）这个腰子形状的大礁石位于瓦迪吉马勒（Wadi Gimal）东北方向30公里处的海中，地形复杂，海洋生物种类丰富（锤头鲨、梭鱼、石斑鱼和黄吻海鳗）。深度：15~40米以上，级别：高级。

Hamada 潜水地点

（见38页地图）65米长的货轮Hamada号侧着躺在贝勒尼基（Berenice；见372页）以北60公里处的近海礁石顶部。此处水深14米，不仅易于潜水，而且景色特别美丽。深度：6~14米，级别：新手。

Sataya Reef 潜水地点

（见38页地图）马蹄形状的Sataya珊瑚礁

东部沙漠的游牧民

红海南部的沙漠虽然看起来环境恶劣，不适宜人类生存，但游牧部落阿巴达（Ababda）和贝沙林（Besharin）几千年来就生活在这里。他们源于非洲的贝沙（Beja）游牧部落，据说是无头人（Blemmyes，传统地理学家曾提到这个部落的人非常凶暴）的后代。直到20世纪之前，他们的领地范围都几乎与罗马人的描述完全一致——在大约2000年前，罗马人经常跟他们发生战争。

作为专业的骆驼放牧人，阿巴达人和贝沙林人的游牧生活在纳赛尔水库（Lake Nasser）水位上涨并摧毁他们世代放牧的地方之前几乎从未改变过。大多数贝沙林人（其中许多不会说阿拉伯语）住在苏丹，会说阿拉伯语的阿巴达人大多定居在阿斯旺和卢克索之间的尼罗河谷。少量阿巴达人继续在祖先留下的土地上生活，他们聚居在阿莱姆港至瓦迪吉马勒之间的地区和纳赛尔水库东岸。

如果你在该地区待的时间够久，很有可能会看到传统的阿巴达木屋（屋子里挂着厚厚的手织毛毯）或听到阿巴达音乐，后者的特征是用拍手和敲鼓打节奏，乐器以类似五弦里拉琴的塔布拉琴（tamboura）为主。阿巴达人社交生活的中心是喝jibena——一种将新鲜烘焙的咖啡豆放入陶土细颈瓶里，然后直接放在炭火上煮成的极甜咖啡。

随着红海南部旅游业的快速发展，传统的阿巴达部落生活方式越来越受到威胁。旅游业开始取代圈养家畜和骆驼成为新的谋生之道。如今，许多阿巴达男子选择做保安，或是去阿莱姆港周边如雨后春笋般涌现的度假村里打工。其他人也开始和旅行社合作，为游客安排骑骆驼探险等活动。

人们对于旅游业对该地区的影响持有不同的看法。一方面，旅游业带来的收入对发展该地区至关重要，尤其是出售本土工艺品和提供当地向导服务得到的酬劳。但是，本地旅游业的开发有时不计后果，所谓旅游也不过是走马观花。如果你打算来这里游览，先想好为什么来，并将对这里可能产生的正面和负面影响都考虑清楚。

在贝勒尼基以北50公里处，是Fury Shoals最大的礁石。石壁陡峭，下面是个沙坡，坡上散乱分布着各种珊瑚。深度：4~40米，级别：中级。

Rocky Island 潜水地点

Rocky Island是位于贝勒尼基以东的一个沙岛，有一系列的潜水可能，包括从岛的东边潜入25米深的海底。这里有大量的珊瑚和珊瑚礁生物，包括各种鲨鱼。级别：高级。

Red Sea Diving Safari 潜水

（☎02-337-1833，02-337-9942；www.redsea-divingsafari.com；Marsa Shagra；5天潜水全包套餐 €170起，3~5日开放水域PADI课程 €325）由环境保护者和有多年潜水经验的潜水者Hossam Hassan建立，他是第一批在红海南边深海区潜水的人。Red Sea Diving Safari已经成为该地区领先的潜水运营商之一，它的基地分布在Masrsa Shagra、Marsa Nakari和Wadi Lahami。

节日和活动

★3alganoob音乐节 音乐节

（3alganoob Music Festival；☎011-1181-2277；http://3alganoob-festival.com；Tondoba Bay；⏲4月）埃及唯一的现代音乐节。这一音乐盛事在阿莱姆港以南14公里处的Tondoba Bay举行，为期3天，云集了埃及最有趣的独立乐队，曲风包罗万象，涉及各个流派，包括电子音乐和另类摇滚乐。参加者可以在露营区过夜，届时会有包括瑜伽、电影放映和潜水活动在内的众多活动，甚至还有打扫海滩的环节。2004年，参加该音乐节的只有一个乐队和40名观众，现在已经吸引了大批忠实的追随者，预计会有成百上千人参加。

住宿

阿莱姆港村里几乎没有住处，但南边和北边的海岸上有越来越多的全食宿豪华度假村，此外也有相对简陋、以潜水者为目标客

值得一游

在萨玛黛看海豚

萨玛黛海豚保护区(Samadai Dolphin Sanctuary; 门票 LE105)是位于阿莱姆港东南方向18公里处的一处潟湖，这里有3个潜水地点，礁石里有可爱的珊瑚和小鱼，它们共同构成了一个完整的礁石生态系统。令萨玛黛与众不同的是经常在此出没的长吻原海豚(数量多达480只)。与观看其他野生动物一样，谁也不能保证你来这里肯定能看到海豚。即便如此，丰富多样的珊瑚和其他海洋生物使萨玛黛依然是非常好的浮潜和潜水地点。

萨玛黛由当地的非政府环保组织赫尔加达环境保护协会(HEPCA; www.hepca.com)管理。为保护海豚，协会设置了每天游客数量的上限。门票收益将用于保护潟湖。

户的露营地，其中的大多数倡导可持续旅游理念。

★ Deep South 露营地 $

(☎010-0748-7608; http://deepsouthredsea.com; 小屋/度假小木屋 每人€20/30; P) 如果你想要离开阳光、大海和沙滩，那么Deep South提供了棕榈茅草屋和简单但色彩鲜艳的度假小木屋，你还可以在格外柔和的氛围中体验热烈的欢迎和美味的食物。这里还提供不错的潜水套餐。它位于阿莱姆港以南14公里处，Tondoba Bay马路对面的山坡上。

Karim Noor是Deep South的创建者和经营者，他来自开罗，但决心在这里生活。露营地的收益为他保护该地区的自然美景和改善该地区的生活提供了资金，无论是为当地的阿巴达人提供医疗保健，还是带一位客人去他最喜欢的游泳池，或是每年4月在这里举办的3alganoob音乐节，都可以使用这笔资金。

★ Marsa Shagra Village 露营地 $$$

(☎065-338-0021，开罗总部办公室 02-333-71833; www.redsea-divingsafari.com; Marsa Shagra; 标单/双 全食宿帐篷 €65/100，皇家帐篷 €70/110，木屋 €75/110，度假屋 €95/140; P 📶) 这个大营地位于阿莱姆港以北24公里处，提供一系列的住宿选择，从帐篷到奢华度假屋，一应俱全，还会组织客人在浅滩与深海的交界处和一个全方位服务的潜水中心开展水肺潜水和普通潜水活动。虽然周边涌现了不少新建筑，但这里是红海第一家具有环保意识的营业场所，并一直坚持可持续旅游的信念。

该组织采取了许多践行可持续旅游原则的举措，包括成功地建立了国家公园、将当地贝都人作为导游引入旅游业之中，并帮助保护组织清理当地海滩。

★ Wadi Lahami Village 露营地 $$$

(☎010-6577-9300，开罗总部办公室 02-333-71833; www.redsea-divingsafari.com; Wadi Lahami; 标单/双 全食宿帐篷 €60/90，皇家帐篷 €65/110，度假屋 €80/120; P 📶) 在阿莱姆港以南120公里处，你会在一个长满红树林的僻静海湾边找到这处世外桃源般的海滩露营地。虽然交通不便、往来不易，但花点儿力气来这里还是值得的。潜水是这里的主要活动，乘船即可轻松前往保留着原始礁石的Fury Shoals。但由于位置与世隔绝，这里同样适合喜爱大自然的人。服务和它的姊妹露营地Marsa Shagra一样好。

这个露营地恪守环保政策，回收废物和废水，支持并提倡可持续潜水。这里提供简单但干净舒适的住处，客人可以选择需要共用卫生间的双床帐篷或带独立卫浴的石屋。尤为适合喜欢美景和安静环境的人。

Oasis Resort 度假村 $$$

(☎010-0505-2855; www.oasis-marsaalam.de; Marsa Shagra; 标单/双 半食宿 标准 €74/122，奢华 €96/158; ❄) 位于阿莱姆港以北24公里处的公路主路边，与周围的大型度假村相比，这家度假村很小。它的49间小木屋是按照传统建筑样式建造的，并具有独特的装修风格。房间宽敞舒适、通风良好，都能看到海景。

就餐

★ Dolce e Salato 意大利菜 $

(☎010-9239-0441; St 68; 主菜 LE35起;

⏲周一至周六 14:00~22:00; P ✎）阿莱姆港最好的意大利食物，由来自罗马的马拉（Mara）烹饪而成。这里的比萨饼使用特级初榨橄榄油，松脆无比，种类从简单的玛格丽塔（Margherita）到意大利辣肠（pepperoni）、马苏里拉奶酪（mozzarella）和番茄，应有尽有。意大利面和沙拉同样好吃，还有汉堡包和三明治。咖啡和甜点都是意式的，包括自制的饼干。提供海滩外卖服务。

Mashrabiya Restaurant 埃及菜 $$

（☎012-8224-9078; St 68; 主菜 LE40~70; P）一家友好的当地烤肉店，位于阿莱姆港的主要地带，供应科夫塔（kofta，串烤加香料肉丸）、鸡肉、炖肉（kebab hala）和meat fatta（用蒜醋汁调味的肉、米饭和面包）。

ℹ 实用信息

高压氧舱（Hyperbaric Chamber; ☎012-243-3116, 012-2218-7550, 010-9510-0262; http://baromedical-eg.com）位于阿莱姆港以北24公里处的滨海公路边。

ℹ 到达和离开

飞机

阿莱姆港机场（Marsa Alam Airport; ☎370 0021）位于阿莱姆港以北67公里处古赛尔公路旁边。机场与城区之间没有公共交通工具往来，因此你需要一辆出租车，或提前让酒店安排接送。

埃及航空公司每周有4天有航班飞往开罗，单程的价格是LE1525起。这个机场也起降从欧洲飞来的包机。

长途汽车

阿莱姆港的长途汽车站在伊德富（Edfu）公路旁边，紧挨着那个T字路口。长途汽车经古赛尔（LE15，2小时）和赫尔加达（LE30~35，3.5~4小时）开往开罗（LE85~90，10~11小时），发车时间分别为13:30和20:30，但由于时刻表经常变化，因此你得提前问清楚。

东部沙漠（Eastern Desert）

孤寂荒芜的东部沙漠一望无际，东边是红海山脉（Red Sea Mountains），西边是尼罗河谷。这片沙漠里曾散布着纵横交错的古代贸易路线和在该地区几大人类文明中扮演过重要角色的人类定居地。今天的东部沙漠地势起伏不平，随处可见历史遗留下的痕迹，例如石刻文字、古代金属矿、水井、瞭望塔、宗教圣所以及其他古建筑。参观东部沙漠是红海海岸旅游的一大亮点，与严重商业化的海岸地区相比，来到这里就如同进入了另一个世界。

然而，旅行者不能自由穿行于任何穿越沙漠的公路，有些公路完全禁止外国人通行，而且所有景点都必须在有向导陪同的情况下才能参观。因此，我们强烈建议（实际上是必须）你在有经验的团队游组织者的帮助下探访东部沙漠。

👁 景点

Mons Porphyrites 遗址

这些古罗马时期的斑岩采石场是具有华丽的白色和紫色珍贵水晶石的唯一来源。斑岩曾用于建造罗马的维纳斯神庙（Temple of Venus）、君士坦丁堡的皇宫，以及埃及的石棺和石柱。运送石材的车队会沿着Via Porphyrites穿越沙漠来到尼罗河边，然后这些石材会被装船送到罗马。这个采石城镇的遗迹里设有营地、作坊和神庙。虽然原始的建筑及设施所剩无几，但你仍能看出这里曾有个采石小镇的痕迹。

赫尔加达有许多来这里的团队游。Mons Porphyrites在赫尔加达西北方向约40公里处，在赫尔加达城北20公里左右的地方有条岔路通往这里。

克劳迪安山（Mons Claudianus） 遗址

这个花岗岩采石场/要塞是东部沙漠内最大的罗马人定居地之一。对罗马囚徒而言，在贫瘠的山上开采花岗岩无异于送死，他们经常有去无回。你可以看到这些不幸的人曾住过的小牢房。地上有一根已经碎裂的大柱子，它从2000年前起就躺在那里了。采石场里还有一个小神庙。赫尔加达有许多来这里的团队游。

沿塞法杰至基纳（Qena）的公路走40公里左右，看到一个有指路牌的路口，从那里沿一条老旧的碎石沥青路往西北方向走25公里就到了。

另辟蹊径

祖母绿小路

作为赫赫有名的埃及祖母绿宝石的产地，东部沙漠的南部地区有许多游人罕至的干涸的白沙河道和陡峭崎岖的山峰。美丽的**瓦迪吉马勒保护区**（Wadi Gimal Protectorate）从阿莱姆港南边的海岸一直向内陆延伸了约85公里。保护区内栖息着多种鸟和瞪羚，还有多片红树林。这里还散落着法老时代和罗马时期遗留的祖母绿矿和金矿遗址。古时候，全世界都用这里出产的祖母绿宝石，这里自然也是罗马帝国专属的宝石矿。

下面是罗马时期在这片贫瘠但美丽的沙漠上留下的几个主要的祖母绿矿遗址：

Sikait 它被认为是罗马时期祖母绿矿工的主要定居点，位于阿莱姆港西南方向约80公里处。虽然山脚到处都是建筑遗址，但小小的**伊希斯神庙**仍旧屹立不倒。

努格鲁斯（Nugrus） 你可以在努格鲁斯山坡上看到真正的祖母绿矿遗址，矿区的地面上还散落着许多陶器碎片。附近有规模更小的**Geili遗址**和**Appalonia遗址**（两处都曾是贸易站）。

Karba Matthba 这处神秘的遗址位于一座孤零零的沙漠山顶，曾经应该是一栋很大的别墅和院落。在这里能俯瞰沙漠全景，十分壮观。

巴拉米耶（Barrameya） 历史遗迹

东部沙漠最令人印象深刻的石刻文字中有一部分就隐藏在巴拉米耶，它就坐落在阿莱姆港至伊德富的公路沿线。光滑的灰色岩石上刻有猎狗追逐鸵鸟的场景、长颈鹿和牛的形象，以及描述贸易考察活动的象形文字。

瓦迪哈马马特（Wadi Hammamat） 历史遗迹

瓦迪哈马马特从卢克索北部的Qift延伸到古赛尔，是尼罗河和红海之间几千年来的主要路线，沿途能看到碑文、当年的水井遗址和该地区古老历史的其他痕迹。这条路线的一部分被描绘在可能是世界上最早的地图上，是公元前1160年为拉美西斯四世（Ramses Ⅳ）的采石场绘制的，地图在19世纪20年代在卢克索被发现，现收藏在图灵的Egizio博物馆中。

瓦迪哈马马特石刻位于古赛尔至Qift的公路大概中间的位置，你可以在这里光滑的高墙上找到岩刻碑文。这些不同寻常的涂鸦年代各异，从法老时代到20世纪法鲁克国王（King Farouk）时期的都有。在古希腊-罗马时期，道路沿线每隔一小段距离就有一个瞭望塔，这样是为了便于看见信号。许多瞭望塔至今仍完好无损地矗立在公路两边光秃秃的山顶。

沙姆鲁丽海滩 海滩

（Sharm El Luli）免费 在阿莱姆港以南60公里处的瓦迪吉马勒保护区中间坐落着一片原始的沙滩，那里有蔚蓝的海水和绝佳的珊瑚及鱼类景观。由于位于国家公园内，沙姆鲁丽海滩完全没有被开发——没有酒店、餐馆和商店，也没有设施。就算是少有的前来进行一日游的游客，也会带着所需的东西前来，并在离开时把所有的东西都带走。

贝勒尼基（Berenice） 考古遗址

贝勒尼基于公元前275年由托勒密二世（Ptolemy Ⅱ）建立。3世纪至5世纪前后，贝勒尼基曾是红海海岸最重要的港口和贸易站之一。包括塞拉匹斯神庙（Temple of Serapis）在内的古城遗址位于今贝勒尼基村的正南方。挖掘工作正在进行。在换季的时候，为了保护遗址，考古学家们会把它盖起来，那时除了这片清澈的水域之外，就没有什么可看的了。

贝勒尼基位于阿莱姆港以南150公里处，阿莱姆港机场是距离最近的机场。从赫尔加达开往舍莱泰因的长途汽车（LE50，9小时）经停贝勒尼基。要去遗址你还得再自行安排交通工具。

最近的住处在贝勒尼基以北、Hamata和Wadi Lahami Village（见380页）附近的海岸沿线。除了这些海滨度假村，贝勒尼基几乎没有卖供应品的地方。你可以买到基本的干粮和罐头食品，还可能找到一家营业的咖啡馆，供应一般的咖啡和饮品。

本书作者调研期间，考虑到安全因素，游客很难再向南前往Wadi Lahami Village。

团队游

Red Sea Desert Adventures 户外

（012-2322-4606；Marsa Shagra；每人€60起）这家好评如潮的探险游公司的创立者是已故的荷兰地质学家Karin van Opstal，目前由经过她培训的阿巴达人经营。他们为客人量身定制穿越东部沙漠的步行、骑骆驼、四驱车和沙滩车探险活动。团队游包括一日游和几日游。导游熟悉这一美丽地区的地质、文化和历史。

团队游起价每人€60左右，根据客人的要求、人数和月份，报价会有所变化。店方也组织前往舍莱泰因（€80起）和瓦迪吉马勒祖母绿矿（见382页；€90起，视团队人数而定）的团队游。沙漠过夜游（包含晚餐、帐篷和早餐）的价格是€120起。目前几乎不可能获得时间更长的探险许可证，而且获得许可证至少需要3个月的等待时间。

到达和离开

赫尔加达有许多前往克劳迪安山（见381页）和Mons Porphyrites（见381页）的团队游，除此以外，进入东部沙漠参观各个景点的唯一办法是求助于当地的团队游组织者，他们能帮你办理许可证并安排交通工具。

西奈

包括 ➡

最佳就餐

- Rangoli（见397页）
- Lakhbatita（见405页）
- Ralph' s German Bakery（见405页）
- Fares Seafood（见396页）

最佳住宿

- Eldorado（见404页）
- Sawa Camp（见413页）
- Camel Hotel（见396页）
- El Salam Hotel（见403页）
- Nakhil Inn（见409页）
- El Malga Bedouin Camp（见417页）

为何去

西奈半岛地势崎岖，充满原始美，几百年来引发了人们无尽的遐想。这一地区一直是兵家必争之地，由于具有深厚的宗教意义和重要的战略地位，而且历史上位于各个帝国版图的交会处，因而从先知、朝圣者到征服者和流放者都在西奈半岛留下了足迹。

近年来，对安全问题的担忧在该地区蔓延，造成了旅游业低迷，直到最近才开始复苏。对那些冒险回来的人来说，这个地区的迷人之处很容易解释。作为观赏红海水下奇观的一个跳板，西奈的海滨度假村成为宜人的度假胜地。离开海岸的喧嚣，你将发现西奈真正的灵魂。在淡红色的山顶和一望无际的沙漠中，贝都因人仍保留着他们的传统。在繁星点点的夜晚，当这里被幽暗的山峰剪影包围时，你会意识到西奈的魔力所在。

何时去

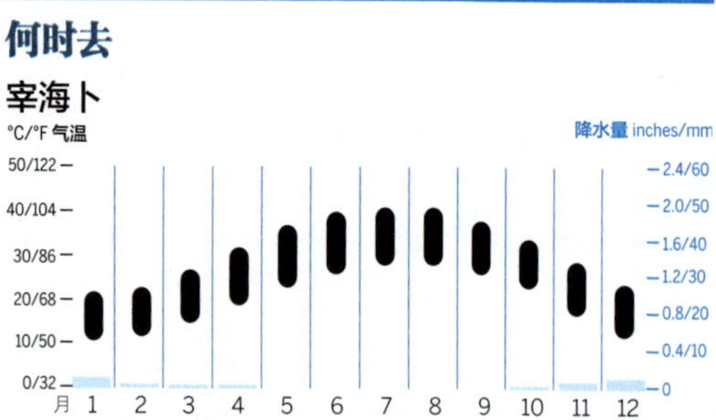

3月 生机盎然的春天为沙漠覆盖上一层五颜六色的地毯。

6月至8月 天气炎热，但潜水条件达到最佳，也最适合观赏海洋生物。

10月 在海边享受秋日阳光。

历史

在法老时代，西奈的矿场曾开采出大量绿松石、黄金和铜。这个“绿松石宝地”的重要性也使西奈成为帝国建造者们觊觎的目标，从而引发无数次战争。作为亚洲和非洲之间的纽带，西奈具有巨大的战略价值：许多军队在前往或者离开如今的以色列和巴勒斯坦时，都要沿着西奈北部的海岸线行进。

对许多人来说，西奈首先是《圣经》里提到的“大而可怕的旷野”。以色列人离开埃及踏上寻找“应许之地”之旅，分开的红海海水帮助他们成功渡过红海甩掉了埃及追兵，因为只有“以色列的子民”才能安全抵达干旱的西奈陆地。据说就是在这里，上帝在燃烧的灌木丛中第一次对摩西说话，而就是在西奈山（Mt Sinai，Gebel Musa）的山顶，上帝把十诫传给了摩西。

在基督教早期，西奈是埃及基督徒躲避罗马统治者迫害的藏身之处。人们认为，早在3世纪，这里就出现了修道院生活方式，在那之后的几百年里，西奈半岛成了一个朝圣地。后来，西奈成为穆斯林赴麦加朝觐路上的一站。

直到最近，西奈的居民还是以贝都因人为主，他们是唯一能在半岛的严苛环境下生存的民族。但在20世纪90年代，西奈成为开发和重建的中心，受到鼓励的大批尼罗河谷过剩人口迁到这里，旅游业也为这里带来了很大的改变。调查数据表明，沙姆沙伊赫（Sharm El Sheikh）在过去的20年里人口增长了10倍，而小村庄宰海卜（Dahab）已经发展成为大型的海滨旅游城。来自开罗和尼罗河谷的团队游公司主宰着这两个城市的旅游业。

多年来，西奈的贝都因人一直抱怨被边缘化和被警察粗暴对待，他们在自己的土地上却成了“少数民族”。虽然2011年的革命试图将不同民族融合在一起，但之后在西奈北部发生的激进事件激增，又使得双方进一步疏离。未来政府将如何消除双方之间的误解还有待观察。到目前为止，开罗移民和西奈本土居民仍然互不信任。

危险和麻烦

由于这个半岛位置独特——地处不同文化和大洲之间，地势多山且近年来涌入大量游客，因此西奈一直在与安全问题做斗争。

自2011年Wilayet-Sinai（当时被称为Ansar Bayt Al Maqdis）和其他激进组织利用2011年革命后的权力真空发动了一场针对埃及政府的叛乱后，西奈北部[塔巴（Taba）以北]的安全问题一直处于风口浪尖。2013年，在埃及总统穆尔西（Morsi）下台后，Al Arish和Sheikh Zuweid周边地区的冲突加剧，针对政府军的袭击升级，埃及军方也发起了反击。

虽然大部分冲突发生在远离旅游中心的地方，而且叛乱分子的大量袭击针对的都是警察和军队设施，但冲突偶尔也会波及大西奈地区，造成致命的后果。2014年2月发生在塔巴一辆旅游大巴上的自杀式袭击造成4死16伤，绝对是针对西奈旅游业的。埃及官方仍未公布2015年Metrojet坠机事件的调查结果，但Wilayet-Sinai组织已宣布对此次事件负责，国际上普遍认为这场空难是一枚炸弹造成的。在西奈北部，2017年11月发生在Bir Al Abd的清真寺袭击造成305人死亡，成为埃及历史上最严重的恐怖袭击事件。

此外，圣凯瑟琳（St Katherine）—沙姆沙伊赫公路和塔巴—宰海卜公路在2012年和2013年都曾发生过绑架事件。这些绑架案都是贝都因人干的，他们高调绑架人质向埃及政府施压，意在迫使政府释放被囚的贝都因人。经过短暂的谈判，人质都被安然无恙地释放了。

与2005年前后针对塔巴、沙姆沙伊赫和宰海卜等西奈旅游中心的系列炸弹袭击不同（这些袭击事件后游客人数恢复较快），当前的西奈危机对旅游业的影响是严重而且持续性的。考虑到西奈未来还有可能遭受恐怖袭击，你绝不能掉以轻心。前往西奈南部的旅行者大多可以安全地享受旅行，但是，出于对西奈北部持续冲突的担忧，许多国家的政府针对西奈南部大部分地区也发出了旅行警示。虽然大多数人认为沙姆沙伊赫是一个安全的目的地，但需要注意的是，不要坐飞机旅行。旅行者应该阅读所在国家大使馆的建议，查询当地的实时情况，在制定旅行计划之时先了解最新动态。

西奈亮点

❶ **穆罕默德角国家公园**（见388页）潜入水下乐园，观赏珊瑚礁和飞鱼。

❷ **忏悔阶梯**（见415页）跟随先知和朝圣者的脚步，踏上**西奈山**古老而破旧的岩石阶梯。

❸ **圣凯瑟琳修道院**（见414页）全世界最重要的早期宗教艺术和手稿保存地点之一，你可在这里一饱眼福。

❹ **宰海卜**（见400页）在灯塔礁体验浮潜，然后在这个背包族天堂喝啤酒、吸水烟。

❺ **海滩露营地**（见413页）在努韦巴—塔巴公路沿线的海滩露营地懒洋洋地享受无所事事的度

假之旅。

❻ **拉斯阿布加伦保护区**（见407页）参加由贝都因向导带领的骑骆驼和徒步活动，发现这个公园的原始之美。

❼ **蓝蓟花号**（见392页）探索世界五大沉船潜水地点之一。

❽ **西奈之旅**（见414页）徒步穿越沙漠，在埃及的终极徒步旅行中体验西奈崎岖的魅力。

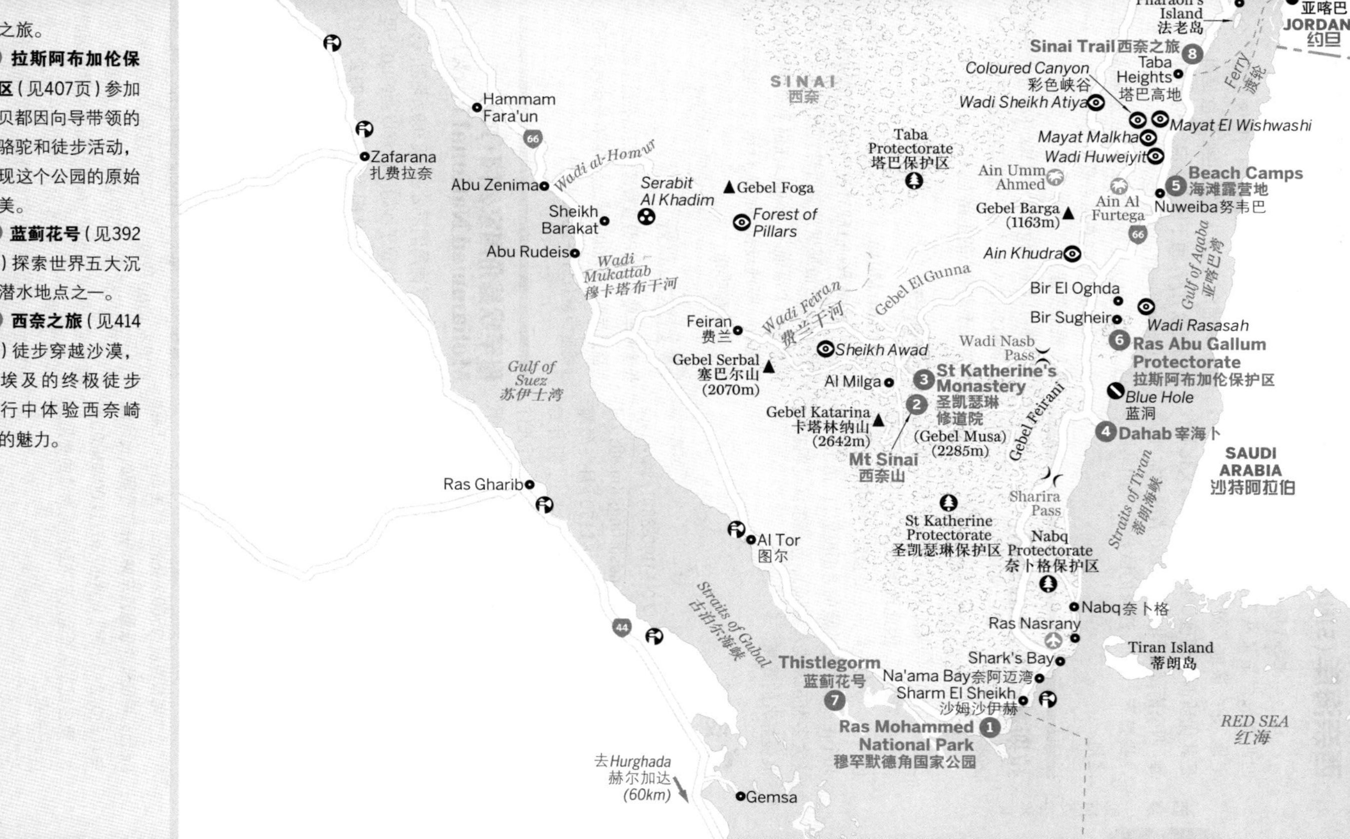

西奈海岸(SINAI COAST)

几千年来，贫瘠、孤僻但美得不同寻常的西奈海岸是某些最重要的历史事件的发生地。如今该地区更为人们所熟悉和称道的是其优质的珊瑚礁、独特的贝都因文化和沙滩。西奈南部是国际潜水爱好者的天堂，也是寻找碧海、蓝天、沙滩的欧洲旅行团的圆梦之地。

拉斯苏德尔(Ras Sudr)

☎069

拉斯苏德尔（简称“苏德尔”）起初是埃及最大炼油厂的基地城镇，但由于地处海边，而且挨着开罗，因此渐渐变成了开罗富人的度假区。城中心紧邻主要公路，南边和北边有几个由度假别墅构成的老旧度假村。由于风大（大多为五级或六级风），苏德尔深受帆板冲浪爱好者的青睐。

活动

月亮海滩 风帆冲浪

（Moon Beach; ☎011-1100-8801; www.facebook.com/MoonbeachWindsurfing; Km 98; 7日风帆冲浪课程含装备出租 UK£150）月亮海滩是埃及最著名的风帆冲浪胜地之一，拥有专业人员和多个风帆冲浪中心，以及一所证件完备的学校，适合所有级别和年龄的风帆冲浪爱好者。这里的设施，包括令人放松的海滩酒吧，营造出一种友好和社交的氛围。在周末，这里备受开罗风帆冲浪爱好者的欢迎。

你可以住在邻近的月亮海滩度假村的**海滨平房**里，虽然房间有些陈旧，但仍然很舒适。可以致电或通过Facebook页面与他们取得联系，预订住宿和风帆冲浪套餐。

到达和离开

主路口南侧约500米处的公路主路上有East Delta公司设置的**长途汽车站**。开往开罗的长途汽车（LE30，2~3小时）分别在7:30、14:00和16:00发车。乘出租车从长途汽车站到月亮海滩的费用为LE30左右。

图尔(Al Tor)

☎069/人口：32,877

图尔又名Tur Sinai，自古以来就是一个重要的港口，但今天它的主要角色是南西奈省的行政首府。由于风力稳定，图尔近年来一直试图将自己打造成帆板冲浪和风筝冲浪胜地。不过，对大多数游客来说，在这里旅行的唯一理由是：想要在西奈多待一些时日，需要延长旅游签证。

你可以在**Mogamma**（Main Rd）办理签证延期和多次入境许可，这栋巨大的行政办公大楼位于市中心的主路上。

景点

Hammam Musa 温泉

（Moses Pool; LE25）这些温泉与图尔相距约5公里，据信那里是摩西带领以色列人穿越西奈的一个落脚点。你可以在温泉里沐浴，这里还有一些铺设良好的人行道、一间更衣室和一间小咖啡馆。

到达和离开

长途汽车站（Main Rd）在城区北端的公路主路上，对面是医院。从7:00开始，全天都有长途汽车开往沙姆沙伊赫（LE15~25，2小时）。

穆罕默德角国家公园(Ras Mohammed National Park)

穆罕默德角国家公园（见389页地图；€5；⌚8:00~16:00）位于沙姆沙伊赫以西约20公里处的海岬上，沿着从图尔延伸出来的公路行驶即可到达。这个名字是当地渔民们起的，因为公园里有个峭壁的形状很像男人的侧脸。半岛周围的海域被称为“红海王冠上的宝石”。公园每年接待超过5万名游客，他们来到这里是为了欣赏全世界最壮观的珊瑚礁生态系统，包括种类丰富的珊瑚和海洋生物。红海里有1000种鱼，大多数可以在公园的水域里见到，包括大家都很喜欢的中上层鱼类，如锤头鲨、蝠鲼和鲸鲨。除了公园里世界闻名的鲨鱼礁和乔兰达礁等潜水地点，在离海岸不远的地方浮潜也是非常值得的。回到陆地上，穆罕默德角与世隔绝的海滩、红树林和巨大

Ras Mohammed National Park 穆罕默德角国家公园

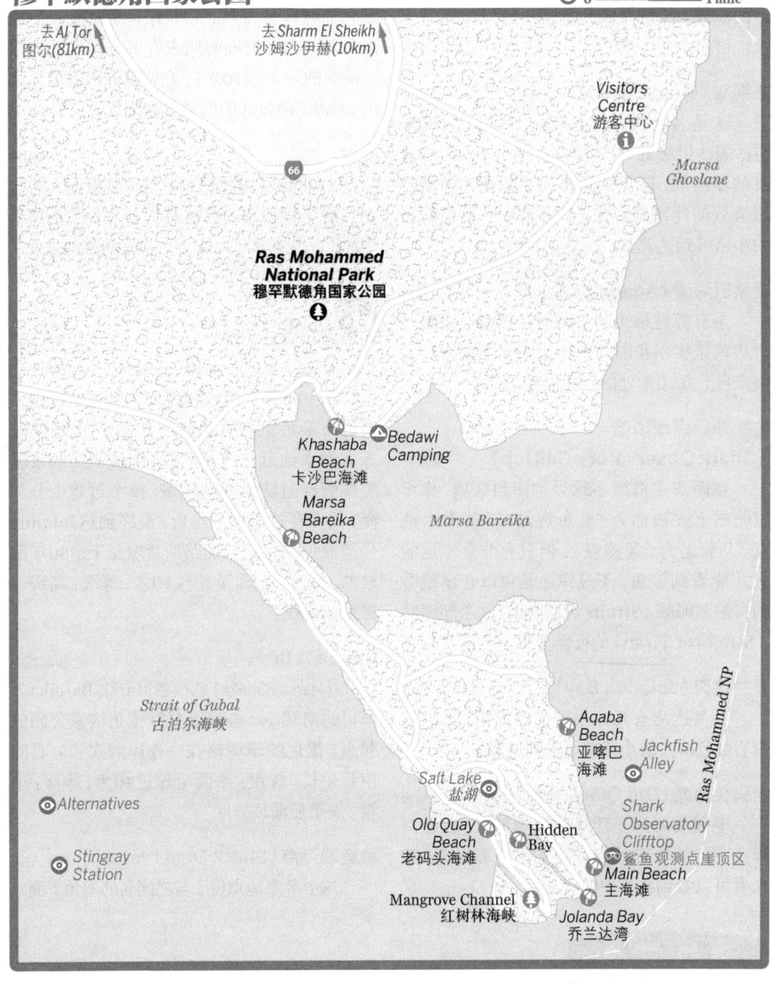

的表面裂缝（由古代地震造成）与附近沙姆沙伊赫的明亮灯光形成了强烈的对比。

穆罕默德角国家公园的陆地和海洋面积共计480平方公里，包括海岬内外的沙漠、蒂朗岛（Tiran Island）以及沙姆沙伊赫湾和奈卜格保护区（Nabq Protectorate）之间的海岸线。

景点和活动

打算在穆罕默德角潜水的人需要参加乘船团队游或搭乘可供住宿的豪华船前来，二者都从沙姆沙伊赫或宰海卜出发。

如果你是乘私人小汽车到达国家公园的，则可以沿着多条小路（有不同颜色的标识）前往各个荒凉的海滩并在近海的珊瑚礁水域潜水——请自带浮潜装备。

卡沙巴海滩（Khashaba Beach） 海滩

一条带有粉色路牌的小路从穆罕默德角游客中心通往美丽的卡沙巴海滩，海滩附近有个指定的露营区（需持许可证）。

Marsa Bareika Beach 海滩

你可以跟着黄色箭头的指示找到这个多沙的海滩。这里海水平静，适合浮潜，儿童下水也很安全。

主海滩（Main Beach） 海滩

这是名副其实的主海滩，聚集了大批来自沙姆沙伊赫的一日游游客，但由于海边有垂直的珊瑚墙，这里依然是穆罕默德角国家公园最好的浮潜地点之一。沿着带有蓝色箭头的小路可到达这里。

亚喀巴海滩（Aqaba Beach） 海滩

带有棕色箭头的小路通往亚喀巴海滩。海边就是伊尔花园（Eel Garden）潜水点（名字来自下方20米处的鳗鱼养殖场）。

鲨鱼观测点崖顶区（Shark Observatory Clifftop） 观景台

在距离主海滩不远处的崖顶区域，你可以俯瞰下方被称为“鲨鱼观测点”的潜水地点。尽管名为“观测点”，但只有非常幸运的人才能看到鲨鱼，不过你还是可以在崖顶看到古泊尔海峡（Straits of Gubal）和蒂朗海峡（Straits of Tiran）的可爱美景。

乔兰达湾（Jolanda Bay） 海滩

乔兰达湾有几个很好的浮潜地点，沿着带有红色箭头的小路即可来到这里。

老码头海滩（Old Quay Beach） 海滩

老码头海滩是浮潜的理想地点，在距离岸边不远的地方就有壮观的垂直珊瑚礁，潜水者可以看到在水中游弋的鱼。

红树林海峡（Mangrove Channel） 森林

你可以在绿色箭头的指引下找到穆罕默德角的红树林海峡，那里有全世界位置最靠北的红树林。附近的地表有多条巨大的裂隙（最长的一条长40米），它们是古代地震导致的。Hidden Bay的海滩也在附近。

盐湖 湖泊

（Salt Lake, Magic Lake）这个蓝得惊人的盐湖与穆罕默德角的红树林海峡相距约200米（前者近内陆方向），是个受欢迎的游泳去处。

潜水

鲨鱼礁和乔兰达礁 潜水地点

（Shark & Jolanda Reefs; Ras Mohammed）这个二合一的潜水地点紧邻穆罕默德角南端，是红海最负盛名的潜水地点之一，也是全球五大潜水地点之一。潜水者会被凶猛的水流裹挟着经过陡峭的珊瑚墙，整个过程十分刺激，然后穿过成群的小鱼，最终到达Jolanda号遗骸——这艘塞浦路斯货船是于1980年沉没的。深度：水面至超过40米，等级：高级。需乘船前往。

Ras Za' atir 潜水地点

（Marsa Bareika）紧挨着Marsa Bareika入海口的南端，标志着穆罕默德角国家公园的起点。黑色的珊瑚树在一连串洞穴和岩石间茁壮生长。深度：水面至超过40米，等级：中级。需乘船前往。

鲨鱼观测点（Shark Observatory） 潜水地点

这个潜水地点位于与之同名的海角下面，

值 得 一 游

在穆罕默德角过夜

清晨在晶莹剔透的水中浮潜，夜晚观赏沙漠中的狐狸在繁星点点的夜空下游荡：在穆罕默德角露营就好比一剂抚慰日常生活压力的镇静剂。Bedawi（半食宿过夜之旅 成人/儿童LE350/175）是一家当地的可持续旅游公司，它在穆罕默德角海岸的黄金地段建立了营地，设施包括旱厕、淋浴房和帆布帐篷。

如果你不是一个硬核露营迷，你也可以带着自己的帐篷和全套装备前来。这是一个完美的、非常舒适的选择，可以让你在旅行结束后尽情享受穆罕默德角最原始、最真实的美丽。这里的主人会为你准备美味的饭菜，还有一顶传统风格的公用贝都因帐篷，你可以在阴凉处懒洋洋地躺着，这里没有发电机，所以日落之后不会有噪声打破寂静。

必须预订（至少提前两周）。详情参见www.bedawi.com。

另辟蹊径

追随历史的脚步前往SERABIT AL KHADIM

广阔的西奈地区地势崎岖，散落着许多早期的定居点和朝圣路线。在Serabit Al Khadim周边地区游览一番，不仅能让你充分感受古代历史的沧桑，你还可以借此机会探索该地区荒无人烟的腹地。

要游览这个地区，最简单的方法是参加宰海卜团队游公司组织的游览活动（2日四驱车团队游，6人团每人收费LE800左右）。由于旅游经营者需要一个星期的时间来申请这个地区的许可证，因此需要提前计划。

Serabit Al Khadim 西奈最令人震撼的古迹之一，这座废弃的法老神庙被古代绿松石矿包围，景色凄凉而壮美。古王国时期这里就有人开采绿松石，而献给女神哈索尔（Hathor）的神庙始建于第12王朝。神庙旁边有献给东部沙漠之神Sopdu的新王国时期的神龛。神庙庭院墙壁上的铭文列出了该神庙的捐助者，包括哈特谢普苏特（Hatshepsut；公元前1473年至公元前1458年）和图特摩斯三世（Tuthmosis Ⅲ；公元前1479年至公元前1425年）。Serabit Al Khadim通过一条没有路牌的小路与外界相连，这条小路就在海滨村庄Abu Zenima南侧。另一条路更加有趣：那条小路紧邻向东经穆卡塔布干河（Wadi Mukattab）穿过费兰干河（Wadi Feiran）的公路，是这条公路的北侧支路。

穆卡塔布干河（Wadi Mukattab, Valley of Inscriptions） 这里有西奈最多的岩刻铭文和石柱，其中一些可追溯到第3王朝，证明古代这里就有开采绿松石矿的活动。可惜，1901年英国人试图重新采矿未遂，损坏了许多铭文和石碑。

柱林（Forest of Pillars） 在Serabit Al Khadim神庙的近内陆一侧，一条长长的小路穿过Gebel Foga山上五颜六色的干涸河谷通往Gebel Et Tih Tih山边的峭壁和柱林（一堆天然形成的管状岩石）。要前往这里，你可以乘坐四驱车，也可以骑骆驼。

它的名字来源于这样一个事实：在这里潜水时偶尔会看到鲸鲨。即使你没有那么幸运，没有看到鲸鲨，这里也是一个有趣的峭壁潜水地点。深度：水面至超过40米。等级：高级。需乘船前往。

Jackfish Alley 潜水地点

（Ras Mohammed）这个潜水地点的水域相对较浅，适合多次潜水。Jackfish Alley有两个大洞，洞里有成群的玻璃鱼游来游去。深度：6~20米，等级：中级。需乘船前往。

实用信息

所有进入公园的游客都需要带上护照。持有效期为14天但仅限西奈地区签证的旅行者不能经陆路进入穆罕默德角，但乘坐潜水团队游的船只进入穆罕默德角不会有任何问题——事先跟潜水俱乐部确认好。

公园入口与海滩相距约20公里。

穆罕默德角国家公园的**游客中心**（⏲10:00~16:00）位于被称为Marsa Ghoslane的区域，公路上有清楚的路牌指向它。通常情况下你可以在中心找到地图。

到达和当地交通

这里有很多从沙姆沙伊赫出发的半日巴士游，沿途将参观穆罕默德角的主要陆上景点，还会在海滩上停留，让游客游泳和潜水。预计费用为€25左右。

沙姆沙伊赫和宰海卜的潜水代理商都能为你提供穆罕默德角地区的潜水船或浮潜船。

要游览整个公园，机动车必不可少。出于环保的考虑，车辆不得离开官方指定的道路。

沙姆沙伊赫和奈阿迈湾（Sharm El Sheikh & Na' ama Bay）

☎069/人口：73,000

蒂朗岛和穆罕默德角国家公园之间的亚喀巴湾（Gulf of Aqaba）南岸拥有全球最迷人的水下景观。海水像水晶般清澈透明，还有各种长相奇特的小鱼在五颜六色的珊瑚礁间穿

Sharm El Sheikh 沙姆沙伊赫

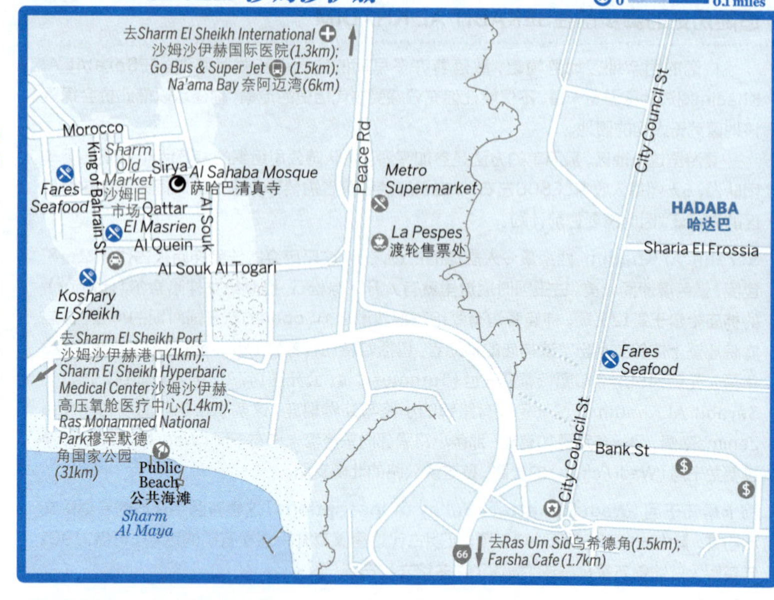

梭游弋——这里是浮潜的天堂。专门建造的沙姆沙伊赫占据了这里的首要位置，专门致力于提供阳光和海洋假期，为人们提供了一种家庭友好的氛围和各种度假村的舒适设施，还有世界顶级的潜水活动。

即便如此，也不是所有的人都喜欢沙姆沙伊赫。这里海岸沿线不断蔓延的巨型酒店引发了可持续发展和环境退化等紧迫的问题。自2015年Metrojet的9268航班坠机事故以来，由于缺少从欧洲直飞的航班，大批的欧洲度假者已逐渐消失。

许多独立旅行者更喜欢低调、对背包客更友好的宰海卜。

景点

萨哈巴清真寺

清真寺

（Al Sahaba Mosque；Sharia Al Souk，Sharm Old Market）沙姆沙伊赫的新清真寺由Fouad Tawfik设计，将法蒂玛、马穆鲁克和奥斯曼风格的元素融入了建筑和室内设计之中。无论这些风格是真的融合在一起，还是只是看起来像是奇怪的大杂烩，全都取决于旁观者的视角。不过不可否认的是，这座清真寺是沙姆沙伊赫最壮观的建筑。

潜水和浮潜

肆意兴建的旅游设施使人们忽视了这里一流的潜水地点，真是可悲。但是，如果你不是一个度假村爱好者，沙姆沙伊赫和附近穆罕默德角国家公园的近海潜水地点都可以乘坐提供住宿的豪华船到达，旅行者还可以参加从宰海卜出发的乘船游到达这里。

沙姆沙伊赫周边的水域很适合浮潜。虽然奈阿迈湾中部有几处易于到达的礁石，但你最好直奔更迷人的花园礁（Gardens）或乌希德角（Ras Um Sid）礁石。

大多数度假村都有小路通向海滩，海滩要么是专属的，要么是跟其他度假村合用的。订房时问清楚，因为如果你预订了非海滨酒店（比如在Hadaba附近），海滩有可能离酒店本身非常远（最远达10公里），游客只能乘坐穿梭巴士往来于酒店和海滩之间。几乎所有酒店的海滩在白天都是开放的。

★蓝蓟花号

潜水地点

（Thistlegorm；见38页地图；Sha'ab Ali）这艘名为“蓝蓟花号”的货船沉没地点是世界五大沉船潜水地点之一。这艘船长129米，建造于英国的桑德兰，在“二战”期间沉没。这艘

Sharm El Sheikh & Na'ama Bay
沙姆沙伊赫和奈阿迈湾

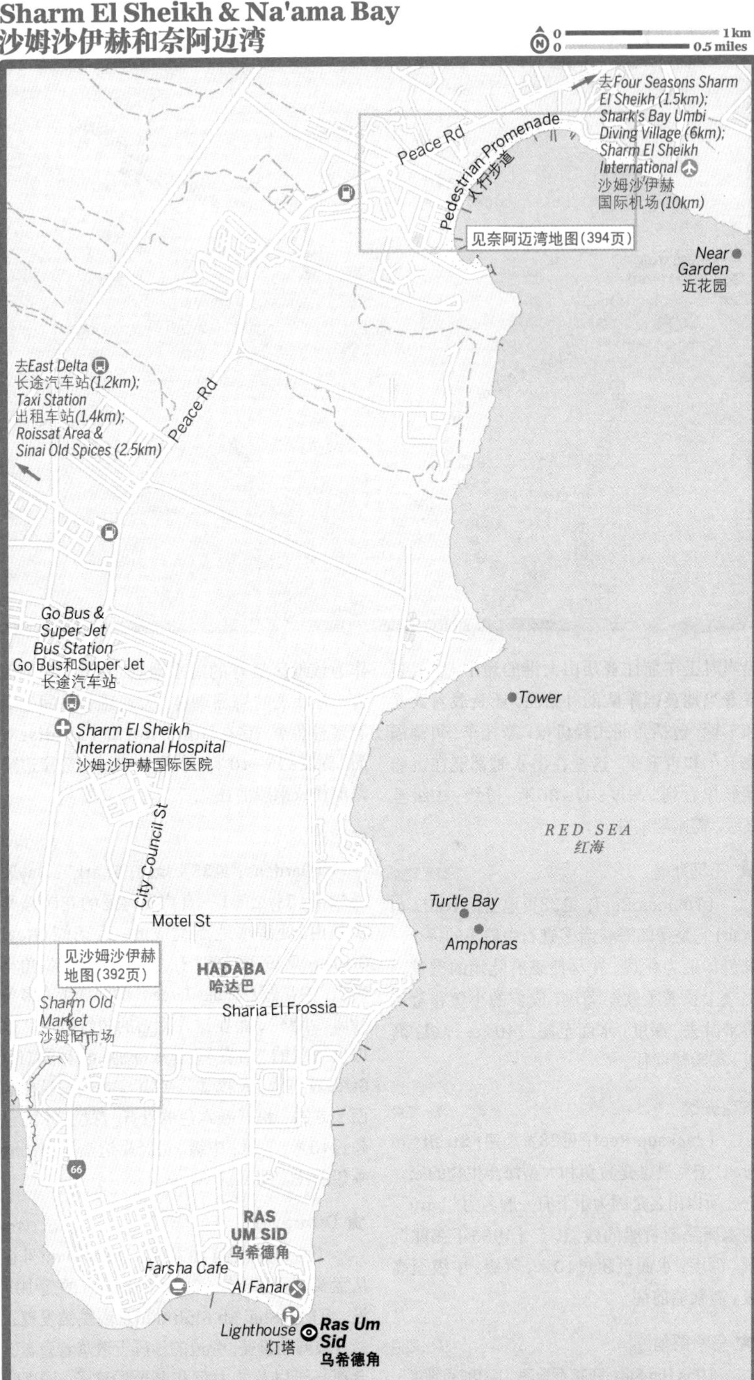

Na'ama Bay 奈阿迈湾

船当时正在前往亚历山大港的途中，船上装载着当地英国军队的补给品，还装载着武器和车辆，包括布朗式轻机枪、摩托车、贝德福德卡车和吉普车，这些在潜水时都能在沉船残骸里看到。深度：17~30米。等级：中级至高级。需乘船前往。

★ 托马斯礁 潜水地点

(Thomas Reef；见38页地图；Straits of Tiran)它是蒂朗海峡诸多礁石中最小的一个，景色却最为壮观。托马斯礁有陡峭的礁壁，礁壁上长着柔软的珊瑚，成群的小鱼和鲨鱼游来游去。深度：水面至超过40米，等级：高级。需乘船前往。

杰克逊礁 潜水地点

(Jackson Reef；见38页地图；Straits of Tiran)杰克逊礁是鲨鱼和大型海洋生物的家，它之所以出名是因为水下有一艘名为"Lara"的塞浦路斯货船的残骸，它于1985年在此沉没。深度：水面至超过40米，等级：中级至高级。需乘船前往。

★ 乌希德角 潜水地点

(Ras Um Sid；见38页地图，见382页地图)作为该地区最好的潜水地点之一，乌希德角有一片壮观的柳珊瑚林，大块礁石中间生活着多种鱼类。它在Hotel Royal Paradise对面。深度：15~40米，等级：中级。可经岸边陆路前往或乘船前往。

花园礁 潜水地点

(Gardens；见38页地图；Shark's Bay和Na'ama Bay之间)一直广受喜爱的花园礁其实是由3处潜水地点组成的：**近花园**(Near Garden；见393页地图)有一连串可爱的尖角小礁石；**中花园**(Middle Garden)的海床上有多条沙质"小路"，而在这片礁石的边缘则有一道坡度平缓的"山脊"，非常特别；**远花园**(Far Garden)有个"大教堂"，它其实指的是悬在水面上方的一块五颜六色的巨石。深度：水面至超过40米，等级：中级。可经岸边陆路前往或乘船前往。

★ Dunraven 潜水地点

(见38页地图)1876年，Dunraven号在从孟买开往纽卡斯尔(Newcastle)的途中沉没。沉船在Sha'ab Mahmud东南端被发现，船身被珊瑚覆盖，旁边的沙砾上散落着瓷盘、金属杯子以及装大黄和醋栗的罐子。深度：

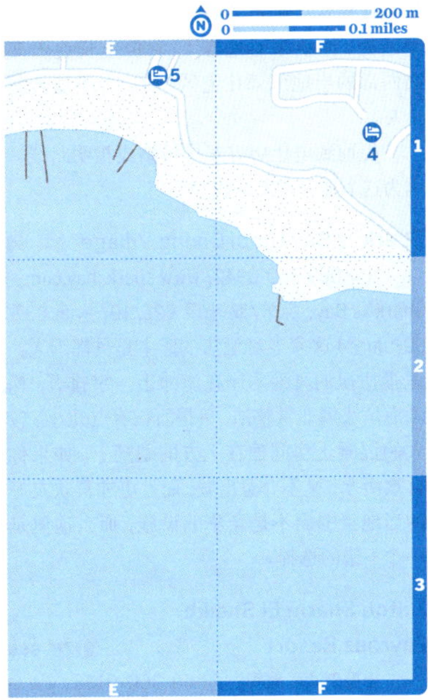

15~28米，等级：中级至高级。需乘船前往。

活动

几乎所有的旅行社和大型酒店都会组织前往圣凯瑟琳修道院（€55）、穆罕默德角国家公园（€25）以及彩色峡谷（Coloured Canyon；€40）等沙漠景点的吉普车或大巴车游览活动。需要注意的是，旅游团的规模通常很大。

Camel Dive Club 潜水

（见394页地图；☎069-360-0700；www.cameldive.com；King of Bahrain St，Camel Hotel，Na' ama Bay；PADI体验潜水€80，1天2次潜水 海岸/乘船 €45/64，浮潜乘船之旅 €38；⌚8:00~18:00）这家潜水俱乐部极其专业，广受好评，老板是西奈潜水专家Hisham Gabr。此外，它还是一家五星级的PADI教练进修中心。这里还有专为残障人士设计的潜水课程，并曾因此荣获PADI Accessibility Award大奖。在预订的时候，可在网站上搜索物美价廉的住宿和潜水套餐。

Oonas Dive Club 潜水

（见394页地图；☎069-360-0581；www.

Na'ama Bay 奈阿迈湾

活动、课程和团队游

Camel Dive Club（见2）
Oonas Dive Club（见5）
1 Sinai Divers C2

住宿

2 Camel Hotel B3
3 Hilton Sharm El Sheikh Fayrouz Resort C2
4 Mövenpick Sharm El Sheikh F1
5 Oonas Hotel E1

就餐

6 家乐福超市 A2
7 Fairuz B3
Pomodoro（见2）
Rangoli（见4）

饮品和夜生活

8 Bus Stop Lounge B3
Camel Roof Bar（见2）
9 Pacha B3

购物

10 奈阿迈中心 B3

oonasdiveclub.com；Na' ama Bay Promenade，Oona' s Hotel，Na' ama Bay；PADI体验潜水 €72，1天2次潜水 €63，浮潜乘船之旅 €35；⌚8:30~18:30）Oonas因其友好和专业的教练而备受推荐，这里提供各种PADI课程以及船宿潜水套餐和趣味潜水。许多人都会选择性价比极高的一周潜水和酒店（见396页）套餐，不同的套餐价格为€320（3天潜水）、€420（5天潜水）、€468（6天潜水）。

Sinai Divers 潜水

（见394页地图；☎069-360-0697；www.sinaidivers.com；Na' ama Bay Promenade；PADI体验潜水 €95，1天2次潜水 €60，1天浮潜之旅 €25；⌚8:00~18:00）公司位于Ghazala Beach Hotel内，是沙姆沙伊赫口碑最佳的潜水中心之一。

Sharm Equestrian 骑马

（☎010-2739-4572；www.sharmequestrian.com；Nabq Heights；1/2小时海滩骑马 €22/38，4小时沙漠骑马 含晚餐€95）这个经营良好的马厩提供各种骑马活动，从简单的海滩边1小时骑马和半天的沙漠小径骑马，到奈卜格国家公园里的多日骑马。

住宿

沙姆沙伊赫及其周边地区是埃及酒店最密集的地方之一，设施齐备的度假村已经成为这里的标配，随处可见。如果你想节约资金，那么最好住在宰海卜。

★Camel Hotel 酒店 $$

(见394页地图；☎069-360-0700；www.cameldive.com；King of Bahrain St, Na'ama Bay；标单 €36~42，双 €42~48，标三 €56~63；❄📶🏊)附属于与之同名、备受赞誉的潜水中心(见395页)，如果潜水是你的主要目的，那么选择这家酒店准没错。虽然它位于奈阿迈湾中心，但宽敞而现代化的客房围绕着一个可爱的庭院游泳池而建，非常安静(这要感谢隔音窗户)，不必担心晚上睡不着。

Oonas Hotel 酒店 $$

(见394页地图；☎069-360-0581；www.oonasdiveclub.com；Na'ama Bay Promenade；标单/双/标三/套 €45/64/81/90；❄📶)在这个友好的套餐潜水中心(见395页)和酒店的大房间可能略显普通，却拥有很好的设施(水壶、冰箱和卫星电视)和阳台。这里的潜水中心非常值得推荐，如果作为潜水套餐的一部分预订，住宿会更便宜。这里距离海滩(与邻近的度假村共用)只有一箭之遥。

Mövenpick Sharm El Sheikh 度假村 $$

(见394页地图；☎069-360-0081；www.movenpick.com；Peace Rd, Na'ama Bay；标单/双/家 US$80/90/135；❄📶🏊)这个白色的酒店位于奈阿迈湾北侧的悬崖上，其露台面朝大海，给人一种雄伟、辽阔的感觉，就像苏丹的宫殿一样。标间非常一般，需要翻新，但早餐、景观和设施(5个私人海滩、水疗中心、游泳池、潜水中心和马厩)都是五星级的。

Sinai Old Spices 客栈 $$

(☎012-2680-3130；www.sinaioldspices.com；Roissat地区；双/四 €33/40；P❄📶🏊)这家迷人的客栈位于陶土墙的后面，集古怪的风格与当地建筑灵感于一身。5个色彩缤纷的房间配有小厨房、现代化的浴室和小露台。如果你想从奈阿迈湾明亮的灯光中寻找一个隐蔽处，你就来对地方了。它位于长途汽车站西部的当地市郊住宅区，所以并不适合每个人。

提前致电让店方安排接站或指明路线，因为这个地方不太好找。

Shark's Bay Umbi Diving Village 酒店 $$

(☎069-360-0942；www.sharksbay.com；Shark's Bay；标单/双 小屋 €26/40，房间 €37/50；P📶)这家老牌酒店的店主是贝都因人，歪歪扭扭的可爱木屋在海滩上一字排开。松木海滨小屋非常整洁，只是面积有点儿小。较大的混凝土房间建在上方的峭壁上。如果你喜欢潜水，又不介意出城，而且更加喜欢友好的当地氛围而不是豪华的设施，那么这里是一个不错的选择。

Hilton Sharm El Sheikh Fayrouz Resort 度假村 $$$

(见394页地图；☎069-360-0136；www.hilton.com；Peace Rd, Na'ama Bay；标单 US$80~110，双 US$100~139；❄@📶🏊)相比于沙姆沙伊赫新推出的大酒店可能相形见绌，不过，这个适合家庭的度假村是一个低调、令人放松的地方，它位于奈阿迈湾的人行步道中部，位置极佳。精心照料的花园中到处都是棕榈树，盛开的三角梅爬满了凉棚，宽敞的平房都是活泼的蓝白主题，房间里有大双人床和良好的设施。

就餐

Koshary El Sheikh 埃及菜 $

(King of Bahrain St, Sharm Old Market, Sharm Al Maya；主菜 LE7~12；⏰14:00至深夜)你可以在这家餐馆吃到埃及人最喜欢的高碳水化合物库夏里(kushari，米饭、面条、黑扁豆、鹰嘴豆和炸洋葱拌在一起，再淋上浓稠番茄酱)。

★Fares Seafood 海鲜 $$

(☎069-366-3076；City Council St, Hadaba；菜肴 LE40~300；⏰正午至次日1:00；❄)沙姆沙伊赫著名的高性价比海鲜餐馆，经常挤满了当地食客。点一条按重量计价的鱼，或者在菜单上选一种意大利面或砂

蒂朗岛主权移交

除了拥有沙姆沙伊赫最好的潜水点，红海的蒂朗海峡还是两个小岛——塞纳菲尔岛（Sanafir）和蒂朗岛（Tiran）的所在地，这两个小岛上无人居住，只有军事基地。自奥斯曼帝国解体以来，埃及和沙特阿拉伯都宣称这些岛屿的主权属于自己，但自20世纪50年代（1967~1982年以色列占领西奈半岛期间除外）两国达成协议后，这两个小岛都处于埃及政府的管辖之下。

2016年4月，在沙特国王萨勒曼（Salman bin Abdul-Aziz）访问开罗期间，埃及总统塞西（Sisi）宣称，蒂朗岛和塞纳菲尔岛都位于沙特阿拉伯的海上边界之内，埃及应把管理权交还给它的邻国。这一声明引发了公众的强烈反对，导致了反对主权移交的抗议活动。2016年6月，埃及法院裁定取消主权移交。尽管如此，总统塞西还是在2017年6月批准了移交，并正式将两岛主权移交给沙特阿拉伯。这一决定仍然非常不受埃及人的待见，备受争议。

那些专门到沙姆沙伊赫著名的蒂朗海峡潜水的人大可放心，因为不论移交协议的是非对错，在岛屿周围的水域潜水仍然不受影响。目前，一个连接沙特阿拉伯和西奈、穿越蒂朗岛和周围海峡的桥梁项目已经引起了人们对可能引起的环境问题的严重焦虑，人们担心这会对该地区脆弱的珊瑚礁造成影响。目前，这项工程尚未获准动工。

锅炖菜。我们偏爱鱿鱼和大虾混搭的砂锅。在沙姆旧市场（Sharm Old Market）还有一家**分店**（☎069-366-4270; Sharm Old Market, Sharm Al Maya; 菜肴 LE40~300; ⊙11:00至次日1:00）。

Pomodoro
意大利菜 $$

（见394页地图; King of Bahrain St, Camel Hotel, Na'ama Bay; 比萨和意大利面 LE79~119, 其他主菜 LE109~279; ⊙11:00至午夜; 📶✍）这里有西奈最好的比萨。适合随意地来吃顿饭，气氛时尚、热闹、友好。菜单上有各种意大利面、比萨和海鲜菜肴，但薄皮比萨才是这里的真正赢家。这家餐厅特制的比萨里面有橄榄、美味的番茄酱、马苏里拉奶酪、芝麻菜和大量的帕尔马干酪。

Fairuz
中东菜 $$

（见394页地图; King of Bahrain St, Na'ama Bay, Na'ama Centre; 开胃菜 LE32~35, 主菜 LE70~160; ✍）你可以在这家餐馆里体验一次精妙绝伦的中东味觉之旅。可以选择鸡肝（用大蒜和石榴糖浆烹制而成）和辣味香肠（makinek），搭配loubieh（炖绿豆）、秋葵和新鲜出炉的美味面包。开胃菜套餐（每人LE130，最少两人）是品尝不同口味菜肴的最佳方式。

El Masrien
埃及菜 $$

（King of Bahrain St, Sharm Old Market, Sharm Al Maya; 菜肴 LE8~80; ⊙正午至深夜; ✍）这家古色古香的餐馆坐落在道路边，是我们在沙姆沙伊赫旧市场最喜欢的餐厅。这里有各种各样的烤肉串，也有许多调味大胆的砂锅炖菜和素菜，你还可以选择便宜、美味的开胃菜。埃及度假者会在晚上蜂拥而至。

Al Fanar
意大利菜 $$

（见393页地图; Ras Um Sid; 菜肴 LE40~150; ⊙10:00~22:30）由于面朝一片极好的海滩（沙姆沙伊赫最好的浮潜地点之一），从这里的露台上能看到可爱的景色。这家餐馆一直深受沙姆沙伊赫居民的喜爱，菜单上有意大利面和比萨。

★ Rangoli
印度菜 $$$

（见394页地图; ☎069-360-0081; Na'ama Bay, Mövenpick Resort; 主菜 LE55~180; ⊙18:30~22:30; ✍）如果你是次大陆风味食品的爱好者，千万不要错过这家餐厅。它在Mövenpick Resort的悬崖边，下面就是奈阿迈湾。得益于出生于孟买的厨师，这里所有的菜肴（从充满活力的黑色小扁豆到泥炉炭火烹饪的特色菜肴），都充满正宗的印度风味。

饮品和夜生活

奈阿迈湾是主要的夜生活中心。除了King of Bahrain St和Sultan Qabos St沿线的水烟咖啡馆和酒吧，奈阿迈湾人行步道上还分散着许多酒店的海滩酒吧。沙姆沙伊赫最新的夜生活中心是**Soho Square**（www.soho-sharm.com; White Knight Bay, Savoy Hotel附近; ⏲16:00至次日1:00），那里有几家酒吧。

★ Farsha Cafe 咖啡馆

（见393页地图；Sharia El-Bahr, Ras Um Sid; ⏲11:00至深夜; 📶）装饰着地垫、贝都因帐篷和吊灯，这家咖啡馆就是这样一个让旅行者计划喝杯咖啡，结果不知不觉地喝上了第4杯饮料甚至吸上了水烟的好去处。白天你可以在店里打发无聊的时光，晚上则可以在店里听音乐、喝鸡尾酒。

★ Camel Roof Bar 酒吧

（见394页地图；King of Bahrain St, Camel Hotel, Na' ama Bay; ⏲15:00至次日2:30; 📶）Camel气氛悠闲随意，是潜水教练们最喜欢的酒吧之一。晚上先来这里喝一杯，特别推荐那些期待与别人交流水下经历的人来。

Bus Stop Lounge 酒吧

（见394页地图；King of Bahrain St, Na' ama Bay; ⏲18:00至次日3:00）这家酒吧以美妙的音乐、"up-for-it"活动和爱玩的顾客而闻名。这里还为那些不想在舞池里跳舞的人准备了一张台球桌。欢乐时光从20:00~21:00，其间啤酒买一赠一、鸡尾酒半价。在晚上的早些时候，这有一个小吃风格的菜单，而22:00之后，DJ会到露天台表演。

Pacha 夜店

（见394页地图；☎分机300 069-360-0197; www.pachasharm.com; King of Bahrain St, Na' ama Bay; 门票 预售/现买 LE140/180; ⏲23:00至深夜）这是沙姆沙伊赫夜生活的中心。留心看城里各处张贴的海报，了解店里的演出动态。午夜前女性客人可免费进入。

实用信息

危险和麻烦

2015年10月，俄罗斯Metrojet航空公司的9268次航班坠毁，反映出沙姆沙伊赫机场严重的安全问题。该航班在从沙姆沙伊赫起飞后不久就在空中解体，机上224人全部遇难。人们普遍认为炸弹是引起这次事故的原因。在那之后，飞往沙姆沙伊赫的国际直飞航班停飞，许多欧洲国家尚未解除这一禁令。与此同时，埃及民用航空管理局一直在与一家专业的英国安全公司合作，升级机场的安检流程。预计升级完成后，直飞沙姆沙伊赫的国际航班将恢复运营，欧洲当局对沙姆沙伊赫机场安全达到国际标准表示满意。

不过，沙姆沙伊赫本身通常被认为是一个安全的目的地。自从2005年7月沙姆旧市场和Ghazala Gardens Hotel发生恐怖爆炸（造成88人死亡，200多人受伤）之后，这个小镇就没有再成为恐怖分子袭击的目标。此后，该镇内外的安保措施得到了极大的加强，并延续到了今天。

紧急情况

旅游警察局（见394页地图；☎069-360-0311, 069-366-0675; Sultan Qabos St, Na' ama Bay; ⏲8:00~19:00）在通往奈阿迈湾中心的主路上的小亭子里。在哈达巴（Hadaba）设有**分局**（☎069-366-0311; City Council St, Hadaba; ⏲10:00~17:00）。

医药服务

沙姆沙伊赫高压氧舱医疗中心（Sharm El Sheikh Hyberbaric Medical Center; ☎069-360-0865, 急诊 012-2212-4292; hyper_med _center@sinainet.com.eg; main Sharm Al Maya Rd; ⏲24小时）

沙姆沙伊赫国际医院（Sharm El Sheikh International Hospital; 见393页地图；☎069-366-0318; Peace Rd, Hadaba; ⏲24小时）

现金

奈阿迈湾有大量自动柜员机，例如Sharia Sultan Qabos及周边就有几个，所有大型酒店的大堂里也都有自动柜员机。所有的主要银行均在哈达巴设有分理处。

沙姆沙伊赫的酒店和许多商家都接受英镑、欧元和美元付款，也接受埃及镑付款。

到达和离开

飞机

沙姆沙伊赫国际机场（Sharm El Sheikh International Airport）是西奈主要的交通枢纽。

在调研期间，只有少数几家国际航空公司恢复了直飞航班，包括从布鲁塞尔起飞的TUIfly Belgium（www.tuifly.be）航班、从苏黎世起飞的Germania（www.flygermania.com）航班和从安曼起飞的Royal Jordanian（www.rj.com）航班。

现在，乘飞机前往沙姆沙伊赫通常要经由开罗。埃及航空公司（Egypt Air; www.egyptair.com）每天有几趟航班抵离开罗。票价浮动很大，但起价大约要LE1000。

船

La Pespes高速双体船轮渡服务（www.lapespes.com; Sharm El Sheikh Marine Port, Sharm Al Maya; 成人/儿童 US$40/30; ⏲周日、周二和周四18:00）每周有3班往返于沙姆沙伊赫和赫尔加达之间的渡轮。船程2.5小时。

可以在沙姆旧市场附近的**售票处**（☎012-2449-5592, 012-1014-4000; High Jet Office, Peace Rd, Sharm Al Maya; ⏲10:00~22:00）购票。

渡轮从沙姆沙伊赫海上港口出发。乘客必须在开船前90分钟到港，并携带护照作为身份证明。

长途汽车

East Delta Travel Co长途汽车站（☎069-366-0660; Sharia Al Rewaysat）紧邻Peace Rd，就在美孚加油站后面。乘坐出租车前往奈阿迈湾不会超过LE25，但车站的司机会开价LE40。

出租车站（☎069-366-1622; Main Rd）就位于East Delta车站后面，那里有售票处，是Super Jet和Go Bus（www.go-bus.com）长途汽车的主要抵离地点。Go Bus和Super Jet在哈达巴还有一个新的**售票处/车站**（见382页地图; ☎19567; Peace Rd），它位于沙姆沙伊赫国际医院附近，乘客在那里上车和购票。乘出租车从这里前往奈阿迈湾费用不会超过LE15。

ℹ 当地交通

抵离机场

沙姆沙伊赫机场位于Ras Nasrany，即奈阿迈湾以北10公里处。出租车会在到达大厅外候客，前往奈阿迈湾的费用约为LE100，准备好使劲砍价。大多数游客不愿意乘坐出租车，而是预订酒店的机场接送服务。

小巴和出租车

蓝色和白色相间的小巴通常在奈阿迈湾中心和沙姆沙伊赫之间往来。车票LE2，但外国人总是被索要LE5。

乘坐出租车从沙姆旧市场到奈阿迈湾（见385页）最低需要花费LE20。如果你从奈阿迈湾出发，司机通常会要价LE40，你需要砍价。

奈卜格保护区（Nabq Protectorate）

位于沙姆沙伊赫北边35公里处的**奈卜格**（门票US$5）是亚喀巴湾最大的海滨保护区。保护区的名字来源于区内的同名绿洲。这片蒂朗海峡和宰海卜之间的保护区十分广阔，海陆面积共计600平方公里。与南边远处的穆罕默德角国家公园相比，来奈卜格的游客不那

从沙姆沙伊赫出发的长途汽车

目的地	价格	时间	班次/公司
亚历山大	LE150~260	10小时	21:00（East Delta）; 15:00和23:00（Super Jet）; 14:00和21:00（Go Bus）
开罗	LE95~240	7小时	7:30至午夜，每天9班（East Delta）; 6:00、11:00、13:00、14:30、17:30和23:00（Super Jet）; 1:30至午夜，每天16班（Go Bus）
宰海卜	LE25	1.5小时	7:00、8:00、9:00、15:00、17:00和21:00（East Delta）
卢克索	LE175	16小时	18:00（East Delta）
努韦巴	LE50	3.5小时	9:00（East Delta）
塔巴	LE50	4.5小时	9:00（East Delta）

除了开往宰海卜的East Delta长途汽车，还有几班从开罗至宰海卜的Go Bus长途汽车在此停靠，乘客可以从出租车站上车。请跟售票处确认一下最新的时间表。

么多，在这里能看到昔时大批游客尚未涌入之前的西奈。公园内有几条徒步小路和浮潜地点。

公园的**游客中心**（⏲8:00~17:00）紧邻从沙姆沙伊赫延伸过来的公路，过了机场和Ras Nasrany后就是。奈卜格的主要景点是红树林，它沿着Wadi Kid入海口处的海岸生长，是全世界位置最靠北的红树林。红树林的根系能够过滤海水中的大部分盐分，有助于海岸线的稳定，同时也为鸟类和鱼类提供了重要的栖息地。

从红树林往内陆方向走一段便是Wadi Kid的山丘，那里有中东最大的arak灌木丛（贝都因人有用arak嫩枝清洁牙齿的传统）。在保护区可以看到瞪羚、岩蹄兔和努比亚野山羊，还有两个来自Mizena部落的贝都因村庄。海边有很多易于到达的礁石，但由于红树林的沉积，海水能见度很低。

到这里来你得有机动车，或者在沙姆沙伊赫或宰海卜参加有组织的团队游。

宰海卜（Dahab）

☎069/人口：7494

低调、安静、没有高楼，对自助游的游客而言，宰海卜是中东首屈一指的海滨度假胜地。

从昔时尘土飞扬的贝都因村落，到如今日新月异的旅游小镇，宰海卜的发展历程一直伴随着批评和质疑的声音，那些批评者依旧怀念海边只有简陋木棚的岁月。美好的记忆虽然令人留恋，但是繁荣的旅游业大发展也确实为这里带来了一些积极的变化。由于经营者更加正规，现在在这里潜水要比过去安全得多，各类活动也更有秩序。城里干净多了，设施也更适合带孩子的游客，除了适合背包族的简陋酒店之外，城里也有各种档次的住宿选择。

在宰海卜，自助游客是主流人群，这里也是西奈南部唯一一个不会将自助游客列为“另类旅行者”的城镇，而且这里的发展并未对其旅行消费水平产生太大影响，在这里旅行依然十分便宜。在令人陶醉的平静氛围中，许多原本只打算住几晚的旅行者最后住了数周。

景点

宰海卜的景点都在水下，那些只想去海滩玩的人可能会有些失望。宰海卜虽然是一座海滨小镇，但它在没有太多海滩（相反，海岸线上只有崎岖不平的礁石）的情况下努力使自己繁荣了起来。在典型的宰海卜风格中，海滨咖啡馆通过在水边设置带有遮阳棚的躺椅，解决了“在哪里晒日光浴”的难题。

虽然宰海卜的意思是“金沙”，但只有去豪华度假村扎堆的**宰海卜潟湖**（Dahab Lagoon）那里才能看到金色的沙子。大多数度假村的专属沙滩在白天也对外开放，收费LE50起，还出租脚踏船和皮划艇。**伊尔花园**（Eel Garden）区位于Assalah（在宰海卜滨海步道的北端），那里有一条又长又窄的黄沙带。

★蓝洞 潜水地点

（Blue Hole；见38页地图）蓝洞在宰海卜以北8公里处的一块礁石上，是埃及最有名但危险的潜水地点。这个又宽又深的水洞直上直下，有人说深度达到130米。经验丰富、技巧高超的潜水者可以潜到比较深的地方，但水面下的景色就已经很美了。蓝洞的外缘生活着大量海洋生物。如果方式得当，往蓝洞里跳的感觉会像跳伞一样刺激。深度：7~27米。等级：中级至高级。经岸边陆路可达。

高级潜水者可从**Bells**进入，这条礁石台上的浅槽形成了一个邻近海岸的水池。从这里开始，潜水者沿着暗礁上一个以海面为起点的27米高的“烟囱”下海。沿着礁壁往南游，水深7米处的礁石上有道马鞍形沟槽，潜水者可从那里进入蓝洞。只要密切关注自己的潜水深度，就可以朝着岸边的方向潜游穿过水坑。

不幸的是，这里曾夺走了数条生命，因为寻求刺激的人冒险潜到了超过业余潜水者极限的深度。“陷阱”是一个大约65米深处的拱道，它连接着落水洞和海面。草率下水的潜水者试图找到这条拱道，但因潜水过深而昏迷，失去了方向感，并最终窒息而死。2017年，著名的爱尔兰自由潜水安全员斯蒂芬·基南（Stephen Keenan）在营救另一名迷失方向的自由潜水者时不幸遇难，再次凸显了这里的危险。

Canyon 潜水地点

（见38页地图）该地区最热门的潜水地点之一，这条狭长的深沟垂直于珊瑚礁岩架，生长着软硬两种珊瑚，位于宰海卜北侧。深度：5~33米，等级：中级。可经由岸边陆路到达。

伊尔花园 潜水地点

（Eel Garden；见38页地图）伊尔花园（意为鳗鱼花园）这个名字来自海床上不计其数的花园鳗。其他亮点包括巨大的珊瑚树和密集的梭鱼群。它紧邻Assalah海岸。深度：5~20米，等级：中级。可经由岸边陆路到达。

灯塔礁 潜水地点

（Lighthouse Reef；见402页地图）这片斜坡状礁石里生活着大量鱼类，是宰海卜最大的夜间潜水地点。有经验的潜水者可以下潜到沙质海床上，那里有许多珊瑚塔。深度：5~30米，等级：初级。可经由岸边陆路到达。

岛屿 潜水地点

（Islands；见38页地图）这里简直就是水下版的《爱丽斯梦游仙境》。该潜水地点位于宰海卜南边，海底地形十分奇妙，有珊瑚小巷、“圆形剧场”、峡谷和海沟。深度：5~18米，等级：初级。可经由岸边陆路到达。

乌希德 潜水地点

（Umm Sid；见38页地图）一道宏伟的大门通往一条“开凿”于礁石陡坡之上的宽阔走廊——此乃该潜水地点的亮点。Umm Sid位于宰海卜以南15公里处。再往下潜，你会看到扁平的珊瑚和两株巨大的柳珊瑚。深度：5~35米。等级：中级至高级。可经由岸边陆路到达。

Gabr El Bint 潜水地点

（见38页地图）这个潜水地点在宰海卜以南25公里处，海底仿佛一幅海景画，亮点是一道被切割出无数深槽、沟壑和深谷的60米高的礁壁。如果你经陆路前往这里，路上不仅要乘坐四驱车，还得在贝都因向导的带领下骑一会儿骆驼。深度：10~30米。等级：中级。乘船或经岸边陆路可达。

活动

潜水和浮潜

最适合浮潜的灯塔礁和伊尔花园都在Assalah。你可以在所有的潜水中心和Masbat的一些地方租到浮潜装备，每天的租金为LE25~40。记住：有些礁石周围的海域可能有意想不到的水流，在宰海卜曾经发生过溺亡事件，因此你要多留神。

尽管Canyon和蓝洞（见400页）等潜水地点对粗心大意的潜水者来说有些危险，但因为礁石顶部生活着许多海洋生物，在风平浪静的时候很适合浮潜。镇上的大多数团队游公司都组织半日的蓝洞浮潜之旅，价格为LE50~120。

Dive Urge 潜水

（见402页地图；☎069-364-0957；www.dive-urge.com；Sharia Al Melal，Assalah；1次潜水€40，PADI体验潜水 €85）这个五星级PADI中心致力于环境保护，每次潜水不超过4人，而且清理垃圾是他们日常潜水的标准活动。该中心及其附属的度假村都有完善的无障碍设施。

Red Sea Relax Dive Centre 潜水

（见402页地图；☎069-364-1309；www.red-sea-relax.com；Waterfront Promenade，Masbat；岸边/夜间潜水 每次US$21/26起，PADI体验潜水 US$58）老牌的五星级PADI中心，声誉甚佳。强烈推荐PADI潜水学习课程。这里也有AIDA自由潜水课程。

Poseidon Divers 潜水

（见402页地图；☎069-364-0091；www.poseidondivers.com；Waterfront Promenade，Mashraba；2次潜水 €44，半日尝试潜水 €45）这家PADI中心曾获大奖，一直受到旅行者青睐。

Nesima Dive Centre 潜水

（见402页地图；☎069-364-0320；www.nesimaresort.com；Sharia Tawfik Al Hakim，Mashraba，Nesima Resort；1次/2次潜水 €28/55，PADI体验潜水 €90）声誉良好的俱乐部，老板是当地环保活动家兼潜水高手Sherif Ebeid。

吉普车和骆驼探险

如果你想骑着骆驼探索海岸边景色美如画的山区，尤其是壮观的拉斯阿布加伦保护区（Ras Abu Gallum Protectorate；见407

Dahab 宰海卜

0 200 m
0 0.1 miles
A
B
C
D
1
2
3
4
5
6
7
去Dahab Paradise (3.7km); Canyon和Blue Hole Dive Sites 蓝洞潜水地点 (6.2km)
去Eel Garden Reef 伊尔花园礁 (200m)
Koka Bike
ASSALAH
Amr Ibn El Ass
Osman Ibn Affan
Al Fanar
Al Melal
MASBAT
Go Bus 办事处
Footbridge 人行桥
Dahab Bay 宰海卜湾
Ruins 遗迹
East Delta Bus Co Ticket Office
East Delta Bus Co售票处
Peace Rd
Al Masbat
Al Farid
Tawfik
Al Hakim
MASHRABA
Gulf of Aqaba 亚喀巴湾
去East Delta Travel Co 长途汽车站(1.7km); Dahab City宰海卜市区(3km); Lagoon Area潟湖区(3km)
去Happy Kite (2.1km)
Al Mashraba

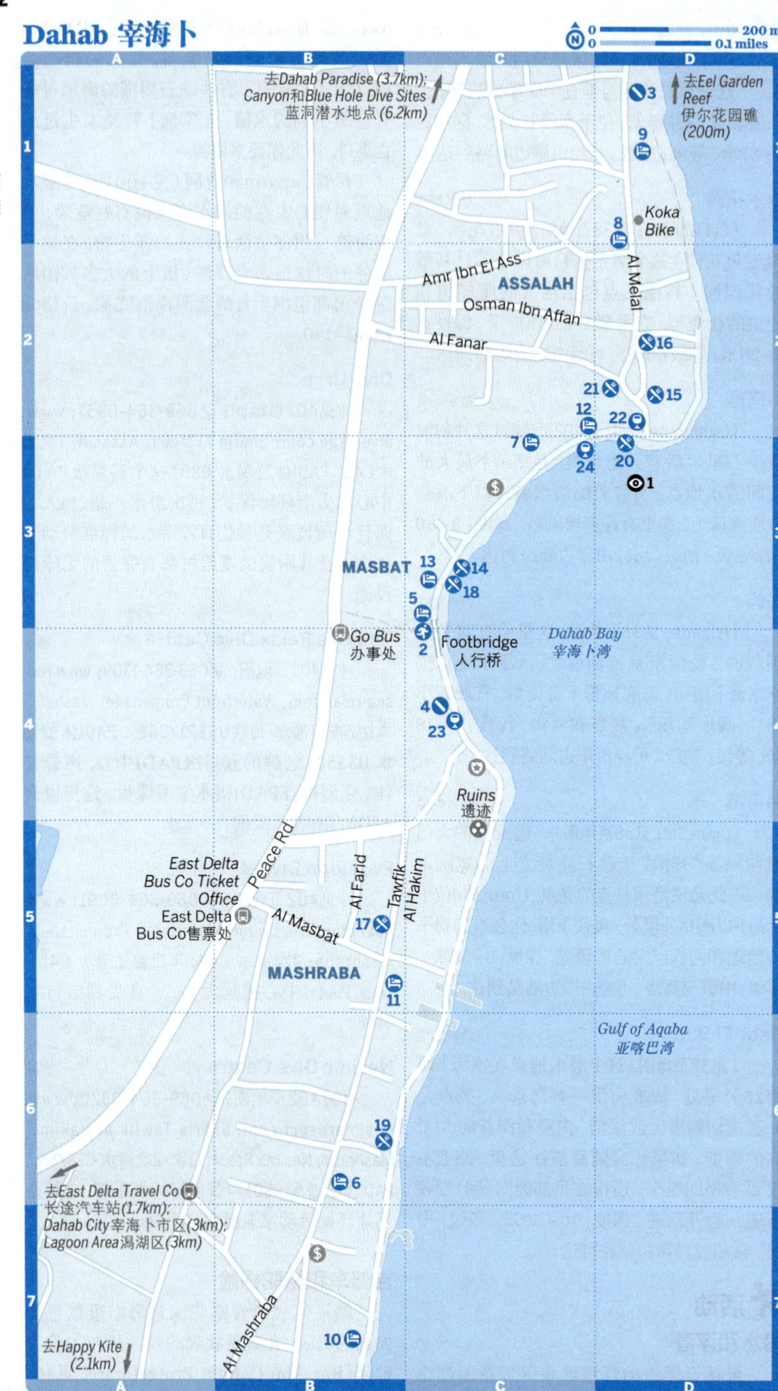

Dahab 宰海卜

景点

1 灯塔礁 D3

活动、课程和团队游

2 Dahab Cycling Club C4
3 Dive Urge D1
Nesima Dive Centre （见11）
4 Poseidon Divers C4
Red Sea Relax Dive Centre （见12）

住宿

5 Alaska Camp & Hotel C3
6 Christina Beach Palace & Christina Pool B6
7 Dahab Coach House C3
8 El Salam Hotel D1
9 Eldorado D1
10 Ghazala Hotel B7
11 Nesima Resort B5
12 Red Sea Relax C2
13 Seven Heaven C3

就餐

14 Ali Baba C3
15 Athanor D2
16 Hell's Kitchen D2
17 King Chicken B5
18 Kitchen C3
19 Lakhbatita B6
20 Nirvana D3
21 Ralph's German Bakery D2

饮品和夜生活

Churchill's （见12）
22 El Mahalawy D2
23 Tota Downtown C4
24 Yalla Bar C3

页），宰海卜无疑是个好选择，因为这里是西奈组织这类活动最好的地方之一。再往远处，努韦巴周围的沙漠拥有西奈南部海岸最有趣的景点，包括彩色峡谷（见411页）。从宰海卜前往峡谷的吉普车探险的价格为每人LE300~500。

水上运动

潟湖区不仅是宰海卜的水上活动中心，还是一个学习风帆冲浪和风筝冲浪的顶级地点。

Happy Kite 水上运动

（010-6056-1912; www.happy-kite.com; Dahab Lagoon; 6小时初级课程 €280; 8:00~18:00）Happy Kite提供风筝冲浪课程，全天上课。此外也出租装备。

团队游

宰海卜的团队游组织者都能安排前往西奈山（见415页）和圣凯瑟琳修道院（见414页）的团队游，费用为每人LE180~259。

几乎所有的公司都能组织行程极其紧凑的一日游活动，目的地是约旦的佩特拉（Petra; US$200）或以色列和巴勒斯坦的耶路撒冷（US$90）。除非你特别赶时间，否则最好自己安排游览活动。如果你决定参加这种国际团队游，要当心：你的时间主要都浪费在来回的路上了，几乎没有时间看景点。

住宿

海岸的Masbat一侧比Mashraba更好地经受住了旅游业低迷的考验，是一个更加适合住宿的地方。豪华酒店位于度假村集中的潟湖区。

★ El Salam Hotel 酒店 $

（见402页地图; 069-364-0182; https://elsalamhotel.wordpress.com; Sharia Al Melal, Assalah; 标单/双/标三 US$20/25/35; ）这家友好的酒店位于一个花园里，那里有许多传统风格的贝都因帐篷休闲区。它提供明亮、宽敞的房间，房间里配备了大量白色的漂亮小东西，如当地的贴花纺织品和东方风格的床头灯。如果你不介意距离海岸一条街的距离，这里绝对是一个很棒的住宿选择。早餐需另加US$5。

Christina Beach Palace & Christina Pool 度假村 $

（见402页地图; 069-364-0390; www.christinahotels.com; Sharia Al Mashraba, Mashraba; 附属建筑 标单/双/标三/四 US$14/17/23.50/28，带空调 US$18/21/27.50/32，海滩或游泳池房 标单/双 US$20/25.50，带空调

US$24/29.50；❄📶🏊）这家实惠的酒店是度假村风格，房间适合所有人。你可以选择一间能看到海景的海滩房，也可以选择一间游泳池边的房间。所有的房间都带有阳台和良好的设施，家具都是米黄色的。Christina的附属建筑就位于马路对面一个枝繁叶茂的花园里，是一个更划算的选择。

Seven Heaven 酒店 $

（见402页地图；☎069-365-2752，012-2785-6002；www.7heavenhotel.com；Waterfront Promenade，Masbat；铺 LE15，房间 LE80~120，带空调 LE140；📶）这家多合一酒店（附设潜水商店和团队游办公室）是城里性价比最高的经济型住处之一。房型多种多样，要求越多，房价越高。6张床位的宿舍带空调和卫生间，非常划算。房价不含早餐。

Ghazala Hotel 酒店 $

（见402页地图；☎069-364-2414，010-0117-5869；www.ghazaladahab.com；Water-front Promenade，Mashraba；标单/双/标三 €20/25/30；❄📶）Ghazala的白色圆顶房间环绕着一个狭窄的院子，院子里铺着五颜六色的马赛克瓷砖。这里非常干净整洁，远远超出了宰海卜的大多数经济酒店，不过，从个人角度出发，我们并不喜欢这个地方贴出的许多"有趣的"标识。它位于海滨人行道的南端，所以对一些人来说可能太安静了。

Alaska Camp & Hotel 酒店 $

（见402页地图；☎012-2710-8067，069-364-1004；www.dahabescape.com；Waterfront Promenade，Masbat；房间 LE200~250，带空调 LE300~350；📶）这些明亮、整洁、简单的房间配有舒适的床，价格非常实惠。你可以挑选一间楼上带阳台的房间。酒店的中心位置意味着你距离人行道只有几步之遥。房价不包含早餐。

★ Eldorado 精品酒店 $$

（见402页地图；☎069-365-2157，012-2759-3235；www.eldoradodahab.com；Sharia Al Melal，Assalah；标单/双 €30/50，带公用卫生间 €20/35；❄📶）这家温馨的酒店由意大利人经营，拥有别致、休闲的海滩风格。色彩缤纷的小屋式房间里有大床、漆过的木镶板和令人愉悦的柠檬色装饰，还有现代化的浴室，房间保养维护得也十分不错。更棒的是，前面有一小片维护良好的沙滩，到处都是诱人的躺椅和遮阳座椅。

Dahab Paradise 度假村 $$

（☎010-0700-4133；www.dahabparadise.com；标单/双/标三 €31/38/57；❄📶🏊）这家低调的度假村在通往蓝洞的公路主路边，所在之处是一片幽静的海湾。客房以温暖的大地色为主色调，并配以古董木制品装饰，颇具海滨度假酒店的特色。如果你不喜欢过于安静的环境，从这里去宰海卜，乘坐出租车只需10分钟。

Dahab Coach House 客栈 $$

（见402页地图；☎010-0487-4017；www.dahabcoachhouse.com；Masbat；标单/双 €25/30；❄📶）这家酒店就坐落在海滨地带，隐藏在高墙后面，是宰海卜最令人放松的客栈之一。宽敞的房间装饰成中性色调，而蓝色或黄色的墙壁平衡了这一点。这里有一间供客人使用的厨房，中央庭院里有几把带有柔软坐垫的藤椅，在一整天的潜水过后，你可以在椅子上好好休息一下。房价不包含早餐。

Red Sea Relax 度假村 $$

（见402页地图；☎069-365-2604；www.red-sea-relax.com；Waterfront Promenade，Masbat；标单/双/标三/家 US$38/48/58/78，铺/双 带公用卫生点 US$6/18；❄📶🏊）这是一个为潜水者量身打造的度假村。宽敞的房间围绕着一座波光粼粼的游泳池而建，配备了水壶和电视。此外还有免费饮用水、可供免费使用的皮划艇、很棒的屋顶酒吧和一家一流的潜水中心。这里提供宿舍房间，意味着背包族可以只花经济型住处的价格享用度假村的设施，而潜水中心的客户可以免费得到宿舍床位。

Nesima Resort 度假村 $$

（见402页地图；☎069-364-0320；www.nesima-resort.com；Sharia Tawfik Al Hakim，Mashraba；标单/双 €42/55，海景房 €76；❄📶🏊）如果你既想住度假村，又不想离城区太远，这家可爱的度假村可以满足你的要求。它位于一个开满三角梅的整齐花园内，温馨而小巧的砖砌度假屋的房顶是拱形的，还有可爱的露台。

你可以把房间升级成泳池边的海景房，然后坐在你的露台上眺望红海。在旅游淡季，房价会大幅下降。

就餐

如果你是个甜品迷，那就一定要留意一下海滨人行步道上的移动手推车，尤其是在人行道上来回穿梭的**阿里蓝色手推车**（Ali's blue cart），供应传统的大米布丁（ruz bi laban）。

Athanor 意大利菜 $

（见402页地图；Sharia Al Melal，Assalah；菜肴 LE18~60；⏲11:00至午夜；📶✎）你可以在这家餐馆阴凉的花园露台上品尝到宰海卜最好的薄比萨。

King Chicken 快餐 $

（见402页地图；Sharia Tawfik Al Hakim，Mashraba；主菜 LE40~60；⏲11:30~23:00）这里总是挤满了前来品尝四分之一只鸡和薯片的当地人，食物便宜，气氛欢快，是吃便宜的鸡肉晚餐的好去处。

★ Ralph's German Bakery 咖啡馆 $$

（见402页地图；Sharia Al Fanar，Masbat；点心 LE7~25，三明治和早餐 LE35~85；⏲7:00~18:00；📶✎）宰海卜的每个人都会在某一时刻到Ralph's用餐。这里是品尝宰海卜早餐、早午餐、咖啡和羊角面包的热门地点，还有很棒的乳蛋饼和苹果馅卷。与能忍住不再点一份丹麦馅饼的人相比，我们的意志力实在是太薄弱了。

★ Lakhbatita 意大利菜 $$

（见402页地图；Waterfront Promenade，Mashraba；主菜 LE65~180；⏲18:00~23:30；✎）我们喜欢这里的中性装修风格、友好的服务和安静的环境——这些都为这家宰海卜餐馆增添了少许意大利情调。几种家常意面（以海鲜口味为主）在别处是绝对吃不到的。试试蘑菇三角饺子或大蒜辣椒虾。

Kitchen 亚洲菜 $$

（见402页地图；Waterfront Promenade，Masbat；主菜 LE50~120；✎）这里的泛亚菜单为人们提供了中式和泰式的选择，而餐桌边舒适的沙发则堪称宰海卜最舒适的就餐座位。泰国咖喱菜和辛辣的中国菜最好吃，不过，如果你喜欢甜食，那就留点儿肚子品尝一下油炸冰激凌甜点吧。

Hell's Kitchen 各国风味 $$

（见402页地图；☎010-2292-4824；Sharia Al Melal，Assalah；主菜 LE85~125；⏲11:00~23:00；📶✎）这里极具创意的菜单跳出了宰海卜的烤肉/海鲜组合的固有模式，并吸纳了来自北非、亚洲和地中海菜系的精髓，创造出了各国风味的创意菜。这里还有很棒的素食和纯素食选择，如酸甜花椰菜，而肉食主义者也可以尽情享用摩洛哥风味的鸡肉。这里还供应比较便宜的三明治。

Ali Baba 各国风味 $$

（见402页地图；Waterfront Promenade，Masbat；主菜 LE87~193；⏲10:00至深夜；📶✎）这家餐厅供应美味的原创海鲜菜肴，很好的服务、舒适的沙发、个性十足的灯笼以及梦幻般的闪烁灯光都为这里增添了轻松惬意的海滨氛围。所有的餐食都会搭配一系列开胃菜，让你胃口大开。

Nirvana 印度菜 $$

（见402页地图；Waterfront Promenade，Masbat；主菜 LE60~70；⏲大约正午至23:00；📶✎）印度风味餐馆，有小路直通海滩，店内坐满了晒太阳的游客。所有的主菜都配有米饭、沙拉、黄瓜酸奶酱和印度薄饼，构成了一顿盛宴。我们强烈推荐不是特别正宗但仍然美味的菠菜印度奶酪咖喱。

饮品和夜生活

餐馆酒类许可证费用的上涨意味着许多海滨餐馆不再供应酒。不过，不要为不能在日落期间喝到啤酒而感到烦恼——许多餐馆现在允许自带酒水，你可以在用餐时喝，也可以一边抽水烟一边喝，在坐下来点菜之前和服务员确认一下。为了满足人们自带酒水的需求，海滨地区新开了几家啤酒商店。

Yalla Bar 酒吧

（见402页地图；Waterfront Promenade，Masbat；⏲11:00至深夜；📶）这家非常受欢迎的海滨酒吧餐厅的成功秘诀：大量舒适的座位

（包括前面的日光躺椅）、友好的员工、冰啤酒和一份不错的鸡尾酒单。这些都让顾客感到高兴。

El Mahalawy 果汁吧

（见402页地图；Sharia Al Fanar，Masbat；⊙9:00~22:00）这是宰海卜最好的小果汁店。你可以在用条纹帆布装饰的小隔间里喝甘蔗汁、鲜榨果汁或奶昔，也可以带走。

Churchill's 酒吧

（见402页地图；Waterfront Promenade，Masbat；⊙11:00~23:00；🛜）这是宰海卜的运动酒吧。店内有个大电视，这样球迷们就不会错过他们支持的球队的比赛了。凉风习习的屋顶天台特别适合边饮酒边欣赏日落。它位于Hotel Red Sea Relax里面。

Tota Downtown 酒吧

（见402页地图；Waterfront Promenade，Mashraba；⊙22:00至深夜）宰海卜标志性的船形酒吧在过去的几年时间里一直在关闭和重新开业中徘徊，现在又重新开张了。如果你想度过一个更丰富的夜晚，而不是仅仅一边看日落，一边喝几杯啤酒，这里是城里最适合泡夜店的地方。

实用信息

危险和麻烦

2006年4月，宰海卜曾发生自杀式爆炸袭击事件（造成23人丧生、数十人受伤）。在那以后，政府加强了宰海卜的安保措施，之后该城再未发生袭击事件。但由于宰海卜属于西奈南部地区，目前许多国家政府都警告公民不要来这里进行不必要的旅游。虽然再一次发生恐怖袭击的可能性不能被完全排除，但我们应该强调：自从2011年革命以来，宰海卜是埃及局势最缓和的旅游目的地之一，城区范围内没有发生过安全事件。

紧急情况

警察局（见402页地图；☎069-364-0215，069-364-0213；Waterfront Promenade，Mashraba；⊙8:00~20:00）

医疗服务

对于医疗服务，如果可能的话，最好去沙姆沙伊赫。

Dr Haikal（☎010-0143-3325；Dahab City）的手术室在潟湖附近，还有一间高压氧舱。

现金

海滨沿线有许多独立的自动柜员机（见402页地图；Waterfront Promenade）。

开罗银行（Banque du Caire；见402页地图，Sharia Al Mashraba，Mashraba；⊙周日至周四 8:30~14:00）有一台自动柜员机。

到达和离开

长途汽车

East Delta长途汽车站（☎069-364-1808）位于宰海卜市区活动中心的西南方向。East Delta在Masbat还有一个**售票处**（见402页地图；Peace Rd；⊙9:00~18:00），乘客可以在这里上车。预订时请仔细确认上车地点。发车时间经常变化，所以一定要提前一天确认。

Go Bus办事处（☎19567；www.gobus-eg.com；

从宰海卜出发的长途汽车

目的地	价格	时间	班次/公司
开罗	LE115~270	9小时	9:00、12:30、15:00、19:30和22:00（East Delta）；0:30、9:00、13:15和21:30（Go Bus）
卢克索	LE210	18小时	16:00（East Delta）
努韦巴	LE30	1小时	10:30（East Delta）
沙姆沙伊赫	LE25	1.5小时	8:00、9:00、10:00、12:30、15:00、16:00、17:00、19:00、19:30、21:30、22:00、22:30和23:00（East Delta）
塔巴	LE40	2.5小时	10:30（East Delta）

请注意，Go Bus公司一些开往开罗的长途汽车也在沙姆沙伊赫停车。请到Go Bus售票处查看最新的时间表。

Peace Rd)位于市中心，非常方便，它就在Masbat的人行桥西边。

出租车

不幸的是，由于安全问题，当地的皮卡出租车不再允许在宰海卜地区以外行驶。前往努韦巴（LE200）、沙姆沙伊赫机场（LE250）和圣凯瑟琳机场（LE300~350）的出租车经常在East Delta长途汽车站招徕生意。你也可以通过旅馆或镇上的旅行社预订。

当地交通

自行车和摩托车

骑自行车是游览宰海卜的好方式，城里一些酒店和旅行社都出租自行车。

Dahab Cycling Club（见402页地图；☎010-1962-4821；www.facebook.com/dahabcclub；Waterfront Promenade, Masbat；自行车出租 每天/每周LE120/560；⏲10:00~22:00）出租车况不错的自行车。

Koka Bike（见402页地图；☎012-8012-2815；Sharia Al Melal；小轮摩托车/摩托车 每天 LE250/450；⏲11:00~20:00）这家修理店还按天出租摩托车和小轮摩托车。

出租车

各种车身被撞得坑坑洼洼的皮卡车充当当地出租车。乘坐这种出租车从Masbat到长途汽车站需要花费LE10~15。如果你要自己去蓝洞，可以跟城里的任何一个皮卡车司机讲价（往返LE100~120）。别忘了说好返程的时间。

拉斯阿布加伦保护区（Ras Abu Gallum Protectorate）

荒凉的**拉斯阿布加伦保护区**位于宰海卜和努韦巴之间的海岸线上，占地400平方公里，保护区内有海滨山丘、狭窄的山谷、沙丘、沙质细腻的海滩和几个潜水与浮潜地点。科学家们形容这个保护区为“植物区系研究的前沿地带”，因为这里的地中海气候受到热带气候的影响。这个保护区对环境具有重要意义，也是很迷人的旅游目的地，保护区内有165种植物（其中44种在西奈其他地方见不到）以及大量哺乳动物和爬行动物。

Mizena部落的贝都因人住在保护区内，并像千百年来的祖辈一样以捕鱼为生（但现在保护区对捕鱼有限制）。

宰海卜的旅行社组织前往拉斯阿布加伦的骑骆驼、吉普车和徒步远足游。除此以外，人们也很喜欢沿着从蓝洞（见400页）通往这里的小道徒步进入保护区。小道沿着海岸线蜿蜒至拉斯阿布加伦村和El Omeyid村（1小时），El Omeyid村有一栋小屋可供过夜。宰海卜的大多数旅行社都能组织前往拉斯阿布加伦的一日游（约LE200）或二日游（LE350，含蓝洞至拉斯阿布加伦的往返交通、午餐和潜水装备），但其实自助徒步也并不难。

保护区内有数条步行小道。你可以在拉斯阿布加伦村租到骆驼并雇用贝都因向导，而如果你是从努韦巴过来的，可以在位于Wadi Rasasah边缘的护林站租骆驼、雇向导。保护区内最受欢迎的目的地包括现已荒废的贝都因村庄**Bir El Oghda**和位于保护区边缘的水源地**Bir Sugheir**。

努韦巴（Nuweiba）

☎069/人口：20,000

在1979年埃及和以色列缔结和平条约之后一段短暂的时间里，这里的旅游业十分兴旺，当时的塔拉宾（Tarabin，努韦巴的海滨海滩露营地）超过宰海卜成为西奈的嬉皮士海滩天堂。不幸的是，后来由于地区政局不稳定，以色列旅行者对西奈避之不及，沙姆沙伊赫开始迅速发展，宰海卜也逐渐成为低调的度假区，而努韦巴日渐被人们遗忘。

现在的努韦巴并没有太多值得一看的地方，它绵延15公里，没有明确的中心或是有凝聚力的氛围。它的主要功能是一个港口小镇，前往约旦需要在这里乘坐开往亚喀巴方向的渡轮。港口和城市地区到处都是垃圾和苍蝇，给人一种被严重忽视的感觉。塔拉宾变得越来越破败——真可惜，只要稍加维修，那里很容易变成宰海卜10年前的那种海滩露营天堂。

景点和活动

潜水和浮潜

与亚喀巴湾沿线的其他城镇相比，努韦巴周边的潜水地点游客稀少，但这里的海洋

生物种类极多。近岸的浅水礁石很适合浮潜，但最好的潜水地点是城南的**石屋礁**（Stone House Reef）。

Sinker 潜水地点

（见38页地图）Sinker是一个巨大的水下系泊浮筒，它是在20世纪90年代中期被误放在这里的。从那时起，这里便逐渐发展成了一个迷人的人造礁石，吸引了许多五颜六色的小生物来此栖息。它的潜水入口位于努韦巴以北5公里处。深度：6~35米。等级：中级。

经岸边陆路可达。

Ras Mumlach 潜水地点

（见38页地图）这个斜坡礁石位于努韦巴以南约30公里处，巨大的海底沙丘和极好的桌面珊瑚交错其中。深度：10~25米。等级：中级。经岸边陆路可达。

Ras Shaitan 潜水地点

（见38页地图）这个潜水地点在努韦巴以北15公里处，变幻莫测的海底地形无疑是这里的亮点，包括狭窄的峡谷、被沙子覆盖的盆地和深深的裂隙。深度：10~30米。等级：中级。经岸边陆路可达。

吉普车和骆驼探险

努韦巴周边的沙漠里有多个丰饶的绿洲和形状有趣的岩石构造，值得你去好好探索一番。塔拉宾和努韦巴—塔巴公路沿线的露营地（见403页）可以组织前往周边地区的旅游活动。我们建议你选择当地贝都因人做向导，不仅因为这样可以改变以尼罗河谷移民为旅游业主导力量的现状，而且可以避免曾经发生过的由于"向导"不熟悉路线而导致旅行者在沙漠中迷路并脱水的事情。

旅行路线通常由顾客自己设计，价格也随之变化，但包含食物和水在内的探险游每人每天的费用不会少于LE300~400。

食宿

位于小城北端的塔拉宾是海滩露营地后面的狭长沙带，长1.5公里。可惜，近年来该地区的生意惨淡，导致海滩无人打扫、露营地无人修缮。我们下面推荐的住宿场所的状况都还不错。

大多数在这里过夜的人都会在他们的住处吃饭。塔拉宾所有开放的海滩营地都提供饭菜。

在港口，埃及国家银行后面和亚喀巴渡轮售票处前面有一堆售卖富尔（fuul，蚕豆糊）和塔米亚（ta' amiyya，埃及炸豆丸）的小摊。

El Badawy Camp 小屋 $

（见408页地图；☎010-6525-4115；www.elbadawycamp.dk；Tarabin；小屋每人 US$5，带空调 US$12，房间带空调 US$18）这片维护良好的建筑群拥有各种设施，从只有床垫的简陋小屋，到后面成排的混凝土空调房和私人套房。餐厅的菜单也不错，而且在海滩上还有很多阴凉的棕榈茅舍公共区域可供人们休息。

★ Nakhil Inn 精品酒店 $$

（见408页地图；☎069-350-0879；www.nakhil-inn.com；Tarabin；标单/双 €35/42；❄📶）如果你看重酒店的舒适度，但不喜欢人多，那么可以住这家酒店。单间公寓风格的小屋弥漫着海滨特有的欢乐气氛，客人可以划皮艇、潜水，还可以只是懒洋洋地在吊床里躺着或在干净的专属海滩沿线的棕榈屋里无所事事地坐着。最吸引人的是，这里有十分适合浮潜的潜水地点。

Cleopatra Restaurant 海鲜 $$

（见408页地图；Nuweiba City；菜肴 LE20~90；⏰正午至23:00）这是努韦巴市区里比较受欢迎的旅游餐馆之一（虽然竞争并不激烈），除了供应丰富的海鲜外，还有一些西方人最喜欢的快餐食物。

ℹ 实用信息

努韦巴的银行不能兑换约旦第纳尔。

埃及银行（见408页地图；Main Rd，Nuweiba Port；⏰周日至周四 8:30~14:30）有一台自动柜员机。

努韦巴医院（Nuweiba Hospital；见408页地图；☎069-350-0302；Nuweiba City；⏰24小时）紧邻通往宰海卜的海滨公路Main East Coast Hwy。

旅游警察局（见408页地图；☎06-350-0231；Nuweiba City；⏰周六至周四 8:00~14:00）

ℹ 到达和离开

船

AB Maritime（www.abmaritime.com.jo）运营两班从努韦巴开往亚喀巴的公共**渡轮**（见408页地图）。所谓的"快船"会在周日至周五（据说是这样的）的13:00从努韦巴出发，在一般情况下，单程约需2.5小时。单程票价US$100。返回努韦巴的快船会在23:00从亚喀巴出发。

常规的渡轮通常被称为"慢船"，会在每天的正午（再次强调，仅仅是据说）从努韦巴出发，平均4小时后到达亚喀巴。单程船票价格为US$90。

再怎么强调"快船"服务比它的姊妹常规渡

西奈的贝都因人

贫瘠的西奈是沙漠居民的家园，大多数居民住在半岛北部。根据不同方法统计出来的贝都因人有8万至30万，他们分属于14个不同的部落，其中大部分与住在内盖夫（Negev，位于以色列）、约旦和沙特阿拉伯北部的贝都因人有亲戚关系。每个部落都有自己的风俗习惯和文化。最大的部落Sukwarka住在阿里什（Al Arish）附近的北部海岸沿线。其他部落包括在西奈南部和北部均有分布的Tarabin部落、住在半岛中部的Tyaha部落（和Tarabin部落一样都源自巴勒斯坦），以及分布在苏伊士东南部地区周边的Haweitat部落，他们主要源自沙特阿拉伯的汉志（Hejaz）。

西奈南部的7个贝都因部落统称为Towara或"图尔的阿拉伯人"，图尔是这个省的首府。其中最先在西奈定居的是Aleiqat部落和Suwalha部落，二者在穆斯林征服埃及之后不久就来到西奈了。南部最大的部落是Mizena，这个部落的贝都因人主要居住在沙姆沙伊赫和努韦巴之间的海岸沿线。小部落Jabaliyya的一些成员住在圣凯瑟琳周围的山区里，据说是马其顿人的后代——6世纪，查士丁尼皇帝（Emperor Justinian）派遣他们的祖先到这里建造并保护圣凯瑟琳修道院。

由于在条件艰苦的西奈生活了数百年，贝都因人对他们所处的环境有深刻的理解。严苛的法律和传统监督着人们对宝贵资源的使用。正如贝都因名言"砍一棵树等于杀一个人"，他们对水源使用有极为严格的规定，绿色植物也受到精心保护。当地人的生活围绕着宗族和谢赫（Sheikhs，领袖）展开，忠诚和好客（在沙漠生存的必要条件）的传统早已深入部族人民的骨子里。在传统上，喝茶要分三轮。贝都因人居住的传统帐篷由山羊毛毯制成，有时里面还掺杂了绵羊毛。女性的黑色面纱和长袍通常有繁密的刺绣，红色表示已婚，蓝色表示未婚。

在建设海岸的过程中，这些西奈最初的本土居民反而被遗忘了。因为他们与周边国家部落有极深的历史渊源，而且据说与西奈各地的犯罪和恐怖案件有关，所以他们有时被视为是不可信任的。在半岛发展带来的巨大利益面前，贝都因人的传统也被迫退居第二位——但贝都因活动家认为，贝都因人没有充分享有发展带来的益处。埃及人权组织也报告说，贝都因人一直受到迫害，包括不经审判就被投入狱中。贝都因人也会定期举行游行，抗议警察对他们的不公正对待。人们的偏见、传统土地的丧失、捕鱼地区的污染和在旅游业中无从受益，这些都加剧了贝都因人的被边缘化和不安的感觉。

放眼整个世界，尤其是埃及，旅游业具有重塑城镇命运的力量。通过寻找贝都因人开办的经营场所、购买当地物品、时刻关注长期社会问题和不厌其烦地去询问、思考这些社会问题究竟为何发生，旅行者可以帮助将负面影响降至最低。

轮舒适多少也不为过。

特别需要提一句，努韦巴和亚喀巴之间的渡轮以没完没了的晚点出名。我们曾经从旅行者那里听说过几个经典的恐怖故事：由于严重的暴风雨和滔天海浪，渡轮晚点达到"创纪录"的20个小时；由于燃料极度短缺，渡轮竟"划时代"地延误了3天。虽然大多数旅行者经历的晚点只不过是两三个小时而已（一般出发为15:00或16:00，这就是我们为什么说发船时间仅仅是"据说"），但为以防万一，你最好给约旦的旅行计划多留出一些弹性时间。

船票可以用美元或埃及镑购买。买票时需要支付埃及离境税（LE50）。船票只能在发船当天在港口附近小建筑物里的**渡轮售票处**（见408页地图；☎069-352-0427；Nuweiba Port area；⊙9:00~15:00）购买。旅行者必须提前2小时到达港口，买完票后要在混乱无序的码头大厦内办理离境手续。注意：在朝觐期间，船票几周前就会被预订一空。如果你在这个时间旅行，必须尽可能早买票。

从沙姆沙伊赫和宰海卜出发的East Delta长途汽车可以直接在努韦巴港前面放下乘客。一定要提前问一问司机。从长途汽车站前往售票处的走法是：在港口停车站右转，经过一个街区后到港口墙的尽头，沙色的售票处建筑就在你的左侧。

大多数国家的公民在到达亚喀巴时会免费获得约旦签证。上渡轮后马上把护照出示给移民局官员，到达亚喀巴的移民局大楼后需再次递交护照。

长途汽车

East Delta Travel Co的长途汽车从**长途汽车站**（见408页地图；☎069-352-0371；Nuweiba Port）开往沙姆沙伊赫（LE50，3~4小时），中间经过宰海卜（LE30，1.5小时），发车时间分别为7:30和16:30。开往塔巴（LE25，1小时）的车次发车时间为9:00、正午和15:00。9:00和15:00的班次继续开往开罗，但出于安全考虑，外国旅行者不允许沿塔巴—开罗公路旅行。试图走这条路前往开罗的外国人有可能要么在塔巴长途汽车站被赶下车，要么被塔巴的警察检查站拦住。

如果你从宰海卜来努韦巴，East Delta长途汽车的第一站是努韦巴港正对面，第二站是长途汽车站，再下一站则是距离塔拉宾海滨区最近的高速公路入口。

出租车和拼车

港口有普通出租车和一些提供拼车服务的出租车在等活儿。除非你到的时候来自亚喀巴的渡轮也到了，否则要等好久，因为这种提供拼车服务的出租车坐满才发车。乘坐出租车到宰海卜大概需要花费LE200，前往位于努韦巴—塔巴公路边的海滩露营地则需要LE100左右。

当地交通

跟努韦巴的出租车司机是很难讨价还价的。乘坐**出租车**从港口或长途汽车站前往努韦巴市区的费用不会少于LE15，从港口到塔拉宾的报价（LE40）也过高。

当地出租车司机**Asmail**（☎010-0397-0416）是一个不错的选择，他会开着皮卡车穿梭于努韦巴和宰海卜之间，或去往努韦巴—塔巴公路沿线的海滩露营地。

努韦巴周边（Around Nuweiba）

努韦巴周边的海边沙漠地带景色优美、交通便利，拥有西奈几个最有趣的景点，因此成为最好的骑骆驼和乘吉普车探险胜地。要想来这个地区探险，最好从宰海卜、努韦巴或努韦巴—塔拉公路沿线的海滩露营地出发。

景点

彩色峡谷（Coloured Canyon） 峡谷

这个峡谷的名字来自这里五颜六色的多层岩石，看起来就像是画在狭窄而又陡峭的岩壁上的图画，美不胜收。峡谷营造出一处背风的环境，安静是其最令人印象深刻的特点之一。这里是最受欢迎的从宰海卜和沙姆沙伊赫出发的一日游目的地，可是每当两三辆旅游大巴一起到达时，这份静谧总是多少会被打破。

Mayet El Wishwashi 泉

Mayat El Wishwashi周围的地区适合徒步。真正的泉眼隐藏在一个峡谷内，除非降水量很大，否则平时只是一涓细流。附近的**Mayat Malkha**是一片棕榈树林，由泉水滋养，周围是五颜六色的砂岩。

Ain Umm Ahmed 绿洲

风景如画的Ain Umm Ahmed是西奈东部最大的绿洲。绿洲内有许多棕榈树、贝都因房屋和一条冬季会变成结冰河的著名小溪。

Wadi Huweiyit 峡谷

Wadi Huweiyit是一个宏伟的砂岩峡谷，这里有几处观景点，可以欣赏壮美的峡谷全景，甚至可以远眺沙特阿拉伯。

Gebel Barga 山

Gebel Barga的登山路很难走，但站在山顶可以看到西奈东部的连绵群山，景色惊人。

塔巴（Taba）

☎069

如果你打算从以色列和巴勒斯坦经由陆路进入埃及，你会经过破旧的边境小镇塔巴。这个小镇中赫然耸立着宏伟的Taba Hotel，背后是贫瘠的山丘，这将是西奈留给你的第一印象。亚喀巴湾平静湛蓝的海水环绕着狭窄的海岸，多年来，开发商一直在扩大这片海岸，想把它打造成为新的沙姆沙伊赫，为了吸引大批的游客，这里还建造了自给自足的度假小镇塔巴高地（Taba Heights）。不过由于安全方面的担忧，以及2014年爆发的一场破坏性极大的山洪，塔巴吸引大批来此寻找“阳光与欢乐”的度假者的梦想一直未能实现。

如果你想在度假村中度过整个假期（对那些不介意度假村外缺少餐厅和其他设施的人来说），Taba提供了不错的海滩度假去处。不过，如果想要享受沙滩小屋带来的快乐（脚趾能踩在沙子里），那就沿着塔巴—努韦巴公路再往南走一点儿，到海滩露营地去。

景点

法老岛　岛屿

（Pharaoh's Island, Gezirat Fara'un；成人/儿童 LE160/80；9:00~17:00）这个被蔚蓝色海水包围的小岛在塔巴以南约7公里处，距离埃及海岸仅250米，上面耸立着经过修复的萨拉丁城堡（Castle of Salah Ad Din）。这个城堡最初是1115年由十字军修建的，但在1170年被萨拉丁占领并扩建，以抵御来自南方巴勒斯坦的十字军入侵。

住宿

Steigenberger Taba Hotel　度假村 $$

（069-353 0140；www.steigenberger.com；Taba Beach；房间 US$80起）你不会错过这片巨大的度假村建筑群，它们高耸于塔巴低矮的城镇之上。如果你刚刚穿越尘土飞扬的边境，想在继续前行之前好好休息一下，这里是放松一天的好地方。工作人员很友好，乐于助人，经典风格的房间配有各种现代化设备和舒适的大床，游泳池也很大。

实用信息

城中心有一两家银行、一个小医院和许多店铺。塔巴高地度假村区位于主城区以南约20公里处。

危险和麻烦

2014年2月16日发生的塔巴大巴车爆炸事件直接针对游客。在表示对该次袭击负责的声明中，Wilayet-Sinai[曾经被称为耶路撒冷支持者组织（Ansar Bayt AlMaqdis）]的激进分子发誓要继续发动直接影响埃及经济的攻击。后果是，大部分外国政府发布旅行警告（目前仍未取消），劝说本国公民远离整个西奈南部地区。

塔巴边境是埃及和以色列之间唯一可靠的过境处，陆路旅行者在这里过境，一小部分团队游客过境后会继续前往塔巴高地的度假村。走这条路的旅行者应该参考最新的旅行建议，更重要的是在到达该地区后要积极听取并重视当地人的建议。

到达和离开

船

AB Maritime（亚喀巴、约旦 +962 3-201 9849，移动电话+962 791 017 777；www.abmaritime.com.jo/en/touristic_line；Sharia King Hussein bin Talal, Aqaba, Jordan；办公室 10:00~19:00）运营塔巴与亚喀巴之间的旅游渡轮。令人遗憾的是，它只销售往返票，并以旅游团为目标。乘坐这艘渡轮的人必须在8天内返回埃及。另一项限制是，塔巴港的移民官员只签发仅限在西奈地区活动的入境许可。最有效的变通方案是，要么事先在开罗或图尔的签证办公室获得多次入境许可，要么在约旦提前上网办理新的埃及签证。你也可以到位于亚喀巴的埃及领事馆去，那里能够为你签发可以在埃及全境活动的签证。我们还知道至少一个这样的案例：有人乘坐这艘渡轮返回塔巴之后，继续前行至沙姆沙伊赫，然后在机场获得可在埃及全境活动的签证，再返回开罗。

往返渡轮票（成人/儿童US$106/66）包括埃及的离境税，但不包括JD10的约旦离境税，你需要单独支付。

渡轮会在每天6:00离开塔巴码头（就位于塔巴高地度假村区北部），6:30到达亚喀巴。回程的渡轮19:30从亚喀巴的皇家游艇俱乐部（Royal Yacht Club）港口（而不是公共港口）出发，20:00到达塔巴。乘客应该在发船前1小时到达港口。

令人烦恼的是，不跟随旅行团的游客很难买到船票。最简单的选择是让宰海卜或沙姆沙伊赫的旅行社帮你订购船票。

长途汽车

塔巴的**长途汽车站**（069-353-0250）在边境以南约800米处的公路主路边。East Delta Travel Co的长途汽车每天6:00和15:00各有一班开往努

另辟蹊径

西奈的海滩露营地

努韦巴和塔巴之间的海岸是埃及传统海滩露营地的最后阵营。多年来，该地区曾接待了大量想在家门口寻找度假胜地的以色列人，目前仍有许多比较爱冒险的人冒险回来，但西奈的安全问题把很多曾经来过这里的人拒之门外，只有敢于冒险往北走的外国旅行者才能发现这处瑰宝般的海滨天堂。这片海岸非常适合只想懒洋洋度假的人。在这片海岸，你可以回归基本的海滩生活，慵懒地躺在吊床上仍然是这里的首选活动。

下面只列出了一小部分海滩露营地。只要你愿意，海边还有许多这样的露营地等待你去发掘。我们推荐的这些露营地都附设餐厅，也都能为晒够太阳的客人安排沙漠徒步。请注意，房费通常不包括早餐。如果旅行者没有自己的交通工具，又不想包出租车，连接宰海卜和塔巴的East Delta（见412页）长途汽车可以在这片海岸沿线的任何一个地方停靠。

Sawa Camp（☎010-0272-2838；www.sawacamp.com；Mahash area，努韦巴—塔巴公路，努韦巴以北28公里处；标单/双 小屋 US$6/8）一大片完美的柔软白沙滩，每个小屋门口都有的吊床，太阳能淋浴和烹制美味三餐的餐厅——Sawa是一个安静悠闲、适合全家住宿的旅途休息站，值得你多住几天。贝都因店主Salama对细节把握得很准确。简单的hoosha（棕榈叶苫顶）小屋都有电，公用卫生间很干净。

Sabah Camp（☎012-2222-4957；Bir Sweir area，努韦巴—塔巴公路，塔巴以南36公里处；小屋每人LE60起）Sabah被树木和灌木点缀着，前面是Bir Sweir海滩的金色沙滩，长期以来，这里一直是年轻、嬉皮士风格的以色列人的最爱，他们来这里就是为了找时间放松，在距离大海几步之遥、维护良好的hoosha小屋里睡觉。

Basata（☎069-350-0481；www.basata.com；Ras Burgaa area；努韦巴—塔巴公路，塔巴以南42公里处；露营地 每人€12，标单/双 小屋 €23/40，3人度假屋 €80）Basata的店名为阿拉伯语，意为"简单"，是一个注重生态保护的村庄，使用有机材料并回收垃圾。这里的常规是自己做饭，有公共厨房和商店，客人可以购买烹饪原料，但也为那些懒得出奇的人提供晚餐。这里气氛悠闲，适合家庭入住，有几分新世纪（New Age）风格。

韦巴（LE15，1小时）。这两班车都继续开往宰海卜（LE35，2.5小时）和沙姆沙伊赫（LE50，4小时）。每天还有两班长途汽车经Nakhl—苏伊士公路前往开罗（LE80，6~7小时），但由于安全原因，外国人不允许走这条路。对从埃拉特过境并希望直接前往开罗的旅行者而言，唯一的走法是在沙姆沙伊赫换车。

从以色列过境

塔巴—埃拉特（Eilat）边境24小时开放。在边境内，你就会看到自动柜员机和外汇兑换亭。

埃及的离境税是LE75。从埃拉特进入埃及，以色列的离境税是105NIS。一般而言，边境的塔巴一侧只签发仅限在西奈地区活动的入境许可，可以在埃及全境活动的签证必须提前在网上办理，或者在色列或约旦办理。如果你有时间，通常可以在那里办理能在埃及全境活动的签证，不过你需要向当地的塔巴旅行社支付额外的费用给来办理签证。

拼车出租车会在边境等候。如果乘客少，客满发车之前可能要等好久。如果想快点儿，旅行者可以交7个人的钱，这样就可以马上发车了。单人价格如下：去努韦巴约LE20，去宰海卜LE40，去沙姆沙伊赫LE60。随着长途汽车发车时间的临近，小巴和拼车出租车司机的要价会越来越低。

西奈内陆（SINAI INTERIOR）

西奈内陆地势崎岖不平，只有贫瘠的山峰、风力"切割"形成的峡谷和短暂降水后焕发生机的干涸河谷。日出和日落的时候，岩石和沙漠的颜色在粉色、赭石色和丝绒黑色之间变幻。零星的植物看起来似乎是奇迹般地从岩石里长出来的。贝都因人还在荒漠中游荡，骆驼是最佳的交通工具，许多地方岩石太多，就连四驱车也无法通过。但这个荒凉而落后的地方曾是人类历史上不少神圣事件的发生地，犹太教、基督教和伊斯兰教的经文都记载了这个永恒的地方。

圣凯瑟琳保护区（St Katherine Protectorate）

☎069

为减少快速发展的旅游业对圣凯瑟琳修道院和附近西奈山的影响，1996年这里成立了占地4350平方公里的**圣凯瑟琳保护区**。除了该地区独特的高纬度沙漠生态系统，保护区内还有世界三大一神论宗教共同的圣地。

2285米高的西奈山（Gebel Musa）从沙漠中拔地而起，远高于修道院周围的其他山峰。古老的圣凯瑟琳修道院隐藏在西奈山脚下的贫瘠山谷内。小镇Al Milga距离这里约3.5公里，也被称为“Katreen”，而当地Jabaliyya部落的贝都因人称其为“会场”（Meeting Place）。

景点

★圣凯瑟琳修道院 修道院

（St Katherine's Monastery；见58页插图；☎开罗 02-2482-8513；www.sinaimonastery.com；⏲周一至周四和周六 9:00~11:30，宗教节日除外）**免费** 这座古代修道院始建于330年前后，旁边据说就是上帝对摩西说话时所借助的燃烧的灌木丛，当时的拜占庭皇后海伦娜（Helena）在那个灌木丛旁边修建了一间小教堂和一个守卫森严的隐士避难所。今天的圣凯瑟琳被认为是全世界仍在使用的最古老的修道院社区之一。如果修道院的博物馆被锁上了，你可以到耶稣变容教堂（Church of the Transfiguration）拿钥匙。修道院以及周边地区已被列入联合国教科文组织的世界遗产名录。它的名字来自圣凯瑟琳——传说中的亚历山大殉道者。因为坚守信仰，她先受钉轮折磨，后被砍头。基督教传统认为，她的遗体被天使们抬离刑具（失控后的刑具杀死了旁观的异教徒），并被送到埃及最高峰的山坡上。这个最高峰在西奈山以南约6公里处，后来被称为卡塔林纳山（Gebel Katarina）。大约300年后，修道院的修道士们“发现”了保存完好的凯瑟琳的遗体。

6世纪，皇帝查士丁尼下令在小教堂原址四周修建一个要塞、一座长方形廊柱大厅式的基督教堂和一所修道院，以便保护在此地发展起来的修道院社区，同时也为西奈南部

不要错过

西奈之旅中的沙漠徒步

西奈之旅（Sinai Trail；www.sinaitrail.org）是埃及第一条长距离徒步旅行线路，这条道路全长250公里，从海岸广阔的沙地平原和狭窄的峡谷穿越圣凯瑟琳周围崎岖的山区腹地需要12~14天。该旅行由三个贝都因部落（Tarabin、Mizena和Jabaliyya）合作组织，为人们提供了一次沉浸在当地文化中的沙漠体验。

虽然多天的沙漠徒步旅行乍看似乎是一种挑战，但西奈之旅是为那些身体健康、有冒险精神的人设立的。这条线路大部分使用的都是古老的贝都因线路，需要连续徒步和几小段攀登（如果必要，可以避开）。当地的贝都因人（都接受过野外急救训练）会在整条路线上提供指导服务，使这次徒步旅行拥有了丰富的文化内容，让人们得以了解西奈传统的贝都因人生活。对于部落本身，这次旅行为人们提供了微薄但可持续的经济收入，创造了就业机会和参加其他旅游业的机会，这在该地区（一个经常把贝都因人社区排除在西奈旅游经济之外的地区）是至关重要的举措。

在努韦巴、塔巴（在Ras Shaitan和Bir Sweir）之间的海岸以及圣凯瑟琳，都有这条路的起点，你可以朝任何方向走。如果你时间有限，不能完成整条线路，可以在各个路段分别徒步，还可以在正在开发中的小道沿线的各个地点进行短途徒步。

每天徒步的费用（6/4/2人团每人每天LE750/850/950）包括一切：导游费、食物、水和骆驼（用于携带设备和背包）。西奈之旅承诺向向导和骆驼夫支付合理的工资。

的基督徒提供避难所。

从那时起，世界各地的朝圣者纷纷来到该修道院朝拜，其中许多人历经了千难万险才到达这个荒凉偏僻的地方。如今这里有了一条铺设了路面的公路，既降低了危险性，又利于交通，该修道院也因此成为从沙姆沙伊赫和宰海卜出发的一日游胜地。

参观者应该记住，这是一座仍有宗教活动的修道院，你必须穿着保守，穿短裤的人严禁入内，女性的上衣必须有袖。

➡ 参观修道院

在被围墙围起来的院子里，装饰华丽的6世纪**耶稣变容教堂**的中殿里有巨大的大理石柱，墙壁上还装饰着镀金圣像和绘画。教堂东端有一道镀金的17世纪圣幛，它将中殿与内殿和后殿隔开。圣凯瑟琳的遗体就埋葬在后殿，大多数游客禁止入内。后殿的圣坛上方是该修道院最惊人的艺术瑰宝之一，即6世纪的耶稣显圣容马赛克镶嵌画，但因为它在枝形吊灯和圣幛之间，很难看到。圣坛左下方是该修道院最神圣的地方——燃烧的灌木丛小礼拜堂（Chapel of the Burning Bush），但不对公众开放。

你可能会在修道院的院子里找到被认为是最初的“**燃烧的灌木丛**”的后代。但是，由于很多游客为求祝福而折断灌木带回家，现在灌木丛已经用围栏围了起来。“燃烧的灌木丛”附近是摩西井（Well of Moses），这个天然泉据说可以保佑饮过泉水的人得到好姻缘。

在摩西井上方，修道院的主要亮点是经过精心修复的**修道院博物馆**（Monastery Museum; Sacred Sacristy; LE80），馆内陈列着修道院的一些艺术瑰宝（有阿拉伯文和英文标签），包括壮观的拜占庭时代造像、不计其数的珍贵圣餐杯、大量金质和银质十字架，以及古代手稿展品。博物馆最低的一间展厅里陈列着珍贵的展品：《西奈抄本》（*Codex Sinaiticus*）的羊皮纸手稿，这是世界上最古老的、近乎完整的圣经。

修道院的**图书馆**是世界上第二大基督教真本图书馆，里面珍藏着价值连城的插图圣经和古代手稿，其中包括一份手写的《新约》。经过三年的修复后，这座图书馆重新向公众开放。

修道院墙里面有一个出售圣像复制品的礼品店。在较宽的修道院庭院里，厚墙外是客房和一个可爱的庭院区域，还有一家咖啡馆（不过，上次我们去的时候因无人光顾而关门了）。随着游客人数的减少，修道院内狭窄的小巷里已经没有了令人烦躁的拥挤人群。不过，你要知道，当旅游业再次兴起时，修道院里可能挤满了旅游车，尤其是在周六和周一。

★ 西奈山　　山

（Gebel Musa; 强制性向导 LE175，骑骆驼 单程LE250）被当地人称为“Gebel Musa”的西奈山是基督徒、穆斯林和犹太人心中的圣山，他们都认为正是在这座山的山顶，上帝将十诫授予了摩西。西奈山很容易攀登，沿途景色也很美，游客可以感受到西奈南部高山的壮观景色。对朝圣者而言，这里也是他们了解圣经时代的地方。所有徒步者都必须在当地贝都因向导（在修道院停车场雇用）的陪同下登山。

几乎所有的游客都是沿着两条标识清晰的线路到达山顶的，这两条线路分别是骆驼小路（Camel Trail）和忏悔阶梯（Steps of Repentance），它们的起点都在修道院的停车场。两条路在山顶下方300米处被称为“以利亚盆地”（Elijah's Basin）的地方交会。从这里开始，每个人都要沿着750级陡峭不平的石头台阶走到山顶。山顶有个小教堂和清真寺（门都是锁着的）。

在登山路沿线和山顶都能看到附近幽深山谷和远处连绵群山的景色，通常也可以远眺更高的卡塔林纳山山顶。大多数参加从沙姆沙伊赫出发的团队游的游客会在日出前登山，到达峰顶后欣赏山间日出，然后在9:00之前返回山下。圣凯瑟琳修道院9:00开始对游客开放。

你也可以选择上山看日落，此时山上几乎没多少游客了。选择看日落的旅行者必然要在夜色中沿骆驼小路下山，因此要确保穿结实的鞋子并带上好使的手电筒。

由于该地区是一处圣地，埃及国家公园办公室为这里制定了许多规定。想在山上过夜的人只可以在低于山顶的以利亚盆地的台地处宿营。那里有几个旱厕，还有一棵500年的柏树——先知以利亚据说就是在这棵树所在的地方听到了上帝的声音。带足食物、水、保暖衣物和睡袋。即使是在夏天，夜里的气温也很低，且夜风阵阵，冬季更是经常下小雪。

➡ 骆驼小路

沿着圣凯瑟琳修道院的北墙，步行经过修道院院子的尽头，即到骆驼小路的起点。这条路相对好走，匀速步行的话上山约需2小时。小路很宽，标识清楚，一连串“之字形”拐弯使坡度显得不那么陡峭。除了有时会刮大风之外，唯一有可能遇到的困难是在走下坡路时脚下的沙砾路面会很滑。

大多数游客会选择步行上山，但你也可以在山脚处（修道院后面）租骆驼。旅行者可以骑着骆驼直到位于以利亚盆地的骆驼小路终点。决定骑骆驼的游客应该注意：就人体（特别是男性）结构而言，骑骆驼上山要比下山容易多了。

沿途有几个卖茶水和软饮的小亭子，山顶附近的小贩出租有助于抵御寒风的毯子（LE5）。对那些为了看日出而选择在黎明之前上山的人来说，花点儿钱租毯子保暖是值得的（尽管毯子闻起来有股骆驼味）。

➡ 忏悔阶梯

从修道院停车场通往山顶的另一条小路是由3750级台阶组成的忏悔阶梯，起点在修道院院子东南角的墙外。这些台阶是一位僧人修建的，他把修建台阶当作修行。前3000级台阶大概通往以利亚盆地的位置，剩下的750级通往山顶。台阶都是直接在岩石上凿刻出来的，许多地方又陡峭又参差不平，步行者不仅要有坚强的膝盖，脚下也要踩牢。沿途能看到壮美的山色，因此走这条路虽然很累，但是值得，而且在台阶的下半部分能看到修道院的全景。

如果两条登山路你都想尝试，比较省力的方式是从骆驼小路上山，然后走忏悔阶梯台阶下山。但是不要尝试在夜里走台阶，因此想看日落又不打算在山上过夜的人应该走台阶上山，然后沿比较容易走的骆驼小路下山。

➡ Wadi Al Arbain Trail

这条通往山顶的替代路线穿过邻近的Gebel Safsafa，经过更多的历史遗迹。它的起点是Al Milga村后面的Wadi Al Arbain，经过建于6世纪的四十烈士修道院（Monastery of Forty Martyrs）、摩西岩（Rock of Moses；据信这块岩石在摩西用他的手杖击打后，奇迹般地成了产生饮用水的岩石）和一些隐士牢房。这条小路连接着以利亚盆地附近的主要西奈山小道。要走这条线路，你需要在Al Milga的旅游公司请一名导游（LE250）与你同行。

活动

这一地区位于西奈南部高山地区的中心，非常适合那些愿意冒险的人进行徒步。在Al Milga村制定各种徒步自助游计划很容易。

徒步游

导览徒步游和骆驼徒步游的费用价格差异很大，视行程、团队人数和旅行社而定，价格范围是每人每天€20~50，含食物、水、运送装备的骆驼和导游。你应该在Al Milga购买木柴，这样可以避免毁坏山区寥寥无几的树木。一定要带水，除非你相信可以依赖山泉维生。你还需要舒适的徒步靴、帽子、太阳镜、防晒霜、暖和的夹克、优质睡袋和厕纸。记住：晚上很冷，冬季降霜甚至降雪都是很平常的事。徒步时间从半天到一周，甚至更长，你可以骑骆驼也可以纯靠步行。即使你决定步行，也至少需要一匹骆驼驮食物和行李。无论你跟着哪位向导，一定要在出发前去警察局登记。通过网站www.discoversinai.net和www.st-katherine.net可查询在该地区徒步的详细信息。

最受欢迎的路线之一是前往Galt Al Azraq（蓝池）的环线，那里拥有晶莹剔透的冰冷海水，游客可以在西奈最引人注目的美景中穿行，高山和郁郁葱葱的河谷随处可见。从Al Milga抵离，走完全程需要4~5天。

其他目的地包括Sheikh Awad、Nugra瀑布和Naqb Al Faria。Sheikh Awad既是酋长坟墓所在地，又是一个贝都因村庄。Nugra瀑布是一个降雨后形成的瀑布，高约20米，只能经由一个名为Wadi Nugra的蛇形峡谷前往，路很难走。Naqb Al Faria是一条骆驼小路，路边有岩刻。

徒步去往Gebel Katarina（埃及最高峰，2642米）的路线相对较短。道路几乎是笔直向前的，但走起来却很费力，到达山顶需要大约5个小时。在山顶看到的景色美得令人窒息，如果天气晴朗，甚至能看到沙特阿拉伯的群山。**蓝谷**（Blue Valley）的名字来自一位多年前把这里的岩石涂成蓝色的比利时画家。蓝谷也是一个受欢迎的一日游目的地。

徒步游公司

Mountain Tours Office 户外

（☎069-347-0457; www.sheikmousa.com; El Malga Bedouin Camp, Al Milga）圣凯瑟琳地区最大的徒步活动组织者，从午后短途散步到多日游，这家公司（El Malga Bedouin Camp的一部分）几乎什么样的线路都能安排，还提供瑜伽和冥想隐修活动以及攀岩和四驱车团队游。根据团队人数和线路，徒步的费用是每人每天€35~50。

Wilderness Ventures Egypt 户外

（☎012-8282-7182; www.wilderness-ventures-egypt.com）我们强烈推荐这家跟当地Jabaliyya部落贝都因人密切合作的公司，它组织圣凯瑟琳保护区内的各种徒步游和活动，专注贝都因文化和当地历史。需要特别强调的是：这家公司还能组织前往附近的Wadi Itlah花园的徒步活动，行程包括在花园里吃一顿高档午餐，以及听一场迷人的天文学讲座。

住宿

El Malga Bedouin Camp 青年旅舍 $

（Sheikh Mousa Camp; ☎010-0641-3575; www.sheikmousa.com; Al Milga; 铺/标单/双 LE30/125/180，标单/双 无独卫 LE75/120; 📶）这里归性情温和的Sheikh Mousa所有，由见多识广的Salah经营，是目前为止城镇中经营得最好的露营地。套房又大又舒适，住在小房间和宿舍可以共用有热水的优质浴室设施。这里有一个阴凉的、铺满垫子的露台，你可以在那里放松一下，厨房还会为你奉上丰盛的饭菜。

Desert Fox Camp 青年旅舍 $

（☎010-9473-2417; www.sinaidesertfox.com; Main Rd, Al Milga; 标单/双 无独卫 LE50/100，露营 每人LE25）这个略显破旧但友好的住宿地点提供非常基本的房间，庭院中间有许多遮阳座位，可以让你在长途跋涉后放松一下，或者尽情享用由厨房准备的丰盛大餐。这里可以组织徒步游（两人团每人每天约LE400）和该地区的无数活动。

Monastery Guesthouse 客栈 $$

（☎069-347-0353; www.sinaimonastery.com; St Katherine's Monastery; 标单/双 US$35/60; ❄）这家客栈就在圣凯瑟琳修道院隔壁，干净的房间围绕着一个宜人的庭院而建。那里的咖啡馆食物分量大、味道好。一定要住山景房，不要住园景房。请注意，这家客栈在我们上次访问期间暂时关闭，所以请务必提前打电话确认它是否营业并预订。

就餐

Al Milga的清真寺对面有家糕点店，

另辟蹊径

在AL KARM ECOLODGE体验沙漠之宁静

这个由贝都因人经营的**生态木屋酒店**（☎010-0132-4693; www.facebook.com/Al-Karm-Mountains-Ecolodge; Sheikh Awaad; 房间无独卫 含半食宿/全食宿 每人 LE100/120）位于一个偏僻的干涸河道旁边，是享受宁静和西奈南部山区美景的理想去处。这家酒店为保护环境所做出的努力值得称道：太阳能淋浴、旱厕以及设计独具匠心的房屋（由简单的石头和棕榈树树干组成）。房间里铺着当地纺织品，颜色与周遭的景色相得益彰。由于度假屋的偏远位置，预订是必不可少的。

这个晚上只有烛光照明的酒店十分独特，虽然往来不便，但辛苦也值得。店方可以组织多种很好的徒步活动。由于员工不太会说英语，你最好是找一个母语是阿拉伯语的人（比如Al Milga山区旅游办公室员工）来帮助你预订。酒店还可以为你安排前往度假屋的四驱车或导览徒步。如果驾车前来，你只能选择四驱车。在费兰干河公路上有“Garaba Valley”字样的路牌指向一条通往度假屋的岔路，就在距离圣凯瑟琳大约20公里的地方。

此外还有两三家简陋的餐馆和几个商品充足的超市（徒步登西奈山之前可以去那里购买必需品）。大多数游客会在他们下榻的营地或酒店就餐。如果你需要在西奈山徒步旅行之后喝一杯新鲜果汁和热饮料，在修道院入口处的停车场里有一家友好的咖啡馆。

实用信息

圣凯瑟琳保护区办公室（St Katherine Protectorate Office；☎069-347-0032）位于通往Al Milga的入口附近，这里就是你进入圣凯瑟琳保护区的入口。有时会提供介绍本地区4条小路（包括一条通往西奈山的小路）信息的小册子。这些小册子可以帮你了解每一条小路，还会讲解沿途的动植物以及重要的历史和宗教遗址。

埃及银行（⏰周六至周四 10:00~13:00和17:00~20:00）在加油站旁边，有一台自动柜员机，也能兑换美元和欧元。

警察局（☎069-347-0046；Al Milga；⏰8:00~17:00）在圣凯瑟琳保护区办公室旁边。

危险和麻烦

2017年4月，圣凯瑟琳保护区内的一个警察检查站发生枪击事件，导致一名警察死亡。这是自2012年和2013年圣凯瑟琳—沙姆沙伊赫公路沿线发生大量游客绑架案以来的首次恶性事件。圣凯瑟琳地区周围的警力仍然很多，沿路有几个安全检查站。许多政府对这一地区发出旅行警告，有时还要求旅游巴士在圣凯瑟琳和沿海度假区之间成群结队地行驶。

到达和离开

长途汽车站（☎069-347-0250）位于紧邻Al Milga的公路主路上，就在清真寺后面。East Delta Travel Co每天6:00有一班长途汽车经费兰干河和苏伊士开往开罗（LE90，7小时）。

圣凯瑟琳和西奈海岸之间不通公交车，但当地公司Bedouin Bus（www.bedouinbus.com；每人LE50）每周各有两班车从Al Milga开往努韦巴。开往努韦巴的车则在每周三和周日的8:00从位于Al Milga主街上的糕点店（清真寺对面）门口发车。这班车曾经也开往宰海卜，但由于旅游业不景气，该项服务现在已经取消。有关长途汽车的最新信息，请与**El Malga Bedouin Camp**（见417页）的Salah确认。

乘坐出租车去宰海卜或沙姆沙伊赫，车费为LE300~350。

上午，出租车和皮卡通常会在修道院停车场上等候从西奈山下来的人，正午前后（修道院关门时间）这些车辆还会再来。去镇上的单程车费为LE10~15。

费兰干河（Wadi Feiran）

长条形的费兰干河是连接整个高山地区和苏伊士湾的主要排水渠。作为西奈最大的绿洲，费兰干河植被丰茂，景色非常美丽，拥有超过12,000棵枣椰树，西奈所有的贝都因部落都在费兰干河建有村落。棕榈树外是围墙，水渠两侧的崎岖山峰在日出和日落时呈现的颜色会有微妙的不同，这也使得景色更加戏剧化。

费兰也是在《圣经》里出现过的重要地点，人们相信这里就是利非订（Rephidim）在旧约中提到的以色列人击退敌军的地方。正因如此，这里后来成了西奈第一个基督教大本营。当时的一个早期基督教女修道院保存至今，并已经过全面的重建，但要想入内参观，你得获得圣凯瑟琳修道院的许可。

如果你想去周围山区徒步，费兰干河是个理想的落脚点。

Bedouin Flower Garden（主路沿线路标清晰）是一个专门的营地和餐馆。

景点

塞巴尔山 山

（Gebel Serbal，Mt Serbal）**塞巴尔山**（被早期基督徒认为是真正的西奈山）位于费兰干河南边，高2070米。沿一条被称为**Sikket Ar Reshshah**的小路步行上山需要6小时，山路难行，很耗费体力。但是这很值得，因为在山顶能看到壮美的360度全景。上山徒步必须有贝都因向导陪同，Al Milga（圣凯瑟琳）或费兰干河的Bedouin Flower Garden餐馆都能安排向导。

到达和离开

每天运营的开罗至圣凯瑟琳的长途汽车经过费兰干河，并可以在沿途搭载乘客。

了解埃及

今日埃及

埃及自古以来被看作永恒的土地，那里的一切似乎永无变化。尽管自2011年以来的一系列政治事件改变了这一印象，但是仍然有一些事物保持原貌：埃及的地理位置、众多人口、对苏伊士运河的控制，这一切确保了埃及在这一地区的重要地位。即使近几年来，两届总统相继倒台之后出现了动乱，但作为一个温和的伊斯兰国家，埃及在外交和艺术方面依然享有崇高的声誉。

最佳电影

《广场》（2013年）一部关于2011~2013年埃及动荡的纪录片。此片赢得了三项艾美奖，并获得奥斯卡提名。

《亚库比恩公寓》（2006年）根据阿拉·阿斯旺尼的小说改编，讲述了开罗市中心一座公寓里的住户的故事。

《寻找石油和沙子》（2012年）这部精彩的纪录片由埃及历史学家Mahmoud Sabet拍摄，该片使用家庭录像的片段来展示法鲁克国王的垮台。

最佳书籍

《出租车》（2006年，Khaled Alkhamissi著）畅销小说，并已改编成戏剧，以开罗出租车司机的独白形式讲述了58个虚构的故事。

《永远胜利的城市》（Omar Robert Hamilton著，2017年）一部令人眼花缭乱的处女作小说，背景为在2011年起义期间的开罗。

《开罗三部曲》（纳吉布·马哈福兹著，1956~1957年）这部史诗三部曲的作者为诺贝尔文学奖得主，讲述了20世纪初一个开罗家庭三代人的故事。

《亚库比恩公寓》（阿拉·阿斯旺尼著，2007年）一部展示20世纪90年代埃及社会的畅销书。

穆巴拉克之后

2014年6月，临时总统阿德利·曼苏尔（Adly Mansour）为新当选的总统塞西（President Sisi）让位，这是现任埃及总统第一次放弃自己的权力。迄今为止，塞西总统一直在努力解决埃及的政治和经济不稳定问题。他有一些宏伟的构想，最值得一提的便是苏伊士运河的新河道，该工程推进迅速但造价不菲；他还说了很多豪言壮语，包括建立一个新的首都。但抛开这些头条新闻，老问题却更加严重了。大规模的贫困、简陋的教育和医疗、宗派冲突和经济动荡都在一定程度上相互关联，而且没有哪个能够轻易解决。2016年，政府削减了补贴并让埃及镑贬值，以确保能从国际货币基金组织获得120亿美元贷款并刺激经济，这导致短期内物价飙升，并对埃及社会中最贫困的群体造成了最严重的打击。

作为穆巴拉克领导时期的禁忌话题之一，武装部队的作用已成为埃及后革命时期的主要争论焦点之一。但是，由于总统一职由前国防部长和陆军元帅担任，武装部队的权力和独立性仍未受到挑战。对记者、政治反对派、权利活动家和其他民间社会组织成员的持续镇压，也对解决埃及问题造成了严重阻碍。只要该届政府拒绝成为那种独立开放、能够解决该国问题的政府，情况可能就不会好转。

迫切的问题

现代埃及正处在社会大变革之中。尽管总统和口号换来换去，但是他们放任不管的那些问题仍然存在：剧增的人口、极高的失业率以及瘫痪的经济。万能的法老们曾经的故乡，现在很大程度上需要依靠美国、海湾国家和欧盟，最近还有国际货币基金组织。

埃及还面临许多其他严峻问题，包括被国际特赦组织（Amnesty International）描述为“惯常的”对在押犯人的折磨和虐待；童工问题，特别是在暴利的国家棉花产业（据联合国儿童基金会报告，仅这一个行业就有100多万童工）；经常报道的对个人未经审判就采取行政拘留的案例，其中包括许多民主人士，这一点已经引起地方媒体及国际民权组织的批评；持续使用个人身份法对妇女进行限制，比如否认她们有自由旅行的权利，并且伴随着不断增多的性骚扰问题；持续的通货膨胀，导致最贫困的群体食物短缺；长期的环境威胁，包括备受关注的水污染、人口过剩、违规无序排放、严重的水危机和土壤盐碱化。对游客来说，感受最深的是旅游限制：曾经一度在庙宇和陵墓间游览的旅客，现在只能待在红海岸边或者留在家中。

永恒的埃及

即使在革命后的埃及，仍然有一些事情是没有改变的，比如在亚历山大某个国际化的咖啡馆悠闲地喝杯咖啡，或者在开罗的哈恩哈利利市场疯狂购物之后品茶静心。在埃及到处可见宏伟的古迹——具有尖顶的完美金字塔、宏伟的陵墓以及卢克索的神庙，这些都是一代又一代观光客游览尼罗河和各个城市后，在广袤壮观而荒凉的沙漠探险时不容错过的奇观。

可以肯定的是，向人们讲述这个国家辉煌历史的纪念碑依然巍然屹立，同时存在的还有使埃及人与众不同的特殊才能：他们具有极强的自娱自乐的能力。无论是在开罗街道上拥挤得令人窒息的人群中，还是在空旷而条件恶劣的沙漠中，他们都具有令人难以置信的适应性，总能在最艰苦的环境中展现幽默与乐观。你在埃及旅游时可能并不总是轻松悠闲且毫无麻烦的，但是埃及之行一定会令你大开眼界。

人口：约9570万

人口年增长率：2.4%

年均收入：6700美元

失业率：12%

如果埃及有100人

63人是15~64岁

32人在14岁以下

5人会超过64岁

信仰体系

(占人口百分比)

穆斯林　科普特基督徒

1

其他

每平方公里人口数

埃及

英国

美国

≈30人

历史

埃及的历史如大地上的万物般丰富，如其地形和风景般异彩纷呈，如尼罗河般绵长而悠远，比世界上大多数国家的历史都漫长。而近代发生的事件也不断地显示出，埃及的历史也可以如同埃及人民的性格一样充满活力。当古代欧洲大部分地区的人还身裹兽皮、手挥棍棒时，古代埃及人已经在享受精致的生活，同时致力于维护天地万物的秩序，以及最充分地利用他们的巨大资源——尼罗河。

尼罗河

国家的馈赠

如果想要参观底比斯陵墓群，在尼古拉斯·里维斯（Nicholas Reeves）和理查德·H.威尔金森（Richard H Wilkinson）编著的《国王谷全集》（*The Complete Valley of the Kings*）中可以找到最翔实有用的信息，或者上网（www.thebanmappingproject.com）查看肯特·威克斯（Kent Weeks）的底比斯测绘项目。

希腊历史学家希罗多德（Herodotus）认为埃及是尼罗河的馈赠，尽管这种说法现在可能已是老生常谈，但是恰如其分。古埃及人直接叫它“iteru”，意即“河”。如果没有尼罗河，也就没有我们所知道的埃及。

尽管人们并不清楚确切的历史，但是几千年之前北非的气候一定是发生了巨大的变化。降雨模式也发生了改变，埃及因此从富饶的热带大草原变成越来越干旱的地区，这一切引起了巨大的社会变化。非洲这一地域的人们原本过着游牧生活，狩猎、采集，并且随着季节的变化迁徙于整个地区。但是当草原变成沙漠时，他们能去的地方只有一个：尼罗河。

东非和中非的降雨确保了埃及境内的尼罗河每年夏天都会涨水，有时候要到6月末阿斯旺（Aswan）的水位才会上涨。9月，开罗地区的河水会涨到高点。在多数年份里，高涨的河水淹没了河谷和乡村。随着降雨停止，水位开始回落，地里的水也退去，大地上留下了一层从非洲山脉冲刷下来的肥沃淤泥。

埃及人明白，如果在这片肥沃的大地上播种，就能获得丰收。随着更多的人沿着河谷定居下来，更好地利用每年一次的河水泛滥就变得更加重

大事年表

约公元前250,000年	约公元前3100年	公元前2650年至公元前2323年
埃及出现了最早的人类踪迹。河谷的热带大草原为狩猎采集者提供了充足的食物，直到后来气候变化把草木茂盛的原野变成沙漠，使得人类不得不聚居在富饶的尼罗河沿岸。	传说一位名叫纳尔迈（Narmer）的法老把地中海与阿斯旺第一瀑布之间的民众联合了起来。上埃及与下埃及统一，孟菲斯成为其首都。	这段时期，埃及人在吉萨和塞加拉修建大金字塔。有证据表明，每年的一段时间内，很可能是当尼罗河泛滥时，有大量的劳动力从事民政工程建设。

要，不然下一年人们就没有足够的食物。为了组织劳动力来最充分地利用这一“馈赠”，一种社会秩序逐渐形成了。在这一秩序中，农民处于下层、中间是贵族和统治者，处于金字塔塔尖的则是法老。

在埃及的传说中，所有的社会发展都被归功于明智的好国王奥西里斯（Osiris）。相传这位国王教会埃及人如何耕种，如何最好地利用尼罗河，以及如何才能过上美好而文明的生活。神话故事不仅与理想化的过去有关，也与王权的出现结合在了一起：人们在希拉孔波利斯（Hierakonpolis）发现了前王朝（公元前3000年左右）的天蝎权杖头（Scorpion Macehead），上面就有灌溉仪式的图案，而天蝎权杖是最早的王权象征物之一。这一点表明，即使追溯到远古时代，充分利用大河的“恩赐”就已经是领袖角色的重要组成部分。

尼古拉斯·里维斯编著的《古埃及：伟大的发现》（*Ancient Egypt: The Great Discoveries*）按时间顺序介绍了从1799年罗塞塔石碑（Rosetta Stone）到1999年黄金木乃伊谷（Valley of the Golden Mummies）这200年间埃及所有伟大的发现。

尼罗河起源的故事

古埃及人一直想知道尼罗河的起源，但直到19世纪，欧洲探险家才解决了源头的问题。现在还没有证据能够表明古埃及人知道这一生命线起源于何处。因为没有事实证明，古埃及人就开始编故事。

在埃及所有关于尼罗河起源的神话中，最没说服力的一个故事认为尼罗河的源头在阿斯旺，处于第一瀑布（First Cataract）下面。据说这条河流从大瀑布向北流入地中海，向南流入非洲。

埃及人用多种方式来尊崇尼罗河赋予生命的能力，最明显的就是对哈比神（Hapy）的崇敬。哈比神不同于一般的神，大多数神都外形苗条，但是哈比恰恰相反，经常被描绘成大腹便便、双乳下垂、戴着纸莎草头饰的形象。每年尼罗河涨水时，埃及人就举行盛大欢宴来赞美和歌颂哈比。后来他的形象总是与纸莎草和莲花编织在一起，提示人们是尼罗河把祖国的南北连在一起。

但是，所有关于尼罗河的埃及神话中，最经久不衰的、最受欢迎的故事还是关于一位悲伤的妻子——伊希斯（Isis）：不管尼罗河起源于哪里，每年一次的涨水都被解释为女神伊希斯因为失去国王奥西里斯而流的眼泪。

PJ Vatiokis的《埃及现代史》（*The Modern History of Egypt*）是介绍埃及19世纪和20世纪这段历史最好的单册书籍。约翰·罗默（John Romer）的《古埃及历史》（*A History of Ancient Egypt*）就如同这本书所涉的题材一样，漫长而充满惊喜，令人着迷。

实际情况

不管尼罗河来自何方，大部分埃及人的生命都开始于此并终结于此。他们出生在尼罗河畔，用尼罗河水进行出生后的第一次洗浴。尼罗河供养了埃及人的一生，使得他们的田地能长出蔬菜，使得他们的盘中有鸡鸭鱼

公元前2125年至公元前1650年

作为上埃及的首都和宗教力量的重要所在地，底比斯城崛起。当底比斯统治者门图霍特普二世（Montuhotep Ⅱ）建立中王国时，底比斯成为其首都。

公元前1650年至公元前1550年

定居在埃及北方的西亚部落希克索斯控制了河谷，开始了第二中间期，此时出现了重大的技术与社会革新。

公元前1550年至公元前1186年

底比斯的王子雅赫摩斯（Ahmose）于公元前1532年前后打败了希克索斯人，开始向努比亚和巴勒斯坦扩张。在接下来的两个世纪里，他的继承人扩大了王国疆土。

公元前1352年至公元前1336年

埃赫那吞（Akhenaten）在他的新都创立了一神教。他死于公元前1335年左右，其继承人图坦卡蒙又将首都迁回底比斯，并且恢复了底比斯主神太阳神阿蒙的神权。

高146米的胡夫大金字塔（The Great Pyramid of Khufu，建于公元前2570年）在3800年间一直是最高的人造建筑。

肉；当他们口渴时，他们的饮具里有盛满的水；每当天气炎热或者结束了一天的工作时，是尼罗河给人们提供了放松洗浴的地方。而当他们死后，如果有钱，他们的尸体就会被沿河运到阿拜多斯（Abydos）的祭拜中心；当准备埋葬时，为其装殓的人用的也是尼罗河水。但是，埋葬是一个完全脱离这一生命之源的时刻，因为如果幸运的话，死者就会被埋葬在远离潮湿之处，沙漠里干燥的沙石能够将尸骨保存到永远。

尼罗河并不总是慷慨大方的，它还会带来各种危险，比如鳄鱼、突然暴发的洪水（冲走了无助的儿童，无情摧毁了人们的房屋）、水中滋生的疾病和携带这些疾病的生物（包括蚊子）。这条大河还决定了人们生活的节奏，一切都随着河水泛滥的开始而开始：河水上涨时，新年来临了，这是欢庆的时刻，对某些人来说也是放松的时刻。随着洪水淹没田地，人们需要划船从一个村庄到达另一个村庄，农民需要重新干起忽视已久的活计——修理工具及修缮房屋。这也是服徭役的时间。徭役是一种劳工制度，据信许多民政工程就是在劳工制度下修建的，其中就有金字塔、连接尼罗河与红海之间的运河，还有19世纪开通的苏伊士运河（Suez Canal）。

尼罗河也带来了收税员，因为每年的收税等级是根据河水泛滥的水位决定的。公式算法很简单：贵族们在象岛（Elephantine Island）观察涨水情况，那里的岩石侧面刻有高度标志，每年洪水的高度都被记录下来。如果水位升到14腕尺（古代的一种长度单位），就会有足够的食物。如果涨到16腕尺，食物就会有剩余——剩余就意味着更高的税收。而如果只有8腕尺，就到了做最坏准备的时候了，因为饥荒即将到来，许多人将追随奥西里斯去往精神世界。

古老的习惯

尽管古老的神早已逝去，埃及人沿着尼罗河修筑了公路和铁路，但是尼罗河仍然施展着它的魔法，发挥着它的威力。在18世纪和19世纪，外国人沿着这一途径去发现过去的神秘。当风从北方刮来时，他们启航沿河而上，发现自己看到的是无法想象的壮丽辉煌的景观。即使在那时，埃及人仍然坚持他们古老的习惯和对尼罗河的依赖。在19世纪30年代，英国的东方学专家爱德华·雷恩（Edward Lane）曾记载6月17日仍然被称作“落泪夜”（Night of the Drop）。他写道：“人们相信一滴神奇的水在这时滴入尼罗河，造成了河水的上涨。”雷恩还记载了另一个风俗：人们用泥塑成一个女孩——被称为“尼罗河新娘”（Bride of the Nile），这个泥塑在河水上

杜比·威尔金森（Toby Wilkinson）的作品《古埃及的兴衰》（*The Rise and Fall of Ancient Egypt*）对古代埃及进行了权威性的描述。

公元前1294年至公元前1279年	公元前1279年至公元前1213年	公元前1184年至公元前1153年	公元前1070年
塞提一世（Seti I）恢复了帝国并且开创了新保守主义时期：他在阿拜多斯的寺庙仿照了古王国时期的风格，他还在国王谷修建了最精美的陵墓。	塞提一世之子拉美西斯二世所修建的建筑比其他任何法老都多。他使其家乡阿瓦里斯（Avaris）成为埃及的贸易中心，为底比斯增添了荣光。	拉美西斯三世在一个不稳定的世纪为人民提供了一段稳定的时期，他控制了利比亚人，打败了海上民族，并压制了内部的不同意见。他去世后，王位大权旁落。	拉美西斯十一世去世时，已经失去了对埃及南部大部分地区的控制权，中央政府也消失了。新王国时期进入了暮年。

涨时会被冲走。这是在仿效一种古老的仪式，在仪式中，人们向涨水的河中奉献塑像作为祭品——有时可能也会用年轻女子作为祭品。

100多年之后，在1934年，埃及考古学家玛格丽特·穆雷（Margaret Murray）在一个科普特村庄度过了9月中旬的一个夜晚，庆祝尼罗河涨水之夜，“向大河的统治者感恩，而这统治者已经不再是奥西里斯，而是耶稣基督，但与往日相同的是，他们祈求神赐福于他们的孩子和家庭”[《伟大埃及》（*The Spendour that was Egypt*），1963年，233页]。

后来，堤坝和围堰阻断了每年一次的洪水，也就打破了这种与尼罗河精神上的联系。但是埃及人，不论是沿河居住还是生活在沙漠中的新兴卫星城，始终继续着对尼罗河的依赖。但现在他们不再向“大河的统治者”祈祷，而是开始信任工程师和政治家：工程师能像从前的国王那样帮助他们最充分地利用河水，政治家当前正与尼罗河盆地的邻国就如何分享水资源进行反复磋商。无论埃及人寄希望于何处，他们始终知道，他们的生存依赖于这条流经阿斯旺、一路流向地中海的大河。

Christian Cannuyer所著的《科普特的埃及》（*Coptic Egypt*）讲述了从1世纪圣马可在亚历山大布道到21世纪埃及基督教的故事。

埃及基督教

最初

科普特传统认为基督教于公元45年由圣马可（St Mark）传入埃及。根据这一传统说法，圣马可最初来自今天利比亚的昔兰尼（Cyrene）。当他在亚历山大时，他的鞋破了，他把鞋拿给补鞋匠亚拿尼亚（Ananias）修理，亚拿尼亚修鞋时弄伤了手，喊道：“噢，上帝啊！”听到这句话，圣马可

殉道者和英雄

亚历山大城的历史充满不同宗教信徒之间的斗争，圣马可以自己的生命为代价证明了这一点：这位把基督教带到埃及的人由于公开反对朝拜城里的异教神塞拉匹斯（Serapis）而被处死。许多罗马法令反对基督教，其中最严厉的来自戴克里先皇帝（Emperor Diocletian）。在他统治时期，宗教迫害非常严重，很多人因此丧命（一些科普特史学家估算，约有144,000人死于迫害），所以始于戴克里先登基那年（284年）的科普特历称这一时期为殉道者时代（Era of Martyrs）。但形势很快就发生了变化。

293年，君士坦丁和戴克里先皇帝同掌大权。312年，正当君士坦丁奔赴战场准备与对手交战时，他看到空中出现了一个燃烧的十字架，上面写着“征服”。君士坦丁最终取得了胜利，成为帝国的统治者，他同时也信奉了基督教。324年，他下令将基督教设为国教。

公元前945年至公元前715年	公元前663年	公元前610年至公元前595年	公元前525年
定居下来的利比亚人在尼罗河三角洲的势力越来越强大，最终取得政权，建立第22王朝及第23王朝，但是埃及尼罗河流域被王子们分割统治。	亚述国王亚述巴尼拔进攻埃及，洗劫底比斯，掠夺阿蒙神庙。来自三角洲舍易斯（Sais）的利比亚王子统治了遭到严重破坏的埃及。	晚期王朝的法老尼科（Necho）通过密切与地中海的联系、加强海军建设、开凿通往红海的运河和派探险队绕非洲航行，鼓励对外贸易。	波斯国王冈比西斯（Cambyses）使埃及成为其王国的一部分，并以法老的身份进行统治，他先后向努比亚和锡瓦（Siwa）发起进攻，在这次进攻中，他的军队消失在沙漠里。

威廉姆·J.穆尔内（William J Murnane）编写的《企鹅古埃及指南》（*The Penguin Guide to Ancient Egypt*）极为详尽地介绍了埃及法老时期的生活方式和雄伟建筑，书中对主要的寺庙和陵墓都配有插图和描述。

意识到他是首位信奉新宗教的人。尽管没办法来证明这个故事，但是也不能否认基督教很早就从巴勒斯坦直接传到埃及这一基本事实。

当古埃及人的权势处于鼎盛时期时，他们就将自己的宗教传出了国门——整个地中海地区都知道并且敬畏底比斯的阿蒙（Amun of Thebes）。即便在其衰落时期，对女神伊希斯的狂热崇拜也遍及整个罗马帝国。埃及人对外国的宗教观点也持开放态度。公元前6世纪，波斯人劫掠了底比斯并使得埃及臣服于波斯帝国的时候，波斯人并没有把他们所崇拜的诸神强加给埃及人。两个世纪之后，亚历山大大帝对待事物的看法有了变化，至少是在国家的北方：他一方面在卡纳克（Karnak）建造阿蒙神殿，作为法老受到孟菲斯（Memphis）祭司的欢迎；另一方面，他又鼓励希腊人和犹太人把他们的神请到他的新城。在马其顿帝国之后的托勒密王朝治理下，亚历山大城成为一个多元文化中心，许多不同信仰、不同宗教的人在那里一起生活，一起敬拜。

早期的教堂

无论从形式还是内容方面，埃及的科普特基督徒都从古代的异教中吸收了许多东西。要想找出直接的相似之处不太可能，但是对玛利亚狂热崇拜的兴起看起来就是受到了伊希斯大受欢迎的影响：二者都被说成是因圣灵而感孕。根据已故的科普特音乐理论家拉格·莫夫塔博士（Dr Ragheb Moftah）的观点，科普特礼拜仪式看起来是由古代仪式进化而来的，即使现在，我们也能在其中发现仿效古埃及宗教仪式的地方。甚至科普特教堂的构造也都效仿了古代异教徒的庙堂设计：它们都被划分为三块不同的礼拜区域，最里面一块有圣坛的是专门留给牧师的，有圣徒形象的圣幛将这里与其他教徒隔开，正如埃及古代祭司被遮挡在装饰有神及法老画像的墙壁后面一样。

马克·莱纳（Mark Lehner）和理查德·H.威尔金森所著的《金字塔全解：剖析古代秘密》（*The Complete Pyramids: Solving the Ancient Mysteries*）通俗易懂地介绍了吉萨的三座金字塔和旁边的70多座三棱锥形陵墓。

秘密祈祷的早期需求、追随耶稣的榜样而从世界隐退的愿望、追求精神价值与城市生活的需求及诱惑之间越来越难以调和，以及作为异教徒隐士的记忆根深蒂固，这一切都导致一些基督徒离开尼罗河河谷，来到沙漠寻求精神的纯净。被称作第一人的是228年出生在亚历山大的圣保罗（St Paul）。250年，他为了逃避迫害而逃到了东部沙漠。沙漠生活显然很适合他，因为据说他在那里生活了几乎一个世纪，于343年左右逝世。尽管在5世纪有过对圣保罗的记载，但是关于他这个人是否存在仍有争议。但那些据说受过他感召的人并没有这样的怀疑。

埃及的基督徒对这一新兴宗教的进化起到了决定性的作用。在与来自

公元前521年至公元前486年	约公元前450年	公元前331年	公元前323年
波斯国王大流士一世（Darius I）通过修建庙宇和促进贸易来安抚埃及人，建造了通往红海的尼科运河。	希腊历史学家希罗多德造访了埃及，并将其称为“尼罗河的馈赠”。	亚历山大大帝入侵埃及并到访首都孟菲斯及锡瓦的神谕庙。他设计了一座城市——亚历山大，该城市将成为地中海地区希腊文化的中枢。	亚历山大大帝在巴比伦去世时，其将军托勒密被授权控制埃及。亚历山大的遗体安葬在亚历山大城，托勒密在这里修建了博物馆和图书馆，可能还修建了亚历山大灯塔。

圣安东尼：修道院生活方式的创立者

圣安东尼据说出生于富裕的地主家庭，但是在他很小的时候就父母双亡。成年后，他变卖了遗产，把所得的钱财都分给了穷人，然后隐居在圣保罗附近的沙漠之中。为了效仿他的行为，同时也为了躲避迫害，其他基督徒也跟随他来到了沙漠。隐士圣安东尼继续向沙漠深处进发，后来独自隐居在深山中的一个洞穴中，而其他追随者则在下面的山谷中集体隐居——这就是第一座修道院的建立。

在沙漠中，尤其是在巴勒斯坦，以前也极有可能存在过宗教团体，但人们认为是圣安东尼创立了这种新的生活方式——通过隐居来获得救赎。后来，大约出生于285年的圣帕科缪（St Pachomius）把隐士们组织在一起，住进了我们现在称为修道院的地方，这被证明是基督教历史上最重要的举措之一。

帝国各地的基督徒进行的一系列会议中，科普特人就上帝的本性、基督徒的责任、正确的祈祷方法及宗教生活的其他诸多方面进行了辩论。尤其在一件事情上，科普特基督徒认为他们自身是孤立的。许多基督徒认为，既然耶稣是出生的，那么一定会有一段时间他不是神，也不是上帝的一部分。然而科普特牧师，特别是亚他那修（Athanasius），则坚持认为这种双重性观点是向多神论的倒退。决定性时刻出现在325年由罗马皇帝君士坦丁大帝在尼西亚（Nicea）组织的宗教会议上。在这次会议上，亚历山大人取得了胜利：尼西亚信经清楚明白地阐明圣父和圣子是一体。这一成功更加巩固了亚历山大作为地中海文化中心的地位。

旧神之死

391年，狄奥多西一世皇帝（Emperor Theodosius）发布法令禁止人们参观异教庙宇，甚至还禁止人们观看异教塑像。尽管这个法令在一些地方遭到忽视，但是在亚历山大却得到了严格的执行。当时，塞拉匹斯神庙仍然矗立在亚历山大的市中心，金塑的神像仍然在圣殿里接受信徒们的膜拜。亚历山大的基督教宗主教煽动并带领一群人攻击了神庙，把神像从底座上推翻，并拖过街道，然后烧毁，以证明曾经的预言“如果神像受毁，人类的末日就会降临”是错误的。据说这群人还放火烧毁了神庙图书馆——在亚历山大“母亲图书馆”被尤利西斯·恺撒发动的进攻烧毁之后，神庙图书馆就是世界上藏有书卷最多的图书馆之一。宗主教接着在废墟上修建了一座教堂。

克里斯蒂安·贾克（Christian Jacq）所著的《拉美西斯：光明之子》（*Ramses: The Son of Light*）是关于这位著名法老的五卷圣徒传的第一卷。书中的语言通俗易懂，由于贾克是一名埃及古物学家，所以书里的基本内容都是非常准确的。

公元前310年至公元前250年

由于能够阅读到图书馆里的70万本著作，亚历山大城的学者们计算出了地球的周长，发现地球围绕太阳运转，并编撰了荷马史诗的权威版。

公元前255年

希腊天文学家、昔兰尼（利比亚）的埃拉托色尼（Eratosthenes）定居在亚历山大城，首次准确计算出了地球周长。

公元前246年至公元前221年

托勒密三世Euergetes Ⅰ着手进行一项建筑计划，其中就包括了亚历山大城的塞拉比尤姆神庙（Serapeum）和伊德富的荷鲁斯神庙（Horus）。其继承人继续了他的建设大业。

公元前196年

一部法令用象形文字、通俗文字和希腊文这三种文字雕刻在一块玄武岩上。后来这块石碑在罗塞塔镇出土，提供了破译古埃及语的钥匙。

卢克索神庙的所在地在过去的3500年间一直是人们朝拜的地方，现在仍然是朝拜圣地。阿布赫格清真寺(Mosque of Abu Al Haggag)位于它的庭院高处。

330年，君士坦丁大帝迁都到拜占庭并将其更名为君士坦丁堡（今伊斯坦布尔）。从那时开始，亚历山大的权力逐渐削弱。在一个多世纪以后的451年，在卡尔西顿公会议（Council of Chalcedon）上，埃及人被正式边缘化了。因为埃及人拒绝接受耶稣是一个人但是具有双重性这个看起来复活多神论的观点，继而与其他基督教派分裂，他们的宗主教被逐出教会，而且不久之后，亚历山大被攻陷。

然而尽管宗教上分裂，埃及仍然是拜占庭帝国的一部分，被外国总督统治，其命运也与帝国连在一起。这就造成了越来越严重的紧张情绪，在查士丁尼一世（Emperor Justinian）统治期间（528~565年），紧张状况达到顶点。亚历山大市民向皇帝派来的总督抛石块，而总督则派军队惩罚人民来进行报复。629年，一名信使从阿拉伯前往拜占庭觐见皇帝。他受一个名叫穆罕默德（Mohammed）的人派遣去传播一种新的宗教，即伊斯兰教。这名信使在路上被谋杀。10年以后，阿拉伯军队侵占了埃及。

拜占庭之后

阿拉伯人在阿慕尔（Amr Ibn Al As）将军的领导下横扫防卫不良、措手不及的埃及，于巴比伦附近大败拜占庭军队，发现未经一战而亚历山大城门已然大开。

阿慕尔没有强迫埃及人信奉新的宗教，却向不信奉者征税，并且表现出对改信者的种种优惠。人们慢慢地不可避免地改信了新的宗教，但这一过程到底用了多长时间，目前尚存争议。最终，一些修道院里教徒寥寥，而且科普特文字及语言（法老最后的语言）也在公共场合停止使用。基督教团体在新都开罗以及在河谷南部到古都底比斯（卢克索）仍然是最强大的。基督徒也越来越多地依靠修道院。在诸如奈特伦洼地（Wadi Natrun）和尼罗河谷的一些地方，修道士团体隐藏在高墙之后，保留着古老的语言和古老的传统，并且在他们的图书馆里保留着某些古老的智慧。

到19世纪中叶，即便是修道院也受到了威胁，沿尼罗河而上的欧洲旅行者吃惊地看到赤裸的修道士游到他们的船上乞讨食物和钱。这种衰落持续到20世纪，到此时，只有大约10%的埃及人是基督徒，大的修道院也处于最衰落时期。具有讽刺意味的是，基督教对这些威胁的反应却是享受某些宗教传统的复苏。20世纪初，现代化的影响激发了文化的更新，并由此给许多领域注入了新的活力，其中就包括已消亡很久的绘制圣像的传统。在20世纪80年代和20世纪90年代穆斯林针对科普特人的暴力行动后，修道士人数显著增加。在圣安东尼修道院（St Anthony's

公元前170年至公元前116年	公元前48年	公元前30年	公元45年
托勒密八世Euergetes II的统治以暴力和野蛮著称，但是他也以开放伊德富神庙与建设菲莱（Philae）和考姆翁布（Kom Ombo）而闻名。	尤利西斯·恺撒点燃了摧毁亚历山大港舰队的大火，火势在整座城市中蔓延，并烧毁了亚历山大图书馆。	安东尼与克里奥佩特拉在亚克兴角海战中被击败。托勒密王朝的统治终结，罗马帝国的统治开始，埃及成为屋大维（后来的奥古斯都·恺撒大帝）的私人财产。	根据科普特传说，圣马可在这一年到达亚历山大城并使一位亚历山大城的修鞋匠皈依。在该世纪末，埃及的基督教得以建立。

Monastery），修道士从1960年的24人增加到1986年的69人，而在圣普西奥修道院（St Bishoi Monastery）则从12人增加到115人。

穆巴拉克总统下台之后，于2012年组成的由穆兄会领导的政府对于缓和埃及的紧张局势束手无策，科普特人认为现状依然是自己受到攻击而施害者不受惩罚。因此，许多富有的科普特人选择了移民美国、加拿大或者澳大利亚。还是在2012年，深受爱戴的科普特教皇谢努达三世（Shenouda Ⅲ）逝世，由教宗塞奥佐罗斯二世（His Holiness Pope TawadrosⅡ）继位，他也是亚历山大第118代宗主教。

在2013年，这位新教皇同爱资哈尔（Al Azhar）的首领和塞西元帅一同宣布推翻2013年穆斯林兄弟会政府。尽管他们一直支持塞西，但科普特人依旧面临长久以来的迫害，没有什么安全感。在2017年的棕枝主日（Palm Sunday），发生了一起针对教堂的炸弹袭击事件，当时有一名枪手向明亚（Minya）附近的一群朝圣者开火，至少有28人死亡。

第六任法蒂玛王朝哈里发哈基姆（El Hakim）以行为古怪而著称，他认为女人就应该待在家里，所以他禁止制作女鞋。

阿拉伯人的到来

大约628年，新近联合起来的阿拉伯力量的领袖穆罕默德，给世界上一些最有权势的人写信，其中包括拜占庭帝国皇帝赫拉克利乌斯（Heraclius），请他们信奉他的新宗教。皇帝拒绝了，因为他从未听说过伊斯兰教，而且他只是把阿拉伯人看作是在他的强大帝国边缘生活的一个微不足道的民族。到641年赫拉克利乌斯去世时，阿拉伯军队已经征服了拜占

外族入侵者

古埃及的历史就是一部埃及与邻国的关系史——无论是它的财富还是地处地中海、红海及亚非商路的战略位置，都引起了各邻国的觊觎。当埃及强盛的时候，它控制着努比亚（Nubia）的金矿以及整个黎凡特（Levant）地区的商路——拉美西斯二世在卡叠什战役（Battle of Kadesh）中大败赫梯人（Hittites）的形象出现在众多寺庙墙壁上，无疑彰显了当时埃及的强大。当埃及国势衰退的时候，它引起了当时强国的注意。公元前663年，亚述领袖亚述巴尼拔（Ashurbanipal）洗劫了底比斯。一个世纪之后，波斯人控制了尼罗河。公元前331年，亚历山大大帝占领埃及，埃及成为马其顿帝国的一部分。公元前30年，屋大维，即未来的罗马皇帝奥古斯都·恺撒，吞并了埃及，将之纳为私有财产。7世纪，阿拉伯军队占领了埃及，到16世纪，奥斯曼军队又占领了埃及，这之后直到1919年，埃及一直正式属于奥斯曼帝国的一部分。

约271年

据说圣安东尼开始隐退于东部沙漠的一个洞穴里。很快，他的生活方式吸引了其他人来到沙漠，他把他们组织成一个松散的群体，这就是基督教的第一批修道士。

391年

拜占庭皇帝狄奥多西把信奉异教定为叛国罪，亚历山大塞拉匹斯神庙被烧毁。

451年

在卡尔西顿公会议上，埃及的科普特基督徒拒绝接受基督耶稣具有双重性，即神人二性并存的说法，科普特教会就此与基督教其余教派分裂。

640年

阿慕尔率领一支阿拉伯军队横扫埃及，并在巴比伦的罗马要塞（现为开罗一部分）建立基地。次年，阿慕尔攻占拜占庭首都亚历山大城。

庭帝国的大部分地区，包括叙利亚和埃及的大部分地区，而且当时阿拉伯人直接在埃及首都亚历山大的城墙外安营扎寨。

胜利者

贾迈勒·基塔尼（Gamal Al Ghitani）的作品*Zayni Barakat*讲述了马穆鲁克王朝后期的开罗社会中充斥着阴谋、陷害及各种不择手段的欺诈行为。

埃及人已经习惯了外国入侵者，但是从来没有遭遇过像阿拉伯人这样的侵略者——不仅有政治企图，还带有宗教目的。亚历山大陷落之后，阿拉伯将军阿慕尔在写给其领袖奥马尔哈里发（Caliph Omar）的信中称，他刚刚占领了一座城市，这座城市有4000座宫殿、4000个浴室、400座剧院和12,000个卖青菜的小贩。奥马尔可能感觉这座成熟的大型城市会有传教失败的风险，便命令他的军队创建一个新的伊斯兰首都。城址选在巴比伦的罗马要塞旁边，这里是尼罗河扇形冲积平原扩散进入三角洲的地方。这一地区最初只是一个帐篷林立的营地，所以被称作福斯塔特（Al Fustat），即阿拉伯语中的“帐篷”。但很快这里就发展成这一地区的主要城市之一，直到逐渐被附近新建的定居点掩去光芒——8世纪阿拔斯王朝的城市阿斯卡尔（Al Askar）、9世纪图伦王朝的城市Al Katai，以及最后10世纪法蒂玛王朝的城市Al Qahira。Al Qahira在阿拉伯语里的意思是“胜利”，也是开罗（Cairo）一词的起源。

逊尼派还是什叶派？

阿拉伯帝国的统治就像埃及不断变化的首都一样不稳定，它的权力中心从麦加转移到大马士革，然后又转移到巴格达。这一点也反映了伊斯兰王权的转变——分为了逊尼派和什叶派。早期的阿拉伯王朝都是逊尼派，而在10世纪征服了埃及并创建了Al Qahira的法蒂玛王朝的君主们都是什叶派信徒。新城的中心有一座爱资哈尔清真寺，那里的教长成了全国宗教事务的主要权威。但是在1171年，在埃及取得政权并创建了阿尤布（Ayyubid）王朝的萨拉丁（Saladin）却是逊尼派信徒。从那时起，爱资哈尔的教长一直教授逊尼派正统教义。今天的大多数埃及人都是逊尼派信徒。

在《一千零一夜》中，女主人公山鲁佐德（Sheherazade）每晚讲述的故事中有许多都发生在马穆鲁克人统治时期的埃及开罗，女主人公称之为“世界的母亲”。

马穆鲁克人

萨拉丁的阿尤布王朝最后的统治者中有一位叫萨利赫苏丹（Sultan As Salih），他进行了一项创新：建立一个永久的突厥奴隶战士阶层。当时大多数苏丹都依赖朋友和亲属来提供防卫。萨利赫这一构想遭到了所有人的鄙视，他认为明智之举是自己给自己提供防卫，于是从乌拉尔（Urals）和

832年
哈伦拉希德（Haroun Ar Rashid）之子、哈里发马蒙（Caliph Al Mamun）前来镇压科普特人的起义。他还强行进入了胡夫金字塔，但根据历史记载，他并没有发现宝藏。

868年
艾哈迈德·伊本·图伦（Ahmed ibn Tulun）是一位土耳其马穆鲁克人的儿子，控制了埃及，建立了新的帝国：图伦王朝，并在开罗兴建了新的都城Al Katai，如今只有他的清真寺幸存下来。

969年
什叶派将军乔哈尔（Jawhar）为一个新兴宫殿城市Al Qahira（今开罗）奠定基础，并修建了一座大学清真寺爱资哈尔。两年后，法蒂玛王朝哈里发穆伊兹（Al Muizz）从突尼斯来此定居。

996年
法蒂玛王朝哈里发哈基姆实行最严厉的统治，禁止妇女离开她们的房子、歧视基督徒和犹太人、禁止出售葡萄并且杀死了开罗所有的狗。

里海之间的地区购买了大量奴隶，组建了自己的护卫队。这些奴隶被称为“马穆鲁克”，意思是“被拥有者”或者“奴隶”。他们一到埃及就获得了自由，并逐渐形成了一个战士阶层，后来还统治了埃及。

马穆鲁克人效忠的并不是血统，而是他们最初的主人埃米尔。不断有新买的奴隶加入这支队伍，这里没有世袭的血统门第，而是由最强者管理。很少会有苏丹终老而死。天生骁勇善战的马穆鲁克人打了一系列胜仗，使得埃及控制了巴勒斯坦、叙利亚、沙特阿拉伯汉志省(Hejaz)以及北非许多地方，建成了中世纪晚期最大的伊斯兰帝国。因为马穆鲁克人不允许遗赠他们的财富，所以他们进行大规模建设，给开罗留下了许多精美的清真寺、学校和陵墓。在他们267年(1250~1517年)的统治期间，开罗成为伊斯兰世界的学术和文化中心。

马穆鲁克人大规模建设的资金来源于贸易。在开罗有一条运河连接着红海和尼罗河，这样又与地中海连接，因而在欧洲、印度与东亚之间繁忙的通商之路上构成了一条至关重要的纽带。在14世纪和15世纪，马穆鲁克与威尼斯人一起控制了东西方贸易，二者都从中积累了巨大财富。

16世纪初，由于两种原因，马穆鲁克人的好日子走向了终结：瓦斯科·达·伽马(Vasco da Gama)发现了绕经好望角的航海线路，使欧洲商人得以摆脱开罗征收的重税；还有就是奥斯曼土耳其人作为一股强大的新生力量崛起，寻求统一伊斯兰世界。1516年，马穆鲁克人在倒数第二位君主高里(Al Ghouri)苏丹的统领下，被迫去应对土耳其人的威胁。在叙利亚阿勒颇(Aleppo)进行的战役以马穆鲁克人的彻底失败而告终。次年1月，土耳其苏丹塞利姆一世(Selim Ⅰ)进入开罗。尽管马穆鲁克人仍然在埃及掌权，却再也没能享有他们从前的显赫与自主。

马穆鲁克人常用的刑罚包括altawsit和alkhazuq，前者是从腹部把人砍成两半，后者是把人钉死在木桩上。

凯特贝

马穆鲁克王朝充满了矛盾，这些矛盾可以在凯特贝苏丹(Sultan Qaitbey)身上得到典型的体现。凯特贝苏丹在1468~1496年统治埃及。他幼年时被一位苏丹买下作为家奴，由此见证了9位苏丹各自短暂的统治，之后他想方设法也爬上了苏丹的位子。作为苏丹，他非常贪婪，对所有臣民都征收重税，并且还亲手残忍地实施刑罚——有一次，他亲手挖掉一名没能把铅变为黄金的宫廷药剂师的眼睛和舌头。但另一方面，尽管实施暴政，凯特贝的残酷统治也留下了美丽的印迹——开罗许多精美的建筑物都是由他修建的，其中最著名的当属他的伊斯兰学校和北方墓园中的陵墓。

1171年

库尔德逊尼派的萨拉丁夺取政权，建立了阿尤布王朝。1176年，他开始在开罗修建一座城堡，在接下来7个世纪里，开罗的统治者都住在这座城堡里。

1249年

第五次十字军东征开始，由路易九世(Louis Ⅸ)率领，直指埃及。第二年，埃及人俘虏了法国国王，索要巨额赎金。

1250年

主要来自土耳其或库尔德的马穆鲁克奴隶战士夺取并控制了埃及。虽然他们的统治经常是严酷而混乱无序的，但是他们修建了开罗一些最壮观、最优美的建筑物。

1260年

马穆鲁克的巴伊巴尔斯(Baybars)成为苏丹。他开始向圣地最后的十字军发起进攻，并于1271年攻下他们的据点叙利亚骑士城堡。

现代

拿破仑和《埃及记述》

1798年，在金字塔战役（Battle of the Pyramids）中，拿破仑和他领导的火枪武装军队击溃了挥舞短弯刀的马穆鲁克骑兵。拿破仑声称他是得到了奥斯曼苏丹的赞同而进行的这次战役。之后，埃及进入了地缘政治时代。拿破仑表示，他渴望恢复埃及以往的辉煌，要把埃及从暴君的枷锁下解放出来并教化埃及大众，但是还有一件意义重大的事就是要打击英国。拿破仑找到了打击英国人利益的方法——占领埃及，在此过程中，还可以控制欧洲和英国与其在东方迅速发展的帝国之间最快捷的通道。

在金字塔战役中，拿破仑仅以牺牲29人的代价就歼灭了1000名马穆鲁克士兵，在45分钟之内大败敌军。

拿破仑的军队并不是百战百胜的。1798年，英国海军元帅纳尔逊（Admiral Nelson）率领舰队纵横游弋于地中海，企图找到法国军队。8月1日，英国海军发现法国军队停泊在亚历山大岸边的阿布基尔海湾（Aboukir Bay）。在接下来发生的尼罗河战役中，只有3艘法国军舰侥幸逃脱。奥斯曼苏丹受到英国人的鼓舞，也派出一支军队，结果被法军重创，从而粉碎了法国是君士坦丁堡同盟的假象。法国人尽管经历了这些挫败，但仍然保持着统治地位。

拿破仑在他新征服的埃及创建了一个法国模式的政府，修改了税收制度，引进了非洲的第一台印刷机，实施公共建设工程，并引入新的农作物和度量衡制。他还带来167位学者和艺术家，委任他们全面研究埃及的古迹、手工艺、艺术、动植物以及社会和人民。研究结果被收录在一部24卷的著作《埃及记述》（*Description de l'Egypte*）中，这部作品对研究埃及的古迹及古代风俗习惯大有裨益。

然而，被占领者与占领者之间的关系迅速恶化，埃及人不断起义反抗在开罗的法国人。当1801年一支英国军队再次来到阿布基尔并登陆时，法国人同意停战并撤离了埃及。

阿尔巴尼亚的国王

法国人的离开使得埃及政坛处于动荡之中，这种形势很快被奥斯曼军队中一个名叫穆罕默德·阿里（Mohammed Ali）的阿尔巴尼亚小分队中尉所利用。在法国人撤离后的5年内，他通过战争和阴谋一路成为埃及的帕夏（总督）。尽管在名义上他与之前的许多总督一样，只是君士坦丁堡的一个封臣，但是他很快就意识到他可以控制整个国家。

君士坦丁堡的苏丹太软弱，抵抗不住他对权力的挑战。而穆罕默

1468年

马穆鲁克苏丹凯特贝开始了27年的统治，给国家带来了安定。凯特贝在开罗建造了一个陵墓群，并在亚历山大城修建了城堡。

1517年

土耳其苏丹塞利姆一世占领开罗，处死了最后一位马穆鲁克苏丹，埃及成为土耳其的一个省。埃及在接下来的300年里被伊斯坦布尔统治，但这种统治有时非常薄弱。

1798年

拿破仑入侵，带来一批学者，这些学者第一次对埃及古迹做出完整的描述。英国人迫使法国人离开埃及，但是法国人和其他欧洲人对古埃及的迷恋持续了下去。

1805年

阿尔巴尼亚雇佣兵穆罕默德·阿里利用法国人离开的权力真空期篡夺了政权，建立了一个新的“埃及”王国。他的现代化计划改变了这个国家。

德·阿里在打败了5000人的英国军队之后，所面临的唯一威胁来自马穆鲁克首领。他迅速而残忍地解决了这个威胁。1811年3月1日，穆罕默德·阿里邀请约470名马穆鲁克首领到城堡参加他儿子即将启程赴麦加的践行宴会。当宴会结束时，马穆鲁克人爬上他们装饰华丽的马，被列队领进一条非常窄小、两边是高墙的隘路——位于现在的警察博物馆下方。当他们接近Bab Al Azab时，大门突然被关上，子弹从上面雨点般射下。猛烈射击之后，穆罕默德·阿里的士兵手持大刀和战斧发起猛攻来结束战斗。传说只有一名马穆鲁克人骑马跃过高墙，得以逃脱生还。

穆罕默德·阿里的统治在埃及历史中占有至关重要的地位。目睹了旧时马穆鲁克军队在欧洲先进武器和战术的攻击下节节溃败，他意识到必须要用现代化来武装他的新军队及新国家。在他毫不妥协的统治之下，埃及抛弃了中世纪的封建主义，开始向欧洲寻求改革创新之路。在他的长期统治下（他死于1848年），他将军队现代化，组建了海军，修建了道路，开凿了一条新的连接亚历山大与尼罗河的运河，引进了公共教育，改善了灌溉，在尼罗河上修筑了拦河坝，并且开始在埃及的土地上种植有经济价值的农作物——棉花。他的继承者继续了他的事业，实施改革和社会工程，其中最主要的是修建了非洲的第一条铁路，开办工厂，并且创建了电报和邮政系统。当美国的棉花生产受到内战重创时，埃及刚具雏形的棉花业却得到蓬勃发展，从棉花生产中获得的巨额收入被用到了更宏伟的计划中。最宏大的工程当属苏伊士运河，它于1869年大张旗鼓地开通，包括法国欧仁妮皇后（Empress Eugenie of France）在内的欧洲王室成员观看了运河的通航。

作为美国的象征而闻名于世的自由女神像最初计划安放在苏伊士运河的河口。

穆罕默德·阿里的孙子、埃及总督伊斯梅尔（Khedive Ismail）债台高筑，所负债务甚至超过了埃及蓬勃发展的经济所能承受的能力，而欧洲的政治家和银行很快就利用了他这个不断恶化的弱点。运河开放6年后，伊斯梅尔被迫把他的控股权卖给了英国政府，而之后不久，破产及英国的施压迫使他退位。埃及事务受到外界干涉的这种情况使埃及人民产生了巨大的怨恨情绪，尤其是埃及军队的军官群体，他们开始反对新的埃及总督。1882年，英国舰队以恢复秩序为借口轰炸亚历山大，英国士兵打败了为民族而战的埃及军队。

幕后摄政

英国人无意将埃及变成殖民地，他们进行干涉的主要原因是确保苏

1833年

穆罕默德·阿里的新军队横扫黎凡特，并在科尼亚粉碎了奥斯曼军队。君士坦丁堡失去屏障，但是欧洲各国逼退了埃及人。

1856年

英国工程师罗伯特·斯蒂芬森（Robert Stephenson）在坦塔和开罗之间修建了非洲第一条铁路。1858年，铁路延伸到苏伊士，载着欧洲人一路东进，直到苏伊士运河开通。

1859年

法国工程师斐迪南·德·雷赛布（Ferdinand de Lesseps）见证了其工程动工，即开凿一条连接地中海和红海的运河，使它成为从欧洲到东方的最快捷通道。运河用了10年时间修建完成。

1869年

穆罕默德·阿里的孙子、埃及总督伊斯梅尔开通了苏伊士运河。原本更倾向于铁路的英国人很快就控制了这条水路，作为通往其东方帝国的最便捷路线。

歌剧《阿依达》(*Aida*)原本是为苏伊士运河开通仪式而准备的，但威尔第(Verdi)没有按时完成创作。因此1869年表演的是歌剧《弄臣》(*Rigoletto*)，而《阿依达》则在运河开通两年后，于1871年的圣诞前夜被搬上舞台。

伊士运河的安全。因此他们允许穆罕默德·阿里的继承人继续保持王位，而真正的权力则集中在英国代理人伊夫林·巴林爵士(Sir Evelyn Baring)手中。巴林向埃及政府各部门指派英国的顾问，并任命自己为埃及总督的顾问，由此开始幕后摄政——殖民化的另一个名字。

英国想要确保他们通往印度之路的安全，所以埃及在接下来几十年里的政策都体现出这一点。比如，日益明显的是，控制埃及就意味着控制尼罗河，因此政府派去了一支埃及军队去苏丹来保卫他们的利益。彼时，英国军队开始应对马赫迪(Mahdi)的伊斯兰主义起义，不久之后，1885年，查理·戈登(Charles Gordon)将军于喀土穆(Khartoum)去世。英国军队开始插手中尼罗河事务。

通过幕后摄政，苏伊士运河受到保护，埃及的财政得到有力支持，政府机构和基础设施得到改善，并出现了一些社会进步。但是随着第一次世界大战的爆发，形势对埃及人来说变得更加糟糕，这时土耳其与德国结盟，使得英国正式成为埃及的保护国。

大部分埃及人认为第一次世界大战与己无关，但盟军却把埃及当作兵营，这一点更加坚定了埃及人想要独立的决心，1919年的暴乱清楚地表达了大众的这种民族情感。新涌现的埃及年轻一代，如以萨德·扎格卢勒(Saad Zaghloul)为代表的政治精英，更加有力地表明了这一点。当提到英国人时，扎格卢勒说："我和他们没有个人恩怨，但是我想看到一个独立的埃及。"英国人允许埃及人民成立一个民族政党——华夫脱党(Wafd，意即"代表团")，并给埃及以主权，但是这被看成是一种毫无实际意义的姿态。国王福阿德(King Fuad)不得人心，而英国仍然紧紧地控制着埃及政府。

在第二次世界大战期间，当时还是一名年轻埃及军官的安瓦尔·萨达特被指控私通德国间谍而被英国人关进监狱。

第二次世界大战爆发之后，更多的英国及其盟军来到埃及。战争对埃及人来说并不全是坏事——至少对商店店主和商人来说肯定不是，他们看到成千上万的盟军士兵得到48小时假期，从沙漠涌进城市和乡镇来烧钱。但是也有一部分人散布言论，把德国人看成是可能的埃及解放者，学生组织集会支持德军将领隆美尔(Rommel)，而且一个由埃及军官组成的阴谋小集团——包括后来的总统纳赛尔(Nasser)和萨达特(Sadat)，也密谋帮助德国将军挺进他们的城市。

隆美尔几乎把盟军赶回亚历山大，这使得英国人仓促烧毁大量文件，烟尘在开罗上空遮天蔽日，但是德国人并没有攻下开罗。英国人在埃及维持着他们的军事力量和政治统治，直到战争结束7年多后烈火熊熊的一天。

1879年

埃及总督伊斯梅尔使得国家破产并欠债1亿多英镑，被迫下台，但在此之前，他先把自己在苏伊士运河所占的股份卖给了英国。

1882年

英国军队入侵以镇压埃及军队中的民族主义分子。理论上他们恢复了埃及总督的权力，但实际上他们以"幕后摄政"的方式有效地统治了埃及。

1902年

阿斯旺水坝和艾斯尤特拦河坝(Asyut Barrage)竣工，这有助于控制尼罗河洪水。埃及博物馆也正式开放，就位于现在开罗的塔里广场。

1914年

战争中土耳其站在德国一边，于是英国采取行动将埃及变成英国的正式保护国。新的统治者侯赛因·卡迈勒(Hussein Kamel)成为埃及苏丹。

独立的埃及

在废墟中崛起

经过多年针对外国统治的示威、罢工和动乱之后，埃及和英国在苏伊士运河地区的一个警察局展开交锋，这一事件成为整个首都暴乱的导火索。1952年1月26日，在不到一天时间内，由开罗的外国人开办的或者外国人经常光顾的商店和商行被暴动的民众烧毁，英国统治70年以来的众多地标被焚为灰烬。

虽然浓烟已经消散，但是躁动不安的情绪仍然存在，这种情绪不仅针对英国人，还针对被大多数埃及人认为极易受到英国人影响的君主统治。法鲁克国王（King Farouk）认为君主统治能经受住动乱而继续下去，因为它可以依靠埃及军队的支持。但是在军官队伍中有一个被称作自由军官（Free Officers）的小派系很久以来就密谋政变。1952年7月20日，自由军官的领导人加麦尔·阿卜杜勒·纳赛尔上校（Colonel Gamal Abdel Nasser）听说一位新的陆军大臣知道了这个小派系并计划实施抓捕。两个晚上之后，忠于自由军官的部队被调动到首都的关键岗位，第二天早晨，君主统治倒台。法鲁克国王——阿尔巴尼亚人穆罕默德·阿里的后裔，于1952年7月26日乘坐皇家游艇离开亚历山大港，自法老时代结束以后，埃及第一次由埃及人民自治。

在1956年举行的选举中，纳赛尔上校成为总统。为了把埃及的一些财富返还给深受剥削的农民，同时也是对1917年的俄罗斯事件做出回应，国家对地主进行了处置，他们的许多财产被收入国库。纳赛尔还对这个国家的大量外国人采取行动，尽管他没有强迫他们移民，但是他的新措施还是迫使许多人卖掉家产乘船离开。

在就职那年，纳赛尔在一次有关苏伊士运河的对抗中成功地挫败了英国和法国。那时，苏伊士运河大部分是由英国和法国的投资者持股。7月26日，法鲁克国王离开4周年时，纳赛尔宣布他已经将苏伊士运河国有化，以资助修建一座能控制尼罗河泛滥并繁荣埃及农业的大坝。在联合国和美国施压下，由英国、法国和以色列派出的占领运河的联合军队不得不撤退，在这次冲突中，纳赛尔被人们视为一位发展中国家的英雄，他被看作是罗宾汉和拉美西斯二者的结合体，是最终公开挣脱殖民枷锁的人。

Lonely Planet作者安东尼·萨汀（Anthony Sattin）所著的《揭开面纱》（*Lifting the Veil*）一书，精彩地描述了在1956年苏伊士运河危机前的200年间，外国人在埃及的探险故事和利益所在。

马克斯·罗登贝克（Max Rodenbeck）的《开罗：胜利之城》（*Cairo: The City Victorious*）生动地介绍了开罗错综复杂而又生动独特的千年历史。

邻居和朋友

纳赛尔在1956年显示的力量多年来一方面促成了埃及与阿拉伯朋友

1922年

英国同意埃及独立，但是仍保留对埃及的保护权和指定苏丹的权利。而最重要的是，英国保留了对苏伊士运河的控制权，并在苏伊士运河继续保留大量军力。

1922年

霍华德·卡特（Howard Carter）发现了图坦卡蒙陵墓。这是在大众媒体时代埃及学上的首次重大发现，陵墓中保存着3000多件文物，用了10年时间才发掘完毕。

1936年

《英埃条约》要求英国军队只能局限在苏伊士运河，并在20年之内撤离埃及。

1942年

德国陆军元帅隆美尔的坦克军团碾过利比亚海岸推进埃及，造成开罗惊慌失措。而他的对手、英国的蒙哥马利将军把他从阿莱曼（El Alamein）赶回突尼斯。

之间的相互支持，另一方面也导致了埃及与它不受欢迎的邻居以色列之间的对抗。

自1948年以色列建国以来，它与埃及的关系就是敌对的。埃及曾经派兵与巴勒斯坦人一起向这个新宣布成立的犹太国家进攻，结果以失败告终。尽管纳赛尔私下里承认，如果阿拉伯人与以色列交战，可能还会战败，但为了满足公众的情绪，他就解放巴勒斯坦多次发表极具煽动性的演讲。他是一个很有技巧的演说家，到1967年年初，这些演说在整个阿拉伯世界煽动的情绪开始使他尝到苦果。很快，其他阿拉伯领导人开始指责他怯懦，因为他从苏伊士运河危机以来一直躲在驻扎在西奈的联合国军队后面。纳赛尔对此的回应是，命令维和人员撤离并封锁了蒂朗海峡（Straits of Tiran），有效地关闭以色列南部的埃拉特港。他向以色列保证他不会进攻以色列，但同时又在苏伊士东部集结军队。于是，6月，以色列首先发起进攻，这次突然袭击摧毁了埃及尚未起飞的空军，接着是地面攻击。

埃及和以色列都可以宣称在1973年10月的战争中取得了胜利。埃及人扬言打破了以色列人对西奈的占领，而当联合国要求停火时，以色列军队正向开罗挺进。这两种对胜利的认知使得戴维营和平谈判成为可能。

6天后，以色列停火，控制了整个西奈半岛，并且关闭了苏伊士运河（在接下来的8年中，苏伊士运河一直处于关闭状态）。感到屈辱的纳赛尔主动提出辞职，但是埃及人民自发表现出对他的拥护，没有接受他的提议，因此他继续留任。但是，这仅仅持续了3年——纳赛尔总统于1970年11月死于心脏病。

另一名自由军官成员安瓦尔·萨达特（Anwar Sadat）成为埃及的下一任总统，他推行的是与纳赛尔相反的外交政策。纳赛尔曾经效仿苏联以寻求出路，但是萨达特却转向了美国，将社会主义原则转换成了资本主义的机会主义。埃及的富人在保持了15年的低姿态后，再次进入公众视野，而且又增加了一个新兴的、人数众多而富足的中产阶级，他们依靠萨达特大肆宣传的开放政策而发了大财。萨达特还认为要使埃及重振经济，就必须要解决和以色列的关系。

1977年11月，当阿拉伯领导人仍然拒绝与以色列公开对话时，萨达特启程去往耶路撒冷与以色列进行和平谈判。第二年，他与以色列总理签订了《戴维营协议》（*Camp David Accords*），在协议中，以色列同意从西奈撤军，作为对埃及承认以色列存在权的回报。这引起了阿拉伯世界的震惊，而萨达特对纳赛尔的泛阿拉伯原则的摒弃被看成是一种背叛。结果，埃及在阿拉伯人世界中信誉严重受挫，他们将阿拉伯联盟总部从开罗撤出，而萨达特也为此丢了性命。1981年10月6日，在一次纪念1973年战争的游行中，一名来自伊斯兰组织的士兵冲出行进中的队列，向总统看台猛烈扫射，萨达特当场中弹身亡。

1952年

抗英情绪导致开罗的许多外国建筑物被烧毁。到夏季，纳赛尔和他的自由军官同僚推翻了法鲁克国王，并成立了埃及共和国。

1956年

纳赛尔总统把苏伊士运河国有化以后，英国、法国和以色列军队进攻运河区，但是被迫撤退。

1967年

埃及、叙利亚和约旦在“六日战争”中被以色列打败。埃及失去对西奈半岛的控制，纳赛尔辞职，但是应公众要求又返回掌权。

1970年

纳赛尔从1956年起开始担任埃及总统，在52岁时死于心脏病，他的革命战友安瓦尔·萨达特接任总统职位。

穆巴拉克和伊斯兰主义者运动的兴起

接任萨达特的是前空军参谋长和副总统胡斯尼·穆巴拉克（Hosni Mubarak）。穆巴拉克没有萨达特的浮夸，也没有纳赛尔的魅力，被认为既没有想象力也没有决断力，但是他能够在国内和国外几个阵线中发挥一种平衡作用。穆巴拉克在没有放弃与以色列谈判的情况下恢复了埃及在阿拉伯世界的地位，这使得一些走强硬路线的国家很愤怒，如叙利亚和利比亚。与此同时，他还做到了把宗教极端主义者控制在国内。但是在20世纪90年代初，这种局势开始失控。

有众多理论解释宗教激进主义团体是如何在埃及兴起的。尽管伊斯兰教激进组织利用了这种宗教，但有人认为这和严酷的社会经济形势有更大的关系。在革命后的30多年时间里，人口急剧增长，埃及政府未能兑现承诺，年轻一代生活在肮脏、极度拥挤的房子里，没有工作，因此许多人感到前途渺茫。因为政治制度不允许人民发表合法的反对意见，许多人感到唯一的希望只能寄托在伊斯兰教主义者的党派上，如穆斯林兄弟会。由于国家拒绝承认这些伊斯兰组织为合法的政治团体，所以在20世纪80年代和90年代，伊斯兰教主义者开始诉诸武力，针对总统及部长发动的谋杀以及与安全部队的冲突频频发生。当伊斯兰教主义者开始把目标转向国家最容易受到攻击也是最重要的财源之一——旅游者身上时，事态就由国内问题升级为国际问题。

20世纪90年代，几个外国旅游团队在埃及遭到枪击、炸弹袭击或其他形式的攻击，包括1997年在开罗的埃及博物馆外，一辆旅游车遭到了燃烧弹攻击。而几周后在卢克索的哈特谢普苏特神庙，穆斯林兄弟会的一个分支伊斯兰集团（Gama' a Al Islamiyya，Islamic Group）的成员杀死了多名度假者。

野蛮杀戮并由此造成的外国游客锐减都使得草根大众不再支持激进的好战分子。第二年，穆兄会宣布停火，形势一度相对平静。直到2004年10月，在与以色列交界的塔巴（Taba）及附近的Ras Shaytan营地，炸弹爆炸使34人丧生，这标志着动荡不安的12个月的开始。

第一次选举

2005年，穆巴拉克总统迫于国际上日益增长的压力，就如何将埃及政治制度与西方式民主接轨提出了一个宪法修正案，旨在引进直接的和具有竞争性的总统选举制度（该提议随后得到国会同意，并通过全民公投得以

1971年

阿斯旺大坝竣工。经过11年的建造，大坝将纳赛尔水库延展到大约510公里，惠及30%的埃及耕地。大约5万努比亚人被重新安置，许多纪念性建筑物被迁移。

1973年

10月，埃及军队展开进攻并越过以色列沿苏伊士运河的防线。尽管埃及人被击退，而且开罗面临以色列的威胁，但是埃及人还是将此次战役视为胜利。

1981年

萨达特总统被暗杀，该事件的导火索是他于1978年同以色列签署了《戴维营协议》。副总统胡斯尼·穆巴拉克接任总统职位。

1988年

纳吉布·马哈福兹（Naguib Mahfouz）成为第一位获得诺贝尔文学奖的阿拉伯人，为埃及人带来了巨大的民族自豪感。

批准）。尽管一些权威性评论家认为这是向正确方向迈出了一步，但是还有些人认为这是一个骗局，因为像穆兄会这样受欢迎的反对派组织仍被禁止，而且其他独立候选人至少要获得国会下议院65票的支持。由于民族民主党（National Democratic Party，简称NDP）控制着下议院，真正改革的可能性微乎其微。当"凯法雅"（Kifaya，"够了！"之意）反对派组织联盟对这些限制进行抗议时，安全部队实行了镇压。受到人民欢迎的Ghad党（意即"明日"）领导人艾曼·努尔（Ayman Nour）以伪造罪被判处监禁。当地民权组织质疑指控的合法性，并对努尔的安全表示担心，而美国也发表声明，表示对定罪"深感不安"。

在此阶段，被禁的穆兄会开始举行集会，而且在开罗发生了两起独立的针对外国游客的恐怖事件，这两起事件都是由同一支持伊斯兰教主义者的家族成员所为。之后不久，在海滨度假胜地沙姆沙伊赫，3次炸弹袭击夺去88个人的生命，其中大部分是埃及人。不同的组织声称对这几次炸弹袭击负责，埃及旅游业受到直接打击，而埃及人民必须振作起来，准备对付恐怖主义者可能采取的进一步行动，并面对国内可能出现的不稳定。

2005年，在有3200万选民注册但只有23%的选民参加的投票选举中，穆巴拉克获得89%的选票，在全国第一次多候选人参加的总统选举中胜出。许多观察家，包括埃及民权组织（EOHR）报道，选举组织混乱，并时有恐吓以及乱用安全部队的情况发生，而反对党及候选人（包括艾曼·努尔）则宣称此次选举投票不公正，因此选举结果无效。然而另一些观察家认为，这次选举程序相对于从前的选举有了很大的改进。

2005年11月，在随后举行的议会选举中，穆斯林兄弟会无党派人士获得国民议会444个席位中的88席（是他们从前所占席位的6倍），使得穆兄会成为全国政治舞台上的主角，尽管其正式地位仍是非法的。

前进中的埃及

2011年2月11日，穆巴拉克辞去总统职务。纵观他在位的30年，他离开的最主要原因是成千上万人长达几个月的示威，最严重时，示威者占领了开罗塔里广场（Midan Tahrir）18天。另一个重要的原因是他失去了埃及军方以及美国的支持。失去民心的诸多原因中还包括经济问题，尤其是食物价格上涨问题，另外，贾迈勒·穆巴拉克（Gamal Mubarak）有可能接任他患病的父亲。2010年夏天，安全部队在亚历山大港杀害了哈立德·赛义德

1997年	2011年	2012年	2013 年
62名外国游客和埃及人在卢克索的哈特谢普苏特神庙被枪杀，这一事件引发了安全部门的镇压及旅游业危机。	全国各地都爆发了反对穆巴拉克总统的大规模抗议，尤其是在开罗的塔里广场，穆巴拉克因此辞去总统职务。穆巴拉克政府的前将军们组成了执政委员会，接管了政权。	在埃及第一次国会民主选举中，穆兄会崛起，赢得了508个席位中的235席。最令人吃惊的是，伊斯兰教激进教派萨拉菲的努尔党（Nour）竟然赢得了121席。	在全国范围的示威后，任职总统仅1年的穆兄会成员穆罕默德·穆尔西被推翻。

（Khaled Said），引起了巨大的民众反应，表明许多埃及人在穆巴拉克统治的最后几年中是多么绝望。

安全部队没有向抗议者开枪，这一点增加了穆巴拉克离职后人们的欢快情绪。军队被看成是革命的保卫者，人们在塔里广场齐唱“人民和军队是一家”。穆巴拉克的旧将领们，包括前国防部长及武装力量领导人陆军元帅坦塔维（Tantawi），接管政权并组成了执政委员会。

武装部队最高委员会（Supreme Council of the Armed Forces，简称SCAF）称自己是公正的调解人，旨在将国家引领向民主，但是在举行选举之前，它通过了一项法令，规定未来的政府不能选举武装部队的领导人，也不得干预军队内部事务及经济事务，以此确保武装部队的自主权。

埃及在2012年举行的第一次公开的总统选举和国会选举，促进了穆斯林兄弟会和萨拉菲党派（Salafist）的兴起。穆斯林兄弟会的穆罕默德·穆尔西（Mohammed Morsi）成为埃及第一位经过民主选举产生的总统。但是在他做了下面几件事后，人民欢迎其当选的喜悦之情很快就消散了：他推动通过了力挺伊斯兰教主义者的宪法，并赋予自己无限的权力，还把自己置于法律之外以及镇压公众抗议。2013年夏天，埃及的经济危机造成了加油站前排起长队，家庭和商业场所每天都会停电。上百万人走上街头要求穆尔西辞职。当这样做不奏效时，军队开始介入。

穆尔西的国防部长阿卜杜勒·法塔赫·塞西（Abdel Fatah AlSisi）一开始处在政权变动的幕后，坚称自己对权力没有欲望。但是在2014年春季，埃及处于过渡政府时期时，塞西辞去陆军元帅的职位，宣布自己参加竞选。只有一个人反对赛西，那就是左翼政治家哈姆丁·萨巴希（Hamdeen Sabahi）。塞西获得了大约96%的选票，但是尽管他号召4000万埃及人（约占全体选民75%）参加选举，但事实上半数以上的选民都弃权了。尽管塞西宣称支持他的埃及人比支持穆尔西的多，但是极低的参选率削弱了他的地位，让他无法进一步获取权力。

塞西总统将自己包装成民意所向，在他当选后不久，立刻和人民打成一片，出现在医院的床边，还在街上骑自行车。但他很快就被视为另一位独裁领袖。在几年之内，他建立了一个比他前任更高压的政权，他通过的法案使得反对他的民众起义几乎不可能发生，他还禁止民权组织。但与此同时，他也未能平息西奈半岛的伊斯兰叛乱分子——在2017年春季，发生了针对坦塔和亚历山大港科普特人的炸弹袭击；2017年12月，西奈半岛北部的Al Rawda清真寺也遭受了袭击，造成300多人丧生。

2013年	2014年	2015 年	2017 年
在开罗Rabaa Al Adaweya清真寺和Al Nahda清真寺外面静坐示威的人群被安全部队驱散。尽管对具体伤亡人数尚存争议，但当天至少有900名抗议者死亡（国际特赦组织数据）。	6月，陆军司令阿卜杜勒·法塔赫·塞西在不到半数选民参加投票的选举中，以压倒性优势获胜当选总统，宣誓就职。	8月，塞西开展了一项35公里长的苏伊士运河扩建项目，斥资84亿美元。	6月，尽管面临众多抗议和法律上的挑战，但塞西依然批准了一项协议，将红海两个无人岛送给了沙特阿拉伯。

古埃及和法老

尽管古埃及在人们心目中有一种固有形象，但它绝不仅仅只有神庙、陵墓和图坦卡蒙。作为早于希腊和罗马文明几千年的世界上第一个单一民族国家，埃及取得了人类历史上的一些伟大成就——公元前3200年文字发明于此，第一批石碑修建于此，一种完整文化起源于此，并且这种文化几千年来基本未变。

永恒的生命

古埃及文化给希腊人留下了极其深刻的印象，以至于他们把埃及看成是“文明的摇篮”，作为占领者的罗马人甚至也接受了埃及古代的神和传统。

埃及所有的成就都是尼罗河的馈赠，尼罗河给这片基本无雨的大地带来生命。辽阔贫瘠的沙漠“红土地”被埃及人称为“deshret”，与之形成鲜明对比的是被称作“kemet”（黑土地）的狭窄河岸地带，这一地带都是尼罗河每年一次的泛滥所带来的淤泥沉积而成的沃土。在这片大地上所获得的丰富收成，被那些为法老服务的、组织严密的官僚机构以税收名义攫取。他们用这些财富来维持统治，并建造为巩固王位而设计的雄心勃勃的工程。

存留下来的金字塔、神庙及陵墓经常给人们造成错误印象，认为埃及人是被宗教和死亡所萦绕的病态群体。实际上他们，或者至少是上层人物，似乎都非常热爱生活，以至于他们尽最大可能来确保自己永远快乐。

这种对永生的渴求体现在古埃及人生活的方方面面，并赋予其文化令人难以置信的连贯性和保守性。埃及人认为他们必须取悦于神，这样神才能眷顾他们。得到神的允许而进行统治的法老确保了在混乱世界中的秩序，是人与神之间的中间人。因此，君主专制是埃及文化不可缺少的组成部分。

尽管从新王国末期（公元前1069年左右）开始，入侵者不断地占领埃及，但是埃及的本土文化已深深扎根，致使入侵者无法避开其影响。利比亚人、努比亚人以及波斯人都逐渐接受了传统的埃及方式，他们的国王和皇帝继续为埃及众神修建庙宇，并且在神庙的墙壁上刻画其神圣的诞生。直到4世纪末，当罗马帝国接受了基督教时，这种古埃及信仰体系才最终崩溃：埃及人不允许再信奉自己的神，神庙被关闭，有关传递埃及神文化的“异教”象形文字被摒弃，直到19世纪这一切才得以恢复。

伟大的纪念丰碑

古埃及人沿着尼罗河修建了一系列令人叹为观止的纪念性建筑。由于木材极少，因此他们主要使用日晒而成的泥砖来修建房屋、要塞和宫殿。这些建筑物现存的寥寥无几。然而，陵墓和神庙由采掘的砂岩、石灰岩或者花岗岩修建，这些建筑在多数情况下都经受住了时间的考验。

神庙

许多神都有自己的祭拜中心，但是他们也在全埃及各地不同的庙宇中受到膜拜。一代又一代的法老为了表示他们的虔诚，不断地在被视为圣地的地方为已有神庙增建。最能体现这一点的是庞大的卡纳克（Karnak）神庙建筑群，它经过长达2000年的不断增建才具备了今天的规模。

由巨大的泥砖围墙环绕的石庙被认为是神的住所，在那里，人们以法老的名义每天举行仪式。法老作为神与人之间的中间人，是所有神庙的大祭司，但实际上，每一个神庙里的祭司在代表法老行使这些权力。

正如神庙（祭拜庙宇）里供奉着神一样，法老死后在陵庙里受到祭奉。出于安全原因，陵庙选址最终远离他们的陵墓，最典型的例子是在卢克索西岸，埋葬在国王谷里的法老在靠近河流的地方建造巨大的陵庙。这里就包括哈布城（Medinat Habu）的拉美西斯三世神庙和以门农巨像（Colossi of Memnon）为标志的、壮观一时的阿蒙霍特普三世（Amenhotep Ⅲ）神庙，最著名的是哈特谢普苏特女王（Hatshepsut）在德巴哈里（Deir Al Bahri）悬崖上兴建的陵庙。

陵墓里的墓葬文字给死者提供了到达来世所需要的所有知识：关于冥界的势力，神秘的力量，每一个时刻和每一个神，死者必须通过的冥界大门，以及如何消灭强大的敌人。

金字塔

最初，修建陵墓是为了把上层人物与普通大众的安葬地区别开来，因为普通人的遗体直接被埋进沙土之中。

大约公元前3100年，永久性的泥砖结构取代了坟墓上堆起的沙丘，这一结构极具特色，呈长椅形状，被称作马斯塔巴（mastaba），来自阿拉伯语的“长椅”。

随着石头取代泥砖，为了增加高度而加上了阶梯，金字塔形成了。第一座金字塔是建在塞加拉（Saqqara）的左赛尔国王（King Zoser）金字塔。这座金字塔的阶梯形侧面很快就改进成为人们现在所熟悉的平滑侧面结构，著名代表就是吉萨金字塔。

金字塔周围一般都有官员的马斯塔巴，他们希望能埋葬得离法老近些以便分享来世，因为来世还是皇亲王族才能享有特权。

岩墓

当古王国末期君主的权力崩溃时，对那些王室家族之外的人来说，来世变得越来越触手可及，同时随着官员更加独立，他们开始选择在自己的家乡入葬。

由于尼罗河岸边许多狭窄的地域没有足够的空间来修建宏伟的地上建筑，另一种形式的陵墓逐渐形成，就是在河边的峭壁上挖凿隧洞。大部分隧洞建在西岸，这里每天晚上都能看到太阳落下进入“阴间”，所以是传统的墓葬地。这些由一间墓室组成的简单岩墓逐渐发展成为更复杂的建筑群，包括开放的庭院、一个小祭拜堂和在岩石正面凿出的入口，入口处有通向下方墓室的竖井。

给人们留下最深刻印象的是新王国时期（公元前1550年至公元前1069年）的国王们修建的岩墓，他们把王室墓地迁移到宗教首都底比斯（现卢克索）以南，在西岸一个偏远的沙漠谷地之中，现在被称作国王谷。证据表明这里的第一座陵墓（KV39）可能由阿蒙霍特普一世（Amenhotep Ⅰ）所建。他的继承人图特摩斯一世（Tuthmosis Ⅰ）的陵墓由王室建筑师伊纳尼

随木乃伊陪葬的、供来世使用的各种凡世物品给人们提供了宝贵的细节，使人们了解了古埃及人的日常生活和生活方式，不管是在熙攘的国际大都市孟菲斯还是在尼罗河沿岸散布的农村地区。

(Ineni)所建，介绍他生平的铭文说明他独自监工陵墓修建，“没人看到，没人听到”。与传统背道而驰的是，曾一度属于陵墓规划一部分的祭拜堂被建在远处的陵庙（停尸处）所取代，以保护陵墓隐秘的位置。

陵墓设计中有一条长廊向下通往许多墓室，墓室装饰有一些场景来帮助逝者到达另一个世界。其中许多场景都是摘自被现代人称为《亡灵书》(*Book of the Dead*)的丧葬作品，它包括《阴间书》(*Book of Amduat*，字面意思是“阴间的一切”)、《门之书》(*Book of Gates*)和《太阳神拉的连祷文》(*Litany of Ra*)。这些书都描述了太阳神为穿过奥西里斯统治的黑暗阴间而进行的夜间之旅，夜间的每个小时都被看成是一个分开的区域，由半人半神守护着。为了使太阳神及伴随他的那些亡灵能够通过这段路程，并在黎明时获得重生，他们必须知道这些半人半神的名字。

法老名人录

埃及法老的历史是以每位法老在位的大致时间为基础的。法老(Pharaoh)一词来自“per-aa”，意思是宫殿。在3000多年的时间里，有几百位法老统治过埃及，以下是一些在古老遗址中最常见的法老的名字。

纳尔迈[Narmer，美尼斯（Menes）；约公元前3100年]首位统一下埃及和上埃及的国王。目前保存在埃及博物馆里的纳尔迈调色板，把来自埃及南部（上埃及）的纳尔迈描绘为胜者。他被认为很可能与半神话虚构的美尼斯王是同一个人，美尼斯王是古都孟菲斯的创建者。

左赛尔[Djoser，乔赛尔（Zoser）；公元前2667年至公元前2648年]左赛尔是第3王朝的第2位国王，埋葬在埃及的第一座金字塔里，这座金字塔是世界上最古老的石头纪念性建筑物，由建筑师伊姆霍特普（Imhotep）设计。通过埃及博物馆门厅里陈列的左赛尔塑像，我们可以看到左赛尔是一位留着小胡子的长发国王。

斯尼夫鲁（Sneferu，公元前2613年至公元前2589年）斯尼夫鲁是第4王朝的首位国王，受到后代最高的敬仰。他是埃及最伟大的金字塔建造者，建造了4座这样的建筑，而且他自己的最终安息地——代赫舒尔（Dahshur）的红色（北）金字塔（Red Pyramid），是埃及第一座真正意义上的金字塔，也是更为著名的吉萨金字塔的原型。

胡夫（Khufu，Cheops；公元前2589年至公元前2566年）作为斯尼夫鲁的儿子和继承人，胡夫是第4王朝的第2位国王，他最为人熟知的成就是修建了埃及最大的金字塔——吉萨金字塔。胡夫留存下来的唯一形象陈列在埃及博物馆里，这个埃及最小的王室雕塑是一座7.5厘米高的小雕像。

哈夫拉（Khafre，Khephren，Chephren；公元前2558年至公元前2532年）作为胡夫的小儿子，他接任了同父异母兄弟的王位而成为第4王朝的第4位国王。他修建了吉萨第2座著名的金字塔，并且作为狮身人面像的人面原型而闻名于世。

孟卡拉（Menkaure，Mycerinus；公元前2532年至公元前2503年）作为哈夫拉的儿子和第4王朝的第5位国王，孟卡拉修建了吉萨三大金字塔里最小的一座。在埃及博物馆里有一系列关于他的精美雕刻。

阿蒙霍特普一世（Amenhotep Ⅰ；公元前1525年公元年至公元前1504年）作为第18王朝的第2位国王，阿蒙霍特普一世与他的母亲雅赫摩斯-纳法塔利（Ahmose-Nofretari）一起统治过埃及。他们为在国王谷修建陵墓的工人建立了村庄德尔麦迪那（Deir Al Medina），而且阿蒙霍特普一世很可能是埋葬在国王谷的第一位国王。

哈特谢普苏特（Hatshepsut；公元前1473年至公元前1458年）哈特谢普苏特是埃

及最著名的女法老之一，她在兄弟及丈夫图特摩斯二世（TuthmosisⅡ）死后开始掌权，而且起初是与她的侄子及继子图特摩斯三世一起统治的。

图特摩斯三世（Tuthmosis Ⅲ；公元前1479年至公元前1425年）作为第18王朝的第6位国王，图特摩斯三世（古埃及的拿破仑）对外发动了一系列战争，将埃及帝国的版图扩张到叙利亚。他在卡纳克大兴土木，增建了德巴哈里神殿，并且他的陵墓是国王谷里第一座带有装饰的陵墓。

阿蒙霍特普三世（Amenhotep Ⅲ；公元前1390年至公元前1352年）作为第18王朝的第9位国王，阿蒙霍特普三世的统治标志着埃及的文化与权力达到了顶峰。他建造了卢克索神庙和有史以来最大的以门农巨像为标志的陵庙，而他的许多革新，包括阿吞（Aten）祭拜，一般都是归功于他的儿子阿蒙霍特普四世（后来的埃赫那吞）。

埃赫那吞（Akhenten，阿蒙霍特普四世；公元前1352年至公元前1336年）把名字从阿蒙霍特普改成埃赫那吞是为了疏远国家之神阿蒙（Amun）。埃赫那吞和他的妻子奈菲尔提提（Nefertiti）重新定都在阿马纳（Amarna）。尽管许多人把他看作一神论者和仁慈的革新者，但有证据表明他是一个独裁者，而且他的改革是出自政治目的而不是宗教目的。

奈菲尔提提（Nefertiti；公元前1338年至公元前1336年）因位于柏林的彩色半身塑像，奈菲尔提提名闻天下，她和丈夫埃赫那吞一起统治埃及。埃赫那吞的继承人是谁仍有争议，有可能就是奈菲尔提提本人，她的王室名号为斯曼赫卡拉（Smenkhkare）。

图坦卡蒙（Tutankhamun；公元前1336年至公元前1327年）第18王朝的第11位国王。1922年人们在图坦卡蒙的陵墓中发现了大量珍宝，他因此成为最著名的法老。作为埃赫那吞与姐妹所生的儿子，他重新开放了传统的寺庙，并且在他父亲灾难性的统治之后恢复了埃及的强盛。

霍伦海布（Horemheb；公元前1323年至公元前1295年）霍伦海布作为一名军事将领，帮助图坦卡蒙恢复了埃及王朝。在法老阿伊（Ay）的短暂统治结束后，他最终自己成为国王，并娶奈菲尔提提的妹妹Mutnodjmet为妻。他放弃了在塞加拉的陵墓，选择了国王谷装饰豪华的王室陵墓。

塞提一世（Seti Ⅰ；公元前1294年至公元前1279年）塞提一世是第19王朝的第2位国王，他以对外战争来继续巩固埃及王国。他建造了为人们熟知的卡纳克神庙壮观的多柱大厅（Hypostyle Hall），以及位于阿拜多斯的最非凡的神庙和国王谷一座庞大的陵墓。

拉美西斯二世（Ramses Ⅱ；公元前1279年至公元前1213年）塞提一世的儿子和继承人拉美西斯二世在卡叠什战役中大败赫梯人，并修建了包括阿布·辛拜勒神庙和拉美西斯神庙在内的许多神庙，里面的装饰性雕像曾经给诗人珀西·比希·雪莱（P.B.Shelley）创作诗歌《奥斯曼狄斯》（*Ozymandias*）带来灵感。

拉美西斯三世（Ramses Ⅲ；公元前1184年至公元前1153年）作为第20王朝的第2位国王，拉美西斯三世是最后一位勇士国王，多次击败外国的蓄意入侵，这些事迹在哈布城他的陵庙里都有描绘。

塔哈尔卡（Taharka；公元前690年至公元前664年）作为第25王朝的第4位国王，塔哈尔卡是埃及努比亚法老之一，他的女儿阿曼尼尔迪斯二世（Amenirdis Ⅱ）是卡纳克神庙的女祭司，而塔哈尔卡承担了神庙的建筑工程。在阿斯旺的努比亚博物馆有一尊精美的塔哈尔卡国王的头像雕塑，而他被安葬在努比亚南部城市努里（Nuri）的一座金字塔里。

亚历山大大帝（Alexander the Great；公元前332年至公元前323年）亚历山大于公

在3000多年时间里，有30个王朝统治过埃及，现在将这30个王朝划分为古王国时期、中王国时期和新王国时期，中间的动荡时期称作中间期，中间期时国家分裂为南部（上埃及）和北部（下埃及）。

在墓室周围的墙壁上绘制着大量的寺庙和陵墓里所供奉的食物，以确保永恒的供应。壁画上的贡品层层堆积，有的艺术家画得比较夸张，这些贡品看起来就像是飘在空中。

法老年表

早王朝时期	
第1王朝	**公元前3100年至公元前2890年**
纳尔迈[Narmer，（Menes）]	约公元前3100年
第2王朝	**公元前2890年至公元前2686年**
古王国时期	
第3王朝	**公元前2686年至公元前2613年**
左赛尔（Zoser）	公元前2667年至公元前2648年
赛西西特（Sekhemket）	公元前2648年至公元前2640年
第4王朝	**公元前2613年至公元前2494年**
斯尼夫鲁（Sneferu）	公元前2613年至公元前2589年
胡夫（Khufu，Cheops）	公元前2589年至公元前2566年
雷吉德夫（Djedefra）	公元前2566年至公元前2558年
哈夫拉（Khafre，Chephren）	公元前2558年至公元前2532年
孟卡拉（Menkaure，Mycerinus）	公元前2532年至公元前2503年
谢普塞斯卡弗（Shepseskaf）	公元前2503年至公元前2498年
第5王朝	**公元前2494年至公元前2345年**
乌瑟卡夫（Userkaf）	公元前2494年至公元前2487年
萨胡拉（Sahure）	公元前2487年至公元前2475年
尼夫里尔卡尔（Neferirkare）	公元前2475年至公元前2455年
谢普塞斯卡拉（Shepseskare）	公元前2455年至公元前2448年
兰尼弗雷夫（Raneferef）	公元前2448年至公元前2445年
尼塞拉（Nyuserra）	公元前2445年至公元前2421年
乌纳斯（Unas）	公元前2375年至公元前2345年
第6王朝	**公元前2345年至公元前2181年**
特提（Teti）	公元前2345年至公元前2323年
佩皮一世（Pepi Ⅰ）	公元前2321年至公元前2287年
佩皮二世（Pepi Ⅱ）	公元前2278年至公元前2184年
第7~8王朝	**公元前2181年至公元前2125年**
第一中间期	
第9~10王朝	**公元前2160年至公元前2025年**
中王国时期	
第11王朝	**公元前2055年至公元前1985年**
门图霍特普二世（Montuhotep Ⅱ）	公元前2055年至公元前2004年
门图霍特普三世（Montuhotep Ⅲ）	公元前2004年至公元前1992年
第12王朝	**公元前1985年至公元前1795年**
阿蒙涅姆赫特一世（Amenemhat Ⅰ）	公元前1985年至公元前1955年
塞索斯特里斯一世（Sesostris Ⅰ）	公元前1965年至公元前1920年
阿蒙涅姆赫特二世（Amenemhat Ⅱ）	公元前1922年至公元前1878年

塞索斯特里斯二世（Sesostris Ⅱ）	公元前1880年至公元前1874年
塞索斯特里斯三世（Sesostris Ⅲ）	公元前1874年至公元前1855年
阿蒙涅姆赫特三世（Amenemhat Ⅲ）	公元前1855年至公元前1808年
阿蒙涅姆赫特四世（Amenemhat Ⅳ）	公元前1808年至公元前1799年
第13~14王朝	**公元前1795年至公元前1650年**
第二中间期	
第15~17王朝	**公元前1650年至公元前1550年**
新王国时期	
第18王朝	**公元前1550年至公元前1290年**
雅赫摩斯（Ahmose）	公元前1550年至公元前1525年
阿蒙霍特普一世（Amenhotep Ⅰ）	公元前1525年至公元前1504年
图特摩斯一世（Tuthmosis Ⅰ）	公元前1504年至公元前1492年
图特摩斯二世（Tuthmosis Ⅱ）	公元前1492年至公元前1479年
图特摩斯三世（Tuthmosis Ⅲ）	公元前1479年至公元前1425年
哈特谢普苏特（Hatshepsut）	公元前1473年至公元前1458年
阿蒙霍特普二世（Amenhotep Ⅱ）	公元前1427年至公元前1400年
图特摩斯四世（Tuthmosis Ⅳ）	公元前1400年至公元前1390年
阿蒙霍特普三世（Amenhotep Ⅲ）	公元前1390年至公元前1352年
埃赫那吞（Akhenaten）	公元前1352年至公元前1336年
图坦卡蒙（Tutankhamun）	公元前1336年至公元前1327年
霍伦海布（Horemheb）	公元前1323年至公元前1295年
第19王朝	**公元前1295年至公元前1186年**
拉美西斯一世（Ramses Ⅰ）	公元前1295年至公元前1294年
塞提一世（Seti Ⅰ）	公元前1294年至公元前1279年
拉美西斯二世（Ramses Ⅱ）	公元前1279年至公元前1213年
塞提二世（Seti Ⅱ）	公元前1200年至公元前1194年
第20王朝	**公元前1186年至公元前1069年**
拉美西斯三世（Ramses Ⅲ）	公元前1184年至公元前1153年
第三中间期	
第21王朝	**公元前1069年至公元前945年**
普苏森尼斯一世（Psusennes Ⅰ）	公元前1039年至公元前991年
第22~23王朝	**公元前945年至公元前712年**
第24~26王朝	**公元前727年至公元前525年**
晚期	
第27王朝	**公元前525年至公元前404年**
冈比西斯（Cambyses）	公元前525年至公元前522年
大流士（Darius）	公元前521年至公元前486年
第28~31王朝	**公元前404年至公元前332年**
希腊-罗马时期	
马其顿和托勒密时期	**公元前332年至公元前30年**

亚历山大大帝（Alexander the Great）	公元前332年至公元前323年
托勒密一世（Ptolemy Ⅰ）	公元前323年至公元前283年
托勒密三世（Ptolemy Ⅲ）	公元前246年至公元前222年
托勒密八世（Ptolemy Ⅷ）	公元前170年至公元前163年和公元前145年至公元前116年
克里奥佩特拉七世（Cleopatra Ⅶ）	公元前51年至公元前30年
罗马时期	**公元前30年至公元313年**
奥古斯都（Augustus）	公元前30年至公元14年
哈德良（Hadrian）	117~138年
戴克里先（Diocletian）	284~305年

元前331年入侵埃及，建立亚历山大城，造访了锡瓦绿洲的阿蒙神庙以证实他的神性。公元前323年，他死于巴比伦，而他的木乃伊最终被安葬在亚历山大城。

托勒密一世（Ptolemy Ⅰ；公元前323年至公元前283年）作为亚历山大的将领以及传说中的亚历山大的同父异母兄弟，托勒密在亚历山大死后夺取了埃及政权并建立了托勒密系法老。他们按照传统方式统治了亚历山大城300年，使其成为古代最伟大的首都。

克里奥佩特拉七世（Cleopatra Ⅶ；公元前51年至公元前30年）克里奥佩特拉七世是托勒密王朝的第19位统治者，先后与她的兄弟托勒密十三世和托勒密十四世一起统治埃及，之后她开始自己掌权。她是一位出色的政治家，使埃及恢复了旧日辉煌。她先后与尤利西斯·恺撒和马克·安东尼结婚。马克·安东尼于公元前31年在亚克兴（Actium）战败，夫妇二人自杀。

神和女神

埃及的神和女神最初代表了自然世界的各个方面，后来随着时间推移而变得越来越复杂。他们开始混在一起并且吸收了相互的特点，逐渐变得难以区别，尽管独特的头饰和服装能提供区别他们的线索。下面简单的描述可以帮助旅行者在看到出现在纪念性建筑以及博物馆里的几百位神的时候，至少能够辨认出其中的一部分。

描写来世生活的文字描绘了天堂的各种情景，从与太阳神拉一起在天空巡游，到与奥西里斯一起在阴间旅行，或者升到天空成为一颗永恒的星。最终目的地的多样性反映了古埃及人的多种信仰体系。

阿蒙（Amun）底比斯（卢克索）的地方神，后来成为埃及新王国时期的国家之神。起初他可能和风的力量有关，而且他还是创造之神。后来他和生育之神敏（Min）联系在一起，并且与太阳神结合成为诸神之王阿蒙-拉（Amun-Ra）。他一般被描绘为坐在王座上，戴着双层羽毛的王冠，有时还戴着他的神圣公羊角来彰显他的生育能力。

阿努比斯（Anubis）冥界和亡者之神，负责葬礼和来世。阿努比斯是木乃伊守护神，也是尸体防腐者和墓地的守护者，一般被描绘成黑色胡狼或者人身胡狼头的形象。

阿波菲斯（Apohis）这条黑暗与混乱化身的巨蛇是太阳神拉的敌人。它每晚都试图在太阳神穿行阴间时将其毁灭，从而阻止他到达黎明。赛特（Seth）刺死了大蛇，所留下的血迹形成了日出和日落时红色的天空。

阿吞（Aten）被描绘为光芒四射的光轮，而光芒的末端是人展开的双手。他在第18王朝时受到膜拜，成为埃赫那吞统治时期的主神。

阿图姆（Atum）赫利奥波利斯城（Heliopolis）的创造神，他从太古之水中升出并喷射（或者打喷嚏，不同的神话有不同说法）创造出神和人类。他也是在世纪末日将要摧毁一切的神。他通常被描绘成戴着双层王冠的人，但有时是公羊头或者圣甲虫头，阿图姆代表下沉的落日。

巴斯苔特（Bastet）作为猫神，她的祭拜中心位于布巴斯提斯（Bubastis），她勇猛地保卫父亲太阳神拉（Ra）。她经常被描绘为友善的女神，是母亲的象征，常化身为家猫。

贝斯（Bes）家之神，喜欢音乐和舞蹈，是怪诞、善良而矮小的神。他通过挥舞刀剑及伸出舌头来阻止邪恶力量进入家庭并保护临产妇女。

盖布（Geb）代表植物和丰饶的大地之神，通常以绿色皮肤的男人形象出现，躺在他的妻子天空女神努特（Nut）的下面，由他的父亲大气之神舒（Shu）支撑。他是奥西里斯、伊希斯、赛特和奈芙蒂斯（Nephthys）的父亲。

哈比（Hapy）尼罗河洪水之神，象征着丰满与肥沃，被描绘为有着下垂双乳和隆起腹部的雌雄同体的人物，有时头上戴着一束纸莎草。

哈索尔（Hathor）掌管爱情、性和欢乐的女神，外形以母牛来代表，或者是一个女人戴着有角的或者有太阳圆盘的王冠，表示她是太阳神的女儿。她掌管音乐和舞蹈，主要祭奉地在丹达拉（Dendara），她被称作“美发女”及“醉酒女”，是荷鲁斯的妻子。

荷鲁斯（Horus）天空的鹰神，伊希斯与奥西里斯之子，他替父亲复仇，统治了地球，而后被当权法老赋予人性。他能以鹰或者鹰头人出现，而他的眼睛是强有力的避邪物。荷鲁斯是哈索尔的丈夫，他和王权密切相关，经常被描绘成鹰的形象出现在法老头顶。

伊希斯（Isis）魔法女神，是她的兄弟与丈夫奥西里斯以及他们的儿子荷鲁斯的保护者。她代表理想化的妻子，为奥西里斯做了第一具木乃伊，她还是死者的守护神。作为象征性的法老之母，她以女人的形象出现，头戴王座形皇冠，有时戴着哈索尔的牛角。她经常出现的形象是给婴儿荷鲁斯哺乳。

凯布利（Khepri）以圣甲虫为形象的早晨的太阳神，他滚动泥球的行为被喻为太阳在天空中运行。

赫努姆（Khnum）公羊首之神，在陶轮上创造了生命，他还在象岛（Elephantine-Island）的洞穴里控制着尼罗河的洪水，他的祭拜中心是伊斯纳（Esna）。

孔苏（Khonsu）年轻的月神，阿蒙与穆特（Mut）之子。他一般被描绘成人形，头戴一顶弯月形王冠，留着王室发辫。

玛特（Maat）宇宙秩序、真理和正义女神，被描绘成头戴鸵鸟羽毛的女人，有时也只用羽毛象征她。

穆特（Mut）阿蒙之妻，象征国王的母亲。她名字的意思是“母亲”和“秃鹫”，因此她通常的形象是戴有秃鹫头饰的女人。

奈库贝特（Nekhbet）在卡卜（Al Kab）被祭奉的上埃及秃鹫女神，她经常与姐姐眼镜蛇瓦吉特（Wadjet）女神一起出现，保护着法老。

努特（Nut）天空女神，一般被描绘成星光闪闪的女性身体呈拱形横跨陵墓或者神庙的天花板。她每天晚间吞下太阳，每天早晨再把它生出来。

奥西里斯（Osiris）死亡、丰饶和复活之神，其主要祭奉中心在阿拜多斯（Abydos）。他是第一个被创造出来的木乃伊，被伊希斯奇迹般复活，其子荷鲁斯也因此而诞生。荷鲁斯接管了人世间的王权，而奥西里斯则统治着冥界并象征着永恒的生命。他代表美好，而他的兄弟赛特则代表邪恶。

卜塔（Ptah）孟菲斯的创造神，通过思想和言语创造了世界。他是工匠的守护神，穿着紧身长袍，戴着无檐便帽，一般都手握长权杖（很像20世纪50年代的麦克风）。

拉（Ra）太阳神，埃及诸神中至高无上的神，一般以隼头人形象出现，头顶太阳圆盘，不过他也能以多种其他形式出现（如阿吞、凯布利），而且其他神会与他结合

最早的象形文字纪念碑于2017年在El Kaba外出土，可追溯至公元前3250年。距今最近的象形文字是394年8月24日雕刻在菲莱（Philae）一座神庙墙上的文字。

以增强他们自己的力量（如阿蒙-拉、拉-阿图姆）。在他的冥界中，他以公羊头人身的形象出现。太阳神每天乘着一艘大船在天空里遨游，晚间沉到冥界，然后在黎明再次升到空中，带来光明。

塞克荷迈特（Sekhmet）孟菲斯的母狮女神，其名字的意思是"强有力的神"。作为太阳神拉的女儿，她有巨大的破坏力，而且是瘟疫的传播者。她的祭司兼做医生，人们建造她的雕像来保护埃及免遭瘟疫。

赛特（Seth）无序与混乱之神，化身为神话里的动物头人身形象。在前王朝时代，国王被敬为荷鲁斯和赛特的化身。然而，在古王国时期流传着一个说法：赛特杀死他的兄弟奥西里斯之后被荷鲁斯打败，从那时起，他被看作是邪恶的，而且太危险，以至于不能被描绘在神庙的墙上，即使以象形文字的形式也不可以。

索贝克（Sobek）鳄鱼之神，代表法老的力量，祭奉地是考姆翁布（Kom Ombo）和Fayyum，两地都有可以看到饲养鳄鱼的圣湖。

塔沃里特（Taweret）河马女神，形象通常是直立的，把邪恶力量从家中吓走并保护生产的产妇。

托特（Thoth）知识与书写之神，抄写员的守护神。他被描绘成朱鹭或者狒狒，更为常见的是以朱鹭头人身的形象出现，手里拿着一块抄写员的调色板，他的祭奉中心在赫尔莫波利斯（Hermopolis）。他与月亮密切相关，并被看成是亡者在阴间的守护神。

生与死中的艺术

古埃及艺术的辨识度很高，可以说其独特鲜明的风格在3000多年间基本没有发生改变。埃及艺术的基本特征在法老时期初期（约公元前3100年）就已经成型，纳尔迈调色板上国王击溃敌人的主题在罗马时期仍然流行。

埃及历法基于尼罗河每年的洪水周期，每年有三个季节——akhet（泛滥季）、peret（春种季）和shemu（夏收季）。在10月洪水退去后，农民在留下的淤泥里播种，用灌溉渠的水浇灌庄稼，直到次年4月进入收获季节。

艺术的目的

尽管在现代被描述为"艺术作品"，但古埃及艺术产生的原因并不为人所知。埃及艺术主要是功能性的，而且与宗教和意识形态紧密相关。所有古埃及艺术都是一个统一表现体系的一部分，古埃及艺术不存在个人艺术表达的传统。用艺术表现一个物体是为了使它永远存在，赋予它永生。埃及还有一套标准的墓葬场景的表现手法，从装饰陵墓墙壁的彩色图案到墓葬文字中的高度细节化的装饰图案。每一个形象，不管是雕刻在石头上还是绘制在纸莎草纸上，都是为了保护逝者能够进入来世。

埃及绝大多数艺术品都是为了宗教和葬礼目的而创作的，即便它们美得令人震撼，也只能被收藏在寺庙黑暗的内室里，或是同图坦卡蒙的葬礼面具一样和死者同葬在陵墓里，本不该是万众瞩目的。但正是这一点使得这些艺术品以及创作它们的艺术家更加超凡脱俗。艺术家把他们创作的作品看作是完成一项工作的工具，而不是要被展出并被欣赏的艺术品。

埃及人相信有必要把他们所描绘的物品的每一个相关特征都尽可能清晰地表现出来。只有这样，当死者通过正确的仪式被神奇地重新赋予生命时，这些物品才能够尽可能有效地发挥功能，即保护和维持神和亡灵们看不见的灵魂。

雕像要有清晰的外形，有鼻子和嘴巴来呼吸，还要有从正面角度露出

如何制作木乃伊

许多古代文化中都有木乃伊制作，但古埃及人是这种高度复杂的技术的大师，在几千年的时间里，他们的技艺日益高超。

最初，埃及人的尸体只是埋葬在远离耕种土地的沙漠里。沙漠炎热干燥的条件使得尸体的水分流尽，而皮肤、头发和指甲却保存完整。

随着社会的发展，人们不再满足于被埋葬在地下洞穴里，他们要求修建适合自己身份的陵墓。但是由于尸体不再直接接触沙地，很快就腐烂了，因此就需要一种新的方法来保存尸体。经过大量实验及反复失败之后，在大约公元前2600年，埃及人通过移除容易腐烂的内脏终于攻克难关。

因为肾脏很难切除，而心脏被认为是智力的源泉，所以除了肾脏和心脏之外，尸体的所有的器官都会被切除。人们还会用一根金属探针来取出脑髓，方法是从鼻子处把针插入大脑搅动，然后液体就会通过鼻子流出。剩下的器官——肺、肝、胃和肠，都从身体左腹的一个切口取出。接下来，在尸体和器官上面覆盖泡碱盐（碳酸钠和碳酸氢钠的混合物），然后晾干40天，再用油、香料和树脂对尸体及器官进行清洗、净化和涂抹。最后，用亚麻布把尸体和器官层层包裹起来，祭司们开始诵读咒语，同时合适的护身符会被放置到身体的不同部位。

每个内脏都被放入它们各自的安葬容器中（4个卡诺匹斯罐子之一），之后包裹好的尸体戴着墓葬面具被放入棺木之中。这时，葬礼的队伍就可以进入陵墓举行重要的“开口仪式”来激活灵魂并使之恢复官能。当尸体最终被放进陵墓安息的时候，那些必要的食物祭品能够维持木乃伊体内死者灵魂的永生。

来的完整的眼睛去看。这就解释了为什么经常会在棺材的表面绘制能够让死者向外看的眼睛，以及为什么表示蛇或者敌人的象形文字经常是两段的，这是为了阻止它们在死者复活时造成伤害。

古埃及人满足生活的秘密可以用他们一首诗中的句子来概括：“裹着干净的长袍快乐地喝啤酒是多么惬意啊。”

艺术和自然

尽管有许多限制性的规定，但古埃及艺术家还是尽力抓住了生命力的感觉。他们从周围的自然世界中获得灵感，选择能够反映生命和复活概念的形象，例如，他们相信圣甲虫和罗非鱼能够自生。因为人们也相信图像能够传递它们自身具有的生命力，所以飞舞的鸟儿、嬉戏的牛群和猎人追逐猎物都是艺术家喜爱的主题和基本图案。植物被赋予生命的特征这一现象也经常在作品中得到体现，小麦、葡萄、洋葱和无花果堆积在埃及人非常喜爱的花朵旁边。艺术作品中最常见的植物是莲花和纸莎草，上、下埃及纹章的图案经常就缠绕在一起，以象征一个统一的王国。

颜色的意义

埃及在政治上由上、下埃及的白、红色王冠所代表，它们嵌合在一起所组成的双王冠则代表两块土地的统一。

埃及也由红色和黑色代表，即红色的沙漠荒地和黑色的肥沃土地。对埃及人来说，黑色是生命的颜色，同时也是代表丰饶和复活之神奥里西斯的颜色，与代表他弟弟混沌之神赛特的红色形成对比。有时，奥里西斯的皮肤也会是绿色的，象征植物和新生命。其他一些神的蓝色皮肤与天空永恒的蔚蓝相呼应，而太阳的金黄色经常用来象征其保护作用。

人物最初用不同的肤色来表示，男性是红棕色，女性是浅黄色，以示不同，尽管这一点被解释为男性在户外工作的时间更长，而女性主要在室内活动，但艺术惯例逐渐改变，最后所有人都用红棕肤色来表示了。

石头的巧妙应用

埃及雕塑家用多种不同的材料进行创作，他们经常按照颜色选择石头——白色的石灰岩和雪花石（方解石）、金色的砂岩、绿色的片岩（页岩）、棕色的石英岩与黑色和红色的花岗岩。小型雕塑可以用以下材料制成：红色或黄色的碧玉；橘色的玛瑙或者蓝色的青金石；铜、金或银等金属；或者不太昂贵的材料，如木头或者上釉的蓝色彩陶。

所有这些材料都可以用来制作各种寺庙和陵墓里的雕塑，从20米高的巨型石像到只有几厘米高的小金像。护身符和珠宝是另外一种确保逝者安全的物品，每一件漂亮的护身符和珠宝都能够美化生者的容颜，同时它们也是精心设计的具有保护作用的驱邪物，或是一种沟通的方式。创作这种小型精品的原则同样适用于大型作品的制作。古代手工艺者的作品很少是意外之作或无意义的。

进入来世的文字

最初，只有王族成员才有来世，用来帮助法老们顺利走向永生之境的文字被雕刻在墓室的墙壁上。自从古王国时期的统治者被埋葬于金字塔内，附随的墓葬文字就被称作**金字塔文字**。

古王国时期的官员们希望能够与王室共享来世，所以他们在金字塔附近修建自己的陵墓，这种状况一直持续到法老丧失了权力的古王国末期。官员们不再依赖于法老的宠爱，开始自行使用王室的墓葬文字。这些刻在他们棺材上的文字被称作**棺木文字**——早期金字塔文字的中王国时期版本，为非王室成员所使用。

在新王国时期，当棺木文字一字不差地出现在纸莎草纸上时，大众都可以使用棺木文字，来世的概念得到进一步的普及。这本书现在被称为

狩猎场景

在最常见的非王室陵墓的图画中，你会看到陵墓的主人正在河上狩猎。这个场景看起来就是简单的亡者与家人一起划船出游，然而，这个场景的意味实际上要比乍看起来复杂得多。陵墓主人以壮年的形象出现，处于中心位置，摆出正式的姿态，在周围大自然的一片混乱中恢复秩序。家庭中女性成员会协助他完成这一过程，包括他年幼的女儿和平静地站在他旁边的妻子。他妻子的穿着非常不适合河上狩猎，外衣很像是性感的爱之女神哈索尔的女祭司的。不过，哈索尔也是死者的保护神，而且在她父亲太阳神拉与混乱的黑暗势力的永久战斗中，她作为父亲的捍卫者也是非常凶猛的。

这种河边狩猎的场景中有时也会出现一只猫。猫经常被认为可以“寻回猎物”（有没有听说过“寻回猫”？），埃及人相信它是保护在夜间穿越冥界的太阳神的动物之一。同样，河中大量的鱼也被看成是太阳神大船的引航员，同时它们又是再生的强大象征。甚至河里茂盛的莲花也具有重要意义，因为其花瓣每天早晨都绽放，所以莲花象征再生。一旦懂得了古埃及艺术的寓意，你会发现“生命”的理念从这些原本静默的形象中呼之欲出。

魔法符号

人们认为在文稿中大量出现的人类、鸟类和其他动物的小图以及符号将神的力量融入了每一个场景。有些符号被认为具有巨大的力量，故而它们经常以两半的形式出现，以防止它们一旦被神秘地激活会造成巨大破坏。

古埃及人的语言经常是拟声的——比如猫（miw）一词就根据其叫声而来，而葡萄酒（irp）一词则是根据喝酒人发出的声音而来。

《亡灵书》（*Book of the Dead*），埃及人则称它为*Book of Coming Forth by Day*。它分为三个部分，分别叫作“不再死亡之咒语”“在死亡之地不腐烂及不劳作之咒语”和“魔法不消失之咒语”。这些咒语和指令是通向来世的一种指引。有些文字还附有地图，以及一些在通往来世途中会遇到的神及魔鬼的样子，还有对他们讲话的正确方式。

王室和平民陵墓装饰

国王谷中的新王国时期的王室陵墓用非常正式的场景来装饰，表现出法老和众神在一起，所有的黑暗力量都被击败。因为法老永远是法老，甚至死后也是如此，所以他们的陵墓中没有百姓陵墓中常见的不拘礼节和日常生活的场景。

非王室的陵墓则展现出更放松、几乎是包容一切的场景——从吃饭喝酒到跳舞理发。但是同王室陵墓一样，这些看起来随意的日常生活场景表现了所有埃及艺术中所传递的信息——生命永久延续和秩序战胜混乱。正如展现法老击溃敌人重新给国家带来和平，他的臣民也要对这场永恒之战做出贡献，秩序必须取得胜利，这样生命才得以延续。

常见的陵墓中的场景是盛宴，客人们享用丰盛的食物和饮品。尽管这毫无疑问地反映了逝者在生活中享受过的快乐，但描绘食物也是为了供养逝者的灵魂，正如丰收场景是为了确保供给永远不会枯竭。甚至在这些宴会上所表演的音乐舞蹈也不仅仅是为了展现一场盛大的宴会——这些热闹的活动是通过唤醒逝者的感官来复活死者的另一种方式。

这种理念的极致是非常重要的“开口仪式”，由逝者的继承人（下一任国王或者是长子）来执行。这个仪式的目的是使灵魂（ka）复活，一旦所有的感官恢复之后，灵魂就可以享受永生。人们相信声音和动作能够帮助恢复逝者的听觉和视力，而嗅觉可以通过香味和鲜花来恢复。当木乃伊最终在陵墓内安息的时候，这些必要的食物祭品能够维持木乃伊体内的灵魂。

象形文字

象形文字在希腊语里的意思是“神圣的雕刻”，是古埃及人所使用的形象化字体。人们普遍认为文字发明于美索不达米亚的苏美尔（Sumer）。埃及人的象形文字与美索不达米亚的楔形文字大不相同，但是有一些人认为埃及人是从苏美尔人那里获得了文字的概念，只不过由此发展出他们自己的文字。也有一些人相信是埃及人发明了世界上第一种文字。3500年以来，这种文字基本保持不变，但只有极少数懂此文字的精英在使用，而口语形式经历了巨大的变化。

聪明的抄写员

抄写员的大量公务是代表法老记载税收并组织工人。抄写员绝大部分是男性，他们在附属于神庙的学校里学习读书写字，神庙里藏有大量文字材料可供阅读。然而，有些女性也能接触公文，因为她们显示出了文化才能，可以承担赋予她们的角色——监工、管家、教师、医生、女祭司、大臣甚至法老（已知至少有6位）。

书写的特权

在古埃及，识字人口很可能还不到总人口的1%，但是象形文字对埃及文化的影响却不容低估，因为埃及的形成离不开它们的作用。代表国王的抄写员们使用象形文字来执行公务，进行征税和组织管理大量的劳动力等。

在古王国时期，文字作品包括墓葬文字、信件、圣歌和诗歌，到了中王国早期，逐渐壮大的抄写员这个知识分子阶层创造了叙事性埃及文学。

在几个世纪内，日常交易都是用象形文字的一种被称为僧侣体（hieratic）的速记形式完成的，但象形文字仍然是纪念碑文最完美的表现方式。在每一个陵墓和神庙的表面，象形文字被认为是“月亮神托特的语言”，长着朱鹭头的托特是书写之神，所以也是抄写员的守护神，他常被描绘成像抄写员一样手里拿着芦秆笔和墨水调色板。

神庙不但有男女祭司，还有自己的抄写员、屠夫、园丁、种花人、香水制造工、乐师和舞者，其中许多是兼职的。

阅读象形文字

象形文字第一眼看起来可能很简单，但这只是一种假象，只有把它们分为三类，才能最好地理解——语素文字（表意文字）、限定词和形声字。语素文字代表它们所描绘的事物（例如，太阳的符号代表“太阳”），而限定词的作用是放在词尾来加强单词的意义（例如把太阳的符号放在动词“照耀”里）。形声字更复杂一些，它可以代表一个、两个或三个辅音。

经常被简单描述为“象形文字字母表”的26个符号都是单个的辅音符号（例如：猫头鹰的符号发音为“m”，弯弯曲曲的水流符号发音为“n”）。还有大约100个符号是双辅音（例如碗的符号读作“nb”），另外还有50个三辅音符号（例如，“nfr”的意思是好的、完美的或者漂亮的）。事实上，象形文字中没有元音。

阅读古代埃及文本可能有一点棘手。抄写员通常由右向左书写象形文字，如果是竖写的话，就需要自上而下阅读。但是有时他们也会由左向右书写。更复杂的是，还不使用标点。人物或动物所面对的方向通常是该如何阅读古埃及文字的一个指示。

名字的意义

大多数象形文字碑文都是冗长地重复法老和众神的名字和头衔，碑文四周围绕着起保护作用的象征符号。对埃及人来说，名字像灵魂一样，对个人的存在具有重大的意义，人们真心相信“说出死者的名字能够使他们复活”。

王室的名字后面经常附加“生命、繁荣、健康”这样的修饰语，正如先知穆罕默德的名字后面总加有“愿他平安”。为了获得进一步的保护，王室成员的名字会被刻在被称为serekh的长方形堡垒的墙壁上，serekh后来发展成为人们所熟悉的墓碑上王和神的名字周围的旋涡花饰（即椭圆形图案cartouche，法语意为“子弹、弹药筒”）。

尽管每位法老都有5个名字，但旋涡花饰只用于装饰两个最重要的名字：“第一个名字”或在加冕典礼上所取得的“上下埃及之王”的名字，带有蜜蜂和莎草的图案；“第二个名字”或者作为“太阳神之子”的名字，这是在出生时起的名字，带有鹅和太阳的符号。

举一个例子，阿蒙霍特普三世的第二个名字或者作为“太阳神之子”的名字是“Amun-hotep”（意思是阿蒙很满足），他的第一个名字或者“上下埃及之王”的名字是Neb-maat-Re（意思是“太阳神，真理之王”）。他的孙子图坦卡蒙的名字在埃及最为著名——Tut-ankh-amun，字面翻译为“阿蒙转世”，但是他最初的名字是Tut-ankh-aten，意思是“阿吞转世”——名字的变化反映了时代政治的变迁。

一个人名字的丧失意味着他从历史中被永远删除，普通人甚至法老都可能有此不幸遭遇。有时，这样的事情甚至会发生在神的身上。在“异教”法老埃赫那吞统治时期，这种命运就降临到埃及国家主神阿蒙的身上。后来阿蒙神被恢复地位的时候，埃赫那吞和他的神阿吞也遭受了同样的命运。

为了预防名字被后人抹除，名字有时被深深地刻在岩石里，深度达到人们可以把手伸进每一个象形文字内的程度，哈布城（Medinat Habu）拉美西斯三世陵庙里的名字和头衔就是如此。

神的名字也会被普通人用在自己的名字中，例如普通人的名字有Amunhotep、Rahotep和Ptahhotep。通过把“hotep”（意思为“满足”）变成“mose”（意思“出自”），名字Amenmose、Ramose和Ptahmose的意思是这些人“是神的后代”。

同样，女神的名字也是女性所喜爱的。埃及爱神、美神和快乐女神哈索尔是最受欢迎的名字，还有Sithathor（哈索尔的女儿）等名字也深受喜爱。常见的男性名字也可以通过简单地添加“t”变成女性的名字，因此Nefer（好的、漂亮的或者完美的）变成了Nefert。Nefert还可以加上词缀变为动词，例如，著名的名字奈菲尔提提（Nefertiti，善良、漂亮、完美已经来临）。

其他名字由起源地得来，如Panehesy（努比亚人），或者是以动植物命名——Miwt（猫）、Debet（河马）和Seshen（莲花），Seshen现在还以Susan这个名字被人们所使用。

日常生活

由于埃及历史上重视皇家王族，其他古代人民所做出的贡献经常被忽视。对文字记载历史的重视也意味着对99%不识字的古代人民的一种排斥，所以看起来生活在古埃及的人好像只有法老、祭司和抄写员。

无声的普罗大众经常被认为只不过是些目不识丁的农民，尽管正是他们建造了纪念性的建筑并创造了文化得以建立的财富基础。

幸运的是，至少埃及的氛围是“民主的”，全社会各阶层埃及人的遗骨得以保存，既包括宏伟陵墓中富人们的木乃伊，也包括埋葬在黄沙下面的穷苦大众的遗体。

女主人

家主要是女性的领域。对所有社会阶层的妇女来说，最常用的头衔就是nebet per（女主人），强调她们对家庭生活多方面的掌控。尽管在结婚仪式方面的证据很少，但一夫一妻是大多数人的惯常做法，离婚和再婚相对较普遍，而且男女都可以提出。女人和男人有同样的合法权利，她们负责管理家庭，尽管有男性的洗衣工、清洁工和厨师，但主要还是由女人来照看小孩、打扫房间、制作衣服，并且在与房子相连的小小的露天厨房里准备饭菜。

国民生活

由于埃及气候干燥，因此在传统上，无论是劳工们居住的局促的连排小屋，还是王族宽敞的宫殿宅邸，都是用泥砖建造的。它们的主要区别在于房间数量和家具及设备的质量。富人们的别墅经常带有院墙包围的花园，花园里还有连接石头排水系统的池塘，有一些别墅甚至还设有室内卫生间——可留意一下在阿马纳（Amarna）出土的石灰岩材质的坐便器，它现在陈列在开罗的埃及博物馆里。

正如今天埃及农村的泥砖房一样，埃及古代的房屋也是冬暖夏凉的。小而高的窗户避免了太阳的直射，而且还带来了阵阵凉爽的穿堂风。有楼梯通向屋顶平台，一家人可以在那里放松或睡觉。

埃及房屋外部经常粉刷成白色来减少热量，房间内部通常粉刷成明亮的颜色，富裕些的家庭会对墙壁和地板做进一步的装饰，如使用镀金的花砖。尽管绝大多数家庭的家具都很少——只有一个长砖凳、几把小凳子和几张睡垫，但富有的家庭能够买得起漂亮的家具，包括嵌花椅子和脚凳、储物柜、带有亚麻床单的床铺和羽毛垫子。绝大多数家里都有小神龛来供奉家庭的守护神和家族先人的半身像，家里还有一小块高一些的地方，好像是专门用于生孩子的。

古埃及家庭的主食是各种各样的面包，包括高热量的长条面包，它是专门为从事建筑工程的劳工们批量制作的。洋葱、韭葱、大蒜和豆类被大量食用，还有大枣、无花果、石榴和葡萄。葡萄也和蜂蜜一起被用作甜味剂。香料、香草、坚果和种子也被添加到食品中，同时加上从当地植物和由外地引入的杏仁及橄榄中榨出的油。尽管奶牛能够提供饮用的牛奶，以及制作黄油、奶酪的奶源，但肉类只有富人可以经常吃到，祭司在供奉完神灵之后也可以享用神庙里的供品。人们主要吃牛肉，不过也会食用羊肉、猪肉以及猎物。鱼类通常晒干并用盐腌制，是劳工们很重要的食物，所以在吉萨金字塔劳工的居住地还专门有一个鱼类加工厂。

尽管富人们很享受喝葡萄酒（最好的葡萄酒产自三角洲地带和西部绿洲的葡萄园，或者是来自叙利亚），但常见的饮料是一种很浓的大麦啤酒，埃及社会中的每一个人——包括孩子——都喝这种啤酒。

工作

古埃及人大多从事农业，他们的生活主要根据尼罗河每年的洪水周期来安排。农业对于埃及人的今生和来世都至关重要，所以它是陵墓场景最重要的一个主题。常见的农业场景有耕地、播种和收割，在这个前货币制度的经济体系里，经常还有官员们检查田地边界和计算需要充税的谷物。官员们带着抄写员，后者忙于使用象形文字记录所有的交易，现在所知的象形文字就是从公元前3250年发展起来的，最开始是作为记录收成的手段。

与抄写员这个职业紧密相关的是艺术家与雕塑家，他们创作了古埃及令人叹为观止的艺术作品。从巨大的雕像到精致的珠宝，这些都是用简单的工具和天然材料制作而成的。

囚犯和劳工一起开凿建筑所需的巨石，还有阿斯旺的花岗岩、锡勒西莱山（Gebel Silsila）的砂岩、阿马纳附近赫努布（Hatnub）的雪花石，以及现代开罗附近图拉（Tura）的石灰岩。黄金来自东部沙漠和努比亚的金矿，铜和绿松石则在西奈开采。这些贵重的物品需要经过长途运输，所以商路和边界地区都有卫兵和警察（被称作medjay）巡逻，甚至连军队在不打仗时都要巡逻。

人们从事陶工、木匠、建筑工、金属制造工、珠宝匠、织工、渔民和屠户这样的职业，并且很多职业都是父子世代相传，这一点在Rekhmire的陵墓场景中得到很好的描绘。其他流动性职业包括理发师、舞者、接生婆和多才多艺的魔术师。男人和女人一样在富人家里当仆人做家务，还有成千上万的人在神庙里面服务。神庙集多项功能于一身，构成了每个定居点的中心。

人们在古代衣物上发现了清洗痕迹，当时的富人会雇用男性洗衣工。一些古代洗衣房的清单甚至还保留了下来，上面列着洗衣工需要清洗的衣物。

服饰和珠宝

埃及人非常重视个人仪表，男女都戴假发和珠宝，使用化妆品和香水。在托勒密时代棉花出现之前，埃及人的衣服一般都是由亚麻布制成。亚麻布的质量和数量反映了一个人的身份地位，但是因为它非常昂贵，所以存留下来的衣物上常有修补的痕迹。

最常见的服饰是缠腰布，类似于内衣，穿在其他衣物里面。男性也穿着亚麻短裙，有时是打褶的，而男女都会穿一种筒形连衣裙，它是把一块长方形的亚麻布折叠后两侧缝合起来。女性最常见的服装是裙子，绝大多数都是像莎丽一样裹在身上，但也有剪裁合体的V领设计，袖子都是可拆开的，便于清洗。

埃及人还穿亚麻裹腿和分趾袜，后者用于穿用植物纤维或皮革制成的凉鞋。人们戴着朴素的头巾以避免日晒；在做很脏的工作时，人们也会戴头巾。而斑纹nemes（装饰头巾）只有法老才佩戴，法老还有无数的王冠和头饰用于各种仪式场合。

埃及社会各阶层的男女都佩戴珠宝，既出于美感，也为了获得魔力。珠宝的材质从黄金到釉陶，不一而足，样式包括项圈、项链、头饰、手镯、足链、腰带、耳环和戒指。

发型

至少从公元前3400年开始，假发和接发在埃及非常普遍，同时人们使用散沫花（Lawsonia inermis）作为染发剂。许多人理发都是为了干净，不长虱子（在法老的头发里曾经发现过虱子）。神职人员必须剪头发以保证仪式的纯净，而孩子剪头发时侧面要留一缕头发作为青年人的象征。

古埃及术语表

akh（善魂）	经常被译为"美好的灵魂"，当死者被判定可以进入来世后，卡（ka，魂）和巴（ba，灵）统一就产生了善魂
Ammut（阿穆特）	冥界的鳄头狮身怪，后半身似河马，吃被判定有罪的死者的心脏，她的名字意为"吞噬者"
ba（巴）	经常被译为"灵"，在人死后以人头鸟的形象出现，能够自由出入陵墓并进入来世
Book of the Dead（《亡灵书》）	引导死者进入来世的古代墓葬文字的现代称呼，在新王国时期初期得到发展。部分内容根据早期的金字塔文字和棺木文字发展而来
Canopic jars（卡诺匹斯罐子）	通常是用石灰岩和方解石制成的容器，来存储被制成木乃伊的人体经过防腐处理的内脏
cartouche（旋涡花饰）	具有保护作用的椭圆形图案[源于法语单词"子弹、弹药筒"（cartridge）]，出现于古埃及墓碑上国王、王后和一些神的名字周围
cenotaph（纪念碑）	为纪念逝去的国王或王后而修建的纪念性建筑，与其陵墓或陵庙分开
Coffin Texts（棺木文字）	由早期的金字塔文字发展而来的墓葬文字，在中王国时期开始刻写于棺木之上
coregency（共同摄政）	两位法老联合统治的时期，通常是父亲和儿子联合执政
cult temple（神庙）	通常为了供奉神的灵魂而修建的标准宗教建筑，只有神职人员才能进入，多位于尼罗河东岸
deshret	"红土地"，指贫瘠的沙漠
djed pillar（节德柱）	奥西里斯脊骨的象征，能够带来力量和稳定，多作为护身符佩戴
false door（假门）	便于死者灵魂能够进出生者的世界以接受陵墓中随葬祭品
funerary（mortuary）temple（陵庙）	纪念死去法老的灵魂的宗教建筑，灵魂在里面依靠祭品得到永生，经常建在尼罗河西岸
Heb-Sed festival（赫卜塞德节）	法老经常在统治满30年后庆祝王室重生和恢复活力的周年纪念仪式
Heb-Sed race（赫卜塞德大赛）	赫卜塞德节日的一部分，法老们参加盛大的体育竞技活动，例如赛跑，以显示他们的英勇和年富力强
hieratic（僧侣体）	象形文字的一种古代速记形式，通常在抄写员记录日常生活中的交易时使用
Hieroglyphs（象形文字）	希腊语中"神圣的雕刻"，指刻于陵墓和神庙墙壁上、用图形表示的正式文字
hypostyle hall（多柱大厅）	以密集排列的纪念柱为特点的壮观的神庙大厅
ka（卡）	经常被译为"魂"，这是一个人的"另一种存在"，一出生就具有，而且死后通过生者的供奉继续存在
kemet	"黑土地"，指尼罗河沿岸肥沃的地区
king lists（国王表）	按照年代把国王的名字制成年表，以记录历史
lotus（莲花）	上（南）埃及纹章上的植物
mammisi（玛米西）	晚期王朝时期某些和希腊-罗马神庙有关的产房，与女神伊希斯和哈索尔相联系
mastaba（马斯塔巴）	阿拉伯语的"长椅"，用于描述坟墓上方的长椅形状软泥砖建筑，后来的金字塔即由此演变而来

name（名字）	每个人在出生时都有一个名字，作为个人必不可少的一部分，名字在死后仍被提及，这样死者就可以在来世复活
naos（内庙）	容纳神像的圣所，通常位于古代神庙的中心
natron（泡碱）	碳酸钠和碳酸氢钠的混合物，用来制作木乃伊，生者可以用它来清洗亚麻布、牙齿和皮肤
nemes（装饰头巾）	法老们戴的黄蓝斑纹的头巾，最著名的是发现于图坦卡蒙黄金面具上的头巾
nomarch（省长）	埃及42个省中每个省的统治者
nome（省）	希腊语对埃及42个省的称呼——22个在上埃及，后来20个被归入下埃及
obelisk（方尖碑）	巨大的石柱，顶端呈锥形，通常镀金来反射神庙周围的阳光，多成对出现
Opening of the Mouth ceremony（开口仪式）	葬礼的高潮部分，通常由死者的继承人或祭司对死者的木乃伊念诵咒语，并利用一些手段来恢复死者的感官能力
Opet festival（奥佩特节）	在卢克索神庙举办的每年一次的庆祝活动，通过与阿蒙神的秘密会面来恢复法老的力量
papyrus（纸莎草）	下（北）埃及纹章上的植物，它的茎部好像芦苇一样，人们将其切开、分层以制作可以写字的纸张
pharaoh（法老）	源自古埃及词汇per-aa（宫殿），代表埃及国王
pylon（塔门）	有倾斜面的构成寺庙入口的纪念性通道
Pyramid Texts（金字塔文字）	古王国末期刻在金字塔墙壁上的墓葬文字，只有王室成员可以使用
sacred animals（神圣的动物）	被认为能够代表某些神的生物，例如鳄鱼（代表索贝克）和猫（代表巴斯苔特）——经常在死后被制成木乃伊
sarcophagus（石棺）	来自希腊语“食肉”，指用来安放木乃伊和木棺的巨大石棺
scarab（圣甲虫）	人们认为圣甲虫推动着太阳滑过天空，就好像金龟子推着粪球滚过地面一样
serapeum（塞拉比尤姆）	塞加拉的巨大地下墓穴群，古埃及的圣牛阿庇斯（Apis）就埋葬于此，后来与托勒密王朝的神塞拉匹斯联系在一起
serdab（地窟）	来自阿拉伯语“地下室”，指马斯塔巴（石室坟墓）中装有死者雕像的一个小墓室，人们在这里向死者供奉祭品
shabti（ushabti，舍卜提）	随葬的仆人小雕像，以在来世帮助死者完成各种体力活
shadow（影子）	埃及人认为炎热气候下阴影非常重要，每个人都带有的影子能够提供保护作用
sidelock of youth（年轻人侧面留一绺头发的发型）	孩子们和一些祭司的一种特色发型，剪头发时会留下侧面的一绺头发
solar barque（太阳神的船）	太阳神拉行经天空所乘坐的船，现实中的样本被埋在某些金字塔的附近，供法老们的灵魂使用
Uraeus（古埃及国王头饰上的蛇形标记）	国王在前额上佩戴眼镜蛇女神瓦吉特的标记，象征向敌人的眼睛喷射火焰来保护自己
Weighing of the Heart（The Judgement of Osiris）[称量心脏（奥西里斯的审判）]	死者的心脏被放到天平上，与真理正义之神玛特的羽毛相对比，由奥西里斯来裁决。如果天平平衡，说明死者无罪，他就可以作为善魂获得永生；如果所犯的罪行使心脏重于羽毛，死者的心脏就会被吞噬者阿穆特吃掉，并且永远受到诅咒

埃及人

穆巴拉克总统下台后不久，一位开罗妇女就佩戴上了印着“埃及人与自豪”的徽章。想理解身为埃及人意味着什么，从来就不容易，目前出现太多的可能性让了解变得难上加难。但是仍然有一个特点，能将大多数埃及人——无论是亚历山大的大学教授还是卢克索擦皮鞋的小男孩——联系在一起，那就是作为埃及人的巨大自豪感，他们自豪于自己国家非同寻常的历史和近期的成就。

集体感

外人有时很难理解埃及人的自豪感来自何处，因为他们普遍贫困，识字率低，失业率高，住房短缺，基础设施失修，而且国家还面临着许多潜在的危险。但是向每个在日常生活中拼搏的埃及人施以援手的是其他埃及人，而且有一种实实在在的感觉——大家都在一个群体之中。几代同堂的大家庭和密切的邻里关系起到了互相支持的社会群体作用，陌生人能够很快地交谈起来，而且不管出了什么问题，人们总是知道会在某处有某个人能够帮助解决问题。

安慰剂

对埃及人来说，宗教缓解了生活的打击，并渗透在人们生活中的方方面面，但对许多人来说，穆斯林兄弟会所推行的伊斯兰教信仰太过强势。埃及人喜欢享受自己的生活，不喜欢对伊斯兰教进行过于政治化的解读。但是在生活中，宗教一直都是广泛存在的。问候某人身体时，来自基督徒或者穆斯林的回答是“Alhamdulallah”（很好，感谢主）；安排明天会面时，回答会是“Inshallah”（主的意志）。然而，如果你约的人没能出现，那么很明显这可不是主的安排。

当一切都不顺利时（经常如此），幽默常在身边。埃及人以幽默感著称，笑话和俏皮话是生活用语。喜剧是当地剧院的主要节目，也是电视节目中的支柱。电视里经常出现的主角是一个小家伙，机智并且伶牙俐齿，想办法戳穿虚伪，战胜不公平。笑声润滑了社会交易的车轮，而在埃及旅游最令人享受的一点就是：微笑面对好商量。

南方人——南方指从明亚向南至阿斯旺，被称作塞伊德伊斯人（Saidis，发音是sai-eed-ees）。他们通常比北方人更加传统。

生活方式

没有办法给埃及社会下一个简单的定义。一个在尼罗河三角洲以土地为生的人与一个在开罗工作的人之间存在翻天覆地的差异。但即使同为开罗白领，人们也有完全不同的经历。一方面，埃及社会存在着宗教保守主义，妇女戴着长长的、黑色的、把一切都遮挡得严严实实的abaya，而男人穿着长袍一样的galabeya。在传统中，堂、表兄弟姐妹之间通婚，去一趟亚历山大城堪称终生之旅，而一切都是“主的意志”。另一方面，一部分社会成员从麦当劳订餐，他们的女儿穿着紧身的黑色衣服，无所顾忌地调情卖俏，他们对去美国旅行习以为常，从未踏进清真寺，但死后会被安放在清真寺里。大部分埃及平民百姓则处于这两种极端之间。

城市故事

在1100万开罗人中，一个典型的城市家庭居住在“简易住房”（贫民窟）里——在拥挤不堪的郊区一栋通风不畅的6层公寓楼里，墙壁有裂缝，管道不畅。他们严格来说并不贫困，开罗只有18%的人口生活在贫困线以下。如果幸运的话，他们可能还拥有一辆小汽车。不然的话，丈夫就得去乘坐如沙丁鱼罐头般拥挤的公共汽车。他很可能是一个大学毕业生（每年有40,000人从大学毕业），不过文凭已经不再是工作的保证——在过去十年里，毕业生失业率直线上升。他也可能是100多万忙于文牍的公务员之一，在枯燥的公务中赚取微薄收入来打发日子，但这至少可以让他能每天下午早一些从单位溜出来借他堂兄的出租车赚一点急需的额外收入。他的妻子在家里做饭，照看3个或者更多的孩子，有时间会去看望婆婆、妈妈或是众多的其他亲戚。

乡村景象

埃及的乡村生活正在经历变化。全国一半以上的人口生活在那里，形成了全世界农业用地上居住人口最稠密的地区。所剩的土地被分成小块（平均只有0.6公顷），这甚至都不够供养一个中等规模的家庭。几乎三分之一的埃及人依靠土地生存，但回报甚微——农业仅占埃及国内生产总值（GDP）的14%，这也解释了为何有如此多的人生活在贫困线以下。土地分成小块妨碍了机械化及增产。结果，农民越来越依赖牲畜饲养或者开始寻求其他谋生手段。在田间干活的农民下午可能去做工人，或者在一个自建小亭卖香烟来维持生计。

农村保持了传统文化和价值观。家庭模式仍然以大家庭为主，尤其是在上埃及，几代同堂的家庭仍然生活在一起。女性文盲率仍然居高不下。但这一切都在逐渐发生变化。

体育

埃及人痴迷足球。埃及足球超级联赛（Egyptian Premier League）

小费经济

Baksheesh的意思是小费，但它不仅仅是对所提供服务的一种奖励，埃及的工资比西方国家低很多（全国平均月工资为LE4000），因此小费是补充收入的主要方式。即使是当地人也必须不断地付小费——停车时、接收邮件时、在杂货店买到新鲜果蔬时。

对不习惯付小费的旅行者来说，工作人员在博物馆里向你指出一些显而易见的展品都需要小费是很恼人的。但是像开门、房间服务或者帮你拿行李这样的服务都是理应付小费的。尽管可能只是几个埃及镑，也总是受欢迎的。

我们建议随身多带些零钱（相信我们，你肯定会需要的），而且要把零钱与大额钞票分开放。还要记住一条永远不变的规则，那就是给多少都不嫌多。

埃及有出色的国家游泳队和网球队。埃及女性运动员曾赢得2016年世界壁球冠军，同年，一名举重运动员成为埃及第一位获得奥运奖牌的女性运动员。

被认为是世界上最具竞争力的20大联赛之一。最受欢迎的两个足球俱乐部分别是Ahly和Zamalek，它们都在开罗都拥有热情忠实的球迷。埃及国家队从1990年以来就无缘国际足球联合会（FIFA）的世界杯赛（在2009年资格赛中输给了阿尔及利亚，此次失败在埃及国内外都激起了强烈抗议并引发骚乱），但是埃及7次捧得非洲杯，包括2006年、2008年和2010年的三连胜。

多重身份

大部分埃及人会骄傲地告诉你他们是古埃及人的后裔，这确实有一点真实的成分。不过，埃及曾遭受过利比亚人、波斯人、希腊人和罗马人的入侵，最重要的是，在640年受到4000名阿拉伯骑兵的入侵。自那以后的几个世纪里，大量阿拉伯人迁移到埃及并与当地人通婚。马穆鲁克人是13~16世纪埃及的统治者，他们是土耳其人和切尔克斯人（Circassian）的后代。随后到来的是奥斯曼土耳其人，他们从1517年到18世纪末一直占领并统治着埃及。然而最近的DNA研究表明，68%的原住民都来自北非。

沙漠部落

除了尼罗河谷的埃及人之外，这里还有一小部分有古代血统的当地人。据信，埃及贝都因人的祖先是从阿拉伯半岛迁移而来，然后定居在西部沙漠、东部沙漠和西奈。但是他们的游牧生活方式正受到威胁，因为国家其他地区的利益组织越来越多地侵入他们一度与世隔绝的领地。

在西部沙漠，尤其是在锡瓦绿洲及周围，有少量的柏柏尔人（Berber），他们保留了许多自己的特性。通过妇女的穿着就很容易把他们与其他埃及人区别开，女人们通常披着meliyya（从头到脚的长袍，眼睛处留有缝隙）。尽管许多柏柏尔人讲阿拉伯语，但他们还是保留了自己本族的语言。

南方人

在南方，高个子、黑皮肤的努比亚人起源于努比亚，即埃及南方阿斯旺与苏丹喀土穆（Khartoum）之间的地区。20世纪70年代，阿斯旺大坝的兴建造就了纳赛尔水库（Lake Nasser），而他们的家乡却几乎就此完全消

埃及的无声沟通

埃及人有一整套的非语言交流方式。如果你了解一些的话，你就不太可能感到被冒犯、被车撞倒，或是在餐馆受到冷待。

首先，“不行”经常用一个简单的向上点头来表达，或者不耐烦地“tsk”（啧啧）一声——当然如果没有心理准备，这可能会显得有些粗鲁。但是如果你对沿街兜售者使用这种方式，他们就很可能不再骚扰你了。

很容易被外国人误解的另一个信号是大声地“嘘”一声。那个人可能只是为了提醒你不要被他沿着窄路赶过来的驴车撞倒。但是，他也有可能是暗指你是妓女而在侮辱你。

要学习的最重要的一个手势是在餐馆里要账单。你和服务员对上视线后，伸出一只手，掌心朝上，接着用另一只手的掌沿很快地在张开的手掌上做一个切割的动作，好像在说“把我切开”，这一招非常奏效。

失。埃及的一些努比亚人迁移到开罗，但是大多数人重新定居在伊德富与阿斯旺之间的城镇和乡村。他们的文化特征保留了下来，所以努比亚人不管在装修房屋还是在演奏音乐方面，都很容易与其他埃及人区别开来。

宗教

大约90%的埃及人是穆斯林。伊斯兰教以低调得几乎察觉不到的程度广泛存在于埃及人民生活中，但是几乎所有男人每个星期五的中午都会留意清真寺里宣礼员（穆斯林神职人员）的广播播音，那时从清真寺出来的人遍布街道。剩下10%的埃及人不是穆斯林，他们中绝大部分信奉科普特基督教。这两个群体有错综复杂的历史，也曾偶有关系恶化的时期。2011年塔里广场抗议活动中最鼓舞人心的场面之一就是穆斯林和基督徒互相保护对方做祈祷。因挑起对科普特人的暴力和未能给予宗教团体或教堂足够的支持和安全保障，现任政府和上任穆斯林兄弟会政府一样受到批评。

伊斯兰教

在埃及占主导地位的宗教是伊斯兰教，伊斯兰教与犹太教和基督教有共同的根源。亚当（Adam）、亚伯拉罕（易卜拉辛）[Abraham（Ibrahim）]、诺亚（Noah）和摩西（Moses）都是伊斯兰教先知，耶稣被承认是先知，但不是上帝的儿子。伊斯兰教的教义与犹太教义和基督教福音高度一致。伊斯兰教的精髓是《古兰经》，穆斯林认为这是来自真主的最后也是最真实的信息，是由大天使加百列（Archangel Gabriel）传给先知穆罕默德的。

穆罕默德生平

伊斯兰教是穆罕默德在7世纪早期创立的，他在570年前后出生于麦加。据说穆罕默德在40岁左右第一次得到真主的启示，他在以后的生命中不断得到启示，这些启示被记录下来，成为神圣的《古兰经》。直到今日，《古兰经》没有丝毫改动，穆斯林认为这是主的原话。

穆罕默德在得到第一次启示的3年后，即613年开始传道，但是只吸引了几十个追随者。由于他攻击麦加城的生活方式，尤其是当地人对财富的膜拜，因此结下了许多仇敌。622年，他和追随者撤到距离麦加约360公里的绿洲城市麦地那（Medina）。这一次的Hijira，或者叫作迁移，标志着伊斯兰历的开始。

穆罕默德于632年去世，但是这一新的宗教继续迅速传播，634年遍及全阿拉伯半岛，642年传入埃及。

在埃及最有影响力的伊斯兰教权威职务之一是爱资哈尔大教长（Grand Sheikh of Al Azhar），这一职位由埃及总统任命，现在由谢赫·艾哈迈德（Sheikh Ahmed Al Tayeb）担任。他的职责是为埃及伊斯兰教的任何事物定义官方说法，从器官捐赠到重金属音乐。

伊斯兰教五功

伊斯兰的意思是“服从”，而这一教条体现在穆斯林的日常生活中，他们通过遵从“伊斯兰教五功”来表达信仰。五功要求穆斯林公开念清真言；每天礼拜5次，分别在晨、晌、晡、昏、宵五个时间段举行；为宣扬伊斯兰教而慷慨施舍（zakat），给需求者以帮助；斋月期间白天实行斋戒；完成去麦加的朝觐。

第一项功课通过礼拜来完成，而礼拜则是第二项功课，并且是信教者日常生活中最重要的部分。宣礼员每天5次在清真寺的宣礼塔顶层通过扩音器高声召唤信徒进行礼拜。信徒完全可以在家或者其他地方礼拜，只有星期五中午的礼拜应该在清真寺里进行。妇女一般在家礼拜，当她们去清真寺时，那里有专门为她们隔出来的地方。

第四项功课是斋戒，在伊斯兰历九月的斋月进行，这时所有信徒白天都要斋戒。对虔诚的穆斯林来说，白天任何食物都不得沾唇。虽然许多穆斯林并没有绝对严格地遵守教令，但大部分还是在一定程度上照做的。斋戒的影响经常可以通过改变清醒的时间来减轻（必要时可以借助于取消埃及的夏令时），而且人们只要有可能就会晚睡，或者下午小憩一会，然后他们的社交活动就可以一直持续到日出时分。

斋月绝对不是一个月的苦行，而是一段欢快的时光，共同斋戒者之间充满了伟大的友谊和忠诚。斋月期间的晚餐叫作iftar（开斋），总是一场欢宴。在城里某些地方，有钱人把饭桌摆在街道上作为慈善活动，向穷人提供食物。夜晚充满了聚会的气氛，而且街道上总有许多娱乐活动，有的会持续到日出。

基督教

埃及的大多数基督徒是科普特人，这个名称是阿拉伯语“qibt”的西方形式，qibt来自希腊文aegyptios（埃及人），而这一希腊语反过来又来自古埃及语。

尽管直到4世纪基督教才成为埃及的官方宗教，但是埃及是首批接受这一新信仰的国家之一。据说，传道人保罗和彼得的朋友圣马可在公元45年左右就已经开始在埃及宣扬基督教。从关闭异教寺庙到伊斯兰教传播至埃及的这段时期，基督教一直是埃及最主要的宗教。

基督一性论之争

科普特教堂影响了早期基督教教堂仪式程序的形成。有些仪式，包括隐蔽的祭坛和香的使用，都是从现存的异教做法演变而来的。

教会把耶稣基督描绘成人神一体之后，埃及的基督徒从东罗马帝国（或拜占庭）的东正教会分裂出来，埃及当时是东罗马帝国的一部分。亚历山大的教宗迪奥斯库鲁（Dioscurus）拒绝接受这种论述，他的理论是，耶稣基督完全被神性化，所以把他看成人是一种亵渎。

科普特教会实行主教制，最高主教是宗主教（大主教），下设各教区主教和各级神职人员以及一个世俗委员会。科普特的修道院生活方式历史悠久，而且事实上，第一批基督教修道士——圣安东尼和圣帕科缪（St Pachomius），就是科普特人。

起源于埃及象形文字和古希腊文的科普特语现在仍然用于宗教仪式中，有时为了会众会与阿拉伯语同时使用。今天的科普特语基于希腊字母，另加上7个取自象形文字的字符。

科普特人

长久以来，在埃及科普特人中，出现了许多受过教育的精英，他们担任政府和官方机构中的重要职务。他们被看成是在经济上极其强大的少数人，而且相当多的科普特人既富有又有影响力。

尽管如此，也还有许多科普特人处于社会人群的最底层zabbalin，那些挑拣城市垃圾的开罗拾荒者，多数都是科普特人。

最近的动荡使得科普特人深受其苦。在过去的几年中，许多教堂、科普特人的住宅以及商铺被毁，由于缺乏保护，许多科普特人选择了移民。

其他宗教派别

在埃及，还存在着其他基督教派别，各有几千名追随者。总体上，其他基督教团体共有约100万人。除了进行拉丁仪式的罗马天主教，中东残留的所有宗教仪式都有体现，包括亚美尼亚人、叙利亚人、迦勒底人（Chaldean）、马龙派教徒（Maronite）以及默基特（Melkite）的仪式；由于来自该区域其他地方的难民的涌入，这些群体的数量有所上升。英国圣公会（Anglican）隶属于耶路撒冷的圣公会（Episcopal Church）。亚美尼亚使徒教堂（Armenian Apostolic Church）有约一万名成员，而希腊东正教会的总部在亚历山大。

1956年，埃及妇女获得选举权。6年后，Hakmet Abu Zeid成为第一位进入埃及内阁的女性。

埃及女性

女性问题是埃及人与西方人之间最大的分歧之一。双方都充满了误解和成见：许多西方人认为所有的埃及女性都受到了压迫，而许多埃及人则认为西方妇女沉迷于性，道德败坏。

对大多数埃及人（包括男性和女性）来说，女性的角色一直是有定位的：她是母亲和家庭主妇，而男人是赚钱养家的。但是在埃及有成千上万的中产阶级和上中产阶级的职业女性，她们如今像西方女性一样平衡着工作和家庭责任。埃及内阁也有女性成员，并在2017年任命了第一位女性州长。在理论上最坚持传统的工人阶级中，理想状态当然是妇女围着家庭和家人转，但是现实的经济状况意味着上百万妇女在负责所有家务杂活的同时，还不得不出去工作。

1923年，阿拉伯女性主义先驱者Huda Sharawi和Saiza Nabarawi在参加完罗马的一次妇女选举大会后返回埃及，在开罗的拉美西斯火车站，她们扔掉了自己的abayas，在前来欢迎她们的女性人群中，许多人仿效了她们。

自然，性是大问题。在埃及，婚前和婚外的性行为都是禁忌。但是由于结婚花费巨大，因此男性经常不得不把结婚推迟到30岁以后。这种局面导致在街头很容易感觉到沮丧的情绪。对埃及女性来说，这个问题更加重要——女人在结婚时应该是处女，家庭名誉仍依赖于这一点。社会对年轻女性的约束实际上是出于对其婚姻的保护。

埃及人一直回避对性暴力和性骚扰问题的讨论。但是在2008年，首次有一位女性指控一个男人在街上攻击她，犯罪者被判入狱。在塔里广场的一些抗议活动中，女性成为歹徒们的袭击目标，发生了多起性骚扰和强奸事件。2014年6月，新当选的总统塞西去医院看望一名强奸案受害者，并代表国家进行道歉，使得这个问题成为人们关注的焦点。

革命以来，埃及人民的生活在很多方面都发生了变化，女性的角色定位也处在变化当中。2014年，宪法规定了所有女性都有获得教育和担任政府职位的权利——目前政府中有几位女部长，包括一名女国家安全顾问。但是，尽管塞西宣布2017年为埃及妇女年，但根据那年的一项调查，有87%的埃及男性依然认为女性应该待在家中（《埃及独立报》，2017年5月8日）。

艺 术

埃及文化对西方没有产生巨大的影响，但许多埃及演员和音乐家都是整个阿拉伯世界受人尊敬的文化偶像。2011年的革命激发了前所未有的文化宣泄，许多视觉艺术家在国际艺术市场取得了巨大成功。2011年革命的另一个重大成就是埃及文化认同感的产生，所有埃及人都有权积极地参与文化活动。

文学

多年来，诺贝尔文学奖获得者纳吉布·马哈福兹（Naguib Mahfouz）一直是唯一一位被西方人熟悉的埃及作家，但现在情况开始发生变化。在过去的10年里，几位作家已经试图定义一种埃及小说新风尚，运用了新奇的语言和形式，其中的很多作品正在被译成英语。

纳吉布·马哈福兹

获得1988年诺贝尔文学奖的纳吉布·马哈福兹是20世纪阿拉伯文学界最重要的人物之一。1911年他出生在开罗的伊斯兰区，17岁时开始尝试写作，一生出版了50多部长篇小说和350多篇短篇小说，还有一些电影剧本、戏剧和新闻报道。他最初的写作深受欧洲伟大作家的影响，但随着写作事业的发展，他逐渐形成了一种独特的埃及语言艺术。他的灵感主要来自咖啡馆里和开罗街头人们的谈话。由于他曾经在一部作品中用寓言故事隐晦地讽刺了包括先知穆罕默德在内的一些伟大宗教领袖的生平，因此1994年有人袭击了他，导致他的身体部分瘫痪。2006年，纳吉布因摔倒造成脑损伤而身亡。

马哈福兹之外的作家

马哈福兹深受传统文学熏陶。同一时期埃及还拥有其他受人尊重的作家，如一生中大多数时间都在反对当权派的盲人作家、知识分子塔哈·侯赛因（Taha Hussein）、亚历山大剧作家陶菲格·哈基姆（Tawfiq Al Hakim），以及极具影响力的短篇小说作家优素福·伊德里斯（Yusuf Idris）。

埃及女作家也有不俗的成就。女性主义者兼激进人士娜瓦尔·埃尔·萨达维（Nawal El Saadawi）所著小说《零点的女人》（*Woman at Point Zero*）已经被翻译成28种语言，因为代表女性大胆地批判社会，她在国内受到排挤，其纪实作品《夏娃隐藏的脸》（*The Hidden Face of Eve*）因批判了阿拉伯世界女性的地位而在埃及成为禁书。如果对她有趣而励志的生平感兴趣，可以读一读她2002年出版的自传《火中行走》（*Walking*

Through Fire)。

出生于开罗的作家艾赫达芙·苏维夫(Ahdaf Soueif)用阿拉伯语和英语两种语言进行创作,但其绝大部分作品还没有阿拉伯语版的。其中最成功的一部小说《爱情地图》(*The Map of Love*)讲述了发生在埃及的故事,这部小说曾经获布克文学奖提名,她的其他作品有《阿伊莎》(*Aisha*)、《矶鹬》(*Sandpiper*)和《太阳眼》(*In the Eye of the Sun*)。2012年年初,她出版了自己的回忆录《开罗:我的城市,我们的革命》(*Cairo: My City, Our Revolution*)。

埃及文学名著

➡ Waguih Ghali的作品《斯诺克俱乐部的啤酒》(*Beer in the Snooker Club*, 1964年)是一部非常精彩的小说,它讲述了1950年革命期间埃及年轻人和伦敦年轻人的焦虑情绪,它可以被看作是埃及版的《麦田里的守望者》(*Catcher in the Rye*)。

➡ 纳吉布·马哈福兹的《开罗三部曲》(*The Cairo Trilogy*)通常被视为其最杰出的作品,这部关于一个家庭三代人生活的长篇小说充满了色彩和细节,可以和狄更斯(Dickens)及左拉(Zola)的作品相媲美。

➡ 在阿拉伯世界,巴哈·塔希尔(Bahaa Taher)是仍健在且最受尊重的作家之一,其作品《流亡中的爱情》(*Love in Exile*)和《落日绿洲》(*Sunset Oasis*)都获过奖。

➡ 如果我们只能带一本纳吉布·马哈福兹的书去荒岛,那么无疑会选《平民史诗》

Selim Nassib的*I Loved You For Your Voice*是一部令读者爱不释手的历史小说,取材于埃及诗人及词作家Ahmad Ram迷恋歌星乌姆·科尔特姆(Umm Kulthum)的真实故事。他所创作的绝望诗歌成为她演唱的歌词。两人的关系没有结果,她的事业如日中天,而他却越来越可怜。

新一代作家

Mansoura Ez Eldin 这位记者、激进人士和作家是2011年革命的代表声音,她的小说《马里亚姆的迷宫》(*Maryam's Maze*)被认为是想象力和文学形式运用的经典创作。

Khaled Al Khamissi 其精彩小说《出租车》(*Taxi*, 2006年)由与开罗出租车司机的对话故事组成,着重表现了埃及人的激情和幽默感。他的第二部小说是《诺亚方舟》(*Noah's Ark*)。

穆罕默德·阿拉丁(Muhammad Aladdin) 这位年轻的小说家及激进分子是开罗文学界的一名新秀,他的第二部小说*The Gospel According to Adam*(2006年)将故事背景设定在塔里广场,小说审视了一个极度飘摇动荡的社会。他的小说*A Well-Trained Stray*在2014年以阿拉伯语出版。

艾哈迈德·艾拉迪(Ahmed Alaidy) 他是*Being Abbas el Abd*(2003年)一书的作者,他的作品运用深刻的讽刺及幽默展现了埃及年轻一代的绝望。

易卜拉欣·阿卜杜勒·马吉德(Ibrahim Abdel Meguid) *No One Sleeps in Alexandria*(1999年)与劳伦斯·德雷尔(Lawrence Durrell)所描绘的神话般的亚历山大截然不同。作为三部曲的第一部,这部作品描绘了与《亚历山大四重奏》同时期的亚历山大,却是通过两个贫苦埃及人的视角叙述。他最新的小说、三部曲中的最后一部是*Clouds over Alexandria*。

Miral Al Tahawy 《帐篷》(*The Tent*, 1998年)是关于一个跛脚的贝都因女孩逐渐走向疯狂的凄美故事。

Nael El Toukhy 他的小说*Women of the Karentina*(2013年)描写了虚构的亚历山大地下世界,字里行间可见幽默和痛苦。

(*Harafish*, 1977年)。这部作品是以一种插话式的、近乎民间传说风格来呈现的，主要借鉴了《一千零一夜》的写作传统。

➡ 2008年阿尔伯特·科塞里(Albert Cossery)去世以后，他的三部小说《骄傲的乞讨者》(*Proud Beggars*, 1955年)、《小丑》(*The Jokers*, 1964年)和《耻辱的颜色》(*The Colours of Infamy*, 1999年)最近都被翻译成英文。他的小说用法语写成，受到埃及爱好者的狂热追捧。

➡ 贾迈勒·基塔尼(Gamal Al Ghitani)的小说*Zayni Barakat*(1974年)场景设定在马穆鲁克王朝后期的开罗。在20世纪90年代初期，这部作品被搬上电视，并大获成功。

当代埃及小说

当代小说家阿拉·阿斯旺尼(Alaa Al Aswany)像纳吉布·马哈福兹一样享誉世界，他原本是一名牙科医生，其作品主要关注埃及人、贫穷和阶级差异。2002年他的畅销小说《亚库比恩公寓》(*The Yacoubian Building*)讲述了开罗市区一栋公寓里住户的故事，成为当代开罗凄凉而又引人入胜的缩影。这部有史以来世界上最畅销的阿拉伯语小说是一部情节错综复杂的肥皂剧，但是它以一种独特的方式描写了穆巴拉克统治末期的埃及社会，并且创造了阿拉伯文学史上前所未有的一些人物原型。阿拉·阿斯旺尼接下来的作品——《芝加哥》(*Chicago*)、*Friendly Fire*和《埃及汽车俱乐部》(*The Automobile Club of Egypt*)却令人失望。

萨尔瓦·巴克尔(Salwa Bakr)的作品主要关注一些禁忌话题，如性别歧视和社会不平等。她的著作包括小说《金色的战车》(*The Golden Chariot*)和*The Man from Bashmour*，后者非常优秀。

尤瑟夫·拉卡(Youssef Rakha)的作品扎根于开罗。他的得奖作品《苏丹的印章》(*The Book of the Sultan's Seal*)就是一本很好的书，讲述了寻找身份认同的故事。在《鳄鱼》(*Crocodiles*)中，他创作了一个关于2011年事件的故事。

在活跃的新一代埃及作家中，很有前途的一位是Mansoura Ez Eldin，他的作品《马里亚姆的迷宫》(*Maryam's Maze*)精彩地讲述了一位埃及女性在混乱的生活中寻找出路的故事。《天堂以外》(*Beyond Paradise*, 2009年)也不错。其他值得注意的年轻作家包括阿米纳·齐丹[Amina Zaydan,《红酒》(*Red Wine*)]、哈姆迪·阿布·古拉耶尔[Hamdi Abu Golayyel;,《没有尾巴的狗》(*A Dog with No Tail*)]和米拉尔·塔哈维[Miral Al Tahawy,《蓝茄子》(*Blue Aubergine*)]。

西方小说中的埃及

➡ 劳伦斯·德雷尔(Lawrence Durrell)所著的《亚历山大四重奏》(*The Alexandria Quartet*, 1962年)也许是一部必读书目，但游览亚历山大的游客想要见到书中所描写的城市就像是去伦敦想要偶遇玛丽·波平斯(Mary Poppins，英国作家特拉弗斯的系列童话中的主人公)一样不切实际。

➡ 路易莎·杨(Louisa Young)所著的*Baby Love*(1997年)是一部妙趣横生的新潮小说，故事讲述了一位曾经是肚皮舞娘的单身母亲为了逃避爱情和暴力的过去，游走于伦敦的Shepherd' s Bush和卢克索西岸的故事。

➡ 连·戴顿(Len Deighton)所著的《黄金之城》(*City of Gold*, 1992年)是一部

关于战争时期埃及的优秀的惊悚小说，作者做了翔实的研究，生动地展现了当时的开罗。

➡ 阿加莎·克里斯蒂所著的《尼罗河上的惨案》(1937年)基于作者在上埃及一个冬天的经历。如果你想预订尼罗河游轮旅行，你一定要读这本书。

➡ 尽管与那部众所周知的同名电影没有太多相似之处，迈克尔·翁达杰(Michael Ondaatje)的《英国病人》(*The English Patient*, 1992年)也是一部优美、充满诗意的小说，讲述了一个关于"二战"时期爱情、沙漠和命运的故事。

➡ 奥丽维亚·曼宁(Olivia Manning)的《黎凡特三部曲》(*The Levant Trilogy*, 1980年)讲述了在战时的埃及，一群受人鄙视的外籍人士所遭受的磨难和心理创伤。小说中有对"二战"时期开罗生活的精彩描述，后来被BBC改编为电影《战争的命运》(*Fortunes of War*)，由肯尼斯·布莱纳格(Kenneth Branagh)和艾玛·汤普森(Emma Thompson)领衔主演。

➡ 约翰·福尔斯精彩的小说《丹尼尔·马丁》(*Daniel Martin*, 1977年)虽然只有一小部分情节发生在尼罗河游轮上，但他的描述非常尖锐。

➡ 佩内洛普·莱弗利(Penelope Lively)的《月亮虎》(*Moon Tiger*, 1987年)是一部获奖的浪漫爱情小说，故事发生在"二战"时的开罗，情节非常感人。

➡ 罗伯特·索尔(Robert Sole)的《摄影师的妻子》(*The Photographer's Wife*, 1996年)是这位法国记者所著的三部历史浪漫爱情小说中的一部，故事发生在19世纪末的埃及，尽管节奏缓慢，但由于时代细节描写精细和故事感人，非常值得一读。

编剧Wahis Hamed和导演Marwan Hamed这对父子组合把作家阿拉·阿斯旺尼的畅销书《亚库比恩公寓》改编搬上银幕，影片预算超过300万美元，堪称埃及电影史之最。这部电影于2006年大获好评。

电影

在20世纪40年代和50年代这段和平繁荣的时期，开罗的电影制片厂每年出产100多部电影，给整个阿拉伯世界带来了许多令人陶醉的音乐剧。这些音乐剧现在仍然是地区影院的经典放映作品。直到20世纪80年代，开罗还一直在电影业中起到重要作用，但现在每年只能出产大约20部电影。在制片商看来，电影业衰退的主要原因在于过多的政府税收和严厉的审查制度。当被问到什么内容会被审查时，一位业内人士这样回答："性，政治，宗教——就是这些。"但是，至少有一位开罗电影批评家曾经暗示过当地电影衰亡的另一个原因是很多电影的质量不佳。典型埃及电影元素包括肤浅的情节、荒唐可笑的闹剧式幽默、过分夸张的表演和一些肚皮舞表演。

优素福·查欣(Youssef Chahine, 1926~2008年)是一位始终没有随波逐流的埃及导演，他执导了超过35部电影，被称为"埃及的费里尼"，并在1997年戛纳电影节上获得终生成就奖。他后期的知名作品有1999年的《另一个》(*Al Akhar*)、1997年的《命运》(*Al Masir*)和1994年的《移民》(*Al Muhagir*)。另外值得关注的作品还有一部关于法国占领埃及的历史巨作《别了，波拿巴特》(*Al Widaa Bonaparte*)，以及讲述查欣导演出生城市的自传体影片《为什么是亚历山大？》(*Iskandariyya Ley*?)。

自从2011年革命以来，一批新锐电影制作人登上了埃及电影业的舞台，他们引领埃及电影进入激动人心、前所未有的领域。电影《埃及广场》(*The Square*, 2013年)为耶茵·妮珍儿(Jehane Noujaim)赢得了奥斯卡提名和三项艾美奖，这部电影讲述了2011~2013年在塔里广场发生的事情。2014年年初，开罗市中心开了一家新影院Zawya，放映年轻一代埃及电影制作人的艺术电影和作品。

新埃及电影业

埃及多部电影在近几年斩获了国际奖项，但其中有一些由于批评新政权而在埃及国内被禁。

➡ 耶菡·妮珍儿（Jehane Noujaim）执导的《埃及广场》（*The Square*）获得2014年奥斯卡最佳纪录片提名。

➡ 穆罕默德·汗（Mohamed Khan）的回归力作《工厂女孩》（*Factory Girl*, 2013年）讲述了女性如何在给她们种种限制的社会中寻求独立的故事。

➡ 在电影《混乱，秩序》（*Chaos, Order*, 2012年）中，穆罕默德·汗的女儿纳丁·汗（Nadine Khan）讲述了在一个贫穷但充满活力和异国风情的开罗街区，两个坚韧的年轻人为获得一位少女的青睐而相互竞争的故事。

➡ 艾哈迈德·阿卜杜拉（Ahmad Abdalla）的*Rags and Tatters*（2013年）是另外一部出色的获奖影片，真实地记录了埃及革命。更不寻常的是，这部电影在大部分时候是无声的。

➡ 导演Ayten Amin的处女作《69号别墅》（*Villa 69*, 2013年）展现了一位50多岁的男人独自居住在一栋漂亮但破败的别墅里，在他的姐姐和孙子搬来同住时，他不得不面对现实的故事。

➡ 作家及导演Hala Lotfy的第一部故事片*Coming Forth By Day*（2012年）表现了一个小家庭被日常生活中的疾病、金钱、排斥、不安和沮丧等窘境击垮的故事。

➡ 《尼罗河的希尔顿事件》（*Nile Hilton Incident*, 2017年）是一部惊悚片，讲述一名警察被要求调查2011年前开罗的一起谋杀案的故事。

音乐

乌姆·科尔特姆（Umm Kulthum）被称为“东方之星”，在她去世40年后，她的音乐仍然能够激起埃及人的强烈感情。但是现在新出现的歌手声势也不弱。开罗最新的流行歌曲是mahraganat，由一些来自最贫穷郊区和贫民窟的艺术家创作，他们呐喊出对自己生活的觉醒。

斯蒂芬·索莫斯（Stephen Sommers）的电影三部曲《木乃伊》（*The Mummy*, 1999年）、《木乃伊归来》（*The Mummy Returns*, 2001年）和《蝎子王》（*The Scorpion King*, 2002年）将背景设定在古埃及和20世纪早期的埃及，电影展现了令人难以置信的艺术设计和荒诞的故事情节。

古典音乐

阿拉伯古典音乐在20世纪40年代和50年代达到巅峰——这时正是埃及民族主义大潮的黄金时期，之后，在纳赛尔的统治之下，开罗成为阿拉伯语世界的中心。埃及的歌手们成为偶像，他们充满激情的演唱通过收音机抓住了听众，点燃了从阿尔及尔（Algiers）到巴格达（Baghdad）的听众的心。

乌姆·科尔特姆是20世纪最著名的阿拉伯歌手，其舒缓的爱情歌曲和长诗（qasa' id）是阿拉伯世界集体认同感的最好体现。埃及人热爱乌姆，在每月第一个星期四的下午，街上空无一人，因为整个国家的人都围着收音机聆听她的定期现场表演。同时期的著名男歌手为阿卜杜勒·哈利姆·哈菲兹（Abdel Halim Hafez）和Farid Al Attrache，但他们的受欢迎程度无法和“AsSitt”（那位女士）相比。乌姆于1972年音乐会后退出歌坛，3年后去世，几百万悲痛欲绝的埃及歌迷涌上开罗街头。乌姆·科尔特姆博物馆（Umm Kulthum Museum）于2002年在开罗揭幕。

流行音乐

正如朋克音乐对西方流行音乐的巨大影响，艾赫迈德·阿达维亚（Ahmed Adawiyya）对阿拉伯乐坛也做出了巨大贡献。艾赫迈德抛弃了传统的旋律和演唱内容，他关于民间疾苦的歌曲抓住了时代的灵魂，主宰了整个20世纪70年代的流行文化。在有些人看来，他的音乐极具政治颠覆性。他建立了一种被称作“aljeel”（新一代）的全新音乐形式，特点是在咔嗒的拍手旋律中加上合成的音乐和朗朗上口的重复演唱。这种音乐形式后来演变为一种更西式的流行音乐，代表人物是经常被称作“阿拉伯世界里奇·马丁（Ricky Martin）”的阿穆尔·迪亚布（Amr Diab）。

艾赫迈德·阿达维亚的影响也促进了被称为“shaabi”（来自“流行”这个词）的音乐形式出现，shaabi比aljeel更为粗鲁，歌词经常带有讽刺意味并且政治性极强。被大众接受的shaabi歌手是经常上电视的哈基姆（Hakim），他的专辑销售总能突破百万大关。2010年，shaabi歌手穆罕默德·穆尼尔（Mohamed Mounir）推出的新歌《怎么办？》（*Ezay*？）由于政治意味太浓而被禁唱。在2011年革命时，他在塔里广场为面前的民众又表演了这首歌。

说唱和嘻哈音乐——所谓的shebabi（青年）音乐对开罗和其他地区革命青年的暴动起到推波助澜的作用。开罗现在的流行音乐形式是mahraganat——混合了密集的鼓点和起源于开罗贫民窟的auto-tune说唱乐，但这种音乐被比作“肮脏”的音乐。艺术家们经常在家里录音，然后通过互联网传播音乐。Diesel（又名Mohamed Saber）是mahraganat音乐最具创新性的艺术家之一。而Sadat（又名AlSadat Abdelaziz）则是最耀眼的明星。这种音乐表达了年轻人的现实生活，通过使用他们的俚语来表现他们的斗争。他们唱出有关革命、毒品和性骚扰的内容，主要在街道婚礼上现场表演。

革命的音乐

下面的歌曲构成了2011年革命中的部分音乐。其中一些可以在多国买到，全部曲目都可以在YouTube上找到。

- Ramy Essam的《离开》（*Irhal*）——这首歌曲使Ramy Essam成为一名革命明星，他在2月11日登台演唱这首歌曲，这一天穆巴拉克宣布下台。
- The Arabian Knightz的《手牵手》（*Eid Fi Eid*）——埃及的说唱乐队第一次推出关于革命的音乐，他们还在塔里广场拍摄了录像。
- The Arabian Knightz讲述劳伦·希尔（Lauryn Hill）故事的《叛逆者》（*Rebel*）——这首歌在革命最初几天录制完成。
- Rayess Bek的*Thawra*——黎巴嫩乐队演唱的关于革命的歌曲，背景是塔里广场上人们呼喊的口号“asshab yurid thawra”（人民要革命）。
- Amir Eid、Hany Adel、Hawary和Sherif四人演唱的《自由之声》（*Sout El Hurriya*）——YouTube上的视频片段显示了广场上的人们唱这首歌的情景。

当代埃及艺术家

查恩特·阿韦迪西安（Chant Avedissian; www.chantavedissian.com）——亚美尼亚裔埃及艺术家，他所创作的有关旧时名人的模板画作品在中东艺术收藏家中非常抢手。

优素福·纳比尔（Youssef Nabil; www.youssefnabil.com）——埃及艺术家，现居纽约，他的作品是关于埃及和国际名人的手工着色的明胶银盐感光照片摄影作品。

Ghada Amer（www.ghadaamer.com）——埃及艺术家，主要在抽象画上进行关于女性情欲的刺绣创作。

Wael Shawky 埃及最具影响力、最针砭时弊的艺术家之一，他通过录像装置重新阐释了信仰、神话和历史。

视觉艺术

埃及的视觉艺术与这个国家一样萧条，直到2011年，才因反对穆巴拉克政权的起义而有所改变。艺术家及音乐家Ahmed Bassiouny在反对穆巴拉克的起义开始后第三天被杀，在他去世后，其作品在2011年威尼斯双年展（Venice Biennale）展出。随着穆巴拉克的倒台，埃及视觉艺术圈进入了混乱的自由时期，许多埃及艺术家都享有国际声誉。

直到塞西掌权之前，涂鸦艺术家把街道变成了他们的画布，作为获取公共空间所有权的一种方式。在后革命时期的开罗，街头艺术是被禁止的。甘泽尔（Ganzeer）可以算是埃及最著名的街头艺术家，他创作了一些最有力量、最具政治色彩的涂鸦，如今他在美国生活和工作。其他许多人也都搬到了国外。

然而，视觉艺术还在继续蓬勃发展，这部分得益于当代艺术空间的支持，如开罗的Townhouse Gallery和Mashrabia Gallery。

肚皮舞

埃及最著名的肚皮舞者之一Soheir El Babli在1993年退出了演艺界，戴上了面纱，她的这一做法带动了埃及许多肚皮舞艺术家出于宗教原因而放弃跳舞。

古埃及陵墓里的绘画证明了埃及舞蹈形式可以追溯到法老时代。在中世纪，ghawazee（一队舞者）和说书人及诗人一起云游，并在公共场所表演。19世纪，伊斯兰当权者不满穆斯林妇女在大巡演中为“异教徒”表演，因此这些舞者从开罗被驱逐到伊斯纳。随着电影业的兴起，肚皮舞开始获得一定声誉并受到欢迎，它在电影里表现得魅力无穷，这也使得许多肚皮舞者的名字在埃及耳熟能详。在20世纪90年代，菲菲·阿卜杜（Fifi Abdou）成了这个国家最有名的人之一。

从20世纪90年代早期开始，伊斯兰教保守主义者开始在开罗贫穷地区巡视婚礼仪式，强行禁止妇女唱歌跳舞，使底层表演者失去了重要的收入来源。与此同时，许多有名的娱乐界人士戴上了面纱，退出娱乐圈，称自己之前从事的行业是有罪的。现在很少有肚皮舞者在公共场所表演，其位置被主要为游客表演的外国人所取代。埃及肚皮舞的前景并不明朗。

埃及美食

与享有盛誉的黎巴嫩、土耳其和伊朗的美食相比，埃及的食品更加新鲜、公道和朴实。豆类以炖煮（早餐、午餐或者晚餐）、汤或者塔米亚（ta' amiyya，埃及炸豆丸子沙拉卷饼）小馅饼的形式端上餐桌。埃及人喜欢吃羊肉串、烤鸡、鸽子和科夫塔（kofta，串烤加香料肉丸），还有来自地中海、红海以及尼罗河的鱼。

主食与特色

埃及餐饮多炖煮，且以蔬菜为主。大部分埃及人能负担得起的是路边小吃，而且他们很乐意为了最好的库夏里（kushari，将面条、米饭、黑扁豆、炸洋葱和番茄酱拌在一起）和塔米亚（ta' amiyya）排队。埃及特色菜包括molokhiyya（蒜味绿叶汤，喜欢的人喜欢，讨厌的人讨厌）、鸽子（hamam）和填馅蔬菜（mahshi）。埃及人嗜甜如命，如果没有甜点，就不算一顿完整的饭，mahallabiye（牛奶羹配松子和杏仁）和大米布丁（ruz bi laban）是最受欢迎的。

据说Omm ali是由赫迪夫·伊斯梅尔（Khedive Ismail）的爱尔兰情妇奥马利小姐（Miss O' Malley）引进到埃及的。另一个说法是，这道菜是为了纪念13世纪埃及苏丹的妻子欧阿里（Omm Ali，阿里之母）被对手谋杀这一事件。

开胃菜

色香味俱全的开胃菜（一系列凉菜和热菜）主要由蔬菜构成，但并不是严格意义上的埃及菜，因为许多种类都来自黎凡特或者土耳其。但是它们已经被埃及人根据当地情况精简了种类，并且变得更加实惠。它们完全适合作为任何一餐的开胃菜，而且就餐者经常可以在开胃菜菜单中点到全餐，无须再点正餐。

面包

面包（A' aish）是埃及人最重要的主食。埃及传统面包皮塔饼（A' aish

味蕾旅游

Fatta 米饭与面包在有羊肉或者鸡肉的蒜醋汁中浸泡，然后在砂锅（tagen）里烘烤。Fatta很难消化，吃完之后最好找张躺椅休息一下。

Mahshi kurumb 圆白菜叶包着米饭和肉加上足量的小茴香和清奶油（samna）以恰当的方式烹饪，真是好吃得不得了。

Molokhiyya 一种用绿色蔬菜叶炖成的柔滑而美味的浓汤，与兔肉（或者鸡肉）伴以足量的大蒜一起食用。

鸽子填饭（Hamam mahshi） 填着青麦（fireek）和大米馅的烤鸽子。这道菜在所有传统餐馆里都有提供，吃起来可能会有些麻烦，要小心有很多小骨头。

一桌餐前小菜

鹰嘴豆泥（Hummus）鹰嘴豆泥加入柠檬、大蒜及芝麻酱。

中东芝麻酱（Tahini）白芝麻酱加入油、大蒜及柠檬，与皮塔饼或者烤鱼一起吃。

Baba ganoush 加入大蒜和油的烤茄子泥。

Wara ainab 葡萄叶包上米饭、香草和肉，然后放到肉汤里烹制。

Bessara 冷的扁豆泥。

碎羊肉面饼（Kibbeh）碎羊肉和松仁馅的油炸小麦饼。

Sambusas 奶酪馅或者肉馅的小饼。

Torshi 腌制的脆黄瓜、胡萝卜和水萝卜。

baladi）是全麦面粉经过充分发酵之后，变成带有松软外皮的空心口袋饼，在明火上烘烤而成。当地人还用它代替餐具来舀起蘸酱，或者把它撕成片，然后包小块肉食用。还有一种用白面粉做的大一些的面包叫A' aish shammy，经常用来包塔米亚。在农村，妇女还会烘烤一种带三个柄的圆形发酵面包——这个形状和古埃及人做的面包是一样的。面包房还卖一种甜味的西式白面包卷，叫作kaiser，这种面包在餐馆或者旅馆的早餐中多有提供。

沙拉

埃及沙拉的制作关键是简单，可以当作餐前小菜或者作为肉或鱼等主菜的配菜。标准的salata baladi由切好的西红柿、黄瓜、洋葱和胡椒做成，有时还会添加一些带辣味的芝麻菜。中东美味而又健康的招牌沙拉tabbouleh（由碎小麦、欧芹、西红柿加上柠檬和大蒜，再撒上芝麻制作而成）也很普遍。人们经常将甜菜根或者胡萝卜等应季蔬菜煮熟以后，加上香味扑鼻的调味油及柠檬汁作为冷盘。

烹饪书籍

Samia Abdennour的《埃及烹饪：实用指导》（Egyptian Cooking: A Practical Guide）

Claudia Roden的《新编中东食谱》（New Book of Middle Eastern Food）

Colette Rossant的《尼罗河上的杏树：食谱报告》（Apricots on the Nile: A Memoir with Recipes）

Suzanne Zeidy的《开罗家常菜谱》（Cairo Kitchen Cookbook）

蔬菜与汤类

埃及最常见的蔬菜是molokhiyya，它是一种带绿叶的黄麻属植物，据说是法老食谱中的一部分。它具有一种类似于秋葵的黏性，埃及人用它做一种黏滑的令人惊艳的滋补汤。按照传统，它会作为配菜或者酱料，和兔肉或鸡肉配着米饭一起端上餐桌，它能在当地人心中激起一种近乎宗教般的热爱。埃及人最爱喝的汤是shurbat ads（小扁豆汤），它用红色小扁豆做成，与孜然和一角柠檬一起上桌。fuul nabed（扁豆汤）也很普遍。

肉类

科夫塔（kofta）和烤肉串是埃及两种最受欢迎的肉食。科夫塔是用添加了香料的羊肉或者牛肉加胡椒粉做成肉丸，串成串，然后在烤架上烤制。它是埃及人最喜欢的daoud basha的原料，daoud basha是与松子和番茄酱一起放到陶锅里煮熟的肉丸。烤肉串是将肉块串起来然后进行火烤，一般用羊肉（用鸡肉这样烤的叫作shish tawooq）。肉食上桌时下面经常会铺一层欧芹（baqdounis），然后与面包、沙拉和调味酱一起食用。

在埃及，人们也经常烤鸡肉串，在餐馆人们一般都点半只烤鸡。鸽子肉也是非常受欢迎的肉类，鸽子肚子里会塞上其他食材，然后烘烤、架烤或者与洋葱、西红柿和米饭一起做成泥罐炖菜食用。

鱼类与海鲜

当你在亚历山大、西奈或者红海沿岸时，看着大量各种各样的新鲜海产，你一定会情不自禁地与当地人一起下钩、放线和沉坠。当地人喜爱的海鲜是鱿鱼（kalamaari）、balti（一种长约15厘米、扁平而鱼腹颜色偏浅的鱼）和更大、味道更好的鲻鱼（bouri）。在餐馆的菜单上，你还能经常见到海鲈鱼、海鳊鱼、红鲣鱼、青鱼、比目鱼和虾（gambari）。红海以龙虾著称，而纳赛尔水库则多产罗非鱼。埃及最常见的做鱼方法是将鱼放在炭火上烤制或者用橄榄油煎炸。

科普特人非常喜爱fesikh——晒干了、用盐腌而且经过发酵的灰鲻鱼，按照传统是在科普特复活节上食用——科普特复活节是可以追溯到古代的一个春天庆祝活动。卖fesikh这种鱼的店铺通过气味就能辨识出来，要吃过几次fesikh才能逐渐喜欢上它的味道。

古埃及人相信当奥西里斯被他的兄弟赛特碎尸后，他的妻子伊希斯发现他的尸块散落在埃及各处，最终只有一块未被找到：他的阴茎被鲶鱼吞食了。所以直到现在，许多埃及人仍然不喜欢吃鲶鱼。

餐后甜点与甜食

当地的布丁王子是mahallabiye，它用米粉、牛奶、糖和玫瑰水或橘汁制成，上面再覆以切碎的开心果或者杏仁。几乎同样受欢迎的是大米布丁（ruz bi laban）和omm ali（经奶油或者牛奶浸泡，在烤炉中烤出的带有坚果或者葡萄干的多层酥皮糕点）。

埃及最棒的甜食是包括库纳法（kunafa）在内的糕点，库纳法是一种粉丝状糕点，在糖浆中浸过，或者包着坚果卷起来。糕点中最有名的是果仁蜜饼，由浸过糖浆、擀得极薄的面皮制成。果仁蜜饼有多种口味，可以加上新鲜的坚果，或者加上厚厚的ishta（凝脂奶油）。

饮品

阿拉伯茶（shai）及咖啡（ahwa）是埃及人最喜欢的饮料，这两种饮料都不会加奶加糖。美味的当季新鲜果汁价格便宜，而且随处有卖。许多埃

埃及风格快餐

一旦你品尝过传统埃及快餐，你就会对它着迷。以下是一些常见主食快餐：

富尔（Fuul）埃及国民菜，经常用作早餐，是蚕豆加上蒜、欧芹、橄榄油、柠檬、盐、黑胡椒和孜然，慢工烹调而成的朴实无华的农家菜。

塔米亚（Ta'amiyya，埃及炸豆丸子沙拉卷饼）磨碎的蚕豆加香料炸成的小丸子。

沙威玛（Shawarma）羊肉或者鸡肉从竖着的烤肉叉上片下来，与切好的西红柿及配菜放到热盘上烧得嘶嘶作响，然后夹到shammy面包中食用。

库夏里（Kushari）素食者良友：把面条、米饭、小黑扁豆、鹰嘴豆和炸洋葱拌在一起，再淋上浓稠的番茄酱。许多库夏里店也卖makaroneh bi-lahm，这是一种烤意大利面羊肉锅。

菲提尔（Fiteer）这种埃及比萨是在很薄的油酥饼上放咸奶酪和橄榄，甜的菲提尔上会放果酱、可可豆及葡萄干。

及人按照伊斯兰传统不饮酒，但在高端餐厅和客户为游客的餐馆，则有当地酿造的啤酒出售。在街上喝酒或者公然酗酒都是禁忌。

茶与咖啡

饮茶是这个国家最具特色的消遣，如果在一天里，一个人没有经常轻啜这种富含鞣酸的饮料，他就会被看成不合群的怪人。这里的茶通常是将一种当地茶叶研碎成粉末并留在杯底沏泡的浓茶，或者采用英国饮法——把一个茶包泡入一杯热水中。茶也可以加糖饮用，如果想加糖，点茶时说"sukar khafif"（加一点儿糖）。如果不想加糖，就要说"min ghayr sukar"。更提神的有加薄荷叶的茶，点茶时说"shai bi-na' na"。冬天，当地人喜欢喝甜的加奶的茶（shai bi-haleeb）。

传统上，只有咖啡馆提供阿拉伯咖啡，它是一种又浓又有劲的小杯土耳其风格饮料，喝时要小口呷。同喝茶一样，喝阿拉伯咖啡时你要说准需要放多少糖："ahwa mazboot"是适量的糖，"ahwa saada"是不放糖，"ahwa ziyada"是多放糖，最后这种很可能一入口就甜掉你的牙。根据传统，看你喝咖啡时留在杯底的咖啡渣可以算出你的未来。酒店和西式餐厅主要提供速溶咖啡（都叫作neskafe，即雀巢咖啡），不过现在高档场所开始越来越多地提供意大利风格的浓咖啡和卡布奇诺。

在埃及出生的Claudia Roden于1968年出版的《新编中东食谱》（*The New Book of Middle Eastern Food*）引起了西方厨师对该地区烹饪的关注。该书在更新和重印之后，现在仍然是关于埃及饮食的必备参考书籍。这本书不仅介绍了非常棒的食谱，还提供了极其有趣的文化见解。

传统咖啡馆

咖啡馆被称作ahwa（阿拉伯语的"咖啡"，现在与咖啡馆同义），是埃及人重要的社交场所之一。传统上，咖啡馆只对男性开放，不过今天在咖啡馆里经常可以见到成群结队的年轻埃及男女，尤其是在开罗和亚历山大。咖啡馆是安静、使人放松的地方，常客天天去那里品茶会友，谈论政治或者消磨夜晚的时光。

从亚历山大到阿斯旺的咖啡馆有一个共同的特点，即提供水烟（shisha），这种消遣很有魔力，使人上瘾。大部分人选择吸食在苹果汁（tuffah）里浸泡过的烟草，在更新潮的地方也有草莓、甜瓜、樱桃或者混合水果香型的烟草可供选择。服务人员拿来一个带有装饰的玻璃烟筒，里面装满水，放上热煤块加热，然后给你一个一次性塑料烟嘴套在水烟筒上，你就可以开始抽水烟了。要想抽得好，唯一秘诀就是需要时不时抽一口以使煤块保持热度。这种感觉赛神仙！

当然，值得一提的是，尽管水烟的烟经过水的过滤而且味道也与香烟的烟草味毫不相同，但是它毕竟还是烟，而且尼古丁浓度更高。

啤酒与葡萄酒

在埃及，啤酒就叫"斯特拉"（Stella），它很淡而且非常适合饮用，所以不要把它与比利时的斯特拉啤酒混为一谈。现在这种啤酒有两种姐妹酿品，酒精度低的清爽型Sakara Gold和酒精度高的Sakara King（10%）。大多数当地人只选择经过简单酿造的啤酒——这种最便宜（在餐馆500ml的零售价为LE15），而且冰镇后喝口感很好。

在过去的10多年里，埃及的葡萄酒质量大有提高，种类也极大增加。上好的葡萄酒如Château des Rêves赤霞珠等，所使用的葡萄都是从黎巴嫩进口的。Gianaclis白葡萄酒也很不错。这些葡萄酒的零售价格为每瓶LE70~270。在埃及，进口葡萄酒很少见，而且也昂贵得多。

其他饮品

在炎热的夏季月份，许多喝咖啡的人会选择更凉爽的饮料，如冷冻的深红色的karkadai，这是一种用木槿花叶煮制的非常提神的饮料，在冬季也可热饮，以降血压著称。另一种提神饮料是柠檬汁（limoon），有时混以薄荷（bi-na' na）。在冬季，许多人喜欢sahlab，一种由兰花块茎淀粉、牛奶加切碎的坚果制成的很稠的热饮；helba，一种葫芦巴茶；以及yansoon，一种有助消化的茴香籽饮料。

通过挂着装有水果（和胡萝卜）的袋子就可以认出果汁摊位，在炎热的日子，看到果汁摊绝对会使人喜出望外。常见的果汁（asiir）包括香蕉汁（moz）、番石榴汁（guafa）、柠檬汁、芒果汁（manga）、橘汁（bortuaan）、石榴汁（rumman，说"min ghayr sukar"以免放糖太多）、草莓汁（farawla）和甘蔗汁（qasab）。根据水果种类和你的所在地方，一杯果汁的价格为LE5~15。

水

埃及人说一旦你喝过尼罗河的水，你就总会再回到埃及。然而，一旦你喝过了自来水，你就哪里都不想去了——因为埃及的自来水简直称得上有毒。但是开罗例外，在这里，如果你的体质好，喝自来水就不会有问题。虽然水中有很重的氯气味，不过大部分当地人都照喝不误。

就餐的时间与地点

对游客来说不幸的是，埃及最好的食物常常只能在当地人家里才能品尝到。如果你足够幸运被邀请享用一顿家庭餐，一定要接受邀请（出于礼貌需要给女主人带一盒糖果）。这种时候，你很可能会吃到快要撑破肚子——你看起来刚要吃干净一个盘子里的食物，主人马上会给你添上更多的，不管你如何婉拒都挡不住。

在餐馆里，只要你不被繁多的食物种类搞晕，按照埃及人的标准点餐，就会吃得很饱很好。我们建议只有在开罗、卢克索、沙姆沙伊赫、宰海卜的旅游区，游客可以品尝一下非本地区的美食。在亚历山大，去当地人建议的海鲜餐馆吃饭——那里有这个地区最棒的海鲜餐馆。

埃及人的晚饭时间一般要比西方晚，城市里的就餐者在晚上10点或者更晚到饭馆吃饭是很常见的，尤其是在夏天。埃及人还喜欢全家聚餐，烟抽得仿佛有根大烟囱在冒烟，迟迟不散。

除了特殊情况，餐馆和咖啡馆一天里的主餐一般都是午饭。晚上，埃及人一般都吃得清淡一些，或者吃快餐。埃及一份食物的量总是很大，因此点菜时要克制——浪费食物是受人指责的行为。

烹制埃及美食

Food of Egypt (www.foodofegypt.com)

Food in Egypt (www.foodbycountry.com)

Egyptian FoodStudy Guide (http://quatr.us/egypt/food/egyptfood.htm)

斋月之夜

斋月是穆斯林从日出到黄昏戒斋的圣月，但是这个月的晚间也是人们欢宴的时候。开斋饭（Iftar）是为晚上开斋而专门准备的盛宴，有丰富的汤、鸡肉和其他肉菜，还有其他精美的食物。开斋饭经常是在街道上或在专门搭建的大帐篷里供大家一起享用的。与其他庆典活动一样，开斋饭也少不了大量的甜点。

注意事项和禁忌

- 坐在地毯上吃饭或者喝茶之前，要脱掉鞋子。
- 在埃及用餐时，要避免用左手接触公用餐盘——因为如厕没有手纸时，是用左手来处理的。
- 在餐馆如果想要擤鼻涕，要离开用餐区到外边或者洗手间。
- 斋月的白天在公共场所一定禁饮、禁食以及禁止吸烟（国际酒店除外）。
- 就餐时要在同性旁边就座，除非主人另有安排。

素食者与严格素食者

尽管埃及人平时会吃大量蔬菜，但是他们对自愿素食这个概念还很陌生。严守教规的科普特人在一年中大部分时间都遵从严格的素食主义饮食（因此库夏里很受欢迎），但是更典型的埃及人的逻辑是："如果你能买得起肉，为什么不吃肉呢？"

幸运的是，有很多以蔬菜为主的菜肴可供选择。你可以吃大量的餐前小菜以及沙拉、富尔和塔米亚，偶尔可以吃煎蛋饼，或者炉烤的带有秋葵和茄子的砂锅炖菜。当你犹豫不决时，可以点上一堆皮塔饼和一碗鹰嘴豆泥。如果你可以吃鱼，在旅游城镇和沿海地区总是可以吃到新鲜海味。

无意中吃到肉的主要原因是肉汁，主要用来烹制素食的砂锅和汤。店主或者服务员甚至可能没把这种肉汁看成是肉，所以他们会再三向你保证这是素菜。

风俗习惯

埃及人实行标准的一日三餐。大部分人的早餐包括面包和奶酪，在家里可能还有橄榄或一个煎鸡蛋，要是急着上班，就来份富尔（蚕豆酱）三明治。午饭是一天中的主餐，从14:00开始，但是更有可能是在15:00或16:00左右，因为这时父亲已经下班回家了，而且孩子也放学回来了。无论吃的是什么，这都是家庭主妇（一般是母亲）在厨房忙了一上午准备的，饭菜是热的而且足够全家享用，剩下的饭菜通常都留好用作晚饭。

环境

埃及的沙漠和红海珊瑚礁拥有丰富的野生动物。但在其他地方，环境问题日益尖锐。沙漠与河流之间狭长的肥沃土地面临着许多威胁，这些威胁包括人口过多、污染、尼罗河水干涸、土地盐碱化以及由于修建阿斯旺大坝而造成的地表水位上升。

土地

尼罗河谷是大部分埃及人的家园，大约90%的人口都生活在沿河狭长而肥沃的土地上。夹在群山和农业平原之间的南部尼罗河河道比较狭窄，但是随着河水流向北方，地势逐渐变得平缓，河道宽达20~30公里。

河谷东面是东部沙漠（也称阿拉伯沙漠），这是一片贫瘠的高原，东面边缘是一系列超过2000多米高的山脉，绵延约达800公里。河谷西面是西部沙漠（也称利比亚沙漠），大约占埃及陆地面积的三分之二。如果忽略地图上的政治边界，西部沙漠一直延伸到北非顶端，它有一个更著名、更迷人的称呼——撒哈拉（Sahara，阿拉伯语中的“沙漠”）。

开罗也起到了界定埃及地理位置的作用，因为它大致就位于尼罗河分成几条支流的地方，在这里，河谷形成宽达200公里的三角洲。这个三角洲区域承担着供给全国粮食的任务，并跻身于全世界最密集的耕种土地之列。

河谷东部，跨过苏伊士运河，就是三角形的西奈半岛。这里是东部沙漠在地质上的延伸，这一地域的地势从南部巍峨的崇山峻岭，如卡塔林纳山（Gebel Katarina，埃及最高峰，海拔2642米）和西奈山，一直向下延伸到北部的沙漠海岸平原及潟湖。

全世界有5种被官方正式认定的沙丘，在埃及可以找到4种，其中就包括seif（阿拉伯语的意思是“剑”）沙丘，因为形状有如阿拉伯刀的弧形刀锋而得名。

野生动植物

埃及94%的地区是沙漠，这个数字使人联想到广阔贫瘠、任何生物都无法生存的荒原。然而，在许多沙漠地区，脆弱的生态系统经过千百年的进化已经适应了这里极端恶劣的条件。

动物

埃及栖息着近百种哺乳动物，不过除了骆驼、毛驴、马和水牛，你很难见到其他动物。埃及的沙漠地区曾经一度是很多更大型哺乳动物的乐园，如花豹、猎豹、阿拉伯大羚羊、土狼、斑鬣狗和狞猫，但一些动物因捕杀而濒临灭绝。沙猫、耳廓狐和努比亚野山羊现在几乎已经看不到。埃及猎豹和花豹也可能已经绝迹。

埃及有三种瞪羚：阿拉伯瞪羚、小鹿瞪羚和白瞪羚。不幸的是，阿拉伯瞪羚被认为已经灭绝了，现在只能见到零星单只的小鹿瞪羚和白瞪羚，但仅埃及龟的原生地在地中海海岸的沙漠中，它是世界上最小的乌龟之一，大部分雄性不到9厘米长。

仅在35年前，成群的瞪羚还是沙漠中的常见景象。

非洲艾鼬（zorilla）生活在厄尔巴山（Gebel Elba）地区。在西奈，人们可以看到一种叫蹄兔的小动物，跟大兔子大小差不多，它们群居生活，而且非常友善。

在埃及不太让人喜欢的是34种蛇，其中最著名的是眼镜蛇，它也是古代法老头饰上的重要标志。另一种很有名的是角蝰，它非常粗壮而且眼睛上方长角。埃及还有大量的蝎子，它们多在夜间活动，因此很少被人们见到。你在掀起石头时一定要小心，因为它们喜欢在凉爽的地方穴居。

鸟

在埃及能见到的鸟类大约有430种，其中约三分之一在这里繁殖，其余大部分属于候鸟或者冬季来客。每年估计有一两百万大型鸟类按照一定路线从欧洲经埃及向非洲迁徙。大部分大型鸟类都是受到埃及法律保护的，包括火烈鸟、鹳、鹤、苍鹭以及所有大型猛禽。

埃及无处不在的鸟是麻雀和冠鸦，而最与众不同的则是戴胜。这种鸟为黄棕色，头部呈锤子型，每当它激动的时候，鸟冠就会伸展开来，呈现出引人注目的形状。这种鸟在乡村很常见，在开罗市中心的花园里也经常能看到它在捕食昆虫。

植物

尽管极其罕见，但在三角洲地区仍然可以找到象征古埃及的莲花。但是，古代绘画艺术中所描绘的生长在法老捕猎河马的大片沼泽地里的纸莎草，已经从它的自然栖息地消失了。1968年在奈特纶洼地曾经发现过一丛纸莎草，除此之外，人们现在只能在植物园里见到它了。

在有水的地方，100多种植物茂盛生长，而且几乎凡是可耕种的地方，都能见到椰枣树。同柽柳属植物和金合欢属植物一样，一些外来物种也会用鲜艳的色彩来点缀埃及的夏天，如蓝花楹和凤凰木（红色和橘黄色的花）。

环境问题

开罗是世界污染最严重的城市之一。根据世界卫生组织的数据，开罗的空气中可吸入颗粒物为每立方米76微克，而纽约为9，伦敦为15。至于后果，Ursula Lindsey在《开罗》杂志上发表的一篇震惊世人的专题文章称，每年多达两万开罗人死于和污染有关的疾病，而且近50万人患有和污染有关的呼吸道疾病。

造成空气污染的罪魁祸首是工业企业，尤其是燃烧劣质重油的发电厂。在过去的20年间，西方国家在埃及建立的水泥厂和炼钢厂数量增加，污染严重，而且已经损害了工人和周边居民的健康。埃及大部地区处在沙漠，造成空气污染的第二个原因就是沙尘暴。不断增加的机动车数量也加剧了污染。据估计，在大开罗地区就有超过200万辆轿车，而且很明显这个数字每年都在增长。开罗的大部分汽车都是保养不良且烧柴油的菲亚特（Fiat）和标致（Peugeot）轿车，排放的尾气造成了严重的空气污染，很少有使用无铅汽油的车辆。

尽管官方正式要求工厂接受环境影响评估，而且政府也制定了奖惩

负责任的旅行

旅游业对埃及经济来说至关重要，现在随着游客的减少，埃及国家经济已触及谷底。与此同时，每年几百万的游客不可避免地增加了生态与环境负担。当游客探访古埃及的奇观并在这里漫步游览时，他们会在古迹上攀爬，踩下碎片，或者在石头上刻下“到此一游”的痕迹。毋庸置疑，这种旅游方式是不可持续的。

大规模旅游威胁破坏的正是游客们千里迢迢来参观的纪念性古迹建筑。不久之前，在像国王谷这样的景点，每天都有几千游客在被设计成仅能容纳一人的狭窄陵墓里转来转去。彩色壁画的损毁程度令考古学家震惊，他们呼吁限制游客人数，但是政府置若罔闻。

甚至迄今已幸存了4500年的金字塔也难逃厄运。金字塔内部的一些墓室已经开始出现裂痕，在这种情况下，主管部门被迫限制游客人数，并定时关闭一些大金字塔，给它们喘息机会以恢复元气。其他地方迟早也会采取相同的措施。

与此同时，游客应该意识到这些严重的问题。不要为了在陵墓里使用闪光灯就试图给保安人员小费，不要攀爬倒塌的石柱和塑像，不要触摸彩色浮雕和壁画。这些都是旅游中的常识。

制度来鼓励污染企业规范其行为，但按照要求去做的企业寥寥无几，而且政府对违规者也没有依法处理。为检测车辆尾气排放而制定的法律同样没有得到有效实施。包括美国国际开发署在内的组织现在已经开始努力去扭转这种局面，他们耗资几亿美元来资助像开罗空气改善（Cairo Air Improvement）项目这样的积极行动。

在每年的春季和秋季，当臭名昭著的“黑云”弥漫在开罗上空时，污染的严重性尤其明显。严重的雾霾归因于逆温现象、三角洲的稻秆焚烧、汽车尾气排放、垃圾焚烧及工业污染，这一切都在提醒着人们越来越严重的环境问题。

通过HEPCA的网站（赫尔加达环境保护协会；www.hepca.com）可以了解人们为保护红海珊瑚礁而做出的巨大努力——通过提高公众意识、直接的社区活动和游说等方式。

旅游业的影响

无计划地发展旅游业一直是埃及环境所面临的最大威胁之一，尤其是在红海沿岸和西奈。红海沿岸经过几十年的疯狂开发之后，现在大部分地区只留下受到严重破坏的珊瑚礁。西奈靠近沙姆沙伊赫的海岸线地区，多年来一直是建筑物激增的地方：自2011年旅游业下滑后，留下的度假村烂尾工程破坏了海滨区的面貌。这里的投资商是否能够兑现保护该地区周边珊瑚礁的承诺还需拭目以待。

自卢克索的尼罗河大桥开通以来（从前那里只有一个渡轮站），越来越多的游客前来参观西岸的历史古迹，给易受损坏的陵墓带来了极大破坏。为了把卢克索建成世界最大的露天博物馆，建在陵墓区的几个村庄已经被夷为平地。清理历史遗址的周边地区时，卢克索一些大的住宅区也被拆毁，政府丝毫不顾当地居民和一些组织的抗议。

值得庆幸的是，现在也可以看到一些积极的改变。在赫尔加达，一个国家公园办公室成立了，希望能够对阿莱姆港地区一些更宏大的发展计划加以控制。在“美埃红海可持续旅游倡议”（US-Egyptian Red Sea Sustainable Tourism Initiative，简称RSSTI）的指导下，经营旅馆的“绿色”新准则正在试行之中。新准则关注能源利用、水资源保护和垃圾处理，包括推行一些简单措施，例如在水槽处安装能够节水的脚踏式开关。

理查德·霍斯(Richard Hoath)所著并绘图的《自然选择：埃及野生动物的一年》(*Natural Selections: A Year of Egypt's Wildlife*)由开罗美国大学出版社出版，书中对栖息在埃及的鸟类、哺乳动物、昆虫和海洋生物进行了充满激情的描述。

现在，埃及知名的生态酒店越来越多，最初只有西奈顶级的Basata生态酒店和锡瓦的Adrere Amellal酒店，这两家酒店启发了其他酒店向负责任的旅游业发展。

国家公园

埃及目前有29个“保护区”，其目的是保护国家的生物多样性——从河中岛屿、水下珊瑚礁到沙漠生态系统。然而，“保护区”的含义差别很大。以尼罗河岛屿保护区(Nile Islands Protected Area)为例，该保护区从开罗一直延伸到阿斯旺，没有人清楚保护区到底包括哪些岛屿，其中大部分岛屿都不限制居住和耕种；其他一些保护区对公众关闭。一些保护区，如埃及最古老的国家公园、位于红海的穆罕默德角国家公园(Ras Mohammed National Park)，是很受欢迎的旅游目的地，并因其生态举措而获得国际声誉；而在另一些保护区，只要获得所需的埃及环境权威部门的许可，甚至连狩猎都是允许的。

问题一如既往：缺少资金。埃及环境事务局(Egyptian Environmental Affairs Agency，简称EEAA)既得不到对保护区提供有效管理所需要的高层支持，也没有所需资源。现在保护区得到了一些外国的捐赠和援助，如意大利人对拉耶恩谷(Wadi Rayyan)的援助，欧盟对圣凯瑟琳(St Katherine)保护区的援助和美国国际开发署(USAID)对红海沿岸及岛屿的援助等。

大坝效应

修建阿斯旺大坝而形成的纳赛尔水库是一把双刃剑，它既可以灌溉更多的农田，但同时也挡住了一年一次的河水泛滥带来的可使土壤肥沃的淤泥。这导致埃及土壤严重退化，进而使得埃及的农业不得不完全依赖于化肥。过去，尼罗河一年一次的泛滥也会冲走土壤中的盐碱，而现在农民面临的最大问题就是土壤严重的盐碱化。

水土流失也成为埃及农业的一个主要问题，尤其是在三角洲地区。现

著名国家公园

埃及有许多著名的国家公园：

加龙湖(见161页)景色优美的湖泊，对越冬的水禽非常重要。

奈卜格保护区(见399页)位于西奈南部海岸线上，拥有世界上地理位置最靠北的红树林湿地。

穆罕默德角国家公园(见388页)拥有壮观的暗礁及陡峭的珊瑚礁。秋天，这里是迁徙的白鹳的天堂。

瓦迪吉马勒保护区(见382页)东部沙漠保护区，景色优美。

圣凯瑟琳保护区(见414页)栖息和生活着丰富动植物的山区，包括努比亚野生山羊和蹄兔。

拉耶恩谷保护区(见161页)渺无人迹的撒哈拉沙漠湖泊，有濒临灭绝的动植物。

白沙漠国家公园(见294页)白垩巨石、化石与岩层。

在尼罗河流出的水量很少，而且沉积物中淤泥也很少，致使地中海开始逐渐地蚕食海岸线，这也威胁到三角洲潟湖兴旺的捕鱼业。而且，由于尼罗河丰富的养料不再流入海洋，海洋的鱼群数量骤减。

大坝和湖泊所带来的另一个潜在的灾难性后果就是地表水位的上升。随着地下水位的升高以及含盐量的提高，埃及许多纪念性建筑物的砂岩石块正在慢慢地被侵蚀殆尽。

生存指南

旅行安全

社会动荡

2014年制定的《抗议法》规定人群不能随意聚集。当局解释这项法律主要是为了威慑和制止穆斯林兄弟会支持者的大规模集会——他们经常这样聚集。但同时，这项法律也使得其他团体不能随意大规模集会来表示反对。这并不意味着埃及变得非常平静，只要快速地浏览一下埃及每天的报纸，你就会发现大量不断发生的政治动乱和抗议活动。2017年春天，政府计划将埃及红海的岛屿交割给沙特阿拉伯，爆发了大规模的抗议活动。大多数动乱和抗议活动都远离旅游景点，因此不会扰乱游客在埃及的度假旅行。但是在目前这种大气候之下，旅行者还是应该比以往更加小心谨慎。

恐怖主义

2013年埃及总统穆尔西下台之后，埃及恐怖主义袭击大量增加，其中大多数都是针对安保和以政府为目标。恐怖分子大多都在西奈北部出没，这里的“伊斯兰国西奈省”[Wilayat-Sinai，前“耶路撒冷支持者组织”（Ansar Bayt Al Maqdis）]和其他“圣战”分子不断与埃及军队对抗。北西奈（塔巴上方）仍然是一个禁止旅行的地区，而南西奈半岛和西部沙漠的部分地区仍建议谨慎前往。

关于2015年俄罗斯客机被击落于西奈，或2016年埃及航空公司飞机坠毁于地中海，目前还没有确凿报道或明确声明。不过，“伊斯兰国西奈省”已宣称对西奈岛坠机事件负责，人们普遍也都认为这次坠机是由炸弹造成的。自那以后，埃及便开始升级其机场的安保系统，并任命了一家英国航空安全咨询公司来进行这项工作。

近期，零星的激进活动一直都有。2017年4月，在坦塔和亚历山大港的科普特教堂发生的爆炸事件（圣枝主日）造成了至少44人丧生，而2017年5月在明亚附近针对基督教朝圣者的枪击事件造成了30人死亡。“伊斯兰国”宣布对这两起袭击负责。作为回应，塞西总统宣布全国进入紧急状态，为期3个月。2017年11月，武装分子袭击了西奈半岛北部Bir Al Abd的Al Rawda清真寺，造成305人死亡、100多人受伤。没有任何组织宣布对袭击负责。

不出所料，现在全国各地都有严格的安保措施，包括旅游景点。

官方旅行建议

许多政府网站会发布目前犯罪高发区最新的旅行公告。但是你要知道，这些公告总是过于谨慎。

中华人民共和国外交部领事服务（http://cs.mfa.gov.cn/）

澳大利亚外交部（www.smarttraveller.gov.au）

英国外交部（www.fco.gov.uk）

加拿大外交部（www.dfait-maeci.gc.ca）

美国国务院（www.travel.state.gov）

偷窃和骗局

尽管经常受到媒体的关注，但埃及的犯罪活动远没有许多西方国家普遍。现在，你

保持安全和避免麻烦

应该做的……

➡ 在城市里保持警惕，避开大型公众集会。

➡ 礼貌地配合酒店门厅和道路检查站的安全检查。

➡ 随时了解英语报纸上的新闻，如果找不到实体报纸，网络可能更加方便。

➡ 通过你所在国家的外交部在线查看最新的旅行警告。

➡ 如果最近有公共安全问题，请在抵达时咨询你的大使馆/领事馆。一些国家/地区的大使馆、领事馆实行到达登记制度，以确保在遇到问题时你能收到通知。

➡ 女性旅行者要注意特定风险（见486页）。

➡ 将你的护照和钱包放在安全的地方。

➡ 要理解一些出租车司机、咖啡馆老板甚至酒店经营者可能会试图向你收取比当地人更多的费用。博物馆、酒店通常对当地人有不同的价格（这适用于国际连锁店以及经济型旅馆）。通常这是你必须接受的。

不应该做的……

➡ 不要忘记事件发生的概率——遇到麻烦的可能性非常小。

➡ 不要卷入风波：如果你看到政治抗议或内乱，请尽快离开。

➡ 不要与你不认识的人进行极端政治对话。

➡ 避免晚上在城镇外开车——埃及的大多数道路事故发生在天黑之后。

➡ 不要拍摄军事设施。其他一些建筑物也禁止拍摄，包括旧的阿斯旺大坝。无论你有多无辜，你都会因此被捕。

仍然可以把照相机寄放在陵墓入口处的保安那里，或者把包存放在酒店服务台，当你回来取的时候，你丝毫不用担心你的物品会不见或者损坏。当地人偷窃会有很严重的后果。在埃及，人们尤其瞧不起偷窃游客的人。小偷会受到很严厉的惩罚，而且，现在埃及的失业率如此之高，埃及人不敢冒着丢掉工作的风险偷窃，但这并不意味着你就可以不采取常识性的预防措施。

常见的盗窃行为一直都存在，例如从锁了门的酒店房间甚至是保险箱中偷窃物品，因此请务必将你的物品放在上了锁的行李箱内。

一般来说，只要长个心眼，都不会被骗钱，不过以下这些事情是你必须要注意的：

➡ 现在绝大多数开罗的出租车都配有新型计价器，但是在某些地区，还有使用皮阿斯特（piastres，埃镑辅币）为计价单位的旧计价器。你一定要确定计价器好使，或者你知道到目的地需要支付多少费用。否则，换乘其他出租车。

➡ 商店店主和街头小贩经常宣称他们的某件商品是当地的手工制品，有些可能是，但大多数你在集市上见到的商品和古迹周边商店里的商品都是批量生产的，有的是从中国进口的。

➡ 在埃及景点，绝大多数旅行者都会碰到有人在兜售看起来很古旧的东西，它们在埃及语里叫“Antika”（古董）。其实，公开出售的绝大多数“古董”都是刻意弄得满是尘土，或者放在太阳下晒褪色（可能几个月，偶尔几年）以显得古旧。如果你真的买了一件货真价实的古董并且想把它带回家，不管你出于什么目的，你都犯了走私罪，会被判处监禁劳改并被处以巨额罚款。

➡ 有时在出租车里或其他地方，人们会给你讲一些非常悲惨的故事，比如住院的亲属急需钱来买药或动手术，或者需要钱买学习用品或食物。你必须自己判断是不是真的（有时是），可以拿出点儿钱来，也可以选择拒绝。

女性旅行者

很多女性都会选择独自来埃及旅行，其中大部分都会在这里过得非常愉快。但是对许多埃及人来说，女性独自旅行还是一件很难理解的事情，因此你一定会受到很多关注。这种关注会带来一些好处，因为与单独旅行的男性或夫妻相比，单独旅行的女性更容易与当地家庭和女性交朋友，而且也更可能被邀请到家里做客。但不幸的是，你也更有可能遇到令你不快的关注。

埃及的性骚扰问题很严重，在2013年一份联合国调查报告中，多达99.3%的埃及妇女声称她们遭受过某种形式的性骚扰。主要包括令人厌烦的大量嘘声、示爱、斜睨或者在街上被尾随。还有，女性在人群中或公共汽车、出租车这样封闭的地方也可能被色狼摸身骚扰，这些都会让你的旅行有些扫兴。

但人们的态度正在发生转变。2014年6月，性骚扰在埃及被定为刑事犯罪；2014年9月，开罗大学首先在校内推行反性骚扰政策。这些前所未有的举措表明埃及已经开始面对这个以前一直被遮掩的问题，这是非常大的进步。尽管如此，埃及还需要很长一段时间才有可能解决性骚扰的问题。

首要提示

- 在埃及旅行时，很多人都会问到你的婚姻状况以及你有几个孩子。这是因为埃及人非常重视家庭，日常交谈经常以谈论家庭开始，尤其是在遇到陌生人的时候。如果你还是单身没有孩子的话，人们就会不停地问你为什么。有时候，为了不被这些问题弄昏了头，你可以编造一些关于“丈夫”和“孩子”的故事来作为托词。
- 在开罗乘坐地铁的时候，你可以选择女性专用车厢。那里不仅没有其他车厢拥挤，而且也提供了一个遇见当地妇女的好机会。
- 在出发前，你应该备足卫生棉条和其他女性卫生用品。就算是在中心地区，这些用品也很难买到。
- 相信你的直觉。当你进入一家旅馆或者饭店的时候，如果你感觉那里的氛围很可疑，你的直觉极可能是对的。不要微笑着容忍，一定要选择离开。
- 带一条围巾，在清真寺内可以包住头部。
- 戴墨镜有助于转移人们的注意力。
- 长大：超过30岁，就能避免不少麻烦。

采取正确的态度

说起来容易做起来难，但不要理睬口头骚扰始终是最好的策略。如果你搭理每一个人，这会让你筋疲力尽，何况当众骂他们很少能得到令人满意的结果。如果你表现得好像你没有注意到他们，那么骚扰者最多只会尾随骚扰你几米而已。

始终要保持自信，他们只会持续骚扰那些看起来不知所措的人。

更重要的是，不要认为每一个想要和你搭讪的人都对你不怀好意。埃及人很爱交际，天性好客，并且非常愿意和陌生人交谈。由于在旅游业工作的多数是男性，因此如果你时刻恐惧而不愿意同男性交谈的话，你就会错过和当地人交流的绝佳机会。

合适的衣着

埃及是个非常保守的国

家，在埃及女性不适宜穿热裤和吊带背心。如果你穿着端庄，把肩膀、乳沟和膝盖都遮住的话，你就不会在人群中惹人注目。穿着T恤、长裤或长裙不仅会帮助你避免不必要的注意，也会让当地妇女更愿意和你交流，有些埃及妇女不愿接近穿着暴露的旅行者。

比基尼和泳装最好只在酒店私人海滩穿。在公共海滩和沙漠温泉，你至少要在泳装外穿T恤和短裤。

解读口头骚扰

对许多在埃及被"cat-called"（口头骚扰）的女性旅行者来说，如果不理解对方的意思，就会感到非常紧张害怕。一旦你清楚这些看起来像色狼的人在对你说什么，你虽然会感觉不舒服，但不至于恐惧。埃及最常见的口头骚扰有：

Muza 广泛使用的俚语，用来形容曲线优美、面容姣好的女性。女性由于曲线优美而被比作muz（香蕉）。

Asal（honey，宝贝）用法与英语一样。

Sarokh（rocket，火箭）在年轻男孩的街头俚语中，它的意思是"这个女孩是火箭"，用来赞扬女孩非常漂亮。

Ishta（creme，奶油）现在已经过时的一种用法，但偶尔也会听到，用来形容美女。

Mahallabiye 在埃及这样一个喜好甜食的国家，这种受欢迎的饭后甜点Mahallabiye（撒满松仁和杏仁的牛奶蛋羹）成为形容美女的俚语一点儿也不令人惊讶。

Gazelle（瞪羚）尽管被形容为栖居在沙漠中的一种哺乳动物，你可能会感觉有些生气，但埃及人一直认为瞪羚是他们心目中最美的动物，叫瞪羚是一种恭维。

公共场所注意事项

➡ 不要坐在出租车、合乘出租车或小客车的副驾驶座位上。在任何公共交通工具上，都要坐在女性乘客旁边。

➡ 不要独自去当地酒吧（baladi）。

➡ 有一些咖啡馆只对男性开放，不要没弄清楚就进去坐下。

➡ 在高峰时段避免乘坐城市公交车，拥挤的人群使这些车成为性骚扰的高发地。

➡ 在开斋节会礼（斋月结束前夕的节日）晚上，成群的年轻男子借此机会在街上游荡骚扰女性。在此期间，如果你碰巧在卢克索、开罗或亚历山大，那么在夜幕降临之后最好就不要在街上逗留了。

➡ 接触避免男性荷尔蒙过高的人群，比如在街头抗议活动和足球比赛后的庆祝活动中。

持续不断的骚扰

如果你遇到严重的骚扰或任何身体侵犯，一定要勇敢地大声叫出来。"haraam aleik!"和"ayb aleik!"（都是"真无耻！"的意思），或者"imshi!"（走开！），就足以制止骚扰者。不要犹豫，向他人求助，绝大多数埃及人对国内的性骚扰问题都感到很羞愧，而由于尴尬，许多人在看到骚扰时不会进行阻拦，但在你求助后会马上挺身而出帮助你。

同时，如果你遇到了性骚扰问题，可以报告给**HarassMap**（www.harassmap.org）。这个非政府组织对整个国家发生的性骚扰事件进行记录，为打破人们对埃及性骚扰问题的固有印象做出了很大贡献。

遇到紧急情况的做法

如果受到严重侵犯，你可以通过以下途径获得援助、咨询和法律建议：联系埃及妇女权利组织**El Nadeem Center for Victims of Violence and Torture**（☎010-0666-2404；info@elnadeem.org）或者**Nazra for Feminist Studies**（☎010-1191-0917；info@nazra.org）。

HarassMap（www.harassmap.org）也是获得建议的好途径。

出行指南

签证

除了特定阿拉伯国家的人，所有来埃及的外国人都必须持有签证，30天的单次旅游签证需花费US$25。

从2018年9月开始，埃及放宽对中国旅行者的签证政策。前往埃及有以下三种签证政策：

- 未持有有效期内的美国或申根签证的中国护照持有者应当准备落地签的三项材料并直接前往埃及申请落地签。
- 持有有效期内的美国或申根签证的中国护照持有者可无须提供签证材料直接向埃及驻上海总领事馆申请埃及个人旅游签证。
- 持有有效期内的美国或申根签证的中国护照持有者无须准备上述落地签的三项材料就可以直接前往埃及申请落地签。

办理落地签需要携带以下资料：

- 有效护照：护照在归国后至少有6个月以上有效期，末页必须有持证人中文签名。提供护照首页及签名页的复印件。如空白页不足两页，须在递交申请前更换一本新护照。若更换过护照，须提供旧护照原件。
- 随身携带至少（不包含签证费用）2000美元现金（或其他等值货币）。
- 持有酒店（4星级或以上）确认的预订信息。
- 持有已出票的离境（埃及）机票。

埃及驻华大使馆（☎8610 6532 1825，6532 2541；北京市日坛东路2号；⏲签证受理时间 周一至周五 9:00~11:00）领区包括除上海领区外所有中国的省、直辖市

办理签证延期

无论在哪里申请签证延期，你都得准备一张照片以及两份护照信息页和签证页复印件。费用多少取决于你在哪里申请，但最高不超过LE15。可以同时购买很多再次入境的签证印章（能让你多次入境），费用在LE61左右。

亚历山大（见326页地图；☎03-482-7873；2nd fl, 25 Sharia Talaat Harb；⏲周一至周四 8:30~14:00，周五 10:00起，周六和周日 9:00~11:00）去2楼的8号柜台。

阿斯旺（见252页地图；☎097-231-2238；1st fl, Police Bldg, Corniche An Nil；⏲周日至周四 8:00~14:00和18:00~20:00）

开罗Agouza区（见102页地图；☎3338-4226；El Shorta Tower, Sharia Nawal；⏲周六至周三 8:00~13:30）只办理地址为吉萨的，去2楼4号窗口。

开罗市中心（Passport Office；Mogamma Bldg, Midan Tahrir；⏲周六至周三 8:00~13:30）前往一楼，从走廊处警察坐着的那张桌子上取一张表格，去12号窗口找人在表格上签字，然后去43号窗口盖戳，再将所有东西交给12号窗口。第二天在38号窗口领取即可。

卢克索（见196页地图；☎095-238-0885；Sharia Khaled Ibn Al Walid；⏲周六至周四 8:00~14:00）

明亚（见175页地图；☎086-236-4193；2nd fl，邮政总局楼上，紧邻Sharia Corniche An Nil；⏲周六至周四 8:30~14:00）

和自治区。

埃及驻上海总领事馆（☎8621 6433 1020，6422 0622；上海市淮海中路1375号启华大厦19A、19B；⏲签证申请时间 周一至周五 9:30~11:30，签证领取时间 周一至周五 16:00~17:00）领区包括上海、浙江、江苏、安徽。

保险

最好购买覆盖偷窃、遗失和医疗问题的旅行保险。一些保险政策对"危险活动"不予理赔，包括水肺潜水、骑摩托车和徒步。

如果要自驾，一定要购买全面的保险。路况很危险，所以要确认保险是否覆盖救护车和出现紧急情况后送返回国的费用。

可以通过www.lonelyplanet.com/bookings购买全球旅行保险。可以随时在网上购买、延期和要求理赔，哪怕是你已经在路上了。

货币

现金

小额零钱严重短缺，而付小费和交出租车费等又少不了零钱。在自动柜员机取钱时，输入带零头的数字，这样可以避免吐出来一沓面额LE200的钞票。零钱都要攒着，在比较高端的场所尽量破大钞。

埃及的货币是埃及镑（LE），阿拉伯语为guinay。1埃及镑等于100皮阿斯特（piastres，pt），5pt、10pt和25pt这3种硬币基本上见不到了，50pt的纸币和硬币都在逐步退出流通。LE1硬币是最常用的小额零钱，LE5、LE10、LE20、LE50、LE100和LE200的纸币都在流通。

政府2016年开放了汇率，这导致了埃及镑兑换硬通货的能力下跌了一半，但此后已相当稳定。没有真正意义上的黑市兑换。

一些旅行社和旅馆坚持只收美元或欧元，但这在理论上是违法的。旅行时可以在身上藏一点硬通货，不过现在接受信用卡的地方越来越多。

农产品市场和其他场所有时用皮阿斯特标价，例如用350pt表示LE3.5。

在埃及付小费

永远都带上些零钱，因为小费无处不在，当你拿不准主意的时候，给小费就对了。

咖啡馆 留LE5~10。

景点的守卫 LE5~20。

打表的出租车 不要找零，或者多给5%，取决于服务。

清真寺服务员 如果提供鞋套就给LE5~10，如果你要攀登宣礼塔或找他做向导，就再多给点。

餐厅 如果服务好，就留10%，高档的地方就留15%的小费。

自动柜员机

自动柜员机很常见，但在某些地方（比如说埃及中部和绿洲），想找到一台可能会比较费劲。为了避免陷入困境，动身去偏远地方之前应该先取出足够的钱。有的自动柜员机不允许你取LE2000以上，所有Banque du Caire的机器都允许你提取更多现金。

埃及银行（Banque Misr）、Banque du Caire、商业国际银行（CIB）、埃及美国银行（Egyptian American Bank）和汇丰银行（HSBC）拥有最可靠的自动柜员机。

使用银联卡可以在花旗银行（Citibank）及埃及国民银行（National Bank of Egypt）的所有自动柜员机上提取埃及镑并查询余额。亚历山大银行（Bank of Alexandria）和Piraeus银行的自动柜员机也可以使用银联卡提现。除此之外，一些埃及的地方银行加入了"123"ATM网络，因此，在没有银联标志但贴有"123"标志的取款机上，银联用户仍可以提取现金，但会多收取1%~2%的货币转换费，且手续费较高。每张银联借记卡单日在埃及能取累计不超过等值人民币10,000元的埃及镑。

在埃及很少有带中文界面的自动柜员机，可以选择英语或阿拉伯语。插卡之后大多数自动柜员机会提示输入4位密码，如卡片密码为6位也可以输入6位。与中国相同，埃及的自动柜员机也是先出钞票，再出卡，最后打印凭证。不要忘记取卡。

信用卡

中档及高端的场所接受

主流信用卡，但在偏远地区，信用卡没用。用信用卡支付可能会被收取一定比例的手续费（各地3%~10%）。

保留收据以便对账，因为曾经发生过店主多加了一个0的事情。

维萨卡和万事达卡可以在埃及银行、埃及国家银行和Travel Choice Egypt的柜台提现。

凡是标有银联标识的商家都接受银联刷卡；有些商户贴有当地收单银行——阿拉伯非洲国际银行（Arab African International Bank）的标识，在这里也可以使用银联卡刷卡消费。最好主动出示卡片并事先向商户咨询，有些没有张贴标志的店铺实际上也可使用银联卡刷卡消费。银联信用卡取款限额请咨询各发卡银行。

货币兑换处

理论上美国运通(Amex)、Travel Choice Egyp（前Thomas Cook）、各商业银行、外币兑换局（forex）和某些酒店都可以兑换外币。汇率已经没有差别，但有的地方会收手续费。

美元、欧元和英镑是最容易兑换的币种（离境时可以换回来）。仔细检查兑换的钞票，票面破损、涂污或缺角的钞票不能要，因为花出去的时候可能会遇到问题。

折扣卡

国际学生证（International Student Identity Card, ISIC）持证在博物馆和各遗迹入口可享受优惠。有些持国际青年旅舍卡和欧洲铁路通票卡的旅行者也能享受优惠。

埃及学生旅游服务（Egyptian Student Travel Services；见64页地图；☎02-2531-0330；www.isicegypt.net；23 Sharia Al Manial, Roda Island；⏲周六至周四 9:00~16:00）来开罗的这个地方办理国际学生证。你需要准备一张能证明大学生身份的证件、一份护照复印件和一张护照照片，也可以网上购买该卡。要当心开罗市中心的山寨办证机构。

电源

2011年以来，电力越来越不稳定，埃及全境，包括开罗市中心，会定期断电，通常是每天都断电。

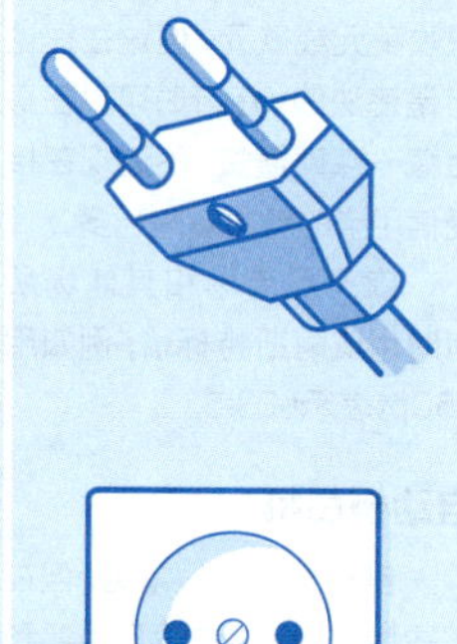

使领馆

各大使馆均位于开罗。

中国驻埃及大使馆（☎02-2736-3556；14 Bahgat Ali, Abu Al Feda, Zamalek, Giza Governorate, Egypt；⏲周日至周四 8:00~12:00）

澳大利亚大使馆（见64页地图；☎02-2770-6600；www.egypt.embassy.gov.au；11th fl, World Trade Centre, 1191 Corniche El Nil；⏲周日至周三 8:00~16:15，周四 8:00~13:30）

加拿大大使馆（☎02-2461-2200；www.canadainternational.gc.ca/egypt-egypte；18th fl, South Tower, Nile City Towers, 2005 Corniche El Nil；⏲周日至周三 8:00~16:30，周四 8:00~13:30）

荷兰大使馆（☎02-2739-5500；http://egypt.nlembassy.org；18 Sharia Hassan Sabry, Zamalek；⏲周日至周四 8:00~17:00）

法国大使馆（见100页地图；☎02-3567-3200；www.ambafrance-eg.org；29 Sharia Charles de Gaulle, Giza；⏲周日至周四 9:30~17:00）

德国大使馆（☎02-2728-2000；www.kairo.diplo.de；2 Sharia Berlin，紧邻Sharia Hassan Sabry, Zamalek；⏲周日至周四 8:00~15:00）

爱尔兰大使馆（☎02-2728-7100；www.dfa.ie/irish-embassy/egypt；18 Sharia Hassan Sabry, Zamalek；⏲周日至周四 9:00~15:00）

以色列大使馆（见100页地图；☎02-2359-7304；http://embassies.gov.il；6 Sharia Ibn Malek, Giza；⏲周日至周四 9:00~16:00）

意大利大使馆（见100页地图；☎02-2794-3194；www.ambilcairo.esteri.it；15 Sharia Abd Al Rahman Fahmy, Garden City；⏲周日至周四 9:00~15:30）

约旦大使馆（见100页地图；☎02-3749-9912，02-3748-5566；6 Sharia Gohainy, Doqqi；⏰周一至周四 9:00~15:00）

黎巴嫩大使馆（☎02-2738-2823；22 Sharia Mansour Mohammed, Zamalek；⏰周六至周四 9:30~12:00）

新西兰大使馆（见64页地图；☎02-2461-6000；www.mfat.govt.nz；Level 8, North Tower, Nile City Towers, 2005 Corniche El Nil；⏰周日至周四 9:00~15:00）

沙特阿拉伯大使馆（见100页地图；☎02-3762-5000；http://embassies.mofa.gov.sa；2 Sharia Al Yaman, Giza；⏰周日至周四 9:00~16:00）

南苏丹大使馆（☎02-2358-6513；www.erssegypt.com；53 Sharia El Nadi, Maadi；⏰周日至周四 9:00~15:00）

西班牙大使馆（☎02-2735-6462；www.exteriores.gob.es；41 Sharia Ismail Mohammed, Zamalek；⏰周日至周四 8:00~15:30）

苏丹大使馆（☎02-3748-5648；3 Sharia Ahmed Ali Al Shatouri, Doqqi；⏰周日至周四 9:00~16:00）

土耳其大使馆（见64页地图；☎02-2797-8410；http://cairo.emb.mfa.gov.tr；25 Sharia Falaki, Mounira；⏰周日至周四 9:00~13:00和13:30~17:30）

英国大使馆（见100页地图；☎02-2791-6000；www.ukinegypt.fco.gov.uk；7 Sharia Ahmed Ragheb, Garden City；⏰周日至周三 8:00~15:30，周四 8:00~14:00）

美国大使馆（见100页地图；☎02-2797-3300；https://eg.usembassy.gov；5 Sharia Tawfiq Diab, Garden City；⏰周日至周四 9:00~16:00）

实用信息

检查站 开罗以外的公路旁边经常有安全检查站。永远都要随身携带护照。

报纸 最好的英文报纸是《埃及每日新闻》（*Daily News Egypt*；www.dailynewsegypt.com），政府主流报纸*Al Ahram*（http://english.ahram.org.eg）也有在线英文版。

杂志 月刊《今日埃及》（*Egypt Today*，LE20；www.egypttoday.com）报道社会和经济话题。

广播 BBC世界广播从塞浦路斯向中东发送短波节目，详情见www.bbc.co.uk/worldservice。在开罗，欧洲电台95.4FM/557AM分别在7:30、14:30和20:00播出英语新闻。尼罗河广播电台（Nile Radio）104.2FM（104.2Hz）播送英语流行音乐。

吸烟 在埃及常见，包括餐馆和酒吧。无烟设施罕见。抽水烟（shisha）是常见的社交休闲活动。水烟释放的尼古丁比香烟更多。

电视 如果你的酒店客房配有卫星电视，你就可以收看各种英语电视新闻。最常见的是CNN、BBC World和半岛电视台英语频道。

度量衡 埃及使用公制。

海关条例

- 抵境时的免税额度：1升酒、1升香水，以及200支香烟，或25支雪茄，或200克烟草。
- 抵境后最多48小时内，你可以在机场、开罗专门的埃及免税店，以及赫尔加达、沙姆沙伊赫和其他地方的官方免税商店另购不超过US$200的3升酒（旅游地区可能有人请求使用你的配额为他们自己买酒）。
- 电子产品、珠宝和现金有时需要填写海关申报单D表。
- 严禁携带和受限的物品包括间谍工具以及“破坏性，或对国家造成危险，或与公共利益不符”的书、宣传小册子、电影和照片。你一定要注意这点。

旅游信息

埃及旅游局（Egyptian Tourist Authority；www.egypt.travel）在埃及各地设有办公室。官方网站有点儿像杂志，内有新闻、各种资源和链接。个别员工或许能提供有用的信息，但大多数只是散发过时的地图和宣传小册子而已。与大城市相比，小城镇和绿洲的旅游局更好。总之，别都指望这些旅游办公室，但需要的时候也可以问问。

国家信息服务（www.sis.gov.eg）的网站提供各类信息，从地理到经济应有尽有。

活动

对许多游客来说，逛景点就是他们唯一的活动。但是埃及还有许多其他活动可供选择，包括尼罗河游轮和在纳赛尔湖来一场钓鱼之旅，也可以去红海进行风帆冲浪和潜水。

营业时间

周末是周五和周六两天，一些商业场所周日关闭。斋月期间，办公机构、博物馆和旅游景点工作或开放的时间缩短。

银行 周日至周四8:30~14:30

酒吧和俱乐部 傍晚至次日3:00，通常更晚（尤其是在开罗）

咖啡馆 7:00至次日1:00

政府办公室 周日至周四8:00~14:00，旅游办公室的办公时间通常略长

邮局 周六至周四8:30~14:00

私人办公室 周六至周四10:00~14:00和16:00~21:00

餐馆 正午至午夜

商店 6月至9月9:00~13:00和17:00~22:00，10月至次年5月10:00~18:00，开罗的商店通常10:00或11:00才开门

节假日

营业场所和政府机构在主要伊斯兰节日期间休息。

新年（1月1日）官方全国性节日，但许多商业场所仍然营业。

科普特圣诞节（1月7日）大多数政府机构和所有的科普特营业场所都休息。

1月25日 革命纪念日。

Sham An Nessim（3月/4月）科普特复活节之后的第一个星期一，所有埃及人都庆祝这个源自法老时代的传统节日，家家户户出门野餐，但是营业场所几乎都不歇业。

西奈解放日（4月25日）庆祝1982年以色列归还西奈半岛。

五月节（5月1日）劳动节。

革命日（7月23日）1952年的政变日期，那一天"自由军官"从国王手里夺取了政权。

武装军队节（10月6日）庆祝1973年埃及与以色列战争的胜利，届时有华丽的军队仪式表演。

主要的伊斯兰节日

伊斯兰历法以月历为基础，比公历少11天左右，因此节日的日期每年都变。下面是埃及的主要伊斯兰节日，公交车运营时刻表和营业场所的工作时间都会受到节日的影响。

先知诞辰 先知穆罕默德的生日，孩子们会收到礼物。

开斋节（开斋节大餐）斋月末，本质上是为期3天的盛宴。

古尔邦节（宰牲节）纪念易卜拉欣（亚伯拉罕）的牺牲，只要能买得起羊的家庭都会买头羊宰掉。古尔邦节持续4天，但许多营业场所在第3天就会开业。许多家庭离开城市，如果你打算在这个时候来埃及旅行，就得提前订票。

伊斯兰新年 全国放假1天，但庆祝活动很低调。

斋月和开斋节的时间不确定，因为要根据月相的变化而定（取决于何时出现新月）。

节日	2019年	2020年	2021年
斋月开始	5月6日	4月24日	4月12日
开斋节	6月5日	5月24日	5月12日
古尔邦节	8月12日	7月31日	7月19日
新年开始	8月31日	8月20日	8月9日
先知诞辰	11月10日	10月29日	10月18日

住宿

埃及为游客提供类型全面的住宿场所：酒店、度假村、公寓、民宿、青年旅舍、游轮，甚至还有几个露营地和生态酒店。

在开罗、亚历山大、卢克索和阿斯旺，从经济型到超豪华型，各种预算的旅行者都能找到满意的住处。

尼罗河沿岸其他城市的住宿场所类型有限，住处大多数相当简陋，只接待埃及本国旅行者。

绿洲有高级的住宿，也有水平不错且适合背包族的地方。

红海海岸和沙姆沙伊赫的酒店主要面向团队游客。度假村通常是全包价，房价覆盖各种饮品和活动，但也有只提供半膳或全膳的（每天提供两顿或三顿饭）。提前订房或最后一刻入住都可以要求打折。

价格

淡季（3月至9月）所有酒店的房价都可以讲价（地中海

住宿场所价位

以下价格区间是指旺季（11月至次年2月）的双人间。除非另有说明，否则包含早餐和税费。

$ 低于LE540（US$30）

$$ LE540~1800（US$30~100）

$$$ 高于LE1800（US$100）

海岸是11月至次年1月），尤其是在工作日。某些允许临时订房的网站可能会推出高级酒店的低价床位。

许多酒店接受美元或欧元支付，有些高级酒店甚至只收美元或欧元，但理论上，收取埃及镑以外的货币是违法的。普通酒店通常只收现金，高级酒店也不一定都接受信用卡。

埃及的大多数高级连锁酒店和部分中档酒店提供无烟房，但不要寄希望于每家酒店都能提供这种房间。

季节

两大节日（开斋节和古尔邦节）期间和新年期间（12月20日至次年1月5日），房价经常上涨10%左右。

在地中海沿岸，夏季（7月1日至9月15日）房价上涨50%乃至更多。

露营

理论上，埃及只有几个露营地和酒店允许露营，设施极其简陋。

在目前的安全形势下，我们不建议露营。如果你真的想在国家公园露营，例如白沙漠国家公园，你必须找一家经过批准的、持有埃及安全部门颁发的许可证的公司安排。

旅舍

埃及有几个经认证的国际青年旅舍，持国际青年旅舍卡在这种旅舍可以享受优惠。

另有大量独立旅舍提供宿舍床位和小客房。

旅舍通常比较嘈杂，也有点儿脏兮兮的。有几家旅舍的房间是男女混住或全家同住，但总体而言，男女客人是分开的。大部分情况下，你最好还是住经济型酒店。

参加带导游的团队游可以帮你节省很多住宿的钱，尤其是在开罗。

酒店

经济型

低端经济型酒店几乎无固定标准。干净、带热水的单人间可能只需LE50，而脏兮兮、不带淋浴的房间有可能要LE150。总体而言，房价包含一顿简单的早餐，通常由几片面包、一小块三角形的加工干酪、一份果酱和一杯茶/咖啡组成。

开罗和卢克索等大城市里的经济型酒店竞争激烈，因此标准不仅一贯保持得很高，甚至还越来越高。这种酒店大多提供私人浴室，但有些年头比较久的酒店仅提供公用浴室。空调可以自由选择，有时候只需多花LE20~50就能享用空调了。针对背包族的经济型酒店通常有气氛活跃的大厅，带卫星电视，能上网，还有西洋双陆棋。

有些酒店说是有热水，其实并没有。检查浴室时打开水龙头看看，或者找找有没有电热水器。如果浴室的洗漱台盆里没有塞子，可以试试矿泉水瓶盖，一般来说大小正好。

有些经济型酒店的床单有限，只有客人提出要求才会更换床单和枕套。酒店通常提供厕纸，但客人得自带香皂和洗发水。

中等价位

中等价位酒店的数量意外地有限，尤其是在以高级酒店居多的开罗和亚历山大。而且，许多这种档次的酒店只接待团队游客。因此，你找到的这个价位的酒店可能环境有点儿糟，多付的钱只换来了电视和空调。

即使你习惯于旅行时住中等价位酒店，还是不妨考虑一下住经济型住处吧，后者有些只需前者一半的价格，但条件要好得多。或者你也可以去

在线预订住宿

有关Lonely Planet作者的住宿评论，请访问http://lonelyplanet.com/hotels/。你会看到一些独立的评论，以及关于最佳住宿地点的建议。最棒的是，你可以在线预订。

网上找一找高端酒店的优惠价格。

高级

大多数国际豪华或商务连锁酒店都可以在埃及见到,(大部分)设施能达到国际标准。

独立的豪华酒店标准参差不齐。虽然是豪华档次的酒店,你在交钱之前也应该亲自看看房间。在大多数豪华酒店,提前订房可以打折,特别是在淡季和埃及游客大为减少的现在。

注意税:报价并非总是含税,税有可能高达24%。

饮食

许多中档和高档餐馆菜单上的价格不含税(10%),而且"服务"还要收税12%。这个服务费通常用来贴补侍者微薄的收入,不完全算是外快。因此,可以多给一些现金——直接给侍者。

总体而言,经济型场所的服务人员收到小费会很高兴,在中等价位场所建议付小费,在高级场所必须付小费。

注意,大多数经济型餐馆不售酒。

就餐场所价位

典型主菜的参考价位如下:

$ 低于LE50(US$3)

$$ LE50~150(US$3~8)

$$$ 高于LE150(US$8)

地图

Nelles Verlag有最全面的埃及地图(比例尺1:2,500,000),包括尼罗河谷地图(比例尺1:750,000)和很不错的开罗市中心放大图。开罗的**开罗美国大学书店**(见68页地图;☎2797-5929;www.aucpress.com;Sharia Sheikh Rihan, Downtown;⏲周六至周四 10:00~18:00;Ⓜ Sadat)里还有其他许多很好的地图,但在埃及其他城市,你的选择要少得多。

Freytag & Berndt的埃及公路地图(比例尺1:800,000)对公路网有很好的覆盖,高速公路和双层车道既标有路线编号,也有公里距离。这家公司还有城市地图的小册子:亚历山大和阿斯旺的1:15,000地图,以及开罗和沙姆沙伊赫的1:10,000地图。

邮局

近年来,埃及邮政(Egypt Post)的服务质量有所提高,只要你是使用大城市的邮政总局,服务相当可靠。特快服务(EMS)速度确实快。埃及邮局有黄色和绿色的标志。

包裹

- 通常只有每个城市的邮政总局才能办理邮寄包裹业务。自己不要把包裹封上,海关检查之后再封。员工通常能提供纸箱和胶带。
- 许多商店提供发货服务,只收取相对较少的费用。
- 寄往美国、澳大利亚或欧洲的水陆平邮包裹,首重(1公斤)约LE150,之后每公斤LE40。

留局待取

留局待取服务好,而且通常免费。如果员工找不到你的信件,可以让他寻找在你的姓名前面带"先生/夫人/小姐"称呼的信件。

购物

埃及最好的购物场所通常远离旅游区。由于政府禁止进口一些商品,越来越多的店铺开始寄售来自家乡的富有个性的工艺品——因为是传统工匠制作的,有些很漂亮。寻找传统的锡瓦、贝都因和努比亚手工艺品,例如刺绣。

开罗的古老集市**哈恩哈利利**(Khan Al Khalili;见83页地图;紧邻Sharia Al Azhar和Al Gamaliyya, Islamic Cairo)是永不打烊的购物天堂,它不仅是游客购物的地方,也是中东历史最悠久的市场之一。那里有些值得买的好东西,但你得有时间(和耐心),但是要注意出境时不要带古玩。越来越多的开罗其他地方的固定价格的商店里开始出售相似的埃及工艺品,质量通常比市场里的好些。

贴花和织物

有用图案精美的绣花布缝制而成的枕套、床单和壁饰。针脚一般很小,几乎看不出来。用于制作帐篷的印花布物美价廉,按米出售(每米约LE20),如果用来做桌布,四边要多留出一点富余量。

金银器

刻着象形文字人名的金质旋涡花饰或者银质的阿拉

伯语名字项链坠都是十分流行的礼物。金银器按重量计价。买之前先查询国际市场的金、银价格，在此价格基础上再加一点儿手工费。

嵌花

木盒或其他物品上镶嵌用螺钿和兽骨组成的精致图案。嵌花表面应该光滑，不能留有胶水痕迹。一套嵌花双陆棋盘，含棋子在内，价格应在LE300上下。

莫斯基玻璃

这种蓝色、绿色和棕色的吹制玻璃（Muski Glass）取材于回收后的瓶子，可以做成杯子或其他家用器物。特别容易碎，因此要妥善包装。

莎草纸

与香精油店一样，出售莎草纸的商铺遍地都是。这种埃及发明的草纸是一种便于携带的纪念品。真正的莎草纸很沉，很难撕开。好的莎草纸不应给人脆弱易损的感觉，对着光看，应该能看到纹理叶脉。好的艺术品应该是手绘的，而不是印上去的。一幅小的假莎草纸画（用香蕉叶做的或是在中国印刷的）只卖LE10，而真品的价格最少是前者的10倍。

香精油

在埃及旅行，不可能一家香精油店都不逛。不过这里卖的大多数都是基底油，需要加入植物精油稀释后才能使用。如果店家在你胳膊上滴上不止一小滴油，然后使劲地摩擦，你就要当心了。另外，要盯着店家灌瓶——确认是从你试用的那个瓶子里分出来的。莲花（sawsan）和茉莉（full）是最经典的埃及香味。

香料

买香料回去很实用，尤其是芫荽（kuzbara）、小茴香（kamoon）、辣椒（shatta）、黑胡椒（fulful iswid）和芙蓉（karkadai）。买整粒的，一定不要买磨碎的，因为前者新鲜。不要买所谓的“藏红花”，那其实是红花，尝起来多少有些土的味道。出售这些香料的店铺（attareen）也卖指甲花染料、香皂和草本护肤品。最好在社区的香料店买，而不是去旅游区买。

讲价的艺术

讨价还价是日常生活的一部分。它实质上是一种阶梯定价的方式：对时间比钱多的人来说，就能得到折扣，但对于时间宝贵、没办法边喝茶边砍价的人而言，就只好多掏钱了。是否善于交流，对最后的成交价也有很大的影响。

用这种方式购物看起来有点儿麻烦，但这也是埃及生活的一大乐趣（前提是你要把它看成一场游戏，而非争斗）。基本程序如下：

- 货比三家，看看固定价格商店里的价格，对最高价心中有数。
- 想好自己愿意花多少钱买。
- 假装是随口问问摊贩价格。

到了这一步，再往下就凭你自己的技术了。最厉害的买家从低于标价一半的价格开始砍，指出商品的瑕疵或引用其他商铺的价格。一个表演到位的店家将以义愤填膺的呼喊或受伤般的哀鸣作为回应，但这些都只是做给顾客看的。有一位店主以肠胃不适为理由，不到5分钟就结束交易了——不过，这次她真不是表演。

报出比你心目中价格略低的数字，或者要求赠送几件店里的其他商品，这是一种比较温和的讲价技巧。不要因为店家的哀求而产生罪恶感——他才不会做赔本的生意。如果谈僵了，放松下来，喝杯茶（每位店家都会为客人端上茶），或者只需走出店——没准儿就能按你的价格成交了。

没有强买强卖，但不是真心想买就不要主动讲价，而且价格一旦谈妥就不应该反悔。最合适的价格未必是最便宜的，最合适的价格是你和店家都感到满意的价格。记住，对你来说，LE5和LE10没什么差别，几年后你连价格都忘了，但你买到的是埃及之行的纪念品，讲价的过程是让你难忘的有趣经历。

电话

埃及国家代码	☎20
埃及国际访问代码	☎00
查号台	☎140或☎141

从埃及境外拨打埃及号码时，请忽略区号的第一个0。

手机

埃及的GSM网络（900 MHz/1800MHz）覆盖全境，至少城市地区信号强。SIM卡来自3家运营商，最大的是Vodafone，其次是Mobinil和Etisalat，售价LE15。大多数售货亭都出售SIM卡和充值卡，购买时可能会被要求出示护照。要办理预付费卡（每天约LE5或每个月LE50）的话，得去运营商的手机店里注册。

从埃及拨打中国国内电话，资费约每分钟LE12。

因为移动通信网络制式一致，中国的SIM卡可以在埃及使用，但需要提前联系移动服务运营商，开通国际漫游业务。

上网

埃及全境的大多数酒店都有免费无线网，只是网速未必总是够快，而且并不是每个客房都有信号。开罗的许多咖啡馆，以及卢克索和宰海卜等地的游客中心，也提供免费的Wi-Fi。

网吧很常见，简直多如牛毛。费用通常每小时LE5~10。

移动USB无线网

埃及的两家主要互联网和手机服务提供商分别是埃及Vodafone（www.vodafone.com.eg）和Etisalat（www.etisalat.eg），这两家都提供“手机狗”（USB转换头），可以给你的笔记本电脑使用，这样一来，只要手机信号覆盖的地方都能用电脑上网。Vodafone的USB转换头售价LE200，此外还有各种价位的流量套餐，每月1.25GB流量LE80起，购买时带上你的护照。

时间

埃及时间比格林尼治时间（GMT/UTC）早2小时。比北京时间晚6小时。

埃及没有夏令时，但如果斋月适逢夏季，就会把时间拨快1小时，这样一来，挨饿的白天就显得短一点儿。

埃及的手机号

手机号码11位，从2011年起，手机号码以01开头，但在电话簿上仍能看到旧格式的电话号码。参考下表，确定新添加的号码数字：

旧前缀	新前缀
☎010	☎0100
☎011	☎0111
☎012	☎0122
☎014	☎0114
☎016	☎0106
☎017	☎0127
☎018	☎0128
☎019	☎0109

厕所

- 几乎没有官方的公共卫生间，但即使你不是顾客，餐馆或酒店也允许你使用店里的卫生间。
- 小摊上很少有卖厕纸的——进卫生间时服务员可能会为你提供，为的是换取小费。
- 厕纸不要冲走，扔进厕具旁边的纸篓里。
- 许多卫生间有一体式坐浴马桶，但可能会有点脏。坐浴的把手通常在厕具水箱的右侧。小心转动，调节水压，不要一下子开得太大。
- 一些卫生间提供蹲厕，用水管（有水桶的话就用水桶）冲水和洗手。
- 在城市里，牢记所有的西式快餐店和五星级酒店都允许使用卫生间，而且这些地方的卫生间是卫生设施最完备的。
- 在沙漠里徒步或在海滩上露营时，用过的厕纸要么包好带走，要么烧掉。不要埋起来，因为刮风会让它们最终露出地表。

旅行安全

跟许多西方国家相比，埃及的犯罪率和暴力事件几乎微不足道。不管白天还是晚上，步行通常都是安全的。2011年之后，小偷小摸的案件激增，但就统计数据而言，涉及游客的还是相当少，而且很容易避开。

2011年以来，包和钱夹盗窃案逐年增加，通常是摩托车飞车抢包，但偶尔也有持刀或持枪抢劫。别被吓住，你在巴塞罗那更有可能丢钱包。而且在开罗，你的钱包回到你手中的可能性还更高。为了安全，背包要斜挎或至少背在不靠街那边的肩膀上，就餐时把包的带子缠在椅子腿上。半夜1点或2点之后不要在空无一人的街道上步行。拿钱包出来的时候看看周围，晚上不要独自一人去自动柜员机提款。

雷区

埃及现在还有"二战"遗留下来的没有清除的地雷，主要分布在阿莱曼（El Alamein）周围和地中海及红海海岸。雷区经常会有危险警告标志，而且应当是处在封锁状态的。如果有疑问，可以咨询当地人。

法律事宜

外国旅行者必须遵守埃及法律，不会被特殊优待。被捕时你有权利立刻给自己国家的大使馆打电话。

贿赂 埃及的腐败名声在外，但不能因此就认为可以用钱摆平一切。你可能会遇到想利用你的窘境发笔小财的警官，当然，你向他行贿只不过是让埃及的司法系统更加腐败罢了。

毒品 吸毒可能会被判处绞刑，不会因为你是游客就从轻发落。你在旅途中可能会遇到别人给你毒品（最低是大麻），尤其是在背包客集中的地区。强烈建议你不要接受。

政治活动 革命后，警察尤其怀疑"外国煽动者"或任何被认为有这种意图的人，包括记者和为非政府组织工作的人，作家和外国学生都曾因被控"教唆罪"而遭到羁押，其中有些遭受了酷刑，至少有一人被杀。最好不参加任何政治活动，避免拍摄政府建筑和其他敏感地区的照片。

诡计和骗局

许多埃及人会在街头跟你打招呼，为你端出茶水，并表达各种殷勤好客之意，这些都出自真诚的善意。但在旅游热点地区，"朋友你好"也可能意味着"蠢货往这儿来"。转眼间你可能就和你的新朋友一起喝茶了——在一个香精油店里。

最高明的骗子不会马上表露目的。慈眉善目的"教授"向你推荐好餐馆，清真寺"宣礼员"开始展现"才艺"，或者旁观者提醒你不要卷入前面（虚构）的游行中去。他们将要出招了。例如，对于许多其他非洲国家的游客，他们会说"你不记得我了？"或是"我在你住的酒店工作"，并用2011年革命的故事作为交谈的诱饵。

这不会给你带来什么实质性伤害，许多人是还挺友好的，聊起天来也很有意思，但是被当作冤大头的感觉很不好。大家都学会了这一招：如果微笑和快步抽身离开不起作用的话，就直奔主题。一对游客曾经直接摊牌："我们愿意去你的商店看看，但是昨天有个人骗走了我们所有的钱。"同时自称不会说英语，不过有时适得其反，因为这些招揽生意的人几乎什么语言都会说。

除了骗局，还有一些导购会说谎并误导游客，让后者去他们介绍的酒店，从而获取回扣。

如果你确实被骗局激怒了，或者被类似"你从哪里来"之类的搭讪骚扰得不厌其烦，可以深吸一口气，换个角度看待这件事。根据历史记载，14世纪的开罗商人就因骗过马里国王而洋洋自得——后者去麦加朝圣的时候带着大量黄金，回家时却得向人借钱。如今的导购骗你，不是因为你看起来好骗，而是因为欺骗就是他们的工作。你的怒声指责不可能让这个千百年流传下来的销售传统终结，却有可能惹怒一个真心想要帮忙的诚实埃及人。

残障旅行者

尽管埃及预估有1000万名残障人士，但埃及适合残障旅行者的设施不多。轮椅坡道几乎没有，公共场所也未必有电梯，人行道的路边石很高（亚历山大除外，那里有适合轮椅的人行道），交通拥挤不堪。在一些古迹，例如吉萨金字塔或位于约旦河西岸靠近卢克索的古墓，入口十分狭窄，楼梯又很陡，坐轮椅的游客根本上不去。

对勇敢无畏的残障旅行者来说，上述这些都不是无法游览埃及的理由。总体而言，游客遇到困难时，当地人愿意帮忙。坐轮椅的人可以优先选择乘坐比较大的向上开后车

斋月能看到什么?

斋月期间来埃及旅行，你可以看到穆斯林白天不吃不喝（连水都不喝），虽然会遇到一些麻烦，但这赋予你了解当地文化的独特视角——前提是你得饿着肚子坚持到晚上。

埃及人就餐的餐馆大多白天歇业，你唯一能吃到饭的地方就是酒店，喝酒同样如此。别计划在这个月去沙漠游览，因为导游不愿意去太远的地方。商店的老板越到下午越坚持不住，通常14:30左右就闭店了，因此要购物得趁早。不要在日落前后打车，因为所有人都急着回家跟家人团聚。

夜幕降临后，所有人都在啃袋装椰枣——埃及人通过这种方式补充体力。餐馆重新开门，摆出一种叫作iftar（高级餐馆需要预订）的盛宴。街头灯火通明，人头攒动，目标是彻夜不眠——或者最多打个盹儿，等着sohour（黎明前的另一顿大餐）。在开罗和亚历山大，sohour的景象太热闹了，从炫耀自家招牌富尔（fuul）的小贩，到有DJ打碟的河边漂亮亭子，看起来就跟派对差不多，只不过多了许多食物。

在斋月旅行最好别对景点观光抱有太高的期望，别当着穆斯林的面吃东西，下午睡个长长的午觉，然后穿上松紧腰的裤子，等着埃及人来邀请你吃大餐吧。

门的标致504汽车（出租车多采用这种车型，但如今在开罗比较少见了）。这种汽车，再加上司机，可以日租。司机都很乐于协助你上下车。如果在埃及国内旅行，乘坐舒适的国内航班可以到达大多数城市。2017年6月，交通部长宣布了一项新计划，使轮椅可以在一些火车站和地铁站使用。

随着Helm（www.helmegypt.org）开展的一项新举措，残障人士拥有了更优质的出游机会。在本书写作期间，这项服务被称为Entaleq（https://entaleq.helmegypt.org/en），这是一个在线数据库，同时也是手机应用程序，整合了方便残障人士的500家酒店、餐厅和其他设施及活动。

下列埃及的营业场所准备了方便残障人士的设施：

El Nakhil Hotel（见196页地图；☎012-2382-1007, 095-231-3922；www.elnakhil.com；Al Gezira；标单/双/三 €25/35/45；❄📶）Nakhil意即"棕榈树"，位于卢克索西岸Al Gezira边缘的一片棕榈林内。这家度假村风格的酒店有3个适合残障客人的房间。

Flats in Luxor（☎010-0356-4540；www.flatsinluxor.co.uk；每晚 US$50起；❄@🏊）这里同Helm展开合作，有两间适合残障人士的公寓。

Camel Hotel（见394页地图；☎069-360-0700；www.cameldive.com；King of Bahrain St, Na'ama Bay；标单 €36~42，双 €42~48，三€56~63；❄📶🏊）特殊的水池边客房和其他设施适合残障潜水者。

Egypt for All（☎012-2657-7774；www.egyptforall.com）专门为行动不便的旅行者制定旅行方案的机构，项目有一日游，也有埃及全景团队游。

同性恋旅行者

埃及是一个保守的社会，对同性恋的谴责声已越来越多。虽然在这里，同性恋严格来说并不构成犯罪，但在公共场合做出同性恋行为则不同了，已有男同性恋者以行为放荡并违反公共道德法的名义被起诉的先例，最高刑期可达17年。2017年底，埃及政府对LGBT群体进行了一系列严厉打击，共逮捕了57人。

当地LGBT群体的现状一直比较压抑，虽然开罗和亚历山大都有非常隐蔽的性少数小圈子，但作为一个外国人，进入这个圈子可能会很困难，并且风险很大。独行的男性同性恋旅行者应该避免在这里使用同性交友软件，因为警察会盯上使用这些软件的用户。

只要有点儿常识，慎重行事，并避免公开表达情感（异性恋伴侣也是如此），外国的同性恋情侣应该不会遇到什么问题。大多数中端和高端住处对于订双人床的同性伴侣不会有什么意见（但你可能会注意到一些工作人员抬起眉毛），但我们建议不要在经济型住处这么做，特别是在游客不多的城镇。

如果有埃及男子向单身男同性恋者提出性方面的要

求，那应该谨慎行事，尽管很少见，但是有报道称有专门针对外国男同性恋者的盗窃行为。男同性恋旅行者也应该意识到，埃及的同性恋信号可能会不准确——埃及男人传统上习惯于拉手、挽臂和见面时互相亲吻对方的面颊。

女同性恋旅行者应该不会在这里遇到任何问题。对大多数埃及人来说，女同性恋是不可思议的，大多数人都会宣称埃及不可能有女同性恋。

摄影

总体而言，埃及人面对镜头比较害羞，特别是埃及女性，你在拍照之前应该先征得他们的同意。

➡ 古墓内部理论上严禁拍照，但只要有小费拿，士兵通常鼓励游客照相。

➡ 有些景点可以在售票处购买拍照许可证。费用不等。

➡ 由于阳光太强烈，你最好使用UV滤镜。

➡ 标准的日光过滤器能帮助镜头抵挡尘土还可以带上压缩空气罐和镜头擦布。

➡ 不要拍摄任何有可能是军事设施或具有重要战略性的物体，从大巴车窗向外拍照尤其会引起怀疑。

➡ Lonely Planet出版的Richard I' Anson的《旅行摄影》(*Travel Photography*)提供关于器材和旅途摄影的良好建议。

语言课程

在埃及学阿拉伯语很流行，因为全阿拉伯世界都懂埃及的阿拉伯语方言，而且这里的课程安排丰富，价格低廉。只要报名参加开罗美国大学(American University in Cairo, AUC)等经过认证的大学的课程，你就能获得学生签证——延期旅游签证时很有帮助。

亚历山大

Qortoba Institute for Arabic Studies(见316页地图；☎010-0209-3065, 03-556-2959; www.qortoba.net; Muhammad Nabeel Hamdy和Khalid Bin Waleed交叉路口，Miami; ⊙7:00~23:00)提供现代标准阿拉伯语和阿拉伯语口语课程、私人补习和在线课程，适合所有人，从没有基础的初学者到经验丰富的学员都可以参加。学院还可以安排附近的住宿，物超所值。

开罗

阿拉伯语言学院(Arabic Language Institute, ALI; www.aucegypt.edu; AUC, New Cairo Campus, New Cairo)对大学生或研究生而言，开罗美国大学的这个学院是学习阿拉伯语的最好选择，但是学院总部的校园位于新开罗，位置太偏了。

International House(ILI; 见64页地图；☎3346-3087; www.arabicegypt.com; 4 Sharia Mahmoud Azmy, Mohandiseen; 2周的课程 US$190起)开罗最大的学校，因此能够提供最全的课程，适合各种水平的学员。有2周和4周的学习班，提供现代标准阿拉伯语课程，也有阿拉伯语口语课程，两者可以同时参加。埃及口语教科书很不错。还有网上课程。

Kalimat(见64页地图；☎3761-8136; www.kalimategypt.com; 22 Sharia Mohammed Mahmoud Shaaban, Mohandiseen; 4周的课程 US$260起)小型语言学校，提供为期4周的现代标准阿拉伯语和埃及阿拉伯语口语课程。

卢克索

Hotel Sheherazade(见196页地图；☎010-0611-5939; www.hotelsheherazade.com; Gezira Al Bayrat; €285)为初学者和基础水平的人量身定制的阿拉伯语课程，老师在DEAC(Department for Teaching Contemporary Arabic, Institut Francais, 当代阿拉伯语教学部)学习过，教材也来自DEAC。价格包括在Hotel Sheherazade住宿、40小时的课程、机场接送机以及卢克索周边的3次观光团队游。

志愿服务

上网搜搜就能找到许多正式和非正式的埃及志愿服务机会。在当前的政治环境中，重要的是要确保你要加入的组织有许可证，并且你的签证类型也是正确的。如果你喜欢动物，可以去**ACE**(Animal Care in Egypt; ☎095-928-0727; www.ace-egypt.org.uk; 在Sharia Al Habil起点，靠近交警；接受捐赠；⊙8:00至正午和13:00~17:00)，他们一直在寻找人手。

工作

许多在埃及经营的外国公司都会雇用外国人，但你通常必须在来埃及之前就已经是雇员了，这样才方便安排工作签证。若想寻找可能的途径，可以参考《开罗：实用指南》（*Cairo: The Practical Guide*，AUC Press），由Claire E Francy和Lesley Lababidi编纂完成。

酒吧和酒店

在沙姆沙伊赫和其他红海度假村，旅行者经常可以找到调酒师或酒店工作人员之类的短期工作。按摩师和其他有水疗技能的人也很受欢迎。出于雇主对税务的考虑，大部分工作都是暗箱操作的，并且通常都是短期的。

潜水

如果你是潜水大师或潜水教练，你可以很容易地在埃及的度假村找到工作。度假村的业主们也在寻找语言和社交人才。

英文

至少要持有成人英语语言教学证书（CELTA）才能进入收入最高的学校，但也有很多非正式学校。开罗的ILI就是家不错的学校，还提供CELTA培训。

健康指南

强烈建议购买旅行保险，尤其是可以涵盖急救转移服务的险种，因为交通事故比较常见。此外，出发之前记得看医生和牙医。可以考虑注册一下旅行者国际医疗援助协会（International Association for Medical Assistance to Travellers，IAMAT；www.iamat.org），能拿到一份卓有声誉的医生的名单。

埃及最好的医疗机构都是私营的，在接受治疗之前，你可能会被问到是否有保险。

出发前

前往埃及无须注射疫苗，但你不妨检查一下已注射过的标准疫苗（白喉、破伤风、百日咳、骨髓灰质炎、麻疹、腮腺炎和风疹）的状态，建议成年人可以打加强针。此外还要考虑下列疾病：

甲型肝炎和乙型肝炎 联针或分开打，出发前至少两周。

狂犬病 如果不去偏远的地区并近距离接触动物就不需要。

伤寒 出发前至少两周。

黄热病 如果你去过或刚从南非某些国家（包括苏丹）回来，建议注射疫苗。

到达埃及后

埃及的卫生标准很低。餐前餐后都要洗手，就餐要挑选翻台率高的餐馆。

私立医院和大学医院的卫生保健标准很不错，但其他医院服务较差。牙医水平各异。所有的医疗和牙科治疗都有可能要求你先交钱后看病。

你可能得去药店购买药品和消毒用具。护理服务可能比较初级，因为护理被认为是家人和朋友的任务。

小病可以先找药剂师，他们训练有素，会讲英语，可以开各种处方。

特殊的健康风险

轻度中暑 考虑到大多数古迹景点都没有树荫遮蔽，而且缺少干净的卫生间（可能导致你没喝够水），轻度中暑很常见。症状包括头疼、眩晕和疲劳，如果不接受治疗，还会发展成呕吐。应该在感到口渴之前就喝水（最好是运动饮料或者加电解盐的水），戴能遮挡阳光的帽子。有必要的话，宁可多花点钱住有空调的酒店。

严重中暑 这种情况比轻度中暑要重得多，起因是身体的散热机能失调，如不治疗可能导致死亡。严重中暑可能导致行为失常、不出汗、失去意识，需要马上用冰或水来降温，并打点滴。

昆虫叮咬 地中海海滩上的沙蝇和蚊子毒性不大，但太烦人。被它们叮咬都有被传染疾病的可能，因此干脆喷些含避蚊胺的驱蚊剂以避免被叮咬。

裂谷热 一种罕见的、经血液（包括被感染动物的血液）传染的出血热。病人出现类似流感的发热、关节痛症状，偶尔会出现更严重的并发症。可以完全治愈。

血吸虫病 一种由淡水血吸虫引起的肠道和膀胱感染，血吸虫可能聚集在皮肤下面。避开一切死水、沟渠和流动缓慢的河流。症状包括短暂的发热和红疹，严重时会便血或尿血。如果你感染此病，血液检查能检测到抗体。此病治疗很方便。

旅行者腹泻 这是一种实际上无法避免的、相对温和的食物中毒，因为食物的卫生水平不高。最好的治疗是休息、多喝水（最好是口服补液盐——在埃及叫作Rehydran）和凉爽的环境。广泛用作胃消毒剂的黄连素对该病也有疗效。如果症状持续超过72小时，或者伴有发热，你可能得了痢疾，需要去医院。

肺结核 肺结核在埃及不多见，但在撒哈拉沙漠以南的非洲是常见疾病。通过（近距离接触）呼吸传染，偶尔通过奶或奶制品传染。只有教师或医疗机构工作人员患病风险较高。

伤寒 通过受污染的食物或水传染，典型症状是发热或腹部出现粉红色皮疹。

黄热病 通过蚊子传染，在埃及极其罕见。如果你的下一站是苏丹，你就需要接种疫苗——在开罗机场1号航站楼内的诊所或吉萨省政府大楼（火车站旁边、吉萨法院隔壁）都可以注射这种疫苗，花费大概为LE100。

最大的威胁

在埃及，对旅行者最大的威胁是肠胃不适。许多人在埃及旅行时都会患上某种肠胃不适，原因很多，包括饮食不适应、饮食不卫生及食物和水污染。埃及食物分量很足，旅行者经常会比在家吃得多，这也会造成肠胃不适。所以饮食一定要适量，至少是在旅行刚开始的时候。无论是饮水还是刷牙，都要用瓶装水。吃饭前一定要洗手，并且每天都要保证饮用足够的水。

自来水

开罗的自来水经过氯化，饮用相对安全。但在其他地方，饮用自来水通常是不安全的。瓶装水价格便宜，即使在最小的城镇也很容易买到，但也可以考虑使用碘片或Steripen（户外便携式水消毒器）净化自来水以减少使用塑料瓶，特别是在你进行长时间旅行时。

旅行健康网站

动身之前先通过下列政府网站获取建议以及关于可能暴发的疾病和季节性灾难的新闻。

中国 http://www.chinacdc.cn/

澳大利亚 www.dfat.gov.au/travel

加拿大 www.travelhealth.gc.ca

英国 www.dh.gov.uk和http://nathnac.net

美国 www.cdc.gov/travel

交通指南

到达和离开

入境

如果你是作为游客通过国际机场进入或离开埃及，那么过关手续相当快，官员也不会问什么问题。经陆路或海路入境，过关手续相同，不过通常会更慢，也更混乱。

如果你开自己的车穿过陆地边境，或乘坐自己的船入境，请做好与移民局与海关官员进行长时间对峙的准备。

护照

- 自入境之日起，护照有效期至少还需有8个月。
- 与其他某些中东国家不同的是，护照上有以色列签证（或持以色列护照），入境也没问题。

飞机

埃及各区域之间，以及同世界各地，都有航班相连。

机场和航空公司

开罗国际机场（Cairo International Airport；固话了解航班信息☎0900 77777，手机了解航班信息☎27777；www.cairo-airport.com；📶）埃及的主要机场，大多数国际航空公司都会使用这里。

Burg Al Arab Airport（☎03-459-1484；http://borg-el-arab.airport-authority.com）亚历山大港的机场，主要接收来自中东和北非城市的航班。

赫尔加达机场（Hurghada Airport；见368页地图；☎065-346-2722；Main Hwy）主要接收包机国际航班。

卢克索机场（Luxor Airport；☎095-232-4455）只有很少的国际直达航班，埃及航空公司的飞机会从伦敦的希思罗机场直飞至此。

阿莱姆港机场（Marsa Alam Airport；☎065-370-0029；www.portghalib.com/airport；阿莱姆港以北60公里处）有几班包机欧洲航班起降。

沙姆沙伊赫国际机场（Sharm El Sheikh International Airport；见393页地图；☎069-362-3304；www.sharm-el-sheikh.airport-authority.com；Peace Rd）长久以来，对寻找低价机票的游客来说，这里是个不错的入境点，有多家欧洲廉价航空公司使用这里。自2015年科加雷姆航空9268号航班空难以来，这里已经暂停了大多数直达国际航班。安保加强后，情况应该得到了改善。

机场离境税

离境税包含在票价内。

埃及航空公司（EgyptAir；www.egyptair.com.eg）是国家航空公司，并且是星空联盟成员，机票价格通常很值。航班上不提供酒精饮料。该公司的国际飞机状况良好，每个航班都有空警。但2016年的劫持事件（当时航班重新飞往塞浦路斯，所有人质最终都没受伤）以及从巴黎飞往开罗的埃及航空804号班机空难（导致66名乘客和机组人员全部死亡）使公司的安全和安保记录受到质疑。

陆路

以色列和巴勒斯坦

拉法赫

通往加沙地带（Gaza Strip）的边境站只是偶尔打开，外国游客不能从这里入境。

塔巴

塔巴（Taba）边境是埃及和以色列之间的主要出入口。从理论上讲，这里只发放免费的、仅限西奈的入境戳章，并且必须提前购买全埃及的签证。实际上，在向当地塔巴旅行社支付额外费用后，你可以在这里购买全埃及的签证。2017年末，埃及引入了电子签证，这意味着提前在网上购买埃及电子签证要比过去容易得多。以色列的离境税为101NIS。埃及的离境税为LE75。但中国旅行者暂时不能申请电子签证。

利比亚

边境站位于安萨德（Amsaad），理论上开放，但由于安全局势的缘故，不建议你去利比亚旅行。

苏丹

埃及和苏丹之间的两个陆地过境点于2014年重新开放，如今有一些苏丹长途汽车公司经营阿斯旺—瓦迪哈拉法（Wadi Halfa）—喀土穆（Khartoum）线路。西岸的Argeen过境点很少使用。最常用的过境点是东岸的Qustul。

从阿斯旺出发，可乘坐长途汽车前往阿布·辛拜勒，再乘坐滚装船（1小时）穿越纳赛尔湖前往Qustul，从那里开车15分钟到达边境。做好时忙时等的准备，在边境两侧都使用过这条路线的旅行者向我们报告，无论是在苏丹边境还是埃及边境，都有漫长的等待（5小时）和混乱的流程。在完成所有边境手续后，搭乘长途汽车继续前往瓦迪哈拉法，然后前往喀土穆。

如果前往苏丹，你需要事先在开罗或阿斯旺购买苏丹签证。从苏丹向北就能到达埃及，埃及签证在边境发放。埃及离境税为LE50。

海路

欧洲

由于埃及港口没有前往欧洲的客船，因此自带车辆参加非洲游的人只能选择滚装船（Ro-Ro）。

在本书作者调研时，Grimaldi（www.grimaldi.napoli.it）和Van Uden Shipping（www.vanudenshipping.com）每周都在亚历山大港的港口提供滚装船服务，开往塞浦路斯的利马索尔（Limassol）。

货运服务变化十分迅速。在埃及，若想知道有关滚装船的最新信息，可以联系**Kadmar**（☎066-334-4016；www.kadmar.com），他们是国内最棒的滚装船运营商，可以帮你预订船只。

约旦

AB Maritime（www.abmaritime.com.jo）船只连接努韦巴（Nuweiba）和约旦的亚喀巴（Aqaba），每天有一班快船和一班慢船，但延误时间出了名得长。约旦和埃及都可以办理落地签。

沙特阿拉伯

渡轮从埃及的赫尔加达开往沙特阿拉伯的杜巴（Duba），但发船时间不固定，根据打工季和朝觐（hajj）时间调整。也有从塞法杰出发的船只。注意：沙特阿拉伯不签发旅游签证，只有旅游过境签证，这种签证不好办，你必须提前很久申请。

苏丹

尼罗河谷运输公司（Nile River Valley Transport Corporatio）每周有两班客轮从阿斯旺开往瓦迪哈拉法。船票（一等/二等 LE350/250）可以提前1周在**开罗**（☎02-2575-9058，02-2578-9256；Ramses Train Station，Downtown）或**阿斯旺**（☎097-578-9256，011-2709-2709，097-244-0384；⏲周六至周四 8:00~14:00）的售票处购买。护照上必须有有效的苏丹签证。

船开得很慢，在海上要走24小时之久，船上提供饮料和小吃。登船时间说是10:00，但你最好8:30就到，早点儿办完过关手续，还能挑个好座位。如果乘客少，有时候要等到中午才开船。一些苏丹移民手续在船上办理，包括检查黄热病疫苗证。回程的船只每周三从瓦迪哈拉法出发。

> **港口税**
>
> 在票价之外，所有的埃及国际渡轮都加收每人LE50的港口税。

团队游

大部分游客来埃及旅行都是跟团。这样的团队游日程安排通常很紧张，你几乎没有时间细细地游览。但团队游通常会配备很好的导游，而且跟团队在一起可以避免自助游旅行者每天都会遇到的骚扰和强行推销。

Abercrombie & Kent（www.abercrombiekent.co.uk）交通、住宿和三餐都是一流的，行程包含乘坐Sanctuary尼罗河游轮。

Bestway Tours & Safaris(www.bestway.com)只发小团,行程通常包含埃及和邻国。

Djed Travel(www.djedegypt.com)一家独立的荷兰-埃及合资公司,可以定制团队游。他们旗下有卢克索的**Sofra Restaurant & Café**(见196页地图;☎095-235-9752;www.sofra.com.eg;90 Sharia Mohammed Farid),还在尼罗河有几艘帆船(dahabiyya)。

Kuoni(www.kuoni.co.uk)最大的旅行社之一。

Intrepid Travel(www.intrepidtravel.com)强调负责任的旅行。

On the Go(www.egyptonthego.com)PADI潜水课程度假游。

Wind, Sand & Stars(www.windsandstars.co.uk)西奈的旅行社,专营沙漠远足游和休闲游。

当地交通

飞机

埃及航空公司是主要的国内航班运营商,尼罗河航空(Nile Air)也在开罗和全国各大城市之间有航线,但班次较少。这两家公司的票价便宜得惊人,埃及航空的国内单程票LE650起。

使用埃及航空公司的网站预订国内航班时,若想获得最优惠价格,请务必将你的"home location"(位于网页顶部)更改为埃及。然后价格就会以埃及镑显示,在该网页使用埃及以外的"home location",相同的航班会贵一倍。

自行车

骑自行车旅行的人很少,因为天热而路长。冬季或许可以,但哪怕是春季和秋季也必须清晨出发、午后休息。虽然如此,塞西总统还是鼓励这种两轮交通工具,据说他曾被(至少一次)见到在首都骑车。

要带全装备,因为零件很难买到,不过关键时刻埃及人个个都是"山寨修理工"。

自行车俱乐部Cycle Egypt(www.cycle-egypt.com)的总部位于开罗,他们有个非常活跃的Facebook小组。你可以通过他们与当地的自行车爱好者联系,并获取关于商店和装备的建议。

船

如果不乘船游览尼罗河,埃及之行就不算圆满。阿斯旺和卢克索之间有许多游轮,档次从中档到五星级。阿斯旺是为期数日的三桅小帆船(一种

Domestic Flights 国内航班

气候变化及旅行

任何使用碳基燃料的交通工具都会产生二氧化碳，这是人为导致气候变化的主要原因。空中旅行耗费的燃料以每公里人均计算或许比汽车少，但其行驶的距离却远很多。飞机在高空所排放的气体（包括二氧化碳）和颗粒同样对气候变化造成影响。许多网站提供“碳排量计算器”，以便人们估算个人旅行所产生的碳排量，并鼓励人们参与减缓全球变暖的旅行计划，以抵消个人旅行对环境所造成的影响。Lonely Planet会抵消其所有员工和作者旅行所产生的碳排放影响。

埃及帆船）之旅的组织点，也是起点。

La Pespes（www.lapespes.com）会在沙姆沙伊赫和赫尔加达之间运营高速的双体船渡轮服务，每周三次。

长途汽车

你可以乘坐长途汽车前往埃及的大多数城市和乡村，而且票价极其低廉。对于尼罗河谷之外的许多长距离线路，乘坐长途汽车是最好的选择，有时甚至是唯一的选择。但是长途汽车的速度不见得很快，如果你前往开罗或从开罗出发，光是在城里的路就要花至少1个小时。延误是常有的事，特别是晚上的车次，发车时刻可能会被打乱。

长途汽车公司

Go Bus（www.gobus-eg.com）埃及最年轻的长途汽车公司，在埃及北部、红海沿岸、沙姆沙伊赫、宰海卜以及卢克索和赫尔加达之间经营着不断扩大的线路网。票价取决于汽车等级，差异很大，但所有车都配有空调。可以预订车票，还可以在线预订特定座位。

Super Jet 运营全国各地和国际上的主要线路，往往高效且可靠。座椅舒适，冷气十足。

以下三大地区性的汽运公司隶属于同一个公司，但线路覆盖不同的区域，并提供不同级别的服务：

East Delta Travel Co 在开罗、苏伊士运河地区和西奈半岛之间运营。车很旧，但往往状态很好，空调好使。Super Jet仍然是首选。

West & Mid Delta Bus Co 服务覆盖亚历山大港、三角洲、地中海沿岸和锡瓦。在本书作者调研时，这家公司的服务大不如从前，而且车辆总是出故障，特别是前往马特鲁港及之后目的地的那些。

上埃及长途汽车公司（Upper Egypt Bus Co）相当靠谱，服务范围覆盖了大部分西部沙漠绿洲和尼罗河谷区域，但去后者区域更推荐搭乘火车。

豪华长途车

“豪华”空调车连接全国主要城市。大多数豪华车严格禁烟，一些跑长途线路的豪华车上有卫生间，但基本上都不太干净。在较长的线路上，每3个小时左右停车15~20分钟是常态。

车上通常播放视频，音量总是开到最大，如果你想睡觉，最好自带耳塞。多带一件外套，因为夜里也开着空调，车上很冷。

普通长途车

最便宜的普通长途车和大多数跑短途的车都非常不舒适，人挤人、噪声大、站点多。因此，少于2小时的线路不如坐小客车或servee（拼车）。

车票

最好提前订票，尤其是开罗至西奈和开罗至西部沙漠的长途车，因为车次很少。下车之前都要一直拿着票，因为检票员会上车检查。护照也要一直随身携带，因为沿途经常要停靠军事检查站，警察会随机检查。阿斯旺至阿布·辛拜勒之间的长途汽车以及所有的西奈长途车都会遇到这种检查。

小汽车和摩托车

多加小心。虽然其他地方也好不到哪里去，但是在开罗驾车简直是疯了，实在是太危险了。绝对不要夜间驾车。话虽如此，但一些勇敢无畏的读者说，自驾车可以把旅游大巴远远地抛到后头。

开摩托车是游览埃及的好方式，但你必须开自己的摩托车——这不仅入境税高，而且风险比开小汽车还高。向你祖国的机动车协会和埃及大使馆询问有关规定。

汽油和柴油一般每天都有供应（偶尔短缺），价格很便宜。但开罗之外的地区少见加油站——见到就加满准没错。

带自己的机动车入境

备足关键零部件和备胎。埃及的小汽车要求配备灭火器。除了你的国内驾驶证之外，还要带上机动车注册文件、有效的保险和国际驾照。

多复印几份《机动车临时入境证明书》(*carnet de passage en douane*)。证明书上应该列出车上备用的所有昂贵的零部件。

在埃及边境，你将获得一个与签证有效期一致的驾车许可证。这个许可证可以延期，但每次办理的价格都不一样。海关收费约US$200，车牌保险另收US$50。

驾驶证

外国人在埃及驾车需持有国际驾照，否则一旦被抓住会被处以高额罚款。同样，确保驾车时随身携带所有的车辆注册文件。

租车

当地租车公司不可能为你提供便宜的租车价格，最好是到达之前先在网上安排好。

> **学会看数字!**
>
> 如果你学会阿拉伯语数字的写法，你的埃及之行会变得更加顺利。所有的长途汽车、火车、时刻表和其他关键性的交通信息都用阿拉伯语的数字书写。如果你会写阿拉伯语数字，把它写下来，这有助于你更容易地找到需要的标志。

仔细阅读保险条款，看里面有没有覆盖路况差的情形。

道路规则

在埃及开车靠右行驶。城区之外限速通常是70~90公里/小时，主要公路限速100公里/小时。

如果违反交通规则，警察会没收你的驾照，你必须去当地的交通局拿回。

开罗至亚历山大的沙漠公路(Desert Hwy)、开罗至法尤姆的公路和苏伊士运河下面的隧道是收费的。检查站很多。要准备好身份证明和驾车许可证。

在城市里，谁在前面谁有路权，哪怕对方车头只比你靠前一寸。在乡村，当心在路上闲逛的人和家畜。

警惕劫车风险，尤其是山谷公路沿线和夜晚。

如果遇到事故，尽快前往最近的警察局，报告事故的情况。

需要注意，由于安全管制，外国游客不允许从穿过西奈半岛中部的苏伊士—塔巴公路。可以从途经图尔和沙姆沙伊赫的西奈南部沿海公路绕行。

搭便车

搭便车在全世界任何一个国家都不是绝对安全的，本书自然也不建议你在埃及这样做。决定搭便车的旅行者应该明白这个举动虽然风险不大，但后果可能很严重。和同伴一同搭车，并把你们的计划告诉别人，这样相对安全。女性绝对不要独身一人在埃及搭便车，因为埃及人普遍认为只有妓女才会这样做。

当地交通工具

城市公交车

埃及的几个大城市有公交系统。实际上，旅行者或许只会在开罗和亚历山大乘坐公交车。这些公交车让游客挠头，因为数字是用阿拉伯语数字写的，也没有印制好的路线图，而且车辆总是超载，简直到了破纪录的程度。

没有人排队上车，实际上，不仅不排队，简直一团糟。甭管有人上车还是下车，车辆到站从不停稳。如果你好歹挤上了车，售票员迟早会在人群中杀出一条路来到你面前售票。

地铁

开罗是埃及唯一一个有地铁系统的城市。

小巴

小巴(发音为“meek-robas”)通常也被称为“micro”或“minibus”，是一种面包车(通常是丰田)，可容纳14名乘客。由私人运营，通常没有任何标志，它们大多沿着与公共汽车相同的路线走，并且便宜一点。这些车也可以根据你的要求停在沿途的任何地方，并且只要有空位，就会沿途搭载其他乘客。目前在埃及某些地区(如尼罗河下游地区)，外国人不能乘坐小巴往来于各个城市。

皮卡

丰田和雪佛兰皮卡往来于紧邻主路的小城镇和村庄之间，这些地方的乘客总是带着很多行李。十多个人挤在卡车挂斗里（有的有篷，有的没有），屁股下面坐着一大堆货物。

有篷皮卡有时也跑城区线路，跟小客车线路相似，在绿洲、卢克索西岸和尼罗河沿线的小城镇尤其多见。以下方法都表示你要下车：如果你有幸捞到座位，就用脚使劲跺地；让前排乘客砸司机后面的玻璃；实在不行，还可以按下偶尔可见的、用电线胡乱接上的呼叫器。

拼车

servee（包车/拼车）是小巴的前身，规则相似：花钱买个座位，等车坐满就出发。这些宽敞的标致504旅行车有7个客座，但现在不如小客车多见了，并正在逐步淘汰中。与小客车一样，拼车也都在长途汽车站和火车站附近。如果你想坐得宽敞些，可以多花钱再买个座位——这也可以让司机早点发车。

出租车

在埃及，就连最小的城市也有出租车。出租车物美价廉，效率高，在某些城市，出租车曾经颇为风光。

费用 开罗以打表出租车为主，但在其他地方，当地人知道行情，不用（太）费事就能谈妥价格。向当地人打听出租车价格，因为车费会随着油价的上涨而上涨。

举手招车 只要走到路边，伸出手，就会有车在你面前戛然停住。上车前先告诉司机你要去哪里——如果太堵车或者太远，司机可能不愿意去。

谈价 如果是短途，先讲好价格会适得其反，这只会暴露出你不懂行情。如果是长途，例如从机场到市中心，你得在上车前谈好价，谈好后再确认一下，因为有些司机到达目的地后会翻脸涨价。

付钱 如果是不打表的出租车，避免陷入争吵的办法是先下车，然后把钱从车窗里递进去。如果司机怀疑钱数不对，他就会大喊："你竟然只给我这点儿钱？"你瞧，争吵即将拉开序幕。如果你确定钱没给错，就不要跟他纠缠。另外，你要知道，多给LE5对你来说不算什么，但对司机来说却有很大区别。

分摊 你可能会上一辆已经有其他乘客的出租车，或者你上车后司机又搭载另外的乘客。如果你是男性，并且不介意分摊车费，就坐前排，让别人坐后排（女性坐前排被视为过于开放）。

驾车的人

埃及的出租车既好又不好。它们相当方便，而且便宜，但仅开罗有打表出租车。在开罗之外的地方，可靠的计价器还未被广泛接受，给车钱经常成为让客人很不愉快的经历。乘客总是感觉挨宰了（往往的确如此），而司机可能真的（当然也有假装的）会因为乘客给少了而感到委屈。

记住：开出租车不是什么赚大钱的工作。去掉燃油费后，平均收入每小时勉强达到LE20而已。许多司机自己没有车，不得不把部分收入当作"租金"交上去。

但这不是说，下次你打车只坐100米也得微笑着同意司机LE10的要价，只是这样想有助于你认清司机的价值。如果你跟他交谈，倾听他的故事，那你不仅坐车，还能听笑话放松心情，这么一看，钱花得值。

有轨电车

开罗和亚历山大是埃及仅有的两个拥有有轨电车系统的城市。亚历山大的有轨电车线路覆盖面相当广，但开罗只有几条线路而已。

突突车

这种在泰国和印度无处不在的带座位三轮车如今已经来到埃及。当地人称之为tok-tok（模拟这种车发动机的"突突"声），在小城镇里尤其常见。通常突突车的价格与出租车持平或比出租车便宜（例如，15分钟的车程收费LE15），而大音量播放的shaabi（工人阶级音乐）免费。突突车受年轻人欢迎，有时甚至是未成年人，司机热衷于用超重低音炮或其他时髦玩意儿装饰自己的车。上车前最好先谈妥价格。

团队游

即使你本来没打算参加全包的团队游，也不妨把安排游览和交通的事情交给别人几天吧。最典型的团队游是尼罗河游轮/三桅小帆船之旅或西部沙漠探险。通常情况下，大多数短途游最好同当地旅行社在现场规划，不过一些可靠的开罗旅行社也可以为你安排行程。

Egypt Panorama Tours（☎02-2359-0200; www.eptours.com; 6 Road 81, Ma'adi; 私人向导每天US$60起; ⊙周日至周四9:00~17:00）这是全市最好的旅行社，位于Ma'adi地铁站以南。这里可以安排私人向导、开罗景点团队一日游以及更长的线路，可以预订尼罗河与纳赛尔湖的游轮。还可以订到优惠的四星和五星级酒店。

Misr Travel（☎02-2396-4012, 02-3903-1977; www.misrtravel.net; 1 Sharia Talaat Harb, Downtown; ⊙10:00~18:00）埃及政府的官方旅行社，在大多数豪华酒店内都设有办事处。

International Travel Bureau of Egypt（见100页地图; ☎02-3760-1370; www.facebook.com/itbe2016; apt 97, Orman Tower, 48 Sharia Al Giza, Doqqi; ⊙9:00~17:00）一家可靠的小旅行社，主要面向想定制线路的高端客户。

火车

埃及的铁路系统是英国人建造的，总长度超过5000公里，连接几乎所有的主要城镇，但不到西奈。铁路系统老化，火车经常颠簸不堪。最近发生了一些重大事故，包括2017年8月在亚历山大附近发生的一次事故，导致至少41人死亡、179人受伤。除了两条主要线路（开罗至亚历山大和开罗至阿斯旺，这两条线路都有现代化列车）之外，你得有“火车不如豪华长途车”的心理准备。但如果是去开罗附近的目的地，则是火车胜出，因为火车不会像长途汽车那样陷在拥挤的车流里动弹不得。

可通过埃及铁路网站（enr.gov.eg）查询特定线路的火车时刻表和购买车票。

等级

一等（darga ula）无论长途短途，都最好坐一等车厢，这里有空调（takyeef）、带坐垫的椅子、相对干净的卫生间以及用小推车提供的茶和小吃。

二等（darga tanya）椅子是破烂的硬塑料。即使有空调，也往往不好使。卫生间不太干净。

三等（darga talta）冷冰冰的长凳椅，人多，但挺热闹，还有小贩。做好准备，你可能成为埃及人注目的对象，在他们看来，你是车上最有趣的。

卧铺

路线 私营铁路公司Watania（见128页地图; ☎02-3748-9488; www.wataniasleepingtrains.com; Ramses Train Station, Midan Ramses, Downtown Cairo; ⊙9:00~20:00）也被称为Ernst，每天有卧铺车次从开罗开往卢克索和阿斯旺。

票 定价合理，通常包含两餐。要求必须在出发当天的18:00之前订票，但你应该至少提前几天就订票。

包厢 西班牙或德国制造的双床卧铺：座位翻下来变成铺位，上铺可以折叠。有干净的床单、枕头和毯子，小台盆有自来水供洗漱。床有点儿短。中间的包厢远离两端的车门，比较安静。公用卫生间总体而言比较干净，有厕纸。晚上空调很凉。

餐食 类似飞机餐的晚餐和早餐，直接送到包厢里。列车员会端来饮料（有时包括酒）。车上还有一个酒吧。

亚历山大

开罗至亚历山大之间最好的火车是“专列”（Special train）。这些车几乎都是直达车，或者中间只停1站。单程只需2.5小时。Spanish（西班牙）列车沿途停靠的站点更多。两种车都有带空调的一等车厢。

马特鲁港

在夏天的度假旺季，Watania运营一班从开罗开往地中海度假城镇的夜间卧铺火车，6月中旬至9月中旬每周有3天发车。

尼罗河三角洲

开罗以北的农业地区铁路比较发达，因为当年要靠火车把棉花运到市场。如果你要去该地区的目的地，乘坐火车最理想，因为速度快，沿途景色美。但是每天只有4~5班列车有一等车厢。

其他开往上埃及的列车

日间车 安全规定变来变去，但在本书写作之际，游客可以乘坐开往埃及南部的日间车。最好的是快车980次，8:00从开罗发车，10.5小时后到达卢克索，再过3.5小时到达阿斯旺，沿途能看到青葱的植物园和村庄，令人心旷神怡。

夜车（非卧铺）每天有4~5班夜车从卢克索开往阿斯旺。座椅能够倾斜，足够舒适，可以让你睡个好觉，并且比Watania的卧铺车便宜得多。不过，乘坐日间车看到的风景更美。

语言

埃及的官方语言是阿拉伯语。注意：阿拉伯世界的通用语言是学校、行政机构和媒体所使用现代标准阿拉伯语，和不同地区的日常口语有很大差异。好在埃及的电视和电影业很发达，因此对所有说阿拉伯语的人来说，在各种阿拉伯语方言中，（本章节将要介绍的）埃及阿拉伯语或许是最熟悉、最容易学会的。

只要按照英语的发音方式阅读本章中的彩色拼音指南，当地人就能听懂了。注意：a发音类似“act”里的“a”，aa发音类似“father”里的“a”，ai类似“aisle”里的“ai”，aw类似“law”里的“aw”，ay类似“say”里的“ay”，e类似“bet”里的“e”，ee类似“see”里的“ee”，i类似“hit”里的“i”，o类似“pot”里的“o”，oo类似“zoo”里的“oo”，u类似“put”里的“u”，gh是一个喉音（类似法国法语中的“r”），r是卷舌音，kh类似苏格兰语“loch”里的“ch”，zh类似“pleasure”里的“s”。省略符号（'）表示喉塞音（类似“uh-oh”中间的暂停）。重读音节用斜体表示。

基本用语

你好。	أهلا.	*ah*·lan

想了解更多？

如果想要深入了解更多的语言信息和常用短语，请查阅Lonely Planet的*Egyptian Arabic Phrasebook*。你可以在**shop.lonelyplanet.com**找到这本书，也可通过苹果应用程序商店（Apple App Store）购买Lonely Planet的iPhone短语手册。

再见。	مع السلامة.	ma'sa·*la*·ma
是。/不。	أيوة/لأ.	*ai*·wa/la'
请。	لو سماحت.	law sa·*maht*(m)
	لو سمحتي.	law sa·*mah*·tee(f)
谢谢。	شكرًا.	*shu*·kran
请原谅。/	عن إزنك.	'an '*iz*·nak(m)
劳驾。	عن إزنك.	'an '*iz*·nik(f)
对不起。	متأسف.	mu·ta·'*as*·if(m)
	متأسفة.	mu·ta·'*a*·si·fa(f)

你好吗？
إزيّك؟/إزيّك؟ — iz·*ay*·ak/iz·*ay*·ik(m/f)

很好，谢谢。你呢？
كويّس./كويّسة. — *kway*·is/kway·*is*·a(m/f)
الحمدلله؟ — il·*am*·du·li·lah

你叫什么名字？
إسمَك أيه؟ — *is*·mak ay(m)
إسمِك أيه؟ — *is*·mik ay(f)

我的名字是……
إسمي... — *is*·mee...

你会说英语吗？
بتتكلمي/ بتتكلم إنجليزي؟ — bi·tit·*ka*·lim/ bi·tit·ka·*lim*·ee in·gi·*lee*·zee(m/f)

我不懂。
مش فا هم. — mish *fa*·him(m)
مش فهمة. — mish *fah*·ma(f)

我可以照张相吗？
ممكن أصوّر؟ — *mum*·kin a·*saw*·ar

住宿

哪里有……？	فين...؟	fayn...

露营地	المخيّم	il·mu·*khay*·am
客栈	البنسيون	il·ban·see·*yon*
旅馆	الفندق	il·*fun*·du'
青年旅舍	بيت شباب	bayt sha·*bab*

你有	عندَك/عندِك	'*an*·dak/'*an*·dik
……房间吗?	أوضة...؟	o·da... (m/f)
单人房	لواحد	li·*wa*·hid
双人房	للإتنين	lil·it·*nayn*
双床房	بسريرين	bi·si·ree·*rayn*

多少钱	بكم...؟	bi kam...
每……?		
晚	الليلة	il·*lay*·la
人	الشخص	i·*shakhs*

可以再给我一条(毯子)吗?

(بطنية	'*a*·iz/'*ai*·za
عايز/عايزة)	(ba·ta·*nee*·ya)
تنية من	*ta*·nya min
فضلَك/فضلِك.	*fad*·lak/*fad*·lik(m/f)

(空调)坏了。

(مش شغال	(i·tak·*yeef*)
التكييف).	mish sha·*ghal*

方向

……在哪里?	فين...؟	fayn...
银行	البنك	il·*bank*
市场	السوق	is·*soo'*
邮局	البسطة	il·*bus*·ta

你能(在地图上)给我指指吗?

ممكن تورّيني	*mum*·kin ti·wa·*ree*·nee
(على الخريطة)؟	('al il·kha·*ree*·ta)

疑问词

什么时候?	إمتى؟	*im*·ta
在哪?	فين؟	fayn
谁?	مين؟	meen
为什么?	ليه؟	lay

地址是什么?

لعنوان أيه؟	il·'un·*wan* ay

能写下来吗?

ممكن تكتبه؟	*mum*·kin tik·ti·*booh*(m)
ممكن تكتبيه؟	*mum*·kin tik·ti·*beeh*(f)

那里有多远?

كم كيلو من هنا؟	kam *kee*·lu min *hi*·na

我怎么过去?

أروح إزاّي؟	a·*ruh* i·*zay*

左转。

حود شمال	*haw*·id shi·*mal*

右转。

حود يمين	*haw*·id yi·*meen*

那里在……	هو...	*hu*·wa ... (m)
	هي ...	*hi*·ya ... (f)
……后面	ورا...	*wa*·ra ...
……前面	قدام...	'*u*·dam...
……附近	قريب من...	'*u*·*ray*·ib min ...
……隔壁	جمب...	gamb ...
就在	على	'*a*·lal
拐角处	الناصية	*nas*·ya
……对面	قصاد...	'*u*·saad ...
正前方	على طول	'*a*·la tool

餐饮

你能	ممكن	*mum*·kin
推荐	تقترحلي/	tik·ti·*rah*·lee/
一家	حيلي ...؟	tik·ti·ra·*hee*·
……吗?	تقتر	lee... (m/f)
酒吧	بار	baar
咖啡馆	قهوة	'*ah*·wa
餐馆	مطعم	*ma*·ta'·am

我想要一张(四人)桌。

عايز/عايزة تربيزة	'*a*·iz/'*ai*·za ta·ra·*bay*·za
(لأربع)من	(li·*ar*·ba')min
فضلَك/فضل ك.	*fad*·lak/*fad*·lik(m/f)

你有什么推荐的?

تقترح أيه؟	tik·*tar*·ah ey

本地特色是什么?

أيه؟	ilat·*baa'*
الأطباق المحلية	il ma·ha·*lee*·ya ay

你有素食吗?		
عندَك/عندِك		'an·dak/'an·dik
أكل نباتي؟		akl na·ba·tee(m/f)
我想要	عايز/عايزة	'a·iz/'ai·za
	... من/فضلِك	...min fad·lak/
……请	فضلَك.	fad·lik(m/f)
账单	الحساب	il·hi·sab
酒水单	لستة	lis·tat
	مشروبات	mash·roo·bat
菜单	المنيو	il·men·yu
那道菜	التبق ده	il·ta·ba'da
你能	ممكن تعمل	mum·kin ta'·mil
准备一道	أكل من	akl min
不加……	غير...؟	ghayr ...
的菜吗?		
黄油	زبدة	zib·da
鸡蛋	بيض	bayd
肉	شربة لحمة	shor·bit lah·ma
我对	عندي	'an·dee
……过敏	حساسية...لـ	ha·sa·see·ya li...
奶制品	الألبان	al·ban
坚果	مكسّرات	mi·ka·sa·raat
海鲜	أسماك البحر	as·mak il·bahr
咖啡……	قهوة...	'ah·wa ...
茶……	شاي...	shay...
加奶	مع لبن	ma·'a la·ban
不加糖	بدون سكّر	bi·doon su·kar
瓶/杯	إزازة/كباية	i·za·zit/ku·bay·it
啤酒	بيرة	bee·ra
(橙)汁	عصير	'as·eer
	(برتقان)	(bur·tu·'aan)
软饮料	حاجة ساقع	ha·ga sa·'a
(矿泉)	ميّة	ma·ya
水	(معدنية)	(ma'·da·nee·ya)
……葡萄酒	نبيذ...	ni·beet...
红	أحمر	ah·mar
气泡	شمبانيا	sham·ban·ya
白	أبيض	ab·yad

标志

入口	مدخل
出口	خروج
开放	مفتوح
关闭	مغلق
信息	إستعلامات
禁止	ممنوع
厕所	دورة الميّة
男	رجال
女	سيّدات

紧急求助

救命!	إلحقني!	il·ha'·nee
走开!	إمشي!	im·shee
叫……!	إتصل...!	i·tas·al bi...
医生	دكتور	duk·toor(m)
	دكتورة	duk·too·ra(f)
警察	البوليس	il·bu·lees

我迷路了。

أناتايه.	a·na tay·ih(m)
أناتهت.	a·na tuht(f)

哪里有卫生间?

فينالتواليت؟	fayn i·tu·wa·leet

我生病了。

أنا عيّان.	a·na ay·an(m)
أنا عيّانة.	a·na ay·an·a(f)

这里疼。

بيوجعني هنا.	bi·yiw·ga'·nee hi·na

我对(抗生素)过敏。

عندي حساسية	'an·dee ha·sa·see·ya
من(مضادحيوي).	min(mu·daad ha·ya·wee)

购物和服务

……在哪里?	فين...؟	fayn...
百货商场	محل	ma·hal
食品杂货店	بقّ ال	ba·'al
通讯社	بايع جرايد	bay·aa'ga·ray·id
纪念品商店	محل تذكارات	ma·hal i·tiz·ka·raat
超市	سوبرماركت	soo·bir·mar·kit

我在找……

أنا بدوّر على... a·na ba·daw·ar 'a·la ...

我能看一下吗？

ممكن أشوفه؟ mum·kin a·shoo·fuh(m)

ممكن أشوفها؟ mum·kin a·shoof·ha(f)

你还有其他的吗？

فيهتاني؟ fee ta·nee

这件有瑕疵。

مش شغّال. mish sha·ghal

多少钱？

بكم؟ bi·kam

你能把价格写下来吗？

ممكن تكتب/تكتبي الثمن؟ mum·kin tik·tib/tik·ti·bee i·ta·man(m/f)

太贵了。

ده غالي ويز. da gha·lee 'aw·ee

最低价是多少？

الاحسنسعركم؟ il·ah·san si'r kam

账单上有个错误。

فيه غلطة في الحساب. fee ghal·ta fil his·ab

数字

1	١	واحد	wa·hid
2	٢	إثنين	it·nayn
3	٣	ثلاثة	ta·la·ta
4	٤	أربعة	ar·ba'
5	٥	خمسة	kham·sa
6	٦	ستة	si·ta
7	٧	سبعة	sa·ba·'a
8	٨	ثمانية	ta·man·ya
9	٩	تسعة	ti·sa·'a
10	١٠	عشرة	'a·sha·ra
20	٢٠	عشرين	'ish·reen
30	٣٠	ثلاثين	ta·laa·teen
40	٤٠	عربعين	ar·ba·'een
50	٥٠	خمسين	kham·seen
60	٦٠	ستين	si·teen
70	٧٠	سبعين	sa·ba·'een
80	٨٠	ثمنين	ta·ma·neen
90	٩٠	تسعين	ti·sa·'een
100	١٠٠	مئة	mee·ya
1000	١٠٠٠	ألف	alf

注意，阿拉伯数字不同于其字母，是从左往右阅读的。

哪里有……？ فين...؟ fayn...

外币兑换处 صرّاف sa·raaf

自动柜员机 بنك شخسي bank shakh·see

汇率是多少？

نسبة التحويل كم؟ nis·bit i·tah·weel kam

哪里有网吧？

فين كفاي إنترنت؟ fayn ka·fay in·ter·net

每小时多少钱？

الساعة بكم؟ i·sa·'a bi·kam

最近的公用电话在哪里？

فين الاقرب تليفون؟ fayn il a'·rab ti·li·fon

我要买一张电话卡。

عايز/عايزة أشتري كرت تليفون. 'a·iz/'ai·za ash·ti·ri kart ti·li·fon(m/f)

时间和日期

几点了？

لساعة كم؟ is·sa·'a kam

(1) 点。

لساعة(واحدة). is·sa·'a(wa·hi·da)

(2) 点。

لساعة(إثنين). is·sa·'a(it·nayn)

(2) 点半。

الساعة(إثنين) ونص . is·sa·'a (it·nayn)wi nus

什么时候……？

إمتى...؟ im·ta ...

昨天……	إمبارح ...	im·ba·rih ...
明天……	بكرة ...	buk·ra ...
上午	الصبح	is·subh
下午	الظهر	ba'd·duhr
晚上	بالليل	bi·layl

星期一	يوم الإثنين	yom il·it·nayn
星期二	يوم الثلاث	yom it·ta·lat
星期三	يوم الأربع	yom il·ar·ba'
星期四	يوم الخميس	yom il·kha·mees
星期五	يوم الجمعة	yom il·gu·ma'
星期六	يوم السبت	yom is·sabt
星期日	يوم الحد	yom il·had

交通

这是……去（阿斯旺）的……吗？
... الى أسوان(؟)
...i·la (as·waan)

船	دي المركب	dee il·mar·kib
长途汽车	ده الأوتوبيس	da il·o·to·bees
飞机	دي الطيّارة	dee i·ta·yaa·ra
火车	ده القطر	da il·'atr

……车是几点？
... أتوتوبيس الساعةكم؟
... o·to·bees i·sa·'a kam

首班	الأوّل	il aw·il
末班	الآخر	il a·khir
下一班	الثاني	i·ta·nee

请给我一张……票（去卢克索的）
... تذكرة (للقصر) منفضلَك/ فضلِك.
taz·ka·rit ... (li·lu'·sor) min fad·lak/ fad·lik(m/f)

单程	ذهاب	zi·hab
往返	عودة	'aw·da

旅途多长时间？
لرحلة هي كم ساعة؟!
i·rih·la hee·ya kam sa·'a

是直达吗？
الطريق مباشر؟
it·taa·ree' mu·ba·shir

这是哪个车站/站点？
المحطة دياسمها/ الموقف ده إسمهايه؟
il·ma·ha·ta di is·ma·ha/ il·maw·if da is·muh ay

请告诉我到达（明亚）的时间。
من فضلَك/فضلِك ممكن تقولي/ تقوليلي لمّا نوصل(المنيا)؟
min fad·lak/fad·lik mum·kin ti·'ul·ee/ ti·'ul·ee·lee la·ma nuw·sil(il·min·ya)(m/f)

去……多少钱？
بكمإلى ...؟
bi·kam i·la ...

请带我去……
... عايز/عايزةأروح منفضلَك/فضلِك.
'a·iz/'ai·za a·ruh... min fad·lak/fad·lik(m/f)

请……	... من فضلَك	min fad·lak ... (m)
	... من فضلِك	min fad·lik ... (f)
在这里停车	وقّف هنا	wa·'if hi·na
在这里等待	إستنّى هنا	is·ta·na hi·na

我要租一辆……
... عايز
... عايزة
'a·iz a·'ag·ar ... (m)
'ai·za a·'ag·ar... (f)

四驱车	جيب	zheeb
小汽车	عربية	'a·ra·bee·ya

带司机
مع سوّاق
ma'sa·wa'

带空调
بتكييف
bi·tak·yeef

……租多少钱？
بكم لإجار ...؟
bi·kam li·'ig·aar...

日	يومي	yom·ee
周	أسبوعي	us·boo'·ee

这条路是通往（红海）的吗？
ده الطريق للبحر الاحمر)؟)
da i·taa·ree' (lil·bahr il·ah·mar)

我需要一位修车技师。
محتاج/محتاجة ميكانيكي.
mih·tag/mih·ta·ga mi·ka·nee·kee(m/f)

车子没油了。
البنزين خلص.
il·ben·zeenkhi·lis

车胎没气了。
الكاوتش نائم.
il·ka·witshnay·im

阿拉伯语字母表

阿拉伯语从右往左书写。根据所在位置是词首、词中或词尾，以及是否单独成词，每个字母会发生变化。

词尾	词中	词首	单独成词	字母
ـا	ـاـ	اـ	ا	alef’
ـب	ـبـ	بـ	ب	’ba
ـت	ـتـ	تـ	ت	’ta
ـث	ـثـ	ثـ	ث	’tha
ـج	ـجـ	جـ	ج	jeem
ـح	ـحـ	حـ	ح	’ha
ـخ	ـخـ	خـ	خ	’kha
ـد	ـدـ	دـ	د	daal
ـذ	ـذـ	ذـ	ذ	dhaal
ـر	ـرـ	رـ	ر	’ra
ـز	ـزـ	زـ	ز	’za
ـس	ـسـ	سـ	س	seen
ـش	ـشـ	شـ	ش	sheen
ـص	ـصـ	صـ	ص	saad
ـض	ـضـ	ضـ	ض	daad
ـط	ـطـ	طـ	ط	’ta
ـظ	ـظـ	ظـ	ظ	’dha
ـع	ـعـ	عـ	ع	ain’
ـغ	ـغـ	غـ	غ	ghain
ـف	ـفـ	فـ	ف	’fa
ـق	ـقـ	قـ	ق	kuf
ـك	ـكـ	كـ	ك	kaf
ـل	ـلـ	لـ	ل	lam
ـم	ـمـ	مـ	م	mim
ـن	ـنـ	نـ	ن	nun
ـه	ـهـ	هـ	ه	’ha
ـو	ـوـ	وـ	و	waw
ـي	ـيـ	يـ	ي	’ya
		ء		hamza
ـأ	ـئَـ ـؤَ	أ	أَ	a
ـأ	ـئُـ ـؤُ	أ	أُ	u
ـإ	ـئِـ ـؤِ	إ	إِ	i
ـأ	ـئْـ ـؤْ	أ	أْ	’（喉塞音）
ـآ	ـآـ	آ	آ	aa
ـُو	ـُوْـ	أُو	أُو	oo
ـِيْ	ـِيْـ	إِيْ	إِيْ	ee
ـَوْ	ـَوْـ	أَوْ	أَوْ	aw
ـَيْ	ـَيْـ	أَيْ	أَيْ	ay

术语表

（m）表示阳性，（f）表示阴性，（pl）表示复数。

abd——……的仆人
abeyya——女性服装
abu——父亲，圣人
ahwa——咖啡，咖啡馆
ain——水井，泉
al-jeel——一种音乐类型，特点是简单的和声加上拍手打节奏；字面意思是“一代”

ba' al——食品杂货店
bab——大门或房门
baksheesh——施舍，小费
baladi——当地的，农村的
beit——房屋
bey——领导人，尊称
bir——泉，水井
burg——塔
bustan——有围墙的花园

calèche——马拉的车
caravanserai——商人旅馆，也称为khan
centrale——电话局

dahabiyya——游艇
darb——小路，街道
deir——修道院，女修道院
domina——多米诺骨牌

eid——伊斯兰宴会
emir——伊斯兰统治者、军事领袖或管理者，字面意思是“王子”

fellaheen——（单数形式为fellah）占埃及人口大多数的农夫或农业工作者，“fellah”字面意思是“犁田的”或“耕地的”

galabiyya——男性的等身长袍
gebel——山
gezira——岛
guinay——镑（货币）

hajj——去麦加朝圣，所有穆斯林一生中应该至少去朝圣一次
hammam——浴室
hantour——马拉的车
Hejira——伊斯兰历；622年穆罕默德从麦加逃亡麦地那

ibn——……的儿子
iconostasis——层层排列的、有门和圣像的屏风；见于埃及东部的基督教教堂
iftar——斋月期间日落后解除禁食

kershef——建筑原料：大块盐和石头混合后，抹上当地出产的黏土
khamsin——从西部沙漠吹来的干燥热风
khan——商人旅馆的另一个名字
khanqah——苏非派修道院
khedive——奥斯曼帝国时期的埃及总督
khwaga——外国人
kuttab——古兰经学校

madrassa——学校，特指与清真寺有关的学校
mahattat——车站
mammisi——产房
maristan——医院
mashrabiyya——装饰性雕花木板或屏风，伊斯兰建筑的特色之一
mastaba——坟墓上方的长椅形状软泥砖建筑，后来的金字塔即由此演变而来；阿拉伯语中的“长椅”
matar——机场
midan——村镇或城市广场
mihrab——清真寺墙上的壁龛，指向麦加的方向
minbar——清真寺内的小讲经坛
Misr——埃及（也指“开罗”）
moulid——圣人的节日
muezzin——呼唤信徒做礼拜的清真寺宣礼员
muqarnas——钟乳石模样的装饰性层状装置，用石头或木头制作，用于拱形或穹顶

oud——一种鲁特琴

piastre——皮阿斯特，埃及货币。1埃及镑等于100皮阿斯特

qasr——城堡或宫殿

Ramadan——斋月，即伊斯兰历的九月，在此期间穆斯林从日出至日落禁食
ras——岬，海角

sabil——公共饮水喷泉
sandale——经过改良的三桅小帆船
servees——合乘出租车
shaabi——工人阶级的流行音乐
sharia——路或街道

sharm——海湾

sheesha——水烟

souq——市场

speos——石刻坟墓或小教堂

Sufi——苏非派，伊斯兰教神秘主义派别，强调用舞蹈、歌唱和冥思的方式达到与真主合一

tahtib——手持木棍跳舞的男性舞者

tarboosh——塔布什帽，其他国家称之为非斯帽（fez）

towla——西洋双陆棋

umm——……的母亲

wadi——干谷，沙漠水道，除雨季外干涸

waha——绿洲

wikala——商人旅馆的另一个名字

zikr——通过长时间的舞蹈、歌唱和冥思的方式与真主合一

幕后

说出你的想法

我们很重视旅行者的反馈——你的评价将鼓励我们前行，把书做得更好。我们同样热爱旅行的团队会认真阅读你的来信，无论是表扬还是批评都非常欢迎。虽然很难一一回复，但我们保证将你的反馈信息及时交到相关作者手中，使下一版更完美。我们也会在下一版特别鸣谢来信读者。

请把你的想法发送到**china@lonelyplanet.com.au**，谢谢！

请注意：我们可能会将你的意见编辑、复制并整合到Lonely Planet的系列产品中，例如旅行指南、网站和数字产品。如果不希望书中出现自己的意见或不希望提及你的名字，请提前告知。请访问lonelyplanet.com/privacy了解我们的隐私政策。

声明

气候图表数据引用自Peel MC, Finlayson BL & McMahon TA（2007）'Updated World Map of the Köppen-Geiger Climate Classification'，*Hydrology and Earth System Sciences*，11，1633-44。

54~59页插图由Javier Zarracina绘制。

封面图片：埃及博物馆木乃伊上的象形文字；Jon Arnold/AWL ©。

本书部分地图由中国地图出版社提供，其他为原书地图，审图号GS（2019）3173号。

关于本书

这是Lonely Planet《埃及》的第13版。本书的作者为杰西卡·李和安东尼·萨汀。同时感谢Alyssa Bivins、Melanie Etherton、Jascha de Ridder、Helen Ryan、Laura Watson和Simon Williams提供的建议和信息。

本书为中文第三版，由以下人员制作完成：

项目负责 关媛媛
项目执行 丁立松
翻译统筹 肖斌斌
翻　　译 陈　斌　李高飞　齐浩然
内容策划 王木子（本土化）　隗平凡　贾极楠　涂　识
视觉设计 李小棠
协调调度 沈竹颖
责任编辑 叶思婧
编　　辑 周　琳　朱思旸
地图编辑 田　越
制　　图 张晓棠
终　　审 杨　帆
流　　程 孙经纬
排　　版 北京梧桐影电脑科技有限公司

感谢米迪、寇家欢、房钰烨、苏省臻、袁宇倩为本书提供的帮助。

索引

000 地图页码
000 图片页码

T

V

W

Z

000 地图页码
000 图片页码

地图图例

景点

- 海滩
- 鸟类保护区
- 佛教场所
- 城堡
- 基督教场所
- 孔庙
- 印度教场所
- 伊斯兰教场所
- 耆那教场所
- 犹太教场所
- 温泉
- 神道教场所
- 锡克教场所
- 道教场所
- 纪念碑
- 博物馆/美术馆/历史建筑
- 历史遗址
- 酒庄/葡萄园
- 动物园
- 其他景点

活动、课程和团队游

- 人体冲浪
- 潜水/浮潜
- 潜水
- 皮划艇
- 滑雪
- 冲浪
- 游泳/游泳池
- 徒步
- 帆板
- 其他活动

住宿

- 住宿场所
- 露营地

就餐

- 餐馆

饮品

- 酒吧
- 咖啡馆

娱乐

- 娱乐场所

购物

- 购物场所

实用信息

- 银行
- 使领馆
- 医院/医疗机构
- 网吧
- 警察局
- 邮局
- 电话
- 公厕
- 旅游信息
- 其他信息

地理

- 棚屋/栖身所
- 灯塔
- 瞭望台
- 山峰/火山
- 绿洲
- 公园
- 关隘
- 野餐区
- 瀑布

人口

- 首都、首府
- 一级行政中心
- 城市/大型城镇
- 镇/村

交通

- 机场
- 过境处
- 公共汽车
- 缆车/索道
- 自行车路线
- 轮渡
- 地铁
- 单轨铁路
- 停车场
- 加油站
- 出租车
- 铁路/火车站
- 有轨电车
- 其他交通方式

路线

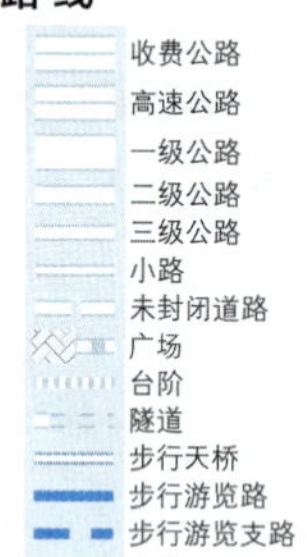

- 收费公路
- 高速公路
- 一级公路
- 二级公路
- 三级公路
- 小路
- 未封闭道路
- 广场
- 台阶
- 隧道
- 步行天桥
- 步行游览路
- 步行游览支路
- 小路

境界

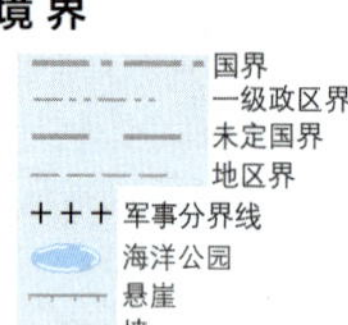

- 国界
- 一级政区界
- 未定国界
- 地区界
- 军事分界线
- 海洋公园
- 悬崖
- 墙

水文

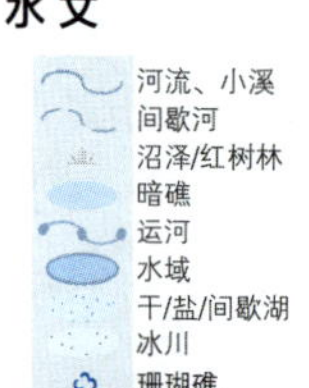

- 河流、小溪
- 间歇河
- 沼泽/红树林
- 暗礁
- 运河
- 水域
- 干/盐/间歇湖
- 冰川
- 珊瑚礁

地区特征

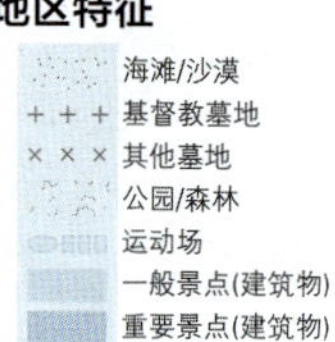

- 海滩/沙漠
- 基督教墓地
- 其他墓地
- 公园/森林
- 运动场
- 一般景点(建筑物)
- 重要景点(建筑物)

注：并非所有图例都在此显示。

我们的故事

一辆破旧的老汽车，一点点钱，一份冒险的感觉——1972年，当托尼（Tony Wheeler）和莫琳（Maureen Wheeler）夫妇踏上那趟决定他们人生的旅程时，这就是全部的行头。他们穿越欧亚大陆，历时数月到达澳大利亚。旅途结束时，风尘仆仆的两人灵机一闪，在厨房的餐桌上制作完成了他们的第一本旅行指南——《便宜走亚洲》(*Across Asia on the Cheap*)。仅仅一周时间，销量就达到了1500本。Lonely Planet 从此诞生。

现在，Lonely Planet在都柏林、富兰克林、伦敦、墨尔本、奥克兰、北京和德里都设有公司，有超过600名员工和作者。在中国，Lonely Planet被称为“孤独星球”。我们恪守托尼的信条：“一本好的旅行指南应该做好三件事：有用、有意义和有趣。”

我们的作者

杰西卡·李（Jessica Lee）

开罗、开罗郊区和三角洲、西奈、苏伊士运河 2011年，杰西卡放弃了探险领队的工作，转而从事旅行写作，从那时起，她便为Lonely Planet穿越了非洲、中东和亚洲。自2007年以来，她一直住在中东，并用@jessofarabia这个账号发表推文。杰西卡为Lonely Planet的《埃及》《土耳其》《塞浦路斯》《摩洛哥》《马拉喀什》《中东》《欧洲》《非洲》《柬埔寨》和《越南》等指南做出了不少贡献，你可以在《每日电讯报》和《独立报》、*Wanderlust*杂志、*BBC Travel*和lonelyplanet.com看到她的旅行文章。

安东尼·萨汀（Anthony Sattin）

亚历山大和地中海海岸、卢克索、尼罗河谷北部、锡瓦绿洲和西部沙漠、尼罗河谷南部 几十年来，安东尼一直在中东周边旅行，住在开罗和该地区其他城市。他广受好评的作品包括《揭开面纱》(*Lifting the Veil*)、《尼罗河上的冬天》(*A Winter on the Nile*)和《非洲之门》(*The Gates of Africa*)。他的新作《青年劳伦斯》(*Young Lawrence*)回顾了1909~1914年托马斯·爱德华·劳伦斯(T.E. Lawrence)在中东的生活。每年他都在尼罗河边度过快乐的几个月，并且一直在寻找一个好地方来给自己在这里建造一栋泥砖房子。可以在推特@anthonysattin阅读他关于埃及和旅行的推文。安东尼还撰写了计划你的行程、了解埃及、生存指南等章节。

参与编写

乔安·弗莱彻(Joann Fletcher)教授 参与编写“古埃及和法老”章节以及若干方框文字。她拥有埃及古物学博士学位，是约克大学的研究和教学人员——教授埃及考古学，并从事包括木乃伊和古代香精油的各种相关科研工作。乔安经常上电视，并为“BBC历史”网站撰稿，还出版过几本专著。

埃及

中文第三版

书名原文：*Egypt*（13th edition，Jul 2018）

本中文版由中国地图出版社出版

图书在版编目（CIP）数据

埃及 / 澳大利亚 Lonely Planet 公司编；陈斌，李高飞，齐浩然译．-- 2 版．-- 北京：中国地图出版社，2019.7

书名原文：Egypt
ISBN 978-7-5204-1192-9

Ⅰ．①埃… Ⅱ．①澳… ②陈… ③李… ④齐… Ⅲ．①旅游指南－埃及 Ⅳ．① K941.19

中国版本图书馆 CIP 数据核字 (2019) 第 141562 号

出版发行	中国地图出版社
社　　址	北京市白纸坊西街 3 号
邮政编码	100054
网　　址	www.sinomaps.com
印　　刷	北京华联印刷有限公司
经　　销	新华书店
成品规格	197mm × 128mm
印　　张	16.5
字　　数	898 千字
版　　次	2019 年 7 月第 2 版
印　　次	2019 年 7 月北京第 5 次印刷
定　　价	99.00 元
书　　号	ISBN 978-7-5204-1192-9
审 图 号	GS（2019）3173 号
图　　字	01-2015-5316

如有印装质量问题，请与我社发行部（010-83543956）联系